Klaus Laubenthal
# Strafvollzug

クラウス・ラウベンタール
# ドイツ行刑法

第三版

財団法人 矯正協会

Professor Dr. Klaus Laubenthal  
Richter am Oberlandesgericht  
Lehrstuhl für Kriminologie  
und Strafrecht  
der Universität Würzburg  
Domerschukstraße 16  
97070  
l-laubenthal@jura.uni-wuertzburg.de

教授クラウス　ラウベンタール博士  
高等裁判所判事  
ヴュルツブルク大学刑事政策及び刑法  
担当教授

Translation from the German language edition  
*Strafvollzug*. by Klaus Laubenthal  
Copyright © 1995, 1998, 2003 Springer-Verlag Berlin Heidelberg  
Springer is a part of Springer Science+Business Media  
All Rights Reserved

# 序　言

　この教科書は，行刑法を実体的及び形式的観点から叙述したものである。関連する問題は，具体的事例に基づきより詳しく説明しているが，これらの事例は，主として連邦憲法裁判所及び高等裁判所の最近の裁判例によったものである。

　本書は，選択科目又は専門分野として行刑法と取り組んでいる法律学科の学生又は自由剥奪の問題に一般的関心を有する法律学科の学生のために書かれたものである。さらに，本書は，行刑施設の職員並びに就職準備又は職業活動の中で行刑とかかわっているすべての法律家，心理学者，社会教育学者，ソーシャルワーカー及びその他の職業グループを対象にしたものである。

　この新たに改定された第3版の完成のためにいただいた真摯なご協力に対して，我が講座の研究グループ全員，とりわけ，助手のHelmut Baier博士，研究仲間のVolker Stiebig及び――作業及び仲間について常に頼りになる世話をいただいた――秘書のHelga Bieberに感謝しなければならない。


2002年8月，ヴュルツブルク　　　　　　　　　　　クラウス　ラウベンタール

## 日本語版への序文

　ドイツと日本との間には，刑法及び刑事学の学問分野において，活発な交流が行われてきた優れた伝統がある。行刑法は，社会に対して特別に害を与える行為によって乱された秩序ある共同生活を守るために，やむを得ず，自由を剥奪する制裁を実行する施設に収容されなければならないすべての者に関係する法律であるが，この分野における交流も，他に比べて勝るとも劣らない。

　この教科書は，自由剥奪，特に刑法に基づいて科された自由刑の実行に関するものである。まず，行刑の法的根拠を示すと共に，近代行刑に至るまでの法律的な発展の跡をたどっている。次に，収容の目的及び任務並びに立法者により規範化された行刑の諸形態を形成する諸原則が明らかにされる。施設内の職員組織について概観した後，刑の開始から，釈放，そして社会再編入までの行刑経過を論述するのが本書の核心部分である。これに引き続くのが，女性行刑の特殊性及び刑事施設を確実に支配する保安及び規律についてである。被収容者の主体的地位は，とりわけ，彼らにさまざまな権利保護の機会が与えられていることによって，明確になる。行刑訴訟手続についての章では，行刑の内部におけるコントロール及び外部機関によるコントロールについて，詳細に取り扱っている。本書には，自由刑だけが取り扱われているのではなく，その他の行刑形態，特に，少年行刑，自由剥奪を伴う改善及び保安の処分，未決拘禁についても，触れている。最後は，行刑の分野に関係する情報保護規定についての記述である。

　自由剥奪に対する私の論述及び見解が，行刑に関心のある日本の読者にも届けられることは，私にとって大きな喜びである。このことは，九州大学法学部土井政和教授及び元東京矯正管区長堀雄博士からのご提案により始められた。お二人は，本書を日本語に翻訳し，日本で出版するというお考えであった。この機会に，私の心からの感謝の念を表したい。

2006年3月，ヴュルツブルクにて

　　　　　　　　　　　　　　教授　法学博士　クラウスラウベンタール

# 目　次

| | | |
|---|---|---|
| 緒論 | …………………………………………………………… | 1 |

## 第1章　行刑の基礎 …………………………………… 9

| | | |
|---|---|---|
| 1.1 | 刑の執行（Strafvollstreckung）との区別 ……… | 9 |
| 1.2 | 法律的規制 …………………………………………… | 11 |
| 1.3 | 憲法上の原則 ………………………………………… | 14 |
| 1.4 | 国際的法源 …………………………………………… | 16 |
| 1.5 | 州の業務としての行刑 ……………………………… | 18 |
| 　1.5.1 | 行刑のための行政規則 ……………………… | 19 |
| 　1.5.2 | 行刑民営化の限界 …………………………… | 20 |
| 1.6 | 行刑施設 ……………………………………………… | 27 |
| 　1.6.1 | 分離の原則 …………………………………… | 27 |
| 　1.6.2 | 多様化の原則 ………………………………… | 28 |
| 　1.6.3 | 自由刑実行のための施設形態 ……………… | 29 |
| 　1.6.4 | 任務の複合性 ………………………………… | 31 |
| 1.7 | 行刑人口 ……………………………………………… | 32 |
| 1.8 | 行刑法の問題性及び不完全性 ……………………… | 40 |

## 第2章　歴史的発展 …………………………………… 45

| | | |
|---|---|---|
| 2.1 | 自由刑の成立 ………………………………………… | 45 |
| 2.2 | 近代的改善行刑の萌芽 ……………………………… | 47 |
| 2.3 | 19世紀における改革 ………………………………… | 50 |
| 　2.3.1 | 北アメリカの行刑制度 ……………………… | 51 |
| 　2.3.2 | イギリス及びアイルランドの段階的行刑 … | 53 |
| 　2.3.3 | ドイツ地方国家における不統一な発展 …… | 54 |
| 2.4 | 1871年ドイツ国刑法典施行から1945年までの発展 … | 56 |
| 　2.4.1 | ドイツ国（ライヒ）時代における停滞 …… | 57 |
| 　2.4.2 | ワイマール時代：累進行刑及び規範的規制への努力 …… | 59 |
| 　2.4.3 | 国家社会主義的な威嚇及び根絶計画 ……… | 61 |

## 目次

    2.5　行刑法施行までのドイツ行刑 …………………………………… 63
        2.5.1　1961年の服務及び行刑規則 ……………………………… 63
        2.5.2　行刑法草案 …………………………………………………… 65
        2.5.3　DDR（ドイツ民主共和国－旧東ドイツ）の行刑規則 … 66

### 第3章　行刑の任務及び形成原則　　69

    3.1　行刑目的 ………………………………………………………………… 70
        3.1.1　（再）社会化 ………………………………………………… 70
        3.1.2　処遇による（再）社会化 …………………………………… 80
        3.1.3　社会的責任習得の場としての加害者被害者間の和解 …… 85
    3.2　行刑における保安の任務 ……………………………………………… 87
    3.3　一般的刑罰目的は行刑の形成基準ではないこと …………………… 89
        3.3.1　刑の量定と行刑の任務 ……………………………………… 90
        3.3.2　責任の重さに形成的効果はあるか ………………………… 92
    3.4　行刑形成の原則 ………………………………………………………… 101
        3.4.1　一般的生活関係への同化 …………………………………… 102
        3.4.2　有害な拘禁の効果及び侵害排除の原則 …………………… 103
        3.4.3　社会編入の原則 ……………………………………………… 120
    3.5　被収容者の地位 ………………………………………………………… 120
        3.5.1　処遇への参加 ………………………………………………… 121
        3.5.2　被収容者の一般的法律上の地位 …………………………… 123

### 第4章　処遇過程における職員の一般的条件　　131

    4.1　監督官庁の職員 ………………………………………………………… 131
    4.2　施設の行刑スタッフ …………………………………………………… 133
    4.3　施設の管理 ……………………………………………………………… 136
    4.4　施設職員 ………………………………………………………………… 139
        4.4.1　行政職 ………………………………………………………… 140
        4.4.2　一般行刑職 …………………………………………………… 141
        4.4.3　作業職 ………………………………………………………… 142
        4.4.4　福祉スタッフ ………………………………………………… 143
    4.5　名誉職的行刑協力者 …………………………………………………… 151
    4.6　施設審議会 ……………………………………………………………… 153
    4.7　受刑者の共同責任 ……………………………………………………… 154
    4.8　刑事学部門 ……………………………………………………………… 157

## 第 5 章　相互作用プロセスとしての行刑過程　159

5.1　刑の開始，収容手続及び行刑計画 …………………………… 159
　　5.1.1　刑の開始 …………………………………………………… 160
　　5.1.2　個別化及び分類 …………………………………………… 161
　　5.1.3　収容手続 …………………………………………………… 167
　　5.1.4　処遇調査 …………………………………………………… 169
　　5.1.5　行刑計画 …………………………………………………… 172
　　5.1.6　処遇計画 …………………………………………………… 177
　　5.1.7　非ドイツ人受刑者 ………………………………………… 177
5.2　収容 ……………………………………………………………… 183
　　5.2.1　開放行刑及び閉鎖行刑 …………………………………… 184
　　5.2.2　移送の可能性 ……………………………………………… 191
　　5.2.3　施設の形態及び施設内の区分構成 ……………………… 194
　　5.2.4　施設内の部屋 ……………………………………………… 200
5.3　作業，教育及び補習教育 ……………………………………… 209
　　5.3.1　作業及び労作 ……………………………………………… 211
　　5.3.2　職業教育及び学校教育 …………………………………… 226
　　5.3.3　被収容者への金銭的給付 ………………………………… 231
　　5.3.4　給付金銭の使用など ……………………………………… 244
　　5.3.5　受刑者の社会保険 ………………………………………… 250
5.4　外界との交通 …………………………………………………… 253
　　5.4.1　文通及びその他の郵便物 ………………………………… 256
　　5.4.2　面会 ………………………………………………………… 269
　　5.4.3　性交渉を伴う配偶者面会 ………………………………… 277
　　5.4.4　行刑の緩和 ………………………………………………… 279
　　5.4.5　拘禁からの休暇 …………………………………………… 291
　　5.4.6　指示の付与，撤回及び取消し …………………………… 295
　　5.4.7　緩和及び休暇の悪用 ……………………………………… 298
　　5.4.8　行刑の緩和の悪用時における責任 ……………………… 299
5.5　治療的措置 ……………………………………………………… 304
　　5.5.1　法律上の基準 ……………………………………………… 305
　　5.5.2　処遇グループ ……………………………………………… 306
　　5.5.3　薬物依存受刑者の処遇 …………………………………… 307
　　5.5.4　社会治療施設 ……………………………………………… 309

| | | |
|---|---|---|
| 5.6 | 自由時間及び情報 | 323 |
| | 5.6.1　自由時間の形態 | 323 |
| | 5.6.2　情報 | 324 |
| | 5.6.3　補習教育及び自由時間活動のための物品の所持 | 327 |
| 5.7 | 宗教活動 | 330 |
| 5.8 | 生活の基本条件 | 336 |
| | 5.8.1　保健 | 336 |
| | 5.8.2　衣服 | 338 |
| | 5.8.3　給食及び購入 | 339 |
| 5.9 | 社会的援助 | 340 |
| 5.10 | 釈放及び社会復帰 | 343 |
| | 5.10.1　釈放の種類 | 344 |
| | 5.10.2　釈放準備 | 353 |
| | 5.10.3　釈放手続 | 356 |
| | 5.10.4　釈放後の監督及び援助 | 356 |
| | 5.10.5　行刑への再収容 | 357 |

## 第6章　女性行刑の特例 … 359

| | | |
|---|---|---|
| 6.1 | 法律上の規定 | 361 |
| 6.2 | 母子設備 | 362 |
| 6.3 | 行刑の形成 | 364 |

## 第7章　保安及び規律 … 367

| | | |
|---|---|---|
| 7.1 | 行動規定 | 369 |
| 7.2 | 保安上の処置 | 371 |
| | 7.2.1　一般的保安上の処置 | 372 |
| | 7.2.2　保安上の特別処置 | 375 |
| 7.3 | 直接強制 | 377 |
| 7.4 | 懲戒処分 | 382 |
| | 7.4.1　一般的懲戒要件 | 382 |
| | 7.4.2　懲戒手続 | 385 |
| | 7.4.3　許される懲戒処分 | 389 |
| 7.5 | 行刑官庁の賠償請求 | 391 |

## 第8章　行刑訴訟手続法 …… 393

### 8.1　行刑内部のコントロール …… 397
- 8.1.1　不服申立権 …… 397
- 8.1.2　監督官庁の代表者との面接 …… 398
- 8.1.3　職務監督権者への不服申立 …… 398
- 8.1.4　施設審議会への苦情の申出 …… 399

### 8.2　裁判所による監督手続（行刑法第109条以下） …… 400
- 8.2.1　裁判所による決定を求める申立の適法性 …… 402
- 8.2.2　手続及び審査範囲 …… 426
- 8.2.3　裁判所の決定 …… 434
- 8.2.4　法律違反を理由とする抗告 …… 436
- 8.2.5　暫定的権利保護 …… 439
- 8.2.6　改革の必要性 …… 442

### 8.3　憲法訴願（基本法第93条第1項第4号a） …… 446
### 8.4　欧州レベルでの統制 …… 447
### 8.5　その他の外部的統制 …… 449
- 8.5.1　請願 …… 449
- 8.5.2　恩赦の願出 …… 449

## 第9章　特別の行刑形態 …… 451

### 9.1　少年行刑 …… 451
- 9.1.1　少年行刑施設の被収容者 …… 451
- 9.1.2　少年刑及び行刑法 …… 453
- 9.1.3　少年行刑と少年裁判所法 …… 453
- 9.1.4　裁判所による権利保護 …… 455
- 9.1.5　執行 …… 457

### 9.2　自由剥奪を伴う矯正及び保安の処分の実行 …… 457
- 9.2.1　精神医療施設における収容 …… 458
- 9.2.2　禁絶施設における収容 …… 461
- 9.2.3　準備拘禁 …… 462
- 9.2.4　保安監置 …… 463

### 9.3　行刑施設において実行されるその他の拘禁 …… 468
- 9.3.1　未決拘禁 …… 468
- 9.3.2　中間拘禁 …… 472

|  |  |  |
|---|---|---|
| 9.3.3 | 民事拘禁 | 472 |
| 9.3.4 | 退去拘禁 | 474 |
| 9.3.5 | 引渡拘禁 | 476 |

## 第10章　情報保護 …………………………………………… 479

| 10.1 | 情報防御権 | 479 |
|---|---|---|
| 10.2 | 適用範囲 | 480 |
| 10.3 | 体系化 | 481 |
| 10.4 | 介入の根拠 | 484 |
| 　10.4.1 | 身上関係情報の収集 | 484 |
| 　10.4.2 | 身上関係情報の処理及び使用 | 487 |
| 　10.4.3 | 特別な情報の保護及び特殊な介入要件 | 488 |
| 　10.4.4 | 書類及びデータファイルへの蓄積 | 492 |
| 　10.4.5 | 訂正，削除及び遮断 | 494 |
| 10.5 | 通知及び書類の閲覧 | 495 |
| 　10.5.1 | 当事者の権利 | 495 |
| 　10.5.2 | 学術的目的のための通知及び書類の閲覧 | 498 |
| 10.6 | 統制 | 499 |

文献・目録 ………………………………………………………… 501
事項索引 …………………………………………………………… 547
訳者あとがき ……………………………………………………… 555
付録　ドイツ行刑法及び関係行政規則

# 緒論

　自由剥奪は，犯罪行動に対して国家共同体における国民の共同生活を守るための必要な刑罰的反作用の一形態である。したがって，刑法典のすべての構成要件は，法律違反に対して自由刑を科することを(少なくとも)予告し，威嚇している。

　自由を剥奪する制裁の実行は，一般予防上及び特別予防上の理由から，他に代替できるものがない。施設収容を伴う違法行為への反作用の全面的廃止を目指し，それへ向けて刑務所のない社会を求める廃止論者の努力は，最終的には，この刑法上の制裁システムにその基盤[1]を失わせること[2]になるかもしれない。現存する行刑は，当事者にとって——社会適応を指向する目的設定にもかかわらず——施設収容により移動の自由を制限する害悪の付加であることを意味する。したがって，それは，社会にとって特に有害な行動に対してやむを得ず必要とされる場合における最終的手段に限定されなければならない。なぜならば，人をその慣れ親しんだ社会環境から不必要に強制的に隔離し，多かれ少なかれ社会から隔離された服役場所(Verbüßungsstätte)としての行刑施設に収容することは，正に人間の尊厳にかかわるからである。自由剥奪は，とりわけ重大な犯罪——なかでも暴力犯罪——又は度重なる累犯的行動に対する一般予防を堅持し，累犯者の新たな犯罪行為から一般社会の安全を守るために不可欠なものである。もっとも，その期間は一般予防上の必要に限定されており，特別予防の必要性がこれに不利に作用してはならない。その結果として，ドイツにおいてこれまで実務上行われてきた長期行刑[3]の縮小，特に終身自由刑[4]の廃止をもたらすことになる。犯罪者に特別の危険性があるため，安全上の利益が社会共同体の外での長期の収容を必要とする場合には，個々の事例について，一般社会を保護するための処分実行施設

---

1　Jescheck, 1984, S. 2155.
2　Zum Abolitionismus: Mathiesen, 1989; Papendorf, 1985; Schumann/Steinert/Voß, 1988; siehe ferner Arnoldshainer Thesen zur Abschaffung der Freiheitsstrafe, in: Zeitschrift für Evangelische Ethik, 1990, S. 218ff.
3　Siehe auch Thesen des Fachausschusses Strafrecht und Strafvollzug, in: Jung/Müller-Dietz, 1994, S. 11ff.; Müller-Dietz, 1993a, S. 18ff.
4　Dazu Komitee für Grundrechte und Demokratie, 1990; Laubenthal, 1987, S. 271ff.; Nickolai/Reindl, 1993; Pilgram, 1989.

（Maßregelvollzug）へ収容する可能性が残されている。

2　刑法改正は，1969年以降，制裁システムの新たな形成をもたらしただけではなく，同時に，施設収容を伴わない方式による反作用に有利になるよう，自由剥奪的な反作用を後退させた。このプロセスは，今日まで発展を続け，新たな代替方法の創設により拡大されている。自由刑及び罰金刑に代わるものとして，現在，損害回復（Wiedergutmachung），加害者被害者間の和解（Täter-Opfer-Ausgleich），仲裁（Mediation），公共奉仕作業（gemeinnützige Arbeit）及び運転禁止（Fahrverbot）が部分的に試みられているか，又は少なくとも議論されていることが認められる。ドイツ連邦議会のＳＰＤ及び90年同盟／緑の党の会派による「制裁法（Sanktionenrecht）改正のための法律案」は，例えば，主刑として公共奉仕作業及び運転禁止の言渡しを強調している[5]。行刑施設内に収容して自由刑を実行する制度に最も近いものとしては，有罪の犯罪者を社会内で監視する方法がこれに当たる。

3　可罰的な行為に対する反作用形式として，加害者被害者間の和解及び被害弁償（Schadenwiedergutmachung）が刑法典第46条ａに規定されている。この規定が適用された場合，裁判所は刑法典49条第１項の原則により刑を軽減し，又は——自由刑として１年以上の刑若しくは360日以上の日額罰金刑が言い渡される場合でないときには——刑の言渡しをしないことができる。加害者は，加害者被害者間の和解の枠組みの中で損害回復の努力をするか（第１号），又は被害の全額又はその相当程度を本人自身の金銭的支出（Einsatz）若しくは放棄（Verzicht）によって補償（第２号）しなければならない。加害者被害者間の和解及び被害弁償は，指示（Weisung）（少年裁判所法第10条第１項第３切）又は命令（Auflage）（少年裁判所法第15条第１項第１切第１号）として，これまで既に長い間少年刑法の分野で実証済みの処理方法であることから，立法者は一般刑法においてもそれを適用できることとした。もっとも，加害者被害者間の和解及び被害回復という反作用形式は，刑法典第46条ａが制限的にしか適用を認めていないため，自由刑の言渡しを回避できるのは狭い範囲に限られる。同じことが，法律上明文で規定されていない仲裁的手続[6]の実施についても妥当する。これを用いて犯罪行為の加害者と被害者との間の和解がもたらされるべきことになり，その際，仲裁者が介入し，また特別のコミュニケーション技術を用いることによって，犯罪者と被害者との間の通常の役割分担が壊されることになる。刑法典第46条ａによるこのような措置が執られない場合，刑事訴訟法第153条ａにより現行の手続法に組

---

[5]　Entwurf v. 11. 6. 2002, BT-Drs. 14/9358 ; zu neuen Sanktionsformen siehe Streng, 2002, Rdn. 783ff.
[6]　Dazu Mühlfeld, 2002.

み入れることも可能であり，この場合，賦課事項及び順守事項が履行されることによって手続を停止することが許される。

公共奉仕作業は，限定された条件下においての，現行法による施設収容を伴う制裁執行の代替的手段であること意味する。刑法施行法（EGStGB）第293条は，州政府に対して，有罪の言渡しを受けた者が刑法典第43条の意味における代替自由刑の執行を無報酬の公共奉仕作業により免れることができることを法規命令で規定することを認めている[7]。大部分の連邦州はこの権限を行使している[8]。公共奉仕作業のウエイトを向上させることが立法論として議論されているものの[9]，これに対してはかなり多くの疑念が提示されている。適当な作業場所を用意し，作業の状況を監督するためには，少なからぬ行政的支出を要するからである。さらに，公共奉仕作業によって一次的労働市場に不利益をもたらすべきではない。また，代替自由刑を公共奉仕作業に置き換えるという大胆な試みについてのこれまでの経験では，部分的にのみ評価できるもののように思われる。多くの事例では，罰金刑の支払いができない対象者の多くが，それだけではなく，一定期間にわたる有用な労務給付を全く行い得ないことを示している[10]。このような者については，労務給付を強制することではなく，できれば作業療法を終えさせることがその社会化にとっても有用であるように思われる。さらに，制裁方法が基本法に触れることから生じる問題がある[11]。基本法第12条第3項によれば，強制労働は裁判所により命じられた自由剥奪の場合にのみ許される。このような問題は，公共奉仕作業を新たな制裁方法とすることで立法的に回避されるべきである。有罪判決というスティグマを伴う刑事判決の結果としての公共奉仕作業の賦課を，基本法第12条第2項に基づく伝統的一般的にすべての者にとって平等な憲法上問題のない公共的役務義務であるとすることはできない。したがって，憲法を改正せずに公共奉仕作業を命ずることで違法行為への制裁とすることは，有罪判決を受けた者にこの方法によるか又は他の法的措置によるかについての選択権を認める限りにおいて，許容されるように思われる。制裁法改正のための法律案の起草者が有罪判決を受けた者の同意を要求しているのであれば，それはこの考え方から出たものである[12]。さらに，罰金刑又は自由刑を公共奉仕作業に換算するため

---

7　Dazu Dünkel/Grosser, 1999 ; zu vergleichbaren Sanktionen im europäischen Ausland siehe van Kalmthout/Dünkel, 2000, S. 26ff.

8　Nachweise zum Landesrecht in : Schönfelder, Deutsche Gesetze, Nr. 85a, Anmerkung zu Art. 293EGStGB.

9　Befürwortend Arloth, 2002a, S. 7 ; Roxin, 1999, S. 147f. ; siehe auch Cornel, 2002a, S. 821ff.

10　Vgl. Dolde, 1999, S. 584f. ; Dünkel/Scheel/Grosser, 2002, S. 57.

11　Dazu Streng, 2002, Rdn. 795.

12　BT-Drs. 14/9358, S. 10.

の基準が必要である。これまでに集積された経験によれば，有罪判決を受けた者に公共奉仕作業を選択する気にさせるためには，換算因子（Umrechnungsfaktor）があまり不都合なものであったり，それによって履行すべき作業時間数があまりに多くなりすぎてはならない。刑法施行法（EGStGB）第293条に基づく諸規則の中では，ほとんどが自由刑の1日は6時間の公共奉仕作業で清算されるとされている[13]のに対して，1日の罰金額に3時間の公共奉仕作業を当てることが提案されている[14]。さらに学説上は，合計して作業時間が100時間の限界を超えないことが要求されている[15]。多額の日額罰金が言い渡された場合には，この見解によれば，もはや公共奉仕作業による代替の余地がない。ドイツ刑法では6月以下の短期自由刑はできる限り回避されるべきものとされている（刑法典第47条）ので，公共奉仕作業という制裁方法が将来自由刑の代替手段として適当とされる余地はほとんどないであろう[16]。保護観察を取り消された刑（widerrufene Bewährungsstrafe）の執行に代わって公共奉仕作業が当てられるという限りにおいて，例外が許されるであろう。しかしながら，2002年6月1日の制裁法改正のための法律案では，公共奉仕作業の履行による代替自由刑の置換のみを——その上作業量の上限なしに——規定している。規則どおりの作業を準備できなければ，代替自由刑が執行されるが，その場合旧法とは異なり，2日の日額罰金が1日の自由刑によって清算されるべきことになる[17]。

5 　現行法による運転禁止は，付加刑としてのみ言い渡されることができる（刑法典第44条）が，代表的な文献では，交通手段としての原動機付車両（Kraftfahrzeug）の運転をやめることを将来は主刑の中でも言い渡すことを要求している[18]。まず，自己決定による移動可能性（Mobilität）が高い地位を占める社会においては，運転禁止は重い制裁として受け取られるであろうというのがその根底にある。このような反作用は，有罪の言渡しを受ける者の多くにとって罰金刑の言渡しより厳しいものとなり得る。そこで，運転禁止を原動機付車両の運転と関係のある犯罪行為に限定することにこだわらないことが，一部では望ましいとさ

---

13　Vgl. Feuerhelm, 1999, S. 23 ; Meier, 2001, S. 70.
14　Vgl. §43Abs. 1 S. 2 StGB in der Fassung des Entwurfs eines Gesetzes zur Reform des Sanktionenrechts, BT-Drs. 14/9358, S. 3 .
15　So Kaiser/Schöch, 2002, S. 133 ; anders Heghmanns, 1999a, S. 301 ; ausführlich dazu Feuerhelm, 1999, S. 26f. ; Streng, 1999, S. 839ff. Der Entwurf des Bundesrats für einen neuen §40a StGB v. 6 . 3 . 1998 (BR-Drs. 82/98) sah eine Obergrenze von insgesamt 540 Arbeitsstunden vor.
16　Vgl. Heghmanns, 1999a, S. 300.
17　Dazu v. Selle, 2002, S. 228f.
18　So etwa Gronemeyer, 2001, S. 138ff. ; Heghmanns, 1999a, S. 299 ; König, 2001, S. 6 ff. ; ablehnend Fehl, 2001, S. 161ff. ; Franke, 2002, S. 20ff.

れている。言い渡される刑が行われた犯罪を反映しないのであるとすれば，これに反対すべき基本的な疑問は存在しない。自由刑も罰金刑も，行われた違法行為の借りを返すという反作用形式であることを意味していない[19]。それにもかかわらず，運転禁止を新たに主刑として採用することには，重大な疑義があるといわなければならない[20]。それは，この制裁がその名あて人となる可能性のある個々人の運転習慣によって作用する範囲が大きく異なるということである。運転禁止はどちらかと言えば軽微な犯罪に適していると思われることを出発点としているので，それは自由刑や罰金刑とは競合関係に立たない。経済的により良い地位にある人々は，運転手を雇うことで運転禁止の期間を何とか切り抜けることができるかもしれないが，職業的な運転手又は通勤者は，仕事を失う危険にさらされるおそれがある。さらには，その監督が非常に困難である。運転免許証を取り上げることは，有罪判決を受けた者がその乗り物（Fahrzeug）を事実上使用することができなくなるものではない。道路交通においては監督密度が比較的に薄いことを考えれば，道路交通法（StVG）第21条によりこのような行為は罰せられることになっているにもかかわらず，違反行為への強い誘因となるであろう。運転禁止への違反が明らかにされた者に対しては，新たな制裁が科されなければならない。防止策を考える場合でも，運転禁止の期間中，例えば，駐車フック又は類似の技術的装置によって有罪判決を受けた者が所有する乗り物を差し押さえるなど，役所による保管を行わないことがその前提になるように思われる。いずれにせよ，それには少なからぬ人的，兵站(たん)的費用を必要とし，また，その乗り物が他の人々，例えば親族によって使用されている場合には，新たな問題を引き起こすことになる。制裁法改正のための法律案は，刑法典第44条を修正して運転禁止の言渡しを主刑に格上げすること，制裁の可能な期間を長くすること，及びその反作用は原則として行為者が交通犯罪により有罪を言い渡されるのではなく，他の犯罪を実行し，又は準備するため原動機付車両を手段として使用した事件に適用することに限定している。

違法行為に対する自由剥奪を伴う反作用を抑制するに当たっての主要な着眼点は，ドイツにおいても[21]，刑確定者の身体を拘束せずに監督するための技術的に新たに開発された手段に向けられている。電子監視を伴う自宅拘禁（elektronischüberwachte Hausarrest）のほとんどは，刑確定者の身体に発信機を装着し，

---

19　Anders Streng, 1999, S. 852f.；ders., 2002, Rdn. 790.
20　Zusammenstellung bei Streng, 1999, S. 854f.；siehe ferner v. Selle, 2002, S. 230f.
21　Siehe　Arloth, 2002a, S. 5 f.；Asprion, 1999, S. 23ff.；Bernsmann, 2000；Bösling, 2002, S. 105ff.；Kaiser/Schöch, 2002, S. 134ff.；Kawamura, 1999, S. 7 ff.；Krahl, 1997, S. 457 ff.；Lindenberg, 1999a, S. 81ff.；Ostendorf, 1997, S. 473ff.；Schädler/Wulf, 1999, S. 3 ff.；Schlömer, 1998, S. 155ff.；Streng, 2002, Rdn. 786ff.；Walter M., 1999b, S. 287ff.

その時々の居場所を監視システムに伝える方法により行われる。本人が指定された場所である住居を離れたり，発信機を取り除こうとした場合には，所轄の監視部局に急報される[22]。この方法によることで，自宅拘禁の順守が保証される一方，刑確定者が，例えば，引き続きその職業に従事し，又は買い物を済ませるため，一定の時間，在宅義務から免除されることができる。

国際的には，電子監視を伴う自宅拘禁について，アメリカ合衆国[23]，英国[24]，スウェーデン[25]及びオランダ[26]が特記すべき経験を有する[27]。さらに，オーストラリア，カナダ，イスラエル及びシンガポールにもこの種の制裁がある[28]。そこで得られた結果には非常に積極的な評価がなされているが，その際決定的に重要なことは，その処分に適した候補者を慎重に選別することにあるように思われる[29]。これらの者は，電話（監督の必要上）のある住居を持っているだけではなく，目的にかなった職場を有しているべきである。もっとも，この評価をドイツに受け入れるには，国特有の事情に留意されなければならない。ちなみに，スウェーデンには，非常に広範囲の短期で執行猶予のない自由刑が存在する[30]。

これまでのところ，ドイツにおける電子監視を伴う自宅拘禁は，刑法中の独立の制裁形式としても，行刑法中の特別の行刑方式[31]としても，採用されていない。1999年，連邦参議院で可決されたこれに関する行刑法改正案[32]は，これまでのところ連邦議会において多数を得ていない。しかし，ヘッセン州では，2000年に電子監視を伴う自宅拘禁を検証するためのモデルケースとして，2年間の試行を開始した[33]。特別の法律的規定がないため，未決拘禁を避ける目的[34]又は保護観察命

---

22　Zu den technischen Methoden der Überwachung näher Bernsmann, 2000, S. 3 ff. ; Hudy, 1999, S. 32ff. ; Nogala/Haverkamp, 2000, S. 32ff. ; Weichert, 2000, S. 336 ; Wittstamm, 1999, S. 34ff.
23　Näher Bernsmann, 2000, S. 18ff. ; Hudy, 1999, S. 19ff. ; Schlömer, 1998, S. 35ff. ; Whitfield, 1999, S. 44ff. ; Wittstamm, 1999, S. 19ff.
24　Vgl. Hudy, 1999, S. 65ff. ; ders., 1999a, S. 55ff. ; Schlömer, 1998, S. 101ff.
25　Dazu Bösling, 2002, S. 116f. ; Haverkamp, 1999, S. 51ff. ; dies., 1999a, S. 21ff.
26　Ausführlich Droogendijk, 1999, S. 45ff. ; Spaans, 1999, S. 68ff.
27　Vgl. Albrecht H.-J., 2002, S. 84ff. ; Brown/Elrod, 1995, S. 332ff. ; Jolin/Rogers, 1990, S. 201ff. ; Lindenberg, 1997, S. 157ff. ; ders., 1999, S. 12f. ; Vosgerau, 1990, S. 166ff. ; Weigend, 1989, S. 296ff.
28　Siehe Bösling, 2002, S. 119 ; Nogala/Haverkamp, 2000, S. 35ff. ; Schlömer, 1998, S. 129ff.
29　Dazu Kaiser/Schöch, 2002, S. 134f., 137.
30　Kaiser/Schöch, 2002, S. 135 ; Lindenberg, 1999, S. 15 ; Streng, 1999, S. 850.
31　Krit. Pätzel, 2000, S. 28.
32　BR-Drs. 401/99v. 9.7.1999 ; dazu AK-Lesting, 2000, §10a ; Bernsmann, 2000, S. 151 ff. ; ablehnend Bösling, 2002, S. 124 ; Calliess/Müller-Dietz, 2002, Einl. Rdn. 45, die eine Erweiterung des Sanktionenkatalogs im Strafgesetzbuch fordern.
33　Dazu Albrecht/Arnold/Schädler, 2000, S. 466ff.
34　Schlömer, 1998, S. 278ff. ; Wittstamm, 1999, S. 154ff. ; skeptisch Bernsmann, 2000, S. 146 f. ; Hudy, 1999, S. 182ff. ; Lindenberg, 1999, S. 18f.

令（刑法典第56条 c ）[35]の範囲内でそれに参加する意思表示をした者だけが対象者として考慮された。このモデルケースとなるべき試みが成功裏に終われば，電子監視を伴う自宅拘禁は，ヘッセン全州に導入されることになるであろう[36]。

電子監視を伴う自宅拘禁に対しては，一連の異論が出されている。そこで理由とされているのは，かぎの掛けられていない家の扉は，本人に対する心理的な不安を強める絶えざる誘因となることを意味し[37]，制裁に伴い私的領域に立ち入って監視することは，とりわけ全体的監督に至る第１歩となる可能性があり，憲法上疑義があるというものである[38]。しかし，私的領域へのこのような干渉[39]は，自宅拘禁に付された者の家族[40]にとっての積極的な不利益を考慮しても，自由を全面的に失い，それに伴う行刑施設への収容がもたらす家族及び本人自身への付加的な負担（例えば，サブカルチャーへの移行）に比べれば，さほど大きいものではないように思われる。視覚的又は聴覚的な方法による生活状況の監督が行われることはない。家族は，その者が住居を一時的に離れることができることで同居を強制されることはなく，その上刑確定者が職業を継続できることに伴う経済的な利益を受けることができる。もっとも，電子監視を伴う自宅拘禁の命令を家族の同意と結び付けることには議論の余地があるようである。逃亡への強い誘惑を理由とする反対に対しては，開放行刑でその刑に服している受刑者もそのような危険にさらされているという反論がある。自宅拘禁を命じるための前提条件として，住居，電話及び就業場所を必要とすることは，これらを有しない受刑者への平等に反する不利益な取扱いとはならない。なぜならば，このような基準は，これまでも刑の量定及び行刑の領域における決定のためにも重要とされていたからである[41]。

たしかに，電子監視を伴う自宅拘禁の実施には監視に伴う出費があることから，それが費用の特記すべき節減を必然的にもたらすものではないということは強調

---

35　Vgl. LG　Frankfurt, NJW2001, S. 697；Schlömer, 1998, S. 186ff.；ders., 1999, S. 31ff.；Wittstamm, 1999, S. 144ff.；v. Zezschwitz, 2000, S. 11ff.；ablehnend　Bernsmann, 2000, S. 140；Hudy, 1999, S. 147ff.
36　Dazu Information in NJW, Heft25/2002, S. XII.
37　So Kaiser/Schöch, 2002, S. 137；vgl. auch Hudy, 1999, S. 257.
38　In diesem Sinne Kaiser/Schöch, 2002, S. 137.
39　Krit. Kaiser, 1996, S. 1040；Lindenberg, 1999, S. 17；Streng, 1999, S. 849；Walter M., 1999b, S. 291；siehe auch Wittstamm, 1999, S. 129ff.
40　Vgl. Bernsmann, 2000, S. 116ff.；Hudy, 1999, S. 113ff.；Schlömer, 1998, S. 251ff.；Streng, 1999, S. 849；ders., 2002, Rdn. 787.
41　Albrecht H.-J., 2002, S. 92f.；Walter M., 1999b, S. 291f.；anders Hudy, 1999, S. 110；Wittstamm, 1999, S. 180.

されるべきであろう。また，ネットワイドニング（net-widening-Effekts)[42]が絶対に発生しないようにしなければならず，それには電子監視を伴う自宅拘禁の適用に対する評価が不可欠である。というのは，この処分は施設収容を伴う自由剥奪的反作用に代わる役割を務めるからである。罰金刑又は保護観察付き自由刑のみが言い渡される場合を除き，電子監視を伴う自宅拘禁を行うことは許されない。たしかに，自宅拘禁によって代替自由刑[43]の執行が取り立てていう程に回避できるであろうかということについては，二つの点で疑問があるように思われる。その一つは，罰金を言い渡され，その支払い能力がない者には，自宅拘禁のための社会経済基盤がないのではないかということであり，他の一つは，短期間だけ執行される場合には，財政的及び組織的負担がその実施を正当化しないのではないかということである[44]。未決拘禁を回避するための代替措置及び保護観察命令の範囲内における代替措置としての可能性を別にすれば，電子監視を伴う自宅拘禁は，何よりも開放行刑における自由刑服役に代わる選択肢であることを意味する。

しかし，自由刑に代わるものとして現に存在し，又は新たに採用される代替措置にとっても，行刑の存在が正に必要とされる。なぜならば，施設収容を伴わない処置も，その処置を執るに当たり事前に与えた信頼が違反行為によって裏切られた場合，自由剥奪の反作用が留保されているときにおいてのみ，信用するに足りるものとなるからである。

---

42　Befürchtungen äußern　Hudy, 1999, S. 107 ; Kaiser/Schöch, 2002, S. 137 ; Kube, 2000, S. 633f. ; Walter M., 1999, S. 379 ; Wittstamm, 1999, S. 180.
43　Dazu Wirth, 2000, S. 337ff.
44　Siehe Heghmanns, 1999a, S. 301.

# 第1章　行刑の基礎

　行刑は，刑法と同じく，広義における公法に属する。それは，自由剥奪的刑事制裁の実行にかかわるすべての法規範を含む。もとより，概念的には，行刑は刑事裁判所により言い渡されたすべての法律効果（例えば，罰金刑）の実現を意味するものではない。それは，正確に言えば，犯罪行為者の自由を剥奪する刑事制裁の施設内における実行に限定される。それゆえ，行刑の領域に属するものとして，次の違法行為への反作用（Unrechtsreaktionen）を挙げることができる。
— 自由刑（刑法第38条以下）
— 少年刑（少年裁判所法第17条以下）
— 精神医療施設（刑法第63条），禁絶施設（Entziehungsanstalt）（刑法第64条）及び保安監置（Sicherungsverwahrung）（刑法第66条）における収容
— 営倉（軍刑法第9条）

## 1.1　刑の執行（Strafvollstreckung）との区別

　犯罪行為者に対して刑事裁判所により有罪の言渡しがなされ，その判決が正式に確定した場合には，命じられた法律効果を実現することが必要になる。この刑罰の現実化は，自由を剥奪する刑事制裁の場合，刑の執行及び行刑に分けられる。

　行刑とは異なり，刑の執行は，刑事手続の（最終的）部分である[1]。刑事裁判所の判決の執行は，刑事訴訟法第449条以下に規定され，それは連邦統一行政規則としての刑執行規則（StVollStrO）により補充されている[2]。

　刑の執行は，裁判官の刑の宣告（Erkenntniss）を実現するために必要なすべての処置を含む。すなわち，
— 判決の確定から刑の開始までの措置
— 服役期間における監督，特に行刑の方式及び期間が制裁法規に基づく裁判所

---

1　Zur Strafvollstreckung siehe Bringewat, 1993, S. 32ff.：Isak/Wagner, 1999；Meier B.-D., 2001, S. 89f.；Pohlmann/Jabel/Wolf, 2001；Wagner A., 1997.
2　Dazu Wolf, 2002, S. 122ff.

の決定に対応していることについての一般的な監督
── 保護観察のための自由刑の残刑猶予手続

11　刑の執行は，一般刑法において，刑事訴訟法第451条により，検察官の職務とされている。判決が確定し，書記官から執行力証明書（Vollstreckbarkeitsbescheinigung）が得られたならば，検察官は遅滞なく刑の執行を開始しなければならない。

　自由刑の執行が猶予されず，刑事訴訟法第455条及び第456条の意味における刑の執行延期の理由がない場合において，適当な拘禁場所があるときは，執行官庁は収容されていない刑確定者を刑の開始のために召喚する（刑事訴訟法第455条a）。その者がこれに応じないとき，執行官庁は刑事訴訟法第457条第1項第1切により，勾引状（Vorführungsbefehl）又は勾留状（Haftbefehl）を発することができる。刑確定者が既に当局の拘禁下にあるとき（例えば，未決拘禁）は，検察官は所管の行刑施設への移送を指示する（刑執行規則28条）。刑執行の領域において必要な裁判所の決定は，刑事訴訟法第462条a第1項に基づき地方裁判所の刑執行部が行う（例外は，刑事訴訟法第462条a第2項から第5項まで：第1審裁判所の管轄）。刑事訴訟法第463条により，刑執行法上の規定は，矯正及び保安の処分の執行について広く適用される。

12　自由を剥奪する刑事制裁は，執行されるだけではなく，実行される。刑の執行は，とりわけ，制裁が実現されるかどうか（Ob）が問題であり，行刑は，有罪を言い渡された者の行刑施設への収容からその者の釈放までを含む。それは，それぞれの施設の組織的条件下における行刑の実際的な実現方法（Wie）にかかわることである。したがって，刑執行上の処置及び決定並びに行刑上の処置及び決定は，自由剥奪の期間中，異なった局面で違法行為への反作用の実現に影響を及ぼし，その際，刑執行法は，特に訴訟法の観点から行刑に介入する。[3]

　ダイナミックな視点においては，行刑は制裁行為の一段階であり，その制裁行為は，法による刑罰の威嚇に始まり，捜査手続から犯罪行為者の有罪判決及び判決の執行を経て，制裁の実行にまで及ぶ。しかし，刑執行の領域とは異なり，行刑の領域は，刑事訴訟法に属しない。刑法典は，その内容として制裁の実行についての法律的基礎を含まず，自由剥奪的結果を伴う判決の法的前提条件を規定するものであるから，行刑は，実体刑法の構成要素でもない。行刑法は，実体的及

---

3　Müller-Dietz, 1978, S. 28.

び形式的刑法に隣接して，全刑法中における独自の実体法を構成する[4]。

このように機能を三分割することは，刑事司法の全体系における伝統的な三柱説（Drei-Säulen-Theorie）[5]に対応する。すなわち，

1．法律は，刑罰で威嚇する。
2．刑事裁判官は，制裁を言い渡す。
3．国は，言い渡された違法行為への反作用を実行する。

それぞれの柱に見合って，異なる段階ごとに，別々の任務が与えられ，それらは，一般予防的立法，応報的判決及び再社会化的行刑に分配される[6]。たしかにこの三柱説は，行刑がいかに制裁を実現するかについて，実体刑法及び刑事訴訟法に対して独自の分野を形成することを適切に表現する結果をもたらしている。しかし，この説は，制裁行為の全体を不完全に包摂するものでしかない[7]。すなわち，刑法及び裁判官によるその適用もまた特別予防的目的を追求するものであるし，捜査機関の活動及び保護観察活動は考慮の対象に含まれておらず，刑法実現のダイナミズムが看過されている。

## 1．2 法律的規制

行刑は，基本法第74条第１項第１号により，競合的立法領域に属する。連邦は行刑法を制定することでその立法権限を行使し，行刑の実体を最終的に規定した。

自由刑並びに自由剥奪を伴う矯正及び保安の処分の実行に関する法律――行刑法[8]――は，1977年１月１日に施行された。その後，処分の実行，社会治療的施設，医療的強制処置，文通の統制，保健，作業報酬及び情報保護の分野における個別の規定について，改正され，又は新たに追加されている。しかしながら，これらの改正は，行刑法の基本的構想についていかなる本質的な修正を行っているものでもない。

1990年10月３日，ドイツ民主共和国の連邦共和国への加入以後，統一条約[9]第８条に基づき，行刑法は，新たな５州においても基本的に適用される[10]。行刑法

---

4　Calliess, 1992, S. 9 ; Müller-Dietz, 1978, S. 23 ; Roxin, 1998, S. 470 ; a. A. Maurach/Zipf, 1992, S. 22（Teil des Strafvollstreckungsrechts）; siehe auch Isak/Wagner, 1999, S. 2．
5　Für viele Jescheck/Weigend, 1996, S. 16ff.
6　Vgl. Böhm, 1986, S. 50.
7　Krit. auch Böhm, 1986, S. 50 ; Kaiser/Schöch, 2002, S. 180 ; Müller-Dietz, 1978, S. 24.
8　BGBl. I 1976, S. 581ff.
9　BGBl II 1990, S. 875ff.
10　Eingehend dazu Bölter, 1990, S. 323ff.

第202条に基づき，旧ドイツ民主共和国の裁判所により言い渡された自由剥奪的制裁は，対応するドイツ連邦の違法行為に対する反作用と同様に取り扱われ，その結果，確定的に言い渡された自由刑及び拘留刑は，行刑法の規定に従って実行されるべきこととされている。統一条約において除外された旧ドイツ民主共和国地域における保安監置の延長については，1995年に立法的措置が執られた[11]。

16　行刑法第1条（第1編）は，行刑法の適用範囲として，「司法実行施設における自由刑及び自由剥奪を伴う矯正及び保安の処分の実行」と規定している。行刑法は，これら違法行為に対する反作用を実現するための重要な行刑法的規範を含んでいる。すなわち，組織及び職員の条件についての法的規制，行刑官庁の権利侵害的権能及び活動義務並びに当事者の法的地位を含む自由刑及び自由剥奪的処分の実行の形成である。

17　そして，行刑法は，行刑を次の二つの領域に分けている。
— 刑確定者の施設への収容に始まり，その者の自由社会への釈放に終わる
　プロセスとしての行刑
— 行刑の機構，特に施設組織及び行刑職員

　相互作用としての行刑の重要な規制範囲は，自由刑の実行に関する行刑法第2編に規定されている：行刑計画（第5条〜第16条）；収容及び給養（第17条〜第22条）；面会，文通並びに重大な理由からの休暇，外出及び連行（第23条〜第36条）；作業，教育及び補習教育（第37条〜第52条）；宗教活動（第53条〜第55条）；保健（第56条〜第66条）；自由時間（第67条〜第70条）；社会的援助（第71条〜第75条）；女性行刑の特則（第76条〜第80条）；保安及び規律（第81条〜第93条）；直接強制（第94条〜第101条）；懲戒処分（第102条〜第107条）；権利救済（第108条〜第121条）；社会治療施設（第123条〜第126条）。立法者は，第2条及び第3条において行刑の任務及び重要な形成原則を示している。立法者は，行刑施設に対して，社会に復帰し，社会的な責任感の下で将来の生活を送る準備のために必要な援助を保障することを義務付けている。行刑に伴う受刑者の権利制限は，法治国家の原則に基づき，行刑法自体の中に定められているか，さもなければ，保安の維持のため又は施設の規律に対する重大な障害を防止するために不可欠とされるものでなければならない。

　行刑法は，その第3編において，自由剥奪を伴う矯正及び保安の処分の実行に関する特別の規定をしている：保安監置（第129条〜第135条）；精神医療施設及び禁絶施設における収容（第136条〜第138条）。

　第4編には，行刑官庁に関する規定がある：行刑施設の種類及び設備（第139条〜第

---

11　BGBl. I 1995, S. 818.

150条);行刑施設に対する監督(第151条〜第153条)並びにその内部組織(第154条〜第161条);施設審議会(第162条〜第165条);行刑における刑事学的研究(第166条)。

行刑法第5編第5章が情報保護について,この分野に特別の規定をしていることも,行刑にとって重要である(第179条〜第187条)。

18 行刑法第1条では積極的に対象を限定しているが,それは決して完結的な性格を有するものではない[12]。行刑法には,その第1条に規定する制裁の種類のほか——特に,その第5編において——行刑に関係しない規定が含まれている。すなわち,
— 第171条〜第175条:秩序拘留,保全拘留,強制拘留及び強要拘留の実行についての規定
— 第177条:未決勾留者の作業報酬
— 第178条:行刑職員による行刑法適用地域外における直接強制の行使
— 第13条第5項,第122条:刑の執行に関する事項

19 他方,行刑法は,行刑領域のすべてをカバーしているものではない。自由剥奪を伴う矯正及び保安の処分については,第129条ないし第135条で保安監置について規定しているにすぎない。精神医療施設ないし禁絶施設における収容に関しては,第136条及び第137条において実行目的のみを規定し,第138条において,——拘禁費用(第50条),更生資金の差押禁止(第51条第4項及び第5項)及び釈放援助(第75条第3項)並びに裁判所による権利保護の規定(第109条〜第121条)を除き——精神病者法(Psychisch-Kranken-Gesetze)ないし収容法(Unterbringungsgesetze)の州法規定を参照するよう指示している。

20 少年刑の実行については,行刑法に第176条及び第178条,つまり,作業報酬及び直接強制の適用規定が存在するだけである。その他については,少年刑の実行のために,少年裁判所法第91条,第92条,第110条,第115条及び裁判所構成法施行法第23条以下並びに州司法行政に関する少年行刑のための連邦統一行政規則(VVjug)があり,それは,少年刑法の特性に配慮しつつ基本的には行刑法の規定に対応するものである[13]。しかし,成人行刑のために構想された規定を少年刑の実行に一般的に準用することは,少年行刑における優先的な教育目的と矛盾する。法律効果の指示<準用規定>に基づき,行刑法は,少年裁判所法第92条第2

---

12 Calliess/Müller-Dietz, 2002, § 1 Rdn. 2.
13 AK-Feest/Lesting, 2000, § 1 Rdn. 9;Eisenberg, 2002, § 91Rdn. 12f.;Schwind/Böhm, 1999, § 1 Rdn, 7;weiter Calliess/Müller-Dietz, 2002, § 1 Rdn. 8.

項により，少年刑を言い渡された者で18歳を満了し，もはや少年行刑に適さないため，刑の執行指揮者である少年係判事の決定により成人施設において服役する者に適用される。

21　軍刑法第9条の意味における軍隊の営倉は，――刑確定者が軍人である限り，すなわち，兵役義務又は志願兵としての義務に基づき兵役関係にある限り――連邦軍行刑規則（BwVollzO）に従い，連邦軍当局自らによって実行される[14]。逆に，刑確定者が連邦軍からの除隊後なお執行すべき営倉がある場合には，それは，一般的に自由刑の執行と同一視され，行刑法第167条から第170条までにより行刑施設において行われる。

しかし，軍刑法（WStG）第5条第2項に基づき，連邦軍は，刑執行官庁の要請により，軍人に言い渡された6月を超えない自由刑を実行することもできる。このことは，軍役前の犯罪についても，また，兵役関係にある間における犯罪についても妥当する。この場合，刑は行刑施設ではなく，営倉と同様に連邦軍の施設において実行される[15]。

## 1.3　憲法上の原則

22　憲法上の基本原則は，法律上列挙された規定を超えて，自由剥奪を伴う処分を受けた者の行刑形態及びその法的地位のために，決定的な重要性を有する。被拘禁者ないし被収容者と国との関係においては，基本法第1条ないし第19条及び第104条に列挙された基本権が適用される。さらに，刑確定者への外形的条件及び作用は，民主的及び社会的法治国の諸原則（基本法第20条及び第28条）に対応するものでなければならない。

もともと，受刑者に対して将来罪を犯すことのない社会的責任を伴う生活態度を付与するという行刑目的（行刑法第2条第1項）は，基本法から直接派生している。それは，人間の尊厳の尊重及び社会国家原則の要請に由来する[16]。しかし，他方では社会化目的に伴う基本権の制限もまた，もたらされる[17]。そのため，行刑法第196条では，基本法第2条第2項第1切及び第2切並びに第10条第1項を明示的に列挙している。さらに，被拘禁者に対する自由制限には，基本法の定める直接的制限及び基本法に内在する制限，規制留保及び自由権的基本権と不可分の付随的な制限がある。

---

14　Siehe Isak/Wagner, 1999, S. 145ff.
15　Dazu Schölz/Lingens, 2000, § 5 Edn. 6.
16　Dazu Kap. 3.1.1.1.
17　Siehe in Kap. 3.5.2.1.

施設における自由剥奪を伴う違法行為に対する反作用は，とりわけ，人間の尊厳という基本権（基本法第 1 条第 1 項）にとって危険となる可能性を含んでいる[18]。この点について，連邦憲法裁判所は，行刑に関係する人間の尊厳の尊重及び保護に対する国家権力の義務を繰り返し強調している。すなわち，個人的及び社会的人間存在という基本的前提は，拘禁中においても，受刑者に保持し続けられなければならない[19]。このため，自由剥奪中の権利制限は，基本法第 2 条第 1 項及び基本法第20条第 3 項の法治国原則と結合した処分に限定されるだけではなく，正に基本法第 1 条第 1 項の要求するところにより，超えることのできない限界が存在する[20]。

行刑法は，行刑官庁に対して多様な裁量及び評価の余地を認めているので，そこには「基本権的地位の最小化」[21]の危険がある。最近における一連の連邦憲法裁判所の判決によれば，施設管理者及び刑執行裁判所は被拘禁者の基本権的地位の尊重に配慮して行動する必要があることを示している[22]。

連邦憲法裁判所の判決は，人間的存在のための基本的前提を保持することだけにかかわるものではない（例えば，施設管理上，受刑者はその居室のトイレその他の排水口から水がしばしばあふれ出るのを我慢しなければならないとされた場合）[23]。特に，連邦憲法裁判所は，自由剥奪の場面においても，基本法第19条第 4 項第 1 切に由来する，できる限り効果的な法的保護を求める権利を認めさせようとしているようである[24]。そのほか，連邦憲法裁判所は，法治国原則（基本法第20条第 3 項）を尊重する必要性も指摘している——懲罰における権利侵害が責任と均衡せず，その程度を超えている事例[25]，また，基本法第20条第 3 項に由来する信頼保護の要求が十分に尊重されていない事例[26]があることをみるとき，それはやむを得ないことである。さらに，判決では，自由な意見表明及び情報の自由

---

18　Dazu Bemmann, 1998, S. 123ff.；Feest/Bammann, 2000, S. 61ff.；v. Hinüber, 1994, S. 212 ff.；Lüderssen, 1997, S. 179ff.；Müller-Dietz, 1994a； ders., 1994b, S. 43ff.；Wulf, 1996, S. 228ff.
19　BVerfGE45, S. 228；BVerfG, StrVert 1993, S. 487.
20　BVerfG, ZfStrVo2002, S. 177；Winchenbach, 1996, S. 12f.
21　Müller-Dietz, 1994b, S. 49.
22　Dazu　Kruis/Cassardt, 1996, S. 521ff., 574ff.；Kruis/Wehowsky, 1998, S. 593ff.；Leyendecker, 2002, S. 141ff.；Müller-Dietz, 1997a, S. 503ff.；Rotthaus K., 1996a, S. 3 ff.
23　BVerfG, StrVert1993, S. 487.
24　Siehe　BVerfG, StrVert1993, S. 484；BVerfG, StrVert1993, S. 487；BVerfG, StrVert1994, S. 94；BVerfG, NStZ1994, S. 101；BVerfG, ZfStrVo1995, S. 371；BVerfG, ZfStrVo1996, S. 46；BVerfG, StrVert1996, S. 445；BVerfG, NStZ1999, S. 428；BVerfG, NStZ1999, S. 532；BVerfG, NJW2001, S. 3770；BVerfG, ZfStrVo2002, S. 176.
25　BVerfG, StrVert1994, S. 437；BVerfG, ZfStrVo1995, S. 53.
26　 BVerfG, NStZ1993, S. 300；BVerfG, NStZ1994, S. 100；BVerfG, StrVert1994, S. 432；BVerfG, NStZ1996, S. 252.

にかかわる基本権（基本法第 5 条）にまで立ち入っている[27]。

## 1．4　国際的法源

25　行刑は，国内的に規制されるだけではない。国の行刑法と並んで，行刑法の国際的水準が重要性を増している[28]。これに伴い，受刑者の法的状況を改善するための，国内法の整備が必要とされるが，一部は連邦法に変換され，また，ドイツ行刑法の適用に当たり補足されるか，又は解釈を補充するものとして考慮されている[29]。

26　国際的行刑法の主要な法源は，次のとおりである。

― 1950年の人権及び基本的自由の保護のための条約（EMRK）は，1952年 8 月 7 日，連邦法[30]により国内法に変換されているが，それは国連の人権宣言に関するヨーロッパ協定として市民の個人的権利を保障しており，さらに，自由を剥奪されている人々の法的位相における国の侵害に対する限界を提示している。

行刑の領域にとって EMRK の定める基本権は重要であり，なかでも，第 2 条（生存権），第 3 条（拷問及びその他非人間的又は屈辱的な刑罰又は処遇の禁止），第 4 条（強制的労働及び義務的労働の禁止），第 5 条（自由及び安全を求める権利），第 6 条（法治国的手続を求める権利），第 8 条（私的生活への配慮），第 9 条第 2 項（思想，良心及び宗教の自由），第10条第 1 項（自由な意見表明），第11条（結社の自由），第12条（配偶者の自由な選択），第13条（不服申立権）及び第14条（法の前の平等）が重要である。

27　― 1957年の国連経済社会理事会の決議による被拘禁者処遇最低基準規則，それは犯罪防止及び犯罪者の処遇に関する1955年開催の第 1 回国連会議の議決に基づいている[31]。このいわゆる最低基準には，いかなる法的拘束力もない。それは道義的に義務付けられたもの[32]として尊重され，今日においても妥当

---

27　BVerfG, StrVert1993, S. 600；BVerfG, NJW1994, S. 244；BVerfG, StrVert1994, S. 434；BVerfG, StrVert 1994, S. 437；BVerfG, ZfStrVo 1995, S. 302；BVerfG, ZfStrVo 1996, S. 111；BVerfG, ZfStrVo 1996, S. 174；BVerfG, ZfStrVo 1996, S. 175；BVerfG, ZfStrVo 1996, S. 244.
28　Dazu Kaiser, 1999, S. 25ff.；Müller-Dietz, 2002, S. 115f.
29　Calliess/Müller-Dietz, 2002, Einl. Rdn. 46ff.
30　BGBl. II 1952, S. 685ff.
31　Dazu Jescheck, 1955, S. 137ff. (mit Abdruck der Beschlüsse in deutscher Übersetzung).
32　Böhm, 1986, S. 24.

する勧告である。

— 1957年の最低基準規則とは異なり，署名国ドイツ連邦共和国の法律としての　**28**
効力を有する1966年の市民的及び政治的権利に関する国際条約（国連）は[33]，拷問及びその他の非人間的又は屈辱的処遇の禁止を法的拘束力あるものとして承認しており，また，同条約第10条において，受刑者の改善及び再社会化という行刑目的並びに有罪判決を受けた少年と成人との分離収容がいかにあるべきかという行刑問題に言及している。

— 1987年のヨーロッパ理事会の閣僚協議会によるヨーロッパ行刑原則[34]　**29**
は，1973年の受刑者処遇についてのヨーロッパ最低原則[35]を変化した社会的関係及び行刑の実情に合わせて改訂したものであり，それは，再びいわゆる国連の最低基準規則に立ち返っている。1987年のヨーロッパ刑事施設規則（Prison Rules）は，人間としてふさわしい法治国的及び社会国家的な行刑の形成を強調している。しかしながら，この原則は，単なる勧告（Empfehlung）であって，受刑者のいかなる個人的権利及び義務を根拠付けるものでもない。さらに，行刑問題に関するヨーロッパ理事会の法的拘束力のない勧告がある。これはヨーロッパ刑事施設規則を補充するものである。言及に値するものとしては，特に，保健上の扶助についての倫理的及び組織的観点からの閣僚委員会の勧告R（98）7があり[36]，その中では，施設内の保健上の配慮をその他の医療的扶助と同一化させることを目指して形成するための提案が述べられており，さらに——勧告R（97）6[37]に倣って——他に感染させる危険のある病気に罹った者の取扱いのための助言がなされている。勧告R（97）12[38]は，受刑者の人間の尊厳を尊重し，受刑者を差別し又は虐待すべきでないことを職員の義務としている。

— 1989年2月21日発効の1987年の拷問並びにその他の残虐な，非人間的な，又　**30**
は品位を傷付ける取扱い及び刑罰の防止のためのヨーロッパ協定[39]は，予防的訪問制度によって非人間的な処分から被拘禁者を保護しようとするものであり，独立の専門家委員会（いわゆる拷問禁止委員会（Antifolterausschuss））に対して随時に施設を訪問できる権限を与えている[40]。そして，こ

---

33　BGBl. II 1973, S. 1534.
34　European Prison Rules, 1987 ; dazu Neubacher, 1999, S. 212 ; krit. Doleisch, 1989, S. 35ff.
35　Abgedruckt in : Solbach/Hofmann, 1982, S. 183ff.
36　Im Internet http://cm.coe.int/ta/rec/1998/98r 7. htm.
37　http://cm.coe.int/ta/rec/1993/93r 6. htm.
38　http://cm.coe.int/ta/rec/1997/97r12. htm.
39　BGBl. II 1989, S. 946.
40　Zu Mandat, Organisation und Besuchsverfahren des Committee for the Prevention of Torture : Alleweldt, 1998, S. 245ff. ; Bank, 1996, S. 87ff. ; Best, 1999, S. 55ff. ; Kaiser, 1996a, S. 777ff. ; ders., 1999, S. 25ff. ; Koeppel, 1999, S. 188ff. ; Neubacher, 1999, S. 213ff.

の委員会はその視察及び認識したことについての報告書を作成するが，それには，被収容者に対する保護をより向上させるための勧告も含まれる。

31 ── 1989年のウイーンにおけるヨーロッパ安全協力会議（KSZE）に引き続く会合での最終協定（Abschlußabkommen）[41]は──法的拘束力はないが──加盟国が受刑者の人間的処遇を保障するよう義務付けている。

## 1.5 州の業務としての行刑

32 　連邦立法議会は，行刑法を制定することで，基本法第74条第１項第１号の意味における実質的行刑について，最終的な規定をしているが，そこにはいかなる連邦行刑も存在せず，行刑行政の権限は連邦諸州にある。制裁実行の分野における国の権能の行使及び任務の履行について，基本法上特別の規定が存在しないので，基本法第83条と関連する第30条により，各州は，行刑法をその固有の業務として遂行する。

33 　個々の州は──行刑法の制約下で──独自の行刑制度，特に，施設に関してそれぞれに異なる職員制度及び物的設備を有することができる。

34 　行刑法第150条は，各州に対して，州をまたがる行刑共同体を形成することを認めている。これは，小規模の州に対して，多様な処遇を行うため受刑者を特別の施設に集禁することを可能にするが，他方，刑確定者をその関係者から場所的に遠ざける結果をもたらす。

---

41　Siehe Tretter, 1989, S. 79ff.（mit Abdruck des Abkommenstextes）.

表1.1. 連邦各州の1995年12月31日現在における司法実行施設（Justizvollzugsanstalt）及びその定員

|  | 施設数 | 定員 |
| --- | --- | --- |
| バーデン-ヴュルテンベルク | 20 | 7,979 |
| バイエルン | 37 | 11,351 |
| ベルリン | 10 | 4,800 |
| ブランデンブルク | 10 | 2,192 |
| ブレーメン | 3 | 866 |
| ハンブルク | 11 | 3,191 |
| ヘッセン | 16 | 5,750 |
| メクレンブルク-フォアポンメルン | 5 | 1,471 |
| ニーダーザクセン | 25 | 6,484 |
| ノルトライン-ヴェストファーレン | 37 | 18,219 |
| ラインラント-ファルツ | 11 | 3,446 |
| ザールラント | 3 | 848 |
| ザクセン | 12 | 4,353 |
| ザクセン-アンハルト | 9 | 2,223 |
| シュレスヴィヒ-ホルシュタイン | 6 | 1,613 |
| チューリンゲン | 6 | 1,860 |
| 計 | 221 | 76,646 |

出典：連邦統計局，行刑——2000年受刑者の施設，現員及び異動，シリーズ4巻2号8頁

### 1.5.1 行刑のための行政規則

　州がその固有の業務としての行刑法を施行する場合，州はそれぞれの管轄区域内において，行刑のための行政規則を発出する権限を有する。しかし，各州の司法行政は，行刑法の範囲内において特別の協定による同じ内容の州規則を作ることに努力した。連邦統一的に発出されたものは，次のとおりである。

— 行刑行政規則（VVStVollzG）
— 行刑服務保安規則（DSVollz）
— 行刑事務規則（VGO）

　このほか，それぞれの州には，個別の事項（例えば，面会，信書の監督，施設

審議会など）について，それぞれ異なる補充的施行規則，命令及び通達がある。

　行政規則——特に行刑行政規則——は，行刑実務の重要な部分を形成している。それは単に行政内部においてその決定を補助する意味をもつにすぎないものの，法律の認める裁量の範囲を具体化しており，また，州司法行政に属する行刑官庁は，行刑法の目的設定及び一般的法原則の範囲内において，これに拘束される[42]。それは，官庁内部の意志決定を補助するものであって，裁判所に対していかなる拘束的効果を有するものでもない。

　行刑行政規則は，二重の効果を持つことができる[43]。その一は，構成要件レベルにおける不確定法概念（例えば，行刑法第11条第2項の逃走及び悪用の危険）の解釈に役立つことである。この場合，それは法律的メルクマールとしての補充的見解を含むものではない。むしろ，行刑行政規則中に示されている基準は，個別事例において単に法律的要件の存在を示す徴表として援用されるべきものである[44]。構成要件を解釈する場合の説明指針としての性質をもつほか，行政規則は——相応の裁量の余地がある場合には——裁量指針として，裁量権の行使に関与する。それは官庁側の裁量を具体化し，法律の範囲内において処遇の不一致を避けるための行刑上の決定及び処分の統一をもたらす[45]。官庁内部における正当化は，もとより決定の画一的運用をもたらすものではない。それは具体的事例に即した個別的な吟味及び理由付けの義務を解除するものではなく[46]，その結果，行政規則の内容と全く異なるものとなることがあり得る[47]。

## 1.5.2　行刑民営化の限界

　行刑が競合的な立法事項として憲法上位置付けられていること，及び基本法第83条に基づき州の業務として行刑法を執行することというのは，個々の行刑をどのように形成するかということについて何の意味ももたず，したがって，これに伴う行政任務を州から民間に委譲することを排除するものではない。しかしながら，行刑費用削減のため，あるいは国の職員不足及び過剰収容を克服するため，営利を目的とする民営刑務所を導入すること[48]は，法律の許容範囲を超えるおそれがある。

---

42　Calliess/Müller-Dietz, 2002, §13Rdn. 8.
43　Dazu　Müller-Dietz, 1981a, S. 409ff.；Schwind/Böhm/Kühling/Ullenbruch, 1999, §13 Rdn. 15；Treptow, 1978, S. 2229f.
44　Calliess/Müller-Dietz, 2002, §13Rdn. 8.
45　BVerwGE31, S. 212f.
46　OLG Frankfurt, ZfStrVo1981, S. 122；OLG Hamm, NStZ1984, S. 143.
47　OLG Hamburg, NStZ1981, S. 237.
48　Dazu Kulas, 2001, S. 7 ff.；Lindenberg, 1996, S. 89ff.

アメリカ合衆国においては，既に，行刑の領域において，私的企業により運営される一連の収容施設が存在する[49]。組織の形態に応じて，国が経営者に対して受刑者一人一日当たりの固定した賃料を支払うものと，経営者が自らのリスクにおいて施設を運営し，受刑者の生産する製品を売却することで収益を目指すものとがある。

このことは，1980年代に始まった国公立の刑務所における過剰収容の拡大，施設の劣悪な状態及び生活条件の最低基準に配慮した裁判所による州に対する圧力にその起源が求められる[50]。アメリカ合衆国における，より新しく，より清潔な，そしてより良い設備をもった民間刑務所の設備は，ヨーロッパにおいても行刑民営化の議論を波及させた。とりわけ，イギリス[51]及びフランス[52]においてその傾向をみることができる。1997年末には，全世界で既に85,201人の拘禁が民間により行われていたが，その91％は北アメリカにおけるものであった[53]。これに対して，ドイツにおいては，より費用のかからない行刑形成のための努力がなされているにもかかわらず，営利を目的とするという意味における行刑民営化の動向はこれまでのところほとんど共感を呼んでいない[54]。北アメリカの経験に照らしても，行刑民営化が取り立てていうほどの経費節減をもたらしているかどうかについては，現在のところ明らかにされていない[55]。それは，民間による行刑活動の増加に伴い，国に予定外の出費があることを考慮しなければならないからである[56]。行刑の効果が——例えば，公務員でない職員のより高いモチベーションによって——向上するであろうかという問題については，全く解決されていない。

しかしながら，ドイツ刑法は民間関与の可能性を認めている。例えば，麻薬取引に関する法律第35条により刑の執行を猶予して収容する施設は，疑いなく刑罰拘禁の私法的な形態であると解されている。すなわち，これによれば，犯罪行為が薬物依存を原因とするもので，有罪判決を受けた者が治療的処遇に応じる場合には，2年を超えない自由

---

49　Siehe Bosch/Reichert, 2001, S. 211ff. ; Kulas, 2001, S. 118ff. ; Lilly, 1999, S. 78ff. ; Nibbeling, 2001, S. 85ff. ; Weigend, 1989, S. 292ff. ; ausführlich zur Entwicklung im gesamten angelsächsischen Bereich Harding, 1997.

50　Vgl. Jung H., 1988, S. 377 ; Nibbeling, 2001, S. 65ff.

51　Siehe Kulas, 2001, S. 123ff. ; Matthews, 1993, S. 32ff. ; Ryan/Sim, 1998, S. 185ff. ; Salewski, 2001 ; Smartt, 1995, S. 290ff. ; dies., 2001, S. 67ff. ; dies., 2001a, S. 8 ff. ; Wagner Ch., 2000, S. 170.

52　Dazu Maelicke B., 1999, S. 75.

53　Vgl. Nibbeling, 2001, S. 86.

54　Siehe dazu Koepsel, 2001, S. 151f. ; Wrage, 1997, S. 14ff.

55　Skeptisch Bosch/Reichert, 2001, S. 30ff. ; Kaiser/Schöch, 2002, S. 196 ; Walter M., 1999a, S. 29 ; anders　Aumüller, 2001, S. 62ff. ; Kulas, 2001a, S. 35f. ; Lange, 2001, S. 900f. ; Olschok, 2001, S. 115f.

56　Zum Ganzen Nibbeling, 2001, S. 154ff.

刑はその執行を猶予することができるとされている[57]。そして，（民間）治療施設で過ごした期間は，自由刑の期間とみなされる。

1996年7月，ロストック近郊のバルトエックにドイツ最初の民間の投資家により建造された行刑施設が開設された。メクレンブルクーフォアポンメルン州は，この施設を，差し当たり30年間，1年700万マルクで賃借した[58]。このモデルにならって，ゲルゼンキルヘンに1施設が設置された[59]。もっとも，これはアングロサクソンを模範にした民営化と同一視することはできず，本来の施設運営に民間の投資家は含まれていない。その限りにおいて，この民営化モデルは，専ら予算上の目的に奉仕するものである[60]。

行刑の部分的領域は，まさしく民営化が可能である[61]。企業は行刑施設において被収容者に物品を生産させており，受刑者は構外作業及び外部通勤によって外部企業の仕事に従事している。専門的技術を有する者（例えば，医師又は心理学者）は，私法上の契約に基づき，非常勤として行刑における保健ないしは個々の特別な処遇措置の実施に従事している（行刑法第155条第1項第2切）。ヘッセン州では，ヒュンフェルトにおいて更に広い範囲で民営化された施設を計画しており，そこでは，管理部門の一部である給養（Versorgung），教育，自由時間の形成及び社会福祉（soziale Betreuung）の領域がゆだねられることになるであろう[62]。

これに対して，商業化という意味における全刑事施設[63]又は全行刑システムの民営化は，ある種の異なった新しい性質をもつことになるであろうし，基本法の法治国原則及び社会国家の任務と衝突するおそれがあろう。なぜならば，国家は，憲法構造上用意された可能性の中では，行政をその思うままに構成し，行政領域を民間に委譲する権限を有していないからである。正確に言うならば，憲法上の組織規範と基本権の保障との関係が尊重されなければならないのである。それは，特に，民営化がいかなる法的地位の低下をもたらすことも許されないことを意味する。

民営化の限界を示すものとしては，とりわけ次の事項が挙げられる。

---

57　Dazu Dammann, 1985, S. 97ff. ; Egg, 1988, S. 21ff. ; siehe auch Kap. 5.5.3.
58　Siehe　ZfStrVo1996, S. 369 ; AK-Huchting/Lehmann, 2000, vor § 139Rdn. 6 ; Burmeister, 1997, S. 11ff.
59　Vgl. Salewski, 1999, S. 277 ; Smartt, 1999, S. 270ff.
60　Hierzu Flügge, 2000, S. 261 ; Kruis, 2000, S. 2.
61　Dazu Krieg, 2001.
62　Vgl. Bericht der Arbeitsgruppe "Privatisierung des Strafvollzugs", in : Der Vollzugsdienst Heft 2/2000, S. 20ff. ; Wagner Ch., 2000, S. 171f.
63　Für zulässig hält dies Kulas, 2001, S. 142 ; ders., 2001a, S. 39.

― 権利侵害からの保護
― 法的安定性の保持[64]

これに従って，民間が国の職務に関与するのは，行政上の権力的性質の弱いサービス業務(Dienstleistung)，つまり，決定を要することの少ない管理行為(Verwaltungshandeln)に限定されなければならないという見解が長い間主張されてきた[65]。しかし，法律実務は，国の遂行すべき任務規範からサービス業務を抜き出すに当たり，いつまでも同じところにとどまってはいなかった。鉄道，郵便及び電信電話サービス業務に加え，例えば，空港企業及び航空企業に対して危険防止業務を移管すること（航空法第19条 b，第20条 a）によって，単なる給付行政の範囲を超えてしまったのである[66]。

商業的な利益追求を目指す企業に対して，刑罰的償いを構成し実現する行刑施設の経営者としての業務を移管することは，国家による権力の独占に直接触れることになると思われるが，行刑はまさしくその古典的適用領域に属するものに数えられている[67]。国家の権力独占を伴うものを公的な形態にすることは，法治国の基本的条件に属する。したがって，原則として，公法上の組織形式(öffentlich-rechtliche Organizationsform)のみが，直接強制の行使及びそれに付随する必要不可欠な制限を法的限界の枠内で行うことを保障できる。刑事訴訟法第127条第1項により何人にも認められている仮逮捕の権限及び違法な攻撃に対する刑法第32条に基づく正当防衛の権利は，民間の施設職員による権力行使について，何ら十分な権限の根拠を提供するものではない[68]。刑事施設の不自由な状態の下における支配と自由との間に法治国的に必要な限界線を引くこと――1977年に施行された行刑法により実現されている――が，行刑の民営化とともに再び疑問視されることになるであろう。公法上の権限規定とは異なり，私人の緊急権は行為の相当性（Verhältnismäßigkeit）を要求していないので，それはなおさらのことである[69]。

したがって，行刑の全体的な民営化は，いずれにせよ，憲法に違反するとみなければならない。刑の執行に関する決定だけを自らの責任においてこれを引き受け，それ以外の行刑をすべて民間企業に任せることは，国に許されていない[70]。

---

64　Günther, 2000, S. 309f.；Ossenbühl, 1971, S. 164f.；vgl. auch Kaiser/Schöch, 2002, S. 202.
65　Ossenbühl, 1971, S. 201.
66　Dazu BVerfG, NVwZ1999, S. 177；Di Fabio, 1999, S. 591.
67　Siehe auch Jung H., 1988, S. 383f.；ders., 1996, S. 72ff.；Krölls, 1997, S. 453；Lange, 2001, S. 904；a. A. Hoffmann-Riem, 1999, S. 428；Kulas, 2001, S. 142.
68　A. A. Siekmann, 1997, S. 355.
69　Gramm, 1999, S. 341f.；ders., 2001, S. 434；Gusy/Lührmann, 2001, S. 50.
70　So AK-Feest/Lesting, 2000, vor §1 Rdn. 11；Arloth, 2001, S. 320；Bonk, 2000, S. 437；Calliess／Müller-Dietz, 2002, Einl. Rdn. 45；§155 Rdn. 2；Hessler, 1999, S. 39；Kruis, 2000, S. 5；Nibbeling, 2001, S. 247；zur Situation bezüglich des Maßregelvollzugs siehe Baur, in：Kammeier, 2002, Rdn. C15；Kammeier, in：Kammeier, 2002, Rdn. A130.

これとは全く対照的に——例えば，郵便事業改革の過程で——行政の民営化が既に進行している公法上の領域において，民営化の結果として責任を負うべき行為に対して，国に特別の責任を負わせることは是認される。それは，先行行為義務（Ingerenzpflicht）という刑法上の術語に準拠している[71]。国によって実施される民営化を監視すべき国の責任は，該当する行政領域が基本権に関係する程度の強さに応じて増大するように思われる。国がある任務を引き受けることをやめたことにより影響を受ける市民のために，その基本権を保護すべき国の責務が今日では重要とされるであろう[72]。国の行刑作用が様々な角度で受刑者の基本権に対して密接な関係を持つことにかんがみるとき，当局は，行刑の民営化について基本的に疑義の生じない領域についても，広い範囲において統制及び監視の義務がある。

　憲法上許されると思われる組織方法は，施設の経営管理（Betriebsmanagement）は民間企業家の責任としても，すべての高権的任務——とりわけ，直接強制の行使及び懲戒処分の賦課——は国家公務員の手元にとどめられ，施設長の全体的権限（Allzuständigkeit）（行刑法第156条第2項第2切）は侵されることなく存在するという枠組みの中での組織方法であろう[73]。民間によって引き受けることができる行刑業務の対象は，結局，権利の侵害を生じない給付業務及びサービス業務ということになるであろう[74]。その際においても留意しなければならないことは，情報伝達について民間に適用される制限（行刑法第180条第5項）である[75]。処遇の任務及び再社会化の任務は，社会国家原則の下において憲法に基礎を有するものであることから，基本的に民営化には適さないことも明らかであろう[76]。施設長の全体的権限を維持することは，行刑法第109条以下により審査の対象となる事項が広範囲にわたることから，裁判所に対する請求の主たる当事者（Ansprechpartner）を確保するためにも，確実に要求されているように思われる。しかし，このことから生まれる新たな疑問は，はたして純粋なサービス業務と権利侵害との間のしゅん別が可能であるか，また，このような行刑形態に利点があるかどうかということである。例えば，受刑者への給養は，一見，権利の

---

71　Dazu Hadamek, 2002, S. 137ff. m. w. Nachw.；vgl. auch Gusy, 2001, S. 7；Kruis, 2000, S. 4.
72　So Hadamek, 2002, S. 136f.
73　Vgl. Bonk, 2000, S. 440；Nibbeling, 2001, S. 249；ferner Di Fabio, 1999, S. 591f.；restriktiver Gramm, 1999, S. 343.
74　So Bonk, 2000, S. 438.
75　AK-Weichert, 2000, §180Rdn. 38.
76　Ähnlich Calliess/Müller-Dietz, 2002, §155Rdn. 3；Gusy, 2001, S. 11f., 19；a. A. Bonk, 2000, S. 442；Kulas, 2001, S. 55；Wagner Ch., 2000, S. 172；Wohlgemuth, 2001, S. 321.

侵害と結び付かないサービス業務のように見えるものの，事情によっては，この分野も裁判所の監督に服することになるからである[77]。

いずれにせよ，サービス業務を常時民間に委託するためには，法律改正を必要とするであろう。行刑法第155条第１項第２切により，行刑施設に義務付けられている任務は，「特別の理由」があるときに限り，公務員でない者又は契約で義務づけられた者に委譲されることができる。この例外的構成要件の意味から考えて，部分的な民営化を超えた行刑へとパラダイムを転換すること（Paradigmenwechsel）は，ほとんど不可能であろう[78]。しかし，基本法第33条第４項及び第５項に定める憲法上の機能留保，つまり，主権作用的権能の行使が原則として公務員の不断の任務として委託されなければならないということは，上述の範囲内における行刑民営化を妨げるものではない[79]。

そこで，主要な着眼点は，国の一般的責任が留保された施設内で権利侵害と結び付いた任務を下位の経営者（Subunternehmer）に付与する過程[80]において，法律改正によって，それがいかなる範囲で委譲され得るかという問題に向けられなければならない。その限りでは，懐疑的になることが必要と思われる。例えば，空港企業における安全義務について，立法者は，高権的権能と国の独占的権力（Gewaltmonopol）を用いない自主的な安全保持（Eigensicherung）という役割分担（Aufgabenteilung）を考えることで，その正当性を理由付けるとしても[81]，全体的施設である行刑の領域にとって，このような役割の識別を行うことはほとんど不可能である。航空機の乗客は，その自由意思で飛行機旅行を計画し，事前に自ら安全点検をしなければならないが，受刑者は，すべて他の者の決定に基づいて行刑に服しているのである。施設敷地（Anstaltsareal）の監視は――例えば，兵営の安全確保とは異なり――現行法上，民間の保安企業の手にゆだねることができない。刑法典及び刑事訴訟法に基づく家宅不可侵権（Hausrecht）は，すべての者の権利と関連するので，侵入者を防止するためには十分であるかもしれないが，私人が被収容者に対して施設内にとどまることを強制するための法的根拠，とりわけ，実力を行使してこれを実現するための法的根拠とすることはできない。

---

77　Dazu unten Kap. 5. 7.
78　Vgl. Arloth, 2002a, S. 5；Braum/Varwig/Bader, 1999, S. 68；Calliess/Müller-Dietz, 2002, §155Rdn. 10；Gusy, 2001, S. 13ff.；a. A. Bonk, 2000, S. 441；Kaiser/Schöch, 2002, S. 202；Nibbeling, 2001, S. 249.
79　So　Bonk, 2000, S. 439；Gusy, 2001, S. 24；Lange, 2001, S. 902；siehe　auch　Krölls, 1997, S. 453f.；Kulas2001, S. 69.
80　 Vgl. Bonk, 2000, S. 437；Burgi, 2001, S. 47ff.；Di　Fabio, 1999, S. 589；Gusy/Lührmann, 2001, S. 51；Kulas, 2001, S. 31；Nibbeling, 2001, S. 252.
81　In diesem Sinne Di Fabio, 1999, S. 591.

それゆえ，ノルトライン−ヴェストファーレン州及びラインラント−ファルツ州のような幾つかの連邦州において実施されている民間の安全サービスによる強制退去拘留者（Abschiebehaftling）の監視についても，たとえ，民間職員が公務員である行刑職員の監督の下に置かれているとしても，非常に問題のあることが明らかになっている[82]。そこにおける私人の立場は，受託者（Beliehene）ではなく，行政補助者[83]とみなさなければならないとしても，これらの者が公法上の権限規定をその行為の根拠にすることはできない。

さらに，商業化された刑務所システムは，憲法の定める社会国家の任務と衝突することも避けられないように思われる。なぜならば，行刑の社会化目的及びその外部的条件は，最終的には，憲法上の基盤である社会国家の原則に還元されなければならないからである[84]。したがって，国は，財政上及び組織上困難であっても，行刑目的の実現のためには何が必要であるかという観点から，行刑設備を整備しなければならない。必要な人的物的手段を整えることは国の任務に属する[85]。これに対して，被収容者は，私経済的に行動する行刑企業による利益追求目的のため，業務——特に，時間及び職員を集中的に投入する治療的処遇——の縮減による費用の節約が行われる可能性があるというリスクにさらされるであろう。それは，どのような処遇手段を提供するかということについて，法律が詳細に規定していないからである。このことは，2003年1月1日から実施された社会治療施設（行刑法第9条第1項）における性犯罪者への強制的治療を考える場合にも妥当する[86]。

利益の最大化を指向する経営は，行刑目的の達成に必要な任務のため活動するに当たって，かなり強い原価意識を示す。加えて，費用最小化の努力は，新しい民営施設における職員の賃金及び行刑の任務を遂行するためにふさわしい職員の質にも影響するおそれがある。さらに，その経済的利益は，施設の定員一杯の収容と関係する。つまり，刑確定者の入所が比較的少ない場合，無人の収容室が吸引的作用を持つ危険のあることが考えられる[87]。たしかに，民間企業それ自体が刑事裁判所で言い渡される自由刑の数及び期間にいかなる影響力を有することもないであろう。しかしながら，それは，個別事例における自由剥奪の事実上の期間に対して，すなわち刑法第57条，第57条aによる保護観察付き刑執行の停止の

---

82　Hierzu Gramm, 1999, S. 339ff.； Krölls, 1997, S. 454；siehe auch Huber, 2000, S. 50；a. A. Gollan, 1999, S. 85.
83　Näher Gramm, 1999, S. 339；Gusy, 2001, S. 9；Gusy/Lührmann, 2001, S. 48.
84　BVerfGE35, S. 235f.
85　BVerfGE40, S. 284.
86　Dazu Kap. 5．5．4．
87　A. A. Kaiser/Schöch, 2002, S. 200；vgl. dazu auch Nibbeling, 2001, S. 146ff.

決定に対しては，影響を及ぼすことができるであろう。たしかに，それは刑執行部の責任とされているが，刑期満了前の釈放のために有利な合法的生活の予測を作成することが必要とされる。その際考慮すべき基準として，刑法第57条第１項第２切では行刑における刑確定者の行状を掲げているが，民間の行刑管理者が部内調達のためのサービス業務だけを委託されている場合を除き，必然的にこれらの者による判定がなされることになるであろう。

自由剥奪下における義務的労働は国の責任においてのみ許されるという連邦憲法裁判所の採用している基本法第12条第３項の解釈を考慮するとき[88]，作業の領域をすべて民営化することに対しては疑念が生じる[89]。さらに，国の組織する施設と民間の組織する施設とが併存している場合における移送の実施に問題が多いことも明らかである。複数の民間経営者が受刑者をその施設に収容するについて異なる条件を予定している場合が，正にこれに当たる。このような背景事情にとどまらず，民営の行刑を提供する者との契約を締結するには，あらかじめ，様々な事情についての熟慮と慎重な検討が必要である。

## 1.6 行刑施設

自由刑及び保安監置（Sicherungsverwahrung）のための収容は，行刑法第139条に基づき，州の司法行政施設において実行される。これらの行刑施設は，個々の処遇上の必要性及び多様な行刑目的にしたがって異なる施設形態に区分される。このための法律上の組織原理は，分離の原則（行刑法第140条）及び多様化の原則（行刑法第141条）である。また，個々の施設の事物（目的指定）的，場所的管轄は，州の司法行政当局により作成された刑執行計画（行刑法第152条，刑執行規則第22条）の定めるところによる。

### 1.6.1 分離の原則

行刑法第140条は，拘禁の種類及び性別による分離を規定している。女性は男性の被収容者から分離された女性施設に収容されなければならないが，女性受刑者の数が少ないため（1995年３月31日：1577名），実務上は，主として男性施設の特別区画に収容することにより，分離が実現されている。このほか，異なる行刑目的をもつ集団が――それぞれの目的に従って――独自の必要性に適した行刑

---

88 BVerfGE98, S. 206.
89 AK-Huchting/Lehmann, 2000, §139Rdn. 2；Calliess/Müller-Dietz, 2002, Einl. Rdn. 45；Gusy, 2001, S. 26f.；Hessler, 1999, S. 41；Kirchner1999, S. 47f.

及び処分実行の展開を可能にするため，原則として，性質の異なる施設を使用できるようにすべきであるということから[90]，保安監置は自由刑のために指定された施設の分離された区画で実行される。独自の保安監置施設は，該当者数が少ないため（1995年3月31日：183名），存在しない。

受刑者が他の施設又は区画における処遇措置に参加することを可能にするため，拘禁の種類及び性別による分離の原則から離脱することが，行刑法第140条第3項により，例外的に認められている。この規定によって，立法者は，男性と女性が処遇プログラムに共同参加することを可能にした[91]。そこにおける処遇の概念は，職業訓練，補習教育，治療的処置及び開放行刑を含む広義に理解されなければならない[92]。

行刑法第140条の分離の原則は，少年裁判所法（JGG）第92条第1項によって補充され，少年刑は独立した少年刑務所で実行される。特別の施設内にある精神病棟又は禁絶施設区画への収容も行われるが，これらの二つの処分の実行は，州の司法行政には属しない。行刑法規の規制範囲に含まれず，およそ行刑法の対象ではない未決拘禁の場合は，これとは異なる。未決拘禁は，州の司法行政に属し，行政規則として連邦で統一することに合意された未決拘禁実行規則において，同じく分離の原則が採用されている。すなわち，未決拘禁実行規則第11では，独立の未決拘禁施設又は行刑施設の特別区画における分離が，同規則第12では，行刑法第140条第2項に対応する性別による分離が行われることとされ，未決拘禁の分野においても，少年犯罪者に対する独立の施設及び区画を設けること（未決拘禁実行規則第13）とされている。

### 1.6.2 多様化の原則

行刑の種類による分離に加えて，行刑施設の外部的及び内部的構造も，受刑者の異なる処遇の要求に応じて調整されなければならない。個別の必要性に応じて受刑者の配置を変えることを可能にするため，処遇施設は，多様な，つまり，様々な段階の行刑緩和及び保安的設備を有する施設，異なる規模，異なる処遇の提供が可能な施設又は特定の犯罪者集団のための特別な職員を配置した施設として，構成されなければならない[93]。行刑法は，自由刑受刑者のために，同じ分類的特徴[94]を持つ受刑者をそれぞれ異なる目的及び手法をもつ施設に配置することがで

---

90　BT-Drs. 7/3998, S. 43.
91　Dazu Schwind/Böhm, 1999, §140Rdn. 6 ; prinzipiell gegen eine nach Geschlechtern getrennte Unterbringung : Köhne, 2002, S. 221ff.
92　BT-Drs. 7/3998, S. 43.
93　Paetow, 1972, S. 10f.
94　Zur Klassifizierung siehe Kap. 5.1.2.

きるよう，設備の多様性について規定している。すなわち，行刑法第141条第1項によれば，異なる必要性に応じた処遇を行える場所が様々な施設及び施設区画に予定されなければならないとされている。

しかし，この法律は行刑における多様化の可能性を部分的に具体化しているにすぎない。行刑法第141条第2項は，閉鎖施設及び開放施設における細分化について言及し，逃走防止のための措置の強度に焦点を合わせているが，それは，とりわけ，提供される処遇の形成領域に持続的な影響を与えている。開放的及び閉鎖的設備のほかに，社会治療施設がある（行刑法第9条，第123条ないし126条）。行刑法第152条第2項では，分類施設又は分類区画について，行刑法第147条では，釈放前処遇のための分離した開放設備について，規定している。なお，行刑法第141条第1項では，どのような形態の施設を設けなければならないかについては，規定していない。そのため，それぞれの財源に応じて多様化の原則を実現することは各州の任務であり，そこでは行刑法第150条の意味における行刑共同体を形成する方法で複数の州にまたがる異なる処遇重点施設を造ることによって，可変的で効果的な処遇計画を達成することを可能にしている。

### 1.6.3 自由刑実行のための施設形態

1995年12月31日現在，ドイツ国内には総計70,838人の定員を有する221の行刑施設[95]があった[96]。分離の原則及び多様化の原則に従って自由刑の実行のために予定された施設は，およそ次のタイプに分けられる。

— 分類施設及び分類区画（行刑法第152条第2項）　ここでは，刑の開始後，処遇調査が行われ，行刑の予測が立てられる。この種の設備が存在するところでは，それぞれの処遇の必要性に応じた多様な行刑システムを有する施設への後日の移送を伴う受刑者の分類が行われる。

— 閉鎖行刑の施設（行刑法第10条第2項，第141条第2項第1選択肢）　ここでは，まず第一に確実な収容，とりわけ，長期受刑者つまり保安上危険性の高い受刑者の確実な収容を実現する。その際，立法者の意図に従えば，閉鎖的設備の内部においても，特別に危険な犯罪者は，一つにまとめられるべきものとされている[97]。これによって，他の領域における保安的措置の緩和及

---

95　Anschriften, Öffnungszeiten für Verteidiger und Besuchszeiten für Angehörige aller deutschen Justizvollzugsanstalten in : Institut für Strafverteidigung, JVA-Verzeichnis, 1999.
96　Statistisches Bundesamt, Strafvollzug —Anstalten, Bestand und Bewegung der Gefangenen 2000 Reihe 4.2, S. 8 ; Aufteilung nach Bundesländern: oben Kap. 1.5, Tabelle 1.1.
97　BT-Drs. 7/918, S. 92.

― 開放行刑の施設（行刑法第10条第1項，第141条第2項第2選択肢）　ここでは，逃走に対する予防措置を全く行わないか又は軽減することを予定している。物理的保安手段の放棄と，居室外での受刑者の常時直接的な監視を行わないことが，開放施設の特徴である。ここでの主要な目的は，閉鎖拘禁に伴う精神的－社会的なストレス要因及びこれに伴い起こり得べき有害な副作用を避けることにある[98]。

59

― 自由刑受刑者の閉鎖的収容と開放的収容との境界領域における行刑方法としての半開放施設　文献中で発展し，行刑法では採用しなかったこの概念[99]には，部分的にのみ保安的設備を有しない施設が該当する。それは同時に，施設形態が相互に流動的に移行することを示している。

60

― 特別な処遇を提供する内容的，構造的に独自な行刑形態としての社会治療施設（行刑法第9条，第123条ないし第126条）　行刑法第143条第3項第1選択肢によれば，一つの社会治療施設の定員は200名を越えるべきではないとされている。施設の要求するプロフィールが個々の場合における治療上の必要性に対応する場合には，治療を必要とし，かつ，処遇適格のある受刑者がそこで特別の処遇方法及び社会的援助を受ける。このほか，性犯罪者のための特別の社会治療的設備がある。

61

― 女性のための施設及び施設区画（行刑法第140条第2項）　ここでは，有罪判決を受けた女性が男性とは分離されて自由刑に服役する。行刑においては，女性が比較的少数であることから，これを集めて収容するための重点的設備を必要とし，それは，処遇的視点に基づく女性行刑の多様化を困難にする。行刑法第8条，第142条は，就学義務年齢に至らない子供をいわゆる母子棟において母親と共に収容することを可能にしている。行刑法第143条第3項第2選択肢では，一つの女性行刑施設の収容定員を200名に限定している。

62

― 自由社会への移行を容易にすることを目的とする釈放のための設備（行刑法第147条）　釈放準備は，独立の開放施設又は閉鎖区画とは区分された開放設備の中で行うことができる。行刑施設とは区分され，又はこれと場所的に分離されたいわゆる釈放準備棟だけではなく，該当者の帰住予定地で住宅又は集合住宅を借り上げることも，行刑法第147条の下で可能とされる[100]。

63

― 高齢者行刑の設備（行刑法第152条第3項の意味における一般的標準として

64

---

98　Dazu bereits Loos, 1970, S. 219.
99　Grunau/Tiesler, 1982, §141Rdn. 2 ; Loos, 1970, S. 12ff.
100　AK-Huchting/Lehmann, 2000, §147Rdn. 2.

の年齢）　ここでは，高齢受刑者の特別の必要性について配慮することができる[101]。
—　代替自由刑服役のための設備　ここでは，罰金刑を言い渡された者がこれを納付できない場合（刑法典第43条），刑執行官庁により命じられた短期の代替自由刑に服する。「軽刑務所」（Gefängnis light）と呼ばれる拘禁施設は，軽度の保安規準を明示し，また，自由時間活動の可能性を縮減し，長期の職業訓練及び補習訓練措置を行わないことで，拘禁費用を低減させる[102]。

### 1.6.4　任務の複合性

　分離の原則に従えば，行刑の形成（Ausgestaltung）に当たり，それぞれの行刑目的に対してより適切に配慮するためには，制裁の種類が異なるに応じて異なる施設で実行されなければならないはずである。しかし，行刑法第140条第1項自体が，既に自由刑のための施設内の特別区画において，保安監置が実行できることを規定している。また，性別による受刑者の分離についても，女性の収容がしばしば男性施設の特別区画において行われている。

　さらに，自由刑を担当する行刑施設は，その他の行刑領域においても，多くの任務を遂行する。少年裁判所法第92条第2項により，18歳を過ぎ，もはや少年行刑に適さない受刑者について，少年刑を実行することがその一つである。さらに，行刑法第167条によれば，連邦国防軍から有罪判決を受けた者が除隊された場合，その営倉刑は行刑施設において実行されなければならない。未決拘禁施設は幾つかの大都市にしか存在しないので，未決拘禁実行規則第11条第2項により，通常，未決拘禁は，自由刑を担当する施設の分離した区画（刑事訴訟法第119条第1項）において実行される。そこではさらに，引渡拘禁の執行（Durchführung）も行うが，それは，刑事事件における国際共助に関する法律（Gesetz über die internationale Rechtshilfe in Strafsachen）（IRG）第27条により，その限りにおいて，未決拘禁に関する刑事訴訟法の規定が準用されるからである。さらに，行刑施設においては，裁判所により命じられた秩序拘留，保全拘留，強制拘留及び強要拘留（行刑法第171条以下）の実行も行われる。同じく，行刑法第185条（旧規定－訳注）により，外国人法（AuslG）第57条の意味における強制退去拘禁（Abschie-

---

101　Dazu Kaiser/Schöch, 2002, S. 443ff.；zur einzigen Einrichtung in der Zweiganstalt Singen: Süddeutsche Zeitung v. 8.8.1994, S. 3；ZfStrVo1995, S. 299；Schramke, 1996, S. 315ff.；zur Alterskriminalität: Kreuzer/Hürlimann, 1992；Laubenthal, 1990a, S. 36ff.
102　Vgl. Informationsdienst　Straffälligenhilfe 3/1999, S. 15；ZfStrVo2001, S. 115；krit. Streng, 2001, S. 71f.

bungshaft）のための官庁共助の場合にも適用される。

　このような任務の複合性は，行刑施設の実務においては——1995年12月31日現在のドイツにおける被収容者数（少年を除く。）が示すように——自由刑を実行する行刑形態が支配的であるにもかかわらず，行刑の効果を損なう危険をはらんでいる。

表1．2．　2000年12月31日現在の被収容者数（少年を除く。）

| | |
|---|---:|
| 自由刑 | 42,935 |
| 保安監置 | 251 |
| 営倉 | 7 |
| 少年裁判所法第92項第2項による少年刑 | 1,644 |
| 未決勾留 | 17,252 |
| 強制退去拘禁 | 2,001 |
| その他の自由剥奪 | 786 |

出典：連邦統計局，行刑編2000年第4巻2号16頁以下

　一つの行刑施設において——分離の原則に逆行する——多様な自由剥奪を実行することは，行刑の形成において，確実に均一性を生む結果となる[103]。なぜならば，様々な区画に分離することが，収容に関して実現され得たとしても，その他の行刑形成の領域においてそれを実現することは，必ずしも容易ではないからである。加えて，短期の拘禁，特に未決拘禁においては，頻繁に被収容者の変動があり，多数の者が入所し又は出所する（2000年中にドイツの行刑施設で記録された入所人員447,614人，出所人員446,836人[104]）。このことは，組織的－技術的側面において施設の負担となり，自由刑の実行及びこれと密接に関係する処遇の提供に悪い影響をもたらしかねない。

## 1．7　行刑人口

　2001年3月31日現在，ドイツにおいては，自由刑を実行中の被収容者は52,939人，少年刑を実行中の者は7,482人である。同じ時期に，保安監置者は，州の司法実行施設に257人収容されていた（表1．3．参照）。

---

103　Siehe dazu Calliess, 1992, S. 40.
104　Statistisches Bundesamt, Strafvollzug 2000 Reihe 4．2，S. 16f.

表1.3. 2001年3月31日現在の各州における行刑種類別被収容者数

|  | 自由刑 | 少年刑 | 保安監置 |
|---|---|---|---|
| バーデン-ヴュルテンベルク | 5,323 | 525 | 43 |
| バイエルン | 7,520 | 757 | 56 |
| ベルリン | 3,617 | 364 | 11 |
| ブランデンブルク | 1,521 | 399 | - |
| ブレーメン | 501 | 108 | - |
| ハンブルク | 2,115 | 99 | 1 |
| ヘッセン | 4,042 | 472 | 22 |
| メクレンブルク-フォアポンメルン | 998 | 337 | - |
| ニーダーザクセン | 4,642 | 722 | 22 |
| ノルトライン-ヴェストファーレン | 12,607 | 1,439 | 96 |
| ラインラント-ファルツ | 2,707 | 498 | - |
| ザールラント | 571 | 103 | - |
| ザクセン | 2,798 | 716 | - |
| ザクセン-アンハルト | 1,521 | 509 | - |
| シュレスヴィヒ-ホルシュタイン | 1,125 | 140 | 6 |
| チューリンゲン | 1,331 | 294 | - |

出典：連邦統計局，行刑編，2001年3月31日における受刑者の人口統計学的及び刑事学的特徴，第4巻2号7頁

　1960年代末の制裁法の改革以来，不正行為に対して，自由剥奪を伴う制裁を抑止し，収容を伴わない外来的方法による制裁方法を採ることに有利に作用する刑事政策的取組が発展してきたにもかかわらず，被収容者数が継続的に減少する方向へは進まなかった。被収容者数が最も少なかったのは1975年（いずれも3月31日現在）で，28,840人の自由刑受刑者がおり[105]，この数は80年代半ばまで確実に増加したが，その後波状的な動きを示し，1991年まで再び減少した。1992年から被収容者統計は全ドイツについて行われている。1992年から2000年までについて見る限り，被収容者数は継続的に増加し，2001年にはわずかな減少が見られるが（表1.4.参照），その刑事政策的背景はまだ明らかにされていない[106]。

---

105　Statistisches Bundesamt, Strafvollzug 1991 Reihe 4．1，S．7．
106　Cornel, 2002, S. 43.

第1章　行刑の基礎

表1.4.　1982年～2001年, 各3月31日現在, 自由刑の言渡しを受けた被収容者数

| 年 | 被収容者数 | 男子 | 女子 |
| --- | --- | --- | --- |
| 1982 | 38,620 | 37,322 | 1,298 |
| 1983 | 40,819 | 39,424 | 1,395 |
| 1984 | 42,140 | 40,661 | 1,479 |
| 1985 | 41,852 | 40,397 | 1,455 |
| 1986 | 39,407 | 37,949 | 1,458 |
| 1987 | 36,987 | 35,611 | 1,376 |
| 1988 | 36,076 | 34,734 | 1,342 |
| 1989 | 36,101 | 34,619 | 1,482 |
| 1990 | 34,799 | 33,334 | 1,465 |
| 1991 | 33,392 | 32,002 | 1,390 |
| 1992 | 35,401 | 33,940 | 1,461 |
| 1993 | 37,128 | 35,647 | 1,481 |
| 1994 | 39,327 | 37,714 | 1,613 |
| 1995 | 41,353 | 39,776 | 1,577 |
| 1996 | 43,475 | 41,793 | 1,682 |
| 1997 | 45,718 | 43,962 | 1,756 |
| 1998 | 50,021 | 47,916 | 2,105 |
| 1999 | 52,351 | 50,081 | 2,270 |
| 2000 | 53,183 | 51,001 | 2,182 |
| 2001 | 52,939 | 50,630 | 2,309 |

出典：連邦統計局, 行刑編, 1982－2001

　被収容者比率（＝刑罰有責人口10万人に対する受刑者, 刑事上の被収容者及び未決拘禁者の総合計数）のヨーロッパ国際比較によれば, 1999年現在, ドイツ連邦共和国は, およそ中位にある。（表1.5.参照）

表1.5. 1999年,ヨーロッパにおける被収容者比率

| 国 | 人口10万人当たり被収容者比率 |
|---|---|
| アルバニア | 85 |
| アンドラ | 30 |
| アルメニア | 200 |
| アゼルバイジャン | 325 |
| ベルギー | 80 |
| ボスニア－ヘルツェゴビナ | 35 |
| ブルガリア | 145 |
| デンマーク | 65 |
| ドイツ | 95 |
| エストニア | 310 |
| フィンランド | 45 |
| フランス | 90 |
| グルジア | 190 |
| ギリシャ | 70 |
| イギリス | 125 |
| アイルランド | 80 |
| アイスランド | 35 |
| イタリア | 90 |
| クロアチア | 50 |
| ラトヴィア | 360 |
| リヒテンシュタイン | 75 |
| リトアニア | 385 |
| ルクセンブルク | 90 |
| マルタ | 70 |
| マケドニア | 55 |
| モルドバ | 275 |
| モナコ | 40 |
| オランダ | 90 |
| ノルウェー | 60 |
| オーストリア | 85 |
| ポーランド | 145 |
| ルーマニア | 220 |
| ロシア | 730 |
| ポルトガル | 130 |

| | |
|---|---:|
| スウェーデン | 60 |
| スイス | 85 |
| スロヴァキア | 125 |
| スロヴェニア | 50 |
| スペイン | 110 |
| チェコ | 225 |
| トルコ | 100 |
| ウクライナ | 430 |
| ハンガリー | 150 |
| ベラルーシ | 575 |
| キプロス | 40 |

出典：Walmsley, World Prison Popilation List, 2000.

ドイツにおける受刑者の言渡刑期別の分類では，5年以上が14.3パーセントである。約4分の1が2年以上5年未満の自由刑に処されている（表1．6．）。

表1．6． 2001年3月31日現在の自由刑刑期別受刑者

| 行刑期間 | 受刑者数 | パーセント |
|---|---:|---:|
| 1月未満 | 738 | 1.4 |
| 1月以上3月未満 | 4,343 | 8.2 |
| 3月以上6月未満 | 7,232 | 13.7 |
| 6月以上9月まで | 6,320 | 11.9 |
| 9月を越え1年まで | 4,736 | 8.9 |
| 1年を越え2年まで | 9,147 | 17.3 |
| 2年を越え5年まで | 12,850 | 24.3 |
| 5年を越え10年まで | 4,867 | 9.2 |
| 10年を越え15年まで | 1,048 | 2.0 |
| 終身自由刑 | 1,658 | 3.1 |

出典：連邦統計局，行刑編，受刑者の人口統計学的及び刑事学的特徴
　　　2001年　第4番1号10頁以下

受刑者の年齢構成は人口の年齢分布を反映していない。2001年3月31日現在，行刑施設で服役中の自由刑受刑者の32.4％が30歳未満である。少年刑に服してい

る者を含めれば，30歳未満が全受刑者の40.7%になる。60歳以上は，自由刑受刑者の2.4%であり，極めて小さい集団を形成している（表１．７．）。

表１．７． 2001年３月31日現在年齢構成別受刑者数

| 年齢構成 | 合計 | | 男子 | | 女子 | |
|---|---|---|---|---|---|---|
| | 数 | 比率 | 数 | 比率 | 数 | 比率 |
| 18歳～21歳未満 | 189 | 0.4 | 170 | 0.3 | 19 | 0.8 |
| 21歳～25歳未満 | 5,513 | 10.4 | 5,346 | 10.6 | 167 | 7.2 |
| 25歳～30歳未満 | 11,460 | 21.6 | 11,019 | 21.8 | 441 | 19.1 |
| 30歳～40歳未満 | 19,895 | 37.6 | 19,027 | 37.6 | 868 | 37.6 |
| 40歳～50歳未満 | 10,535 | 19.9 | 9,983 | 19.7 | 552 | 23.9 |
| 50歳～60歳未満 | 4,055 | 7.7 | 3,851 | 7.6 | 204 | 8.8 |
| 60歳以上 | 1,292 | 2.4 | 1,234 | 2.4 | 58 | 2.5 |

出典：連邦統計局，行刑編，受刑者の人口統計学的及び刑事学的特徴
　　　2001年,第４巻１号８頁以下

　受刑者の男女別年齢構成の比較では，女子の場合，若干年齢が高くなる傾向が認められる。
　自由刑受刑者中に占める外国人数は（表１．８．），20世紀の80年代及び90年代において明らかに増加している。80年代を通じて，外国人の割合はほぼ10%であったが，90年代の初頭から飛躍的に増加している。2001年においては，自由刑受刑者の５人に１人以上が外国人であるが[107]，2000年以降は，若干の減少を示している。

---

107　Zur vollzuglichen Ausländerproblematik siehe Kap. 5．1．7．

表1.8. 1982年以降の外国人受刑者の増加（各3月31日現在）

| 年 | 受刑者 | ドイツ人 | 数 | 外国人比率 |
| --- | --- | --- | --- | --- |
| 1982 | 38,620 | 34,897 | 3,723 | 9.6 |
| 1983 | 40,819 | 36,845 | 3,974 | 9.7 |
| 1984 | 42,410 | 37,997 | 4,143 | 9.8 |
| 1985 | 41,852 | 37,785 | 4,067 | 9.7 |
| 1986 | 39,407 | 35,667 | 3,740 | 9.5 |
| 1987 | 36,987 | 33,325 | 3,662 | 9.9 |
| 1988 | 36,076 | 32,344 | 3,732 | 10.3 |
| 1989 | 36,101 | 32,000 | 4,101 | 11.4 |
| 1990 | 34,799 | 30,432 | 4,367 | 12.5 |
| 1991 | 33,392 | 28,757 | 4,635 | 13.9 |
| 1992 | 35,401 | 30,076 | 5,325 | 15.0 |
| 1993 | 37,128 | 30,739 | 6,389 | 17.2 |
| 1994 | 39,327 | 31,447 | 7,880 | 20.0 |
| 1995 | 41,353 | 32,428 | 8,925 | 21.6 |
| 1996 | 43,475 | 33,686 | 9,789 | 22.5 |
| 1997 | 45,718 | 34,720 | 10,998 | 24.0 |
| 1998 | 50,021 | 37,788 | 12,233 | 24.5 |
| 1999 | 52,351 | 39,597 | 12,754 | 24.4 |
| 2000 | 53,183 | 40,555 | 12,628 | 23.7 |
| 2001 | 52,939 | 40,810 | 12,129 | 22.9 |

出典：連邦統計局，行刑編，1982-2001

　犯罪行為別の受刑者比率（表1.9.）では，窃盗及び横領が第一位を占め，これに強盗，恐喝及びその他の財産犯罪が続くことが明らかである。窃盗及び横領の犯罪グループの場合，2001年，11,133人の服役者数であり，刑法典第244条第1項第3号による住居侵入を含む刑法典第242条，243条第1項第2切第1号の侵入窃盗罪で処罰された者の多くの部分を占めている。道路交通に係る犯罪で自由刑に処せられた者の49.9%は，本人の酩酊によるものであった。他の法律による犯罪の分野では，圧倒的に多いのが麻薬法違反（84.9%）に関係するものであった。なお，2001年以前のDDR時代の犯罪により服役中の者は，主として生命に対する罪により自由刑に処されたことによるものである[108]。

表1.9. 2001年3月31日現在，犯罪行為別自由刑受刑者数

| 犯罪行為類別 | 自由刑受刑者数 | 比率 |
| --- | --- | --- |
| 国家，公共の秩序及び公務中の犯罪 | | |
| （刑法典 §§ 80 – 168, 331 – 357） | 814 | 1.5 |
| 性的自己決定権に対する犯罪 | | |
| （刑法典 §§ 174 – 184b） | 2,471 | 8.1 |
| 侮辱（刑法典 §§ 185 – 189） | 142 | 0.3 |
| 生命に対する犯罪（刑法典 §§ 211 – 222） | 4,101 | 7.7 |
| 身体傷害（刑法典 §§ 223 – 230） | 4,053 | 7.7 |
| 個人の自由に対する犯罪 | | |
| （刑法典 §§ 234 – 241a） | 670 | 1.3 |
| 人身に対するその他の犯罪行為 | | |
| （刑法典 §§ 169 – 173, 201 – 204） | 474 | 0.9 |
| 窃盗及び横領（刑法典 §§ 242 – 248c） | 11,133 | 21.0 |
| 強盗，恐喝，自動車運転者への強盗的攻撃 | | |
| （刑法典 §§ 249 – 256, 316a） | 6,082 | 11.5 |
| 犯人庇護，ぞう物取得（刑法典 §§ 257 – 261） | 371 | 0.7 |
| 詐欺，背任（刑法典 §§ 263 – 266b） | 4,669 | 8.8 |
| 文書偽造（刑法典 §§ 267 – 281） | 1,233 | 2.3 |
| 財産に対するその他の犯罪 | | |
| （刑法典 §§ 283 – 305a） | 176 | 0.3 |
| 公共の安全に対する犯罪 | | |
| （刑法典 §§ 306 – 323c, 316a を除く。） | 742 | 1.4 |
| 環境に対する犯罪（刑法典 §§ 324 – 330a） | 25 | 0.05 |
| 交通犯罪 | 4,399 | 8.3 |
| 他の法律における犯罪(刑法及び道交法を除く。) | 9,477 | 17.9 |
| 前 DDR の犯罪による刑確定者 | 107 | 0.2 |

出典：連邦統計局，行刑編，2001年における受刑者の人口統計学的及び刑事学的特徴，第4巻1号16頁

　受刑者が新たに罪を犯すことなく，社会的責任のある生き方ができることを可能にするという目的（行刑法第2条第1切）を持つ処遇行刑に対する特別予防的

108 Statistisches Bundesamt, Strafvollzug—Demographische und kriminologische Merkmale der Strafgefangenen 2001, S. 16.

効果への期待は，被収容者の刑法上及び行刑上の前歴（Vorbelastungen）を見るとき，明らかに低いものとなる。

2001年3月31日現在における受刑者及び保安拘禁者の60.6％が前科を有している。成人施設において自由刑の実行を受けている者のみについて見れば，前科者の比率は64.1％である。この場合特に問題とすべきは，少年刑受刑者及び自由刑受刑者である。行刑施設で自由刑を服役中の受刑者の49.4％が収容経験を有する。再入所は，釈放後1年以内に12.1％，2年以内に10.1％，3年ないし5年以内に11.7％，5年以後に8.3％となっている[109]。

前科比率（Vorbestraftenquote）は，再犯比率（Rückfallqupte）と混同されてはならない[110]。評価研究[111]が再犯比率を明らかにすることを試みているが，そこでは，行刑処遇の成功の有無を，予測的に，合法性の基準そのものによって，又は新たな有罪判決に基づく行刑への再入がないことによって判定する。しかし，現在までのところ，連邦全土にわたる包括的な再犯調査は行われていない。これまでは，被収容者の一部分について[112]，つまり，特定の行刑形態（例えば，社会的治療施設における処遇[113]）又は処遇措置（例えば，学校教育及び職業訓練[114]）への参加者だけが調査の対象とされていた[115]。連邦検事総長により明らかにされる連邦再犯統計――これまでのところ1990年の報告だけである――も処遇行刑の効果を判定する手掛かりとなるが，そこでは，連邦中央記録に登録されてから6年を経過した後，新たに公式の制裁を受けた年次が調査されている（例えば，1990年の再犯統計では，再犯比率は50.9％，新たに自由刑を言い渡された者は33％であった）[116]。

## 1.8　行刑法の問題性及び不完全性

行刑法は，1977年1月1日に施行されたことで，「未完成の法律」となってしまった[117]。近代的な処遇概念に従ったこの法律は，受刑者の確実な収容という必

---

109　Statistisches Bundesamt, Strafvollzug ―Demographische und kriminologische Merkmale der Strafgefangenen 2001, S. 14.
110　Zur Rückfallkriminalität : Hermann/Kerner, 1988, S. 485ff. ; Kerner, 1996, S. 3 ff.
111　Zur Methodik der Evaluationsforschung : Kury, 1986, S. 89ff.
112　Siehe z. B. Baumann/Maetze/Mey, 1983, S. 133ff. ; Berckhauer/Hasenpusch, 1982, S. 281 ff. ; Dolde/Grübl, 1996, S. 219ff. ; Kerner/Janssen, 1996, S. 137ff.
113　Dazu in Kap. 5．5．4．
114　Siehe z. B. Geissler, 1991, S. 25ff., S. 245ff.
115　Dazu auch Egg/Pearson/Cleland/Lipton, 2001, S. 321ff. ; Walter M., 1999, S. 322ff.
116　Rückfallstatistik '90, Berlin 1992.
117　Müller-Dietz, 1978, S. 76 ; siehe auch Laubenthal, 1995, S. 346f.

要条件に圧倒的に方向付けられている行刑の現実に直面した。施設職員は，法律に定める準則に応じて修正された組織制度に適応するとともに，行刑目的の変更に応じた新たな行動様式を習得しなければならなかったばかりでなく，現存する司法実行施設も──19世紀に設立されたものもあり──保安的視点を重視して構想されたものであった。このことは，とりわけ，パノプチコン的（一目で見渡せる）建築様式について妥当し，それは，中央からすべての翼部が出ており，監房の扉が見通せるものである。行刑法第139条，第141条第1項により，連邦各州は，受刑者の多様な必要性に応じて調整された処遇を実現するため，異なる種類の施設を設置しなければならなかったが，財政的考慮から既存の施設が引き続き使用され，規範的な準則に合わせた改造によらざるを得なかった。

　立法者は，行刑の本質的問題領域を具体的に規定することなく放置し，又はこれらを後日の立法的決定に留保した。このことは，正に行刑法上の処遇概念について妥当し，法律はこれを定義していない。さらに，処遇方法についての完成したカタログも含まれていない。立法者は，行刑の過渡的状況を考慮に入れ「実務的及び学問的な今後の発展にゆだねるべき個々の方法論的問題に介入することなく」多様な処遇措置を採ることができるよう定義することを選択したのである[118]。　80

　行刑法における開かれた処遇概念は，処遇形式及び処遇方法の継続的な──学問的にコントロールされた──検証及び発展に役立つとしても，他方，個別的規定の施行に関する規定（行刑法第198条）及び行刑法第199条ないし第201条の経過規定は，処遇上の観点から形成されるべき行刑の実現を事実上危うくする。なぜならば，現存する施設を法律上の基本構想に応じて改装するには，作業，社会保障，職業訓練及び補習教育のために高額の費用を要することから，立法者は，まず行刑法第198条中に列挙された規定を施行するための段階的計画を定め，その間における経過規定を設けた（行刑法第199条以下）。しかし，立法機関は，自らに課した期限について，その一部を順守していない（例えば，行刑法第41条第3項により，私企業経営工場に受刑者が就業する際にその同意を必要とする旨の規定の施行について，行刑法第198条第4項により，1983年12月31日までに必要とされていた決定が今日なお行われていない。）のである。　81

　時期の限定された経過規定のうち，施行に関して新たな法律によるべきものは，この場合区別して考えなければならない。行刑法は，その限りにおいて，立法上の特殊性を有している。すなわち，第198条第3項では──時期的な定めをせずに──州の予算を必要とする諸規定（例えば，受刑者の医療保険及び年金保険への加入，給付）が特別の連邦法の発布まで延期されている。しかし，行刑法第198　82

---

118　BT-Drs. 7/918, S. 45.

条第3項に掲げられた規定のいずれも，いまだ特別の連邦法による施行には至っていない。このように，立法者が当初自らを義務づけること[119]により達成しようとした改革継続の道は，実現されていない。つまり，行刑改革は，その限りにおいて，なお法的拘束力を持たないプログラム規定のままである[120]。このような立法的措置の法的性格についての問題——その施行について内容を拘束する効果を伴うことなく，将来の法律的規制に留保されたままの規定を設けること——にかかわりなく，必要な連邦法の制定が，非常に長い間，今日に至るまで延期されることはないであろうということについて，意見が一致していたことは確かである[121]。それは，立法者自ら経過規定を作り，暫定的なものとしていたことからもうかがえる。

その建設が行刑法の施行前に開始されていたいわゆる旧施設のための経過規定は，行刑法第201条にある。これにより，行刑法施行時に存在した建物，職員及び組織の状況が考慮されるべきことになる。

つまり，1985年12月31日までは，施設の具体的状況がそれを必要とする場合，行刑法第10条の規定にかかわらず，被収容者の収容を専ら閉鎖行刑で行うことができた。行刑法第141条の多様化の原則に関係する経過規定に基づく期間設定は，1981年12月22日の財政構造改善法第22条[122]により削除された。1977年1月1日以前に建設された行刑施設において，場所，職員及び組織的な状況が開放的行刑形態を許さない場合，そこでは，引き続きすべての受刑者を閉鎖行刑で収容することになる。

重要な処遇措置の実現が，財政的，物理的制約を背景に，このように後退することは，処遇行刑の社会化の可能性を減退させる。とりわけ，それは，予定された最低限の重要な基準に適合するために，なお相当な財政支出を必要とする新たな連邦諸州内の行刑施設に該当する[123]。

行刑法198条以下の経過規定は——個々の規定の施行について定められた時期の徒過及びこれに伴う行刑法第198条第3項の意味における特別の連邦法の発布へのイニシアチブの欠如した状況の存続と結び付いて——国の自己規律の信頼性に対する信用を損なうだけにとどまらない[124]。乏しい財政のために，「未完の作

---

119　AK-Feest, 2000, §198 Rdn. 4.
120　Böhm, 2002, S. 94.
121　Siehe　AK-Feest, 2000, §198 Rdn. 4；Calliess/Müller-Dietz, 2002, §198 Rdn. 3；Schwind/Böhm/Matzke, 1999, §198.
122　BGBl, I 1981, S. 1523.
123　Dazu Dünkel F., 1993a, S. 37ff.；Essig, 2000, S. 225ff.；Freise, 2001, S. 83ff.
124　AK-Feest, 2000, §198 Rdn. 5.

品(トルソ)」としての1977年行刑法は,「廃墟」となるおそれさえある[125]。現在施行されている法律は,ドイツ行刑の包括的な法律的基盤を求める長い持続的な努力の過程のなかで,これまでのところ,部分的な成果をもたらしているにすぎない[126]。

---

125 Calliess/Müller-Dietz, 2002, §198Rdn. 1, §201Rdn. 2 ; Dünkel F., 1996, S. 519 ; Laubenthal, 1995, S. 346.
126 Dazu auch Arloth, 2001, S. 310.

# 第2章　歴史的発展

　一般的理解に従えば、近代的特徴を持つ自由刑は、16世紀の後半に始まる[1]。その当時、イギリス及びオランダにおいて拘禁施設が設立され、その中での自由剥奪は、労働と秩序及びこれに伴う合法的生活のため、受刑者を計画的に教育する目的に奉仕すべきであるとされた。犯罪者の改善及び社会への復帰を目指す自由刑の発展は、行われた不正に対する報復及び法違反者の無害化という思想の支配したローマ、ゲルマン及びフランク刑法における刑罰目的とは対照的である。

85

## 2.1　自由刑の成立

　犯罪者を拘禁することは、中世の終わりまでは、主として刑罰手続のための単なる拘置及びこれに引き続く身体刑又は生命刑の執行のために用いられた[2]。

86

　ローマ法には、公式の刑罰拘禁はなく、「物」としての奴隷がその主人から自由剥奪を科されることがあったにすぎない。帝政時代においては、「牢獄は人間を拘禁するためのもので、罰するために存在するものではない」(Carcer enim ad continendos homines non ad puniendos haberi debet)[3]というウルピアヌス（Ulpian－ローマ時代の法学者）の言葉が原理的に妥当した。それにもかかわらず、自由刑は既に一種の恣意的な処置として存在した。死刑の執行を行わないことで執行のための拘禁を無期の拘置（perpetuavincula）に変換することができたのである[4]。

　死刑判決言渡しの抑制は、フランク法においても、813年カール大帝の指示により行うことを許されたが、そこでは、犯罪者が「良い国民」(boni generis)に改善するまでの間、自由剥奪を命じることとされた——それは、包括的命令に基

87

---

1　Siehe für viele v. Dolsperg, 1928, S. 46ff. ; v. Hippel, 1928, S. 10 ; Krause, 1999, S. 30ff. ; Kürzinger, 1984, S. 1741 ; Mittermaier W., 1954, S. 17 ; Schwind, 1988, S. 3 ; krit. Deimling, 1995, S. 42ff.
2　Kriegsmann, 1912, S. 2.
3　Ulpian Dig. 48, 19, 8, 9.
4　Mommsen, 1899, S. 961.

45

づく改善目的を伴う自由刑科罰の最初の証明可能な起源である。さらに，この命令では，それぞれの代官の管轄区（Grafschaft）に牢獄（Kerker）が存在すべきこととされた[5]。

88　4世紀以降確立した修道院拘禁（Klosterhaft）[6]という制裁形態は，自由刑の成立に重要な影響を及ぼした。本来そこでは，罪を犯した修道士が修道院での贖罪の行に服するため，労作場に隔離されたのである。9世紀及び10世紀以降，処罰された修道士に対する監禁は，次第に世俗の宗教家及び平信徒に対する普通法的－教会法的な刑罰へと変化し，当初は修道院の牢獄で，後に修道院とは分離された特別の牢獄で罪が償われるべきこととされた[7]。修道院拘禁では有期又は終身の言渡しが行われ，制裁を受けた者の内面的な改善を期待した――ad agendam poenitentiam。本来の目的は贖罪と改悛のための罰であるべきであったが，独自の修道院牢獄の建造に伴い，また，数百年が経過する中で，修道院拘禁は，残酷な制裁へと変化した。自由の剥奪は，間もなく最も重い罰の一つとなり，とりわけ，無期限の牢獄拘禁（carcer perpetus）としてその生涯を刻印付けることは，ほとんど死刑にも比すべきことであった[8]。それは，さらに，その実施方法において厳しい害悪が付加されることを意味し，受刑者は水とパンで――ときには枷をはめられて――扉も窓もない地下のじめじめした部屋で何年も過ごさなければならず，また，この刑にはしばしば体罰が伴った[9]。

　もっとも，修道院拘禁には，改善を実行しようとする傾向も見られた。修道院拘禁には，教育的要素が根底にあり，とりわけ，宗教的な改悛という意味においてそうであった。罰は，修道院教育の包括的な枠内における特別の手段であることを意味したが，そこでは，本人を社会的に統合することよりも，「ごう罰（Verdammnis）の危うきにある精神の救済」[10]ということが考えられていた。

89　中世における自由の剥奪は，修道院の外ではわずかに限られた範囲においてのみ科することが威嚇され，実行された[11]。例えば，終身の拘禁は，犯罪者の生命を救済することを望んだ君主が恩恵を与えるときに選択された[12]。そして，13世紀から15世紀までの間に，領主諸侯及び諸都市もまた自由刑の制裁形態を採用することになり，違法行為に対するこの制裁形態は，とりわけ，多くの都市法で採

---

5　Vgl. dazu v. Hippel, 1928, S. 7.
6　Siehe Bohne, 1922, S. 235；Krause, 1999, S. 16f.；Krohne, 1889, S. 8.
7　Freudenthal, 1914/15, S. 84；Krauß, 1895, S. 200ff.
8　Krauß, 1895, S. 217.
9　v. Dolsperg, 1928, S. 23；Krauß, 1895, S. 214.
10　Dahm, 1931, S. 292.
11　Quanter, 1905, S. 70.
12　Waitz, 1955, S. 891.

用された[13]。依然として支配的な体制であった身体刑及び生命刑との関係では，それは罰せられるべき行為に対する二次的な結果であることにとどまっていた。さらに，その実行は，何ら改善目的に奉仕するものではなかった。より正確にいえば，それは宮殿の地下，都市の城壁塔及び市庁舎又は城塞の地下牢(さい)という非人間的な条件の下で行われ，その効果において，身体刑及び生命刑の変形の一つであったということができる[14]。

「悲惨な監獄（squalor carceris）」[15]としての刑罰的害悪は，普通法（Gemeine Recht）の時代においても維持された。ウルピアヌスの原則にかんがみるとき，ローマ法の承継は，自由刑の実行の継続的発展について，全く寄与するところがなかった。例えば，1532年，レーゲンスブルクのドイツ国議会で議決されたカール5世の刑事裁判所法第13条に明示されているように，牢獄は囚人の身柄の確保に奉仕すべきものとされていた。しかし，カロリナ法典は，既に自由剥奪を一種の制裁形態として認識していた。その157条では，初犯の窃盗について，「その者は地下牢の中に数年間留め置かれ，罰されるべきである」（"soll er mit dem Kerker darinn er etlich zeitlang ligen, gesrafft werden."）と規定していた。第10条，第101条及び第192条において，「終身拘禁」（"ewiger gefengknuss"）の罰について言及しているが，その前提条件及び前文末尾の救済条項（salvatorische Klausel）に基づく科罰は，地方の慣習に留保されていた。

普通ドイツ刑法の時代は，刑罰制度が次第に緩和され，そのことは結局，自由剥奪的処置の増加をもたらした[16]。自由刑は，身体刑，生命刑及びこれらと結び付いた応報及び法違反者の無害化という刑罰目的を次第に排除するようになった。

## 2.2 近代的改善行刑の萌芽

16世紀後半において，身体刑及び生命刑を次第に期限を定めた自由剥奪に代替することが機能的使命の変更とともに行われるようになり，受刑者の改善及びその者の社会への再編入が近代自由刑の基本的目的となった。しかし，それにもかかわらず，それが身体そのものを巻き添えにするため，身体に対して「苦痛を与える（peinlich）」部分が残ることをその構成要素から取り除くことができなかった[17]。

---

13　Siehe v. Hippel, 1928, S. 8．
14　Eisenhardt, 1978, S. 25；Freudenthal, 1914/15, S. 83．
15　Schmidt Eb., 1965, S. 193．
16　v. Hippel, 1928, S. 9；Schmidt, Eb., 1965, S. 193．
17　Foucault, 1981, S. 24f．

改善行刑への発展が正にこの時期に始まったということは，本質的には，当時の社会的，宗教的及び経済的状況にその原因を求めることができる。

　とりわけ，十字軍の結果としての社会的基盤の喪失及び農村住民の貧困化の過程は，ヨーロッパを放浪する物乞いの発生を促し，その浮浪性は集団現象にまで拡大した。これに随伴する軽微な犯罪は，身体刑及び生命刑の執行ではもはやコントロールできなくなった[18]。増加する物乞いの大群に対しては——そこには多くの子供たちや若者が含まれていた——何かほかの対応策を必要とした。貧民救済との関連で全く新しい考え方が生まれたが，それは「社会的に有害な人たちを有用な人間に変えること」により，この憂慮すべき動向を克服することであった[19]。同じ時期に，カルビン主義による社会的‐宗教的刺激が生まれた。カルビン主義の職業倫理及び労働倫理は，有用労働の形を採る中での規律を通じて，浮浪性，貧困及び盗みとの厳しい戦いを要求した。無為に過ごすことは神の意思に添わないので，犯罪者は，「労働及び職業義務に対する正しい関係を保つ状態の中で，また，神に対する関係においても」厳しい労働を強制されるべきである[20]。発展しつつあった重商主義的思考は，最後には，囚人の中に安価で品質の良い労働力の大きな可能性が存在することを認めた。労働が施設内で行えるものとして企画されたことで，受刑者も，また，強制的労働から経済的利益を得ることができた[21]。

92　このように変化した自由剥奪の役割は，最初イギリスで明らかにされることになった。ロンドン市は，1555年にキング・エドワード6世から贈られたブライドウエル城に労役場を開設し，これに続く時代には，カウンティにおいて，数多くのいわゆる「矯正院（houses of corrections）」の開設が続いた。物乞い，路上生活者，売春婦及びこそ泥は，これらの労役場，作業場において，社会復帰を目指した労働の習慣を仕込まれることとなった。

93　イギリスの矯正院は，特定の社会的落伍者に対する戦いに重点が置かれていたが，正面から犯罪者に向けられた改善行刑の思想は，1595年，オランダにおいてアムステルダムの「懲治場（Tuchthuis）」が設置されることにより実現された。

　男性のための懲治場（Zuchthaus）は，1597年に女性のための「機織場（Spinhuis）」の建物を補修したものであるが，これが近代的意義における初めての行刑施設と考えら

---

18　Krohne, 1889, S. 14.
19　Freudenthal, 1914/15, S. 85.
20　Schmidt Eb., 1960, S. 7.
21　Eisenhardt, 1978, S. 31.

れている²²。この中で「規律のない（zuchtlos）」者たち約150人が小集団で共同生活した。日中これらの者は，木工作業や紡績作業に従事し，又は司牧の授業を受けた。再び共同社会の有用な構成員となるために，「矯正手段（Zuchtmittel）」としての厳しい労働及び宗教を通じて改善され，社会生活に順応すべきであるとされた²³。有罪判決を受けた者が改善され社会共同体に復帰するという目的設定を困難にする処罰に伴うスティグマに関していえば，懲治場への収容は，他の刑罰とは異なり，何ら名誉を傷付ける効果をもたらすものではなかった。被収容者はその労働に対して特別手当を受け，その一部は出所時に支払われた²⁴。

アムステルダムの改善行刑は，間もなく，他のヨーロッパ諸国における刑務所建設のための模範的機能²⁵を獲得した。オランダのモデルに対応して，17世紀の初頭，アムステルダムと交流のあったハンザ都市のブレーメン，リューベック，ハンブルク及びダンチッヒにおいて，懲治場が開設されることとなった。スパンダウ，ベルリンのような他のドイツの諸都市もこれに続き，18世紀末ごろには，ドイツには約60の懲治場及び労作場（Arbeitshaus）が存在した²⁶。

しかしながら，教育及び改善を目的とした懲治場のほかに，単なる応報思想に基礎を置く自由剥奪も依然として存在し続けた。それは，身体刑及び生命刑が後退した後，かつての未決拘禁及び死刑執行前拘禁（Exekutionshaft）から発展したもので，定例的に言い渡される制裁形態であった²⁷。無為に牢獄（Kerker）及び地下牢（Verlies）に幽閉する残酷な行刑は，拘禁と結び付いた一種の生命刑の性格を有するものであった。

懲治場そのものも，既に17世紀には明らかに衰退の道を歩み始めていた。それは，ドイツにおける30年戦争の混乱の結果もたらされたものであった。施設事情の悪化にとって重要な意味を有したのは——改善思想の後退と結び付いて——施設が労作場，救貧院（Armenhaus），孤児院（Waisenhaus）及び精神病院（Irrenhaus）としての多重的機能を持ったことであった。重商主義的思想は，労働を通じての改善という本来の行刑目的が最終的には経済的利益至上主義の背後に退

---

22　v. Dolsperg, 1928, S. 46ff. ; Freudenthal, 1914/15, S. 85 ; v. Hippel, 1898, S. 437ff. ; Mittermaier W. , 1954, S. 17 ; Radbruch, 1950, S. 116 ; Seggelke, 1928, S. 40ff. ; dagegen ordnet Deimling, 1995, S. 72, sowohl Bridewell als auch die Amsterdamer Einrichtung noch den Institutionen der Armenpflege zu.
23　Bienert, 1996, S. 142ff. ; v. Hippel, 1898, S. 51.
24　v. Hippel, 1928, S. 10f.
25　Krohne, 1889, S. 27.
26　Freudenthal, 1914/15, S. 86.
27　Schmidt Eb. , 1965, S. 193f.

くという結果をもたらした。懲治場は，私企業に賃貸され，そこでは，利益の追求が重要であって，受刑者の社会的統合のための処置を促進することは，重要とはされなかった[28]。加えて，施設は総じて過剰収容となり，男性，女性，青年及び少年が非衛生的な環境の狭い部屋に一緒に収容された。

96 　17世紀末には，語義の変化が顕著になる。法違反者に対する教育的感化のための処分であって不名誉な処分ではないものと理解されていた懲治場罰は，次第に牢獄（Carcer）に比べて，より厳しい制裁形態と見なされるようになる。18世紀に入ると，監獄（Gefängnis）は，ついに「汚物溜まり（Kloake），犯罪学校，売春宿（Bordell），賭博場（Speilhölle），居酒屋（Schnapskneipe）になり，犯罪に挑戦する刑法に奉仕する施設とは全く異なる」ものになる[29]。この時期においてもなお改善行刑の一貫した実行がごくわずかな施設において行われていた。これに数えられるものとして，例えば，1703年，法王クレメンス11世によりローマのサンミケーレ（San Michele）に設立された「不良少年の家（Böse-Buben-Haus）」及び1775年，ガン（Gent－ベルギー北西部の河港都市）に開設された「徒刑場（Maison de Force）」がある[30]。

## 2.3 19世紀における改革

97 　監獄制度の衰微及びそれと並行して生まれた施設内の不都合な状況は，18世紀中に改革への熱心な試みを生み，それは19世紀に入ってから，とりわけ，北アメリカ，イギリス及びドイツの一部都市において，行刑の改革（Erneuerung des Strafvollzugs）をもたらすことになった。

98 　自由刑の発展に対しては，拷問，身体刑及び生命刑の最終的な抑止を要求し，それを実現したカント以前の啓蒙哲学が影響を与えた。既に彼以前にモンテスキューが1748年にその著作「法の精神（De l'esprit des lois）」[31]で述べており，また，ミラノの哲学者チェザーレ・ベッカリーアも，1764年に表した著書「犯罪と刑罰（Dei delitti e delle pene）」の中で，適正な刑罰についての支持を表明している。ルソーの全体的社会契約説がなお死刑の正当性を承認する[32]のに対して，ベッカリーアによれば，市民は法律で罰せられることとされている行為のために，身体や生命ではなく，その自由の一部を国家にその担保として提供しているにす

---

28　Schwind, 1988, S. 6 ; siehe dazu auch Rusche/Kirchheimer, 1974, S. 38ff.
29　Krohne, 1889, S. 22.
30　Wahlberg, 1888, S. 88.
31　Buch VI, Kap. 9 , Ausgabe Görlitz, 1804.
32　Du Contract Social ou Principes du Droit Politique, Ausgabe Paris. Band II. 5 . 1824.

ぎないとする（部分的社会契約）[33]。

こうして，自由刑は，19世紀には国の刑事罰における通常の形態となったが，ハワードとワグニッツによる実情分析がその新しい形成に重要な刺激を与えた。イギリス人ジョン・ハワードは，長年にわたり多くのヨーロッパの施設を調査した後，監獄はただ囚人の拘禁だけに奉仕すべきではなく，その中での労働と厳格な道徳的規律により犯罪者の教育を実現しなければならないという確信に達した。1777年に公刊したその著書「イングランド及びウェールズにおける監獄の状態（The State of the Prisons in England and Wales）」において，彼は改善行刑についての構想を立案した。「人を勤勉にすれば，正直になる。」という基本思想に従い，ハワードは次の提案をした。

— 犯罪性の相互伝播を防止するための独居拘禁
— 賃金の支払いを伴う労働の強制
— 釈放時のための賃金の一部積立ての義務化
— 施設における衛生的状態の実現
— 善行による刑期の短縮を含む特典を獲得できる累進制の導入[34]

ドイツでは，ハワードの著作をハレ出身の施設牧師ハインリッヒ・ワグニッツが広めた。この人は，改善思想と取り組み，1791年に表した著書「ドイツにおける注目すべき監獄の歴史的情報及び観察」において，同じく有用な労働による犯罪者の改善を支持した[35]。

## 2.3.1 北アメリカの行刑制度

ハワードの影響の下に，18世紀末，英国において最初の独居監獄（Zellengefängnisse）が建設されることとなった[36]が，その考え方を採用して行刑の発展にとりわけ重要な影響を与えたのは，北アメリカの監獄改良運動であった[37]。

ペンシルベニア州における監獄改良のため，1787年に設立された「公立刑務所の悲惨な状態を緩和するためのフィラデルフィア協会（Philadelphia Society for Alleviating the Miseries of Public Prisons）」[38]は，ハワードと文通による連絡を

---

33　Dei delitti e delle pene, Ausgabe Milano, 1911, S. 21ff.
34　Howard, Ausgabe Leipzig, 1780, S. 69, 162ff.
35　Wagnitz, 1791, S. 15.
36　Kriegsmann, 1912, S. 29.
37　Siehe auch Krause, 1999, S. 69.
38　Dazu Roberts, 1997, S. 24f.

していた。この監獄協会のイニシアチブにより，1822年から1825年までの間にフィラデルフィアに「東部懲治監（Eastern Penitentiary）」が設立された。クエーカー派の精神に照応して，被収容者は，おのれ自身及び神を発見し悔悟に至るため，そして生まれ変わった人間として自由社会に復帰するため，同衆の有害な影響を受けず昼夜働くことなく，独居拘禁の中で日を過ごした[39]。フィラデルフィアの刑罰施設は――「監獄（prison）」ではなく，ラテン語の poenitentia（悔悟）に由来する「懲治監（penitentiary）」と表示された――それは程なく，厳しい独居行刑つまり「隔離制（solitary-system）」のモデル監獄となった[40]。平屋で星形の放射型翼形建築で造られたので，中央に位置する監視職員は施設の中央から全体の独居房を監督できた。囚人たちはその中で，その刑期をハワードの思想に従い，何よりもまず全くの孤独の中で一日を過ごした。厳格な隔離ということから，囚人たちは礼拝に出席する際にも仕切られた区画に入れられ，そこからは聖職者だけを見ることができた[41]。

102　しかしながら，厳しい「隔離制」の構想に対する批判から，間もなくフィラデルフィアでは，居室内での作業及び選ばれた人格者の訪問が行われることになり，行刑の緩和がもたらされた。継続的かつ全面的な隔離は，完全な社会的疎外をもたらすこと，さらには健康上の支障を生じさせることが危惧された[42]。このような弊害を軽減するため，ニューヨーク州知事は，1823年，オーバーン（Auburn）に開設した監獄では，一目で見渡せる（panoptische）放射型建築様式を放棄し，意識的に「東部懲治監」とは異なる構造に造らせた。そこで囚人たちは，夜間及び自由時間だけは，独居室で過ごしたが，日中は施設に付設された作業場で働かなければならなかった[43]。囚人の犯罪性が感染するおそれを防止するため「外形的な共同作業における内面的な隔離」[44]――「沈黙制（silent-system）」の方法を選択した。すなわち，囚人たちは，作業時間中相互の会話が許されず，また，合図による意思疎通も許されなかった。もっともこの交通禁止は，実務では，違反した際に残酷な肉体的虐待を加えることによってのみ実現できた。

　フィラデルフィア及びオーバーンにおける異なった行刑形態の出現は[45]，他の連邦州における監獄制度改良を妨げる制度論争をもたらした[46]。結局，北アメリ

---

39　Krohne, 1889, S. 44 ; Robinson, 1923, S. 71.
40　Roberts, 1997, S. 32ff.
41　Vgl. Schwind, 1988, S. 8.
42　Eisenhardt, 1978, S. 40.
43　Roberts, 1997, S. 38ff.
44　Mittermaier W., 1954, S. 26.
45　Rothman, 1998, S. 106.
46　Krohne, 1889, S. 48.

カにおいては，オーバーンの「沈黙制」が主流となった。これは，本質的には経済的理由に基づく。すなわち，監獄工場を大量生産用に構成することは，利益追求の可能性に道を開くことであった。また，ペンシルヴァニアを模範にした独居施設の建造がより高価な支出を伴う選択肢であることは，明らかであった[47]。

## 2.3.2 イギリス及びアイルランドの段階的行刑

19世紀のヨーロッパにおいては，北アメリカとは逆に「隔離制」——もとより修正された形での——が主流であった。1842年，ロンドンに「東部懲治場」を模範に建設されたペントンヴィル刑事施設が開設された。しかし，独居拘禁はイングランドにおいて実施された累進制度（Progressivsystem）の中の一段階であり，この制度の中に正にハワードの求めた仮釈放の最初の萌芽が見られる[48]。

ペントンヴィルは当初流刑のための移送前施設とされ，流刑判決を受けた者がそこで独居拘禁及びそれに続く獄内作業の段階を無事に過ごすことによって，初めてオーストラリア植民地での流刑生活に入ることができた。オーストラリア植民地では，善良な行状を保持する者は，恩赦の請願により残刑期の免除を得ることができた[49]。しかし，オーストラリア移民の抗議により流刑を中止するためには，形を変えた累進制度を創設することが前提条件であった。そこには，厳しい独居拘禁から自由への唐突な移行は，被釈放者の社会復帰を危うくするおそれがあるという認識が背景にあった[50]。

イギリスの段階行刑は，1857年以降3段階により行われた[51]。
1．厳しい労働，教育及び受刑者の道徳的な改悛を目的とした監獄教誨師による励ましだけの，いかなる特典もない9か月の厳しい独居拘禁
2．善良な行状保持に対する雑居拘禁及び3階級に分けられた共同作業の遂行，「点数制（mark-system）」の枠組みの中での点数の獲得又は剥奪による，直近上級への進級又は再び独居拘禁に戻る階級の低下
3．好成績で第1級に進級した後，言い渡された刑期の4分の3経過後における仮釈放請求権

3段階のイギリス累進制度は，監獄改良家ウォルター・クロフトンの提案によ

---

47　Freudenthal, 1914／15, S. 89；McConville, 1998, S. 121ff.
48　Schwind, 1988, S. 10.
49　Siehe dazu Schattke, 1979, S. 51ff.
50　Wahlberg, 1888, S. 98.
51　Vgl. Krohne, 1889, S. 61f.

り，アイルランドにおいて1854年から更に1階級が追加された。雑居拘禁及び満期前釈放との間に「中間刑務所（intermediate prison）」が入れられた。この中間施設に収容された受刑者は，施設外での労働に専念することで共同社会復帰への準備をした。釈放者保護協会は，更に住民との接触を実現させた[52]。アイルランド制の「中間刑務所」に近代的半自由拘禁施設の起源を見ることができる[53]。

### 2.3.3　ドイツ地方国家における不統一な発展

英米における制度の競合は，ドイツにおける行刑方法にも影響を及ぼした。そこでは，ハインリッヒ・ワグニッツが18世紀末にハワードの考え方を紹介し，改革を要求した[54]。監獄の劣悪な状態を認識したプロイセン司法省は，1804年に「刑事裁判所規則並びに監獄施設及び刑事施設改善のための総合計画」を公表した[55]。この計画は，受刑者を改善可能な犯罪者と改善不能な犯罪者に分類すること，未決拘禁と刑罰拘禁を区別すること，労働教育のための規則及び段階行刑の端緒を含むことなどの重要な改革を目指すものであった。

監獄制度の基本的変革を意図したこの総合計画は実現できなかったが[56]，その理由は，プロイセン監獄行政の二重性から，行刑の管轄権を巡って内務省と司法省との間に権限争いが生じたことによる。その上，ナポレオン戦争が包括的な改造のために必要とされるプロイセンの財源を枯渇させた。行為応報責任及び一般予防の原則を前面に出したカント後の啓蒙哲学もこの改革の試みを妨げた。とりわけ，アンゼルム・フォン・フォイエルバッハの自由主義的－法治国家的刑罰論は，許すべからざる国の越権であるとして，改善思想を排除することとなった[57]。

結果として，外形的な清潔さ，規制された作業工程，時間厳守及び厳しい規律が監獄における日常的行刑の基調となった[58]。施設内の監視は，しばしば軍隊の士官又は下士官経験者が受け持つこととされたが，これらの者は，行刑を階級的－軍隊的原則によって形成した。受刑者は，単なる符丁に格下げされ，番号で呼ばれることにもなった[59]。

---

52　Aschrott, 1887, S. 300 ; Freudenthal, 1914/15, S. 89 ; Schattke, 1979, S. 59.
53　Eisenhardt, 1978, S. 42.
54　Vgl. Schidorowitz, 2000, S. 67ff.
55　Nachdruck in Krohne/Uber, 1901, S. 34ff.
56　Siehe dazu auch Freudenthal, 1914/15, S. 90 ; Schwind, 1988, S. 12.
57　Siehe Feuerbach, 1801.
58　Schmidt Eb., 1965, S. 350.
59　Eisenhardt, 1978, S. 45.

19世紀の20年代——北アメリカの監獄改良運動及びその成果に刺激されて——ドイツにおいても，キリスト教に基づく監獄協会（Gefängnisgesellschaften）及び受刑者援護団体（Gefangenenfürsorgevereine）が設立されるようになり，行刑制度の不備に対する新たな改革に向けての刺激が動き始めた。ドイツ最初の監獄協会は，1826年に牧会者テオドール・フリートナー（Theodor Friedner）のイニシアチブで設立されたライン－ヴェストファーレン監獄協会，及び1827年に設立されたベルリン援護会であった[60]。これらは，釈放者保護だけを行ったのではなかった。犯罪者の改善施設としての監獄の理想像を掲げ，被収容者の教育及び牧会の世話にも尽力したのである。

　改善行刑の考え方は，同時期に発達した監獄学（Gefängniswissenschaft）にとっても重要な位置を占めた。ハンブルクの医師ニコラウス・ユリウス，及び彼が行った「監獄学すなわち監獄の改良についての講演」によって監獄学の基礎が築かれたが[61]，こうして，彼は，最初に「監獄についての学問」を創設したのである[62]。改善思想を指向する監獄学者たちは，それぞれ異なる英米の組織モデルの優位性について論争し，「システムの争い（Wettkampf der Systeme）」を行った[63]。独居拘禁の実施を方向付けたのは，1846年，フランクフルトに招集された第1回国際監獄会議であったが，そこでは，独居拘禁支持者ミッテルマイヤー（K. J. A. Mittermaier）の司会により，圧倒的多数でこのシステムに賛意が表明された[64]。受刑者はその居房内で有用な労働に従事すべきであり，行刑の緩和が分離の原則（Prinzip der Trennung）と矛盾することは，許されなかった。

　19世紀の中葉を支配した考え方の影響を受けて，ドイツの幾つかの地方州では，ペンシルベニア様式による収容施設が建設されることになった。見本的役割を果たしたのは，1848年，ブルッフザールに開設されたバーデンの独居刑事施設であった[65]。ベルリン－モアビット（Berlin-Moabit）の独居監獄も同様である[66]。後者は，フリードリッヒ－ウィルヘルム4世の指示で，同じく放射型に建設され，1849年に使用が開始された。このプロイセン王は，その就位前に法律家の監獄学講義を聴講しており，英国旅行の際に，感銘を受けたペントンヴィルの施設を視察した。彼は，その政令（Kabinettsorder）の中で次のように命じた。「……余はロンドンの模範的監獄の設備と全く同一の刑事施設がこのベルリンに……

---

60　Mittermaier W., 1954, S. 23.
61　Julius, 1828；dazu Krebs, 1973, S. 307ff.
62　Vgl. Krause, 1999, S. 69.
63　Walter M., 1991, S. 27.
64　Krohne, 1889, S. 196.
65　Freudenthal, 1914/15, S. 91.
66　Dazu Schäche, 1992, S. 14ff.

設置されることを欲する。[67]」

プロイセンにペンシルベニア制による受刑者処遇方法を採用するに際して，フリードリッヒ=ウィルヘルム4世は，ハンブルクの教育施設「粗暴者の家（Rauhes Haus）」の設立者ヨハン・ハインリッヒ・ヴィッヘルン（Johann Heinrich Wichern）牧師による有力な支持を受けた。彼は，行刑のこれまでの不都合の原因が受刑者相互の自由な交通にあると考えたが[68]，同時に，収容されている犯罪者は，単に独居拘禁で隔離するよりも改善することのほうが必要であることを認識していた。軍人出身者を監獄職員に採用することを廃止し，教育を受けた新教の牧師補に受刑者の世話をさせることによって，受刑者に対して「この浄化された雰囲気の中で──新たな道徳的な力を集中すること」[69] を可能にするべきであるとした。しかし，放射型建築が高い費用を要すること及び宗教的偏向に対する非難が起こり，やがてヴィッヘルンの考え方は挫折し，独居房と雑居房とが計画性なく混合された施設の新築が行われることになった[70]。

109　プロイセンとは逆に，ザクセンでは，最初から独居拘禁制に対して自制的であった。そこでは，ミュンヘン監獄の典獄であったオーベルマイヤー（Obermaier）が個別的処遇の必要性に基づき矯正施設を分類することに努力した[71]。ザクセンでは，累進行刑の要素を持つイギリスに見習った制度を創設し，独居拘禁は単に懲罰としての意味をもつにすぎなくなった[72]。19世紀後半，地方州では，このように異なる拘禁の制度及び形式が並存した。ドイツ連邦においては，行刑の統一的規則は存在せず，むしろ，「それぞれの州政府は，行政事項として，任意に自由刑の執行及び刑事施設を設置できる」と考えられていた[73]。

## 2．4　1871年ドイツ国刑法典の施行から1945年までの発展

110　自由刑の実体形成（Ausgestaltung）を主として「行政機関の自由裁量」[74]に任せ，内容的に不十分であった各州の規則は，学問上及び実務上多くの批判を受けるようになった。そして，1871年ドイツ国の成立以降は，正しい行刑制度を巡

---

67　Vgl. Schäche, 1992, S. 15.
68　Wichern, Ausgabe 1979, S. 105.
69　Wichern, Ausgabe 1979, S. 116.
70　Sieverts, 1967, S. 49.
71　Obermaier, 1835, S. 50.
72　Freudenthal, 1914/15, S. 91.
73　Mittermaier K. J. A., 1860, S. 74.
74　Wahlberg, 1869, S. 251.

る論争が発展しただけではなく，行刑について包括的，統一的法典を編纂することが改革の重要な目標とされた。

## 2.4.1 ドイツ国（ライヒ）時代における停滞

1871年1月1日に施行されたドイツ国刑法典は，自由剥奪的制裁の実体形成について，その第15条以下及び第361条以下にわずかな規定を置くだけであった。すなわち，

— 囚人の労働義務を伴う重懲役刑（Zuchthausstrafe），他の労働者と厳格に隔離された施設外労働への使役を含む。
— 囚人の能力及び生活環境に応じた労働の権利を伴う軽懲役刑（Gefängnisstrafe）
— 有罪判決を受けた者の生活（Lebensweise）監視を伴う城塞禁錮（Festungshaft）
— 本質的に純粋な自由剥奪としての禁錮刑（Haftstrafe）
— 継続的な独居拘禁下での重懲役刑及び軽懲役刑；3年経過後は当事者（Betroffene）の同意の下にのみ継続
— 言い渡された重懲役刑又は軽懲役刑の4分の3（最低1年）経過後における良好な行状に基づく仮釈放の可能性
— 放浪（Landstreicherei），物乞い（Bettelei），賭博（Spiel），酒癖（Trunk），無為（Müßiggang），売春（gewerbmäßiger Unzucht），仕事嫌い（Arbeitsscheu）及び無宿（Obdachlosigkeit）に対する最高2年間の労作場（Arbeitshaus）への収容

ドイツ国刑法典から自由剥奪的制裁の実行に関する明確な規定が全面的に除かれたことで，それぞれの連邦州（Bundesstaat）においては，行政規則としての州行刑規則の形式で，異なる規制がしばらくそのまま残されることになった。ドイツ国行刑法による法の統一性及び斉一性を確立することについては，立法議会レベルにおいても行刑実務家からもその実行が促された[75]。このようなイニシアチブによって，ドイツ国政府は，1879年ドイツ国司法当局（Reichsjustizamt）により作成された「自由刑の執行に関する法律草案（Entwurf eines Gesetzesüber die Vollstreckung von Freiheitsstrafen）」[76]を公表した。これは，重懲役刑及び

---

75　Vgl. dazu Müller-Dietz, 1970, S. 6 ff.
76　Bundesrats-Drucksachen1879. Band. 2, Nr.56；dazu Schenk, 2001, S.19ff.

軽懲役刑に段階的行刑を採用し、その最初の段階に独居拘禁をさせるというものであった。この法案の意図は、既に青少年（Jugendliche—14歳から18歳まで）のための特別行刑の内容にもなっていたが、必要な独居房を備えた監獄を新設するために必要な財源不足により失敗に終わった[77]。

113　ドイツ国内への統一的法的規制の導入については、1897年、連邦参議院が議決した「裁判所により言い渡された自由刑の実行に当たり、新たな統一的規則の適用がなされるまでの原則（Grundsätze, welche bei dem Vollzuge gerichtlich erkannter Freiheitsstrafen bis zu weiterer gemeinsamer Regelung zur Anwendung kommem）」の目的とするところでもあった[78]。ドイツ帝国による立法が行われなかったため、連邦州政府の主導により作成されたこの統一的規則は、連邦参議院が行刑に関する規則を命令として発布する帝国法上の権限を有しなかったことから、各州の協定による統一的行政規則という法的性質を持つにすぎなかった[79]。したがって、協定には、法律的効力も命令的効力もなかった[80]。この連邦参議院原則（Bundesratsgrundsätze）は、ドイツ帝国の終期に至るまで有効であったが、それ自体いかなる改革をもたらすものでもなかった。そこでは、隔離の原則（第1条から第6条まで）を実現することは、各州の可能とする範囲に任せられており、結局各州の裁量とされていたのである（第7条）[81]。苦情については——刑事訴訟法の規定に含まれない限り——監督官庁が決定しなければならなかった（第39条第1切）。こうして、第1次世界大戦の終了までは、ドイツ国内の成人行刑の分野において重要な実務上の変化は全く生じなかった。

114　個人の人格に国が働き掛ける改善行刑に対するリベラルな考え方、行刑法の刑法への依存性及び刑法における常態的な学派の争いも、また、法律不在の状態の継続に寄与している[82]。フランツ・フォン・リストが1882年マールブルク大学教授就任公開講演「刑法における目的思想（Zweckgedanken im Strafrecht）」で提示した次の目的をもつ改革プログラム[83]は、19世紀末期の実務においては、なお結実するに至らなかった。

— 改善可能かつ改善を必要とする犯罪者への改善の試み
— 改善を必要としない犯罪者への威嚇

---

77　Freudenthal, 1914/15, S. 92.
78　Zentralblatt für das Deutsche Reich, 1897, S. 308ff. ; dazu Schenk, 2001, S. 43ff.
79　Müller-Dietz, 1970, S. 10.
80　Kriegsmann, 1912, S. 85.
81　Müller-Dietz, 1970, S. 10.
82　Siehe dazu: Dünkel F., 1983, S. 32f. ; Müller-Dietz, 1970, S. 9 ; Walter M., 1999, S. 33.
83　v. Liszt, abgedruckt 1905, S. 126ff.

― 改善不能な者の無害化

　法治国に不可欠なものとして行刑法の制定を要求したベルトホールト・フロイデンタールの学長就任演説[84]「受刑者の法律上の地位」（1910年）についても，何ら進展が見られなかった。
　行刑の目的設定――一方における応報及び一般予防並びに他方における改善――を巡る争いだけが活力を失う結果を生じさせたのではなかった。改善思想を指向する行刑の支持者自体の間で拘禁制度及び行刑形態についての論争が続いたが，次第に厳格な独居拘禁に対する拒否的な考え方が優勢になった。既に，リストは累進的な処遇制度――独居拘禁に始まり，取消し可能な共同生活への進級がこれに続き，被釈放者に対する数年間の警察監視で終わる――の下における改善可能な者の改善を要求していた[85]。処遇目的及び教育目的を指向する自由剥奪の実現に向けての重要な歩みは，結局，1911年，フロイデンタールの主導によりヴィトリッヒに開設されたドイツ最初の少年監獄で始まることになった。

2.4.2　ワイマール時代：累進行刑及び規範的規制への努力

　第1次大戦後になり，教育的思考及び改善的思考が全面的に承認され始めた。その発展は，1923年の少年裁判所法により促進されたが，それは特別の施設での少年刑の執行を命じただけではなく[86]，少年受刑者の教育を中心的な行刑目的とすることを法律的根拠に基づき初めて明示したのである。
　有罪判決を受けた者の人格を前面に置く教育行刑（Erziehungsvollzug）を実務的に実現するための手段として重要な意味を持ったのは，ワイマール時代に，イングランド及びアイルランドを模範とした累進制度を取り入れたことであった[87]。ヴィトリッヒ少年監獄で始められた，被収容者を異なるグループに区分することによる個別化された処遇は，とりわけ，バイエルン，ハンブルク及びチューリンゲンで新たに試行され発展した。マイニンゲン近郊のウンターマスフェルト州刑事施設におけるアルバート・クレブス[88]やハンブルクの社会教育学者クルト・ボンディ及びハネーファーザント少年監獄のウォルター・ヘルマンは，段階制を創設する試みを行った。そこで彼らは，異なる拘禁種類への累進，すなわち，落ち着きを取り戻すための最初の数か月間の独居拘禁から，雑居拘禁を経て社会

---

84　Freudenthal, abgedruckt 1955, S. 157ff.
85　v. Liszt, 1905, S. 171f.
86　Zur geschichtlichen Entwicklung des Jugendstrafvollzugs: Cornel, 1984, S. 48ff.
87　Dazu Schattke, 1979, S. 129ff.
88　Krebs, 1930, S. 69ff.

への再編入の準備のための中間施設に続き，条件付釈放に終わるまでを教育行刑の組織的原則[89]と考えた。

118 　このような実務的な改善努力は，グスタフ・ラートブルフによって支持された[90]。彼は，既に1911年には——監獄での生活条件と自由社会の生活条件との間における絶対的な不平等性ということから——監獄を「市民社会のモデルに従って作られた受刑者の集合体（Assoziation）」へと社会組織化すること（Vergesellschaftung）により，受刑者を社会化することを求めていた[91]。独居拘禁の制度を放棄することで（「独居拘禁は改善するが，それは施設のための改善であって生活のための改善ではない。」[92]），彼は施設の生活環境を自由社会の生活に徐々に適合させようと努めた。

　ドイツ国司法大臣としてのラートブルフは，刑事政策上の改革的試みを積極的に促進することができた。彼の提案により，熱望されてきたドイツ国行刑法に代わるものとして，まず各州協定としての1897年の連邦参議院原則は，1923年のドイツ国参議院原則[93]に置き換えられた。この「自由刑実行の原則」は，再犯防止を目指した被収容者への教育的感化という行刑目的によって特徴付けられていた（第48条）。当時の考え方に従って，統一的な累進行刑（第130条以下）が導入され，また，人間集団及び制裁の種類に応じて厳格な区分が行われるべきものとされた。行刑上の処置に対して受刑者には不服申立ての権利が与えられた（第147条）。刑事訴訟法の規定によることができない限り，不服申立ては施設の管理責任者が決定しなければならなかった（第152条第1切）。

119 　行刑は，1919年のワイマール憲法第7条第3号の中で初めて（競合的な）立法事項として明示されたものの，1927年になりようやく——当時焦眉の問題とされていた刑法草案と結合されて——対応する法律の提案がなされた。1927年にドイツ国政府は「行刑法政府草案理由書付き」[94]を提示したのである。

　行刑の形成という観点からは，それは1923年のドイツ国参議院原則を引き継ぐものであった。指導原理は，教育的思考の深化と被収容者の権利保障の強化であった[95]。行刑目的は，再犯防止（第64条）であり，段階的行刑のシステムが維持されていた（第162

---

89　Bondy, 1925, S. 90f.
90　Vgl. Einsele, 2001, S. 27ff.
91　Radbruch, 1911, S. 351.
92　Radbruch, 1911, S. 353.
93　RGBl. II 1923, S. 263ff.；siehe auch Müller-Dietz, 1994c, S. 11f.；Schenk, 2001, S. 98ff.
94　Abgedruckt in: Materialien zur Strafrechtsreform. Band 6, 1954；dazu Schenk, 2001, S. 119ff.
95　Vgl. dazu Müller-Dietz, 1970, S. 18f.

条以下）。しかし，いわゆる1927年の全ドイツ刑法典がドイツ国議会で挫折するとともに，行刑の法律的規制についての試みもまた一時的な終末を迎えたことに対しては，内容的な批判より，むしろ刑法改革と行刑改革とを結び付けたことへの批判がなされた。

ワイマール時代において実施された教育手段としての段階行刑には「道徳的な向上」[96]という目的が結び付けられていた。累進する過程で，進行する「内部的変化（innere Wandlung）」に対しては，段階的に処遇を緩和し，自由社会への移行準備のため，施設収容期間を短縮する優遇措置が執られた。しかし，実務における優遇措置とは，施設への適応及び良好な行状に対する褒賞と同意義であった。こうして，累進的行刑のシステムそれ自体は，多くの教育的成果をもたらさず——むしろ施設の規律維持の手段として発達することとなった[97]。それとともに権利の保護がますますなおざりにされるようになった。特別権力関係説が通説と認められ，これによれば，行刑の目的から必要とされる限り，被収容者の権利も形式的な法律によらず制限されることができた。

### 2.4.3 国家社会主義的な威嚇及び根絶計画

国家社会主義的な権力の支配した時代においては，人間性を尊重し，改善を指向する行刑改革への努力は，持続的な悪化の途をたどった。刑罰は「何よりもまず威嚇」のためにあり，「犯罪者の世界が根絶されるまで」堅持することが肝要とされた[98]。

一般予防的な厳格な手段によって罪を犯す可能性のある者を威嚇するという目的設定及び教育行刑から犯罪者の無害化へ向けての転換は，法制上明確に表現された。1934年，ドイツ国司法大臣により発出された「自由刑並びに改善及び保安の処分の実行に関する命令」[99]がそれである。これは，内容的には1923年のドイツ国参議院原則を引き継ぐものであったが，第48条の教育目的には，贖罪及び威嚇目的が補足された。さらに，自由剥奪は，受刑者にとって「厳しい害悪」として形成されなければならないとされた。

帝国司法省の公式の委員会は，更に1939年，「普遍的根拠を有する行刑法草案」[100]を作成し提出した。「刑執行法（Strafvollstreckungsrecht）」の計画的再編成を行うに当たっての主要な視点は，当時における刑法の意義及び目的（「人民

---

96　Siehe Schattke, 1979, S. 149.
97　Müller-Dietz, 1988a, S. 18；Schattke, 1979, S. 199.
98　Frank, 1935, S. 191f.
99　RGBl. I 1934, S. 383ff.
100　Abgedruckt bei Schubert, 1999, S. 417ff.

の保護，不正への贖罪及び共同体に対する意思の確立」）並びに「執行対象」の「特別な性格（besondere Artung）」に置かれるべきであるとされた[101]。行刑の法律による規制が実現しなかったため，ドイツ国司法大臣は，1940年，「ドイツ国司法行政領域内における行刑のための服務及び行刑規則の統一に関する一般的命令（行刑命令）」[102]を発出したが，それは厳しい応報及び保安行刑のための法的原則を形成するものであった[103]。

122　その統治組織は，法的な規制に服する規範国家であると同時に，国家社会主義の目的達成を指向する処分国家（Maßnahmenstaat）であることによっても特徴付けられた[104]。少なくとも公式的には，当時のドイツ国刑事訴訟法に基づいて自由刑の有罪判決が言い渡され，刑事施設においてその実行がなされた[105]。そのほかに，1933年以降，強制収容所（Konzentrationslager）が設置され[106]，そこでは，当初，政治的な抑圧を目的として，秘密警察及びその援助部隊により，反対派が裁判所の判決なしに，いわゆる保護拘禁（Schutzhaft）に付された。ところが，1936年以降政治的反対派のカテゴリーには，「民族に有害な人間（Volksschädlinge）」として誹謗された住民グループが含まれることになった。収容所は，残虐な「民族主義的な（völkisch）」社会政策のための手段となった[107]。このようにして――特に，1938年11月9日のドイツ国虐殺の夜（Reichspogromnacht）以後は――初めての大規模なユダヤ人の絶滅活動が行われるようになった。「民族共同体（Volksgemeinschaft）」の秩序維持のほかに，「非社会的な者（Asozialen）」の収容は，同時に経済的観点から，収容所における工場労働力の強制的補充に役立った[108]。第2次世界大戦開始後の最初の数年間には，新たな機能的変化が発生した。すなわち，軍需産業への労働力投入，戦争犯罪者及び被収容者（とりわけ，戦争非協力者(Kriegssaboteuren)）の処刑（これらの者を警察は裁判手続なしに片付けることを望んだ。）並びにヨーロッパのユダヤ住民の大量殺りくであった[109]。

---

101　Entwurfsbegründung bei Schubert, 1999, S. 434.
102　Amtl. Sonderveröffentlichungen der Deutschen Justiz, 1940, Nr. 21.
103　Dazu Kaiser, 2001, S. 330ff.
104　Fraenkel, 1984, S. 26ff., 96ff.; siehe auch Möhler, 1993, S. 17ff.; Müller-Dietz, 1988a, S. 19f.
105　Dazu Möhler, 1996, S. 17ff.; Müller-Dietz, 1996b, S. 379ff.
106　Zur Geschichte der Konzentrationslager: Sofsky, 1993, S. 41ff.
107　Broszat, 1994, S. 388ff.; siehe etwa auch Gilsenbach, 1988, S. 11ff.; Grau, 1993; zum Beitrag der damaligen Kriminalbiologie an der nationalsozialistischen Vernichtungspolitik: Streng, 1993, S. 141ff.
108　Sofsky, 1993, S. 47.
109　Dazu Gutmann, 1993; Hilberg, 1990, S. 927ff.; Sofsky, 1993, S. 51f.

## 2.5　行刑法施行までのドイツ行刑

　第2次世界大戦の終結後，1945年11月12日付け連合国合同管理委員会指令（Kontrollratsdirektive）第19号「ドイツの軽懲役監獄（Gefängnisse）及び重懲役監獄（Zuchthäuser）管理原則」は，行刑に新しい秩序を導入した。再び教育及び改善が自由剥奪を行う場合の基礎となるべきこととされた。しかしながら，ドイツ分割後，行刑がそれぞれ異なる国家形態及び社会秩序と結び付くことによって，行刑制度も異なる発展を遂げた。

### 2.5.1　1961年の服務及び行刑規則

　連邦共和国においては，国家社会主義的な威嚇及び根絶構想の残滓が除去された後は，再人道化（Rehumanisierung）ということになった。まず，行刑実務家は，とりわけ犯罪教育学的な観点から，ワイマール時代の改革的意図を受け継いだ。これと並行して，法的統一及び法的平等の視点並びに受刑者の法的地位及び国家の介入権についての規範的規制の必要性という視点を有力な根拠として，連邦法による行刑の法律化[110]に向けての要求が現れた。

　行刑法律化の実現は，1950年代及び60年代においてもなお現実のものとはならなかった。その理由は，一方においては，行刑の法的規制に対して実体刑法の改正が優先されたことから，刑法改正の著しい遅延が必然的に行刑法立法の延期を招来し，他方においては，特別権力関係説が維持されていたことによるものであった。この説によれば，刑事施設の目的のために必要な被収容者の負担となる処分は，法律的な侵害根拠がなくてもすべて合法と認められた[111]。しかし，基本法第19条第4項の訴権の保障（Rechtsweggarantie）には特別権力関係の領域も含まれていたので，行刑についても，1950年代に入ってから行刑事項における刑事裁判所ないし行政裁判所の事物管轄を巡り，様々な肯定的意見が現れるようになった[112]。1961年以降は，基本法第19条第4項の施行規定として，行政裁判所法第179条により裁判所構成法施行法中に追加された第23条以下の規定が，司法行政行為の統制について規定している。これにより，行刑法の施行までは，受刑者の法的地位及び行刑形成の問題に対して，高等裁判所への出訴の道が開かれた。

　当時広く行われていた見解によれば，施設の設定目的及び特別権力関係である

---

110　Vgl. Müller-Dietz, 1970, S. 24.
111　Blau, 1988, S. 20.
112　Vgl. Kaiser/Schöch, 2002, S. 47.

ことが権利制限の十分な根拠とされていたので，必ずしも法律による認知を必要としなかった。連邦州ごとに異なる発展をする危険を阻止し，また，基準を統一するため，各州の司法大臣（Justizminister und -senatoren）は，1961年12月1日，服務及び行刑規則（DVollzO）について協定し，それは1962年7月1日から施行された。

　1976年末まで——何回も改正されながら——効力を有したこの服務及び行刑規則は，一方における威嚇，応報及び保安，他方における社会的再統合のための改善というこれまでの目的の衝突を反映したものであった。明確な優先順位を持たない目的多元性の結果として，服務及び行刑規則第57条第1項は，行刑目的を次のように定めた。

　「自由刑の実行は，公共を保護すること，受刑者にその犯した違法行為の責任を負うべき旨を認識させること及び受刑者を再び共同社会に適応させることに役立つべきである。行刑は，将来合法的かつ秩序正しい生活を送ることができるよう，受刑者の意思及び能力を覚醒させ，強化すべきである。」

　この服務及び行刑規則[113]は，行刑組織（第1条以下），施設職員の配置（第12条以下），職員の職務上の義務（第34条以下）及び受刑者の地位（第44条以下）について規定した。そこでは，もはや累進行刑のシステムは全く予定されていなかった。服役開始時の人格調査で得られた情報は，多様に形成される処遇の根拠であるべきとされ，処遇の重点は，労働と秩序への教育，成人教育及び社会福祉による保護に置かれていた。

126　服務及び行刑規則の規範的分類については，意見の相違があった[114]。すなわち，それは各州間の行政協定であり，法律又は法規命令のいずれの性質を有するものでもなかったが，一方において，それは職務遂行の範囲内においてのみ拘束力を有する行政命令として理解され，他方では，権力の支配下にある者と権力所有者との関係を規制する規則としての法規的性質が強調されていた。その法律的性質についての論争とはかかわりなく，裁判実務及び行刑実務においては，この服務及び行刑規則をドイツ連邦行刑の基準となる法的根拠と見なした。裁判所構成法施行法第23条以下による手続では，行刑処分の合法性の審査は，この服務及び行刑規則に基づいて行われた。その際，判決は，大体において施設の安全及び秩序の必要性を受刑者の社会復帰の要請に優先させた[115]。このことによって，保安を

---

113　Dazu umfassend Grunau, 1972.
114　Vgl. Müller-Dietz, 1970, S. 28ff.
115　Blau, 1988, S. 20 ; Wagner J., 1976, S. 241ff.

指向する拘禁行刑が維持された。

## 2.5.2 行刑法草案

1960年代及び70年代における改革に向けての一般的雰囲気は，行刑にも波及した。このことは，施設が世間の人々の注目の的になった監獄スキャンダルによって助長された。さらに，実証的調査[116]は連邦共和国において監視的な（kustodial）拘禁行刑が存在することを証明した。これが行刑改革の努力を促進し，そこでは，国際的な情報交換による外国の行刑モデル（例えば，オランダ及びデンマークにおける社会治療施設）も，議論の対象になった。学説は，伝統的な教育行刑の観念から解放され始め，北アメリカ及びスカンジナビアを模範にして，中心的な処遇の関心事を人格障害及び社会化の未熟性に置く，人間科学及び社会科学を指向する処遇行刑と取り組んだ。

外国モデルの受容と並行して，行刑の法律的規制への努力がなされたが，1969年，第1次及び第2次刑法改正法の成立とともに，その実現に向けての障害はなくなった。刑法改正で刑法的制裁システムについての新たな規定が設けられ，統一自由刑が導入されたのである。

刑法改正が終了する前の1967年，連邦司法省によって学者と実務家とからなる行刑委員会が招集されていた。この委員会は，1971年，行刑法の委員会草案を公表したが，これが1972年に提出された政府草案[117]の基礎となった。行刑のための連邦統一的な法的根拠を作り出すことのほかに重要な改革目的[118]が存在したが，それは刑法との形式的及び内容的整合，被収容者の再犯防止のための処遇という考えに基づく行刑姿勢の強化，国と受刑者との法律関係の規制，処遇行刑実現のための人的必要条件の制定ということであった。

最終的には，連邦憲法裁判所が，立法過程に重要な影響を与えた。1972年3月14日の決定[119]は，行刑の分野における十分な法的原則とされていた特別権力関係説を批判した。すなわち，基本権の制限は，「基本法の価値秩序により保護された共同社会に関係する目的（gemeinschaftbezogene Zwecke）達成のために欠くことができず，かつ，そのための憲法上予定された形式において行われるときにのみ考慮される。つまり，受刑者の基本権は，法律により，又は法律に基づいてのみ，制限されることができる」[120]としたのである。憲法裁判所は，同時に立法

127

128

129

---

116 Siehe insb. Müller-Dietz/Würtenberger, 1969.
117 BT-Drs. 7/918.
118 Ausführlich zu den Entwürfen Müller-Dietz, 1978, S. 53ff.
119 BVerfGE33, S. 1 ff. ; dazu Günther, 2000, S. 298ff.
120 BVerfGE33, S. 11.

機関に対して被収容者の権利及び義務の法律的規制についての期限を設定した。

130　法律の形を整えるための議論にドイツ及びスイスの刑法専門家の研究グループが参入した。1973年，行刑法の対案（Alternativentwurf）[121]を公表し，職業訓練，社会福祉及びセラピーを自由剥奪的制裁概念の中心に置いたが，その——特に行動科学的な——方針に関していえば，政府案に対する正当な対案であった。しかし，この対案は，行刑法の内容に決定的な影響を与えるには至らなかった。特別な処遇方法を規定する提案は，施設の社会構造についての提案と同様受け入れることを拒否された。そればかりでなく，この対案は，当時の政治的実現可能性からみて空想の産物であるという非難を浴びた[122]。

行刑の法律的規制は，連邦憲法裁判所の期限設定によれば，第6立法議会会期（Legislaturperiode）の経過前に達成されるべきこととされていた。しかしながら，ドイツ連邦議会はその会期終了前に解散され，政府案は，第7立法議会会期の冒頭，改めて立法議会に提出された。1976年2月12日，連邦議会は最終的に（連邦参議院からの要求による修正とともに）行刑法[123]を可決成立させた。1976年3月16日，連邦法律広報で公布[124]された後，1977年1月1日に施行された。

### 2.5.3　DDR（ドイツ民主共和国——旧東ドイツ）の行刑規則

131　かつてのDDRにおいては，行刑は当初警察の任務[125]として内務省の省令及び施行規則によって規制された[126]。刑事法改正後の1968年以降は，行刑法及び社会再編入法が存在していた。これらは，1977年4月7日付けの社会再編入法により補充された自由剥奪を伴う刑罰の実行に関する法律（StVG）に代えられた[127]。

DDRの行刑制度は，イデオロギー指向の規律正しい教育観念[128]に従っており，その原則は，DDR刑法典第39条第3項及び第4項にも明示されていた。社会主義共同体の各構成員は，社会同調的な（gesellschaftskonform）行動ができる機会を与えられているはずであり，犯罪行為者は自己決定の結果としてこれを無視したのであるから，StVG第2条第1項により自由刑を言い渡された者には，社会主義共同体の構成員としての責任が持続的な干渉によって自覚させられなけれ

---

121　Baumann/Brauneck/Calliess u. a., 1973.
122　Vgl. Müller-Dietz, 1978, S. 56.
123　BR-Drs. 121／76.
124　BGBl. I 1976, S. 581ff.
125　Vgl. Wunschik, 1997, S. 74ff.
126　Siehe Nachw. bei Bath, 1988, S. 171.
127　GBl.-DDR I 1977, S. 109ff., 98ff.
128　Dazu　Arnold, 1990, S. 328；Bath, 1988, S. 176ff.；Essig, 2000, S. 26ff.；Lekschas／Buchholz, 1988, S. 356ff.

ばならない。そこでは，被収容者に社会主義的イデオロギーに従った合法的な行動を取るように教育することが行刑の責務とされる。その際の行刑における教育には，StVG 第 5 条により「社会的に有用な作業への使役，公民教育，秩序及び規律の徹底，一般的及び職業的教育措置並びに文化及びスポーツ活動」が含まれる。行刑の核心は，StVG 第 6 条によれば，社会的に有用な作業が行えるよう教育することにあり，加えて，受刑者の確実な拘禁（Verwahrung）を保証し，並びに秩序及び規律維持を徹底すること（StVG 第 4 条）であった。

刑罰は非人間的な状況の支配する施設（「行刑施設」（Strafvollzugseinrichtungen））で実行された[129]。それは，監獄職員による残虐で恣意的な被収容者処遇がなされたことにとどまらなかった[130]。収容設備も，また，人道的な条件に違反していた。比較的狭い監房（例えば，3 メートル×5 メートル）には，平均して10人から15人の被収容者が割り当てられていた。このほか，いわゆる共同寝室（Schlafsal）があり，その中に30人から50人の者が収容されていた[131]。政治犯は，通常，刑事犯よりも一層劣悪な処遇を受けていた[132]。

DDR の行刑法は，行刑上の処分を裁判所により審査するための法的救済手続きを持たなかった。

受刑者には，StVG 第35条第 1 項により，請願書を提出する権利だけが認められていた。懲戒処分及び保安的処分に対して，並びに施設内で生じさせた損害に対する賠償命令に対しては，行刑施設の長に苦情を述べることができた（StVG 第35条第 2 項）。救済が実現されず，かつ，その苦情が施設長の決定自体に向けられている場合，それは，最終的決定を得るため，内務省の行刑管理局長に提出されなければならなかった。これに先立ち，StVG 第 9 条及び第63条以下により，自由刑の実行に当たっての合法性維持について限定的な監督を義務付けられていた所轄検察庁の意見が求められなければならなかった。

受刑者の釈放後における社会への再編入は，StVG 第56条以下によるほか社会再編入法が規定した。これは，国による社会統制の包括的システムの中で必要とされる処分及び活動と結び付いていた。WEG（社会再編入法）第 8 条により，地方評議会がその実施を監督しなければならなかった。地方評議会は，他の国家

---

129　Dazu　Arnold, 1993, S. 390ff.；Heyme/Schumann, 1991, S. 13ff.；Kessler, 2001, S, 149 ff.；Krause, 1999, S. 90；Oleschinski, 1994, S. 255ff.
130　Schroeder, 1989, S. 271.
131　Heyme/Schumann, 1991, S. 14.
132　Gräf, 1995, S. 474.

機関，企業，施設及び組合から「教育成果」及び被釈放者のその後の経過についての情報を求めることができた。

　1990年10月3日，DDR 加入の発効及びドイツ連邦共和国行刑法の新たな州への施行と同時に StVG 及び WEG は廃止された。このことは，統一条約第9条，及び引き続き効力を有する DDR の法律についての付属文書Ⅱから明らかであって，そこには，この二つの法律についての言及はない。

# 第3章　行刑の任務及び形成原則
(Vollzugsaufgaben und Gestaltungsprinzipien)

　自由刑の実行は，立法者の意図するところによれば，施設内で服役すべき制裁が継続する期間中，確定判決により有罪の言渡しを受けた犯罪者を単に行刑施設に拘禁すること以外のためにも役立つものとされる。受刑者はその圧倒的多数が刑罰に服した後再び社会に帰って行くという認識に基づき，近代行刑の発展の出発点となったのは，社会への再編入の促進及び釈放後における新たな犯罪行為の防止のため，受刑者を改善する必要があるということであった。
　行刑法第2条によれば，自由刑の実行は，現在，二つの任務を有している。

　「自由刑の実行において，受刑者は，将来，社会的責任において，犯罪を犯すことなく生活できるようになるべきである（行刑目的）。自由刑の実行は，また，新たな犯罪行為に対する社会の保護にも資する。」

　第2条第1切で行刑目的として受刑者の（再）社会化を確認することにより，立法者は，これを行刑の形成規準（Gestaltungsmaxime）として強調した。行刑目的の実現に当たっては，公共の保護という——後順位の[1]——任務にも留意されなければならない（行刑法第2条第2切）。社会への統合という優先的行刑目的に基づく総合的及び個別的行刑方針は，基本的な進路の設定を意味し，多くの行刑上の決定及び処分は，それを指向するものでなければならない。
　行刑法は，その第3条において，行刑目的に向けた積極的な形成原則としての基本的規定を次のように明示している。

— 社会同化の原則（Angleichungsgrundsatz）（第1項）
— 弊害排除の原則（Gegensteuerungsgrundsatz）（第2項）
— 社会復帰の原則（Integrationsgrundsatz）（第3項）

　これらの原則は，行刑法第2条第1切の行刑目的を具体化している。同時に，

---

1　Schwind/Böhm, 1999, § 2 Rdn. 7.

それは，行刑目的実現のための最低限の要求であることを意味する[2]。構造的にも，また，相互作用的観点においても，行刑は，自由社会における責任ある生活への準備のためにふさわしいものに形成されていなければならない。生活関係及び処遇プロセスは，社会的学習への機会を与えると同時に，補整的なレベルにおいて——とりわけ閉鎖行刑で想定される——自由剥奪の非建設的な影響を減殺する方向に操作されるべきである。

さらに，行刑法は，処遇措置を被収容者へ向けての提案として理解している。行刑法第4条第1項は，処遇及び行刑目的達成への受刑者の自発的協力（freiwillige Mitwirkung）を必要条件とすることから出発しており，また，そのための行刑スタッフによる動機付けの義務（Motivationspflicht）を規定している（行刑法第4条第1項第2切）。

## 3.1 行刑目的 (Das Vollzugsziel)

**136** 行刑の目的は，行刑法第2条第1切によれば，受刑者が将来その社会的責任において罪を犯さない生活ができるようになることである。この目的設定は，行刑組織及び職員構成のための拘束力を持つ規範であり，そこに向けて処遇過程が形成されなければならない。行刑法上の決定は，——とりわけ，管理者による裁量の行使が前提とされている決定においても——行刑目的という根本方針に従ってなされなければならない。

### 3.1.1 （再）社会化 (Die (Re-) Sozialisierung)

**137** 今日における行刑目的とは，受刑者の改善（Besserung）ないし教育（Erziehung）ではなく，犯罪者の「再社会化」を意味する。もっとも，行刑法自体はその第2条でこの術語を用いていないばかりでなく，使用する場合においても極めて抑制的に用いている（例えば，行刑法第9条第2項第1切）。関係科学によって異なるアプローチが再社会化という術語の定義を困難にしている。それは当初，行刑目的を援用する中でとらえられていた。すなわち，再社会化とは，将来受刑者が社会的責任において罪を犯さない生活を送ることができるようになるという目的を指向した行刑におけるあらゆる努力の総和を表すものであった[3]。この場合，（再）社会化の原則は，それぞれの場所的，時間的条件に従って調整さ

---

2　Calliess/Müller-Dietz, 2002, § 3 Rdn. 1.
3　Dazu Kaiser/Schöch, 2002, S. 159f.；Seebode, 1997b, S. 99ff.；Walter M., 1999, S. 270；siehe auch Böhm, 2002a, S. 807ff.；Leyendecker, 2002, S. 34ff.

れ，具体化されることが可能な様々な形式をもつ目的への展望（Zielperspektive）を提供することになる[4]。

　もっとも，21世紀の初頭，行刑法第2条第1切で表現された立法者の基本的想定（Grundannahmen）が果たしてどの程度現実と調和しているであろうかという疑問が提示された。すなわち，現在ドイツの行刑施設には，行刑目的の達成があまり見込まれないような犯罪者グループ，つまり，実際の行刑形成が社会化のイメージと調和しないか，又はわずかに調和するにすぎない犯罪者グループが存在しているということである[5]。これには，例えば，処罰の後，国外追放が予定されている外国人被収容者の大集団が該当する[6]。それは，同じく，非常に短期の自由刑ないしは代替自由刑のため，処遇の提供が行われずに服役する多数の短期被収容者のような単なる保管行刑（Verwahrvollzug）の中にも，圧倒的に多く存在する。処遇に抵抗性があるのは，組織犯罪の領域からの犯罪者又はいわゆる移動性の犯罪者（wandernde Straftäter）（例えば，麻薬の運び屋）に限られない。個人的な利害計算の結果犯罪行為への決意をした受刑者及び刑法の規定に対する功利主義的な考え方を持つ受刑者もこれに該当する[7]。加えて，行刑施設の過剰収容，職員面での不足及び不断の節約への圧力という処遇行刑にとってほとんどふさわしくない事実上の行刑事情がある。刑事政策的な議論において経済的視点への配慮を強化する必要は[8]，保安面からの社会の強い要望に直面している行刑の領域にも及んでいる。

　これらすべての現象は，行刑が一般的な社会問題を強制的な自由剥奪という厳しい条件下でいわば承継しているという命題[9]を証明するものである。それは，結局のところ，社会的及び経済的条件の確実な反映であることを意味する。もっとも，行刑に従事する者は，与えられた可能性の範囲内において，行刑法第2条第1切で法律的に設定された基準をできる限り充足するよう努力している。たとえ，今日の行刑が少なからず単なる人道的な保管行刑であるかのように思われているとしても[10]，行刑目的としての（再）社会化に別れを告げることは適当でない[11]。不足や欠陥があることをもって，正しく認

---

4　Walter M., 2001, S. 25ff.
5　Dazu Böhm, 2002, S. 92ff. ; Koepsel, 1999, S. 81ff. ; Maelicke B., 2002, S. 11ff. ; Müller-Dietz, 2000, S. 232f. ; Preusker, 2001, S. 12ff. ; Seebode, 2001, S. 55ff. ; siehe auch DER SPIEGEL Nr. 5/1999, S. 58ff.
6　Dazu unten Kap. 5．1．7．
7　Siehe Kunz, 2001, S. 197ff.
8　Walter M., 2001a, S. 966ff.
9　Siehe Müller-Dietz, 1998, S. 1012.
10　Dazu Böhm, 2002, S. 92ff. ; Koop, 2002, S. 5．
11　So auch Arloth, 2001, S. 322.

第 3 章　行刑の任務及び形成原則（Vollzugsaufgaben und Gestaltungsprinzipien）

識された目的設定[12]を放棄し，実情を正当化する理由とはなり得ない[13]。その根拠を憲法に与えられているのであるから，（再）社会化モデルに代わる法的な選択肢は存在しないのである[14]。

139　行刑法第2条第1切の任務達成に向けた再社会化の努力（Resozialisierungsbemühungen）という言葉には，行刑施設における自由刑受刑者は社会的責任において罪を犯さない生活を送る能力を原則として持っていないこと及びこれらの者は行刑中その能力を獲得できるという意味を内包している。行刑法は，被収容者に学習の必要性，学習能力及び学習意欲が存在することを仮定している[15]。

140　社会化（Sozialisation）という概念が，その手掛かりとなるであろう。この言葉は，既に子供のころからの環境や生活を共にする人々に順応する社会的行動（Sozialverhalten）の習得，すなわち，個人を取り囲む文化価値の習得と結合した自己責任による人格の発展として理解されている。行刑法がその目的設定に当たり（再）社会化という基本概念に従っているとするならば，自由刑の根底にある犯罪性は社会化の不足にあるという解釈と一致する[16]。行刑中にこの不足する部分を再社会化によって除去すべきであるとするのであれば，それは，受刑者がこれまでの生活において，そこに妥当している社会秩序及法秩序内での社会化のプロセスを既に経験していることを前提としているが，刑確定者の多くは，全く社会化が行われていないか，又は不十分にしか行われていない。そこで，社会化の遅れを取り戻す（Nachholen）努力——補充的社会化（Ersatz-Sozialisation）[17]——がしばしば行刑の目的とされる。行刑施設は，そのために総合的かつ多様な社会化の手段を提供（Sozialisationsangebot）[18]しなければならないのであって，行刑施設が社会化を担当する部局として，自由の中で行われなかったか，又は失敗した習得プロセスを不自由の中で補完しなければならないのである[19]。

141　そこでは，たしかに，社会から遠く隔離され，人工的に作られた共同体内部での人格の形成及び文化への順応が行われることになるが，その共同体には，罪を犯し，有罪判決を言い渡されて生活する人々という共通の特性がある。このことは，単に行刑目的の事実上の実現可能性について疑問を抱かせるだけではない。

---

12　Siehe auch Seebode, 2001, S. 55.
13　Walter M., 2000, S. 60.
14　Dazu Kap. 3. 1. 1. 1.
15　Haberstroh, 1982, S. 619.
16　Schneider H. J., 1983, S. 296.
17　Schüler-Springorum, 1969, S. 160ff.
18　Müller-Dietz, 1978, S. 78.
19　Dazu Cornel, 1995, S. 26ff.

施設環境のもたらすものは，むしろ，消極的社会化のプロセス（negative Sozialisationsprozeß）であること，つまり，サブカルチャーの逸脱した規範への順応と結び付いた施設生活への適応ではないかということである[20]。

### 3.1.1.1 憲法上の根拠（Verfassungsrechtliche Grundlagen）

行刑法における社会化目的の設定は，二つの中心的な憲法原則，つまり，人間の尊厳への尊重の要求及び社会国家原則に従うものである。

— 基本法第2条第1項と関連する基本法第1条から，受刑者のための（再）社会化への要求が発生する[21]。
— 基本法第20条第1項及び第28条第1項は，社会化の努力を実現するために必要な資源を自由に使用させることを国に義務付けている[22]。

142

連邦憲法裁判所は，いわゆるレーバッハ判決（Lebach-Urteil）において，有罪判決を受けた者の再社会化（Resozialisierung）又は社会化（Sozialisation）を——特別予防の積極的部分——自由刑実行の重要な目的であるとした。すなわち，

143

「受刑者には責任ある生き方をするための能力及び意思を持たせるよう配慮がなされるべきであり，その者は，自由社会において法律に違反しない生活を維持し，そのための機会を利用し，危機を乗り切ることを学ぶべきである。[23]」

このように理解される行刑の任務は，憲法裁判所の判決によって社会化のための根拠を与えられることになるが，それは「価値体系の中心に人間の尊厳を置き，社会国家原則に義務付けられた共同体の自己理解（Selbstverständnis）に合致するものでなければならず——人間の尊厳から派生しこれを保障された基本権の保有者として，有罪判決を受けた犯罪者は，服役後再び共同体に適応する機会を有しなければならない。[24]」「犯罪者が憲法の価値体系の保護するすべてのものに対して，深刻かつ耐え難いやり方で違反を犯したとしても，人間の尊厳への尊重を求める権利がその者に否定されることはできない。[25]」「犯人は，その憲法上保護

144

---

20　Siehe unten Kap. 3.4.2.4.
21　BVerfGE45, S.239；BV erfG, NStZ1996, S.614.
22　BVerfGE35, S.236.
23　BVerfGE35, S.235；siehe auch BVerfGE33, S.8；BVerfGE98, S.200.
24　BVerfGE35, S.235f.；zum Ganzen：Benda, 1984, S.307ff.
25　BVerfG, JZ1986, S.849.

された社会的価値及びその尊重を求める権利を侵害されて，単なる犯罪闘争の対象とされてはならない。人間の個人的及び社会的存在という基本的前提は，維持されなければならない。社会国家原則と結合した基本法第1条第1項からは──それは，とりわけ行刑に妥当する──何よりまず人間に値する存在を可能にする生活最低条件（Existenzminimum）を保障すべき国の義務が導き出される[26]。」

145　行刑目的は，個人の尊重を求める権利から出ていると同時に，国家目的として設定された社会国家原則からも導き出される。社会国家原則は，「個人的な弱さや負い目があるため，又は能力の不足若しくは社会的不遇によってその人格的，社会的発達を阻害された社会集団に対する国の配慮及び保護」を要求しているが，受刑者及び被釈放者も，この集団に属する[27]。それゆえ，国は行刑目的の達成のために必要とされるものを行刑に整備しなければならない[28]。特に，国は施設の人的物的装備を整えるための必要な資金を用意しなければならない[29]。生活条件を整備し，受刑者にそのような働き掛けをしなければならない行刑においては，社会復帰の機会を増進し，将来新たな罪を犯すことのない生き方ができるようにするため，それにふさわしいように形成されなければならない。行刑に内在する消極的効果である社会的な烙印付けや個人の人格を傷付ける可能性を低下させるべき義務もこれに属する。したがって，すべての被収容者は，基本法第1条第1項と関連する第2条第1項に基づき，憲法上保護された権利を有するが，設定された行刑目的は，その者にとって負担となる処置によって達成されることになる[30]。

146　行刑法第2条第1切の設定目的が刑確定者の（再）社会化に対する（裁判上直接には請求できない）請求権を根拠付けているとした場合[31]，社会国家原則に従った行刑の形態とは，国が提案を行い受刑者にその実行を要望することに尽きるものではなく，そこには，受刑者の社会的義務（Inpflichtnahme）[32]も含まれている。たしかに，受刑者は行刑法第4条第1項により処遇に対する（積極的）協働を義務付けられてはいないが，社会復帰と再犯防止を指向する行刑においては，「基本権の制限を伴う処分も，受刑者が将来刑罰を科されない生き方をするための内面的な前提条件を促進するために不可欠である場合には，事情により正当化することができる」[33]のである。社会化に向けた努力を無に帰するおそれがある

---

26　BVerfGE45, S. 228f.
27　BVerfGE35, S. 236.
28　BVerfGE98, S. 200.
29　BVerfGE40, S. 284.
30　BVerfGE98, S. 200.
31　BVerfGE45, S. 239.
32　Calliess/Müller-Dietz, 2002, Einl. Rdn. 34.
33　BVerfGE40, S. 284f.

という理由によって権利の制限が可能であること[34]を，立法者は，行刑法の多くの規定中で明らかにしている（例えば，第25条第2号：非親族との面会，第28条第2項第2切：非親族との文通，第31条第1項第1号：信書の差止め，第68条第2項第2切：新聞購読の制限，第70条第2項第2号：自由時間のための物品の所持制限）。行刑目的を指向する処遇措置に協力する心構えが欠如していることに対しては——提供された処遇に参加する意思があり，不十分ながら処遇に協力している被収容者に対する間接的な影響を阻止するためにも——相応の制約を加えることが許される[35]。

将来社会的責任において罪を犯さない生活を送る能力を付与するという行刑目的は，すべての受刑者に妥当しなければならない。長期刑を科された者にも，行刑は社会復帰に向けて行われる[36]。いわゆる終身刑受刑者に対しても，自由社会への復帰のための準備をするという行刑目的が閉ざされてはいない[37]。行刑法は，終身の自由刑を言い渡された者も社会化の計画に含めることを要求している[38]。その限りにおいて，この法律は，終身刑のための一般的例外規定を全く置いていない。一方において終身の自由剥奪を言い渡しながら，社会復帰を目指すという行刑法における社会化目的との間に存在する矛盾は，遅くとも，刑法典第57条a（終身の自由刑における残刑の執行猶予）の施行以後は，解消されている。終身刑受刑者にも，基本的には再び自由になることを要求する可能性が残されているのであるから，（再）社会化を要求する権利を当然に有しているといえる[39]。

3．1．1．2　唯一の行刑目的（Alleiniges Vollzugsziel）

行刑法第2条第1切は，行刑目的が唯一であることを示している。社会的責任における将来の合法的生活態度と結び付いた受刑者の社会復帰という設定目的は，その他の行刑の任務に優先する[40]。

しかし，行刑法第2条第1切は，目的だけを抽象的に規定しているのではない。釈放時までに刑確定者を（再）社会化するということは，目的達成に向けた努力

---

34　Dazu Hoffmann, 2000, S. 9 ff.
35　Laubenthal, 2000a, S. 171.
36　BVerfGE98, S. 200.
37　A. A. noch Röhl, 1969, S. 93.
38　BVerfG, NStZ1996, S. 614；Laubenthal, 1987, S. 109.
39　BVerfGE45, S. 239
40　AK-Feest/Lesting, 2000, § 2 Rdn. 6；Calliess/Müller-Dietz, 2002, § 2 Rdn. 1；Kaiser/Schöch, 2002, S. 160；Müller-Dietz, 1978, S. 80；Schwind/Böhm, 1999, § 2 Rdn. 7；Seebode, 1997b, S. 100f.；Walter M., 1999, S. 89；einschränkend dagegen Grunau/Tiesler, 1982, § 2 Rdn, 1 ff.

第3章　行刑の任務及び形成原則（Vollzugsaufgaben und Gestaltungsprinzipien）

の継続的過程であることを意味する。したがって，行刑法第2条第1切には，行刑の任務として社会化を実現すること，つまり，設定目的の達成を可能にする手段方法を用いて，その過程を具体的に作り上げることもその内容に含んでいる。

　立法者は，行刑法第2条第1切で「行刑目的」として表現することで，そのことを強調し，これに行刑任務（Vollzugsaufgaben）の中における優先的地位を与えている。

　法律自体の中でも行刑目的を繰り返し引用しているが（例えば，行刑法第4条第1項，第31条第1項第1号及び第68条第2項第2切），行刑任務については引用していない。

149　成立の過程を見ても，立法者は（再）社会化を行刑の唯一の目的であると認識していたことを明らかに示している。つまり，行刑法第2条第1切での明確な表現によって，それまでの様々な法律草案や行刑規則で示されていた目的の多様性[41]を拒否しているのである。

　　1927年　行刑法の当局案第48条[42]
　「自由刑の実行により，受刑者は，必要とされる限りにおいて，秩序と労働に馴致させ，再犯に陥らないよう道徳的に堅固にされるべきである。」

　　1934年　自由刑の実行に関する命令第48条[43]
　「自由刑に服することにより，受刑者はその犯した不正を償うべきである。自由剥奪は，それが受刑者にとって厳しい害悪であるように，また，教育不能な者には，新たな犯罪を行おうとする試みに対する持続的な抑止力となるように形成されなければならない。受刑者は，規律及び秩序を順守し，労働及び義務の遂行に馴致し，かつ，道徳的に堅固にされなければならない。」

　　1961年　服務及び行刑規則第57条第1項
　「自由刑の実行は，公共を保護し，受刑者にはその犯した不正の責任を負わなければならないことを認識させて，これを再び共同社会に編入することに役立てるべきである。行刑は，受刑者が将来合法的で秩序ある生活を送るための意思及び能力を覚醒させ，強化すべきである。」

---

41　Dazu eingehend Mitsch Chr., 1990, S. 150ff. m. zahlr. Nachw.
42　Abgedruckt in: Materialien zur Strafrechtsreform. Band 6. 1954.
43　RGBl. I1934, S. 383.

1973年　連邦参議院の法律案第2条[44]

「自由刑の優先的目的は，受刑者が罪を犯さない生活を送ることができるようにすることである。受刑者には，その不正及び罪に対して責任を負わなければならないことを認識させ，法的共同体（Rechtsgemeinschaft）において自ら責任を負える行動ができるように導かれるべきである。さらに，自由刑の実行は，新たな犯罪に対する公共の保護に資する。」

行刑法第2条第1切の目的の定義は，1972年の政府案第2条に従っている。そこでは，受刑者が将来社会的責任において罪を犯さない生活を送ることができるようにするという任務は，まだ単なる「処遇目的」として表現されていた。しかし，このことは，施設の構造を社会化を指向したものとするよう司法行政当局に義務付けておらず，また，行刑目的の多様性からの十分な転換を意味することにはならなかった[45]。行刑法対案（Alternativ-Entwurf）の提案に応じて，（再）社会化の任務を「行刑目的」として認めることによって，立法者の決意は，純粋な社会復帰行刑にあるということになった。

3．1．1．3　罪を犯さない社会的責任ある生き方（Sozial verantwortliche Lebensführung ohne Straftaten）

受刑者が行刑期間中に行刑目的に定めるような生活ができるようになるべきであるとした場合，行刑法第2条第1切の意味における社会化の目的は，強制することによって達成できないことを，立法者はその文言で表現している。それはむしろ，社会的学習過程として行刑施設から提供されたものを社会適応能力獲得のために刑確定者がどの程度利用するかという，その者自身の意志と心構えいかんにかかっているのである。

行刑法第2条第1切では，将来における罪を犯さない生き方という行刑目的を社会的責任（soziale Verantwortung）という文言で補充している。それは，受刑者が行刑官庁による処遇努力の単なる対象にされてしまうことを許さない旨を明確に示している。社会的責任の概念は，当事者の主体性を重視するものである。つまり，行刑は，自分自身に対して責任の取れる（selbstverantwortlich）合法的行動ができる能力を受刑者に与えるべきなのである[46]。

---

44　BT-Drs. 7/918, S. 108.
45　Calliess, 1992, S. 21.
46　BT-Drs. 7/918, S. 45.

**153** 罪を犯さない社会的責任ある生き方というのは，新たな犯罪的行動をしない生活以上のものを意味している。（補充的）社会化を担当する行刑としては，社会的能力（soziale Kompetenz）を獲得できるよう援助すべきであって，それは，犯罪に陥らないように問題や葛藤を克服する能力の獲得を可能にするための前提である。行刑法対案では，社会的責任能力の付与ということは——とりわけ，過剰禁止（Übermaßverbot）に対する違反を理由に——もはや国の行刑目的として，正当性を持ち得ないのではないかという考え方に立ち，その起草者たちは，合法性と道徳性とを分離することに努めた[47]。しかし，このように犯罪行為のない生活と社会的責任とを概念的に分離することは，これまでの刑事学的認識によれば，支持することができない[48]。罪を犯さない行動は，そのために必要な社会的能力を前提とする。その欠如は，自由刑の科罰及び執行を必要とする反規範的行動の存在としばしば直接関連しているのである。

**154** たしかに，刑事学における犯罪行動の原因に関する問題については，矛盾した議論がなされており，犯罪理論的なアプローチには，部分的に激しい対立がある[49]。ラベリング・アプローチ学説（Theorie des Labeling approach）では基本的仮定（Grundannahme）を提示しているが，それによれば，犯罪というものは，構造的に見れば広い地域に分布しており，量的には等しく分配され，質的な関係では常態的に出現するという。処罰されるべき行動の原則—例外特性（Regel-Ausnahme-Charakter）という考え方，また，犯罪者と非犯罪者との区別が可能であるとする考え方[50]は，今日の専門知識水準では，もはや正当とはされていない。そして，暗数を考慮すれば，（男子の）青少年及び成人でこれまで一度も刑罰規定に違反したことのない者はほとんどいないということで，常態性（Normalität）と遍在性（Ubiquität）についての仮説が確認されている。犯罪的な逸脱行為の優越性についての調査によれば，若者の場合，社会化プロセスにおける正常な付随現象として犯罪の常在性（Allgegenwärtigkeit）が裏付けられている[51]。しかし，犯罪的行動は，しばしばエピソード的なものにとどまり，社会化プロセスが経過する中で自然に減少するに至る。また，公的な社会統制の担当部局とかかわり合うことなく，これらの犯罪者の圧倒的多数は，その規範逸脱行動を継続させないことに成功する。このように，正常性—遍在性の命題（Normalitäts- und Upiquitätsthese）は，犯

---

47　Baumann/Brauneck/Calliess u. a., 1973, S. 55.
48　Müller-Dietz, 1978, S. 79.
49　Vgl. Bock, 2000, S. 51ff.；Göppinger, 1997, S. 99ff.；Kaiser, 1996, S. 183ff.；Kunz, 2001, S. 99ff.；Lamneck, 1999, S. 55ff.；Schwind, 2002, S. 79ff.
50　Kürzinger, 1985, S. 1069f.
51　Heinz, 1988, S. 269；Lamneck, 1982, S. 38；Thiem-Schräder, 1989, S. 19.

罪性と社会化の欠如とを一般化して同一視すること[52]に疑問を呈している。たしかに，これまでの犯罪行為のすべてについて自ら非常に積極的に関与している多数回犯罪者の人格的，社会的発達について観察した結果によれば，社会化の不足（Sozialisationsmängeln）という意味において，次に掲げる古典的な異常特徴が集中していることを示している。

— 継続的な教育の欠如
— 行動の特異性
— 就学上又は就職上の問題
— 異常人格を含む部分的な規格外れ（Normvariante）[53]

155　生活歴的な関係において，最終手段としての自由刑（Freiheitsstrafe als ultima ratio）に服役することは，失敗した相互作用プロセスの長い連鎖の最後の環を意味する[54]ことが多いので，社会化理論による所見は，施設的な自由剥奪への服役を必要とする社会的逸脱があること，つまり，失敗した社会化の結果として人格面及び社会的環境面に重大な欠陥があることの説明に対する十分な裏付けとなっている。しかし，訴追官庁によってもたらされたスティグマも，当事者及びその環境との間で発生する相互作用プロセス[55]によって，その者の人格を傷付けることとなるので，釈放後において再び社会的責任ある合法的生活（Lebenswandel）への復帰を可能にするため，最終的には，行刑期間中の処遇プログラムによって，援助することが必要となる[56]。したがって，自由刑の実行は，社会への統合を指向するものでなければならず，その際，受刑者に対しては，包括的な方法による社会的学習の機会を十分に与えなければならない[57]。

156　新たに罪を犯さない社会的責任のある生活態度という行刑目的には，限定的機能も付随する。受刑者の社会化を指向する措置は，犯罪的行動のない生活という目的の実現に必要とされる範囲を越えてはならない。行刑法対案の第2条第2項は，正にこの趣旨を示すものであり，行刑は「刑確定者の人格及び信条の広範な変化に向けられてはならない」としている。刑確定者は，現行規範を尊重する自己責任のある行動が取れるようになるべきではあるが，欠点のない市民になるた

---

52　Schneider H. J., 1983, S. 296.
53　Vgl. Dölling, 1990, S. 673.
54　Calliess, 1992, S. 2.
55　Quensel, 1970, S. 379.
56　Kury, 1986, S. 35.
57　Siehe auch Bericht des Sonderausschusses für die Strafrechtsreform, BT-Drs. 7/3998, S. 5.

めに教育される[58]べきではない。さらに，基本法第1条第1項に基づく人間の尊厳の尊重に対する受刑者の権利は，その意思に反する医学的及び薬理的な処置を排除している[59]。

### 3.1.2 処遇による(再)社会化((Re-)Sozialisierung durch Behandlung)

157 構造的レベルにおいては，行刑法第2条第1切が行刑組織を社会化目的に応じて形成することを当局に義務付けている。人的配備及び物的設備は，将来社会的責任において罪を犯さない生活態度上の問題が解決されることができるように調整されなければならない[60]。それとともに，受刑者と行刑職員との社会的相互作用の分野ないし関係職員とのコミュニケーションも，行刑目的と関連を持たせなければならない。この双方参加型の構成が，被収容者の処遇ということになる。

処遇プロセス実現のための大枠は，次のとおりである。
― 垂直的レベルにおける行刑組織[61]
― 水平的レベルにおける多様化された施設種類による分化[62]
― 人的レベルにおける適切なコミュニケーション構造の創造[63]

158 行刑法では，繰り返し処遇概念に言及している。例えば，行刑法第4条第1項により受刑者は処遇に参加し，行刑法第6条により入所手続後処遇調査を行うべきこととされ，これに基づき，個々の行刑目的達成に必要な指針として処遇措置を含む行刑計画（行刑法第7条）が作成される。行刑法第143条により行刑施設の構造は，受刑者の必要性（個別化の要請）に適合した処遇が実現されるように，つまり，施設は，被収容者が処遇グループにまとめられることができるような構造とされる。

159 しかしながら，同時に，法律上処遇計画の定義が存在していないように，行刑法の中で処遇概念も定義されないままとされている。こうすることによって，多様な処遇方法を使用できるようにすること，学問及び実務に存在するモデルの点検と発展及び新しいモデルの試行ができるようにしておくべきこととされた[64]。この立法的な抑制は，結局は財政的考慮によるものであった，ということもでき

---

58 Baumann/Brauneck/Calliess u.a., 1973, S.57.
59 Benda, 1984, S.322.
60 Calliess/Müller-Dietz, 2002, § 2 Rdn.32.
61 Unten Kap. 4.1.
62 Oben Kap. 1.6.3.
63 Unten Kap. 4.
64 BT-Drs. 7/918, S.41.

よう[65]。

　立法者の意図するところでは，処遇概念には，「特別な治療的措置はもとより専門教育及び学科教育，一身上及び経済的問題の解決に当たっての助言並びに施設の共同体的任務への参加を通じて受刑者を社会的経済的生活に組み入れ，犯罪傾向を除去することに役立つ一般的方法による措置」[66]を含んでいる。

　このような開かれた広い処遇概念は，内容的な精密性を排除する。処遇の場合，行刑目的の決定に関連した双方参加的な領域におけるすべての措置及び活動の全体がこれに該当する。これらは，受刑者を社会的に再統合し，犯罪行為のない社会的責任のある生活ができることを目指して行われる[67]。また，そこには，行刑自体が作り出す有害な影響を防止するのに適していると思われるすべての努力及び活動が含まれる[68]。

　行刑法の処遇概念は重層的であるが，それでも，行刑法第7条第2項により行刑計画に最小限含まれることとなる処遇措置には，幾つかの異なったヒントが示されている。

　重要なものは，次の事項である。
― 閉鎖行刑又は開放行刑における収容
― 社会治療施設への移送
― 居室グループ及び処遇グループへの指定
― 作業指定及び職業教育又は補習教育のための措置
― 補習教育行事への参加
― 特別な援助及び処遇措置
― 行刑の緩和
― 釈放準備のために必要な措置

3.1.2.1　問題解決的共同体の理想像(Idealbild der problemlösenden Gemeinschaft)

　処遇概念の基礎には，問題解決的共同体としての行刑施設の理想像が存在する。

---

65　Jung H., 1987, S. 38.
66　BT-Drs. 7/918, S. 45.
67　Calliess, 1992, S. 22f.；Calliess/Müller-Dietz, 2002, § 4 Rdn. 6；Dünkel/Kunkat, 1997, S. 24；Schwind/Böhm, 1999, § 4 Rdn. 6；zum Behandlungsbegriff auch：Jung H., 1987, S. 38ff.；Mey, 1987, S. 42ff.；Rehn, 1995, S. 75f.；Schüler-Springorum, 1988, S. 117ff.
68　Streng, 2002, Rdn. 226.

第3章　行刑の任務及び形成原則（Vollzugsaufgaben und Gestaltungsprinzipien）

これは，フェントン（Fenton）によりカリフォルニアにおいて1950年代以降初めて実現された矯正コミュニティの思想にまでさかのぼる[69]。フェントンは，監獄は社会に適合しない者をただ一定期間排除するという機能とは異なる他の機能を果たさなければならないということから出発した。行刑期間は，有罪判決を受けた者の社会復帰のための準備に役立たなければならず，その際，施設自体がダイナミックでクリエイティブな制度として利用されなければならないのである。

そこでフェントンは，行刑に治療共同体の原理を転用した。この手法は，ジョーンズ（Jones）によって第2次世界大戦後イギリスの精神病院及び療養所に導入されていた[70]。ジョーンズは，関係者自身をその処遇に参加させ，医師と患者との上命下服関係を，よりパートナー的関係に置き換えた。これと同様に，フェントンは，自由刑の実行においても，施設職員と被収容者との間に個人的な情報伝達関係を作ることを目指して努力した。彼は，施設の中で被収容者の自主性（Selbständigkeit），自己責任（Eigenverantwortlichkeit）及び自尊心（Selbstwertgefühl）を強化するため，施設を一種の自治制が導入された，より小さい単位に分けた。反社会的な傾向を軽減するため，グループの集会では，日常の経験と人間相互の関係について議論する。

163　問題解決共同体では――行刑システムの社会構造により仲介された――相互作用及びコミュニケーションが行われるが，それは一つの枠組みであることを意味する[71]。その中では多様な手法，企画（Konzept）及びモデルを用いることができ，精神療法的[72]及び行動療法的処置，環境療法（Milieutherapie），行動療法，音楽療法[73]，サイコドラマなどの方法が用いられることになる[74]。しかし，財政的及び能力的条件が十分でないことから，通常の行刑では，せいぜい点描的にその実施が可能とされるだけである[75]。犯罪性の特別な発現形態及び特定の行動を誘発する欠陥，誤った考え方（Fehleinstellungen）又はサイコダイナミックな進行過程に介入するための計画も実務化されている。それは，行刑におけるアルコールによる交通犯罪者のための「反復教育クラス（Nachschulungskurs）」[76]，薬物依存者への治療的付添い[77]に始まり，暴力犯罪者処遇のための反攻撃性訓練（Anti-

---

69　Dazu: Fenton, 1958； Fenton/Reimer/Winter, 1967.
70　Siehe Jones, 1962.
71　Zu Möglichkeiten einer Übertragung von Grundideen der therapeutischen Gemeinschaft auf Organisation und Kooperation in der Strafanstalt siehe Rotthaus W., 1990, S. 30ff.
72　Dazu Beier/Hinrichs, 1995； Pecher, 1999； Rauchfleisch, 1999； Reinfried, 1999.
73　Dazu Zeuch, 2002, S. 99ff.
74　Laubenthal, 1983, S. 146ff.； Schneider H. J., 1983, S. 302ff.
75　Walter M., 1999, S. 298f.
76　Dolde, 1996a, S. 117.
77　Borkenstein, 1988, S. 235； ders., 1994, S. 80ff.； siehe dazu auch Kap. 5. 5. 3.

Aggressivitäts-Training）[78]から性犯罪者の治療[79]にまで及ぶ[80]。

　ドイツにおける処遇思想は，当初，心理療法的アプローチ及び治療的―教育的な日常形成によって特徴付けられていたが[81]，1960年代の初頭から社会治療（Sozialtherapie）の思想が前面に出た。それは，点描的に心理療法的手法及び社会教育的手法を用いるだけでなく，問題解決的共同体という意味での多様な行動形式及び関係形式（Beziehungsform）を行刑目的に合わせて調整（Ausrichtung）することであり，それは，犯罪者の人格的特徴に応じて補完される[82]。社会治療の構想には，行刑の非生産的な生活関係及び生活条件による限界があるものの（そして，狭義の社会治療が今日では事実上行刑法第9条及び123条以下[83]にいう社会治療施設に限定されてはいるものの），問題解決の共同体としての，このような処遇行刑を形成することは，行刑法第2条第1切の目的設定に最も良く適合すると思われる。

164

　犯罪者の一定の思考方法（例えば，防衛的傾向又は否定的傾向（Leunigungstendenz））が態度変容を阻害し，処遇措置の効果を損なうおそれがあることから，レーゼル（Lösel）[84]は，基礎にある思考方法を変化させることが社会復帰のための努力の中心であると考えた。このような認知的行動訓練における10個の基本的な要素として，次の事項を列挙している。

165

1．行動に際しての自己統制訓練
2．自分自身についての内省指導
3．社会的技能の斡旋
4．対人的な問題解決技術の習得
5．創造的思考への刺激
6．（自己）批判的思考への指導
7．価値の伝達
8．怒り及び攻撃性のコントロール

---

78　Bauer-Cleve/Jadasch/Oschwald, 1995, S. 202 ff. ; Weidner, 1990 ; Wolters, 1990, S. 26 ff. ; ders., 1994, S. 20 ff.
79　Dazu unten Kap. 5．5．4．
80　Böse/Henke/Ingenhag-Schuster, 1991, S. 345 ff. ; Goderbauer, 1999, S. 157 ff. ; Judith, 1995, S. 72 ff. ; Latza, 1993, S. 43 ff. ; Rehder, 1990, S. 121 ff. ; Rehn, 2002, S. 609 ff. ; Schmitt, 1996, S. 3 ff. ; siehe auch Kusch, 1997, S. 89 ff.
81　Egg, 1992, S. 486 f.
82　Specht, 1993, S. 11.
83　Dazu in Kap. 5．5．4
84　Lösel, 1993a, S. 15 f.

9．社会に役立つ援助者的役割（Helfer-Rollen）の担当
10．被害者の気持を理解すること（Einfühlung）。

3．1．2．2　社会訓練の重視（Favorisierung des Sozialen Trainings）

166　施設の状況は，手段的にほとんど実現可能性のない考え方を制限することになる[85]。今日，通常行刑において，欠点に着眼した（defizitorientiert）アプローチ——社会訓練——が有力視されているのは，つまり，本来の処遇への期待が低下した結果であることを示している。

社会訓練は，法律上，専ら受刑者が自由時間に参加する（行刑法第67条）補習訓練的措置に属する[86]。訓練の目的は，社会的無力感（Hilflosigkeit）の除去と並行して社会的能力（Kompetenz）を構築することである[87]。社会訓練は，しばしば再犯の原因となる問題領域，つまり，社会的関係（soziale Beziehungen），労働及び職業的環境（Berufswelt），自由時間における行動，金銭や負債，麻薬，権利及び義務という問題領域に対する予防的方策として行われる[88]。幅広く専門化された処遇措置を通して行動の変容が実現されるべきであり，対象者には，適切な状況克服，葛藤処理及び生活維持のための日常実用的な能力が伝達されるべきである。専門能力トレーニング（Kompetenztraining）は，方法論的に，社会的行動様式の効果的な習得が，通常は，知識，行動及び態度（Einstellung）のレベルで行われるという認識に基づく。

これに対応する習得プロセスは，次の4要素から構成される[89]。

— 参加者に対して，自分の必要とするもの，欠陥，問題及び長所について自己認識の機会を与える。
— 受刑者に情報交換及び知識習得の機会を与える。
— 自らの立場の自覚及び知識の習得は，問題状況について参加者の積極的な取組をもたらし，そのことから，参加者は，行動変容を身に付け，変化できること（Umsetzbarkeit）を知る。
— 行動の意図（Verhaltensabsichten）は，ロールプレイによって試みられ，点検さ

---

85　Walter M., 1999, S. 287.
86　Müller-Dietz, 1988b, S. 10f.；Otto, 1988, S. 20.
87　Rössner, 1984, S. 14ff.
88　Goderbauer, 1984, S. 42.
89　Otto, 1993, S. 49.

れ，最終的に実現される。

社会的専門能力の習得は，人間的な関係及び相互作用の織りなす中においてのみ可能であることから，社会訓練の方法としては，集団及びその中における相互作用が用いられる。居室グループは，単に行刑法第67条にいう補習教育のためだけではなく，社会訓練に役立つよう構成される。なぜならば，その中では個人の社会的役割を果たす能力（soziale Funktionsfähigkeit）が最も持続的に促進され，また，そこでの共同生活（日常的な葛藤状況と結び付いた）は，社会に受容される問題克服能力を向上させることになるからである。その上，不均等な集団的組合せ（Konstellation）――すなわち，社会訓練グループと様々に異なる対象者（Proband）からなる居室グループとの組合せ――は，自由な社会化プロセスから遠く隔てられた行刑の内部において，多くの相互作用が行われる領域を創り出すことができる[90]。

167

### 3.1.3 社会的責任習得の場としての加害者被害者間の和解（Täter-Opfer-Ausgleich als ein Lernfeld sozialer Verantwortung）

行刑法第2条第1切の行刑目的には，受刑者に社会的能力を習得させるため努力することのほかに，加害者被害者間の和解に向けて努力することも含まれる[91]。

168

被害者の犯罪への関与についての被害者学的調査及び被害者学の犯罪学への統合ということのほかに，この数年来，犯罪被害者が刑事政策的議論の注目を浴びている。刑事手続における被害者の法的地位が不十分である点を補う中で加害者被害者間の和解という考え方が発展してきた。そこでは，加害者と被害者の間に一つ又はそれ以上の犯罪行為が存在した後に生じる諸問題，負担や葛藤を減少させ，又はこれらを清算するための努力が仲介者の指導の下で行われることをその特徴とする。そのための話合いの中心となるのは，犯罪とその結果の総括及び被害賠償の実行について合意することである[92]。加害者被害者間の和解についてのこれまでの積極的経験（とりわけ少年刑法における）を踏まえて，1994年，犯罪撲滅法（VerbrBekG）第1条第1号[93]により，一つの反作用形態として，一般刑法中に取り入れられた（刑法典第46条a）[94]。

---

90  Laubenthal, 1983, S. 33ff. , 170f.
91  Calliess/Müller-Dietz, 2002, § 2 Rdn. 38.
92  Schreckling, 1991, S. 1 .
93  BGBl. I1994, S. 3186ff.
94  Zur Diskussion um eine Integration des Täter-Opfer-Ausgleichs in das Erwachsenenstrafrecht : Baumann u. a. , 1992 ; Kaiser, 1994, S. 314ff. ; Schöch, 1992, S. 54ff.

第3章　行刑の任務及び形成原則（Vollzugsaufgaben und Gestaltungsprinzipien）

169　自由刑の実行が刑確定者に対して社会的責任のある生活態度を保持できる能力を与えるべきであるとするならば，犯罪の経験及びその結果は，社会的学習のための重要な糸口としての意味を持つ。それは、被害者の苦しみに自ら接することで理解のプロセスが始まるのを可能にするからである。このプロセスは，特定の状況の下で失敗した犯罪者に対して，将来社会的に受け入れられる葛藤の解消ないしは共同生活の方法を総合的に伝達することができる。被害者の状況を認識することから，罪を犯さない生活を今後送っていくための決心が導き出される[95]。

しかし，行刑法自体は，犯罪被害者をほとんど考慮に入れていない。ただ，行刑法第73条によって，受刑者は，「その権利の行使及び義務の履行，特に……その犯行により生じた損害を整理すること」への努力に対して，援助が与えられなければならないとされているだけである。これは，加害者被害者間の和解を処遇措置として正当に評価するものとはいい難い。

170　たしかに，被害者の視点を導入すること，とりわけ，犯罪行為を被害者と関係させて処理することは，行動や態度を変化する方向に作用させることができ，また，それは行刑目的を達成するための重要な方法であり得る。しかし，行刑それ自体は，その制度を加害者と被害者との関係が行刑内部の形態を決定する規準となるよう被害者関係的に形成することを許していない[96]のであって，それぞれの具体的事案において，被害者の考え方に配慮して処遇が行われなければならないか，また，どのように行われなければならないかということを吟味するだけにとどまる[97]。なぜならば，加害者被害者間の和解を実現するには，加害者の相応の態度だけではなく，被害者の和解への心構え（Ausgleichsbereitschaft）もまた必要とされるからである。

171　犯罪被害者が自然人でない場合には，もとより和解は存在しない。加害者被害者間の和解が受け入れられることは，重大犯罪の被害者の場合，ほとんど期待で

---

95　Rössner, 1990, S. 25.
96　So aber der – nicht Gesetz gewordene – Bundesratsentwurf eines Strafvollzugsänderungsgesetzes (BT-Drs. 11/3694), der gerade über eine opferbezogene Vollzugsgestaltung das Prinzip "Verantwortung sich und anderen gegenüber" (S. 7) stärken wollte. Auch ein 1992 vorgelegter "Alternativ-Entwurf Wiedergutmachung" (Baumann u. a. 1992) wollte den Tatfolgenausgleich für den Strafvollzug konkretisieren, indem er die Gestaltungsprinzipien des §3 Abs. 1 bis 3 StVollzG um einen neuen Abs. 4 ergänzte : "Die Einsicht des Gefangenen für seine Verantwortung für die Tat, insbesondere für die beim Opfer verschuldeten Tatfolgen, soll geweckt und durch geeignete Maßnahmen des Ausgleichs vertieft werden" (§ 23AE-WGM). Siehe auch Bannenberg/Uhlmann, 1998, S. 28ff. ; Dölling/Heinz/Kerner/Rössner/Walter, 1998, S. 485f. ; Eisenberg, 2000, S. 487f. ; Heinrich, 1995, S. 81.
97　Kaiser/Schöch, 2002, S. 233 ; Wulf, 1985, S. 67ff.

きない。加害者とコミュニケーションを取ることへの関心及び心構えは，暴力犯罪の被害者については限定的であり，しかも，被害者は，刑法という形における独占的国家権力によって，被害者が再び加害者と接触しなくて済むようになることを一般的にありがたく思っている。このことは，その犯罪行為が危機的な加害者被害者の関係の終局を意味する場合において，特に妥当する[98]。暴力犯罪の被害者は，さらに公法上の給付（例えば，暴力犯罪被害者の補償に関する法律に基づく給付）が和解への関心を減退させる。

　物質的又は非物質的損害を清算するための賠償は，刑確定者に履行能力がなく又は債務超過である場合にも，考慮の対象にならない。義務の履行に対応できない低額な受刑者の作業報酬（行刑法第43条，第200条）は，――受刑者に清算意思があっても――受入れ可能な賠償を履行するための物質的条件に欠けることになりがちである[99]。さらに，行刑施設における職員不足の現状は，しばしば手間のかかる和解の努力をすることへの妨げになっているということができよう。

　犯罪被害者に関して行刑施設は何ら働き掛けをする権限を有しないので，被害者に関係付けた行刑を形成することは，それを適当とする個別的事案に限定される。とりわけ，被害者の視点に配慮すること及び加害者側への犯罪結果清算的（tatfolgenausgleichend）な賠償を行為責任応報的（tatschuldvergeltend）な行刑目的への復帰であると考えることは許されない[100]。さらに，受刑者に被害者関係的な行刑形成に協力する心構えがないということを，行刑の緩和を拒否する際の判断基準とすることはできない。できる限り，施設は加害者被害者間の和解のための動機付けに努めなければならず，また、刑確定者の多くになお広くみられるところの，責任は（被害者に対しても）刑事罰を「受けること」で償われたとみなすという考え方もまた抑止されなければならない[101]。

## 3．2　行刑における保安の任務(Die Vollzugsaufgabe der Sicherung)

　受刑者を将来合法的生活ができるようにするという行刑目的は，正しく，刑確定者の新たな犯罪行為に対して社会を保護するという目的指向を含んでいる[102]。適切な処遇措置によって犯罪者を社会に組み入れることは，必然的に安全に対する公共の利益にも適合する。

---

98　Streng, 1994, S. 147.
99　Siehe auch Kawamura, 1994, S. 3 ff.
100　So auch Rixen, 1994, S. 219.
101　Rössner, 1990, S. 25.
102　BVerfGE98, S. 200.

## 第3章 行刑の任務及び形成原則（Vollzugsaufgaben und Gestaltungsprinzipien）

行刑法第2条第2切において，立法者は（再）社会化の目的設定を補充する行刑任務として，新たな犯罪からの公共の保護を付け加えている。この保安条項（Sicherungsklausel）は，受刑者の釈放後における犯罪行動を防止するという個別予防的な目的設定と同じものではない。公共の保護という行刑任務は，どちらかといえば拘禁期間だけに関係するものである[103]。

**174** 保安という視点は，その本質において自由刑の一部に属する。しかし，それは決して行刑目的ではなく，行刑任務であることを意味する。施設は，安全のための配慮，すなわち服役期間中における犯罪行為を阻止することを義務付けられる。これは，行刑の外部にある一般社会の保護に関係する。しかし，施設内での犯罪行動を防止するための処置に関する限り，行刑法第2条第2切には，施設内の安全を保持することも含まれる。なぜならば，行刑職員及び他の受刑者も保護すべき公共の一部であるからである。

行刑法第2条第2切が職員及び同衆受刑者を犯罪行為から保護することを指向すべきであるとしても，それを施設の安全という包括的概念と混同してはならない。この概念は，行刑における犯罪的行動だけに関するものではない。施設「内部の」安全の範囲には，このほか，人及び物を犯罪とはかかわりのない（kriminalitätsunabhängig）危険から保護することが含まれる。それは，施設「外部の」安全を維持するため受刑者の施設内留置を保証すること，つまり，破壊逃走及び単純逃走を防止することである。

**175** 行刑法第2条第2切は，施設の内外を犯罪から保護することを行刑の任務として規定するとともに，自由刑の保安的機能を行刑形態のコンテクスト中に固定する一般条項（Generalklausel）であることを意味している[104]。立法者は，この原則を行刑法の幾つかの場所で明確に具体化しており，刑確定者に法律違反のおそれがあることは，外部との人的な接触の機会が増加する措置を許可するに当たっての障害となる。

**176** すなわち，開放行刑に収容するには，行刑法第10条第1項によって，この行刑形態となる機会を悪用して罪を犯すおそれがあってはならないことが前提とされている。同じことが，行刑法第11条第2項により，行刑緩和のための構外作業，外部通勤，連行及び外出，並びに行刑法第11条第2項との関連における第13条第1項第2切に基づく拘禁からの休暇について妥当する。また，行刑法第11条第2項の意味における悪用の危険は，例えば，施設外での自由な職業関係の許可に際

---

103　AK-Feest/Lesting, 2000, § 2 Rdn. 15 ; Schwind/Böhm, 1999, § 2 Rdn. 16.
104　Walter M., 1995, S. 198.

しても顧慮されなければならない（行刑法第39条第1項第2切）。さらに，その他の処遇措置を執る場合にも——それについて個別に特別の規定がなくても——第三者の法益保護が考慮され得る。例えば，親族面会，文通又は物品の所持が可罰的行動に利用されるおそれがある場合がこれに当たる。このような場合に，行刑法第2条第2切が意味を持つことになる[105]。なぜならば，行刑法第4条第2項第2切第1選択肢は，法律に特別の規定がない場合において，それが安全の維持のため不可欠であるとき，受刑者の自由を制限することを認めているからである。そして，行刑法第4条第2項にいう施設の安全とは，同時に，自由刑服役中における被収容者の犯罪に対する公共の安全であると理解されている[106]。

　（再）社会化という行刑目的の設定は，行刑法第2条第2切を「犯罪リスクが存在する場合における最終手段条項（Ultima-ratio-Klausel）」の意味に限定している[107]。たしかに，行刑においては，受刑者の社会化と安全保持の任務との間に二律背反が存在する。しかし，唯一の行刑目的として行刑法第2条第1切が明確に強調しているのは，社会復帰のための努力が他の行刑任務に優先するということである。新たな罪を犯さない社会的責任のある生活を送る能力には，責任の負えるリスクを引き受けることが要求される。もっとも，行刑実務においては，行刑法第2条第1切の設定目的の達成と公共の保護とが衝突する場合，安全保持の任務（Sicherheitsaufgabe）をまだ前面に置く傾向がある[108]。ここ数年、安全に対する問題が——刑事政策的にも——重要性を増し，それが行刑の実務に影響を及ぼしているのである[109]。

## 3.3　一般的刑罰目的は行刑の形成基準ではないこと

　行刑法第2条で，立法者は，行刑の任務を最終的に規定している。とりわけ，行刑法第2条第1切の表現によって，行刑目的が複数であることを明確に否定している。責任の清算と責任の重さ，一般予防と法秩序の防衛のような一般的刑罰目的は，行刑において直接的な考慮の対象とすることはできない。なぜならば，行刑法第2条で立法者が定めた基準に基づき，自由刑実行の実体形成及びその現実化については，中核的規定である第2条に示された行刑目的及びこれを具体化した行刑法第3条の原則に限定されているからである。

---

105　Kaiser/Schöch, 2002, S. 237f.
106　Schwind/Böhm, 1999, § 4 Rdn. 20 ; dazu auch unten Kap. 3. 5. 2. 2.
107　Kaiser/Schöch, 2002, S. 237.
108　Für viele Schwind/Böhm, 1999, § 2 Rdn. 17.
109　Dazu Böhm, 2002, S. 97f.

## 3.3.1 刑の量定と行刑の任務

**179** 刑罰の目的を考慮することが許されるかどうかという問題を検討するに当たっては，地位決定と形態決定とを区別しなければならない[110]。

地位決定（Statusentscheidungen）とは，刑法に基づき，罪を犯した者の地位を受刑者と定め，又はこれを取り消す根拠となる刑事裁判所の決定をいう。まず，自由刑の執行及び行刑のための根拠を示す判決言渡裁判所による法的効力のある刑の言渡しがこれに当たる。次に，刑法典第57条及び第57条aによる保護観察のための残刑の執行猶予がこれに数えられる。

形態決定（Gestaltungsentscheidungen）とは，自由刑実行の期間中，つまり刑確定者の刑の開始から釈放までの間におけることである。行刑のための行刑当局の処分及びこの処分に関係する裁判所の決定がこれに当たる。

**180** 地位決定の枠組みの中では，一般的な刑罰の目的が考慮されるが，とりわけ，違法行為に対する制裁を量定する場合がこれに当たる。刑法典は，その限りにおいては，限定的で開かれた（offen）規定[111]を設ければ足りるのであって，その意味において，同法典第46条第1項第1切（「行為者の責任が科刑の根拠である。」）の基本規定と関係する同法典第46条第1項第2切は，刑罰による（再）社会化及び非社会化を回避するための努力に特別の価値を与えている。限定的で開かれたそれ以外の——刑罰目的に関連する——準則としては，刑法典第47条第1項，第56条第3項及び第59条第1項第3号があり，制裁を選択する場合には，これに従って，法秩序の防衛という視点に配慮されなければならない。

ドイツ刑法においては責任刑（Schuldstrafe）のみが正当なものと考えられており，それは責任を清算するだけのためではなく，犯罪を予防するという刑法の持つ保護的な任務を達成するために必要な手段であるという意味で有効であることが明らかになっている[112]。それはいわゆる統合説（Vereinigungstheorie），つまり，責任の清算と予防という異なる重点を持つものを相互に均衡の取れた関係にあるとする考え方によるものである。

**181** 連邦憲法裁判所は，この考えに従い，責任の清算，予防，犯罪者の再社会化，贖罪及び行われた違法行為に対する応報を，刑事制裁において相互に均衡させ，

---

110 Siehe Calliess/Müller-Dietz, 2002, § 2 Rdn. 9.
111 Ausführlich hierzu Streng, 2002, Rdn. 419ff.
112 BGHSt. 20, S. 42；siehe auch Jescheck/Weigend, 1996, S. 75f.

調整されるべき諸視点であることを示している[113]。刑法は，そのための機能を十分に果たすことができていない[114]。行為者の責任に基礎を置き，その限度内において自由刑を科することにより、同時に，許容される予防的視点がその役割を発揮することになる[115]。

— 積極的一般予防（Positive Generalprävention）（統合的予防–Integrationsprävention）：法秩序を確立し，これを維持する力について，すべての国民の信頼を確保し，強化すること。
— 消極的一般予防（Negative Generalprävention）：同様の犯罪を行うおそれのある他の者を威嚇すること。
— 積極的特別予防（Positive Spezialprävention）：個々の犯罪者の（再）社会化
— 消極的特別予防（Negative Spezialprävention）：関係する違法行為者から社会を保護すること。

182　地位決定としての刑の量定に当たっては，あらかじめ設定された枠内における一般予防及び特別予防目的に配慮した責任の清算が重要であるのに対して，自由刑の実行では，唯一の行刑目的である（再）社会化及びそれより優先順位の低い任務である新たな犯罪に対する公共の保護（消極的特別予防）を指向する。行刑法第2条における明確な立法的決定にかんがみるとき，その他の予防的視点は，行刑の形成決定に当たっていかなる役割を演ずることもできない。

判決言渡裁判所と行刑とは，自由刑においてそれぞれに異なる目的を追求する。そのことから，実体刑法と行刑目的との間には，不一致が生まれる[116]。つまり，自由刑執行の可否及びその期間は，責任の清算及び予防的視点（それは，個々人の処遇の必要性及び可能性のみに限定されない。）によって左右されるのに対して，行刑は，行刑法第2条における目的基準と設定された任務の達成に向けられる。

183　地位決定に当たり重要とされる一般的刑罰目的が，間接的に，行刑上の形態決定に影響を与えることがないではない。それは，刑事裁判所により言い渡された自由剥奪の期間が，予見される行刑期間に応じて調整される必要がある個々の受刑者に対する処遇手段の提供に影響を及ぼすからである[117]。その上，施設は，被収容者の破壊逃走及び逃走を防止しなければならない。これは，自由剥奪の本質

---

113　BVerfGE28, S. 278 ; 45, S. 253f. ; 64, S. 271.
114　Böhm, 1986, S. 32.
115　BVerfGE45, S. 254ff. ; Meier B.-D., 2001, S. 181ff. ; Streng, 2002, Rdn. 428ff.
116　Müller-Dietz, 1972, S. 125 ; dazu auch Böhm, 1986, S. 34.
117　Arloth, 1988, S. 424.

に対応するものであり，行刑法の多くの規定（例えば，行刑法第10条第1項，第11条第2項，第85条，第86条，第87条，第88条）中に明示されている。しかし，逃走の防止は，被収容者による新たな犯罪から公共を保護すること，又は行刑において社会化を図るための措置を執る上での場所的な前提を維持することにのみ役立つものではない。特別予防という内部に向けられた方針があるとはいうものの，逃走の防止を義務付けることで，刑罰目的の実現ということが行刑には必然的に伴う[118]。それは，最終的には，法律により威嚇した自由刑が最後まで貫徹されることに対する国民の信頼を強化することもまた重要であるからにほかならない。

### 3.3.2 責任の重さに形成的効果はあるか

**184** 行刑の方法が立法者の意思に従って行刑法第2条第1切の目的及び第2条第2切の保安任務に限定されるとするならば，広範囲な一般予防的視点が排除されるだけでなく，責任の重大性も，形態決定に当たり直接の役割を演ずることが，許されない。行刑法第2条で，裁量の範囲を具体化するための基準及び裁量の行使について，完結的に規定している[119]。

このように明白な実体法上の法律的基準があるにもかかわらず，1970年代の終わり以降，判例による法の変更が行われ[120]，その結果，行刑における一定の形態決定に当たり，正当な責任の清算及び刑の贖罪機能に配慮することができるとされている。これによれば，実体刑法における刑罰目的と行刑目的とが調和されるべきであるということになる。この動向については，文献上積極的な反響がまれに見られるだけである[121]。

#### 3.3.2.1 責任の重大性による行刑目的の制限

**185** 判例にとって，犯罪を清算し，これを予防するという視点から，行刑法の設定

---

118 Streng, 2002, Rdn. 198.
119 AK-Feest/Lesting, 2000, § 2 Rdn. 3 ; Bayer et al., 1987, S. 167ff. ; Calliess, 1992, S. 21 ; Calliess/Müller-Dietz, 2002, § 2 Rdn. 8 ff. ; Kaiser/Schöch, 2002, S. 240ff. ; Laubenthal, 1987, S. 188f. ; ders., 2002, S. 58 ; Meier P., 1982, S. 202 ; Mitsch Chr., 1990, S. 145ff. ; Müller-Dietz, 1984, S. 353ff. ; Peters, 1978, S. 177 ; Schüler-Springorum, 1989, S. 262ff. ; Seebode, 1997b, S. 117ff. ; Wagner B., 1986, S. 640 ; Walter M., 1999, S. 86 ff. ; siehe auch Funck, 1985, S. 137ff.
120 Peters, 1978, S. 180.
121 Siehe Artloth, 1988, S. 403ff. ; Dietl, 1988, S. 55ff. ; Grunan/Tiesler, 1982, §13Rdn. 14 ; Schwind/Böhm/Kühling/Ullenbruch, 1999, §13Rdn. 36 ; einschränkend： Böhm, 1986, S. 36f. ; ders., 1988, S. 129ff. ; begrenzend nur auf die lebenslange Freiheitsstrafe： Streng, 2002, Rdn. 197.

目的を「変更」するための入り口となったのは，近代的処遇行刑にふさわしく施設の開放を可能にし，そうすることで被収容者により多くの社会との接触の機会を与えることを予定している重要な諸規定である。それは，以下の事項に関する施設管理者の決定である。

— 開放行刑の施設又はその区画への収容（行刑法第10条）
— 行刑緩和の指示（行刑法第11条）
— 拘禁からの休暇の許可（行刑法第13条）

発展への出発点となったのは，1977年に出されたカールスルーエ高等裁判所の決定である[122]。

186

数多くのナチスによる殺人事件に関与して終身刑を言い渡され，16年以上引き続いて服役した69歳になろうとする老受刑者が，行刑法第13条による拘禁からの休暇を申請した。行刑法第11条第2項と関連する同法第13条第1項第2切にいう逃走及び悪用の危険は，判断を妨げる要素になっていなかった。

それにもかかわらず，カールスルーエ高等裁判所は，申請のあった行刑緩和を拒否したことに法律的過誤がないと判断した。同裁判所は，行刑官庁に与えられた裁量の枠内において，犯罪行為の高度の違法性，さらには，その結果生じる責任の重大性をも考慮することが許されるとし，次のように判示した。再社会化という構想の下で行刑法第2条第1切が規定する行刑目的の定義は，「自由刑を言い渡すことで，積極的特別予防の意味における再社会化目的に付加して追求される諸目的が行刑の開始とともに存在しなくなり，その結果，刑の言渡しと行刑との間にその精神において断絶が生じ，刑の言渡し及び量刑が，行刑とは異なる別の目的のために用いられること」を意味するものではない。拘禁からの休暇のような外部的効力を伴う処分の場合，「刑罰は行われた違法行為に対する贖罪でもあり，正当な責任を清算するためにあるという思想が強く全面に現れることになる。」

カールスルーエ高等裁判所は，行刑法第2条第1切の明らかに将来に向けた行刑目的の表現には，その上に責任の重さという回顧的にのみ把握し得る基準が重ねられているということをその出発点とした。他の高等裁判所[123]も類似の事件に

---

122 OLG Karlsruhe, JR1978, S. 213.
123 OLG Frankfurt, NJW1979, S. 1173 ; OLG Nürnberg, ZfStrVo1980, S. 122 ; OLG Frankfurt, NStZ1981, S. 157 ; OLG Hamm, NStZ1981, S. 495.

おいてこの考え方に従っているが，当初は，ナチスによる暴力的犯罪のために終身刑を言い渡されたという狭く限定された犯罪者グループのみを対象とするものであった。しかし間もなく，判例は，行刑上の決定に当たり責任の重大性という基準を考慮する範囲を終身の自由刑という制裁を受けたすべての者に拡張した[124]。

187　こうした展開は，専ら責任の重大性のみを考慮して終身刑受刑者に拘禁からの休暇を許可することを拒否したフランクフルト高等裁判所の決定[125]を連邦憲法裁判所[126]が憲法違反であるとしたことによって促進された。さらに，連邦憲法裁判所は，次のことを確認している。

「行刑施設が終身の自由刑を言い渡された受刑者のために拘禁からの休暇を許可する決定に当たり，仮に行為責任の特別の重大性を合わせて考慮したとしても，これに対して憲法上の疑義が唱えられるべきではない。」

188　しかし，連邦憲法裁判所は，これによって，決定に当たり責任の重大性を考慮することを行刑官庁に義務付けたものではなかった。それは，このようなやり方が憲法上の限界に触れないことを示したものであって，連邦行政裁判所法第31条にいう拘束力を有しない単なる傍論（obiter dictum）にすぎなかった[127]。同裁判所はその論拠として，終身の自由刑を言い渡された受刑者（いまだ開放行刑に置かれていない。）は，その者が10年間行刑に服した場合に初めて休暇を与えられることができるとする行刑法第13条第3項の規定も援用している。連邦憲法裁判所の見解によれば，正にこの10年の期限こそ，行刑において行刑法第2条に掲げられた視点とは異なる視点も作用していることを示しているという。行刑法第13条第3項は，責任の清算及び贖罪の視点から，相当長期間にわたる中断のない行刑が必要であることを示しているのである[128]。

189　行為責任の重大性による終身の自由刑の実行を決定する根拠として，本審裁判所[129]では，刑法典第57条a第1項第1切第2号を引用している。そこでは，刑確定者の責任の重大性が引き続き刑の執行を要求している場合には，例外として，終身刑の残刑を保護観察のために猶予すべきではないとしている。

責任の重さを考慮して行刑目的を制限することは，当初，終身刑受刑者に限ら

---

124　OLG Nürnberg, ZfStrVo1984, S. 114 ; OLG Stuttgart, NStZ1984, S. 525 ; OLG Karlsruhe, NStZ1989, S. 247.
125　OLG Frankfurt, NStZ1981, S. 117.
126　BVerfGE64, S. 261ff. (m. abw. Meinung Mahrenholz).
127　Calliess/Müller-Dietz, 2002, § 2 Rdn. 23.
128　BVerfGE64, S. 274f.
129　So z. B. OLG Stuttgart, NStZ1984, S. 429f.

れていたが，1980年代に入り有期の自由刑に拡大された[130]。少年行刑における行刑緩和の決定も，結局，この判例によることになった[131]。幾つかの州の司法行政もこれに同調し，その一般的権限に基づき，終身及び有期の自由剥奪の実行中における緩和の許可に当たっては，責任の重大性を考慮することが必要であるとした[132]。

現在，判例においては，一般的な刑罰目的を行刑の形態決定の際に直接考慮することが許されるか否かということについて，再び，これに消極的であった当初の傾向への復帰が見られる。フランクフルト高等裁判所は，2001年10月16日の決定[133]において，法秩序の保護及び責任の重大性を考慮して拘禁からの休暇又は外出の申出を拒否することは，行刑法第2条第1切において，一般的刑罰目的が再社会化という行刑目的に絞り込まれていることを理由に，許されない旨を詳述している[134]。もっとも，極端な例外的な場合についてまで（例えば，アウシュヴィッツ裁判で有罪判決を受けた大量殺人について），行刑上の決定を行うに当たり，それを考慮することが許されるかどうかについては，裁判所は何も触れていない。

### 3.3.2.2 法律の違法な適用

行刑官庁の形態決定に当たり，行為責任の重さに関係付けて行刑目的を変更することは，立法者の明示された意思と矛盾する。

行刑法第13条第3項の特別規定は，終身刑を言い渡された者に対する特別の責任を表しており，行為責任に基づく中断されない行刑を始めに要求しているという指摘については，立法過程における裏付けが全く存在しない。

行刑法第13条第3項が目的とするのは，犯罪行為の重大性に表れている危険性を逃走及び悪用の危険性の徴表として考慮できるということである。そこでの10年という期間は，行刑官庁を不適切な休暇の申立てから免れさせることである[135]。立法者の意図は，こうすることにより，行刑法第2条第2切の保安任務を具体化することであって，行刑法第2条に明示的に規定されていない新たな行刑目的を承認するものではない。行刑法

---

130　OLG Frankfurt, NStZ, 1983, S. 140 ; OLG Nürnberg, NStZ1984, S. 92.
131　OLG Stuttgart, NStZ1987, S. 430.
132　Siehe z. B. AV4511-VI/6 Justizministerium Baden-Württemberg vom 5．2．1985, in; Die Justiz1985, S. 118.
133　OLG Frankfurt, NStZ2002, S. 53ff.
134　Krit. hierzu Arloth, 2002, S. 280.
135　RE StVollzG, BT-Drs. 7/918, S. 53.

第3章　行刑の任務及び形成原則（Vollzugsaufgaben und Gestaltungsprinzipien）

第13条第3項にいう10年の期間が逃走の危険性という視点から行刑の実務手続を容易にすることに重点があるということは，終身刑を言い渡された者でも，開放行刑にある場合には，10年の経過前に休暇を与えられることができるという同項の規定が明らかにしている。開放行刑への移送が決定されたことで，逃走の危険性についての疑義は否定されているので，もはや10年の期間を維持する必要はないのである。

**192**　さらに，立法者は，1980年代の後半，行為責任の重さ，責任の清算，贖罪及び法秩序の防衛という行刑法第2条第2切を超える刑罰目的を行刑上の形態決定のための法律的基準にまで高めることを断念した。これによって，立法者は，行刑法の施行後も，行刑法第2条に規定する限定された目的が維持されなければならないことを明確にしている。

　　判例及び行刑実務を通じて法の変更がなされた結果，違法な行刑法の解釈を正当化することが刑事政策の主流となった。幾つかの州では，あらゆる刑罰目的を合わせた複合的目的を行刑法の中に定着させ，そうすることにより，すべての行刑形成が行為責任の観念を指向することに努めた。これに合わせて，行刑法第2条，第3条，第10条，第11条及び第13条には，相応の限界があることを規定すべきであるとされた[136]。この改正案は，1987年の第58回司法大臣会議で審議され，明確に断念された[137]。これに応じて，1988年8月23日，連邦参議院で議決された行刑法改正案には，行刑における一般的刑罰目的について，全く規定がなされなかった[138]。

**193**　立法者の意思によれば，行刑決定に当たり責任の重さを直接的に考量することとはしていないので，――もとより，終身の自由刑を言い渡された者の集団にとっても――責任の重さという基準が刑法典第57条aの例外規定から導き出されることはない。たしかに，刑法典第57条a第1項第1切によれば，終身刑受刑者には保護観察のための残刑の執行猶予をその特別の行為責任の重大性のゆえに拒否することができるとされている。しかし，この規定の責任概念は，刑法典第46条第1項の刑の量定責任と結合したものであり[139]，殺人による終身の自由刑の言渡しには，他とは異なる量の責任を基礎にすることができるからである。

---

136　Vgl. Strafvollzugsausschuss der Länder, Protokolle der Sitzungen v. 9.-12. 2. 1987 und v. 4.-8. 5. 1987；dazu auch Calliess, 1987, S. 341ff.；Wagner G., Wo Heuchelei und Willkür drohen, in： DIE ZEIT Nr. 23/1987, S. 65.
137　Vgl. Konferenz der Justizminister und-senatoren, Beschlussprotokoll v. 4. 6. 1987.
138　BR-Drs. 270/88；BT-Drs. 11/3694.
139　Tröndle/Fischer, 2001, §57a Rdn. 12.

裁判所は，終身刑への境界を越えた犯罪者に対しては，特別の事情が認められない限り，刑法典第211条第1項の絶対的法定刑の規定に従って判決する。事実審における量刑は，個人の責任について，まず，その者の犯罪行為が刑法典第211条第1項の「通常の」殺人のために予定されている責任の量を，少なくとも，満たしていることについて明らかにする。刑法典第211条第1項に規定する下限を超えていれば，刑罰の量は細分されない。それは，立法者が刑法典第57条a第1項第1切第2号を規定する場合に，「終身の自由刑を科する根拠となった責任の量は，その重さにおいて異なるが，そのことは判決では言及されない」[140]という考え方の影響を受けていることを意味する。「動機，行為の態様及び被害者の数を考慮すれば，責任は個別的に定量化される」[141]。責任の重さは異なっていても，葛藤犯人（Konflikttäter）は，性的若しくは嗜虐的動機で殺人を犯した激情犯人又はナチスの大量殺人のために刑を言い渡された者と同じく終身刑に服さなければならない。すべての殺人罪について科される同種の制裁形態には，変化を付けることができないので，刑法典第57条a第1項第1切第2号の責任条項（Schuldschwereklausel）は――単調な自動的釈放を除き――細分化について考慮すべきである。

　保護観察のための残刑の執行猶予は，行刑上の形態決定ではなく，むしろ多分に地位決定にかかわる問題であるが，それは，これ――保護観察――によって受刑者としての地位が終了することになるからである[142]。このことは，連邦憲法裁判所の最近の判決によっても明らかにされている[143]。そこで，判決を言い渡す参審裁判所（Schwurgericht）は，刑法典第57条第1項第1切第2号にいう責任の特別の重大性という視点から，行為者の責任の程度を判定しなければならない。このようにして，責任判断を行う事実審裁判所は，刑執行裁判所が後に終身の自由刑の執行を猶予するための判断の基礎を提供することになる[144]。

3.3.2.3　責任の消化（Schuldverarbeitung）は行刑目的達成の必要条件ではないこと

　行刑法第2条第1切の（再）社会化概念自体にも，責任のメルクマールは付加されていない。被収容者による責任の消化は，行刑目的にいう社会編入が成功する

---

140　BT-Drs. 8/3218, S. 7.
141　Müller-Dietz, 1985a, S. 266.
142　Calliess/Müller-Dietz, 2002, § 2 Rdn. 9.
143　BVerfGE86, S. 288ff.
144　Dazu Grünwald, 1997, S. 170ff.；krit, Meurer, 1992, S. 411ff.

ために必要な内部的前提ではない[145]。なぜならば，行刑から釈放された後，刑罰を受けない生活を送ることができる原因は，犯罪の動機が正にそうであるように，多因的な性格を持つ可能性がある[146]。したがって，特に責任が重大な場合，受刑者に対して，その行為責任と根本的に取り組むよう動機付けるため，極めて抑圧的な行刑形態とすることで，強制的に苦痛を与える必要は全くない。

他方，責任の消化は，刑確定者が社会復帰に成功するために重要な寄与をすることができる[147]。

責任克服（Schuldüberwindung）のためのメカニズムを技術的及び心理学的な表現で定義しようと試みなければ，責任の消化とは——その意図及び見方によって——社会的共同生活の規則に違反することに対する認識，精神面における犯罪者の心理的葛藤の解消又は実際の行動による責任の清算を意味する[148]。責任の消化は，犯罪行為者が外部から目に見える形での倫理的に価値ある活動を通じて内部的に変化することを試み，また，共同社会へ再び受け入れられるためには法の順守が必要であるという一致した要求にこたえる準備ができたことを世間の人々に示す「自己再編入過程」（Selbstreintegrationsprozeß）の中で明らかにされる[149]。

**196** 刑確定者がその責任を認識すれば，その者はそれを自分の重荷として受け止めることになる。このような，個人の責任と積極的に取り組もうとする試みは，良心の負担を解消するのに適している。この方式による責任の消化を動機付ける基礎となっているものが，自らの行為責任と取り組むことから生まれた苦痛の心理的圧力（Leidendruck）にとどまる限り，それはいわゆる第1次的な苦痛への心理的圧力にかかわることである。このような個人の責任についての感情は，受刑者が行刑処遇の提供を受け入れるための開口部となり得る[150]。そして，責任の認識及び責任の消化は，新たな法違反を行うことなく社会に再編入できる可能性を高める[151]。

**197** （再）社会化と責任の消化とが相互に排斥し合うものではないとしても，刑確

---

145 Anders aber OLG Karlsruhe, JR1978, S. 213ff.；OLG Nürnberg, ZfStrVo1984, S. 116ff.；OLG Bamberg, StrVert1990, S. 27.
146 Müller-Dietz, 1990, S. 31.
147 Arloth, 1988, S. 415；Müller-Dietz, 1984, S. 537；siehe zum Folgenden eingehend Mitsch Chr., 1990, S. 119ff.
148 Bayer et al., 1987, S. 169ff.；Hinrichs, 1994, S. 95ff.；Müller-Dietz, 1985, S. 152.
149 Müller-Dietz, 1985, S. 152.
150 Müller-Dietz, 1985, S. 154m. w. Nachw.
151 Bemmann, 1988, S. 551.

定者がその責任と取り組むことを行刑目的達成のための必要条件にまで高めることはできない。なぜならば，贖罪との取組をせず，責任の自覚も示さない犯罪者であっても，科された自由刑に服した後は，自由社会に釈放されなければならないからである。責任の消化に当たっては，強制が許されない自発的，道徳的な活動が重要とされる[152]。それは，刑確定者の心中に個人の責任の意識を目覚めさせ，将来罪を犯さない生活をするための条件を満たすのに適した手続（Prozeß）を導入するための，行刑処遇における一つの視点であることを意味する。

しかし，行為とその結果について積極的―活動的に取り組むという意味において後悔し，罪を償うという受刑者は，行刑における理想的タイプとしてまれに見られるだけであるが――その場合，どのような行動様式からそのような分別ある人を見分け得るかという問題が生まれる（刑確定者は，謙虚であり，寡黙で慎み深い態度を取らなければならないか。[153]）。とりわけ，重大な犯罪行為のために長期刑を言い渡された者がまず試みるのは，罪無くしてあるいは誤って有罪判決を受けたと自己暗示することで，その自尊心を維持しようとする。そして，全体施設（totale Institution）に適応する手段として，中和のメカニズム（Neutralisierungsmechanismen）[154]を用いて責任の消化をすることが多い。責任を十分認識すること，責任を理解すること及び悔悟することというのは，内心における精神的経験の過程であって，直接的観察の遠く及ばないところにある[155]。外面的に表明された行為責任の清算（Tatschuldbewältigung）も，内心における精神的過程を経たものではなく，刑確定者が行刑の緩和又は保護観察のための早期釈放を獲得すべく，所要の条件を満たすことを意図した単なる手段であることもあり得る[156]。

責任の消化が行刑目的達成のための必要な要素ではないとするならば，自己の責任に対する理解がその者に必要とされる処遇措置を許さないことによって喚起され，又は促進されることは許されない。もっとも，行刑の緩和を許さないことが第2次的な苦痛への心理的圧力を強化し，それによって第1次的な苦痛への心理的圧力を呼び起こすことができる――それが受刑者を能動的な責任の消化へと動機付ける――かもしれない。しかし，その因果関係についての実証的な証拠がない限り，増大した第2次的な苦痛への心理的圧力が非建設的に作用する可能性も排除できない[157]。受刑者は，責任の重さを考量した行刑緩和の拒否について，

---

152　Peters, 1978, S. 180.
153　Müller-Dietz, 1990, S. 31.
154　Sykes/Matza, 1968, S. 360ff.
155　Bayer et al., 1987, S. 170.
156　Siehe auch Eisenberg, 2000, S. 497.
157　Müller-Dietz, 1985, S. 158.

それを自分が受動的に耐え忍ばなければならない，単なる付加的な刑罰的害悪として感じるかもしれないのである。

### 3.3.2.4 責任の重さの反射的効果

200　行為責任の重さは，行刑法第2条に―――一般的刑罰目的を制限している―――完結的な規定があるため，行刑上の形態決定に当たり，直接の役割を果たすことはない。開放行刑への収容，狭義の行刑の緩和及び拘禁からの休暇を許可するに当たり，責任の重大性という視点は，行刑法第10条，第11条及び第13条の法律効果の面では全く考慮されていないのであって，そのことが施設管理者のその時々の裁量的決定の中に入り込むことはない。同様に，規定の構成要件面で責任の重大性が直接関係する余地もない。それにもかかわらず，このような局面で責任の重大性が間接的に形態決定に影響することはあり得る。

201　一般的刑罰目的は，行刑に対して反射的効果を有する。それは，判決を言い渡す裁判所が服役すべき自由刑の刑期を決定する際における量定要素として，既に考慮されている。この地位決定は，個々の事案において，行刑法第10条第1項，第11条第2項及び第11条第2項と関係する第13条第1項第2切により吟味すべき逃走及び悪用の危険の判断に影響を及ぼすことがある。それは，被収容者にとって釈放時期が先であればあるほど，行刑の緩和により増加する逃走の機会を利用しようとする誘惑がますます大きくなると考えられるからである。拘禁の終期がまだはるか遠くにある場合，この考え方は，逃走の危険を判断するための重要な意味を持つことになる。そのようなことから，責任の重大性は，行刑官庁が逃走の危険を判断する際に考慮すべき多くの事情の一つになるといえる[158]。

責任の重さの反射的効果は，終身の自由刑を言い渡された者の場合，特に明らかであり，刑法典第57条a第1項第2切第2号によって，責任が特別に重いという理由でその者の釈放が拒否され得ることである。―――この規定を根拠に―――地位決定としての保護観察のための残刑の執行猶予を得ることが期待できない例外的な場合には，有意義な行刑計画及びその実現を可能にするため，責任の重大性という考え方が行刑の緩和を決定するに当たり間接的に考慮されることがある。

---

158　OLG Frakfurt, NStZ1983, S. 94 ; Laubenthal, 2002, S. 63 ; Mitsch Chr., 1990, S. 77.

## 3.4 行刑形成の原則(Grundsätze der Vollzugsgestaltung)

受刑者をして罪を犯さない社会的責任ある生活を送ることを可能にするという行刑目的は，行刑を形成するための原則によって具体化されている。行刑法第3条では，最低限の要求[159]として次のものを挙げている。

— 社会同化の原則（Angleichungsgrundsatz）
— 侵害排除の原則（Gegensteuerungsgrundsatz）
— 社会復帰の原則（Integrationsgrundsatz）

この形成の原則は，不自由の中で十分な社会化の成功を期待する「不合理なシステム」[160]である行刑を組織的及び相互交流的視点から人間にふさわしい生活関係に同化させ，その目的を実現することを行刑官庁に義務付けている。同時に，補償的視点から，自由剥奪の侵害的効果は，抑止されなければならない。なぜならば，社会的建造物としての刑事施設に組み入れられることによって，受刑者は一種の全体施設に引き渡されることになるからである。そこでは，重層的な禁欲的状況（Entsagungssituation）にさらされるので，受刑者はこれに適応する戦術を見付けなければならない。

行刑施設のような全体施設は，ゴフマン（Goffman）[161]によれば，次のような主要な特徴を示す。

1．すべての生活上の事象は，同じ場所で，同じ権威の下で行われる。
2．施設の構成員は，その日常的労働のすべての場面を運命を共にする仲間の多数集団による直接的社会（unmittelbare Gesellschaft）の中で過ごし，そこでは，全員に同じ取扱いが与えられ，全員は，同じ仕事を共同して遂行しなければならない。
3．平日のすべての場面は，厳密に計画され，ある段階から次の段階へとあらかじめ定められた時間に移行し，すべての労働のノルマは，上からの明確に定められたシステムを通して，幹部スタッフによって命じられる。
4．強制される各種の仕事は，施設の公的目的を達成するために役立つと考えられる合理的な唯一の計画に統合される。

---

159　Calliess/Müller-Dietz, 2002, § 3 Rdn. 1 ; Seebode, 1997b, S. 133.
160　Wagner G., 1985.
161　Goffman, 1981, S. 17.

第 3 章　行刑の任務及び形成原則（Vollzugsaufgaben und Gestaltungsprinzipien）

204　行刑法第 3 条の一般的形成原則は，行刑官庁に向けられたものである。個々の受刑者自身は，この規定からいかなる直接的権利も導き出すことができない[162]。この原則は，不確定法概念の解釈及び裁量権行使に当たり意味を有する。行刑法の個々の規定の適用に当たっては，行刑目的及び行刑法第 3 条に基づき，これを具体化するよう配慮しなければならない。

### 3.4.1　一般的生活関係への同化（Angleichung an die allgemeinen Lebensverhältnisse）

205　被収容者が新たに罪を犯さない社会的責任のある生活を送るための準備をするには，行刑施設において自由社会の生活条件とあまり変わらない生活環境を形成することが求められる。行刑法第 3 条第 1 項の社会同化の原則は，この理由から，行刑官庁に対して「受刑者の生活能力を失わせるような施設生活の特殊性をできる限り抑制し，施設の生活と外部の生活との相違は，それが避けられないもの以外に拡大しないよう」義務付けている[163]。

　人は，それぞれ自由社会において，様々な形で仲間に加わったり，離れたり，また，全く関係を絶ったりするが，受刑者の場合，自分の関知しないところで決定された人工的社会構造物の中で，基本的には，同性の，一つ又はそれ以上の罪を犯し，そのため自由を剥奪された見知らぬ人々の集団の一員となる。一般的生活環境とはほとんど関係のない全体施設においては，さらに，日常生活の過剰な規制という状態がもたらされる。それにもかかわらず，行刑法第 2 条第 1 切の行刑目的に従って，被収容者は不自由の中で社会的能力及び自己責任（Selbstverantwortung）を習得すべきであるとするならば，行刑目的の達成と矛盾するおそれのある世間離れした制約を少なくすることが必要である。

　行刑法第 3 条第 1 項の社会同化の原則は，確実に決定できる比較値に欠けている点において確かに不明確である。行刑施設外の生活環境とはあまりにも異なるので，それは，行刑の形成に役立つ確実な尺度にはなり得ない。加えて，ある特定の生活条件との同化には，自由社会における様々に異なる生活条件（Gegebenheiten）と矛盾することのある強制的な平均化という危険が隠されている。

206　しかし，このことから，行刑法第 3 条第 1 項は，結局のところ，存在しない基準値への行刑の適応を義務付けていると解釈することはできない。むしろ，この

---

162　AK-Feest/Lesting, 2000, § 3 Rdn. 26 ; Kaiser/Schöch, 2002, S. 247.
163　BT-Drs. 7/918, S. 46 ; eingehend zum Angleichungsgrundsatz Bemmann, 1987, S. 1047 ff. ; Lesting, 1988.

規定は,次のことを明らかにしている[164]。

── 行刑における生活条件は,刑確定者の人間の尊厳にふさわしく,かつ,一般に知られた社会的規範と比較できるものであること。
── 行刑中の生活と自由社会の生活との相違は,被収容者の自尊心(Selbstachtung)及び自己責任性(Eigenverantwortlichkeit)を損なう可能性があるので,最小限とすること。

　一般の生活環境との同化は,行刑法第3条第1項により「できる限り」実現されるべきである。それとともに,受刑者は,自由剥奪の特別の必要性に基づく制約,つまり「それなくしては,制度としての行刑が崩壊し,又は行刑の目的が真に危うくされるおそれのある制約」[165]を受け入れなければならない。この場合,重要な境目になるのは,新たな犯罪からの公共の保護(行刑法第2条第2切)という行刑の任務である。

### 3.4.2 有害な拘禁の効果及び侵害排除の原則(Schädliche Haftfolgen und Gegensteuerungsprinzip)

　行刑における社会同化の原則は,限定された実現の可能性しかもたないため,行刑法第3条第2項の「無害(nil nocere)」の原則が生まれる。すなわち,「自由剥奪の侵害的効果は,防止されなければならない」ことになる。一般の生活環境と同じ状況に達することができない限り,拘禁に伴う消極的な副作用を防止することは,行刑官庁の任務とされる。行刑目的を指向する処遇によって,行刑そのものから生まれる損害は,補償されるべきであり,又は少なくとも縮減されなければならない。

　行刑は,刑確定者にとって,単に「犯罪者」としての刻印付けをする明確な方式を意味するだけのものではない。行刑施設に在ることは,その者に徹底的な禁断状況(Entzugssituation)をもたらす。それは,受刑者の中に重大な被剥奪的状態(Deprivationszustände)を呼び起こし,受刑者は,その精神に影響を及ぼすストレス要因にさらされる[166]。

---

164　Siehe auch AK-Feest/Lesting, 2000, § 3 Rdn. 7 ; Schwind/Böhm, 1999, § 3 Rdn. 9 ; ferner Nr. 65a, b Europäische Strafvollzugsgrundsätze.
165　BVerfGE33, S. 13 ; 40, S. 284.
166　Dazu Laubenthal, 1987, S. 119ff. ; Weis, 1988, S. 244ff.

第3章　行刑の任務及び形成原則（Vollzugsaufgaben und Gestaltungsprinzipien）

3.4.2.1　地位の変化（Statuswandel）

208　拘禁の開始とともに，受刑者はその住み慣れた社会環境から切り離されることになる。その者は，これまでの社会的地位を失い[167]，新たな閉鎖的社会システムに組み入れられる。このような変化や新たな役目を引き受けると同時に，被収容者は，収容手続（行刑法第5条）において，多くの者にとって精神的外傷となるような状況に直面する[168]。行刑法第5条第3項に定める形式的な収容手続の後に行われる収容行為は，アイデンティティの剥奪（Identitäts-Ausrüstung）[169]とともに始まり，次のような人格剥奪的な（Entpersönlichung）処置[170]が行われる。

— 脱衣及び検身（行刑法第84条）
— 携有物の引き上げ，及び拘禁期間中所持の許される物品のみの交付（行刑法第19条，第70条）
— 消毒及び殺菌の処置
— 画一的な施設の衣服及び設備（行刑法第20条）
— 行刑保安のための識別上の処置（行刑法第86条）

拘禁の開始及び収容手続の中で行われる収容のための処置は，正に，刑確定者にとって，自分自身を辱める降格のセレモニー[171]といえる。

3.4.2.2　拘禁の剥奪するもの（Haftdeprivationen）

209　行刑において，受刑者は自主性の喪失（Autonomieverlust）に至る過剰な規制にさらされる。それは，司法実行施設における自由剥奪が単なる行動の自由への重大な制限にとどまらないからである。そこには，市民が社会で義務付けられている多くの行動規制を明らかに超える日常生活の規則がある。すべての生活領域は，厳しい統制の下に置かれる。すなわち，

---

167　Zur außerordentlichen Kündigung eines Arbeitsverhältnisses wegen Strafhaft: BAG, ZfStrVo1997, S. 50.
168　v. Trotha, 1983, S. 17 ; Wagner G., 1985, S. 112.
169　Goffman, 1981, S. 31.
170　Harbordt, 1972, S. 10 ; Schneider H. J., 1994, S. 109f.
171　Garfinkel, 1974, S. 77.

「収容場所，ベッド，居室設備，起床時刻，就寝時刻，食事時刻，自分で行動できる可能性，衣服，外界との接触の頻度及び方法：これらのすべてが詳細に規定されている。」[172]

それとともに，被収容者には大人としての役割が部分的に否定され，それが更に自己扶助（Selbstfürsorge）及び自己責任（Selbstverantwortung）からの解放をもたらす。その結果は，習得された無力性である[173]。

受刑者の施設への入所，それによってすべての存在領域での自己決定が制約されることのほか，行刑においては，自律的な情報伝達に関する十分な保証もない。自主性の喪失は，プライバシーの欠如からも，もたらされる。刑事施設では，一人一人の人間が個人として必要とする領域[174]である孤独（Alleinsein），気の置けない雰囲気（Intimität），匿名性（Anonymität）及び慎重さ（Zurückhaltung）を実現するには，制約がある。

施設の監視設備は，孤独を妨げる。二人又はそれ以上の者が個人的に接触できる気の置けない雰囲気を作る場所が認められるのは，全体施設では，比較的に限定されている。たしかに，大規模施設では，匿名性，つまり知られないこと（Nicht-Erkannt-Werden）及び公的な監視から免れる可能性が，場合により与えられるかもしれない。しかし，隠すことのできる（全く個人的で，本人にとって好ましくない姿の公開を義務付けられない可能性）範囲は制限されており，行刑職員は被収容者の生活歴を知り，郵便物は監督され，親族面会には職員が立ち会い，身体検査が行われる。

刑事施設は，多くの受刑者を自分では逃れることのできない望ましくない状況や相互作用の下にさらす[175]。その者は，自信の喪失を経験し，そして，これまでの人生を通じて紛争をしばしば暴力と攻撃的な態度によってのみ解決しようとしてきた者との持続的な共同社会の中に置かれる。インフォーマルな行刑組織の中では，刑確定者は，一種の弱肉強食の秩序を目の当たりにし，施設運営を目に見える形で妨げない限り監視職員がこれまで長い間見逃してきた，受刑者間の内輪の話合いが行われることになる。施設は，犯罪者に対する公共の安全に奉仕するものの，受刑者相互間のことについては不十分な保護しか与えることができず，

---

172　Böhm, 1986, S. 81.
173　Schneider H. J., 1994, S. 110.
174　Dazu eingehend Westin, 1970.
175　Hohmeier, 1977, S. 437.

第3章　行刑の任務及び形成原則（Vollzugsaufgaben und Gestaltungsprinzipien）

また，行刑職員の側からの不当な干渉に対しては，全く保護することができない[176]。

212　収容と不可欠に結び付く異性との接触の中断は，男子受刑者及び女子受刑者の双方にとって，最も持続的に知覚されるストレス要因である。性的なものの剥奪及びそのもたらす影響は，行刑法で拡大された休暇及び外出の規定，また，行刑法第10条第1項による開放行刑への収容の可能性によって，多少は緩和されている。しかし，このような行刑緩和の許可は，すべての被収容者が考慮の対象になるものではない。長期の自由刑を言い渡された受刑者にとって，拘禁の開始後数年間は，まず，このような緩和を受ける対象から除外される。これらの者は，大部分の服役期間中，異性に対する欲望を抑えなければならず，男性又は女性としてのアイデンティティの確認のために重要な対象者を失わなければならない[177]。刑の開始とともに異性との接触を長期間断たれる受刑者は，行刑において，積極的又は消極的なホモセクシャルの役割を引き受けやすくなり，そこで新たな精神的負担を追加する原因となる結び付きを生むことになる[178]。

213　性的なものの剥奪のほか，親族との別離は，拘禁に伴い最も深刻に知覚される制約に数えられる。

　　外界とのきずなを維持することが，社会の現実を認識し，克服するための能力を促進し，同時に社会復帰に役立つこととなる。そこで，行刑法第23条は，受刑者に法律の範囲内で施設外の人と交通する権利を与え，外部との連携を促進することを施設に義務付けている。行刑法第24条以下は，外界との交通の様々な可能性について規定している（第24条：面会の権利，第28条：文通，第32条：電話及び電報）。

　　長期刑を言い渡された者にとって，外界との接触を維持することが特に重要な問題である。この場合における本質的な負因は，人間関係の結び付きが次第に希薄になること，人間関係に内在する不確実性及びその最終的な喪失へのおそれである。双方の側に人格の変化，新たな経験，認識及び社会的関連が生じることによって，以前の関係のままの生活を持続する可能性を減退させる。かなりの数の受刑者は，この苦しい混乱状態から逃れるため，すべての外界との接触を絶つことによって，最終的に，このような精神的ストレスから自らを開放する。

---

176　Harbordt, 1972, S. 14 ; Laubenthal, 2002a, S. 484 ; Weis, 1988, S. 246 ; siehe auch DER SPIEGEL Nr. 11/2001, S. 102f.
177　Sykes, 1971, S. 135.
178　Dazu de la Haye, 1978 ; Short, 1979, S. 17 ; Ward/Kassebaum, 1971, S. 146ff.

自由の喪失，自主性の侵害，異性との接触の断絶及び個人的な自信の喪失ということのほか，被収容者の場合には，施設収容に伴う新たな剥奪が発生する。それは物品を取り上げることであり，物品の所持に関する行刑法のすべての規定（第19条：居室の調度，第53条第2項及び第3項：宗教書及び宗教上使用する物品，第68条：新聞紙及び雑誌の購読，第69条第2項：ラジオ受信機及びテレビ受像機，第70条：自由時間労作のための物品，第83条：個人的使用に係る物品）によって，物品を手元に置けなくなることが避けられない。その結果，行刑施設では違法な物々交換が広く行われることになる。

214

自由を剥奪する体制の必然的作用として，最後は，感覚的領域における剥奪（Deprivationen im sensoriellen Bereich）をもたらし，受刑者には非常に限定された知覚の可能性しか与えられないことになる。刑務所の日常は，知的及び認識的な空虚さによって広く特徴付けられる。

長期受刑者にとっての特殊な精神的負担は，時間的要素及び将来への見通しの欠如である。それは，継続的な施設化の過程がこの二つの重要な人間の時間的次元（menschliche Zeitdimension）の領域を侵すからである[179]。行刑にも時間は存在するが，それは肯定的なもの（Positivum）としてではなく，刑罰として存在する。時間的観念は，刑事施設においては異なる意味を持っている。長期間にわたり全体施設に収容されている者は，時間を作り出し，配分することが次第に困難になる。時間的パースペクティヴの欠如は，状況を変化させる可能性のないことが分かっていることに起因する。

215

たしかに，被収容者には組み立てられた日課が呈示されるが，それは，全体として意味のある出来事又は事件の発生を予想させるものではない。受刑者が単調なルーチンワークの中断される日曜日の来ることを待ち望んだとしても，やがて週末は，その者にとって，日曜日の無限の連続であることを悟るようになる。短期刑受刑者は釈放される日を目指して努力することができるが，長期刑受刑者が将来を考えるとき，何年もの間，同じ状態が継続することは明らかである。その結果，長期刑受刑者の一部は，人生について，将来志向的ではなく，過去を回顧的にのみ考えるようになる[180]。「遮断効果」[181]は，釈放後の将来について考えることを妨げる。加えて，感覚的及び認識的領域における剥奪は，知的能力の欠如をもたらす。それゆえ，長期刑受刑者には時間の経過に対する考え方を成長させなければならない。ある者は，拘禁の開始とはるか先にある――終

---

179 Sapsford, 1978, S. 141 ; dazu bereits Landau, 1969, S. 216.
180 Cohen/Taylor, 1981, S. 103.
181 Sapsford, 1978, S. 141.

身刑受刑者の場合は未定の──釈放日との間に横たわる時間を変化のない時間的空白として感じるが，他の者は，時間の問題を克服するための方法を探す。多くの者は，時間をつぶすことだけに努めるのではなく，知識及び能力を向上させることによって，それを将来の進歩のため利用しようと努める。しかし，精神的又は肉体的目的の設定には，努力をしても結果が伴わないという危険をはらんでいる。そこで，他の者は「あきらめの哲学（Philosophie der geringsten Erwartung）」[182]に従って，遠い将来に横たわる事実上又は理論上可能な釈放期日に照準を合わせ，それまでは何も特別な事件は起こらないであろうということを出発点とする。すべての良い出来事は，予期しない歓迎すべき事件ということになる。

3.4.2.3 施設への適応（Anpassung an die Institution）

216　人は，それぞれ負の経験及び葛藤を自己防衛の機能によって克服しようとするように，同性的集団構成の強制を伴う刑罰拘禁という禁欲的状況にある受刑者も，活動，消費及び所有を制限されることによって，そこに個人間の様々な防衛機制，すなわち，葛藤への認識的適応（合理化（Rationalisierung）），部分的な意識内容の切断による孤立（Isolierung），他人への責任の転嫁，抑圧（Verdrängung），反動形成（Reaktionsbildung），同一視（Identifikation）又は後退反応（Rückzugsreaktionen）が生じる[183]。そして，被収容者の具体的状況に影響を与える精神的要素全体の中から，実現可能な方法による防衛機制が働くことになる。

　刑確定者は，収容手続，縁故者との接触の中断及び一般的役割の喪失による「自我に対する本質的かつ直接的な攻撃」[184]を受けた後，持続的な規制の下で，活動を統制されることを知る。施設内での特典制度，つまり，施設特有の礼儀作法を守った場合のわずかな報奨や違反の結果として科される懲戒処分を伴う施設の一般的規則，行刑法第161条に基づき施設長の発する所内規則及び所内指示から生じる特別の義務は，人格の変化を押し付けることにもなる。自由社会の生活と刑事施設の生活との緊張関係を克服するため，受刑者はこの体制（Organisationsmodi）に適応しなければならない。

217　第1次的適応（primäre Adaptation）の領域では，各人は，次のような様々に異なる組合せが可能な，場合によっては，手順に時間的段階を付けた戦術を取ることができる[185]。

---

182　Yeager, 1959, S. 17ff.
183　Krech/Crutchfield, 1976, S. 445ff.
184　Goffman, 1981, S. 43.
185　Goffman, 1981, S. 65ff.

- 置かれている状況からの逃避（Rückzug aus der Situation）
- 非妥協的立場の維持（行刑スタッフとのいかなる協働も拒否）
- 植民地化（Kolonisierung）（比較的に満足した状態における安定した存在の構築）
- 転換（Konversion）（完全な被収容者の役割の受容）
- 植民地化，転換，同衆への忠誠及び第2次的適応との日和見的組合せ

全体施設においては，受刑者は，第2次的適応（sekundäre Adaptation）の戦術を用いることで，ある程度の自由を発見する。その者は，自分が組織から期待されないようにするため，禁止された手段を用いて，許されない目的を追求する。第2次的適応は，個人と施設との間を遮断する機能を有し，施設での地下生活を可能にする。それは「拒否する者の自己防衛的な拒否（selbstbewahrende Ablehnung des Ablehnenden）」である[186]。 **218**

### 3.4.2.4 副次的文化（サブカルチャー）（Subkultur）

好ましくない被収容者副次的文化（Insassensubkultur）が持つ偏った規範への適応（Akkuluturation）は，拘禁による剥奪を克服するための防衛的メカニズムと考えられている[187]。 **219**

社会学的な定義によれば，文化とは，ある具体的な社会生活共同体（Gemeinschaft）により共有される特定の態度及び行動様式の発展的なシステムにかかわる問題である。ある文化圏に属する者は，その全体文化（Gesamtkultur）に関与するものの，一部はそこから逸脱し，その限りで固有の（副次的）文化を発達させるという事実は，すべての文化に存在する。副次的文化とは，総合的な全体的システムの内部における部分的システムを意味する[188]。

固有の風俗習慣及び慣行を持つ受刑者副次的文化（Gefangenensubkultur）という現象は，20世紀の中頃，北アメリカの行刑において初めて調査研究され[189]， **220**

---

186　McCorkle/Korn, 1970, S. 410.
187　Dazu Kaiser/Schöch, 2002, S. 472f.；Otto, 2001, S. 218ff.；Schott, 2001, S. 629ff.；für den Bereich des Jugendstrafvollzugs：Meier A., 2002, S. 139ff.
188　Kaufmann H., 1977, S. 13f.；Weis, 1988, S. 250.
189　Siehe Clemmer, 1958；Garabedian, 1963, S. 139ff.；Sykes, 1958.

第3章　行刑の任務及び形成原則（Vollzugsaufgaben und Gestaltungsprinzipien）

第2次的分析[190]の枠組みの中でドイツ行刑のために再検討された。それによれば，自由の剥奪及びそれに付随する剥奪[191]を伴う組織化された反作用の場である刑事施設内には，特別の掟，独自の組織及び特別の風習を持つ独自の副次的な対立的秩序が存在する。そこでは，個々の受刑者のインフォーマルな地位に応じて，様々な役割が生み出される。管理側の規範ではなく集団の規範を受容することがその基礎にあり，その役割は，受刑者共同社会内部の権力及び名声，性的行動並びに経済的地位により決定される。被収容者間の地位を決定するため――副次的に――意味を持つのは，有罪判決の基礎となった犯罪の種類であるとされている。性犯罪者は，監獄階級組織の中で最も低い地位に格付けされる[192]。また，地位の役割は，いわゆる「在職年数（Dienstalter）」（拘禁期間及び年齢）に対応する[193]。受刑者副次的文化は，今日では行刑の日常において，とりわけ，暴力的な権力闘争を通じて連合が形成されること――特に，非ドイツ人受刑者の集団形成――によって明らかにされる。そこでは，密輸入[194]及び麻薬取引と結び付いた活動が行われる。

221　施設の副次的文化は受刑者の言葉遣いにも現れる。彼らは四六時中施設内にあって，外界から多かれ少なかれ隔絶した言語共同体を形成する。この言語共同体は，刑務所言葉（Knastsprache）[195]とともに独自の語彙を用いることによって，そこに仲間意識という意味で受刑者を団結させる機能をもたらす。いわゆる監獄隠語（Knastjargon）といわれる個々の語句は，ほとんど書き留められていない。その中には，外部者の知り得ないものがあり，また，被収容者さえ理解できないものもあるようである。

監獄隠語は，受刑者副次的文化による産物として生み出された言葉ではない。たしかに，そこには，監獄で生まれ，行刑における特別の生活条件及び出来事を表す多くの監獄特有の表現がある。しかし，この言語共同体が行刑施設外に存在する語彙を少なからず借用していることも事実である。個々の概念の使用を数十年さかのぼって観察すると，20世紀の初頭における監獄での典型的な表現は，古いドイツの盗賊言葉，盗賊仲間の隠語（Rotwelsche）に由来することが珍しくなく，さらに，幾つかの語根はイディシュの民衆語及びジプシーたち（Sinti und Roma）の民衆語（軽蔑的にしばしばジプシ

---

190　Vgl. Harbordt, 1972 ; Hohmeier, 1971 ; Rieger, 1977, S. 218ff.
191　Lambropoulou, 1998, S. 1225.
192　Siehe auch Schott, 2001, S. 632.
193　Harbordt, 1972, S. 55.
194　Siehe dazu Schmidt/Klug/Gutewort, 1998, S. 595ff.
195　Dazu eingehend Klocke, 2000, S. 21ff. ; Laubenthal, 2001 ; Wohlgemuth, 1988, S. 51ff.

一語と言われる。）に見いだされる。さらに，過去及び現在における刑務所人口の中で支配的なグループである売春婦及びそのヒモ並びに住所不定者，暴走族からスキンヘッドまでの若者の周辺グループの使用するその世界特有の隠語，また，行刑の少なくない部分を支配している麻薬の世界に関する語彙から言葉の流入が行われる。監獄特有の特殊な表現のほか，一般的な日常語の表現が―――一部は異なる意味で――監獄隠語に採用されていることも分かっている。――特に麻薬の分野で――日常語としても，刑務所副次的文化の言葉としても，影響を及ぼしている英語風の慣用語もこれに該当する。また，監獄隠語は，その他わいせつな語彙で多かれ少なかれタブー視されている言葉から作り出されている。そして，監獄隠語には――例えば，行刑職員又は警察官に対して発せられることで――侮辱の構成要件を充足することになる概念も含まれている。

刑務所隠語の概念（ラウベンタール，監獄用語辞典2001を参照）：

| | |
|---|---|
| abbunkern | 禁制品の隠し場所を作る |
| Amtsschließer | 行刑職員 |
| Bello | 居室の便所 |
| Bombe | インスタントコーヒーの200グラムグラス |
| Brotfach | 居室 |
| Bunker | 屏禁の懲戒処分を行うための特別の居室 |
| Dachdecker | 施設の心理学者 |
| eindosen | 受刑者を居室にかぎを掛けて入れる |
| Etagenboy | 自営用務として施設の収容区域内での補助活動に就く受刑者 |
| Ewiger | 終身の自由刑に服する受刑者 |
| Flachmann bauen | 麻薬の過剰摂取で死亡する |
| flitzen | 行刑施設から逃走する |
| Ganovenball | 施設購買係からの購入日 |
| Gefängnisratte | 弁護士 |
| Giftmischer | 炊事係職員 |
| Häuptling | 行刑施設の長 |
| Hengst | 女子行刑施設の長 |
| Himmelskomiker | 施設教誨師 |
| Kläranlage | 施設炊事場 |
| Klavier spielen | 指紋押なつをする |
| Knochenkoffer | 居室のベット |

第3章　行刑の任務及び形成原則（Vollzugsaufgaben und Gestaltungsprinzipien）

| | |
|---|---|
| Koffer | 箱入りタバコ |
| kotzen | 施設を離れる |
| Langer-Riegel-Tag | 短縮された釈放日 |
| Mengenrabatt | 併合刑 |
| Nachschlag | 追加的自由刑の言渡し |
| Pensumgeier | 作業に特に精励する被収容者 |
| Plauderstündchen | 治療的会話 |
| Plombe | 自由時間制限の懲戒処分 |
| Rosenkranz | 手錠 |
| Rucksack | 保安監置の処分 |
| schwarzer Psychologe | 被収容者に対する直接強制の際に職務上使用が認められたゴム警棒 |
| Sittenpfiffi | 性犯罪者 |
| Speisekarte | 前科リスト |
| Taucher | 居室の便所に投棄された残飯 |
| verreisen | 逃走する |
| Wetterwechsel | 行刑職員の勤務交替 |
| Zellenfilz | 行刑職員 |
| Zinker | 密告者 |
| zum Zwick gehen | 屏禁罰に服する |

　受刑者間の言葉によるコミュニケーションは——とりわけ，閉鎖行刑の施設においては——様々な場面，つまり，施設工場ないし私企業経営工場における作業の間，自由時間行事の際，自由時間での共同中庭散歩の間に行われ，また，居室が施錠されず，被収容者間で会話ができる場合には，閉房時間中にも行われる。

　被収容者の言語共同体のほかに，行刑施設においては，行刑職員及び行刑管理者の言語共同体が成立する。施設職員は，受刑者とのコミュニケーションの際に一種の行刑ドイツ語を用いる。その圧倒的多数は，行刑法又は刑執行規則ないしは行政内部規則の抽象的準則に由来する特有の専門的語彙に関するものである。施設職員と被収容者との間の日常のコミュニケーションには，受刑者の言語慣用の中にこのような専門的語彙を含む語句が取り入れられる[196]。

222　行刑における所与の条件に対する反応は，副次文化的レベルでは違法な交換取

---

196　Siehe auch Schott, 2002, S. 59f.

引及び売買取引になって現れる。法律の規定により，施設内においては極めて限定された物品しか所持できないこと[197]から，そこでは入手困難な物品についての商売（Mangelwirtschaft），とりわけ，禁制品（例えば，アルコール，麻薬，現金）についての商売が生まれる。施設内におけるブラックマーケットの発生は，副次文化的な反対給付（例えば，情報伝達，セックスの供与，禁制品の提供）によっても特徴付けられるが，そこでの受刑者に対する違法な債務の取立ては強力に行われる[198]。

このようなことから，幾つかの施設には，施設内での麻薬取引が疑われる被収容者を隔離して収容するためのいわゆる保護舎房（Abschirmstation）がある。その他に隔離舎房（いわゆる債務者の隠れ屋（Schuldenburg））があり，これは，施設内の債権者を満足させられないため健康又は生命に危険のある攻撃を受ける覚悟をしなければならない受刑者の保護に役立っている[199]。

被収容者の副次的文化を決定する条件に関する問題については，二つの説が対立している。
── 剥奪モデル（Deprivationsmodell）説[200]は，刑事施設が全体施設であるという認識に基づく。拘禁により奪われたものに対する受刑者の反応は，異なる形を取って現れる。副次的文化の規範及び行動様式を受容することは，拘禁施設における強烈なストレス要因の軽減と自尊心及び個人の尊厳の回復を目指す順応戦略になる。
── 文化移転説（「輸入モデル」）[201]は，様々な被収容者副次的文化について，刑事施設での強度な剥奪的状況に対する関係者の反応だけをその発生の理由とはしない。むしろ，その相当部分は，被収容者の潜在的な社会的アイデンティティにより決定される。刑確定者は，拘禁開始の時点において，既にその行動を制御する一連の価値をもっている。これらの者が施設内で類似の社会的背景を持つ者に出会えば，それに相応する潜在的文化が成立する。これによれば、受刑者の副次的文化は、塀外からの（extramural）影響及び施設入所前の生活歴（Biographie）の産物ということになる。

---

197 Dazu unten Kap. 5．2．4．2．
198 Kölbel, 1999, S. 500.
199 Siehe Laubenthal, 2001, S. 19, 154.
200 Morris/Morris, 1963, S. 176ff.；Sykes/Messinger, 1960, S. 13ff.；ferner Hohmeier, 1973, S. 67；siehe auch Hermann/Berger, 1997, S. 371f.；Lambropoulou, 1998, S. 1220f.
201 Becker/Geer, 1960, S. 306ff.；siehe auch Hürlimann, 1993, S. 19ff.；Lambropoulou, 1987, S. 67ff.

— 統合モデル説は，剥奪モデル説と文化移転説を結合したものである[202]。これによれば，施設収容前の経験と同様に被収容者の規範的適応のための施設特有の要素も重要である。さらに，個々人について釈放後に予想される事情（Nachentlassungserwartungen）も一定の役割を有する[203]。

### 3.4.2.5 刑務所化（Prisonisierung）

224 　刑務所化，すなわち副次的文化の持つ逸脱した規範への適応と結び付いた施設への適応といわれる一連のプロセスの二つの面を第１次的及び第２次的適応という[204]。

　副次的文化の価値の受容及びこれに応じた行動は，刑務所の社会学的研究の結果によれば，特定の要素に左右されるという。クレマー（Clemmer）[205]は，施設収容期間の長さと刑務所化との間の直線的関係を確認している。ウエーラー（Wheeler）[206]もこのような関係の存在を認めているが，公式な施設規範に対する被収容者の非協調性は，それぞれの拘禁段階によって異なるという。すなわち，拘禁当初における受刑者の高い協調性，つまり，これまでの社会の全体的規範に対する立場の認識（Orientierung），服役期間の中ごろにおける非協調性の強化及び拘禁終期前に生まれる新たな協調性となって現われる。これによれば，刑務所化のプロセスは，周期的にＵ型のカーブで経過する。ドイツ語圏を対象とした若干の調査においても，施設収容期間の長期化に応じて親社会的かつ親指導部的（stabskonform）考え方の減退及びこれに伴う副次的文化価値の内面化の増強が証明されている[207]。しかし，拘禁期間の長さとは別に，刑務所化の程度は，同衆との関係，釈放後の時間への期待，自由社会からの疎外の強さ，制度（Institution）の拒絶，施設構造及び被収容者自身の人格によっても影響を受ける[208]。

225 　別の要素として，被収容者の引き受けた役割の種類がこれに加わる[209]。施設社会学的調査の結果によれば，社会的な行動類型（soziale Verhaltenstypen）として特徴付けられる一定の行動形式（Verhaltensstile）を用いることで，被収容者は，公的システムに対する行動という観点から分類される。それは，引き受けた

---

202 Schwartz, 1971, S. 532ff.；Thomas/Foster, 1972, S. 229ff.
203 Siehe auch Lambropoulou, 1998, S. 1222.
204 Clemmer, 1958, S. 299.
205 Clemmer, 1958, S. 304.
206 Wheeler, 1961, S. 702, 706f.
207 Hohmeier, 1973, S. 59ff., 106ff.；Hoppensack, 1969, S. 152ff.
208 Thomas/Foster, 1972, S. 234f.；Zingraff, 1979, S. 366ff.
209 Dazu Garabedian, 1963, S. 147ff.

適応メカニズム（Adaptationsmechanismen）に応じた被収容者の非公式な類型化（Differenzierung）である。その典型は，北アメリカ行刑のためにシュラーグ（Schrag）[210]によって開発された類型論である。

— 親社会的タイプ（prosozialer Typus）（「やぼな奴（square John）」）は，自ら協力し，支持する伝統的かつ合法的な施設規範に従い，これを指向する。
— 偽社会的タイプ（pseudosozialer Typus）（「策士（politician）」）は，日和見的で，適応しているように見える。つまり，この者は，規範システムの間を往来し，その都度有利なように行刑管理側の価値システム又は被収容者副次的文化（Insassensubkultur）の価値システムの都合に自分を合わせる。
— 非社会的タイプ（asozialer Typus）（「アウトロー」）は，規範的な拘束から自由であるように見え，被収容者規範にも施設規範にもあまり関心をもたない。この者は，世間を離れて生活し，社会的関係を最小限にとどめる。
— 反社会的タイプ（antisozialer Typus）（「本物の男（right guy）」）は，管理側の公的規則を拒否し，反抗的な被収容者の役割を引き受ける。この者は，連帯，忠誠及び相互扶助という価値を重視する。

しかし，行動形式を示すこれらの専門用語は，ドイツ行刑での経験的な証明のないままに受け入れられてしまった[211]。そのため，一方では異文化相互間の比較可能性という問題を発生させ，他方，葛藤状況下及びストレス状況下における特定の人間行動の多原因性（Multikausalität）は，このような模型的，典型的役割記述に疑問を提起している。

結局，被収容者副次的文化についての少なからぬ考え方は，明らかに個別的観察の性急な一般化に基づいており，このような社会科学的着想に対しては，異論が唱えられなければならない[212]。一様の公式的及び非公式的規範及び価値をもつ特別な施設社会[213]，刑確定者が施設収容期間の経過の中で一定の行動類型に応じてそれに適合するという施設社会の存在は，否定することができる。むしろ，刑罰拘禁の禁断的状況（Entzugssituation）は，個別的で多様な適応メカニズムを引き起こすのであって，非公式的サブシステムの形成ないしそれへの依存は，その一部である。その際における適応のダイナミックは，本質的には，施設収容前の生活歴に由来する。

---

210 Schrag, 1964, S. 347.
211 Vgl. Harbordt, 1972, S. 76f.；Hohmeier, 1971, S. 4.
212 Walter M., 1999, S. 259.
213 Böhm, 1986, S. 110；Göppinger, 1997, S. 788.

ヒューリマン（Hürlimann）[214]によるロッケンベルク（Rockenberg）少年刑務所及びブッツバッハ（Butzbach）成人刑務所での調査によれば，副次的文化の指導者は，同衆とは対照的に，より大きな犯罪経験を有している。非公式的指導者は，より知的で身体的により強健であり，他の受刑者から好かれた。これらの者は，副次的文化の商取引（例えば，麻薬取引）に関与しており，そのうちの多くは，被収容者と行刑職員間の紛争の仲裁役を引き受ける。ヒューリマンは，指導者をその権力基盤により分類し，それに応じて，次の三つの指導者のタイプを作り出した。

― 権力的指導者（Gewalt-Führer）
― 任務的指導者（Aufgaben-Führer）
― 社会的指導者（Sozial-Führer）

　成人行刑における被調査者の半数以上は，任務的指導者として分類されたが，これらの者は，副次的文化の下で評価された知識（例えば，法律的知識）により，又は非合法な商取引により，その第１次的な影響力を獲得した。少年行刑では，これに対して，権力的指導者がその他のタイプに対して際立っていた。

227　非公式的活動の有害な影響に対しては，行刑当局は侵害排除の原則（行刑法第３条第２項）に基づき対処しなければならない。副次的文化が拘禁の剥奪するもの（Haftdeprivationen）を処理する必要性を前提としているのであれば，行刑法第３条第１項の社会同化の原則に従って，行刑のストレス要因を減少させることにより，このような現象を減少させることができる。たしかに，一定の非公式的秩序は，行刑管理的視点においても，不測の妨害的要因から行刑の日常を保護するのに役立つ[215]とはいうものの，行刑施設に存在する様々な副次的システムは，行刑目的達成の機会を損なうものである[216]。

3.4.2.6　拘禁の及ぼす精神的影響

228　適切な処遇措置を執ることによって，刑務所化による反社会化的影響だけではなく，施設収容のもたらす精神的悪影響も防止することができる。持続的な葛藤

---

214　Hürlimann, 1993.
215　Walter M., 1999, S. 261 ; Weis, 1988, S. 255.
216　Ortmann, 1992, S. 408ff.

原因が存在する状況としての刑罰拘禁は，個々人について期間の経過とともに増大する反応，つまり単なる態度や人格の変化を超えた精神病理学的な反応を引き起こすことがあり得る。拘禁に伴う心的外傷によって呼び起こされる諸反応は，本質的には，個体の体質（Konstitution）及び素質（Disposition），つまり欲求不満への耐性，精神面を整理する心構え（Verarbeitungsbereitschaft）及び葛藤解決の能力（Konfliktlösungsvermögen）が生来的に備わっているかどうかによって規定される。その場合に，情動反応のような単なる一時的な異常行動，また，精神内部の負担の軽減，短絡行動，心因性目的反応（Zweckreaktionen）及び例外状態（Ausnahmezustände）を示すことがあり得る。また，異常人格が進行的に形成されることがあり，情動過剰な態度，妄想的発展（paranoische Entwicklung）やノイローゼになることもある。このノイローゼは，不安症状ないし強迫症状，恐怖症（Phobie），精神神経症（Psychoneurose），心身症的身体障害（psychosomatischen Körperstörungen）又は被収容者の自己攻撃的な行動といった形で顕在化する[217]。他方——長期の自由刑を言い渡されても——時には，数十年も継続する服役期間を何らの精神的変化の徴候もなく切り抜けた人間の詳細について述べた論文もしばしば発表されている[218]。

長期にわたる自由刑の実行は，受刑者の人格変化をもたらすことがある。しかし，長期刑についての国際的に発表された研究[219]は，拘禁期間と精神的障害との間には単純な因果関係のないことを明らかにしている。行刑のマイナス面（Deprivation）に対応する素因（Prädisposition）[220]がある場合には，人格変化を助長することがあり得る。そこでは，様々な明確な形を取る第 2 次的精神障害の徴候として，動機付けの喪失（Motivationsverlust），無感動（Apathie），社会的引きこもり（sozialer Rückzug），神経症的反応が認められることがある。異常な体験反応（Erlebnisreaktion）の出現もこれに含まれる。この精神的—社会的負荷（psycho-soziale Belastungen），とりわけ，長期間の拘禁に伴う負荷は，受刑者にとって常に新たな心的外傷の誘因になり得る。これらは，最終的には情動反応により解消される累積的な緊張状態をもたらす。このような精神内部の負荷の軽減は，通常，「監獄爆発（Zuchthausknall）」又は「拘禁発作（Haftkoller）」，すなわち，叫喚けいれん（Schreikrämpfe），居室設備の破壊，行刑職員又は同衆

---

217 Langelüddecke/Bresser, 1976, S. 96ff.；Schleuss, 1994, S. 433ff.；Witter, 1972, S. 476ff.
218 Vgl. z. B. Gaddis, Der Gefangene von Alcatraz, 1964；Leopold, Life and 99 Years, 1958；Mandela, Der lange Weg zur Freiheit, 1994；Siluan, Gott hinter Gittern, 1994；Speer, Spandauer Tagebücher, 1978；Todorov, 22 Jahre Knast, 2002.
219 Siehe Nachweise bei Laubenthal, 1987, S. 144ff.
220 Toch, 1977, S. 285.

への攻撃行動の形を取って現れる[221]。

230　爆発反応（Explosivreaktion）が自殺行為及び自傷行為で表現されることもある[222]。自殺は，行刑における最も多い死亡原因であり[223]，年齢及び社会構造において比較できる一般社会での人口の自殺率の数倍を超える[224]。その比率は，ドイツでは，年間平均収容人員10,000人についておよそ15人であり，一定している。特に危険があるのは，未決拘禁の間ないし初回の服役時における最初の1か月である[225]。収容の原因となった犯罪行為との関係では，殺人及び性犯罪の場合に自殺のおそれの比較的高いことが知られている[226]。

　しかし，行刑施設における既遂及び未遂の自殺と疑似自殺行為とは，区別されなければならない。疑似自殺行為は，生命を絶つことではなく，内面的緊張の解消を目的とする。切傷（例えば，前腕部をカミソリの刃で傷付けること），物品の嚥下，絞扼（Strangulation），中毒（Intoxikation）は，精神内部における放電現象（Entladung）を超えた自己に対する攻撃（Autoaggression），外部への攻撃，2次的疾病利得（Krankheitsgewinn）又はサドマゾヒズム的傾向の表現でもあり得る[227]。

231　行刑中に見いだされる精神変形（Variationen）に属するものとしては，さらに，心因性目的反応（Zweckreaktionen）がある。その中では，特にガンザー症候群（Ganser-Syndrom）が挙げられる[228]。被収容者の場合，これは特有の現れ方をする。受刑者は「精神病（Geisteskrankheit）」になることで，ストレス因子から逃れることができると考える。その下意識が精神病の詐病（Simulation）を演じさせる。その症状は，系統立った（systematisch）倒錯的思考（Verkehrt-Denken）及び倒錯的行動である。

232　たしかに——特に長期の——刑罰拘禁は，異常な体験反応（Erlebnisreaktionen）及び精神変形としての異常な体験反応的発達をもたらすことがある。と

---

221　Langelüddecke/Bresser, 1976, S. 244 ; Mechler, 1981, S. 19 ; Schleusener, 1976, S. 21 ; zum Ganzen auch Parverdian, 1993, S. 158ff.
222　Dazu Mechler, 1981, S. 21ff. ; Schleuss, 1994, S. 431f. ; Sluga, 1977, S. 51 ; Swientek, 1982, S. 22ff. ; Wormith, 1984, S. 429f.
223　So haben z. B. 19der insgesamt36im Strafvollzug von Nordrhein-Westfalen1999verstorbenen Gefangenen sich selbst das Leben genommen (Justizministerium des Landes Nordrhein-Westfalen2000, S. 79) ; siehe auch Granzow/Püschel, 1998, S. 3．
224　Vgl. Rosner, 1986, S. 42 ; Zettel, 1988, S. 208.
225　Pecher/Nöldner/Postpischil, 1995, S. 350.
226　Konrad N., 2001, S. 103.
227　Langelüddecke/Bresser, 1976, S. 246 ; Sluga/Grünberger, 1969, S. 456f.
228　McKay/Jayewardene/Reedie, 1979, S. 19ff. ; Scharfetter, 1985, S. 686 ; Wormith, 1984, S. 426.

はいうものの，長期行刑が必然的に不可逆的な人格障害（Persönlichkeits-schädigung）をもたらすわけではなく，ましてや，完全な人格崩壊（Persönlichkeitsverfall）をもたらすものでもない。刑罰拘禁の持つ深刻な心理的—社会的（psycho-sozial）ストレス因子の影響は，むしろ多因子的に引き起こされる。

累積的，決定的な影響因子としては，次のものがある。

— 人格特徴（Persönlichkeitsmerkmale）
— 収容前の生活歴（vorinstitutionelle Biographie）
— 年齢（Lebensalter）
— 疾病素質（Prädisposition）
— 緊張耐性（Spannungstoleranz）
— 順応戦略（Adaptationsstrategie）
— 精神的消化機序（Verarbeitungsmechanismen）
— 施設経験（Anstaltserfahrung）
— 施設構造（Anstaltsstruktur）
— 外界接触（Außenweltkontakte）
— 処遇措置（Behandlungsmaßnahmen）

刑罰拘禁の効果がどの程度各人の精神的機能に継続的なマイナスの影響を及ぼし得るかについては，これまでのところ，まだ十分に解明されていない。その点では，拘禁類似の諸条件（例えば，精神科病院への長期の入院）の与える影響に対する施設化研究（Institutionalismusforschung）の分野での調査においても，結果は様々である[229]。

全体施設である行刑施設のストレス諸因子は——行刑のやむを得ない必要性に基づき——行刑法第3条第1項の意味における社会同化の原則が限定的にしか実現できないところに起因する。このように行刑の規範適合性（Vollzugsnormalität）が限定されることは，被収容者に有害な結果をもたらすおそれがあるが，行刑法第3条第2項により，それは阻止されなければならない。したがって，個々の受刑者の行刑を形成するに当たっては，ストレス因子を減少することに努めなければならず，そこでは，少なくとも一時的な安全弁として，行刑緩和の許可が特別の意味をもつ。拘禁作用を時間的に最小限にとどめ，刑確定者をできる限り早期に釈放するための前提条件を作るという行刑当局の継続的努力が，何よりも

---

229　Vgl. Laubenthal, 1987, S. 141ff.

侵害排除の原則に合致する。

### 3.4.3 社会編入の原則（Eingliederungsgrundsatz）

234 　行刑法第3条第3項により，行刑は，受刑者が自由社会における生活に順応する（sich eingliedern）ことを援助する方向で行われなければならない。当局は「刑開始時から釈放を視野に入れ，行刑から自由社会への移行を容易に行えるよう個々の行刑的措置を作り上げる」べきである[230]。狭義の釈放準備だけが重要というのではなく，行刑法第3条第3項は，正に拘禁の開始時から，行刑のすべてが社会復帰へ向けて調整されるよう義務付けている。

　社会編入の原則には，長期刑あるいは終身の自由刑を言い渡された者も含まれる。すなわち，「釈放がまだ視野に入らない時期においても，後日釈放の際に受刑者を準備不足にせず，また，その者に過大な要求をしないように行刑が形成されるべきである」[231]。

235 　社会編入の原則は，行刑法第2条第1切の行刑目的にいう社会的（再）統合，つまり，再犯防止のための措置だけに限定されない。それはまた，行刑から自由社会への移行を困難にする自由剥奪自体の持つすべての側面にも関係する[232]。それには，例えば，拘禁開始に伴う社会的接触の中断があるが，施設管理者は，これを維持するために，行刑の緩和を許可するよう努めなければならない。自由社会での生活に向けた準備のためには，従前の生き方で不足していたものを補うための提案（例えば，職業訓練，負債の整理など）が有用である。受刑者を郷里近辺で収容する必要性も行刑法第3条第3切から出てくる[233]。さらに，犯罪者の烙印を押されたことにより，釈放後の社会環境下では——犯した罪の重さに応じて——生き抜いて行くことが，被釈放者にとって困難になる可能性についても，刑確定者に対する適切な処遇措置による対応がなされなければならない。

## 3.5 被収容者の地位

236 　行刑の任務及び行刑の形成原則に続き，自由刑の実行に関する第2編冒頭の行刑法第4条において，被収容者の地位についての原則を規定している。そこでは，次の事項が取り扱われている。

---

230　BT-Drs. 7/918, S. 46.
231　BT-Drs. 7/918, S. 46 ; siehe auch BVerfGE45, S. 238ff.
232　Calliess/Müller-Dietz, 2002, § 3 Rdn. 8．
233　Siehe auch AK-Feest/Lesting, 2000, § 3 Rdn. 21ff.

―― 第1項：処遇の形成及び行刑目的達成への受刑者の参加
―― 第2項：被収容者の一般的法律上の地位

　行刑法第4条第1項では，積極的な社会復帰の地位（soziale Integrationsstatus）[234]，つまり，社会的責任のある生活態度に向けて準備する処遇過程における被収容者の地位について規定している。これに対して，行刑法第4条第2項は，消極的な権利保護の地位（Abwehrstatus）に関するもので，この地位に基づき，行刑に伴う権利制限は，法治国的観点からできる限り明確に規定すべきことになる。

## 3.5.1　処遇への参加

　処遇――行刑法第2条第1切の行刑目的規定に関係する――に当たり，社会復帰及び再犯をしない生活能力の獲得を目指す相互のコミュニケーション分野におけるすべての措置及び活動が問題になる場合，行刑共同体における相互作用に向けた被収容者の積極的な関与が求められる。社会化への成果を得るためには，関係者の処遇措置への参加が必要である。

　立法者は，刑確定者を処遇に組み込まれた単なる客体としないため，行刑法第4条第1項において，いかなる参加義務も規定しなかった[235]。むしろ，刑確定者には主体的地位（Subjektstellung）が認められ，処遇過程における積極的役割が与えられている。それは，計画段階から始まり，行刑法第6条第3項で行刑計画は関係者と討議されることとされている。このことは処遇の全段階にわたって継続し，行刑法第160条で受刑者の共同責任を可能にすることによって，完結させている。しかし，行刑法第4条第1項は，個々の受刑者に具体的請求権を保障するという意味において，参加の権利を与えているものではない[236]。そこには，いかなる特定の種類の処遇を要求する権利も存在しない[237]。行刑法第4条第1項第1切の参加原則は，受刑者の参加の必要性（Mitwirkungsnotwendigkeit）を示したものである[238]。つまり，受刑者の協力が処遇実施における本質的構成要素をなしている。そして，行刑法第4条第1項第2切により，個々の受刑者の心構えを喚起し，促進することが職員の任務とされる。

　行刑法第4条第1項には，いかなる参加義務も規定されていないので，被収容

237

238

239

---

234　Würtenberger, 1970, S. 223.
235　BT-Drs. 7/3998, S. 6.
236　Calliess/Müller-Dietz, 2002, § 4 Rdn. 3 f.；Müller-Dietz, 1978, S. 87.
237　Schwind/Böhm, 1999, § 4 Rdn. 11.
238　AK-Feest/Lesting, 2000, § 4 Rdn. 4.

者が協力の心構えに欠けることがあっても，行刑法第102条の懲戒構成要件に該当せず，懲戒処分により罰することもできない。しかし，社会国家原則に従った行刑形態には，受刑者に社会的な義務を引き受けさせること（Inpflichtnahme）を含んでいる[239]。処遇の実行は自由な協力を前提としているが，社会化に向けた努力を脅かすものに対しては，権利制限の結果をもたらすことがある。行刑目的の達成が権利の保障又は制限の基準として行刑法中に明示的に規定されている場合（例えば，行刑法第25条第2号，第28条第2項第2号，第31条第1項第1号，第68条第2項第2切又は第70条第2項第2号），参加の心構えに欠けることが，相応の制限をもたらす結果となる[240]。

**240** 問題となるのは，処遇に協力しない受刑者について，行刑の緩和，開放行刑への移送又は拘禁からの休暇を拒否することで——社会化への努力に関与させる目的を持った——間接的な働き掛けができるかどうかということである。施設管理者がこの種の処遇措置を決定する際には，行刑中の受刑者の行状を重視する（同様のことは，刑執行部が刑法典第57条第1項第2切により保護観察付き刑の執行停止を決定する場合にも妥当する。）。そうすることにより，被収容者は処遇への協力について圧力を加えられていると感じることになる[241]。しかし，行刑目的それ自体を拒否している受刑者に対して，社会国家的基礎を持つすべての行刑上の措置が拒否されてはならない[242]。そうでなければ，参加協力を義務付けることをしなかった立法者の意思に添わないことになる上，大部分の行刑上の処遇措置について，それが提供されている意味を見誤ることになるであろう[243]。具体的事案について，妥当な解決をするほかないように思われる。再社会化を望まない者が行刑目的達成のための協働をしないということは，行刑法第10条第1項にいう悪用の危険が高いということができよう[244]。これ以外のその他の非協力的な被収容者については，行刑目的達成という観点から行刑の緩和を許可することで，肯定的な行動様式を生じさせることが可能である[245]。したがって，協働の拒否から「図式的な拒絶反応」[246]を誘発させるべきではなく，行刑スタッフは，それを行刑法第4条第1項第2切による新たな提案及び努力をするためのきっかけとすべきで

---

239 BVerfGE40, S. 284f.；Calliess/Müller-Dietz, 2002, Einl. Rdn. 34.
240 Laubenthal, 2000a, S. 171.
241 Dazu auch Walter M., 1999, S. 294.
242 Anders aber Koepsel, 1985, S. 55f.
243 Calliess/Müller-Dietz, 2002, § 4 Rdn. 4；Jung H., 1987, S. 40.
244 Zu weitgehend OLG Karlsruhe, ZfStrVo1985, S. 246："erhöht in der Regel das Missbrauchsrisiko".
245 OLG Hamm, ZfStrVo1985, S. 374.
246 Jung H., 1987, S. 41.

ある。なぜならば，受刑者の側に拒否的な態度があることによって，その者の処遇への協力についての心構えを喚起し，助長すべき施設側の義務は，解除されないからである[247]。

### 3.5.2 被収容者の一般的法律上の地位

　行刑法第4条第2項第1切において，受刑者は行刑法中に明示的に規定された制限に服するとして，列挙主義の定めをしている。受刑者の権利及び自由は，そのことが法律の規定中に個別に明示されている限りにおいてのみ，制限することができる。この原則とともに，連邦憲法裁判所の要求[248]に従い，権利侵害の包括的正当要件として，もはや支持し得なくなった特別権力関係という法解釈上構築された法概念は，放棄された。　　　　　　　　　　　　　　　　241

　しかし，立法者は，行刑法第4条第2項第1切の規定では，被収容者の自由の制限が必要と思われるすべての場合を包摂するには不十分であると考えた[249]。そのため，立法者は，行刑法第4条第2項第2切で予期できない例外的場合のための一般条項（Generalklausel）（「懸念条項」（Angstklausel）[250]）を設けた。これによって，受刑者に対して——行刑法に特別の規定がない限りにおいて——「保安の維持のため，又は施設の規律への重大な障害を防止するために避けることができない制限のみを課する」ことができる。　　　　　　　　　　　　　　　　242

　ある行刑上の処分について，その法的根拠を行刑法第4条第2項第2切の補充的構成要件（Auffangtatbestand）に見いだす前に，まずそれが，行刑法に列挙された具体的規定中に含まれていないかどうかが吟味されなければならない。その場合，受刑者の一般的法律上の地位は，基本法によって決定的に形成されていることに留意しなければならない。

#### 3.5.2.1 基本権の制限

　基本法第19条第1項第1切により，基本権の制限については，被収容者の場合も行刑法に規定することによって明らかにされなければならない。加えて，基本法第19条第1項第2切の規定する引用義務（Zitiergebot）は，法律又は法律の根拠に基づき制限される基本権を明示することを必要としている。これに従って，立法者は，行刑法第196条において，制限し得る基本権として，次のものを掲げ　243

---

247　Zur Therapiemotivation bei bestimmten Zielgruppen: Dahle, 1994, S. 227ff.
248　BVerfGE33, S. 1 ff.
249　Vgl. BT-Drs. 7/918, S. 109 ; 7/3998, S. 7.
250　Calliess/Müller-Dietz, 2002, § 4 Rdn. 20.

第3章 行刑の任務及び形成原則（Vollzugsaufgaben und Gestaltungsprinzipien）

ている。

― 基本法第2条第2項第1切（身体の不可侵）
― 基本法第2条第2項第2切（人身の自由）
― 基本法第10条第1項（信書，郵便及び電信の秘密）

しかし，行刑法第196条は，これ以外の基本権が受刑者に無制限に妥当することを推定させるものではない。なぜならば，基本法第19条第1項第2切の引用義務は，基本法が自らその中で定めた限界を超える基本権の制限を行おうとする法律についてのみ妥当するものであることによる[251]。行刑における制限がその限界内に留まる限りにおいて，それは，基本法第19条第1項にいう基本権の制限を意味しない。

244　行刑の領域に関連するものとして，基本権に対する次の制約がある[252]。

― 憲法上の直接的制約（Verfassungsunmittelbare Schranken），すなわち，基本法が自ら規定する基本権の制限
　例えば，基本法第12条第3項：裁判所で命じられた自由剥奪の場合における強制労働
― 規制留保（Regelungsvorbehalt）による基本権制限
　基本法第5条第2項にいう一般的な法律の制限としての行刑法，基本法第12条第1項第2切による職業活動（Berufsausübung）の自由を規制する法律としての行刑法，所有権の内容及び制限を規定した基本法第14条第1項第2切にいう法律としての行刑法
― 憲法内在的（Verfassungsimmanent）制約，すなわち，基本権の中にもともと存在する制限であり，それは解釈によってのみ明らかにされる。この内在的制約は，とりわけ，基本権を保障する各条項相互の関係，基本権を保障する条項と他の憲法条項との関係から生じる[253]。

事例：基本法第5条第3項第1切は法律の留保又は規制留保を全く含んでいないが，芸術の自由の保障は，暴力行為により有罪を言い渡された受刑者が独裁主義的な描写をする場合には制限され得る。それは，基本法第104条により憲法上許された自由剥奪及び憲法上要求されている再社会化という行刑目的から帰結される[254]。

---

251　BVerfGE64, S. 79.
252　Dazu allgemein ; Ipsen, 2002, S. 44f. ; Maunz/Zippelius, 1998, S. 149ff. ; vollzugsbezogen : Hauf, 1994, S. 48ff. ; Kaiser/Schöch, 2002, S. 185f.
253　Vgl. BVerfGE84, S. 228.
254　So OLG Nürnberg, ZfStrVo1989, S. 374 ; krit. Calliess/Müller-Dietz, 2002, § 4 Rdn. 21.

― 付帯効果（Annexwirkungen）の結果としての基本権行使の制限，すなわち，基本権第2条第2項第2切の人身の自由に対する基本権（Freiheitsgrundrecht）への侵害は，事実上，同時に他の基本権が妨げられずに実現できる可能性を制約する。

受刑者の縮小された行動の自由は，とりわけ，次の基本権の行使を妨げている。

基本法第5条第3項（芸術，学問，研究又は教授活動に対する制約），基本法第6条（夫婦生活共同体の保持，子供を教育する親の権利の行使），基本法第8条（集会の自由），基本法第9条（結社の構成員となる権利の行使）及び基本法第11条（移住の自由）

行刑法第196条に掲げられた基本権の制限だけが行刑法第4条第2項の意味における法律上の自由の制限に含まれるものではない。憲法上の直接的制約ないし憲法内在的な制約に基づく制限及び規制留保及び自由剥奪に伴う付随的効果も，また，この規定の要件を満たすものである。

### 3.5.2.2　行刑法第4条第2項第2切の一般条項

行刑法第4条第2項第1切の列挙主義は，第4条第2項第2切を付加されることで，その厳格性が緩和されている[255]。幾つかの不確定法概念を伴うこのような一般条項は，自由剥奪的処分のための侵害根拠としてみる場合，それが最終手段条項（ultima-ratio-Klausel）として非常に狭く解釈されるときにおいてのみ，法治国の要請を満たすことになる[256]。

行刑法第4条第2項第2切により，受刑者には，次の前提がある場合，行刑法の具体的侵害条項に含まれない付加的な権利制限を課すことが許される。

1．具体的事案に対応するための特別の侵害構成要件が行刑法中に全く存在しないこと。
2．侵害理由が存在すること。
― 施設の保安の維持に対する危険，又は
― 施設の規律への重大な障害
3．権利制限が施設の存立のために不可欠であること。

---

255　Krit. auch Bemmann, 1989, S. 39 ; Hoffmeyer, 1979, S. 185ff.
256　So auch OLG Nürnberg, ZfStrVo1980, S. 250 ; OLG Dresden, NStZ1995, S. 151 ; AK-Feest/Lesting, 2000, § 4 Rdn. 9 ; Beaucamp, 1998, S. 211 ; Calliess/Müller-Dietz, 2002, § 4 Rdn. 21 ; Kaiser/Schöch, 2002, S. 194 ; Schwind/Böhm, 1999, § 4 Rdn. 23.

246　保安の維持が具体的な危険によって侵害されていなければならない。将来支障が生じることへの単なる危惧では不十分である。少なくとも，既に安全性が低下しており，直接的な危険が現に存在することが要求される。この場合における安全とは，一方では，自由刑に根拠を有する拘禁の確保という意味における外部に対する安全（逃走又は解放行動の防止）に関係する。他方，それには施設内の人又は物に対する具体的で重大な危険の防止という内部的な安全が含まれる[257]。

247　施設の保安には，自由刑服役中の受刑者の犯罪行為から公共を保護することも含まれる[258]。つまり，行刑法第4条第2項第2切は，受刑者の新たな犯罪的行動からの公共の保護という行刑任務（行刑法第2条第2切）をその限りにおいて具体化しているといえる。これによって，行刑法第2条第2切の特別の予防目的から不可欠である場合には，受刑者に対して——その他の前提条件も存在するとき——行刑法では具体的に規定されていない制限を課すことができる[259]。

　　事例：受刑者Ｓは，結婚すると偽って経済的な損害を与えたとして，女性に対する多くの詐欺事件について有罪判決を受けていた。施設内から，Ｓは様々な独身女性と手紙で接触した。手紙の検査の結果，Ｓがいわゆる結婚詐欺師として，新たな犯罪への道を歩もうとしていることが判明した。施設管理者は，Ｓが女性と文通することを全面的に禁止した。
　　この禁止は，行刑法第28条第2項第2号を根拠にすることができない。たしかに，この規定は，受刑者の社会復帰が妨げられるおそれがある場合には，特定の者との文通を禁止することを認めている。しかしながら，行刑目的達成の障害となる危険は，Ｓの場合，文通それ自体ではなく，Ｓの人格そのものに起因するからである。したがって，外部の者に害を与える新たな罪を犯す具体的な危険に対する根拠が存在するときに限り，施設管理者は，その指示を行刑法第4条第2項第2切に基づいて行うことができることになる[260]。

248　規律への重大な障害（schwerwiegende Störung der Ordnung）とは，施設における秩序正しい，人間に値する共同生活に対して，特に重大な支障を生じる事案の場合に存在するということができる[261]。施設運営に対する軽微な支障では不

---

257　AK-Feest/Lesting, 2000, § 4 Rdn. 13；Calliess/Müller-Dietz, 2002, § 4 Rdn. 18.
258　Kaiser/Schöch, 2002, S. 225；Schwind/Böhm, 1999, § 4 Rdn. 20.
259　Dazu Kaiser/Schöch, 2002, S. 194.
260　A. A. Schwind/Böhm, 1999, §28Rdn. 7.
261　AK-Feest/Lesting, 2000, § 4 Rdn. 14f.

十分であって，その障害を除去しなければ施設の運営機能全体が著しく損なわれてしまうような規律に対する重大な危険が存在しなければならない（例えば，同衆受刑者に対して，法律問題を処理するための助言及び文書を作成することによって，望ましくない従属関係を生む場合[262]）。

行刑法第4条第2項第2切に示された制限理由以外は，考慮の対象にならない。とりわけ，自由の制限が一般的な刑罰目的から導き出されることはない。また，必要な処遇措置を通じて，行刑法第2条第1切にいう社会化をより良く達成するという理由から，行刑法第4条第2項第2切に基づくいかなる制限を行うこともできない。

権利の制限は，行刑法第4条第2項第2切の意味における侵害理由が肯定される場合において，法律に特別の授権規定がない限りにおいてのみ，受刑者に対して課され得る。ある領域が行刑法で全く取り扱われていない場合には，法律的な規制を欠いていることになる。疑わしい事案については，行刑法第4条第2項第1切の列挙主義は，少なくとも立法者に関する限りでは，必要な事項はすべて規定したという規制の完全性を推測する根拠になっているということを出発点としなければならない[263]。その結果，最終手段条項としての行刑法第4条第2項第2切は，法治国的観点から必然的に厳密な解釈が要求されることになる。行刑法に含まれる侵害的構成要件は，いかなる拡張解釈も許されない[264]（例えば，雑誌の購読は，その印刷物が意味ある自由時間活動のために有益でないからといって，行刑法第68条第2項に掲げられた理由を超えて不許可にすることはできない[265]）。特に，立法者が特定の状況のための侵害的規制を完結的に規定している場合，行刑法第4条第2項第2切を援用することはできない。

事例：受刑者Gは麻薬法違反のため自由刑に服していた。施設長Aは，そこで，麻薬残留物検査のためGに尿検査のためのサンプルを定期的に提出することを命じ，拒否する場合の懲戒規定上の結末について教示した。その際，Aはその法的根拠を行刑法第4条第2項第2切に求めた。Aは，麻薬の所持及び使用が施設の保安及び規律の重大な侵害になることを詳しく述べ，麻薬の悪用に対しては法律上許されるあらゆる手段をもって対抗することが不可欠であるとした。

Aの指示は，行刑法第4条第2項第2切を根拠とすることができない。この場合は，

---

262　OLG Saarbrücken, ZfStrVo1982, S. 250.
263　Calliess/Müller-Dietz, 2002, § 4 Rdn. 21.
264　AK-Feest/Lesting, 2000, § 4 Rdn. 10.
265　OLG Koblenz, NStZ1991, S. 304.

法律上の権限の基礎として，行刑法第56条及び第101条が援用されなければならない[266]。まず，尿検査は行刑法第56条第2項により行うことができる。この規定に基づく必要な保健上の措置を支持すべき義務の中には検査のためのサンプル提出の義務も含まれ，尿の分析はこの規定の意味する措置にかかわることである。それはまた，行刑法第101条第1項にいう医学的検査でもある。なぜならば，違法な麻薬物質の使用は，G本人又は他の同様の者の健康に対する重大な危険を意味するので，Aは，行刑法第101条第1項の法的根拠に基づき，Gが拒否すればそれを強制し得ることを指摘して，その権限を行使することができたのである。

**250** 行刑法第4条第2項第2切は，どのような権利制限が行われるべきかについては，規定するところがない。この処置は，施設の保安の維持又は規律への重大な障害の防止のために適当かつ必要であるばかりではなく，不可欠なものでなければならない。すなわち，具体的な状況において，行刑法第4条第2項第2切に基づく被収容者の自由制限以外に効果的に危険を防止できる可能性がない場合においてのみ許容されるのである。

事例：閉鎖行刑に収容されている受刑者Kは，ある商社のオーナーであり，また，英国法による法人の支配人であった。行刑法第39条第2項に規定する作業時間中に自営職業活動を行う許可は，与えられていなかった。商社のオーナーないし支配人としての活動の中で，行刑施設内のKあてに膨大な数の手紙及び郵便物が送付された。これらの業務用郵便物を処理することは，施設の人的及び物的処理能力を超えた。書信係の行刑職員は，専らKあての多くの郵便物の処理に追われた。そのうち，Kは30箱を超える領置箱を使用することにもなった。

ボンの州地方裁判所[267]は，施設管理者が――行刑法第4条第2項第2切に基づき――Kに対して，その会社の経営及びそのための自由時間中における業務用郵便物の処理を禁止し，手紙及び小包を発信者に返送する決定をしたことについて，これを適法とした。

たしかに，行刑法第28条及び第33条では，受刑者が手紙及び小包を受領できる条件及び範囲について規定しているが，この事例において重要なことは，郵便物を受領することで，Kがその会社を管理していることである。施設管理者のこの決定は，拘禁期間中における会社経営を禁止することを意味する。しかし，会社経営の問題は，行刑法第39条第2項が作業時間中に許可されて行う自営職業活動の領域として規定しているだけであり，自由時間中における会社経営については，いかなる法律の規定もない。どの範囲

---

266　LG Augsburg, ZfStrVo1998, S. 113；Calliess/Müller-Dietz, 2002, § 4 Rdn. 21.
267　LG Bonn, NStZ1988, S. 245.

でこのような自由時間活動を全面的に禁止できるかについては，行刑法第67条第１切及び第70条も規定していない。そこで，初めて行刑法第４条第２項第２切を援用できることになる。施設内の規律に対するこのような重大な危険に対しては，これを明確に禁止する処置によってのみ対処することが可能である。経営者である受刑者がその業務用郵便物を施設外の者に委任して処理させることは，その者の自由である。

# 第4章　処遇過程における職員の一般的条件
(Personelle Rahmenbedingungen des Behandlungsprozesses)

施設の職員構成（行刑法第154条ないし165条）は，最大の包括的コミュニケーション及び相互作用の分野として，行刑の形成に影響を及ぼす。行刑の任務に対応して区分され，組織された行刑スタッフ[1]は，受刑者とともに施設における事象を行刑目的に合わせて調整することができる。そのために，行刑法は第154条第1項で協働条項を規定しており，これによって，行刑におけるすべての活動は，共同して行われ，任務の実現に協働することになる[2]。行刑官吏及び非常勤の職員（Beschäftigte）（行刑法第155条第1項）のほか，施設審議会が行刑の形成及び受刑者の保護に協働する（行刑法第162条ないし165条）。さらに，行刑法第154条第2項第2切により，行刑官庁は，その影響が受刑者の社会復帰を促すことができる個人及び団体（名誉職的行刑協力者）と協働することとされている。行刑法第154条第2項第1切は，私的な福祉事業の諸団体との協働も明示的に要求している[3]。なお，施設の人的構成には，被収容者が参加する場合も含まれるが，被収容者は行刑法第4条第1項の意味において自らその処遇に参加するだけではなく，集団的な共同責任も負うことになる（行刑法第160条）。施設での出来事については，監督官庁が最終的に影響力を有する。

## 4.1　監督官庁の職員 (Beamte der Aufsichtsbehörde)

大多数の連邦州においては，垂直的な行刑階層として，2層の行政構造が存在する。行刑法第151条第1項第1切により，州司法行政部（Landesjustizverwaltung）が行刑施設の監督を行う。3層システムを採用している連邦州では，行刑法第151条第1項第2切により，中間官庁としての行刑官庁に監督権限を委任している。しかし，このような中間官庁を置かないほうが決定過程を短縮し，本省が確実に行刑実務に近くなる。

---

1　Hierzu Rotthaus K., 1999, S. 187ff.
2　Zu Vorschlägen einer Reform von Organisation und Management des Strafvollzugs siehe Flügge/Maelicke/Preusker, 2001.
3　Dazu Müller-Dietz, 1997a, S. 35ff.

第4章 処遇過程における職員の一般的条件（Personelle Rahmenbedingungen des Behandlung sprozesses）

　刑執行計画の作成を通じて，州司法行政部は，施設の場所的及び事物的管轄を定め（行刑法第152条第1項），行刑法第145条により，施設の収容定員を設定する。州司法行政部は，移送の決定権を自らに留保し，又はこれを中央センターに委任することができる（行刑法第153条）。

253　州司法行政部は，職務の一般的監督及び専門的監督（Fachaufsicht）を行う。その際，州司法行政部は——法律上明示的に規定されている場合を除き——いかなる介入権（Selbsteintrittsrecht）も行使できないのであって，例えば，州司法行政部は，特別の事情があることを理由に，施設長の決定権を，命令によって，自ら行使することはできない[4]。しかし，そうすることによってのみ施設における合法的な行刑が保障されるという例外的事情の下では，上級官庁の持つ指示命令権の発動として，代位権（Durchgriffsrecht）を行使できるのは当然である[5]。

　監督官庁は，行政規則及び一般的命令によって，安定した裁量権行使のための職務内部的指針（Richtlinen）（外部的効果のない）を定めることができ，また，特定の決定をその同意に係らせることができる（例えば，行刑法第13条関係行政規則第7第3により，終身の自由刑を言い渡された者について，拘禁からの休暇を許可すること。）。行刑法第151条第2項により，州当局が監督を行う場合，ソーシャルワーク，補習教育，保健及び処遇の分野については，専門家を関与させなければならない。

254　監督官庁の活動は，一般的には，概括的計画及び包括的コントロールに限定されるが[6]，監督官庁の代表者に関する限り，受刑者は，この者と面談し，聴聞を受ける権利がある。第151条関係行政規則第1第2第1切（訳注—2000年末現在削除されている。）により，行刑施設は，監督官庁の官吏により，頻繁に視察されるべきであり，そうすることで，監督官庁は，すべての行刑について，いつでも報告を受けることができる[7]。行刑法第108条第2項により，この施設訪問が行われる都度，被収容者には，自分の問題を行刑職員の立会いなし[8]に申述できることが保障されなければならない。

---

4　Böhm, 1986, S. 53.
5　Dazu Schwind/Böhm, 1999, §24Rdn. 19.
6　Calliess/Müller-Dietz, 2002, §151Rdn. 2.
7　Dazu in Kap. 8. 1. 2.
8　Schwind/Böhm/Schuler, 1999, §108Rdn. 5.

## 4.2 施設の行刑スタッフ(Der Vollzugsstab in einer Anstalt)

　行刑法は，その第154条以下において，施設の人的構成について部分的な規定をするにとどめている。第156条第1項では，各行刑施設は，高級職（特別の理由があるときは上級職）の官吏により常勤的に管理されなければならないことを明示し，第155条第1項第1切では，行刑官吏（Vollzugsbeamte）による行刑任務遂行の原則を規定している。

　このことは，国による権利自由の制限が行われる分野としての行刑の性質に則している。基本法第33条第4項及び官吏大綱法（BRRG）第2条第3項により，恒常的任務として，主権作用的権能を行使することは，原則として，公法上の勤務関係及び誠実関係にある官吏に委託されている。しかし，連邦は，官吏法についての原則的規定を発出する権限を有するのみであるところから（基本法第75条第1項第1切），行刑法では，若干の原則的規定をするにとどめている。行刑官吏の採用，養成教育（Ausbildung）及び補充教育(Fortbildung)について決定する権限は，連邦各州に属しているからである。

　行刑官吏による任務遂行の原則は，行刑法第155条第1項第2切により，特別の理由が存在する例外的場合に，その他の者が常勤的に（例えば，一般職員（Angestellte）），又は兼務（例えば，医師，教師又はその他の専門職）でその任務を行うことによって，破られることができる。

　行刑に必要な様々な職種の職員は，行刑法第155条第2項後半に列挙されている。ここで重要なことは，（「明示的に」）限定的に職種を指定しているのではなく，処遇の必要に応じて他の専門家の助力を得ることも可能にしていることである。

　行刑法第154条以下を総合的にみれば，次のような行刑スタッフの構成であることが分かる。

— 施設長（Anstaltsleiter）及びその代理者
— 行政職員（Verwaltungsdienst）
— 一般行刑職員（allgemeiner Vollzugsdienst）
— 作業職員（Werkdienst）
— 福祉スタッフ（Sozialstab）：
　— 教誨師（Seelsorger）
　— 医師及び看護人

第４章　処遇過程における職員の一般的条件（Personelle Rahmenbedingungen des Behandlung sprozesses）

　　── 教育専門家（Pädagogen）（教師）
　　── 心理専門家
　　── ソーシャルワーカー及び社会教育専門家（Sozialpadagogen）

257　行刑法第155条第２項前半は，州司法行政部に対して，刑事施設がその任務を遂行するための十分な人的配備を行うよう義務付けている。もっとも，世話役的な活動をする福祉スタッフに比較して，拘禁的機能を任された職員が実務上依然として支配的多数を占めていることは明らかである[9]。

2002年３月31日現在，バイエルン州の司法実行施設における収容人員は約11,953名であり，これに対する職員のポストは，2002年には合計4,969人であった。それらは，次のような構成であった[10]。

表４.１.　2002年バイエルン州司法実行施設における総計4,969ポストの構成

| | |
|---|---:|
| 高級職行刑職員及び行政職員 | 56 |
| 心理専門家 | 54 |
| 医師 | 44 |
| 教誨師 | 26 |
| 教師 | 47 |
| ソーシャルワーカー | 123 |
| 上級職の行刑行政職員 | 174 |
| 中級職の行政職員 | 308 |
| 作業職員 | 451 |
| 一般行刑職員 | 3,632 |
| 労務者及びその他 | 54 |

（このほかに，比較的小規模の施設においては，医師，聖職者，心理専門家及び教師が兼任のスタッフとして任命されていた。）

258　行刑官吏は，広義の刑罰業務に従事しており，行刑は，広義の刑事司法に数えられるが，行刑官吏は，刑事訴追を行う職責を負うものではない。しかも，行刑職員は，その認知した犯罪行為を告発する一般的義務も負わない。また，勤務行

---

9　Vgl. auch Hohage/Walter/Neubacher, 2000, S. 136ff.
10　Bayer. Staatsministerium der Justiz, 2002, S. 37.

政規則からも，刑事訴追の実行に対する保障的地位（Garantenstellung）の根拠となる義務は発生しない[11]。それゆえ，施設長及びその他の行刑職員は，被収容者の行った犯罪行為を告発せず[12]，又は行刑職員による受刑者に対する犯罪を刑事訴追官庁に通知しなくても[13]，不作為による刑法典第258条又は258条 a の処罰妨害行為（Strafvereitelung）の罪で処罰されることはない。保障義務（Garantenpflicht）は，行刑法第2条からは導き出されない。たしかに，同衆受刑者あるいは行刑職員自身も，行刑法第2条第2切の意味における社会一般（Allgemeinheit）に数えられる。しかしながら，保安任務及びこれに派生する新たな犯罪を防止する義務からいかなる告発義務も発生しない[14]。そして，行刑職員に属する者は，既に確定的に有罪判決があったか，又は新たに阻止されるべき犯罪に関してのみ，国家刑罰権を保障する立場（Garant）にある[15]。

なお，行刑職員は，その職務上，一般的刑罰拘禁を行うことを義務付けられている[16]。刑法典第11条第1項第2号の意味において，公務員としての特別な地位を占めるので，行刑職員には職務犯罪（例えば，刑法典第340条の公務中の身体傷害，汚職事件における刑法典第331条，332条による賄賂の収受又は買収[17]）の規定が適用される。刑法典第174条 a 第1項[18]により，立法者は，受刑者（及び当局の命令により拘禁された者）による性的自己決定の法益に特別の保護を与えているが，それは，受刑者が特別の施設収容関係に組み入れられることにより，行動の自由及び決定の自由が縮減され，そこでたまたま，職務上の地位を悪用する者の下に配置される可能性があるからである。さらに，この規定によって，被収容者自身が施設職員の側からなされる性的接触を容認することで，施設内の立場を良くしようとする誘惑に負けることがないようにされるべきである。刑法典第174条 a 第1項は，被害者が行為者の「監視下にあること」を前提とする。しかし，このことは，それが勤務時間中であること，また，具体的な職務上の指示がある場合に限定されることを意味しない。

事例：行刑職員 J は，H 行刑施設に勤務していた。そこでのその者の任務は，男性区

---

11　BGH, NJW1997, S. 2060 ; Seebode, 1998, S. 338ff. ; Wagner B., 1992a, S. 518.
12　Küpper, 1996, S. 524.
13　BGH, NJW1997, S. 2059 ; Rudolphi, 1997, S. 599ff.
14　A. A. Klesczewski, 1996, S. 103f. ; ders., 1198, S：313ff. ; OLG　Hamburg, ZfStrVo1996, S. 371.
15　Geppert, JK1996, StGB § 258/ 9 ; siehe auch Kubink, 1996, S. 375.
16　Zur Strafbarkeit eines Anstaltsleiters bei Lockerungsentscheidungen unten Kap. 5．4．8．
17　Zum Thema Korruption im Strafvollzug siehe Bruhn/Mischkowitz, 2001, S. 261ff.
18　Dazu Laubenthal, 2000, S. 85ff. ; ders., 2002b, S. 359ff.

第4章　処遇過程における職員の一般的条件(Personelle Rahmenbedingungen des Behandlung sprozesses)

画の被収容者を監視することであった。女性受刑者の監視は，その者の任務範囲に属していなかった。施設内の補修工事のため，Jはあるかぎを使用することができたが，Jはそのかぎで――その権限を与えられていなかったが――女性区画及びその居室にも入ることができた。Jは，施設の女性棟に収容されていたEをその居室に訪れ，Eと性的交渉を持った。

連邦憲法裁判所[19]の見解では，受刑者に対する性的凌辱を理由とする有罪判決の言渡しは，考慮の対象にならなかった。同裁判所の見解によれば，Eは，刑法典第174条aの意味において，Jによる監視又は世話を受ける対象ではなかったというのである。

このような制限的解釈は，まず第1に，性的行為の実行又は容認に対する被収容者の個別的な決定の自由を保護するのに適していない。第2に，行刑における個々の職員の職務上の義務は，その者に特に指示された任務にのみかかわるものではないのであって，行刑に所属するすべての者は，国家権力の執行者として受刑者に対している。さらに，行刑服務保安規則第1第1項は「職員は，それぞれに課された個別の任務のほかに，行刑の任務（行刑法第2条）を実現するために職に就いている」と規定している。これには施設の保安維持も含まれており，その限りにおいて，その任務は，最終的には常に施設設備の全体に及ぶのである[20]。

## 4．3　施設の管理 (Die Anstaltsleitung)

260　行刑法第156条により，各行刑施設は，高級職の官吏により専任的に管理運営され，小規模施設（例えば，大規模施設に付属する支所）の場合は，これに上級職の官吏を充てることができる[21]。行刑法第156条は，法律家の独占を規定していないので，他の専門分野に属する者（例えば，心理専門家）も考慮の対象になる[22]。行刑法第156条関係行政規則第1により，監督官庁は，施設長の代理者を定める。施設長は，外部に対して施設を代表する。内部関係においても，基本的にすべての行刑関係事項について，責任を負う。

261　一見するところ，行刑法は，問題解決的共同体という行刑の理想形とは全く対極にある独裁的運営[23]を基礎にしている[24]。刑事施設の運営にかかわるすべての業

---

19　BGH, NStZ1993, S. 223.
20　Laubenthal, 2002b, S. 364.
21　Krit. Schwind/Böhm/Rotthaus, 1999, §156Rdn. 3．
22　Siehe Koepsel, 1994, S. 134ff.
23　Zur Entwicklung und zu Alternativvorstellungen siehe Müller-Dietz, 1978, S. 268ff.；krit. zur gesetzlichen Regelung Kamann, 1997, S. 81ff.
24　Siehe oben Kap. 3．1．2．1．

務は，施設長の責任である[25]。官庁のトップとして，他の行刑スタッフとともに職員集団を統括する。同時に，施設建物の管理にも責任がある。施設長は，階級的構成における最高の地位にあり，監督官庁に対する唯一の接点（Verbindung）であることを意味する。さらに，施設会議（行刑法第159条）を主催し，被収容者が自ら抱える問題に関係する希望の開陳，問題の提起及び不服申立てについて（行刑法第108条第1項）面接（Sprechstunde）を実施する[26]。

受刑者に対する関係では，行刑法は，施設長を決定機関として明示していることが多い。 262

例えば，施設長は，第14条により，被収容者に行刑の緩和及び拘禁からの休暇を与え，又はその処分を取り消すことができる。行刑法第17条第2項により，共同行事への参加についての規制を行う。受刑者の連行に際して，自衣の着用を許可する（行刑法第20条第2項）。第25条の要件が存在する場合は面会を許さず，第28条第2項により特定の者との文通を許さず，また，信書を差し止めることができる（第30条）。重大な理由から，有罪判決を受けた者に対して，第35条により，休暇，外出又は連行を許すことができる。第102条により，懲戒処分を命ずる権限を有する。行刑法第161条の意味における所内規則を発出する。

個々の規定において施設長を明確に指定していることをもって，施設長の権限 263
がその限りにおいて完結的に規定されているという結論に導くことはできない。それは，むしろ基本的には，施設長の全権（Allzustandigkeit）に由来するものと考えるべきであって，施設長は，個々の規定中に決定機関として明示されていなくても，その権限を自ら保有している。

しかし，行刑法は，この独裁的―階級的構造を職務範囲の委譲（Delegation） 264
により緩和することで，施設管理を分権化することを認めている。行刑法第156条及び第159条により，施設長には，協働的な情報伝達組織及び決定組織を作る道が開かれている。こうして，行刑法第159条により，重要な決定に先立ち，処遇に関与する者との行刑会議が開催されなければならないだけではなく，定期的な間隔で職務会議（Dienstbesprechung）を開催すべきこととされている（行刑法第159条関係行政規則）。加えて，行刑法第156条第2項第2切後半は，施設長自身の所管する職務領域を他の行刑職員の責任又はその共同責任にゆだねること

---

25　Dazu auch Preusker, 1988, S. 118ff.；Winchenbach, 1985, S. 125ff.；zur Diskussion unterschiedlicher Organisationsmodelle： Flügge/Maelicke/Preusker, 2001；Ohler, 1977, S. 60ff.
26　Dazu in Kap. 8．1．1．

第4章　処遇過程における職員の一般的条件（Personelle Rahmenbedingungen des Behandlung sprozesses）

を認めている。これにより，個々の職員又は委員会（Gremium）（管理チーム又は会議）への権限委譲を可能にしている。

265　施設長が行刑法第156条第2項第2切前半を適用しようとする場合——施設長は，行刑法第154条第1項の協働条項との関係において，それを義務付けられているというべきである[27]——その都度，一般的組織計画（Organizationsplan）の中で書面によって明確に定めなければならない（行刑法第156条関係行政規則第2第1項）。ほとんどすべての個別的職務領域が委譲できるものに含まれる。しかし，全体責任は委譲されることができない。また，特別の——重大な自由制限と結び付いた——施設長の制裁的権限に属する処分は，その手元に残されるべきである。それゆえ，行刑法第156条第3項の規定に従って，行刑法第84条第2項による検査，行刑法第88条による特別の保安的処置の指示及び行刑法第103条にいう懲戒処分の権限は，監督官庁の同意によってのみ委譲されることができる。

監督官庁の同意の必要性について定めた行刑法第156条第3項の限定的な規定とは異なり，行刑法第156条関係行政規則第4では，行刑法第156条第2項第2切にいう特定の職務範囲の委譲に際しても，監督官庁の同意を予定している。このことは，施設長の法律的権限並びに個々の施設における組織上及び処遇上の必要性が不適切に侵害される危険を含んでいる[28]。

266　行刑法第156条第2項第2切を根拠にして，施設長は，行刑法第161条に規定する所内規則の発出を委譲することができない[29]。所内規則は，被収容者の権利制限の直接の根拠となるものではなく，「法律では地域的な事情の相違を考慮して調整できない多くの重要な規則を行政が自らを拘束する方法で，地域的水準に合わせて作り，それをすべての関係者に周知させるため」に用いられる[30]。

施設長は，行刑法第161条第2項に列挙された未完結の項目を，自ら運営する施設のために，所内規則によって具体的に定める。第24条第1項（面会時間，面会の回数及び長さ），第41条（作業時間），第17条第2項（自由時間），第18条（休息時間），第108条第1項（施設長に提案又は不服の申出をする機会）及び第108条第2項（監督官庁の代表者の施設訪問時に相談する機会）がこれに当たる。

---

27　AK-Feest/Hoffmann, 2000, vor § 154Rdn. 5 , § 156Rdn. 4 .
28　Krit. auch Calliess/Müller-Dietz, 2002, § 156Rdn. 6 ; befürwortend allerdings Schwind/Böhm/Rotthaus, 1999, § 156Rdn. 6 .
29　Calliess, 1992, S. 47.
30　BT-Drs. 7 /918, S. 97.

所内規則を用いて，細目的規定を超える新たな――行刑法中にあらかじめ含まれていない――義務付けや制限を規定することはできない。施設長により発せられる所内規則は，監督官庁の同意を必要とする（行刑法第161条第1項第2切）。所内規則を印刷したものは，行刑法第161条第3項により各居室に備え付けられなければならない。なぜならば，そこに含まれる規定への有責的な違反は，行刑法第102条第1項にいう法律に基づいて課された義務への違反を意味し，懲戒処分をもって罰せられ得るからである。

## 4.4　施設職員 (Anstaltspersonal)

　教誨（行刑法第157条）及び医療的配慮（行刑法第158条）の規定を除けば，行刑法には，行刑施設における個々の職業グループの専門領域についての詳細な規定がない。行刑法第155条第2項において，連邦立法機関は，伝統的なひな型に従って単に任務の細分をするにとどめている。つまり，行政職，一般行刑職，作業職及び福祉スタッフである。それぞれの職種の仕事の詳細な内容を定めることは，州にゆだねられている。これらについては，行刑法関係行政規則のほか，とりわけ，同じく，連邦統一の行刑事務規則（VGO）(bundeseinheitlichen Verwaltungsvorschriften der Vollzugsgeschäftsordnung) 及び行刑服務保安規則 (Dienst-und Sicherheitsvorschriften für den Strafvollzug) 並びに個々の連邦州の補充的指針[31]により，それぞれの活動領域及び任務が定められている。 **267**

　法律が，組織上の必要から，行刑における様々な職種の区別を認めている場合，それぞれの機能の特殊化された職務の遂行は，相互の摩擦損失（Reibungsverlust）をできる限り少なくするように行われるべきである。そこで，行刑法第154条第1項の協働条項は，行刑法第2条第1切の行刑目的により支配される行刑任務の実現に向けて，すべての職員グループに協働及び協力を義務付けている。これによって，保安及び秩序の維持のみに向けられた監視的職務と処遇的措置を任された職員とを対置して分けるのは，過去のことに属する。 **268**

　協働条項は，行刑法第159条において組織的な補足がなされている。施設長は，行刑計画の立案及び再検討のため，並びに行刑における重要な決定の準備のために，処遇に指導的に関与するすべての者と定期的な会議を行うことを義務付けられている。このことによって，行刑会議は施設における指導的な管理機構になるが，それは行刑法第156条に定める施設長の全体的責任（Gesamtverantwor- **269**

---

31　Vgl. z. B. BayVV-VGO, Bek. v. 2. 11. 1976, in ; BayJMBl. 1976, S. 352.

第4章　処遇過程における職員の一般的条件（Personelle Rahmenbedingungen des Behandlung sprozesses）

tung）に影響を与えるものではない[32]。

法律は，次の両者を区別している。

— 処遇（又は行刑計画）会議
— 組織会議

処遇を指向する機能を実行するすべての行刑指導部の職員は――したがって，一般行刑勤務職員も，また――行刑法第159条の意味において，処遇に指導的に関与している[33]。組織会議には，その職務範囲がそこでの審議事項に関係する職員がその都度参加する。

## 4.4.1　行政職（Verwaltungsdienst）

270　「受刑者処遇のための組織的，人的及び施設的条件の整備及び維持に奉仕する」すべての機能は，行政的職務に属する[34]。施設長は，施設の先頭に立って活動するに当たり，職員によって補佐される。その際，行政的職務は――連邦州により異なるが――さらに，それぞれが専任の監督者（上級職の行刑職員及び行政職員）を持つ幾つかの職場に分けられ，監督者は，その職務遂行のため，中級の行刑職員及び行政職員に指示し，命令することができる。

— 本部（Hauptgeschäftsstelle）：施設職員の人事
— 行刑部（Vollzugsgeschäftsstelle）：活動の範囲及び内容は，VGO が広範囲な定め（特に施設における自由刑実行の行政適合的な展開，受刑者身分帳及び帳簿の管理，統計の作成など）をしている。
— 作業管理（Arbeitsverwaltung）：被収容者の作業及び職業補習教育に関する場所及び活動（例えば，作業の供給，施設工場の設備，構造及び安全）の規制[35]
— 給養管理（Wirtschaftsverwaltung）：食事，衣服その他の必要な物品の受刑者（及び職員）への支給[36]

---

32　Baumann J., 1979, S. 57.
33　Calliess/Müller-Dietz, 2002, §159Rdn. 2.
34　Müller-Dietz, 1978, S. 285f.
35　Umfassend hierzu Gahlen, 1988, S. 133ff.
36　Vgl. Urban/Midner, 1988, S. 125ff.

### 4.4.2 一般行刑職（Allgemeiner Vollzugsdienst）

一般行刑職の職員[37]は，施設における最大規模の職員集団である。それは，行刑の日常において，受刑者と常時，直接的な接触をする。その活動は，機能の多様性（Vielfalt an Funktionen）により特徴付けられる。行刑部の長の指揮の下に，DSVollz（行刑服務保安規則）に基づき任務を遂行しなければならない。

行刑服務保安規則第12第2項
— 受刑者の収容及び釈放の際における協力
— 受刑者の収容の確保
— 受刑者の処遇，評価及び自由時間の形成への協力
— 施設内及び施設の備品，調度品の整理及び清潔に対する配慮
— 受刑者の身体，下着及び衣服の清潔についての配慮
— 疾病受刑者の看護への協力
— 所在地の規則に基づく帳簿，名簿及び証明書の作成並びに申請書の受理

行刑服務保安規則第20
— 保安及び規律が常に確保されるよう受刑者を監視すること。この場合における監視には，特に，被収容者の人員確認，分離規定の順守及び許されない行動の禁止が含まれる。

監視，世話（Bereuung），配慮（Versorgung）及び処遇という与えられた任務の多様性は，実務上，職員の能力を超える過大な要求（Überforderung）となる危険を含んでいる。施設における職員不足から，その戒護的機能（例えば，舎房及び施設構内の管理，門衛勤務，監視塔への配置，被収容者の身体検査の実施，面会，中庭の散歩（Hofgang），連行，構外作業の監督，信書及び小包の管理）だけで勤務時間の多くの部分を占め，処遇のためにはわずかの余地が残されるだけである。そこで，制服職員による保安及び規律維持のための措置は，被収容者の自由に対する日常的な制限を示すものになる。このことが，最終的には，処遇の過程にとって有害な，受刑者と職員との間の不信感から生まれる障壁（Misstrauensbarriere）を作り出し，職員への身体的攻撃にまで至るような紛争をも

---

37　Siehe dazu Böhm, 1986, S. 68ff. ; ders., 1995a, S. 31ff. ; Henze, 1988, S. 154ff. ; Scherer, 2002, S. 100ff. ; siehe auch Justizministerium des Landes Nordrhein-Westfalen, 1993b ; über weibliche Angehörige des allgemeinen Vollzugsdienstes : Bechmann/Bousvaros, 1996, S. 151ff.

第4章　処遇過程における職員の一般的条件（Personelle Rahmenbedingungen des Behandlung sprozesses）

たらす[38]。

273　行刑に伴う常時の緊張関係の中で，社会化目的と保安的立場の両面からその役割を演じなければならないのは，一般行刑職の職員である。そこでは，職員自身が，その役割理解において，世話をする職員としての役割よりも保安及び規律を重視する傾向を有することが明らかである[39]。処遇活動を指向する施設管理サイドからの態度要請（Verhaltensanforderung）が増大することは，実務において，一般行刑職のレベルに役割の衝突（Rollenkonflikten）ないし役割の過大要求（Rollenüberforderung）という結果をもたらす[40]。

### 4.4.3　作業職（Werkdienst）

274　作業職の職員[41]は，その職業についてのマイスター試験又は同種の養成専門教育を受けた専門的資格を有する行刑職員である。専門的な準備教育を受けた一般行刑職の職員も，これに任命されることができる（行刑服務保安規則第13第1項）。

　作業職の職員は，作業部門の経営する工場を運営し，そこで受刑者を指導し，養成教育をする。さらに，技術的職務，つまり，施設内の機械設備の点検整備がその義務とされる。作業職員の個別的任務は，行刑服務保安規則で明らかにされている。

行刑服務保安規則第13第2項：
— 作業管理部門の長の指示に基づく作業内容の実行
— 受刑者への適時適切な作業，原材料及び作業器具の配分
— 毎日の作業時間終了時における製品及び作業器具の検査
— 受刑者の毎日の作業量の確認及び製品の品質検査
— 入念でない又は不十分な作業の報告
— 作業災害の遅滞ない報告
— 労働保護及び災害防止規則の受刑者への教示並びにこれらの規則順守への配慮
— 受刑者の職業訓練及び補習教育
— 作業器具及び機械の保守
— 所在地の規則による帳簿，名簿及び証明書の作成並びに申請の受理
— 受刑者の処遇，評価及び自由時間の形成への参加協力
— 割り当てられた受刑者の監視への参加協力

---

38　Möller, 1985, S. 23ff.
39　Vgl. Lösel/Mey/Molitor, 1988, S. 398.
40　Dazu Molitor, 1989, S. 36ff.；Niedt/Stengel, 1988, S. 98.
41　Dazu Sternkopf, 1988, S. 138ff.

その職務範囲は，行刑服務保安規則第11により追加されており，これによって，作業職の職員も施設の保安及び規律の維持に参加協力しなければならない。

　一般行刑職の職員とは対照的に，作業職の職員は，その職業的資格並びに作業及び養成教育と結び付く利点によって，実務上，受刑者から尊敬されることが多い。

### 4.4.4　福祉スタッフ（Sozialstab）

　福祉スタッフ又は福祉職として，その職業的出自と地位に基づき，刑事施設の組織内で優先的に世話（Betreuung）及び処遇を任される専門家集団は，すべて法律に掲げられており，教誨師，医師，教育専門家，心理専門家及びソーシャルワーカーがこれに当たる（行刑法第155条第2項）。教誨及び医療の措置についての若干の規定（行刑法第157条及び第158条）を除き，法律上詳細な任務規定はなされていない。行刑法第155条第2項における職業グループの指定は完結的なものではないので——施設の任務遂行に必要とされる限り——法律に掲げられていない専門家を採用することも可能である（例えば，作業療法士，社会学者）。 275

　行刑法は，福祉スタッフ職員の個々の職務範囲を明示してはいないものの，部分的には，処遇過程の様々な分野についての規定，例えば，行刑法第38条（授業），行刑法第53条以下（宗教活動），行刑法第56条以下（保健），行刑法第71条以下（社会的援助）から，それぞれに与えられた任務が推認できる。

　福祉スタッフに属する職員は，施設では人数的に最小の職員グループに属する。福祉というその職業上の地位のため，また，既に明らかにされているように，一般行刑職の職員が処遇措置への協力にあまり積極的でないために，処遇の実施は，福祉職の専門家に割り当てられる結果になっている。そこでの活動は，その専門的資格に応じた任務に限定されない。福祉スタッフの仕事も行刑法第154条第1項の協働条項に従わなければならない。さらに，個々の職員は，行刑法第159条にいう処遇に主導的に関与する者として，また，それに応じて，それぞれの計画及び決定過程に組み込まれる。 276

　行刑法第156条第2項に規定する施設長の原則的権限及びこれに由来するすべての施設職員に対する上司としての権限は，福祉スタッフ職員に対しては制限されなければならない。特別の養成教育に基づく資格に対しては，事柄の性質上，限られた専門的監督だけが許される[42]。そのため，行刑法第156条関係行政規則第2第2項により，施設長は， 277

---

42　Zu den Aufgaben der Fachaufsicht: Rotthaus K., 1995, S. 517ff.

専門的事案については，教誨師，医師，教育専門家，心理専門家及びソーシャルワーカーに対して——これらの者がその判断を回避する限りにおいて——単に提案すること，また，情報提供を求めることができるだけである。このことは，特別の専門性の結果から生じるものではなく，福祉職の職員が職業上の守秘義務を有する者であること（刑事訴訟法第53条第1項第1号及び第3号）による。その守秘義務は，刑法上保護されている（刑法典第203条第1項第1号，第2号及び第5号）が，行刑法第182条第2項第2切による限界がある[43]。

ある処分の実行に関して，施設長と専門職職員との間に意見の相違がある場合，施設長はその問題を自分の意のままに処理することはできない。それぞれの場合において，当該施設の保安，管理的秩序又は受刑者の合目的的な処遇を危うくすると思われ，かつ，関係者間の話合いで合意に至らないとき，施設長は（延期できる）処分を監督官庁の決定があるまで，行わないことができるだけである。

### 4.4.4.1 教誨師（Seelsorger）

**278** 1919年ドイツ国憲法（WRV）第141条と関連する基本法第140条によれば，宗教団体は，刑事施設において，宗教上の行為を行うことを許されなければならない[44]。これに応じて，行刑法第157条では，行刑法第53条以下[45]に詳細かつ明確に規定された，受刑者が妨害されずに宗教上の行為をなし得るという基本権（基本法第4条第2項）実現のための組織的枠組みを規定している。

宗教教誨は様々な宗教団体にかかわることであるので，教誨師は，行刑法第157条第1項により，これらの団体の協力を得て，それぞれの国教会法上の規定（staatskirchen-rechtliche Regelungen）[46]に従って，公務員として任命されるか，又は兼任することを契約により義務付けられる（例えば，行刑施設所在地の教区（Gemeinde）の牧師）。行刑法第155条第2項により，施設にとって必要な人数の聖職者が確保されるよう配慮されなければならない。ある宗派に属する受刑者が施設にごく少数であるため，第157条第1項にいう雇用（Beschäftigung）を要求できない場合には，行刑法第157条第2項で他の方法（例えば，名誉職的な仕事）による教誨活動を行うことが可能である。施設の聖職者は，行刑法第157条第3項により，フリーの教誨補助者を起用し，又は宗教的行事のために外部から教誨師を招へいすることができる。

---

43　Dazu unten Kap. 10.4.3.
44　Zur geschichtlichen Entwicklung der Gefängnisseelsorge siehe Böhm, 1995, S. 3 ff.
45　Dazu in Kap. 5.7.
46　Dazu Eick/Wildgans, 1993, S. 223ff.

教誨師は，宗教団体内部の義務と公法上の勤務関係における地位を併せ持つために，施設において特別の地位を占める[47]。しかし，教誨師は，行刑法第155条第2項で行刑職員に属していることから，行刑法第154条第1項によって行刑任務の実現に協力しなければならない。

　自由を剥奪された中での宗教教誨は，今日では，単なる祭式の挙行，その他の純粋な宗教的影響力の行使にとどまらない[48]。個別の対話による信仰及び良心の問題についての援助の供与は，グループ活動によって補われる。このほか，施設の聖職者とその補助者は，被収容者とその配偶者及び家族との接触について配慮することに努める[49]。その守秘義務により，教誨師は受刑者にとってとりわけ重要な関係者になる[50]。

4.4.4.2　医師及び看護人（Ärzte und Krankenpfleger）

　行刑法第158条は，保健[51]に関する行刑法第56条から第66条までの規定を，組織的―職員的レベルで補足する。施設医師のその他の職務としては，例えば，行刑法第5条第3項（収容手続での診察），行刑法第21条（施設給食の監督），行刑法第22条第2項（健康に有害な滋養品及び嗜好品購入の不許可），行刑法第76条（妊娠期間中の手当及び援助），行刑法第92条（特別の保安的処置に際しての監督），行刑法第101条（保健上の強制的処置），行刑法第107条（懲戒的屛禁に際しての関与）がある。

　施設医師は，一般社会での診療に類似した外来処置室（診察室（Sanitätsbereich））又は特別の行刑医療施設（病棟（Lazarettstation）・精神科特別棟）[52]においてその職務を行う。

　医療的配慮は，行刑法第158条第1項によって，専任の医師により保障されなければならない[53]。特別の理由がある場合に限り，それは兼任の又は契約により義務付けられた医師にゆだねることができる（特に，専門医の処置及び歯科的処置）。法律は，施設医師の専任勤務の原則に立っているが，施設の現実は，法律

---

47　Schwind/Böhm/Rassow, 1999, §157Rdn. 13ff.
48　Bethkowsky-Spinner/Djambasoff/Greger u. a., 1999, S. 62ff.
49　Koch, 1988, S. 209ff. ; Raming, 1988, S. 214ff.
50　Zu Konflikten zwischen Seelsorgern und Vollzugsbehörden : Böhm, 1986, S. 66f.
51　Dazu in Kap. 5．8．1．
52　Siehe Missoni, 1996, S. 143ff.
53　Zum Prinzip der medizinischen Behandlung durch approbierte Ärzte auch im Vollzug : OLG Karlsruhe, NStZ1997, S. 302ff.

第4章　処遇過程における職員の一般的条件（Personelle Rahmenbedingungen des Behandlung sprozesses）

とは異なることを明らかにしている。ともかく，幾つかの連邦州の司法行政においては，専任医師のポストは，半数以下しか確保できていない[54]。行刑における医療活動は，医師の間であまり魅力的ではないと考えられている。それは，とりわけ，負担の多い労働条件及び他の活動分野に比べて給与が少ないことに起因するが，加えて，援助的な仕事とは相反する保安的及び強制的処置への関与がある[55]。したがって，行刑における医療的配慮の大部分は，多数の非常勤の契約医師により行われている。もとよりこれらの者は，時間単位で仕事に就かせることができるだけであって，純粋な医療的処置を超えて，処遇過程に総合的に参加することはできない。

282　疾病受刑者の看護は，行刑法第158条第2項により，看護法（Krankenpflegegesetz）に基づく免許を受けている者によって，行われることになる。この分野についても，十分な数の看護人が得られないので，法律は，相応の養成教育を受けた一般行刑職員を充てることを可能にしている。

283　医師又は看護人としての専門的資格を有する受刑者を行刑上の保健業務（例えば，治療的処置）に充てることは，許されない。それは，行刑法第158条の規定に反することになるであろうし，また，行刑法第155条第2項で職員による任務の遂行を規定しているからである。

### 4.4.4.3　教育専門家（Pädagogen）

284　受刑者の教育及び補習教育には，行刑目的を実現するための中心的役割が与えられる。それは，被釈放者の社会復帰の実現が，教育面の欠陥を除去することによってももたらされるからである。さらに，行刑が自由社会での生活に向けて準備すべきであるとするならば，教育的効果を及ぼすことは，近代社会における技術的及び学問的変革の過程を見ても，そのための不可欠の要件といえる[56]。

行刑法は，施設内における教育専門家の活動範囲について特別の規定をしていない。その任務は，受刑者の教育及び補習教育についての規定から生まれる（行刑法第7条第2項第4号及び第5号，第37条第3項，第38条及び第67条第2切）。

施設における教師の伝統的役割[57]は，授業と刑務所図書館の管理である。教師は，教科課程や講座を担当し，自由時間のコーディネーター（Freizeitkoordina-

---

54　Vgl. Schwind/Böhm/Rassow, 1999, §158Rdn. 2.
55　Dazu eingehend Zettel, 1988, S. 193f.
56　Müller-Dietz, 1978, S. 296f.
57　Zu den Berufsrollen: Bierschwale, 1994, S. 197ff.；siehe ferner Bundesarbeitsgemeinschaft der Lehrer im Justizvollzug, 1999.

tore）として活動する。体育教師は，自由時間のスポーツを企画し，実施すること，つまり，特別の競技グループのための運動を提供する。さらに，教育学的な診断，収容手続から釈放準備に至るまでの教育専門家による協力がある。行刑職員の研修も，教師の任務の一部とされる[58]。

### 4.4.4.4 心理専門家（Psychologen）

心理専門家の活動領域及びその地位についても，行刑法は定義していない。行刑法第155条第2項において，施設がその任務を遂行する上で必要な職員の分類が明らかにされているだけである。心理専門家は，行刑法第159条の意味における処遇に指導的に関与する者に数えられる。

行刑心理専門家の職業的役割について，今日まで統一的なイメージができておらず，福祉スタッフに所属する心理専門家は，施設における自らの固有の役割の決定を巡って常に苦慮している[59]。

施設の心理専門家の活動，とりわけ，個々の受刑者の処遇，助言及び世話に当たっては，伝統的，臨床心理学的パースペクティブが多く用いられる。特別の治療的措置（例えば，対話療法（Gesprächstherapie），行動療法（Verhaltungstherapie））を用いて，被収容者に対し，その個別的必要に応じた働き掛けがなされることが考えられる。

これに対して，組織—心理学的立場は，受刑者集団だけではなく，施設職員及び行刑における副次文化的現象形態も視野に入れる。その際，施設組織は，組織心理学的構想に従って変更が可能と考えられる。行刑心理専門家は，そこで組織を改造する措置を執ること（Organisationsentwicklungsmaßnahmen）によって，施設及びその生活条件を社会学習のための処遇に好都合な場として，成長させることが期待される[60]。

行刑の日常における心理専門家の多様な任務は，大きく次のように分けられる。

— 受刑者の個別療法的及び集団療法的処遇
— 精神診断的及び将来予測的活動

例えば，処遇調査（行刑法第6条）及び行刑計画の作成（行刑法第7条）への協力；

---

58　Zur Weiterbildung von Vollzugsbediensteten；Wydra, 2001, S. 154ff.
59　Siehe Wagner G., 1972, S. 106ff.；Mai, 1981；Geelhaar/Hennings, 1983, S. 29ff.；Wischka/Beckers, 1990.
60　Dazu Kury/Fenn, 1977, S. 190ff.；Lösel/Bliesener, 1987, S. 30ff.；Steller, 1978, S. 209ff.

第4章　処遇過程における職員の一般的条件（Personelle Rahmenbedingungen des Behandlungsprozesses）

社会治療施設における処遇のための適性の認定及び動機付け（行刑法第9条）；行刑の緩和，教育的措置，作業療法その他の適性についての専門的検査；残刑の保護観察付き釈放決定のための予測の提供

― 危機への介入（Kriesenintervention）
― 行刑職員の適性判断並びにその養成教育及び補充教育

287　施設心理専門家には，実務上，治療的措置を行うための少ない時間しか残されていない。なぜならば，いまだにわずかな人数にすぎない行刑心理専門家は，施設管理上の人間関係的な決定に関与するほか，特に，危機への介入に動員されるからである[61]。組織の視点からみた「支障（Störfall）」（例えば，被収容者の社会的異常行動，自殺のおそれ）が発生した場合，心理専門家には，周到な援助的介入によって，危機的問題の先鋭化や慢性化する可能性を防止し，施設機能を回復させることが期待される。

4.4.4.5　ソーシャルワーカー及び社会教育専門家（Sozialarbeiter und Sozialpädagogen）

288　法律に詳細な規定のないソーシャルワーカーないし社会教育専門家の職務範囲は，行刑計画に関する行刑法第7条第2項第6号及び第8号並びに施設における社会的援助について規定する行刑法第71条ないし第75条の基本的特質から明らかにされる。それは，ソーシャルワークについて現在自明とされている理解によれば，生活保護的な意味での外形的な苦境時における単なる援助以上のものである。ソーシャルワークの最高原理は，自立（Selbsthilfe）への支援である。

　ソーシャルワーカーは，社会政策的関係を伴う職業的，社会福祉的行動形態としての外形的職業像（Brufsbild）[62]に従い，社会的条件を共同して作り上げること；社会的問題を明らかにすること；個人的，社会的葛藤を防止し，除去し，減少させること；コミュニケーション能力，自主性及び寛容性を与えること；援助先を開拓し，斡旋すること；教育の可能性を指摘すること，などを行うことが考えられる。

---

61　Bohling/Kunze, 1988, S. 173 ; Michelitsch/Traeger, 1981, S. 50ff.
62　Dazu Deutscher Berufsverband der Sozialarbeiter e. V., abgedr. in : Blum, 1988, S. 166 ; siehe zum Berufsbild auch Beckmann, 1996, S. 82ff. ; Cornel, 1997, S. 11ff.

ソーシャルワーカーは，行刑において広範囲な活動領域[63]を見いだすが，それは，刑確定者の行刑施設への収容に始まり，原則として，その釈放により終了する。特別な場合（例えば，行刑目的への差し迫った危険）には，援助を求める被釈放者の面倒もみる。

　ソーシャルワークの詳細な行刑上の活動領域について，幾つかの連邦州の規則では，社会福祉的業務の組織及び任務を詳細に規定している[64]。

　ちなみに，ラインラント—ファルツ州においては，ソーシャルワーカーの職務は，被収容者に対する影響という視点から，次のように表現されている[65]。

　「ソーシャルワーカーは，行刑任務の範囲内で特に次の事項について受刑者を援助する義務がある。
　― その者の人格的な可能性及び危険性を認識させること。
　― 自らの行動を自覚的にコントロールすること，問題を自ら整理し調整すること，素質を開花させること，経済的職業的技能を獲得させ保持させること。
　― 目的に向かって粘り強く努力すること，業績を上げること，法律を守ること。
　― 自己及び他の者に対して責任を負うこと，仲間との協力的関係を作ること，親族その他親しい人々との結び付きに配慮すること。
　― 余暇時間を有意義に過ごすこと。
　― 行刑が精神及び健康に及ぼす害を防止すること，犯罪の危機に耐えること。」

　このような目的志向的な表現のほかに，他の連邦州では，部分的に詳細な任務一覧表で具体的な活動範囲を設定している。

　それによれば，ソーシャルワーカー及び社会教育専門家には，次のことが特に義務付けられている[66]。
　― 行刑法第72条ないし第74条による収容時，行刑期間中及び釈放準備のための受刑者の援助
　― 個人的問題解決のための受刑者への個別的助言
　― 受刑者とのグループ作業

---

63　Siehe Blum, 1988, S. 165ff. ; Koepsel, 1998, S. 45ff.
64　Vgl. Block, 1997, S. 233.
65　Grundzüge der Sozialarbeit in den Justizvollzugs- und Jugendstrafanstalten, Rundschreiben v. 6．7．1982, in : JBl. 1982, S. 159.
66　Vgl. Block, 1997, S. 242.

第4章 処遇過程における職員の一般的条件（Personelle Rahmenbedingungen des Behandlung sprozesses）

― 受刑者の外部との社会的接触，特に親族及び親しい人々との接触の促進；これには家庭訪問も含まれ得る。
― 受刑者の負債の整理に際しての助言及び支援
― 受刑者扶助及び被釈放者扶助のため用いることができる物品の供与
― 名誉職的協力者の指導及びその者への助言
― 保護司，一般社会における福祉事業の官庁，連合体及び施設，並びにケースワーク活動をしている部門との協働
― ケースワーク実習生の指導

291　したがって，ソーシャルワーカーは，行刑法第77条以下にいう援助の実施を超えた広範囲な活動をすることになる。行刑計画の作成に関与し，社会的能力の獲得を促進する。行刑におけるソーシャルワーカーの重要な活動分野に釈放保護がある。特別な任務範囲としては，居室グループの指導，社会訓練の実施及び特別な受刑者グループ（例えば，薬物中毒のおそれのある受刑者又は薬物中毒受刑者）の世話がある[67]。

　一施設に多くのソーシャルワーカー及び社会教育専門家が配置されている場合には，多様な任務が職員間で配分されることになる。それは，福祉関係職員の会議又は指導的ソーシャルワーカーないしコーディネーターにゆだねられる[68]。

292　刑事司法の他の領域における社会教育専門家の活動[69]と同じく，行刑におけるソーシャルワーカーの職業的活動も，様々なレベルでの役割葛藤（Rollenkonflikten）をもたらす。つまり，施設職員に属する者すべてが行刑法第154条第1項により共同して行刑任務の達成に協働しなければならないことから，施設管理者及び一般行刑職員は，ソーシャルワーカーについても安全及び規律に対する一層の関与を期待するが，ソーシャルワーカーは，逆に被収容者の福祉的配慮に最高の優先順位を与えることになる[70]。被収容者の世話と援助を行いながら，他方で行刑職員（行刑法第155条第2項）として施設スタッフへ所属するという関係は，内部的役割葛藤を生じさせる。なぜならば，社会教育専門家の行う世話は，信頼に基づく関係者への接近を前提にするからである。この結合関係により，被収容者の側も，ソーシャルワーカーは体制側に属するので，必ずしも自分たちにとって望ましい態度を取ることを期待しないことになる[71]。

---

67　Block, 1997, S. 249ff.
68　Block, 1997, S. 245ff.
69　Siehe z. B. zur Jugendgerichtshilfe : Laubenthal, 1993, S. 54.
70　Molitor, 1989, S. 46.
71　Hohmeier, 1975, S. 25ff.

## 4.5 名誉職的行刑協力者(ehrenamtliche Vollzugshelfer)

　自由社会への復帰を準備するための受刑者の処遇には，行刑と社会との提携が必要である。施設内の生活ができる限り一般の生活環境に同化されるべきであるとするならば（行刑法第3条第1項），そこには，私人の活動する相互作用分野（Interaktionsfeld）が存在しなければならない。処罰活動への社会構成員の協力は，つとに社会国家原則[72]の要求するところであり，それは，名誉職的行刑協力のための制度的保障となり，行刑に関する形成原則として作用する。外部協力者の活動を可能にするだけでなく，促進されるよう，行刑は調整されなければならない[73]。

　行刑法第154条第2項第2切によれば，行刑官庁は，受刑者の社会復帰を促進するために影響力を有する個人及び団体と協働すべきこととされている。この規定は，私人及び団体（教育作業共同体又は市民援助団体のような非公式な団体及びグループ）の関与を許すことを可能にしている。

　名誉職的行刑協力は，必要な処遇要素としての行刑と社会との間における相互作用のための交差点[74]を形成すると考えられるので，協力者の側になるのは，塀の外の個人及び団体のみである[75]。したがって，受刑者は，行刑法第154条第2項第2切にいう世話係（Betreuer）として，考慮の対象にならない。専ら被収容者により運営される団体及び非公式な結合体も同様である[76]。これに対して，混合的構造の団体は，行刑内で活動できるが，その際，個々の団体構成員に対する活動の許可は，その地位が非受刑者である場合に限定される[77]。

　名誉職的行刑協力者には，様々な活動分野が提示される[78]。
　── 個々の受刑者の世話

---

72　BVerfGE35, S. 236.
73　Theißen, 1990, S. 17f.
74　Theißen, 1990, S. 22.
75　Böhm, 1986, S. 79.
76　KG Berlin, NStZ1982, S. 222；einschränkend aber Calliess/Müller-Dietz, 2002, §154 Rdn. 4.
77　Theißen, 1990, S. 25.
78　Vgl. Busch M., 1988, S. 224ff.；Künkel, 1979, S. 77ff.；Marks, 1985, S. 87；Theißen, 1990, S. 149ff.；siehe auch Bundeszusammenschluss für Straffälligenhilfe: Arbeitshilfen für freie Mitarbeiter im Bereich der Straffälligenhilfe, 1981.

第4章　処遇過程における職員の一般的条件（Personelle Rahmenbedingungen des Behandlung sprozesses）

―　刑事施設におけるグループ活動
―　被収容者との文通
―　連行時及び拘禁からの休暇時の付添援護
―　家族のための支援
―　被釈放者の世話
―　行刑の諸問題に関する一般社会への啓蒙その他

**294**　　名誉職的行刑協力者となる許可を求める法的請求権は，全く存在しない[79]。行刑法第154条第2項第2切は，単にその申出について裁量を誤らない決定を求める権利を志望者に与えているにすぎない[80]。

　行刑官庁は，提供される援助が社会復帰を促進するかどうか，つまり，志望者が社会への統合（行刑法第2条第1切）という行刑目的の達成に積極的な影響を与えるための潜在的適性を有しているか否かについて，吟味しなければならない。なぜならば，名誉職的な世話係は，施設内での活動に当たって，行刑法第23条以下の単なる面会者としての地位を占めるものではないからである。それは，行刑内部における行刑法第154条による活動とされ，したがって，協働条項が適用され――その者は，任務の実現に連帯して協働しなければならない。しかしまた，行刑の責務には，新たな犯罪行為からの公共の保護（行刑法第2条第2切）という保安的任務もある。したがって，行刑官庁は，その許可を保安的配慮に対する志望者の心構えに係らせることができる。保安的任務という見地から適性を欠くと判断される客観的な危険要因の存在は，消極的な許可障壁となる[81]。

　名誉職的行刑協力者の社会化目的に対する違反行為ないし行刑法第2条第2切の公共保護の任務に対する違反行為は，許可取消しの原因とされる。

**295**　　社会復帰を促進することへの義務付け，保安的視点への配慮及び協働条項について，行刑法では名誉職的行刑協力者の活動の骨子を示しているだけである。それらは，個々の連邦州の詳細な規定によって補充される[82]。

　名誉職的な世話係の主要な義務としては，次のものが挙げられる。

---

79　KG, StrVert1986, S. 349；OLG Hamm, NStZ1990, S. 256.
80　Calliess/Müller-Dietz, 2002, §154Rdn. 4；Schwind/Böhm/Rotthaus, 1999, §154Rdn. 7；einschränkend AK-Feest, 2000, §154Rdn. 11（Verweigerung der Zulassung "nur in ausgesprochen atypischen Situationen"）；a. A. Koepsel, 1985, S. 157f., der in §154Abs. 2 S. 2 StVollzG eine zwingende Regelung sieht.
81　Müller-Dietz, 1992, S. 327；Theißen, 1990, S. 23；krit. zur sog. Regelanfrage bezüglich ehrenamtlicher Vollzugshelfer beim Verfassungsschutz：Calliess, 1992, S. 54.
82　Umfassend dazu Theißen, 1990, S. 44ff., 63ff.；siehe auch Müller-Dietz, 1992, S. 327.

- 引き受けた任務の遂行
- 行刑職員との協働
- 守秘義務
- 施設職員の指示に従うこと。
- 報告及び通知の義務（例えば，犯罪の嫌疑を裏付ける事実，社会化の過程への重大な侵害を含む事実又は施設の保安に対する重大な危険を示す事実）

## 4.6 施設審議会

　名誉職的行刑協力は，個々の受刑者の社会編入のために尽力するものであるが，施設審議会には，より広い社会的協働分野が存在し，第一義的には，全体としての施設の処遇構造（Behandlungsstruktur）の向上に寄与する。　　296

　行刑法第162条により，行刑施設には審議会（Beiräte）が設置されなければならず，利害の衝突を避けるため，そこからは，行刑職員が明示的に除外されている。施設審議会の設置を義務付けることにより，行刑の中に一般社会（Öffenlichkeit）との制度的な結び付きを設けることが立法者にとって最も重要な点であった。もっとも，どのようにこの審議会が構成されるべきかについては，白地のままとされた。その具体化は連邦州の自由にゆだねられている（行刑法第162条第3項）[83]。

　審議会は，行刑及び被収容者と施設外の共同社会との間の仲介者として機能しなければならないので，その委員には，他に社会参加をしており，行刑のために公共の利益を代表する能力を有する者のみが任命されるべきである（例えば，ソーシャルケースワークや釈放者保護の経験のある者，地方自治体の代表組織の構成員，牧会関係者，雇用者及び労働者の代表，団体経験のある人物）。施設審議会委員は――州によって異なるが――2年ないし5年の任期で，州司法行政当局，つまり，行刑局長から任命される。　　297

　審議会は，施設の規模に応じて，5人ないし9人の委員により構成される[84]。委員は，行刑法第165条により，職務外での守秘を義務付けられている。この守秘義務は，行刑法第164条による極めて包括的な情報接近権に対する不可欠の制約である。個々の委員には，刑事施設内の事情について，できる限り幅広くかつ実態に則した調査を行うことを可能にするため，同条に規定された権限を必要とする。委員は，被収容者との接触を妨げられず，会話も文書の授受も監督するこ　　298

---

83　Zu den landesrechtlichen Regelungen: Wagner B., 1986a, S. 340ff.
84　Vgl. Schäfer, 1987, S. 35f.

第4章　処遇過程における職員の一般的条件(Personelle Rahmenbedingungen des Behandlung sprozesses)

とが許されない（行刑法第164条第2項）。そうすることによってのみ，委員は，行刑法第163条に基づく次の任務[85]を実行できるからである。

— 行刑と一般社会とを結ぶ仲介者としての機能
— 実体に則した行刑の姿の一般社会への紹介
— 施設内での行刑目的の追求に際しての積極的なコントロール機能
— 助言的及び仲裁的機能
— 受刑者の世話についての協働
— 被釈放者の社会復帰時における支援

## 4.7　受刑者の共同責任(Die Gefangenenmitverantwortung)

299　受刑者は，行刑法第4条第1項により，単に各自の処遇の形成及び行刑目的の実現に参加するだけではない。受刑者の主体的地位ということは，また，共同社会——施設の全体というマクロレベルだけではなく，施設のすべての部分的領域（処遇単位，居室グループなど）——の利益を実現するために自らが参加することを求められる。受刑者の共同責任は，集団レベルにおける社会的に責任のある行動様式を訓練することによって，社会的能力の獲得に役立ち，さらに，副次的文化の発現を防止するにも適している。

行刑法第160条によれば，受刑者には「その特性及び施設の任務からみて，それらの者の参加協力に適している共通の利害に関する案件について，責任を分かち合うことが可能にされるべきである」としている。立法者がこの一般条項的規定を当為規定（Soll-Vorschrift）としたのは，行刑法第2条第1切をしん酌して，施設管理者に対して，共同責任を持つ機会を設けることをその責務としたものであると解しなければならない[86]。

300　しかし，行刑法は，これによって共同決定権（Mitbestimmungsrecht）を原始的に認めるものではないのであって，つまり，参加を可能にすべきであるとしたことが，そのまま共同責任への権利の発生を意味するのではない[87]。受刑者はまた，自分たちのイニシアティヴによって，共通の利害に関する案件について行刑職員に申入れを行う登録団体（eingetragener Verein）の代表を定めることもできない。なぜならば，行刑法第160条は，完結的な規定とされており，また，立

---

85　Zur Praxis siehe Gandela, 1988, S. 232ff.；Gerken, 1986, S. 251ff.；Schäfer, 1987, S. 67ff.
86　AK-Feest, 2000, §160Rdn. 2；Calliess/Müller-Dietz, 2002, §160Rdn. 2；Esser, 1992, S. 17；Rotthaus K., 1991, S. 511；Seebode, 1982, S. 86.
87　KG, NStZ1993, S. 427

法者は，受刑者の共同責任についての規定を行刑施設の内部組織の章（行刑法第154条から第161条まで）に置き，処遇計画の一部として構想しているからである[88]。もっともこのことは，行刑法第160条に含まれるものとは異なる目的を持つ団体の結成を排除するものではなく，この規定が結社の自由そのものを制限するものではない。

受刑者の共同責任は，共通の利害に関する案件にかかわる。それは，基本的には，施設内のあらゆる領域及び局面を含み，組織及び職員の問題も含まれる。そうすることで，立法者は，共同参加を専ら被収容者にかかわる問題のみに限定したくなかったのである[89]。

301

共同責任の範囲は，州司法行政の大綱的指針及び個々の施設で施設管理者の発出した規則に列挙されている[90]。この最低限のカタログによって，共同参加の分野として考慮の対象になるのは，とりわけ，次の事項である。自由時間の分野（例えば，放送番組及びテレビ番組の選択，文化的・スポーツ的行事，自由時間のための部屋の設備調度，施設図書室のための図書の選択，受刑者新聞の発行），職業教育及び補習教育上の問題，所内規則の問題（例えば，居室の保清），献立の作成，作業の分野（例えば，作業時間，作業配分，作業手順（Arbeitsablauf）），改善提案

共同責任の範囲は，適性条項（Eignungsklausel）により制限される。施設の特性及びその任務から，次の事項[91]は，受刑者の参加に適さない。

302

— 個々の刑確定者の法的地位にかかわる事項
　（例えば，個々人の行刑上の問題及び処遇上の問題）
— 公務員（Amtsträger）の高権的（hoheitlich）責任分野に属する事項
　（例えば，施設の安全及び規律，懲戒処分，行刑緩和の許可，施設長の全体的責任）

行刑法第160条の意味において責任を「分かち合う」ことには，施設における行刑官庁の決定権の一部を受刑者の共同責任として委譲することを含まない。しかし，施設管理者は，被収容者と話合いを行い，意見の一致した解決策を決定の中で考慮するため，その考えをよく聞かなければならない[92]。行刑会議（行刑法

---

88　BayObLG, ZfStrVo1992, S. 57；Calliess/Müller-Dietz, 2002, §160Rdn. 5．
89　Vgl. BT-Drs. 7/3998, S. 46.
90　Siehe Esser, 1992, S. 58f.
91　Dazu Calliess/Müller-Dietz, 2002, §160Rdn. 4．
92　KG, NStZ1993, S. 427.

第4章 処遇過程における職員の一般的条件(Personelle Rahmenbedingungen des Behandlung sprozesses)

第159条)への出席も不可能ではない。法律は、この会議への受刑者の参加について何も言及していないので、その限りでは、被収容者の代表からの意見聴取及び情報提供は許されるものと思われる[93]。

303　参加を可能にすることを行刑官庁に義務付けている以外は、受刑者の共同責任の形態について、いかなる規定も存在しない。行刑法の施行時にこの分野での十分な実績がなかったので、適切なモデルの開発が実務にゆだねられたのである[94]。

しかし、その際における施設管理者の裁量範囲は制限される[95]。つまり、行刑法第160条の適性条項のほかに、行刑法第2条ないし第4条にいう行刑目的及び処遇課程の構造が考慮されなければならない。選挙制度及びこれに基づく正規の手続を設けることで、民主主義の原理への配慮がなされる。施設長は、行刑の基本的原理を実現するために必要であると認める場合には、特定の受刑者の被選挙権を制限し、又は選挙された受刑者の参加を認めない権限(代表が副次的文化に属する者で占められるおそれを避けるため)を有する[96]。

行刑官庁が行刑法第160条により施設内に受刑者の共同責任とする分野を設定した場合には、自ら定めた規則によりその裁量権が拘束される。行刑当局のこのような自己規制は、誤りのない裁量行使を求める権利を受刑者に与えることになる[97]。

処遇課程に受刑者が参加することの重要性と行刑実務の実際における状況とは、矛盾している。行刑法施行後の10年間の状況を総括する場合、「極めて不十分な形での受刑者の共同責任が実施されただけである」[98]ことが確認される。1990年代の始めにおいても、行刑法第160条による参加は、すべての行刑施設で存在していなかった[99]。法律の規定と行刑実務とが相違する理由としては、次のことが挙げられる[100]。すなわち、共通の案件に関する受刑者の社会的参加が非常に少ないこと、受刑者の代表機関の設置について施設管理者の意欲が不十分なこと、同衆受刑者による活動的代表者への誹謗中傷の発生、である。また、積極性を失わせる「上級裁判所の制限的な判決」の影響があること

---

93　Grunau/Tiesler, 1982, §159Rdn. 5；Schwind/Böhm/Rotthaus, 1999, §159Rdn. 7.
94　Beispiele für Vertretungsmodelle bei Baumann J., 1979, S. 17ff.；Bulczak, 1979, S. 44 ff.；Nix, 1990, S. 61ff.
95　Dazu Müller-Dietz, 1985b, S. 187.
96　OLG Koblenz, NStZ1991, S. 511.
97　Zur Frage der Aktivlegitimation der Gefangenenmitverantwortung im Verfahren nach §§109ff. StVollzG: Kap. 8. 2. 1. 3.
98　Koepsel, 1988, S. 309.
99　Vgl. Rotthaus K., 1991, S. 511；ferner Nix, 1990, S. 118.
100　Vgl. Koepsel, 1988, S. 309；Rotthaus K., 1991, S. 511.

も主張されている[101]。

## 4.8 刑事学部門 (Kriminologischer Dienst)

　立法者は，行刑法中に厳密な具体的処遇概念を規定せず，学問及び実務に処遇モデルの点検，発展及び試行をゆだねている[102]。この課題を実現するためには，適切な利用手段（Instrumentarium）を必要とする。そのため，行刑法第166条第1項では，州司法行政当局が（義務としてではないが）「研究施設と協働して，行刑，特にその処遇方法を学術的に発展させ，かつ，その成果を刑事司法の目的のため利用できるようにすること」という極めて概括的に表現された任務を持つ刑事学部門を設立することから始めることとしている。

　刑事学部門は，それが実務的に必要とされる研究を行うということから，大学に優先的に設置されている基礎研究とは区別すべきである[103]。そこで重要とされることは，行刑データの単なる収集[104]ではなく，行刑実務の科学的裏付け及び評価調査を実施することである。刑事学的な独自の研究のほかに，刑事学部門には，外国についての研究を行わせたり，これを支援したりすることが期待される。その成果は，行刑の改善のために（例えば，立法手続での意見表明や担当の委員会及び機関への提案の説明によって）活用されなければならない。

　刑事学部門の設置について法律的義務がないこと及びそのための財政的・人事的裏付けを州司法行政当局の意向にゆだねていることが，行刑の実際において，この機関をいまだその萌芽の段階にとどめている。現在の刑事学部門は，様々な形で組織されているが，多くは所管省の課又は特定の施設にその任務が委託されている[105]。

　ヴィスバーデンの刑事学中央研究所[106]は，行刑法第166条第1項により，刑事学部門が協働すべき研究施設（例えば，大学，マックスプランク研究所（Max-Plank-Institute），警察部内研究グループ）との調整的役割を果たしている[107]。

　行刑における刑事学的研究の実施に当たっては，行刑法第166条第2項，刑事

304

---

101　Nix, 1990, S. 148 ; krit. dazu aber Rotthaus K., 1991, S. 512.
102　Vgl. BT-Drs. 7/918, S. 41 ; siehe oben Kap. 3．1．2．
103　Steinhilper, 1988, S. 189ff.
104　So aber Grunau/Tiesler, 1982, §166.
105　Vgl. Dolde, 1987, S. 19 ; Jehle, 1988, S. 11ff. ; Schwind/Böhm/Steinhilper/Jehle, 1999, §166Rdn. 5 f.
106　Jehle, 1988a, S. 204f.
107　Dazu auch Böttcher, 1998, S. 47ff.

第4章　処遇過程における職員の一般的条件(Personelle Rahmenbedingungen des Behandlung sprozesses)

訴訟法第476条と関連する行刑法第186条に規定する学問的目的のための情報提供及び書類閲覧に関する情報保護の規定に留意しなければならない[108]。

---

108　Siehe unten Kap. 10.

# 第5章　相互作用プロセスとしての行刑過程
（Der Vollzugsablauf als Interaktionsprozess）

　自由刑を言い渡された者に対しては，問題解決的，治療的共同体としての刑事施設という理想像にふさわしく，十分な相互作用の領域が提供されるべきである。刑事施設の自由にゆだねられている社会的空間の中に，行刑法第2条第1切で行刑目的とされているところの将来罪を犯すことなく社会的責任ある生活を送るようにするための機会を被収容者に提供する，学習場所（Lernfelder）が創り出されなければならない。

　処遇行刑のプロセスは，収容—計画段階，主要段階及び釈放段階に区分されるが，これらは相互に明確な区別ができるものではない。むしろ，社会復帰に向けての一貫した援助という思想によって全過程が支配されている[1]。開始段階においてなされる決定でさえ，既に自由社会への復帰準備と関係している。

　行刑法第3条第1項によって，行刑中の生活は，一般の生活関係にできる限り同化されるべきである。しかし，処遇プロセスは，その大部分が人工的に形成された社会において行われる。被収容者は閉鎖的システムの中に組み入れられるが，そのシステムは，適切な相互作用の構造を伴う活性的なミニ社会ではない。したがって，実りある行刑目的達成のためのチャンスは，——保安上の要求がそれを妨げない限り——社会に対して行刑をより開かれたものとすることによって，高められることができる。そこで，刑確定者の拘禁開始時における住み慣れた環境からの完全な隔離は，——個々の精神状態（Befindlichkeiten）及び処遇の進展に応じて——服役期間が経過する中で行刑の緩和を許可することによって，次第に緩和されなければならない。こうすることで，受刑者は——釈放を視野に入れて——処遇プロセスの中で学んだ社会的行動様式を一般社会の中で自ら点検し実行することができる。

## 5.1　刑の開始，収容手続及び行刑計画
　　　（Strafantritt, Aufnahmeverfahren und Vollzugsplanung）

　行刑の開始段階は，次の場面に分けられる。

---

1　Müller-Dietz, 1978, S. 89.

第 5 章　相互作用プロセスとしての行刑過程（Der Vollzugsablauf als Interaktionsprozeß）

― 刑確定者の刑の開始
― 収容手続（Aufnahmevorgang）
― 個別的行刑計画作成のための処遇調査

　どの施設で自由刑に服すべきかは，法律で規定する組織基準を考慮して州司法行政部の作成した刑執行計画（Vollstreckungsplan）による。

## 5.1.1　刑の開始

307　刑事裁判所により言い渡された違法行為に対する自由剥奪を伴う反作用（Unrechtsreaktion）は，判決確定後（刑事訴訟法第449条），検察官により（刑事訴訟法第451条）執行される[2]。検察官は，身柄を拘束されていない刑確定者に対して，所轄の司法実行施設に刑の開始のために出頭しなければならないことを召喚状で通知する（刑執行規則（StVollstrO）第27条第1項）。そこでは，刑執行規則第27条第2項により，召喚を受けた者が身辺の整理ができるように，出頭期限が設定される（通常，約1週間）。特別の場合には，刑の即時開始のために召喚状を発することができる。

　刑確定者が期限内に，又は時機を失せず施設に出頭しない場合には，行刑官庁は，刑執行規則第35条第1項第1号により，不出頭（Nichtgestellung）であることを刑執行官庁に通知する。当事者が正式に召喚されており，十分な弁明ができないときは，勾引命令（Vorführungsbefehl）又は拘禁命令（Haftbefehl）が発出される（刑事訴訟法第457条第2項，刑執行規則第33条）。この命令は，通常，官庁共助義務のある州の警察官署により実行される。

　刑の開始のための召喚状とともに，刑の執行を促進するため，あらかじめ不出頭の場合に備えて，条件付の勾引命令又は拘禁命令を出すことができる（刑執行規則第33条第3項）。特定の事実（例えば，旅券発給の申請）に基づく根拠のある逃走のおそれがある場合又は刑確定者が刑の開始の要求を拒否することを事前に知り得た場合には，事前の召喚を行うことなく，刑執行規則第33条第2項a，bにより，勾引命令又は拘禁命令が発出される。

　確定判決を受けた者が既に当局により拘禁されている場合には（例えば，当該事件又は他の事件による未決拘禁（Untersuchungshaft），複数の自由刑の順次

---

2　Zum Folgenden eingehend Isak/Wagner, 1999, S. 37ff.；Wagner A., 1997, S. 88ff.

執行による刑罰拘禁（Strafhaft）），検察官は――それを必要とする限り――所轄の行刑施設への移送（Überführung）を指示する（刑執行規則第28条）。当事者が当該判決により執行されるべき事件のため未決拘禁中であり，その拘禁が検察官による刑の執行開始まで継続される場合には，その者は，差し当たり，中間拘禁（Zwischenhaft）の状態となる[3]。しかし，未決拘禁規則（UVollzO）第91条により，それが行刑の開始前に実行されている限り，確定力が生じた時点から，その者は受刑者として取り扱われなければならない。

所轄の司法実行施設への収容指示は，刑執行官庁の収容請求状（Aufnahmeersuchen）により行われる。これは，収容すべき者が出頭する以前に施設に送達されなければならない（刑執行規則第29条）。収容請求状には，刑執行規則第30条により，特に次の事項，すなわち，執行されるべき刑の種類及び期間，その始期，通算すべき未決拘禁又はその他の自由剥奪若しくは既に服役済みの刑期などが記載されなければならない。なぜならば，そこに記載された事項に基づいて，行刑当局は，刑の開始後，行刑事務規則（VGO）第22条第1項に基づき，刑期（刑の終期及び有期受刑者については刑法典第57条第1項及び第2項による，また，終身の自由刑受刑者については刑法典第57条aによる保護観察付き刑の執行猶予が可能な時期）を計算するからである。さらに，収容請求状には，処遇調査及び行刑計画作成のため，並びに刑事施設での収容を行うために関係があると思われるすべての事項が含まれる（例えば，前刑，逃走の危険の兆候，自殺のおそれ，精神病，職員に対する暴力的態度など）。

ドイツ法では，事前の刑の開始（vorzeitige Strafantritt）は規定されていない。このような暫定的な刑の実行（vorläufiger Strafvollzug）は，スイスの若干の州（Kanton）で実施されている[4]。そこでは，被告人は，その要請により，判決前に刑事施設に収容されることができる。社会化を指向しない未決拘禁の期間を短縮するというのが，この制度導入の積極的根拠とされる。そこには，犯罪行為者が自ら希望して早期に処遇行刑に参加し，行刑目的の達成に向けて努力できるチャンスがある。

### 5.1.2　個別化及び分類（Individualisierung und Klassifizierung）

行刑法第2条第1切による特別予防を目指した行刑の目的設定は，個別処遇の要求にできる限り応じた行刑形態を必要とする。個々人についてその社会化のために不足する部分を補う処遇が行われる施設，施設の区画又は集団の中で，それ

---

[3]　Zur Zwischenhaft siehe unten Kap. 9.3.2
[4]　Vgl. Härri, 1987；krit. dazu Kaiser/Schöch, 2002, S. 468.

第5章　相互作用プロセスとしての行刑過程（Der Vollzugsablauf als Interaktionsprozeß）

それが自由刑に服する場合，受刑者に対する社会化目的を指向する諸作用は，成功への最大の機会を約束する。個々人の必要とする基準を満たす設備を有する施設に指定されることは，近代的処遇行刑の理想であるが，組織的理由及び施設的なハンディキャップから刑確定者のすべてについてまでは実現されていない。その指定は，どうしても行刑の既存の諸設備に合わせたものとならざるを得ない。

310　行刑法は，分離及び多様化の原則（Trennungs- und Differenzierungsprinzip）[5]を重要な組織原理としている。

　行刑法第140条の分離の原則により，保安監置に付された者及び女性の被収容者は，組織的に分離された施設に収容されなければならない。特別の理由から，それは，自由刑実行のために指定された施設の分離された区画において行われることができる。この分離は，受刑者が処遇措置への参加を可能にするためにのみ，行わないことができる。
　自由刑実行のための施設は，行刑法第141条の多様化の原則により，閉鎖行刑及び開放行刑の施設に分けられる。各施設及びその区画は，さらにその中で，被収容者の個別的必要性に合わせた処遇が実現されるように構成される。この場合，異なる施設間の区別を外部的多様化と称し，同一施設内で固有の処遇任務を持つ行刑単位（Vollzugseinheiten）間の相違を内部的多様化と称する。

311　分離及び多様化の原則では，組織的レベルにおけるおおまかな概念的枠組みを示し，その仕上げを連邦州に義務付けている。この原則は，行刑法第141条にいう多様な処遇の必要性に合わせるため，行刑施設をその重点（例えば，学校教育及び職業教育，特別の処遇を提供する処遇単位又は特定の犯罪者グループのための特別な職員を配置した処遇単位）に応じて組み合わせることを可能にしている。このような組織構造は，司法実行施設の場所的及び事物的管轄を規定する刑執行計画（Vollstreckungsplan）において，州司法行政部が定める（行刑法第152条第1項）。

312　さらに，刑執行計画は，犯罪者が州のどの行刑施設において服役しなければならないかについて定める。そこには，刑執行官庁及び行刑官庁のための指針が含まれており，これによって現存施設への配分が行われる。検察官は，具体的な事案について，当事者が刑の開始のためどの施設に呼び出され，入所時調査の後どこに移送されなければならないかということを刑執行計画から読み取る。
　刑執行計画では，刑事裁判所により有罪判決を受けた者は，自由剥奪的な違法への反作用（Unrechtsreaktion）という言葉が自分にどのような結末をもたらす

---

5　Oben Kap. 1.6.

かについて，事前に知り得るようにすることで，法治国的要求に配慮すべきである。さらに，刑執行計画は，手続的機能も果たすことになるが，それは，どの裁判管轄区域に施設が存在するかによって，行刑法第110条による刑執行部の管轄が定まるからである。刑執行計画から施設の管轄が明らかになるだけではなく，それは基本法第101条第1項第2切にいう法律の定める裁判官についても定めている。自由刑は――法律上移送される可能性があることは別にして[6]――基本的には，行刑法第152条により州司法行政部の作成した刑執行計画の示す所管の司法実行施設で実行されなければならない。しかし，行刑法第152条は，個々の刑確定者に対して，特定施設への収容を求め得るいかなる主観的公法的権利（subjektiv-öffentliches Recht）を付与しているものでもない[7]。

一定の要件がある場合に，行刑計画とは異なる指示をすることによって，所管の施設への移送行わないことも，もとより可能である。

事例：　数度の銀行襲撃により9年以上の自由刑を言い渡された者がハンブルクの刑事施設で服役後2年半を経過した後，刑執行規則第24条に基づき，その者を所管する司法実行施設ストラウビング（Straubing）（バイエルン）に移送されるべきであるとされた。その根拠として，その者はハンブルクに住所も居所もないので，ハンブルクはその刑を実行する場所的管轄権を有しないことが主張された。

これに対する裁判上の手段を尽くした後に提起された受刑者の憲法異議の訴えは，容認された[8]。その理由とされたのは，刑確定者が行刑官庁も承知の上で場所的管轄を有しない施設に収容され，既に数年間そこで服役した場合には，重要な公共の利益が存在しない限り，法治国原理に由来する信頼保護（Vertrauensschutz）の原則が，刑執行の場所についても適用されるということであった。

「自由社会の人間のように，その親しい社会的関係を自ら選択したり，他の者に背を向けたりすることができない受刑者にとって，特定の施設での与えられた状態に慣れることは，正に大きな意味を持つ。そのことによって，例えば，監督職員や施設の運営と折り合いを付けて生活することを学び，そして，限られた限度においてではあるが，ある受刑者と親密な関係を結び，他の受刑者との関係を避けることができる。新しい施設へ移送された場合には，与えられた客観的条件の下で，その個人的な生活環境を新しい施設で最初から作り上げるプロセスが始まる。個別の状況に応じて，刑執行官庁が，刑の執行に当たり，特定の司法実行施設で服役するであろうという信頼感を抱かせたとき，

---

6　Siehe unten Kap 5．2．2．
7　OLG Zweibrücken, NStZ, 1996, S. 360
8　BVerfG, NStZ1993, S. 300f.

第5章　相互作用プロセスとしての行刑過程（Der Vollzugsablauf als Interaktionsprozeß）

そのような状況はいずれにせよ保護に値する。」[9]

**313**　行刑法第152条は，州司法行政部に対して，管轄権の配分を規定するための二つの方法を定めている。

— その一つは，刑執行計画中に規定されているが，刑確定者は，まず分類施設又は分類区画に割り当てられ，そこから，処遇及び社会復帰上の理由に基づき，その後の行刑のために移送されることになる（行刑法第152条第2項）。
— なお，分類施設又は分類区画が存在せず，又は分類手続を実施するための前提条件がないとき，管轄は一般的標準（allgemeine Merkmale）によって定まる（行刑法第152条第3項）。該当者は，直接指示（Direkteinweisung）の方法により，そのまま通常の行刑施設に送られる。

法律は，このようにして，個別化の原則ないし分類の原則により現存施設に受刑者を割り当てることを可能にしている。

行刑の個別化（Individualisierung）とは，行刑の処遇形態及び処遇措置を犯罪者人格のそれぞれの個性に適合させることを意味するのであって，個々の受刑者に最も効果的な影響を及ぼすことができるよう「その者に対して真に優先されるべきものを振り向けること（Hinwendung）[10]」を意味する[11]。

分類（Klassifizierung）とは，形式的には，受刑者を級別に分けること，また，受刑者をそれぞれに適した施設及び施設区画に振り分けることとして理解される。この場合，行刑の任務が社会化を指向することから，そこに内容的な機能が生まれる。それは「社会への再編入を目指した処遇のための必要性により決定される分類級，また，そのために同一又は類似の処遇を行うことを目的として，同じ行刑条件の下で受刑者を類型的にまとめることを正当化するという意味を持つ分類級に類別」する機能である[12]。

**314**　行刑実務は，専ら行刑法第152条第3項の意味における一般的標準により管轄を決定する方向に進んでいる。それは，刑執行官庁に対して，書面を見るだけで具体的な施設の指定を可能にする類型的な分類基準であり，それは次の通りである[13]。

---

9 　BVerfG, NStZ1993, S. 300.
10　Schüler-Springorum, 1969, S. 159.
11　Würtenberger, 1959, S. 89.
12　Paetow, 1972, S. 16
13　Siehe auch Stock, 1993, S. 75ff.

― 性別
― 初犯者又は累犯者の別
 （これまで拘禁された経験がないか，又はごく僅かな経験しか有しない刑確定者は，初犯行刑施設に入れられ，拘禁経験を有する者は，一般行刑施設に指定される。）
― 刑期
 （例えば，非常に長期の刑を言い渡された者を一施設に統合すること）
― 受刑者の犯罪的危険性
― 年齢
 （およそ25歳までの若年成人及び60歳以上の年長者をその他の被収容者と分離すること）
― 住所地又は滞在地[14]
 （その概念は，刑執行規則第24条第1項第3切及び第4切において，法的定義がなされている。住所地は，同規則第24条第2項に基づき，6月を超える行刑期間の場合，刑確定者が適切な時期にその希望を表明することで決定される。）

 このような硬直した分類方式による施設指定は，個別的処遇の必要性にこたえるというより，むしろ現有設備や処遇能力を最大限に活用するために受刑者を割り当てることになるであろう。さらにそれは，結局のところ処遇効果を損なう望ましくないスティグマ化のプロセスとなるおそれがある[15]。例えば，再犯者として一般行刑施設（Anstalt des Regelvollzugs）に分類することは，行刑職員の側に改善に対する消極的な考え方をもたらすだけではなく，被収容者の側にも行刑目的達成に向けて努力することを無意味とみなすような自己観念（Selbstbild）を呼び起こすこととなるであろう。
 硬直した分類基準による指定が個々の刑確定者の処遇の必要性についてほとんど配慮していないとすれば，行刑目的に照らして，個別的な視点からの修正が可能とされなければならない。刑の開始後，処遇調査の際又は行刑経過の中でその施設指定が個別の必要性に応じていないことが判明した場合，行刑官庁は管轄の変更を指示することができる[16]。このような刑執行計画とは異なる施設への移送は，受刑者の処遇又は釈放後の社会復帰がこれにより助長されることが期待される場合に，行刑法第8条第1項第1号により行うことができる。もともと管轄外

---

14 Dazu OLG Karlsruhe, StrVert1999, S. 219.
15 Calliess, 1992, S. 80 ; Kaiser/Schöch, 2002, S. 398.
16 Schwind/ Böhm/Koepsel, 1999, §152Rdn. 7.

第 5 章　相互作用プロセスとしての行刑過程（Der Vollzugsablauf als Interaktionsprozeß）

の施設[17]への移送手続が実務上困難であることを別にしても，移送の前提条件についての法律の表現は，決定及び理由付けを行刑官庁の大幅な裁量にゆだねている。このことから，行刑法第 8 条第 1 項第 1 号は，行刑法第152条第 3 項に対する必要な調整規定として，あまり適切ではないように思われる[18]。

316　不十分な調整規定しかもたない一般的基準による分類のほかに，行刑法第152条第 2 項は，個別化の原則による指定の道を開いている。それはまた，別の収容手続があることを意味し，この場合，刑確定者は，中央の分類施設（Einweisungsanstalt）又は分類区画において刑の開始がなされる。

　刑執行計画には，どのような受刑者についてこの分類手続が行われるかという基準を定める場合の管轄規定が含まれる。分類施設においては，詳細な人格診断が行われる。分類委員会による個別的な処遇の必要性及び保安上の必要条件についての調査が行われるが，その委員会には，法律家のほかに行刑法第155条第 2 項に掲げられた職員グループの代表が含まれる[19]。

　例えば，ヘッセン州においては，収容設備の効果的なコントロールのため，24月以上の拘禁期間を有する男性受刑者はすべてヴァイターシュタット行刑施設の分類委員会で審査される[20]。ここでは，特に次の問題が取り扱われる。
— 保安度の視点から，この刑確定者は，いかなる施設に指定されなければならないか。
— この受刑者は，開放行刑に適しているか。
— いかなる学科教育又は職業訓練が，具体的に，その者について予定されるか。必要な場合，それがいかなる施設設備で，いかなる時期に行われるか。
— その刑は，社会治療施設で実行されなければならないか。
— 収容される施設のために，いかなる行刑計画を推奨（Vollzugsplanempfehlungen）（例えば，麻薬又はアルコール依存治療の視点から）できるか。

317　この判定に引き続き，刑確定者は，それぞれの州法の規定に従って，刑執行計画の予定する行刑施設に移送されるか，そうでなければ，分類施設ないし分類区画がその者の——個別的な処遇上及び社会復帰上の視点に合わせて——通常行刑のための施設を指定する。後者の場合，所管行刑施設の決定は，指定を行う分類

---

17　Siehe Schwind/Böhm/Rotthaus, 1999, § 8 Rdn. 12.
18　Stock, 1993, S. 84.
19　Zur Organisation des Einweisungsverfahrens: Altenhain, 1988. S. 36f.；zu Erfahrungen mit Einweisungsanstalten: Mey, 1994, S. 126ff.；Rotthaus K., 1996b, S. 200ff.
20　Vgl. Pressemitteilung des Hessischen Ministeriums der Justiz, NJW Heft 38／2001, S. XIV；siehe auch Arbeitsgruppe Einheitliches Strafvollzugskonzept, 2001, S. 49f.

施設等にゆだねられている。この指定は，行刑計画の具体化を意味し，行刑法第8条にいう個別的理由に基づく移送ではない[21]。

これまでのところ，分類委員会がその能力を発揮するための指定基準は，実務上存在していない[22]。そのためもあり，大部分の連邦州では，分類センターの創設を可能にする行刑法第152条第2項を全く活用してこなかった。この種の施設は，選択手続及び選択方法は様々であるが，例えば，バーデン―ヴュルテンベルク州，ヘッセン州，ノルトライン―ヴェストファーレン州，ニーダーザクセン州及びハンブルク州に設置されている[23]。

### 5.1.3 収容手続（Aufnahmeverfahren）

司法実行施設では，刑確定者の刑の執行が開始された後，収容手続が始まる。行刑法第5条は，そのための関係者の法的地位及び初期行刑段階における処遇指向的形態の保障について，部分的に規定しているだけである。行刑法第5条第1項は，刑確定者のプライバシー保護のため，及び他の受刑者からの影響をできる限り受けずに行刑職員との最初の接触を行うために，すべての収容手続において同衆受刑者が居合わせてはならないことを強行的に規定している。

そのほか，特記すべきものとしては，行刑事務規則第16条以下に定める行政的手続がある。

収容手続では，まず最初に，施設収容のための要件が審査され，身上票の中で確認されなければならない。同時に，刑確定者に対して，収容の確認は公文書で行われること，法律上の手続であるから欺罔の目的で身上関係について不正な申告をすれば犯罪になることについて，注意が喚起される。本人であることが確認されてから，行刑事務課長は，収容処分（Aufnahmeverfugung），つまり，当該刑確定者を行刑のために受け入れる決定をする。携有物は領置される。続いて，予定された刑期及び見込まれる刑の終期について教示される。受刑者は，収容手続の書類に署名する。

刑確定者の収容が決定すると，収容の実施手続（Aufnahmedurchführung）が始まる。すなわち，脱衣及び身体検査（行刑法第84条），携有物の引上げ及び拘禁中に所持が許される物品の交付（行刑法第19条，第70条），消毒及び滅菌の処

---

21　OLG Celle, ZfStrVo1980, S. 250； Schwind/Böhm/Koepsel, 1999, §152Rdn 3．
22　Kaiser/Schöch, 2002, S. 398f.； Rüther/ Neufeind, 1978, S. 369ff.
23　Vgl. Stock, 1993, S. 94ff.； AK-Feest/Weichert, 2000, §152Rdn. 6．

置，同一規格の施設物品の支給及び新たな衣服の着用（行刑法第20条），行刑確保のための識別事務上の処置（行刑法第86条）である。

　行刑法第5条第3項は，被収容者に対して，速やかな医師の診察及び施設長又は収容区の長との面接について，法律上の請求権を与えている。医師により実施される収容時の診察は，行刑の適格性（Vollzugstauglichkeit）及び医療的処置の必要性を判断するためだけではない。第5条関係行政規則により，それは，作業能力，運動適格及び独居収容への健康上の適性について審査する役割も果たす。受刑者が医師の診察を拒否した場合には，行刑法第101条第2項により，（身体的損傷を伴わない）強制的方法で実施することができる[24]。

320　収容手続の最後に，施設長（又は行刑事務規則第29条により，特に指定された行刑職員）との面接が行われる。この入所時面接は，同時に，被収容者に対してその権利及び義務について教示する機会ともなるべきである。なぜならば，行刑法第5条第2項により，受刑者は，法律にはあるが詳細な具体的規定がなされていないものについて，告知を受ける権利を有するからである。受刑者は，行刑目的に向かってその処遇に協力し，そうすることで社会適応能力を獲得すべきであるから，行刑に適用される諸規定について，あらかじめ告知されていなければならない。それは，施設の内部組織における受刑者の地位（例えば，権利保護の可能性）に関係する権利及び義務にとどまらず，施設外の一般社会と関係する権利及び義務（例えば，行刑法第72条，第73条にいう助言及び援助の義務）を含む[25]。口頭による教示だけでは不十分であるので，施設管理者は，まず初めに，行刑法のテキストを交付することによって，行刑法第5条第2項の義務を履行することになる[26]。

321　とりわけ，初めて服役する者にとって，拘禁の開始及び入所手続の実施は，一種のトラウマ的局面であることを意味する[27]。刑確定者は，その住み慣れた環境から引き離され，それまでの社会的地位を失うだけではなく，その上更に他律的で閉鎖的な社会システムに順応しなければならず，そこでは非人格化（Entpersönlichung）の過程を伴う地位の変化が始まる[28]。入所手続の実行に際して行われる脱衣，検査，新たな衣服の着用，携有物の引上げなどの処置は，品位を貶める儀式（Degradierungszeremonie）[29]そのものであり，それは受刑者にとって自

---

24　Schwind/ Böhm/Mey, 1999, § 5 Rdn. 8.
25　Calliess/ Müller-Dietz, 2002, § 5 Rdn. 3.
26　OLG Celle, NStZ 1987, S. 44 ; Calliess/ Müller-Dietz, 2002, § 5 Rdn. 3.
27　Scheu, 1983, S. 17ff. ; Wagner G., 1985, S. 112.
28　Harbordt, 1972, S. 10.
29　Garfinkel, 1974, S. 77.

己の品位喪失（Entwürdigung）の始まりである[30]。施設においてこのような開始手続をすることは，相手方に最初から行刑に対する否定的な考え方を刻み込み，その後の処遇への協力に対する心構えを妨げる可能性がある。

　このことは，行刑法第5条に規定された諸権利によって防止されるべきである。322 とりわけ，収容手続のすべての過程で他の受刑者が同席しないことの保障及びこれに伴うプライバシーの保護は，品位喪失の感情を弱めることができる。さらに，行刑スタッフに属する者との誰にも妨げられない接触が行われることによって，収容手続中に，同衆受刑者が他の被収容者についての情報を入手し，それを副次的分化レベルでの権力的地位の形成に利用することが避けられる[31]。

### 5.1.4　処遇調査（Behandlungsuntersuchung）

　収容手続に引き続いて，行刑法第6条第1項による処遇調査が行われる。それ 323 は，行刑スタッフに対して，行刑法第7条に基づく行刑計画の作成に必要なすべての情報及び知見を提供することを予定する。したがって，人格調査では，その後における個別的処遇を形成するための基礎となる調査，診断及び行刑計画策定のプロセスが開始される。それは，詳細な既往歴（Anamnese）を知り，診査（Exploration）を行わなければ，その者にどのような社会性の欠陥（Sozialisationsdefizite）及びニーズ（Bedürfnisse）が存在するかということについて確認できず，また，行為者の人格に基礎を置く処遇を行うこともできないからである。刑法典第174条から第180条まで及び第182条に規定する犯罪により有罪を言い渡された性犯罪者については，行刑法第6条第2項第2切に基づき，社会治療的施設への移送が予定されるかどうかについて，特に入念に吟味されなければならない。

　行刑法第7条第1項により，処遇調査は行刑計画の基礎であるとされ，同条第3項によって，それが引き続く全行刑期間を通じ最新の知見と一致していなければならないとされていることは，処遇調査の性格が基本的に開かれた手続（offener Prozeß）であることを示している。このことは，収容手続の後に調査が開始されるという行刑法第6条第1項第1切の文言によっても表現されている[32]。

　刑罰拘禁の初期の段階において開始される処遇調査は，行刑法第152条第2項の場合は，分類施設ないし分類区画において，その他の場合は，刑執行計画に基づく所管施設の収容区画において行われる。それは，できる限り拘禁開始の直後

---

30　Stark, 1978, S. 64；dazu auch Mechler, 1981, S. 3；Weis, 1988, S. 244.
31　Calliess, 1992. S. 80.
32　Calliess/Müller-Dietz, 2002, § 6 Rdn. 2.

に始められなければならない。行刑法第17条第3項第2号によれば，作業時間及び自由時間中における雑居拘禁の制限は2月を越えることができないので，行刑法第6条にいう支障のない処遇調査を可能にするためには，調査は遅くともこの期間の経過前に終わらなければならない。

324　処遇調査に当たって重要なことは，心理的—社会的診断（psycho-soziale Diagnose）という立場であって，一般的，道徳的な人格判断ではない。法律の目的からも，包括的情報収集というようなことはほとんど必要とされていない。むしろ，立法者は，身上関係のデータ収集が行刑法第6条第1項第1切によって受刑者の人格及び生活関係の調査のため行われなければならない場合，目的限定的原則（Zweckbestimmungsprinzip）（行刑法第179条第1項）による制限を設けている[33]。そこでは，計画された処遇及び社会復帰（行刑法第6条第2項第1切），つまり，行刑目的達成のために必要とされる知見のみを得ることができるのである。必要最小限の範囲については，行刑法第7条第2項が示している[34]。

325　行刑法第6条第1項第1切にいう「調査」の概念は，例えば，先行する刑事手続から得られる書面資料のような単に書類上の第2次的な情報源の援用以上のことを意味する。調査者は，むしろオリジナルな情報源——受刑者自身——からの情報が得られるよう努めなければならない。人格の診断及びその者の社会的関係（soziale Beziehungsfelder）の分析は，相応の科学的根拠を有する方法（例えば，適切な心理診断テスト）を用いた独自の調査に基づかなければならない[35]。行刑法第2条第1切の観点から，その知見は，行刑目的の達成が可能と思われる処遇を提供可能な処遇の中から選択するために，適したものであることが期待される。

行刑法第6条は，処遇調査を実施する職員の範囲について，何ら明確な規定をしていない。処遇調査は，特に第1次的情報源としての刑確定者にかかわるものであるから，行刑計画の作成及びその後の処遇に関係する者は，調査職員に含まれる。とりわけ，行刑法第155条第2項に掲げられた専門家がこれに当たり，その際，これらの者は行刑法第154条第1項により相互に協力する[36]。分類施設ないし分類区画においては，相応の委員会がこれを行う。

326　第2次的な情報源としてのみ，他施設の作成した資料及び意見（Stellungnahmen）の提供を求めすることができる。この場合，情報を提供する官庁は，現行

---

33　Schwind/Böhom/Mey, 1999, § 6 Rdn. 14.
34　Stock, 1993, S. 182ff.
35　Siehe auch Simons, 1985, S. 278ff.
36　Calliess/Müller-Dietz, 2002, § 6 Rdn. 3 ; Schwind/Böhm/Mey, 1999, § 6 Rdn. 11 ; dazu auch Stock, 1993, S. 155ff.

法の定める情報開示についての制限を順守しなければならない。

　調査職員が書面資料を利用する際には，それらは単に客観性についての外見的保障でしかないことに留意しなければならない。官庁の書類は，官僚組織の下における情報伝達機能及び記録機能を果たすものである。その内容は，実際の出来事の一部分だけを示すにすぎない。事実を選択的に描写しているだけでなく，そこには独自の事実，作り上げられた現実を含んでいる[37]。調査関係者を通じて行刑内にこれが引き継がれることになれば，人格調査に際しての調査関係者の社会感覚に対する信頼性を損なうおそれがある。このことは，状況に規定されて現れる行動をその者の固定的な特徴として見ること[38]，すなわち，官庁的判断には，時間的に先行した出来事に調和しない新たな情報の過小評価，逆に，これと調和する情報についての過大評価という傾向が認められるだけに，なおさらである[39]。

　被収容者は，第1次的情報源としての役割を果たす中で，調査の客体とされてはならない。行刑全体においてそうであるように，この段階においても人間の尊厳に留意されなければならない。行刑法第6条第3項は，処遇計画策定に当たっての刑確定者の協力について規定している。その者は，そこで検討（Erörterung）する権利を有するが，それは，自分に予定されている処遇について具体的な理由及びその目的を知っていれば，処遇目的の達成に役立つからである。もっとも，法律は，行刑法第6条に基づく調査への積極的参加を被収容者に義務付けておらず，その者は調査結果を受け入れなければならない。

　専門家によって行われる既往歴調査，検査，行動観察及び標準化されたテストの実施という理想からみれば，行刑実務は，行刑計画の基礎としての処遇調査の面でも，遅れている。行刑事務規則（VGO）第31条に基づき，刑確定者は，収容後その履歴書への署名を求められる。それに引き続き，身上関係の質問書に記入する。行刑事務規則第61条により，行刑計画の立案（及びその実行）のための，いわゆる認識票（Wahrnehmungsbogen）が作成される。これに行刑スタッフが行動観察結果を記入する。行刑スタッフは，いわゆる判定用紙（Beurteilungsbogen）にその記録を整理し，処遇案を作成する。専門家の専門的基準による心理的―社会的な診断は，頻繁には行われない[40]。

---

37　Herrmann, 1987, S. 45.
38　Maisch, 1975, S. 95.
39　Eisenberg, 2000, S. 565.
40　Kaiser/Schöch, 2002, S. 470.

328 　受刑者は，処遇調査の実施を求める権利を有する。行刑法第6条第1項第2切に基づき，行刑期間を考慮して必要がないと思われる場合は，例外的にこれを行わないことができる。立法機関は，短期刑受刑者を一般的に除外しようとしたのではなく「短期の行刑期間の場合にも，受刑者の人格及び生活環境の調査が望ましい」[41]と明言している。これとは逆に，第6条関係行刑規則では「行刑期間が1年以内の場合，処遇調査は原則として行われない」としている。このような行政規則の定型的運用は，明らかに立法機関の意志に反する。短期刑受刑者には，誤りのない裁量権の行使（fehlerfreier Ermessensgebrauch）を求める権利が当然与えられてしかるべきであり，その際，予定される行刑期間は，心理的社会的診断のための間接事実（Indiz）としてのみ意味をもち得る[42]。

　短期刑受刑者も，例えば，金の遣い方について（zum Umgang mit Geld）の助言（Hilfestellungen），心理専門家による飲酒性犯罪者（alkoholauffälliger Täter）の訓練，役所や施設との接し方，生活基盤確保のための助言というような特殊な処遇を実施する対象としては，適当である[43]。個別の必要性がある限り，行刑法第6条にいう相応の事情調査（Bestandsaufnahme）が求められる。これに対して，第6条関係行政規則に見られる安易な態度では，短期の行刑に服した受刑者の高い累犯性にかんがみるとき，犯罪者が複数回施設に収容された場合，その刑期を合算すれば，処遇調査が一度も行われないまま，何年もの間行刑に服することになるという結果を招くことになる[44]。

### 5.1.5　行刑計画（Vollzugsplan）

329 　処遇調査による心理的社会的診断の結果は，行刑法第7条にいう行刑計画の作成を主導する。診断結果に従って行刑目的が個別的に具体化される。被収容者には，その人格構造，社会化のための必要性及び能力に適した処遇が与えられなければならないからである。以後の措置に必要な基本的決定は，行刑計画中に示され，それは，処遇に参加する行刑職員のため及び本人自身のための指針とされる[45]。

　人格というのは，たしかに統一的安定的傾向を有するものの，連続的変化の法則に従っていること，つまり，発展的プロセスとしてダイナミックに解釈されなければならないので，行刑計画の作成も拘禁開始の段階で得られた知見に限定さ

---

41　BT-Drs. 7/3998, S. 7.
42　Ak-Feest/Joester, 2000, § 6 Rdn. 11；Calliess/Müller-Dietz, 2002, § 6 Rdn. 5；Schwind/Böhm/Mey, 1999, § 6 Rdn. 21.
43　Vgl. Stock, 1993, S. 223；siehe ferner Mey, 1992, S. 23.
44　Dolde/Jehle, 1986, S. 200.
45　BVerfG, StrVert1994, S. 94；Calliess/Müller-Dietz, 2002, § 7 Rdn. 2.

れてはならない。その知見は，検査当時における人格構造に関する情報を提供するにすぎないからである。処遇調査が行刑の全期間にわたって継続するのと同様に，行刑計画もまた行刑法第7条第3項によって被収容者の人格調査及び施設内におけるその後の発展の結果に合わせたものとされなければならない。このように，新たな資料によって補正されるものであるため，計画には，個々の事情に合わせて適当な期間が予定されなければならない（通常3月から6月の間）[46]。本人が2年以上の自由刑を言い渡された性犯罪者（刑法典第174条から第180条まで及び第182条）の場合は，行刑法第7条第4項に基づき，6月が経過するごとに社会治療的施設への移送の是非について新たな決定を行うことが必要とされる。

立法者は，行刑法第7条第2項で行刑計画の内容について最小限必要とされる事項を規定している。したがって，少なくとも，そこに掲げられた以下の処遇処置について指図することは施設の義務とされる。 **330**

— 閉鎖又は開放行刑における収容（第10条）
— 社会治療施設への移送（第9条）
— 居室グループ及び処遇グループへの指定（第143条第2項）
— 作業指定及び職業訓練又は職業補習教育の措置（第37条）
— 補習教育行事への参加（第37条第3項，第67条）
— 特別の援助措置及び処遇措置（第71条以下，特殊な個別治療及び集団治療の提供）
— 行刑の緩和（第11条，第13条）
— 釈放準備のために必要な措置（第15条，第74条，第75条）

行刑計画には，行刑法第7条第2項に掲げられた諸措置に対する事実的及び時間的視点からの記述が含まれなければならない。それは，考慮の対象にならない（又は，まだ対象になっていない）処遇の提供についても，同様である。この場合には相応の理由を記載する必要がある[47]。 **331**

行刑法第7条第2項は最低限のカタログであるから，行刑計画には，これらのほか，例えば次の事項が含まれるべきである[48]。

— 自由時間の形成

---

46　AK-Feest/ Joester, 2000, § 7 Rdn. 21.
47　OLG Hamm, ZfStrVo1979, S. 63；KG, ZfStrVo1987, S. 245f.
48　Siehe Calliess, 1992, S. 88；Stock, 1993, S. 256ff.；ferner BT-Drs. 11／3694, S. 3.

第5章　相互作用プロセスとしての行刑過程（Der Vollzugsablauf als Interaktionsprozeß）

— 外部との接触（特に休暇計画）
— 犯罪被害の補償（Ausgleich der Tatfolgen）についての措置
— 負債の整理など

332　行刑計画の作成手続について，行刑法にはその端緒となる規定があるだけである。第6条第3項では，受刑者と計画策定について検討することを義務付けている。行刑法第159条に基づき，施設長は，計画の作成及び審査のため，主として処遇に関係する者との処遇会議ないし行刑計画会議[49]を開催する。参加者の範囲は，個別の必要性にゆだねられており，また，会議が共同決定機関であるか諮問機関であるか定められていないのも，同じ理由による[50]。

　受刑者自身が調査，計画及び処遇の対象とされることは許されないので，行刑法第6条第3項にいう検討の義務は——行刑法第4条第1項の視点からも——極めて広く解釈されなければならない。処遇に対する当事者の積極的な協力が行刑目的達成の可能性を高めることができるとするならば，処遇計画の作成に自ら参加することが求められる。その者には処遇計画の作成に協力する役割が与えられなければならない。したがって，行刑計画中に特定の措置を取り入れることについての本人の考え方は，施設管理者の決定及び行刑計画策定会議に際して配慮されなければならない。本人が希望すれば，その会議での聴聞も行われるべきである。もっとも，本人は行刑会議への参加について主観的請求権を有するものではない[51]。その会議に代理人弁護士の参加を求める権利も全く問題にならない[52]。

333　行刑計画は書面に記録されなければならない。そうすることによってのみ，それはすべての関係者が入手できるものとなり，行刑法第7条第3項により追完することが可能であり，場合によっては，裁判所の審査を受けることができるからである。受刑者は，自分に関する計画書の交付を求める権利を有する[53]。その者と単に口頭で検討するだけでは不十分である。

　管理上の合理化策として，一定の書式用紙に記入する方法により行刑計画を作成することは避けるべきである[54]。このような記入式の書式では，重要な知見が箇条書きに簡略化される傾向があるからである。それは，個々人について必要とされる重点事項及び

---

49　Dazu KG, ZfStrVo1996, S. 182.
50　Zur Praxis: Stock, 1993, S. 236ff.
51　Schwind/Böhm/Rotthaus, 1999, §159Rdn. 7.
52　BVerfG, NStZ-RR2002, S. 25.
53　Kaiser/Schöch, 2002, S. 258 ; a. A. OLG Karlsruhe, ZfStrVo1982, S. 184.
54　Siehe aber OLG Nürnberg, ZfStrVo1982, S. 308.

発達に関する記述が妨げられるおそれがあり，具体的には，受刑者の人格及びその処遇の必要性を歪めて再現するにすぎない定型的計画の作成に寄与する結果になる。

処遇調査が実施された場合，受刑者は，行刑法第7条第2項の最低限の要求に相応した行刑計画の作成（及び追加）を求める権利を有する[55]。行刑法第109条以下の規定に基づき，受刑者は，この請求を義務付けの申立（Verpflichtungsantrag）により，刑執行裁判所に提訴することができる[56]。もっとも，その際完全に特定された処遇方法を行刑計画中に取り入れることを求める権利は認められない。しかし，行刑官庁は，処遇調査における心理的—社会的診断の結果に合わせて，内容的に裁量を誤らない計画を作成する義務を負っている[57]。作成手続（Aufstellungsverfahren）において法律的無謬性（Rechtsfehlerfreiheit）が要求されるのと同様に，当事者は，内容形成的裁量についても，全体として裁判所の統制下に置くことができる[58]。 334

裁判上取消し得るのは，それが直接的法律効果を伴う規範的性格を有するものである限り，行刑計画中に予定されたすべての処遇規準[59]である[60]。行刑法第109条にいう処分とは，直接的法律効果を伴う個別的規制のための官庁の行為と認められるものであるが，行刑計画の作成もまた同様である[61]。したがって，当事者は，行刑計画の全体について[62]争うことができる。 335

連邦憲法裁判所[63]は，刑執行部が行刑計画全体の取消しを求めた裁判上の申立てを許されないとして却下することは，基本法第19条第4項により保障された可能な限り効果的な裁判所のコントロールを要求できる権利を侵害すると考えた。すなわち，「行刑目的達成のための行刑計画の重要性にかんがみるとき，刑執行裁判所は，行刑法第109条の規定の解釈に当たり，同条の内容が個別的計画に従った措置（Planmaßnahmen）の再審査についてのみ裁判所の決定を求める申立をなし得るのであって，その作成手続又

---

55  BVerfG, StrVert1994, S. 94.
56  OLG Celle, NStZ1992, S. 373.
57  AK-Feest/Joester, 2000, § 7 Rdn. 32 ; Calliess/Müller-Dietz, 2002, § 7 Rdn. 1.
58  BVerfG, NStZ-RR2002, S. 25.
59  OLG Nürnberg, ZfStrVo1982, S. 308 ; KG, ZfStrVo1984, S. 370 ; OLG Koblenz, NStZ1986, S. 92.
60  OLG Frankfurt, NStZ1995, S. 520.
61  BVerfG, StrVert1994, S. 95.
62  A. A. Böhm, 1986, S. 114 ; Schwind/Böhm/Mey, 1999, § 7 Rdn. 7 ; OLG Koblenz, ZfStrVo1990, S. 116.
63  BVerfG, StrVert1994, S. 94 ; für eine Anfechtbarkeit des gesamten Vollzugsplans auch Calliess/Müller-Dietz, 2002, § 7 Rdn. 2 ; AK-Feest/Joester, 2000, § 7 Rdn. 33 ; Stock, 1993, S. 269.

第5章　相互作用プロセスとしての行刑過程（Der Vollzugsablauf als Interaktionsprozeß）

は内容形成的裁量における法律的無謬性の審査まで求めることはできないと想定していると判断してはならない。後者の場合，その計画が内容的に法律上最低限の要求を充足しておらず，そのために，行刑計画作成時における受刑者の要求が満たされていないこと又は受刑者が……計画された処置に協力することによって，その者の権利が侵害されることが問題となり得る」とした[64]。

336　行刑計画が行刑目的達成を目指した継続的処遇プロセスのための指標的枠組みであるべきとするならば，それは一定の拘束力を持たなければならない。行刑官庁は，計画の示す基準に拘束され，その内容を恣意的に変更することはできない。内容の変更は，行刑法第7条第3項の追加記入の方法によってのみ可能であるが，それも受刑者のその後の発達及び心理的―社会的診断の新たな結果という，そこに掲げられた要件が存在する場合に限定される。このことは，他の施設に移送された場合にも妥当する。この場合も一度作成された計画を勝手に処理することはできない。そこで新たな計画が作成されるのではなく，既存の計画に追加記入ができるだけである[65]。

337　被収容者は，行刑計画に示された処遇を具体的事情に合わせて実施するよう要求することができる。このことは，行刑官庁に裁量の自己拘束（Selbstbindung）をもたらす[66]。したがって，行刑官庁は，本人に不利な方向に乖離する場合，なぜ計画された処遇を実施しないかということについて，裁量に誤りのない理由付けをしなければならない[67]。

　事例：ある行刑計画において，行刑緩和の開始を特定の時期に予定していた。計画作成時に，施設管理者及び委員会は，刑法典第57条第2項の条件を満たすことが見込まれるので，当該刑確定者の条件付釈放時期はその刑期の3分の2終了前であろうということを前提にしていた。行刑期間が経過する中で，刑執行官庁である検察官は，刑期の2分の1服役後における刑法典第57条第2項に基づく保護観察のための残刑の執行猶予は確実とはいえないことを認識した。それは，犯罪行為，犯罪者の性格及びその発達についての暫定的な総合評価によれば，早期の釈放を正当化する刑法典第57条第2項にいう特別の事情に，なお欠けるところがあると思われたからである。

　このような条件の下では，刑法典第57条第2項による刑期の2分の1服役後の条件付

---

64　Siehe auch BVerfG, NStZ-RR2002, S. 25.
65　OLG Koblenz, ZfStrVo1986, S. 114；OLG Zweibrücken, NStZ1988, S. 431；KG, NStZ1990, S. 559.
66　OLG München, StrVert1992, S. 589.
67　Calliess/Müller-Dietz, 2002, § 7 Rdn. 2；OLG München, StrVert1992, S. 589.

釈放の時期に合わせて行われる行刑の緩和を許可することについて，受刑者の法的保護に値する信頼（Vertrauen）も存在しない。むしろその信頼は，刑法典第57条第1項の刑期3分の2経過後の刑の執行猶予に関してのことになる。施設管理者は，この理由によって，行刑計画に当初予定された行刑の緩和の開始を延期することができる[68]。

行刑計画で予定された優遇的措置を許可しないことは，——社会の安全に対する正当な必要性を軽視した，明らかに誤った決定という例外的場合は別として[69]——行刑法第14条第2項に掲げられた条件が存在するときにのみ許されるという解釈は，あまりにも行きすぎのように思われる[70]。この規定の適用について，立法者は，行刑の緩和及び拘禁からの休暇を許可する場合における決定に限定している[71]。

## 5.1.6 処遇計画（Behandlungspläne）

行刑計画に基づき作成される処遇計画について，法律上の規定はない。処遇計画は，個別的措置の専門的具体化にかかわる事項である[72]。行刑計画の中で，比較的長く持続する種類の処遇（例えば，個別療法又は集団療法）が予定されるとき，受刑者処遇の専門家は，そのためにふさわしい計画を立案する義務がある。

処遇計画の内容は，その時々に適用されるべき方法に従うものであるから，処遇計画の作成及び実施は，事柄の性質上，もともと法律的規制になじまないといえる[73]。立法者は，抑制的な態度で，新たな処遇方法の試行及び適用範囲を行刑にゆだねている。

338

## 5.1.7 非ドイツ人受刑者（Nichtdeutsche Strafgefangener）

区分（Differenzierung）及び分類（Klassifizierung）においてはもとより，行刑計画の作成に際しても，外国人受刑者特有の問題に配慮されなければならない[74]。これらの者の処遇については，1990年代初頭[75]以降，その数の飛躍的な増加に伴い，行刑設備及び施設職員に対して特別の要求がなされることになる。

339

---

68　OLG Karlsruhe, ZfStrVo1989, S. 310.
69　KG, StrVert1998, S. 275.
70　So aber OLG Celle, ZfStrVo1989, S. 310；AK-Feest/Joester, 2000, § 7 Rdn. 30；Stock, 1993, S. 266.
71　Calliess/ Müller-Dietz, 2002, §14Rdn. 2．
72　Stock, 1993, S. 278.
73　BT-Drs. 7／918, S. 49.
74　Dazu Laubenthal, 1999a, S. 310ff.；Schwind, 1999, S. 339ff.
75　Siehe Kap. 1.7．

177

第5章　相互作用プロセスとしての行刑過程（Der Vollzugsablauf als Interaktionsprozeß）

5.1.7.1　行刑における外国人問題

**340**　成人行刑において，およそ5人に1人の被収容者が外国出身であることは，行刑人口の大きな部分がドイツとは異なる規範的理解及び価値的理解の支配する文化的及び法的集団からやって来ていることになる[76]。しかし，行刑法は，刑確定者が行刑目的を達成するため，徐々に施設外の社会における生活条件に対応する準備がなされるべきものとして，構想されている。しかし，大部分の外国人犯罪者は，釈放後ドイツで生活することにはならず，とりわけ外国人法に基づく処分によって，それぞれの母国の文化的，法的集団の元に戻ることになる[77]。

**341**　刑事訴訟法第456条a第1項の基づき，刑執行官庁は，非ドイツ国籍の刑確定者がドイツから追放される場合（又は他の犯罪による引渡しが行われる場合），その自由刑の執行を見合わせることができる。刑事訴訟法第456条a第1項は，外国人法（AuslG）第45条以下の規定に基づき，所轄の外国人管理官庁（Ausländerbehörde）による確定力ある，又は直ちに執行可能な追放処分がなされる場合，起訴法定主義（Legalitätsprinzip）に由来し，かつ，刑法典第258条aにより実体法的に保障されている義務，つまり，自由刑の確定した者の刑を執行する義務に対する例外として，暫定的な刑の執行放棄を認めている[78]。その立法理由は，追放（又は引渡し）に伴う当人の負担と，国内でその者による新たな犯罪の行われる危険性の減少とを調整した結果であるとされている[79]。しかし，この規定の目的には，外国人に対するしばしば非効果的な刑の執行に伴う行刑施設の実務的—経済的な負担の軽減があることも指摘すべきであって，その限りにおいて，追放される犯罪者の再社会化はあまり意味がないと考えられる[80]。刑事訴訟法第456条a第1項は，最低服役期間について何も定めていない。各州の命令及び指針によれば，通常，執行を見合わせるのは有期自由刑の刑期の2分の1の服役を条件としている[81]。さらに，刑執行官庁は，刑事訴訟法第456条a第1項の規定を緩やかに適用するよう指導されている。

---

76　In Bayern waren am31.3.2002nichtdeutsche Gefangene aus108verschiedenen Staaten inhaftiert（Bayer.Staatsministerium der Justiz, 2002, S. 7）.
77　Dazu Laubenthal, 1999a, S. 310ff.；Seebode, 1997a, S. 52f.；Winchenbach, 1996, S. 13.
78　Groß, 1987, S. 36；Isak/Wagner, 1999, S. 152ff.；Pohlmann/Jabel/Wolf, 2001, S. 165ff.；zu europarechtlichen Bezügen einer Ausweisung siehe Stiebig, 2000, S. 127ff.
79　Giehring, 1992, S. 499.
80　Groß, 1987, S. 36；Kleinknecht/ Meyer-Goßner, 2001, §456a Rdn. 1.
81　Siehe　z.B. Baden-Württemberg, Justiz1996, S. 500；Schleswig-Holstein, SchlHA, 1994, S. 85；dazu auch Giehring, 1992, S. 475ff.

社会的責任において罪を犯さない生活ができるようにするという行刑目的は，外国人被収容者についても妥当し，そもそも，行刑法全体がドイツ人受刑者と非ドイツ人受刑者とを全く区別していない。しかし，行刑実務においては，法律の重要部分が外国人受刑者には適用されていない。刑罰拘禁後に予定される国外追放は，しばしば行刑緩和の許可又は開放行刑への指定の妨げとなる。なぜならば，州の司法行政に対する行刑法関係連邦統一行政規則では，受刑者に対して引渡拘禁又は強制退去拘禁が命じられる場合，つまり，その者に対して行刑法の適用地域からの執行可能な引渡命令が存在し，その者の拘禁が延期されるべき場合，その受刑者は，直ちに開放行刑（行刑法第10条関係行政規則第1第1項b，c），構外作業，外部通勤及び外出（行刑法第11条関係行政規則第6第1項b，c）並びに拘禁からの休暇（行刑法第13条関係行政規則第3第1項b，c）から除外されるとしているからである。行刑法第35条関係行政規則に基づき，それは行刑法第35条の規定する重大な事由からの休暇及び外出の際にも準用される。引渡命令が存在する場合には，特別に，所轄の外国人管理官庁の同意を必要とする。しかし，行刑法第11条及び第13条に基づく開放行刑及び行刑緩和の許可の指示は，実行可能な引渡命令がある場合でも，外国人刑確定者についてあらかじめ禁止されているわけではない。行刑法第10条関係行政規則第2第1項b，第11条関係行政規則第7第2項d及び第13条関係行政規則第4第2項eにより，自由刑受刑者に対する引渡手続が継続中である場合には，その者は，通常行刑緩和の許可が不適当とされ，例外的に許可するためには，所轄官庁による事前の聴聞を必要としている。ところで，外国人犯罪者の大部分にとって引渡しは重要な問題であるが，外国人管理官庁は，しばしば拘禁期間中に―――一部は行刑の終期近くになって初めて[82]―――その決定を行うので，また，被収容者はそこでなお法的手段を尽くすことができることもあって，行刑期間中，外国人管理法上の処分は，不確定な状態のまま置かれる。このことは，行刑法第10条第1項，第11条第2項及び第13条第1項第2切の逃走及び悪用条項を念頭に将来の経過を見通し，後日必ず行われる引渡しを確保するために都合のよい格付けを行い，その者から行刑緩和の機会を奪うというという結果をもたらすことになる[83]。行政規則は，行政内部の決定を補助するものにすぎず，行政規則が具体的個別的事案における吟味及び理由付けの義務を免除するものではないにもかかわらず，実務においては，正にその機械的な適用が見られる。逃走のおそれという不許可理由は，法的効力のある引渡命

342

---

82　Rotthaus, 1992a, S. 43.
83　Dünkel/ Kunkat, 1997, S. 29；Walter M., 1999, S. 312；Winchenbach, 1996, S. 13.

第5章 相互作用プロセスとしての行刑過程（Der Vollzugsablauf als Interaktionsprozeß）

令の存在だけで，また，単に外国人管理法による処分が見込まれるというだけでは，是認することができない。外国人について，引渡命令が存在しているか，又は将来それが出されるおそれがある場合，その者には一般的に逃走のおそれがあるという経験則は存在しない[84]。1987年のヨーロッパ行刑原則第79では，行刑官庁に対して外国人被収容者への補習教育及び特殊な文化的民族的欲求をもつ被収容者への特別な配慮を義務付けているにもかかわらず，刑期の終了前に追放の可能性がある場合には，刑事訴訟法第456条aを根拠にその者を比較的長期の職業訓練からも排除している。つまり，行刑は，外国人受刑者にとって，しばしば純粋な拘禁行刑（Verwahrvollzug）であることを意味することになる[85]。

343 　外国人受刑者のための基本的かつ特別な処遇構想が欠如しているほか，それぞれ独自の文化的観念及び生活習慣を持つ様々な国籍の者が一緒に生活する場合，暴力によって決着が付けられることにもなるような，様々な被収容者集団間の紛争を生む。さらに困難なことには，行刑職員が非ドイツ人被収容者と接触する際の言葉の問題がこれに加わる。しかし，施設内で申告される国籍数が多いため，施設では通訳を用いた口頭での接触をすること，また，公文書，所内規則などを必要なすべての言語に翻訳する態勢がほとんどとられていない。このことは，被収容者の側に法律的な無知をもたらし，その結果，外国人被収容者は，しばしばその権利救済の可能性について知識を欠き，それを主張することもできない。

344 　外国人受刑者数の増加及びそれに伴う特別の問題があるため，実務においては，行刑施設の受刑者が次の二つのグループに分かれるおそれをはらんでいる。

— 行刑法第2条第1匇の行刑目的を指向し，その者に多くの処遇が提供される処遇行刑に参加する（圧倒的多数はドイツ人の）被収容者グループ
— 外国人管理法上の処分が実行されるまでの間，拘禁行刑の中でその自由刑の全部又は一部を服役する外国人刑確定者グループ

5.1.7.2 受刑（Strafverbüßung）の国際化

345 　犯罪の国際化が進み，自由刑実行の国際化をもたらすことになれば，それは行刑における外国人問題の解決に寄与することができる。しかし，行刑レベルでの国際化は，単に受刑者処遇のための共通の基準について合意することだけを意味

---

[84] Calliess/Müller-Dietz, 2002, §11Rdn. 19 ; Schwind/Böhm/Kühling/Ullenbruch, 1999, §13Rdn. 17 ; siehe dazu auch OLG Nürnberg, NStZ1994, S. 376 ; LG Hamburg, StrVert 2001, S. 33.
[85] Dünkel/ Kunkat, 1997, S. 29 ; Laubenthal, 1999a, S. 314.

するものではない。必要とされるのは，刑執行のための移送（Vollstreckungstransfer），すなわち，非ドイツ人刑確定者をそれぞれの母国で受刑させるよう努力することである。

外国人に対して言い渡された制裁をその母国で服役できる可能性については「有罪判決を受けた者の引渡しに関する1983年3月21日付け協定（Übereinkommen vom 21. März 1983 über die Überstellung verurteilter Person）（ÜberstÜbK）」——ドイツ国においては，連邦法への変換後の1992年2月1日から発効[86]——が，これを容易にしており，そこでは，IRG（刑事事件における国際的法律共助に関する法律）第71条に規定されたドイツにおける制裁を外国で執行するための手続が簡略化されている。この移送協定（Überstellungsübereinkommen）の適用は，司法の利益に奉仕するだけではなく，有罪判決を受けた外国人の社会復帰を促進することが期待される。この移送協定に基づき，判決言渡国は，刑確定者の母国が条約加盟国として執行国に含まれる場合，これに執行を引き受けるよう要請することができる。

この場合の手続には2段階あり，許容手続（Zulässigkeitsverfahren）と許可手続（Bewilligungsverfahren）とに分けられる[87]。第1段階——許容手続——では，刑執行官庁としての検察官が連邦司法省（許可官庁）に対して，引渡要請をすべきかどうかについて決定する。移送協定第7条第1項により，引渡しには当事者の同意も必要とされる。しかし，言い渡された制裁のため当該刑確定者が引渡し，又は追放を免れない場合には，1997年12月18日付け移送協定付属議定書第3条[88]に基づき，同意について例外が認められているが，それは，このような場合，その者は国内に引き続き滞在することが全く不可能とされるからである。さらに，「外国の刑法で有罪の言渡しを受けた者の刑執行に関するヨーロッパ共同体加盟国間の1991年11月13日付け協定（Übereinkommen zwischen den Mitgliedstaaten der Europäischen Gemeinschaften über die Vollstreckung ausländischer strafrechtlicher Verurteilungen vom 13. November 1991）（VollstrÜbK）」——ドイツ国は1997年9月10日批准——により，刑確定者が刑執行国の領土（Hoheitsgebiet）にいる場合，ヨーロッパ共同体加盟国間の刑執行共助手続により，同意を必要としないことができる。許容手続の段階では，引渡し要請に関する検

---

86　BGBl. II 1991, S. 1006ff. ; II 1992, S. 98.
87　Zu den einzelnen Voraussetzungen für die Überstellung: Denkschrift der Bundesregierung zum Übereinkommen, Bt-Drs. 12/194, S. 17ff. ; Isak/Wagner, 1999, S. 471ff. ; Weber, 1997, S. 171ff. ; siehe auch BGH, StrVert 1998, S. 68.
88　Zum Zustimmungsgesetz: BT-Drs. 14/8995, 14/9354 ; BR-Drs. 551/02 ; vgl. bzgl. des Zusatzprotokolls auch Lemke, 2000, S. 173f.

第5章 相互作用プロセスとしての行刑過程（Der Vollzugsablauf als Interaktionsprozeß）

察官の決定は，それが基本法により保護された社会化の利益に直接影響を及ぼすことから，刑確定者との関係において直接の法律効果を伴う。基本法第19条第4項により，当事者は，検察官がその裁量権を誤りなく行使したかどうかについて，裁判所の審査を求めることができる[89]。

刑執行官庁が引渡しを提議した場合，許可官庁は，刑執行共助に内在する外交政策及び一般政策上の利害について吟味する。さらに，執行国の同意を得なければならないが，それは，移送協定（ÜberstÜbk）が判決国の引渡要請に応じることを条約加盟国に対して何ら義務付けていないからである。そこには，母国への引渡しのための手続的枠組が存在するだけである。

**347** 受刑の国際化によって行刑施設における外国人問題を減少させることへの期待は，これまでのところ満たされていない。協定のないところへのIRG第71条の適用が実務上まず困難であるとすれば，移送協定も問題を打開することはできない[90]。協定発効後の数年間における，適用頻度の極めて低い実績に関する，実務的な意味での実証的な研究が発表された[91]。これによれば，刑執行のための移送を発展させるためには，受入れ拒否の原因となっている本質的要素を取り除くことに努めなければならない。

— 単に手続過程を規定するだけで，刑執行の委託を最終的に被要請国の判断[92]に係らせてはならない。双方に引受義務を発生させる国家間の合意の形成が必要である[93]。

— 司法省レベルでの折衝を必要とすることは，手続の遅延をもたらす。少なくとも，ヨーロッパ共同体加盟国間では，所轄官庁間の直接交渉が行われるようにされるべきである。

— 刑執行共助法（Vollstreckungshilferecht）は，法律的規定，多国間協定，付属議定書及び宣言が混合されていること[94]によって，特徴付けられる。透明性を増すことによって，より多くの受入れがなされる結果をもたらすであろう。

— 刑執行のための移送の最大の障害となるのは，結局のところ，移送の前提条件として，刑確定者の同意を必要とすることである。刑確定者が選択権を持てば，その者はより良い拘禁条件又は早期の釈放が約束される国を選ぶことになる[95]。しかし，犯罪者には，社会化の目的を達成するために合目的的であり，その成果を期待すべき違法行為に対する反作用（Unrechtsreaktion）の選択及び形成に参加する権利が

---

89　BVerfG, EuGRZ1997, S. 421.
90　Siehe auch Schomburg, 1998, S. 143.
91　Weber, 1997, S. 150f.
92　Weider, 1998, S. 69.
93　Schomburg, 1998, S. 144；Weber, 1997, S. 244.
94　Schomburg, 1998, S. 143；"Vertragschaos".
95　Weber, 1997, S. 160.

ほとんど認められていないように[96]，犯罪者に社会化を成功させるための客観的な枠組み条件に関する選択権を認めないことが必要である。このことは，全体施設である行刑施設での生活という具体的条件下で，果たして現実的に，制約されない決定の自由が被収容者に存在するであろうかと疑われる場合においては，なおさらである[97]。したがって，効果的な受刑の国際化を進める過程においては，刑執行のための移送についても，刑確定者の同意を要しないとする努力が続けられるべきである[98]。

## 5.2 収容 (Die Unterbringung)

受刑の主要局面における自由剥奪の様々な形態は，新たに罪を犯すことのない社会的責任ある生き方という行刑目的の実現に奉仕する。刑確定者の収容ということは，その枠内で再犯防止のための諸措置（例えば，作業教育，職業教育，補習教育，社会的援助）を用いて，行刑法第2条第1切の任務の達成が期待されるべき領域を意味している。そして，受刑者は，施設内において（例えば，居室グループ及び処遇グループ），あるいは施設外の社会との接触において（文通，面会，行刑の緩和，拘禁からの休暇など），社会的訓練の場があることを発見する。また，給養，衣服及び保健に関する規定は，施設内における人間の尊厳を傷付けない生活のための重要な基本的条件を定める。　　　　348

自由刑の実行は，分類手続又は刑執行計画の定める所轄施設での入所手続が終了した後，開始される。各施設の行刑形態（Vollzugsform）は，社会的学習の新たな分野を提供するための，いわゆる転轍機であることを意味する。行刑官庁は，移送することによって，各人の必要性及び発達の程度に合わせた措置を執ることができる。　　　　349

施設の内部では，所内における分化の原則（Differenzierungsprinzip）に従って，受刑者集団を更に細分化し，グループ別のコミュニケーション構造が作り出される。施設内での各受刑者の収容生活は，行刑法第82条第1項第1切による拘束力を持つ作業時間，自由時間及び休息時間という日課があることによっても，特徴付けられる。そして，行刑法第17条及び第18条によって，様々な収容生活の形態を作り出すことを可能にする。

---

96　Dazu Laubenthal, 1988, S. 952.
97　Amelung, 1983, S. 4 f.
98　So auch Lemke, 2000, S. 174.

## 5.2.1 開放行刑及び閉鎖行刑(Offener und geschlossener Vollzug)

**350** 行刑法第141条第2項では，閉鎖行刑の施設と開放行刑の施設とを区分している[99]。その基準は，以下に掲げる保安的予防措置の程度である。

— 閉鎖行刑では収容確保のための保安設備を有すること。
— 開放行刑では逃走防止設備が全くないか，又は軽微な逃走防止設備だけを有すること。

開放行刑では，第141条関係行政規則によって，施設の構造的及び技術的な保安設備——とりわけ，周壁，鉄格子及び特に厳重な扉——を設けないことができる。常時直接的な監視を行わないことについても同様である。施設内では，そのための規則に従って，受刑者は自由に行動することができる。外扉は一時的に施錠せず，居室も休息時間中開放することができる。

行刑法第100条第1項第3号により，開放施設からの逃走を阻止するため，銃器を使用することはできない。

**351** 開放施設における保安度の緩和は，閉鎖行刑とは異なる相互作用分野を作り出すことになる。保安的視点からの要請が完全に又は部分的に免除されることによって，施設内でのコミュニケーション及びそれ以外の社会とのコミュニケーションを行える可能性が拡大する。このことは，行刑法第3条第1項にいう一般的生活関係への同化をより増進する[100]。この開かれた行刑形態は，外界との隔離を広範囲に緩めることによって，侵害排除の原則にも対応する。つまりは，相応の確実な収容が必要とされる受刑者についてのみ，閉鎖行刑の手段を用いて，閉鎖施設のもたらす有害な状況下に置くべきであるということになる。社会復帰の原則に従った自由社会への復帰も開放行刑の形態によって容易になる。法律は，開放行刑での収容という処遇手段にこのような中心的意義を認めているので，行刑法第7条第2項第1号により，作成する行刑計画では，開放行刑の適否について，明らかにしなければならない。もとより開放行刑も自由の剥奪であるから，刑確定者が自分の居所を施設内にするか，又は他の場所にするかということを，その結果について責任を問われることなく，自由に決定することはできない[101]。

---

99 Zur Entwicklung siehe Eirmann, 1988, S. 48f.；Loos, 1970.
100 Siehe auch Müller-Dietz, 1999, S. 280.
101 Böhm, 1986, S. 99.

閉鎖施設と開放施設との間の境界は流動的である。両者の間にはいわゆる半開放施設が位置しているが，これは著作物によって創り出された概念[102]で，法律上採用されてはいない。それは，部分的に保安的設備を持たずに運営される行刑施設を意味する。行刑法第141条第2項は，逃走防止の設備を全く設けないか，又はこれを軽減している施設を開放行刑の施設としているので，半開放施設もこれに含まれる[103]。 **352**

行刑法第141条第2項が組織的レベルでの区分標識（Differenzierungsmerkmale）を示しているのに対して，行刑法第10条第1項は，開放行刑のための個別的分類基準を規定している。しかし，行刑法第201条第1号の経過規定は，行刑法施行前に開設されていた施設のために，事実上の諸事情に配慮して，その適用範囲を限定している。 **353**

開放行刑に収容するには，次の諸事情の存在を前提とする。
― 受刑者の合意があること。
― 被収容者に開放行刑への適性があること。
― 逃走又は悪用のおそれがないこと。
― 閉鎖行刑における収容が，場所，職員又は組織上の理由から不可欠とされていないこと。

刑確定者は，行刑法第10条第1項に基づき，その同意によってのみ開放行刑に指定されることとされている。立法者は，こうすることで被収容者に最低限の自己決定権を認めようとした[104]。この同意は，処分前に同意する旨を決定権者に通知しなければならないところの受領を要する（empfangsbedürftig）行政法上の意思表示である。同意はいつでも撤回が可能であって，当事者は認められた法律上の地位である自己決定権を根拠に，拒否又は事後の撤回に理由を付することを要しない[105]。しかし，行刑法第4条第1項第2切により，動機付けの義務（Motivationspflicht）が行刑スタッフに課されていることから，受刑者の同意又はその継続を働きかけるため，できる限り拒否の理由は調査されなければならない[106]。なお，同意の拒否は，その他の処置（例えば，拘禁からの休暇）の許可に当たり， **354**

---

102 Grunau/Tiesler, 1982, §141Rdn. 2；Loos, 1970, S. 12ff.
103 Calliess/Müller-Dietz, 2002, §10Rdn. 2.
104 BT-Drs. 7／918, S. 52.
105 AK-Lesting, 2000 §10Rdn. 9 f.
106 Böhm, 1986, S. 100；Calliess/Müller-Dietz, 2002, §10Rdn. 5.

第5章　相互作用プロセスとしての行刑過程（Der Vollzugsablauf als Interaktionsprozeß）

被収容者の不利益に評価されてはならない。同意という視点からの決定権を与えたのであるから，自分が理解できる理由さえあれば（例えば，開放施設が家族の住所から遠く離れていること）これを拒否することができる。

355　開放行刑への収容に関する決定に当たって，同意を条件とすることは否定されるべきであった[107]。それは，受刑者が同意しない理由として，実務上，特に，閉鎖行刑への慣れ（Gewöhnung），受刑者がテストされる立場（Erprobungssituation）に置かれることへの回避及び開放施設になお部分的に残る雑居生活への嫌悪があると考えられるからである[108]。たしかに，被収容者は処遇の対象とされてはならない。しかし，開放行刑に伴うテストされる立場というのは，行刑目的達成のための重要な要素である。したがって，このような学習分野は，受刑者の同意を条件とせず，その意思には関係なく検討されるべきである。なぜならば，開放行刑における収容は，自由の制限を緩和し，相当性の原則（Verhältnismäßigkeitsgrundsatz）という意味では，自由権に対するより軽度の侵害を意味するからである[109]。また，他方，社会化に対して敵意を持つ動因（例えば，副次的文化への個人的従属）が存在し，これに基づく同意の拒否が行われ得るからである。開放行刑への収容の決定及びこれに伴う行刑法第2条第1切の行刑目的達成の機会は，同意という形式的なメルクマールに依存させることはできない。むしろ，受刑者がその受入れに疑問をもつ場合，それは施設管理者と共に検討されるべきことであろう。そして，その者が開放施設への収容に反対であるとして挙げる理由は，開放された行刑形態への適性を判断するに当たって考慮されなければならない。

356　受刑者は，行刑法第10条第1項により，開放行刑のための特別の要件を満たさなければならない。その前提として，刑執行裁判所の制限的[110]再審査に服する不確定法概念が問題になる[111]。保安的設備を軽減し，又は無くするためには，被収容者の側に自発的な順応の心構えと能力があること，また，被収容者各自の自己規律（Selbstdisziplin）及び責任感に基礎を置くシステムに自らを参加させる意思があることを要する[112]。それは，確かな（再）社会化への意欲を示すものに相違ない。しかし，開放行刑は，このような能力を獲得するための社会的学習分野として役立つことが期待されているので，これらの諸条件は，その徴候があれば

---

107　So auch BT-Drs. 11/3694, S. 3 ; BT-Drs. 13/117 (Gesetzesentwurf des Bundesrates).
108　Vgl. BT-Drs. 11/3694, Begründung, S. 8.
109　BT-Drs. 11/3694, Begründung, S. 8.
110　Calliess/Müller-Dietz, 2002, §10Rdn. 6 ; Schwind/ Böhm/Ittel, 1999, §10Rdn. 6.
111　Dazu unten Kap. 8．2．2．2．
112　BT-Drs. 7/918, S. 51.

足りる[113]。

　行刑法第10条第1項の適性を判断するための基準としては，次のものがある[114]。
― 共同生活能力及び共同生活適応性（Gemeinschaftsverträglichkeit）
― 全面的な協力への心構え
― 緩やかな監視下における正しい行状
― 社会教育的な努力を受け入れる用意
― 必要とされる自分の行動に対する自覚など

　これに対して，適性への消極的基準は，行刑目的の到達を妨げ，開放された行刑形態によっても感化し得ないような幾つかのメルクマールである[115]。司法行政当局は，第10条関係行政規則でそのメルクマールを列挙しているが，そこに掲げられた基準は形式的であり，また部分的には過去指向的であるように思われ，処遇過程の存在や行刑中の人格の発達についてほとんど触れられていない[116]。これらは，個別事案の審査及び決定のために不可欠の具体的な判断指針でもある。

　第10条関係行政規則第2第1項によれば，次に掲げる受刑者は，原則として，開放行刑に不適当とされる。

― 著しい薬物嗜癖のおそれがある者
― 自由剥奪の継続期間中に逃走した者，単純逃走を試みた者，暴力逃走を企図した者又は受刑者暴動に参加した者
― 直近の休暇若しくは外出から自発的に帰所しなかった者，又は直近の休暇若しくは外出の間に処罰されるべき行動をとったことが，十分な事実根拠に基づき認められる者
― 退去手続，引渡手続，捜査手続又は刑事手続が係属中の者
― 好ましくない影響を及ぼすおそれがある者，特に他の受刑者の行刑目的の達成を危うくするおそれがある者

　開放行刑での収容に受刑者が責任を負い得るであろうかという疑問については，第10

---

113　OLG Karlsruhe, ZfStrVo1985, S. 246.
114　Vgl. OLG Karlsruhe, ZfStrVo1985, S. 174 ; OLG Zweibrücken, ZfStrVo1990, S. 373 ; OLG Frankfurt, NStZ1991, S. 55f. ; Böhm, 1986, S. 101.
115　OLG Karlsruhe, ZfStrVo1985, S. 174.
116　Böhm, 1986, S. 100f.

条関係行政規則第2第3項により，他の者に対する粗暴な暴力行為，性的自己決定に対する犯罪又は麻薬物質の取引に関する法律（BtMG）にいう物質の売買により処罰された被収容者並びに組織犯罪に関与していると認められる受刑者の場合，特に入念に吟味されなければならない。もっとも，この準則に該当しても，一律に拒否することは許されない[117]。

開放行刑から除かれるのは，――若干の例外はあるが――第10条関係行政規則により，国家保護法上の犯罪（Staatsschutzdelikten）による刑確定者，既判力のある退去決定を受けている受刑者[118]若しくは引渡拘禁，強制退去拘禁又は未決拘禁中の者[119]，並びに自由剥奪を伴う矯正及び保安の処分を受けている者又はその他の収容が裁判所により命じられている者である。

358　適格基準として，行刑法第10条第1項では，受刑者が自由刑の実行を逃れ，又は新たな罪を犯すために開放行刑の機会を悪用するおそれがないことを明示している。この（行刑法第11条第2項でも同様の[120]）逃走又は悪用のおそれというメルクマールは，行刑法第2条第2切にいう行刑の保安任務に配慮したものである。しかし，そこでいう予測とは，刑法典第57条第1項第2号にいう良好な社会的予後のための保護観察付き刑の執行猶予の場合と同様の強い要請を示すものではない。開放行刑の形態は，社会復帰の成功を目指す社会学習分野として用いられるのであるから，予後的な理由から条件付釈放が拒否されることが見込まれる刑確定者についても，開放行刑が考慮されることになる[121]。

359　もとより，行刑法第10条第1項の個別的構成要件に該当する場合においても，場所，職員及び組織上の理由からそれを必要とするとき，開放行刑は拒否され得る（行刑法第201条第1号）。期間の制約のないこの過渡的規定は，適性のあるすべての受刑者のために使用できる十分な収容能力を持つ開放的設備がないことによる。もとより，この場合に，行刑官庁は，特定施設での収容能力の不足を理由とすることはできないのであって，他施設の開放行刑への移送の可能性についても検討しなければならない。そうでなければ，選択が恣意的となり，事実に即して当事者の適性が判断されないことになるからである[122]。

360　開放行刑に収容されるためのすべての条件が存在しても，受刑者にはこの行刑

---

117　OLG Hamm, ZfStrVo1987, S. 369.
118　Siehe aber LG Hamburg, StrVert2001, S. 33.
119　Krit. dazu AK-Lesting, 2000, §10Rdn. 16.
120　Dazu unter Kap. 5. 4. 4. 2.
121　Calliess/Müller-Dietz, 2002, §10Rdn. 8.
122　OLG Frankfurt, NStZ1991, S. 56.

形態を要求する権利はなく，単に誤りのない裁量の行使を求める権利を有するだけである。なぜならば，立法者は，行刑法第10条第1項を当為規定（Soll-Vorschrift）としており，行刑官庁に狭い裁量の余地を与えているからである[123]。これによって，特に理由のある例外的場合においてのみ，開放行刑に適した者が閉鎖施設に収容され得ることになる。

閉鎖行刑への収容ないしそこへの送還（Ruckverlegung）のための基準は，行刑法第10条第2項が規定している。 361

― 「その他の場合（im Übrigen）」すなわち，行刑法第10条第1項にいう開放施設収容のための各要件が存在しない場合における閉鎖施設への指定，又は
― それが被収容者の処遇上必要がある場合

行刑法第10条第2項第2切に基づく収容ないし送還を必要と判断する場合において，合目的的考量（Zweckmäßigkeitserwägung）によるのは適当でない。閉鎖行刑が正に処遇手段として不可欠であること[124]，すなわち，開放行刑での収容が行刑法第2条第1切にいう目的の達成を阻害し，閉鎖行刑への収容が新たに罪を犯すことなく社会的責任のある生活を送ることができる可能性を高めるものでなければならない。例えば，個別に必要とされる治療的処置又は教育や補習教育が閉鎖施設においてのみ実施される場合がこれに当たるであろう[125]。

行刑法第10条第2項第2切に基づく開放行刑から閉鎖行刑への送還は，例えば， 362
行刑の緩和の間における新たな違法行為の疑いについて具体的な根拠があること[126]又は開放施設における（好ましくない）態度を理由とすることができる。しかし，奇矯であること（Auffälligkeiten）は，個別的又は総合的にみて，閉鎖施設で処遇することの必要性を示すものでなければならない[127]。送還のための要件は，行刑法第10条で完結的に規定されている。したがって，行刑法第14条第2項に掲げられた撤回理由（行刑の緩和及び拘禁からの休暇のための）を類推的に引用することで送還を正当化できるような想定外の（planwidrig）法の欠缺（Gesetzeslucke）は存在しない[128]。

---

123　OLG Hamm, ZfStrVo1987, S. 369；OLG Frankfurt, NStZ1991, S. 55.
124　BT-Drs. 7／918. S. 12；OLG Frankfurt, NStZ-RR2001, S. 318.
125　Schwind／Böhm／Ittel, 1999, §10Rdn. 11.
126　KG, ZfStrVo1989, S. 116.
127　OLG Frankfurt, ZfStrVo1988, S. 62.
128　So auch Calliess／Müller-Dietz, 2002, §10Rdn. 10.

## 第5章　相互作用プロセスとしての行刑過程（Der Vollzugsablauf als Interaktionsprozeß）

事例：　殺人により5年の自由刑を言い渡された者がC.-R.施設の開放行刑に移送された。これに対して，分類委員会（Einweisungskommission）はG.施設の半開放行刑への収容を勧告した。

州司法行政当局の指針によれば，開放行刑に適した暴力犯（Gewalttäter）受刑者は，他の開放施設では行わない行刑職員の監視の下での構外作業（Außenbeschäftigung）のテストを行うため，G.の半開放施設に移送することだけが許されていた。

ハム（Hamm）の州高等裁判所[129]はC.-R.施設への受刑者の移送を利益付与的（begünstigende）行政行為であると判断した。その者をC.-R.での開放行刑から引き離し，処分を撤回してG.の半開放施設に送還する行刑官庁の権限は，行刑法第14条第2項を類推適用すれば支持できるとした。この規定は，行刑の緩和及び休暇の決定の撤回（Widerruf）ないし取消し（Rücknahme）を直接規定したものである。その他の行刑上の処分を行う際にこの規定を引用することは，「行刑法第2条及び第3条に規定する安全への利害及び一般的行刑原則に配慮しながら，当該処分の意味及び目的に留意して行う場合には，許容される」[130]。したがって，C.-R.施設の開放行刑への移送により生じた利益付与的行政行為は，同意が要件ではないので，行刑法第14条第2項第2切を類推して取消し得るかどうか検討されなければならないとした[131]。

しかし，この考え方は，送還を処遇の必要性にかからせている行刑法第10条第2項第2切の規定と矛盾する。

**363**　行刑法第10条第1項に基づき，被収容者は，開放施設へ収容されるべきであって，「その他の場合」にのみ閉鎖行刑へ収容されるべきであるとするならば，開放行刑が通常の行刑形態であり，立法者の本来の意図に添うことを意味する[132]。しかし，立法機関は，行刑法第10条第1項を当為規定としたこと及び行刑法第201条第1号によって，開放処遇の優位性を弱体化している。

2001年3月31日現在，総計52,939名が自由刑服役中であった。そのうち，開放行刑の施設にいたのはわずかに10,965名である[133]。受刑者総数のうち開放行刑に収容されてい

---

129　OLG Hamm, ZfStrVo1987, S. 371f.
130　OLG　Hamm, ZfStrVo1987, S. 372；zustimmend　auch　AK-Lesting, 2000 § 10Rdn. 22；Schwind/Böhm/Ittel, 1999, § 10Rdn. 12.
131　Für eine analoge Anwendung des § 14Abs. 2 StVollzG bei einer Rückverlegung in den geschlossenen Vollzug auch KG, NStZ1993, S. 102；OLG Celle, NStZ-RR1998, S. 92.
132　AK-Lesting, 2000, § 10Rdn. 4；Calliess, 1992, S. 90；Calliess/Müller-Dietz, 2002, § 10 Rdn. 1；Dünkel F., 1998, S. 45；Kaiser/Schöch, 2002, S. 409；OLG Frankfurt, NStZ1991, S. 56；a. A. Müller/Wulf, 1999, S. 4.
133　Statistischeds Bundesamt, Strafvollzug-Demographische und kriminologische Merkmale der Strafgefangenen2001, Reihe 4. 1, S. 10.

た者の割合は，僅かに20,7％ということになる。実務では開放行刑形態を上位に置いてこなかったものの，行刑法第10条第1項に基づく収容指定ないし移送が増加していることは，明記しておかなければならない。1988年には，旧連邦州受刑者の7,4％のみが開放行刑に置かれていたにすぎなかったからである[134]。

## 5.2.2 移送の可能性（Verlegungsmöglichkeiten）

拘禁の開始時における，又は行刑法第10条に定める服役期間中の行刑形式の変更による開放行刑あるいは閉鎖行刑への指定のほかに，行刑期間中における個別的介入として，施設の新たな変更が行われ得る。刑執行計画とは異なる他の施設への継続的な収容をもたらすこのような移送は，行刑法第8条第1項により行われる。すなわち，

— 処遇ないし社会編入を助長するため（第1号）
— 行刑組織上又はその他の重要な理由が移送を必要とするとき（第2号）

立法者は，行刑法において，移送の理由を完結的に規定している[135]。それは，施設の変更が当事者にとって重要な転機を意味し，また処遇プロセスの一貫性を損なうことになるからである。受刑者は，慣れ親しんだコミュニケーション構造から引き離され，それまで存在していた就業の機会を失う。他方，新しい施設が帰住地に近くなったり，又はより良い処遇を提供できることもある。新しい行刑施設が他の州裁判所の管轄区域にある場合には，さらに，原則として[136]，行刑法第110条の刑執行部の管轄権（Zuständigkeit）に変更が生じる。このことは，個別の事案における操作の可能性を生むおそれを含んでいるといえる。しかし，行刑法第2条第1切の趣旨から社会化目的を指向する行刑官庁の移送決定は，基本法第101条第1項第2切により保障された法律で定める裁判官を要求する権利という視点からも，憲法上正当化できるように思われる[137]。

行刑法第8条第1項による施設の変更には，次に掲げる特別の移送理由が優先する。
— 行刑法第9条：社会治療施設への移送又は同施設からの還送
— 行刑法第15条第2項：釈放準備のための開放施設又は開放区画への移送
— 行刑法第65条：病気治療のための移送
— 行刑法第85条：受刑者の確実な収容のための移送

---

134 Statistisches Bundesamt, Strafvollzug1988, S. 8.
135 Calliess/Müller-Dietz, 2002 § 8 Rdn. 2.
136 Zu Ausnahmen bei bereits rechtshängigenVerfahren siehe unten Kap. 8.2.1.5.
137 Dazu BKGG-Leuze, 2000, Art. 101Rdn. 12 ; Roth, 2000, S. 133ff.

第5章　相互作用プロセスとしての行刑過程（Der Vollzugsablauf als Interaktionsprozeß）

― 行刑法第152条第2項第2切：分類施設又は分類区画から新たな行刑のための移送

366　このような特別な移送事由が存在しない場合においても，行刑法第8条第1項第1号は，処遇上の処置として，刑執行計画とは異なる施設への変更の可能性を認めている。これによって行刑目的を具体化させ，行刑法第3条第3項の社会復帰の原則（Eingliederungsgrundsatz）に対応することができる。

　行刑法第8条第1項に基づく移送は，とりわけ，受入施設にその者に適した職業教育及び補習教育又は治療的処置が予定されている場合に考慮されることになる。釈放準備の観点からは，郷里に近接した施設での収容は，外部との職業的関係の確立及び人間的接触の強化に役立たせることができる。共犯者とは異なる施設に分離して収容することで行刑目的達成の可能性を高めることを意図して，行刑法第8条第1項第1号による移送を行うことも可能である[138]。

367　しかし，単に親族との接触を容易にするということだけでは，行刑法第8条第1項第1号による移送の根拠とすることはできない。そうでなければ，施設管理者は，他の被収容者が行刑への希望（Vollzugswunsch）を表明すれば，平等取扱原則に従ってこの希望を受け入れなければならないであろうし，そうすることによって，刑執行計画による秩序ある行刑を不可能にすることになるであろう。さらに，法律の定める裁判官も確実に決定できなくなるであろう。移送についての裁量的決定[139]を行う場合においては，正に婚姻及び家族の保護に関する基本権（基本法第6条）が配慮すべき基準となる[140]。それは，親族との面会の機会を改善するだけではなく，刑罰拘禁中の配偶者とのより頻繁な出会いを可能にすることに関係する[141]。しかし，基本法第6条第1項は，特定の時期に家族に近い施設に移送されることを求める独立した請求権の根拠となるものではない。家族関係を正常に維持するための施設の変更は，行刑法第8条第1項第1号に基づき，それが処遇措置として，又は特別の事情に基づき，（再）社会化のために不可欠であると思われる場合に，初めて考慮の対象になる。すなわち，そこには，個別の事案において，このような移送の申出を例外的に十分に根拠あるものとするための，平均的事案には見られない親族との接触を困難にする事情が存在しなければならない[142]。したがって，家族との接触の困難性が，行刑法第11条にいう行刑の

---

138　LG Stuttgart, ZfStrVo1990, S.184.
139　KG, ZfStrVo1995, S.112 ; OLG Rostock, NStZ1997, S.381.
140　OLG Hamm, ZfStrVo1988, S.310.
141　OLG Saarbrücken, ZfStrVo1983, S.379.
142　OLG Rostock, NStZ1997, S.381 ; OLG Bamberg, Beschl. v. 9.11.2001-Ws689／01 ; Schwind／Böhm／Rotthaus, 1999, §8 Rdn.11.

緩和の許可によって，又は行刑法第8条第2項による親族の居住地に近い行刑施設への面会目的での一時移送によって，除去できる場合には，原則として，ここでいう移送の対象にはならない。

行刑組織（Vollzugsorganisation）上の理由からの移送は，行刑法第8条第1項第2号により許容されている。そこで特に問題となるのは，施設定員（例えば，収容過剰，建物補修上の処置，施設の閉鎖ないし開設）に関する実務上の問題又は他の方法での受刑者の収容を必要とする予見できない出来事（例えば，災害，被収容者による破壊）である。また，基本法第1条第1項から派生する人間の尊厳にふさわしい（Menschenwürdig）収容を求める受刑者の権利も——施設内での対策が不可能である場合には——移送の理由となる[143]。 **368**

行刑法第8条第1項第2号によって，その他の重大な理由から移送を必要とする場合にも，施設の変更が考慮される。移送の具体的根拠は，特別の法律の規定及び行刑法第8条第1項第1号で完結的に規定されているので，その他の重大な理由とは，行刑の利益全体にかかわるようなものだけがこれに当たる[144]。したがって，個々の被収容者の特別な行動様式又は精神状態（例えば，好訴性（Querulantentum），犯罪行為を行うための行刑緩和の悪用）だけでは，移送を正当化できない[145]。行刑法第8条第1項は，施設の変更に伴い刑執行部の管轄権が変わるところから，法律の定める裁判官を必要とする規定（基本法第101条第1項第2切）との関係で合憲的に解釈されなければならず，第8条第1項第2号第2選択肢にいかなる一般的受け皿構成要件（Auffangtatbestand）を含むとすることもできない。 **369**

受刑者は，移送を求める権利を有しない。施設の変更を願い出ることができるだけであるが，その者の主張に配慮した誤りのない裁量的決定を求める権利を有する。 **370**

州司法行政部は，行刑法第153条に基づき，移送に関する決定権を留保し，又はそれを中央官署に委任することができる。その他の点については，施設管理者の権限とされる。受刑者が分類施設における分類判定の結果，特定の施設に収容されている場合において，分類施設が最初の判定を修正したときも，他施設への移送決定は当該施設長が行う[146]。

---

143　BVerfG, StrVert1993, S. 487f.
144　Calliess/Müller-Dietz, 2002 § 8 Rdn. 5.
145　Ak-Feest/Joester, 2002, § 8 Rdn. 6 ; Calliess/Müller-Dietz, 2002 § 8 Rdn. 5 ; a. A. Schwind/Böhm/Rotthaus, 1999, § 8 Rdn. 14 ; OLG Bremen, ZfStrVo1996, S. 310 ; OLG Hamm, NStZ1997, S. 102.
146　OLG Hamm, NStZ1994, S. 608.

第 5 章　相互作用プロセスとしての行刑過程（Der Vollzugsablauf als Interaktionsprozeß）

概括：
他施設への移送理由
　── 特別の移送理由
　　　§10：開放行刑への移送
　　　§9：社会治療施設への移送
　　　§15Ⅱ：釈放のための開放施設又は開放区画への移送
　　　§65：医療措置のための移送
　　　§85：受刑者の確実な収容のための移送
　　　§152Ⅱ2：分類施設又は分類区画から新たな行刑のための移送
　── 一般的移送理由
　　　§8Ⅰ①：処遇ないし社会復帰を促進するための移送
　　　§8Ⅰ②：行刑組織上又はその他の重大な理由に基づく移送

371　刑執行計画とは異なる施設での継続的な収容である移送と区別されなければならないのは，一時移送（Überstellung），つまり，重大な理由による施設の一時的な変更（行刑法第8条第2項）である。行刑法第8条関係行政規則に基づき，それは，面会，他施設の所在地又はその近在地への連行又は外出，裁判期日への勾引（Vorführung），鑑定及び医師の診察のため，という場合に考慮される。

372　移送又は一時移送による施設の変更は，受刑者移送（Gefangenentransport），つまり，護送（Verschubung）を伴う。それは州の受刑者移送規則により行われるが，対象者は原則として集団で移送される。所管官庁は，護送依頼を受けた行刑施設（処分に基づく収容の場合は処分実行施設）である[147]。特別の受刑者護送車が正確な運行計画に基づき「受刑者集団護送のための時刻表[148]」に掲げられた施設間を運行する。狭いのぞき窓しかないバスの仕切られた小部屋の中で，時には長時間を要する護送を行うことは，行刑法第3条第1項に違反し，基本法第1条第1項違反の問題を生じさせる[149]。

### 5.2.3　施設の形態及び施設内の区分構成（Gestaltung und innere Gliederung der Anstalten）

373　刑確定者は，その中で処遇指向的行刑が実際に行われ得る外部的条件を持つ施

---

147　Dazu Isak/Wagner, 1999, S. 55.
148　Das Kursbuch wird herausgegeben vom Justizvollzugsamt Westfalen-Lippe in Hamm.
149　Siehe auch Bemmann, 2002, S. 803ff.

設に収容されなければならない。施設建物，その区分及び定員は，行刑法第2条から第4条までに規定された社会復帰を指向する行刑計画の基本構想に対応するものでなければならない。

5.2.3.1 規模及び収容定員（Größe und Belegungsfähigkeit）

自由刑の実行が追求する目的（行刑法第2条第1切）は，また司法実行施設の建築様式（Bauweise）を規制する。近代的自由剥奪の開始以来，監獄建築は，被収容者の生活空間を形成するに当たって，それぞれ当時の行刑理念に添うものであった[150]。今日の施設は，社会化を指向する行刑法の原則に合わせて建設されなければならない[151]。しかし，この法律は，建築構造に関する詳細な規定を有しない。立法者は，法律の施行時期に存在する建築設備を考慮して，行刑法第143条ないし第146条で施設及び部屋の規模及び様式並びに定員について，若干の準則を置くにとどめている。

ドイツに現存する司法実行施設の一部は，既に第1次世界大戦以前に建築されている。18世紀及び19世紀の監獄建築は，その外観（Außenfassade）が威嚇的効果を持つよう意識的に構想されただけではない[152]。そこでは，遮断と隔離の原則に基づく保安的建築様式が支配した。すなわち，内部においては，独居の原則，より容易な視察のためのパノプチコン建築様式であり，外部に対しては，保安及び隔離を象徴する鉄格子及び外塀であった[153]。このような旧式の監獄建築は，新しいものに置き換えられるか，又は処遇行刑の要求に対応するものに改築されなければならない。例えば，バイエルン州においては，法律の要求に添った行刑に必要な空間的条件を満たすため，1991年以降，合計3億9400万ユーロが支出されている。その際の行刑建築政策における優先的課題は，特に被収容者の増加が見込まれることから，収容能力をこれに対応させること及び居室の構造を単独収容に適するよう変更することであった[154]。

行刑法第143条第1項では，施設の設計に処遇行刑の原則が反映されるべきことを義務付けている。つまり，各人に適した処遇の実施に必要とされるものが保障されるよう設備されなければならない。同時に，立法者は，施設規模が大きす

---

150 Vgl. Arndt, 1981, S. 7 ff.；Bienert, 1996, S. 140ff.
151 Dazu Korndörfer, 1993, S. 337f.
152 Siehe Esch, 1993, S. 83；Bienert, 1996, S. 164ff.
153 Jung H., 1993, S. 339.
154 Bayer. Staatsministerium der Justiz, 2002, S. 42.

第5章　相互作用プロセスとしての行刑過程（Der Vollzugsablauf als Interaktionsprozeß）

ぎ，また，受刑者の分離が十分でない施設があることで，行刑法第2条ないし第4条で保障する受刑者の処遇が困難又は全く不可能になる危険に対処しようとした[155]。もっとも，いわゆる旧式建築（その建築が行刑法の施行前に開始されていた）については，立法者は，この規定を無期限の当為規定として相対化している（行刑法第201条第4号）[156]。

376 　行刑法第143条第1項に施設の構造について規定していることを除けば，この法律は，個々の施設の規模について触れていない。ただ，行刑法第143条第3項が社会治療的施設及び女性の行刑施設について，収容人員を200名に制限しているにすぎない。その他の施設については，収容能力，つまり，施設の受入れ可能な被拘禁者の数[157]は，監督官庁が算出し，収容計画（Belegungsplan）の中で確定される（行刑法第145条）。収容定員は，法律上予定された処遇が実施できるように算定されなければならない。その際，受刑者数に応じた作業，職業教育及び補習教育のための場所，並びに宗教教誨，自由時間，運動，治療的措置及び面会のための部屋が確保されるよう配慮されなければならない。

377 　行刑法第146条第1項は，過剰拘禁の禁止を規定している。すなわち，収容計画の中で確定された収容能力（Haftplatzkapazität）は，施設がそれ以上の受刑者を受け入れることによって超過してはならない。立法者は，過剰拘禁は処遇の実施に支障があるという考え方に立っている。したがって，行刑官庁は，刑確定者を法律の規定に従って世話をし（betreuen），管理することが（versorgen）できない場合には，その収容を拒否することができる。つまり，「現有の拘禁場所が受刑者の合法的かつ人間の尊厳にふさわしい収容のために十分ではないと思われる場合には，執行可能な判決を実行すべき官庁の義務（Behördenpflicht）と基本法及び法律上の規定に従った処遇を行うべき官庁の義務との間の葛藤は回避されるべきである。[158]」

378 　しかし，行刑法第146条第2項の規定は，収容可能数と処遇のための収容必要数との乖離が重大な結果を招くこと[159]を認めている。この規定によって，監督官庁の同意があれば，過剰収容禁止に対する例外が一時的に許容される。受刑者が多数入所する時期には，長期間施設の拘禁可能数を超えた収容を行うために，この規定が乱用され[160]，そのことは結局その施設に違法状態をもたらすことにな

---

155　BT-Drs. 7/918, S. 93.
156　Krit. Preusker, 1997. S. 35.
157　Ak-Huchting/Lehmann, 2000, § 145Rdn. 1．
158　BT-Drs. 7/918, S. 93.
159　Rotthaus K., 1987, S. 3．
160　Rotthaus K., 1987, S. 3．

る[161]。

　行刑法第146条第2項の拡張的適用による影響は，行刑職員の負担増となって現れる[162]。職員は，過剰収容によってその身の安全が脅かされると感じても，行刑法第146条第2項を根拠に収容過剰の解消を求める権利を主張することはできない。それは，この規定が処遇に支障や中断が生じないようにするために設けられたものであることによる[163]。

　2000年12月31日現在，ドイツには222の司法実行施設があり，受刑者の収容能力は合計76,646名で，当日の収容人員は70,252名であった（91.6％）[164]。1980年代の前半，多くの連邦州においては，施設の収容人員は収容能力を明らかに（時には，約30％）超過していたが[165]，1990年代の中頃以降，収容能力を著しく超える拘禁施設はなくなった。しかし，収容状況の緩和は，被収容者の収容条件及び生活条件が常に満足すべきものであること，あるいは人権への適合性を示していることを意味しない[166]。

　若干の州においては，1990年代の始めから再び受刑者数の増加が記録されている。例えば，バイエルン州では，1991年以降，約23％収容人員が増加している。1998年には，11,116名の収容定員に対して12,907名が収容されていたが，それは1948年以来最高の収容状況を示すものであった。それ以降，受刑者数はわずかに減少したものの，引き続き高い水準で推移している[167]。ノルトライン－ヴェストファーレン州では，2000年3月31日現在，18,225名の収容定員に対して，19,070名が収容されていた[168]。

5.2.3.2　集団での収容（Unterbringung in Gruppen）

　行刑法第143条第2項に基づき，施設は受刑者を総括的視点から評価できるような（überschaubar）保護及び処遇のグループに分けることができるように細分され（内部的区分）なければならない。しかし，この規定もまた，行刑法第201条第4号により，いわゆる古い施設（Altanstalten）のための無期限の当為規定とされている。

　被収容者は，行刑施設において，構造を持たない総合体（Gesamtheit）とし

---

161　Zu den Auswirkungen siehe Oberheim, 1985, S. 142ff.；Schmidt J., 1986, S. 75f.
162　Kaiser/ Schöch, 2002, S. 122.
163　VG Köln, ZfStrVo1992, S. 73.
164　Statistisches Bundesamt, Strafvollzug2000, Reihe 4．2，S．8．
165　Vgl. Feltes, 1984, S. 195.
166　Dünkel/Morgenstern, 2001, S. 147.
167　Bayer. Staatsministerium der Justiz, 2002, S．6．
168　Justizministerium des Landes Nordrhein-Westfalen, 2000, S. 22.

て生活するべきではない。むしろ，施設の社会構造は，細分化によって，より小さい構成単位（Einheit）に具体化される。法律はその規模について触れていないが，総括的評価の可能性（Überschaubarkeit）という概念について「集団は，グループに所属する個人の特性とその必要とするもの（Bedürfnisse）とに十分な配慮ができないような大きさであってはならない」という表現をしている[169]。

行刑法第143条第2項は，構成単位として保護グループ及び処遇グループを挙げている[170]。保護グループとは，行政技術上の要求に基づいて決められた行刑単位（Vollzugseinheit）——部分的な——という意味に理解されるべきである[171]。それは，多くの居室グループとそれに所属する者とを場所的に統合したものである。

381 行刑法第143条第2項にいう処遇グループの概念について，立法者は——施設の細分化と関連して——もともと居室グループを処遇の中心と考えている[172]。この構成単位への指定については，行刑法第7条第2項第3号に基づき，行刑計画で明らかにされなければならない。

公共的存在（Gemeinwesen）としての人間には，もともと人間関係を作る能力があるという認識が，行刑における居室グループを考える場合，有用であるとされている。人間は，人生の過程で結合の性質を共通にする様々な仲間集団と関係を持つ。集団の中で，個人は人間関係とその相互作用の網目の中に組み込まれる。そこでは，知的レベルだけではなく，感情的レベルにおける相互作用が行われる[173]。多くの被収容者を人工的な仲間集団にすること（künstliche Gesellung）によって，刑事施設においても相応の社会構造が構築され，その内部において，被収容者は社会的能力及び自尊心の獲得を目的とした学習過程を体験する。

居室グループは，被収容者のための人間関係の中枢であり，その中で被収容者は他の者と共に自主的な生活をすることができる。他の領域に比較して多くのものが剥奪されているので，この規制された領域の中では，基本的な社会的及び感情的相互作用が発生する。ある集団で自由時間を過ごすことは，構成員相互の影響が重層的に行われる。そこでは，社会化という分野において，有害な既存経験（Vorerfahrungen）の修正を支援するものとして，多くの社会的経験を伴う集団力学的プロセスが進行する[174]。

---

169　BT-Drs. 7／918, S. 93.
170　Krit. zu diesen Bezeichnungen: Schwind/Böhm, 1999, §143Rdn. 3 f.
171　Calliess/Müller-Dietz, 2002, §143Rdn. 6.
172　Zum Wohngruppenvollzug Bruns, 1989; Laubenthal, 1983, S. 168ff.; ders., 1984, S. 67 ff.; Lorch/Schulte-Altedorneburg/Sträwen, 1989, S. 265ff.
173　Battegay, 1976, S. 35.
174　Lippmeier/Steffen, 1977, S. 89.

居室グループの内部では，各人に比較的広いプライバシーの領域が認められ，かなり広い範囲での内部的に束縛されない状況（Freizügigkeit）が得られるが，それは拘禁の剥奪するもの（Haftdeprivationen）の緩和にも役立つ。共同体内部での毎日の生活は，被収容者に対して社会的に活性化することを余儀なくさせる。グループ内に必然的に発生する問題は，一種のストレス負荷訓練（Belastungstraining）になり[175]，そこには社会的な制御プロセスを学習する分野が成立する。構成員は，その生活状況（Lebenssituationen）を克服するための新たな行動の可能性（Verhaltensmöglichkeiten）及び方法を身に付ける。他者との共同生活を通じて，葛藤と積極的に取り組み，批判を建設的に回避することを学ぶことができる。集団の中で個々の構成員は，要するに，自分自身のため，及び構成単位として，より多くの責任（Verantwortung）を引き受けさせられるが，それは受刑者の自発性を促進し，処遇目的とより強く同一化する可能性（Identifitierungsmöglichkeiten）を生み，そうすることで，処遇を進んで受ける心構えも促進される[176]。

総括的評価が可能であること（Überschaubarkeit）という法律上の要求があることから，一つの居室グループには，最大でも15名の受刑者が所属することになるのが相当であろうが，その規模は，更に建物構造上の条件にも左右される。自由社会における社会集団の構成員は，同一の又は類似した人格的徴標によって特徴付けられていないのであるから，行刑の構成単位もできる限り現実に近い組合せとなるようにされなければならない。したがって，――犯罪内容についても――混合された集団であるほうが，かえって共同生活のダイナミックなプロセスを社会的，現実的に処理することができる。もっとも，年齢差には，通常，権力―影響力の構造が伴うと言われているので，年齢の大きい相違は避けるべきである[177]。

各受刑者は，居室グループの中で，それぞれ自分の居室及び寝室を持つべきであろうし，そうすることで個人のプライバシー領域が残されることになる。集団的環境の形成を可能にするため，共同体（Gemeinschaft）を作ることができる共同室が備えられなければならない。常時の接触を可能にするため，居室グループを担当する職員の勤務室は，それぞれの構成単位に近接していることが求められる。居室グループの指導者としては，とりわけソーシャルワーカーが適当であり，一般行刑勤務に服する職員は，これを援助する。行刑法第156条第2項第2

---

175　Calliess, 1992, S. 154.
176　Lippmeier/Steffen, 1977, S. 90.
177　Rasch, 1977, S. 73.

切に基づき，施設長は，居室グループに関する事項についての権限をグループ担当の職員にゆだねることができるが[178]，そうすることによって，担当職員は，グループ及びその構成員に関する処置を行い，事件を処理できることになる。

## 5.2.4 施設内の部屋（Räumlichkeiten in der Anstalt）

**383** 施設生活の多様な形態に対応して，行刑施設には，受刑者がそこで過ごすことのできる多種類の部屋が準備されなければならない。行刑法第145条によれば，休息時間に収容されるための部屋（行刑法第18条，第19条）のほかに，作業，教育，補習教育，宗教教誨，自由時間，スポーツ，治療処置及び面会のための部屋が準備されなければならない。行刑官庁は，行刑法第144条第1項によって，組織及び建築上の観点から，これらの部屋を居心地良いものとし，あるいはそれぞれの目的に対応する構造とすること，すなわち，それらが行刑法第3条第1項の意味において，できる限り一般の生活条件と同じにするよう義務付けられている（行刑法第144条第2項に基づく，居室の気積，換気，床面積及び窓面積，暖房並びに設備に関する連邦司法大臣の法規命令は，現在までのところ存在しない。）。行刑法第149条第1項に基づき，更に施設工場のための場所（行刑法第37条第2項），職業的教育（行刑法第37条第3項）及び作業療法的労作（行刑法第37条第5項）のための設備が準備されなければならないが，これらは行刑法第149条第2項によって施設外部の状況に相応するものとされる。

### 5.2.4.1 日課に基づく収容（Unterbringung nach Tagesphasen）

**384** 行刑法は，拘束力のある日課として，次の時間を設けている（行刑法第82条第1項第1切）。

— 作業時間
— 自由時間
— 休息時間

詳細な時間配分は，行刑法第161条第2項第2号に基づき，施設長が所内規則で定める。

この日課区分は，特定の活動だけに結び付いているものではない（例えば，行刑法第37条，第38条に基づき，作業，教育，補習教育及び授業は，作業時間中に

---

178 Calliess/Müller-Dietz, 2002 § 156 Rdn. 4.

行われ，行刑法第67条以下の活動は，自由時間に行われる）。行刑法第17条及び第18条に基づき，受刑者の収容もそれぞれの日課に従って規制されるが，これらの規定は，基本的に一般社会の生活に合わせたものにされている。

(1) 作業時間

作業，職業訓練，職業的補習教育，再教育並びに作業時間中における作業療法的労作及びその他の活動は，雑居で行われる（行刑法第17条第1項）。独居（行刑法第89条にいう独居拘禁にまでは至らない[179]）で行うよう制限することは，行刑法第17条第3項に掲げる下記のいずれかの理由がある場合に限り可能である。

— 他の受刑者に対し有害な影響を与えるおそれがあるとき。
— 処遇調査が行われているとき。
— 施設の保安又は規律がそれを必要とするとき。
— 当事者が同意するとき。

これらは，裁判所の全面的な審査に服する不確定法概念に当たる[180]。留意すべきは，行刑法第17条第3項による雑居収容の制限が，行刑法第102条以下に基づく懲戒処分の要件を脱法的に回避するために用いられてはならないことである。

事例：ある受刑者が拘禁からの休暇を許されたが，施設に帰所しなかった。加えて，逃亡中に銃器を用いて重大な犯罪を行った。逮捕された後，施設長は，その者を行刑法第17条第3項に基づき，4週間継続して，作業時間中に作業を課さず，居室に留置することを命じた。

このような形で作業時間中における雑居収容を制限することは，違法である。なぜならば，この受刑者の行動は，行刑法第102条に定める義務違反であったからである。作業不課は，行刑法第103条第1項第7号に基づき，同規定の範囲内においてのみ命じることのできる懲戒処分である。

しかし，特別に逃走のおそれが存在する場合に，被収容者を行刑法第17条第3項第3号に基づき，雑居作業をさせず居室での作業を命じることは，許されるであろう[181]。

---

179 Schwind/Böhm, 1999, §17Rdn. 5.
180 AK-Kellermann, 2000, §17Rdn. 10；Calliess/Müller-Dietz, 2002, §17Rdn. 5；Schwind/Böhm, 1999, §17Rdn. 5；siehe auch Kap. 8. 2. 2. 2.
181 LG Stuttgart, ZfStrVo1990, S. 304.

第5章　相互作用プロセスとしての行刑過程（Der Vollzugsablauf als Interaktionsprozeß）

(2)　自由時間

386　自由時間の間，受刑者は，行刑法第17条第2項第1切により，独居か雑居かを選択する自由を有する。これによって，受刑者には行刑法第67条に掲げる自由時間活動（Freizeitaktivitäten）に参加する機会が与えられることになる。しかし，共同行事については，行刑法第17条第2項第2切で場所，職員及び組織上の事情を考慮して，特別の規制をする権限を施設長に与えている。

　個々の被収容者は，共同の自由時間そのものを要求する権利を有するだけであって，自分の自由時間のすべて又は大部分を他の者と一緒に過ごすことができるよう要求する権利はない[182]。それと共に，居室グループによる行刑を行っていない施設においては，被収容者が開扉（Aufschluss）（自由時間中居室を開けておくこと。）を求め，あるいは居室訪問（Umschluss）（少しの間，関係する同衆の居室に複数の者を入れておくこと。）を求める一般的権利も有しない[183]。

　自由時間中の雑居収容の制限は，行刑法第17条第3項の要件の下にのみ行い得るということではない。古い施設で，場所，職員及び組織上の事情が必要とする場合（行刑法第201条第2号）も，その限りにおいて雑居収容の制限をすることができる。このことは，とりわけ，行刑法第143条第2項にいう総括的に把握可能な区分がまだ行われていない施設について妥当する[184]。行刑において，共同の自由時間中に十分な監視ができないままにすれば，そのことが副次的文化の発達を容易にするからである。

(3)　休息時間

387　副次的文化の影響からの保護及び受刑者のプライバシー確保のためには，休息時間中における居室での独居収容を必要とする（行刑法第18条第1項第1切）。しかし，この独居収容の原則は，法律で幾つもの例外を認めている。その一つは，行刑法第18条第1項第2切に規定しているが、被収容者が援助を必要とする場合又はその身体又は生命に対する危険がある場合である。開放行刑では，第18条第2項第1切により，休息時間中においても，次の二つの要件，つまり，相互に有害な影響を及ぼすおそれがない場合及び関係者の同意がある場合には，雑居収容が許される。閉鎖施設における第18条第2項第2切に基づく雑居収容は，やむを

---

182　OLG Koblenz, ZfStrVo1986, S.122 ; OLG Koblenz, ZfStrVo1995, S.243.
183　Schwind/Böhm, 1999, §17Rdn. 4 ; Calliess/Müller-Dietz, 2002, §17Rdn. 4 ; anders Ak-Kellermann, 2000, §17Rdn. 3 f.
184　Zu den Auswirkungen im Vollzugsalltag : AK-Kellermann, 2000, vor §17Rdn. 4.

得ない理由がある場合に限り許されると考えるべきである。それは，一時的な不都合（例えば，施設の一区画での空調設備の故障）を避けるため，例外的に許される[185]。しかし，行刑施設の一般的，慢性的な過剰収容は，この例外に当たらない[186]。

行刑法第201条第3号では，古い建物――閉鎖行刑及び開放行刑のための――の施設の場合，行刑法第18条にかかわらず，そこでの場所的事情が必要とする限り，雑居収容を認めている。しかし，それは施設の建物すべての全体の事情を指すものではなく，それぞれの収容棟に関してのものである[187]。この場合でも，行刑法第201条第3号第2切によって，休息時間中8名までの雑居が許されるだけである。

夜間における受刑者の独居収容の原則は，近代行刑における重要な前提条件とされているにもかかわらず，ドイツにおいては，雑居室における収容は，全く例外的なものではない。2000年12月31日現在，収容定員76,646名のうち29,441（38.4％）名分が雑居収容のためのものであった。雑居室での収容状況は，当時119％であった[188]。

5.2.4.2 居室（Der Haftraum）

休息時間中及び部分的には自由時間中においても，受刑者は，その居室において時間を過ごす。居室は，行刑法第3条第1項の意味において，できる限り一般の生活条件に合致させるべきである。この社会同化の原則という基本的前提は，二つの面から具体化されている。すなわち，

―― 行刑法第144条が行刑官庁に対して居室を居心地の良い構造とするよう義務付けていること。
―― 行刑法第19条が被収容者に対して適当な範囲内で居室を私物で飾り付ける権利を与えていること。

行刑法第144条は，行刑官庁に対するものであって，受刑者に対して特定の居

---

185　Schwind/Böhm, 1999, §18Rdn. 8.
186　OLG Celle, NStZ1999, S. 216.
187　KG, NStZ-RR1998, S. 191
188　Statistisches Bundesamt, Strafvollzug-Anstalten, Bestand und Bewegung der Gefangenen2000, Reihe 4．2．S. 8.

第5章 相互作用プロセスとしての行刑過程 (Der Vollzugsablauf als Interaktionsprozeß)

室[189]や部屋に特別の設備[190]をするよう要求する権利を認めるものではない。この規定は施設管理者と被収容者との法律関係を規定するものではないからである。

行刑法第144条第1項第2切では，居室は（施設の他の部屋についても同様に）十分な気積を有し，かつ，健康的な生活様式のための十分な暖房，換気，床面積及び窓面積を備えるものでなければならないと規定している。連邦司法大臣が行刑法第144条第2項の権限を行使しない限り，居室構造のための明確かつ普遍的な基準は存在しないことになる。

**389** 行刑官庁は，収容が特別な害悪の付加（Übelszufügung）であってはならないことに留意しなければならない[191]。その裁量権は，とりわけ次の原則によって制約される[192]。

— 人間の尊厳の尊重についての基本権（基本法第1条第1項）
— 非人間的な取扱いの禁止（EMRK 第3条）

事例：ある受刑者が建築後100年を経過した司法実行施設の半地下室（Sockelgeschoß）に収容された。その収容棟では，トイレその他の排出口から居室内に水があふれる事態がしばしば発生した。この受刑者の居室もそのような状態になったので，居室の変更を申し出た。

連邦憲法裁判所は，1993年3月16日の決定[193]において，人間に値する収容を求めた被収容者の要求を重視した。すなわち，「人間の尊厳を尊重し，保護することは，すべての国家権力に義務付けられている（基本法第1条第1項）。これを行刑について言えば，受刑者の人間としての個人的，社会的存在のための基本的条件は，拘禁中においても保持されなければならない……。国は，そこでの自由制限が人間存在の基礎的条件を無視しなければ維持できない場合，それを刑執行計画により指示された施設であることを根拠にすることはできない。このような状況を施設内で処理できない場合，抗告人（Beschwerdeführer）は，──職務としても──他の施設へ移送されなければならない（行刑法第8条第1項第2号参照）。」

非人間的処遇の禁止は，多くの受刑者を一室に雑居収容する際にも順守されな

---

189 OLG Hamm, NStZ1992, S. 352.
190 OLG Zweibrücken, NStZ1982, S. 221；OLG Koblenz, ZfStrVo1985, S. 63；OLG Hamburg, NStZ1991, S. 103；OLG Hamm, NStZ1995, S. 436.
191 BT-Drs. 7/918, S. 93.
192 OLG Zweibrücken, NStZ1982, S. 221；OLG Hamm, NStZ1992, S. 352；Wulf, 1996, S. 229.
193 BVerfG, StrVert1993, S. 487.

ければならず,その限りにおいて,行刑官庁の裁量権を制限する[194]。11.5平方メートルの居室に3人を収容するのは,違法と認定された[195]。7.9平方メートルの床面積の部屋に複数収容する場合も同様である[196]。

行刑法第144条は行刑官庁に対するものであるが,行刑法第19条は受刑者と行刑官庁との間の法律関係を規定している。それは,ある程度一般生活上の快適さが得られるように,プライバシー[197]が残された部分である居室を私物で飾り付けることを許している。行刑法第19条第1項第2切では,近親者の写真及び個人的に価値ある記念品を例示している。

390

しかし,個人の所持品(persönlicher Besitz)は,行刑法第19条で完結的に規定されているのではない。個々の場合に応じて,必要があれば,宗教的文書及び物品(行刑法第53条第2項及び第3項),新聞紙及び雑誌の購読(行刑法第68条),ラジオ及びテレビ受像機(行刑法第69条),自由時間労作のための物品(行刑法第70条)並びに個人的保管(行刑法第83条)に関する規定もまた補充的に援用されなければならない[198]。

居室を私物で飾り付ける権利は,行刑法第19条第1項第1切において,適当な範囲という基準によって制限される。これには,種類,大きさ及び既存の備品が関係する。また,そこでは拘禁期間も考慮の対象になり得る。さらに,行刑法第19条第2項に基づき,居室を見通す視察を妨げ,又はその他の方法により施設の保安若しくは規律を危うくする設備及び物品は,除かれることができる。その際,行刑官庁は,範囲指定権(Rahmenverfügungen)により,例えば,腕時計及び懐中時計の価格に一定の制限を付することができるが,それは単に物品を新たに持ち込む場合だけでなく,収容中に代替品を調達する場合にも適用される[199]。室内を見通す視察が可能であることの必要性は,とりわけ,居室検査に関する行刑法第84条からも不可欠であり,同条関係行政規則第1第1項第2切では,それを短い間隔で行うよう規定している。

391

行刑法第19条にいうところの適当な範囲,室内を見通せる視察,保安又は規律の概念は,裁判所による審査が可能な不確定法概念である[200]。施設管理者は,物

392

---

194 BVerfG, ZfStrVo2002, S.176;BVerfG, ZfStrVo2002, S.178;siehe auch Ullenbruch, 1999, S.430.
195 OLG Frankfurt, NStZ1985, S.572;LG Marburg, StrVert1998, S.563.
196 LG Braunschweig, NStZ1984, S.286.
197 OLG Saarbrücken, NStZ1993, S.207;OLG Celle, ZfStrVo1994, S.174.
198 Kölbel, 1999, S.499;Schwind/Böhm, 1999, §19Rdn.2.
199 BVerfG, StrVert2001, S.38.
200 OLG Stuttgart, NStZ1988, S.574;OLG Hamm, NStZ1990, S.151;OLG Karlsruhe, ZfStrVo2002, S.54.

第5章　相互作用プロセスとしての行刑過程（Der Vollzugsablauf als Interaktionsprozeß）

品の不交付を決定する場合には，具体的な裏付けを伴う検証をしなければならない。例えば，保安及び規律上の問題について，隠匿の可能性だけを考えてはならず，個々の場合に問題となる悪用の可能性（Mißbrauchsmöglichkaiten）についても検討されなければならない[201]。行刑官庁は，個々の事案ごとに裁量判断を行い，具体的な事情（Gegebenheiten）を決定の根拠にするよう義務付けられている[202]。

　事例1：終身の自由刑を言い渡された者が，居室でのセキセイインコの飼育許可を申し出た。行刑官庁はこれを拒否し，獣医師の鑑定意見を求めるよう指示した。それによれば，セキセイインコを衛生上問題なく，適切に飼育することは，そのコストの点で施設の過大な負担となり，施設の保安及び規律にとっても危険であるということであった。

　居室での動物飼育の許可は，行刑法第19条に基づき決定される。この場合，行刑官庁が施設の規律に対する危険性だけを指摘することには，裁量権行使の誤りがあるが，それは個別の事情を考慮していないからである[203]。この場合，行刑官庁は，申請者が終身の自由刑に服していることに特に配慮しなければならなかった。なぜならば，まさにこのような受刑者こそ，できる限り居室を自分の好みに合わせて調えることに関心を有するからである。施設の規律に対する危険性は，長期刑受刑者の個人的な関心との関係では，その限りにおいて，重要性を失う[204]。

　事例2：ある女子受刑者が婚約者から40×30センチメートル大の姿写真の送付を受けた。施設管理者は，受取人が施設で一般的に許されている最大限20×30センチメートルの大きさにまで切断することに応じなかったので，その写真の交付を拒否した。施設長の見解によれば，これより大きい写真を許可するのは，居室を見通す視察を妨げ，必要な基本的コントロールのため不当に多くの手数がかかるということであった。もっとも，この施設では40×50センチメートル大までの写真ホルダーも許されていたが，それは複数の写真を入れるためにのみ使用されるべきものとされていた。

　ツヴァイブリュッケン（Zweibrücken）高等裁判所[205]は，施設長の決定には法律違反があるとした。より大きい枠の中に複数の小さい写真を入れるほうが，写真1枚を入れる場合よりもどうしてより良くコントロールできる可能性があるかということについて，十分に納得の行く理由を認識できないというのがその理由である。施設管理者が写真の

---

201　OLG Hamm, NStZ1990, S. 151.
202　OLG Koblenz, NStZ1990, S. 360 ; siehe auch BVerfG, StrVert1994, S. 433.
203　OLG Saarbrücken, ZfStrVo1994, S. 51f.
204　Zur Tierhaltung im Strafvollzug siehe Vogelgesang, 1994, S. 67f.
205　OLG Zweibrücken, ZfStrVo1995, S. 374f.

大きさだけを理由に交付を拒否することは許されない。施設管理者は，むしろ具体的な事情を決定の根拠にするべきであったといえる。つまり，既存の物品に加えて更にこの大きさの写真が追加される場合を総合的に勘案すれば，当該居室の室内を見通す視察がもはや許容できない程度にまで困難にされるかどうかということが検討されるべきであった。

公刊された刑執行裁判所の裁判例には，居室調度のための様々な物品について，多くの決定がなされている。そこでは，例えば，電気スタンド[206]，コーヒーメーカー[207]，冷蔵庫[208]のような電気器具，パン焼き器[209]，腕時計や懐中時計[210]，私物のシーツ類[211]，枕，カーテン及びブラインドが取り扱われている[212]。 393

施設管理者が受刑者にある物品の所持を許可した後，それを後日取消す場合には，法治国原理から派生する信頼保護の原則（Gebot des Vertrauensschutzes）を尊重しなければならない。 394

事例：施設管理者がある被収容者にベッドカバーの所持を許可した。その施設で被収容者による人質事件が発生した後，そのベッドカバーは，中に物を隠すことができるということで，直ちに引き上げられた。人質事件との関連でなされたその者に対する責任非難は，結局証明されなかった。ベッドカバーは，しばらく後に再びその者に交付された。施設管理者の主張によれば，それは，施設倉庫係の職員が最初の許可が存続していると誤解したことによるということであった。二か月後，居室検査の際にそれは再び引き上げられた。

1994年2月10日連邦憲法裁判所の決定[213]によれば，その被収容者は，行刑法第19条第2項により，居室からカバーが引き上げられる原因を自ら作らない限り，それを引続き保有できると信じることができる，としている。

「事後的な撤去に当たっては，具体的な個別の事例ごとに，有利な法的地位の存続に伴う受刑者の利益とこれに対する公共の利益との考量が裁量決定の基礎に置かれなければばならない。この場合，受刑者に有利な結果になるよう配慮されなければならず，法律

---

206　OLG Stuttgart, NStZ1988, S. 571 ; OLG Koblenz, NStZ1990, S. 360 ; OLG Zweibrücken, NStZ1994, S. 151.
207　OLG Hamm, ZfStrVo1990, S. 304.
208　LG Freiburg, NStZ1994, S. 376.
209　OLG Celle, NStZ1992, S. 375.
210　OLG München, ZfStrVo1989, S. 377.
211　OLG Karlsruhe, ZfStrVo2002, S. 54.
212　OLG Hamm, NStZ1995, S. 381.
213　BVerfG, StrVert1994, S. 432f.

の意図（行刑法第2条第1切）も，また憲法上も，受刑者の社会復帰，社会化を極めて重要な行刑目的としていること及び受刑者は行刑に伴う多くの制約に服していることを考える場合，施設から一度与えられた法的地位の継続については，法的地位を付与されることを通して自分に与えられた信頼と責任を自覚して行動し，自ら除外理由を作らない限り，受刑者はそのことを特に強く信頼することができる。受刑者は，物品の交付を通じて付与された法的地位が，その物品に一般的に内在する危険性を理由として，自ら何らその原因を作っていないにもかかわらずそれが引き上げられたならば，必ずそのことを最もいやなこと，不正なものと感じるであろう。このような意識を持たれる処遇は，行刑目的とは相容れないことになるので，公共の利益と受刑者の保護に値する信頼とを比較する場合には，非常にきめ細かい考量を行うことが必要である。」

395　行刑職員は，居室に立ち入る前にノックすることを義務付けられている。これは単なる儀礼上の問題であることを意味しない[214]。それは人間の尊厳（基本法第1条）及びプライバシー（基本法第2条）の保護及び尊重にかかわる受刑者の権利であって，施設管理者は，行刑法第3条第1項にいう社会同化の原則の観点から，職員と被収容者との間に適切な礼儀が保たれる契機にしようとしている[215]。事前にノックせずに居室に立ち入ることは，被収容者にとっての制約を意味するが，それが自由剥奪の直接かつ必要な結果であるといういかなる必然性も存在しない。行刑法は，不意の立入りを認める根拠を明示していないので，このような行動の可否は，行刑法第4条第2項第2切の要件の下でのみ考慮の対象になる[216]。この規定によれば，予告なしの立入りは，保安の維持又は施設規律の重大な障害を防止するため不可欠でなければならない。それには，特定の受刑者について具体的な危険が認められることを確認するための個別的検討を必要とする[217]。

396　居室の扉の視察孔を開いたままとする指示についても同様である。昼間にこれを指示する場合には，行刑法第4条第2項第2切の原則による個別的検討が必要であるが[218]，夜間については，行刑法第88条第2項第2号がその法的根拠を規定している。居室の外側に名札を掲示することは，情報の自己決定という基本権（基本法第1条第1項と関連する第2条第1項）に対する違反にはならない。居室配置を問題の生じないよう区分し，施設内での秩序ある共同生活を可能にするため

---

214　So aber OLG Nürnberg, ZfStrVo1994, S. 52.
215　OLG Saarbrücken, NStZ1993, S. 207 ; OLG Celle, ZfStrVo1994, S. 174 ; dazu auch Schaaf, 1994, S. 145ff.
216　A. A. BVerfG, ZfStrVo1997, S. 113, das ein Ankündigen des Betretens des Haftraums in das Ermessen der Vollzugsmitarbeiter stellt.
217　OLG Celle, ZfStrVo1994, S. 174.
218　BGH, ZfStrVo1991, S. 242 ; siehe auch Laubenthal, 2002, S. 136.

には，居室に被収容者の名前を記すことが必要である[219]。

## 5.3 作業，教育及び補習教育
### (Arbeit, Ausbildung, Weiterbildung)

　受刑者の労働は，近代における処遇行刑の発展に際して重要な役割を果たしてきた[220]。初期の監獄（Zuchthaus）は，労働力予備軍の活用に貢献したが，それは集中的，規則的な労働を通じての教育というイデオロギーにその根拠を見いだしていた。数世紀の間，行刑外の一般社会の経済的利益が自由剥奪施設における作業分野について，重要な決定的役割を果たした。このことは，州勤務行刑規則（DVollzO）第83が行刑官庁に「自由経済に対する適切な配慮をすること」を義務付けたことで，20世紀の70年代までなお妥当していた。さらに，行刑法の施行までは，作業は（再）社会化のための重要な要素であるという，作業に対する伝統的な過大評価[221]が行刑を支配していた。こうして，州勤務行刑規則第80第1項第1切では，まだ「作業は，秩序ある効果的な行刑の根拠である」と断定していた。

　この行刑法は，第148条第1項において，経済的に収益の多い作業ができるようにすることを行刑官庁に義務付けることによって，自由社会の経済に優位性を認める原則に終止符を打った。施設内の作業は，もはや一種の抑圧的行刑要素としての「勤労精神」（Arbeitsgesinnung）（州勤務行刑規則第80）の覚醒を追求するものではない。行刑には，行刑法第41条により作業義務が存在している。しかし，行刑法第37条第1項によって，作業は――行刑目的を指向する処遇過程の多くの要素の一つとして――第一義的には，被収容者の職業的及び社会的統合のために奉仕するものである[222]。受刑者労働は，憲法上要請される処遇行刑の中心的な要素であることを意味する[223]。

　処遇上の措置としての作業の目的は，次のとおりである。

「1．労働に対する動機づけ及び考え方の改善による仕事に対する心構えの促進
　2．教育及び補習教育による職業的能力の改善
　3．伝達能力及び紛争解決能力の発達及び確認

---

219　BVerfG, ZfStrVo1997, S. 111 ; Kaiser/Schöch, 2002, S. 286.
220　Dazu oben Kap. 2 ; siehe auch Lohmann, 2002, S. 31ff.
221　Müller-Dietz, 1978, S. 143.
222　Dazu auch Jehle, 1994, S. 260 ; Laubenthal, 1995, S. 338.
223　BVerfG, ZfStrVo1984, S. 315 ; BVerfGE98, S. 201.

4．社会的責任感（共同決定及び共同責任）の育成
  5．より良い肉体的及び精神的能力の発達
  6．社会復帰を成功させるための重要な前提の一つである自分の能力に基礎を持つ自意識の発達」[224]

399　加えて，立法者は，行刑法第37条で職業訓練及び職業的補習訓練を受刑者の作業と同列に置いている[225]。というのは，行刑法第37条第3項によって，それを適当とする受刑者には，職業訓練又はその他の訓練的ないし補習教育的措置に参加する機会が与えられ，その作業義務が消滅しているからである。行刑法第38条第2項によれば，学校の授業も作業時間中に行うべきものとされている。これらすべての活動形式の原則的等位性（Gleichrangigkeit）は，行刑法第5章で一緒に規定することによっても表現されている。さらに，行刑法第7条第2項第4号及び第5号を見ても，特別に強調された処遇措置としての作業，教育及び補習教育の重要性が明らかである。

400　行刑法第37条から第52条までは，行刑における作業，教育及び補習教育についての重要な規定を含んでいる。これらの規定は，作業及び教育時間中における雑居収容についての行刑法第17条により補充されている[226]。行刑法第148条により，行刑官吏は，被収容者に作業の機会及び職業的教育の機会を提供することを義務付けられている。行刑法第149条では，行刑法第37条から必要とされる組織的な在り方を規定しており，職業教育及び作業療法的活動を施設内の私企業の設備内で行うことも可能にしている。行刑法第190条から第195条までは，社会保障への受刑者の加入について規定している（その後の改正により，第190条から第194条までは削除され，第195条だけが残されている。──訳注）。

　立法者にとっては，もともと行刑法第3条第1項で規定しているように，作業内容及び作業条件を自由社会のそれとできる限り同じくすることが重要であった。しかし，それと並行して必要とされる財政的負担のために，法律では，まず個別の規定を施行するための段階的計画だけを確定している。これらは，今日まで部分的に実現されただけである。とりわけ，多額の支出を必要とする規定は，なお施行が停止されたままである。したがって，まずは特別の連邦法により，第41条第3項（私企業における就業に際しての同意の必要），第45条（休業補償），第49条（生活扶助金）並びに第190条第1号から

---

224　Bundesvereinigung der Anstaltsleiter im Strafvollzug, 1993, S. 180.
225　Ak-Däubler/Spaniol, 2000, vor § 37 Rdn. 4．
226　Dazu Kap. 5．2．4．1．

第10号まで，及び第13号から第18号まで，第191条から第193条まで（受刑者を健康保険及び年金保険に加入させるため，ライヒ保険法，従業員保険法ライヒ鉱山共済組合法及び農業者の健康保険に関する法律の改正及び補充）が施行されるべきである（行刑法第198条第3項及び第4項）。第46条（小遣銭）及び第47条（自用金）も同様であるが，これに関しては，行刑法第199条第1項第1号及び第2号により，既に特別の経過規定が存在する。

行刑法第198条にいう特別の連邦法を制定することで，このような不都合な状況を除こうとする具体的な努力がなされていないので，以下に述べる作業，教育及び補習教育の分野では，現在適用されている法的規制が取り扱われることになる。

### 5.3.1 作業及び労作（Beschäftigung）

行刑には，行刑法第41条に基づく作業義務が存在するので，受刑者は，その指定された作業又はその身体能力及び健康状況から適当とされるその他の労作を行わなければならない。このことは，基本法第12条第3項で憲法上確認されており，裁判上命じられた自由剥奪の場合における強制的労働が許容されている。その限りにおいて，基本法第12条第1項に定める職業の自由及び職業獲得の自由（Erwerbsfreiheit）の基本権の例外となる[227]。この作業義務は，行刑法第41条第1項第3切により，65歳を超える被収容者及び母性保護のための法律に該当する女性については，適用されない。それ以外の者が行刑法第41条第1項第1切により指定された作業を拒否することは，義務違反となり，行刑法第102条以下により懲戒処分の対象になる[228]。しかし，行刑目的の達成という視点から，懲戒処分をすることには慎重であるべきあり，むしろ，まず行刑法第4条第1項にいう自発的協力（Mitarbeit）が得られるようにすべきである[229]。作業配置（Arbeitseinsatz）は，行刑法第7条第2項第4号の行刑計画に含まれる処遇の一部であるから，これについては，その指定前に受刑者と共に検討されなければならない（行刑法第6条第3項）。

個々の刑確定者は，自分に適し，かつ，その能力及び社会化の必要に応じた作業場所を獲得し得るという意味において，特定の作業又は労作に就くことを要求する権利を有しない[230]。しかし，作業は，行刑法第37条第1項で設定された目的

---

227 BVerfGE98, S. 205；Lohmann, 2002, S. 60；krit. Bemmann, 1998a, S. 605；ders., 1999. S. 69ff.
228 Kaiser/Schöch, 2002, S. 302；Schwind/Böhm, 1999, §102Rdn. 5；OLG Hamburg, NStZ 1992, S. 53；BVerfG, ZfStrVo1995, S. 54.
229 Calliess/Müller-Dietz, 2002, §41Rdn. 2.
230 AK-Däubler/Spaniol, 2000, §37Rdn. 22；Lohmann, 2002, S. 62.

第5章　相互作用プロセスとしての行刑過程（Der Vollzugsablauf als Interaktionsprozeß）

に従って，未来指向的でなければならない。受刑者は，釈放後の生活に役立つ作業に就かされるべきである。

5.3.1.1　施設内の作業等（Tätigkeiten）

**402**　行刑法第37条は，原則として，施設内作業を基本としている。法律では，次の4種類の作業等を予定している。

— 経済的に収益の多い作業（行刑法第37条第2項）
— 適当する労作（行刑法第37条第4項）
— 作業療法的労作（行刑法第37条第5項）
— 施設における補助活動（行刑法第41条第1項第2切）

優先的な目的は――教育及び補習教育のほか――行刑法第37条第2項にいう有用作業に指定することである。これに対して，第37条第4項及び第5項は副次的活動である。そこで，行刑官庁には，先ず第1に，有用作業又は教育及び補習教育のための配慮をすることが義務付けられる。

**403**　受刑者には，その能力，技能及び素質を考慮して，経済的に収益の多い作業を指定するべきである（行刑法第37条第2項）。これによって，立法者は次の二つのことを示そうとしている[231]。

1. 作業は，自由社会におけると同じく，被収容者及びその家族の扶養及び生計の維持に役立つこと。
2. 作業指定に当たっては，各人の必要性及び能力に配慮すること（個別化の要請）。

**404**　そのため，非生産的な，また，人の感情を鈍磨させる（abstumpfend）仕事は除外される[232]。もっとも，個人の能力に配慮すべき行刑官庁の義務は，受刑者にこれを要求する法的請求権を与えるものではない。施設管理者は，作業指定に当たって広い裁量権を有している[233]。特に，施設の実際の状況を見るとき，行刑施設内における個別化の要請を十分に実現することは不可能である。行刑法第148

---

231　BT-Drs. 7/918, S. 65 ; Müller-Dietz, 1978, S. 147.
232　BT-Drs. 7/918, S. 65.
233　Schwind/Böhm/Matzke, 1999, § 37 Rdn. 15.

条第1項では，行刑官庁に対して，労働及び経済活動の団体及び官署と協力して，作業能力を有する被収容者全員が経済的に収益の多い作業を行えるよう配慮することを義務付けている。しかし，行刑にはこれに対する幾つかの制約がある。すなわち，作業場及び工場の建物は，場所的な事情からしばしば拡張が困難であり，景気の変動は，国民経済の最も傷付きやすいサブシステム[234]としての刑務作業に直ちに打撃を与えることになる。

バイエルン州では，2001年の年間平均で11,564名の被収容者中48.9%が就業し，51.1%が不就業であった。もっとも，不就業部分の評価に当たって留意しなければならないのは，全収容者数の約30%が作業義務のない未決拘禁者であったことである。さらに，少数の者は，他の理由からの作業不適格者（例えば，高齢，病気，作業拒否）として，作業等をしていない[235]。

指定された作業等を行う被収容者は，施設内の自営工場又は私企業工場で作業する。自営工場（又は公営工場）は，施設によって経営される[236]。作業組織は施設に属する。作業器具及び使用する原材料も場合によっては官の所有に属する。行刑法第149条第1項及び第2項は，行刑官庁に対して，自営工場の設備を施設外の状況に合わせるよう義務付けている。このことは，特に労働災害防止措置及び事故防止措置について適用される。自営工場においては，外部からの注文により物品が生産若しくは加工され，また，そこで行われる作業は，施設内及び官庁内部の需要（例えば，洗濯工場，パン工場，印刷工場，園芸，家具製作）にこたえている[237]。実務では，自営工場の生産品を刑行職員が取得するが，行刑施設の職員のために受刑者を使用することについては，州法で規制されている[238]。

**405**

私企業工場においては，経済的リスクは，通常，施設から使用を認められた場所に生産設備を設置する外部の雇用者にある。法律は，十分な自営工場がないため，行刑法第149条において，このような私的に経営される工場の存在を明示的に承認しており，また，そこでは，技術的及び専門的指導を，できる限り，これらの企業に所属する者にゆだねることを認めている。そこでは，受刑者の監視だけが施設職員に留保されている。さらに，いわゆる不真正な外部通勤（行刑法第11条第1項第1号）の分野では，作業の指定も施設外部の工場又は雇用者によっ

**406**

---

234　Lohmann, 2002, S. 86ff. ; Neu A., 1997, S. 97ff.
235　Bayer. Staatsministerium der Justiz, 2002, S. 14.
236　Siehe die Darstellung bei Calliess, 1992, S. 105 ; Lohmann, 2002, S. 66ff.
237　Dazu Weinert, 1988, S. 287.
238　Dazu Eisenberg, 1999, S. 256ff.

第5章　相互作用プロセスとしての行刑過程（Der Vollzugsablauf als Interaktionsprozeß）

て行われる。この場合，これらの者は，施設に対して取り決められた額の分担金を支払い，行刑施設は，行刑法第43条，第200条に基づき受刑者に報酬を支払う。

概観：

| 自営工場 | 私企業工場 |
|---|---|
| ― 施設自らが経営する工場<br>― 作業組織が施設に属する。<br>― 行刑法第149条が官庁に自営工場の設置を義務付けている。<br>― 行刑法第149条第2項に基づき，自営工場は施設外の状態に合わせられなければならない。 | ― 十分な自営工場がないため私的に経営される工場<br>― 行刑法第149条第4項に基づき，技術的及び専門的指導を外部企業の職員にゆだねることができる（施設職員には受刑者の監視が残る）。<br>― 経済的リスクは外部の雇用者にある。 |
| 仕事：<br>― 外部からの注文に基づく物品製作若しくは加工，又は<br>― 施設若しくは官庁の需要を満たすための作業 | 仕事場所：<br>― 施設から使用を認められた場所，又は<br>― 施設外の工場ないし雇用者の元（いわゆる不真正な外部通勤） |

407　自営工場における作業等の場合と同じく，私企業工場における作業にも，被収容者と行刑官庁の間には公法上の関係が存在する。受刑者は，私企業と私法上の労働関係には入らない[239]。したがって，一般労働法の規定は適用されない。受刑者は，賃金請求権も有しない[240]。

408　異論があるのは，受刑者が私企業工場で作業する場合における同意の必要性である。行刑法第41条第3項により，私企業工場への作業指定は，本人の同意があるときにのみ行うことができる。この規定は，強制的及び義務的労働に関する1930年の国際労働機構（ILO）の第29協定第3条第2項cに従うもので，ドイツ連邦共和国は，これに1956年加入している[241]。この協定によれば，行刑外の施設及び個人の元に被収容者を賃貸労働に出すことは許されない[242]。しかし，私企業

---

239　KG, NStZ 1990, S. 607f.；OLG　Hamburg, NStZ 1992, S. 54；OLG　Hamm, NStZ 1993, S. 381；BVerfGE 98, S. 381.
240　OLG Hamm, NStZ 1993, S. 209.
241　BGBl. II 1956, S. 640.
242　Vgl. Weinert, 1988, S. 288；Calliess/Müller-Dietz, 2002, §41 Rdn. 8．

工場から自営工場への転換には困難が予想されるため，立法者は，行刑法第41条第3項の施行を停止したが，これは行刑法第198条第4項に基づき，1983年末までに解決されるべきこととされていた。立法者は，この自らの義務を今日まで履行していない。もっとも，受刑者は——ILO協定第29の賃貸労働の禁止（Verdingungsverbot）を根拠に——その者に指定された私企業の経営する工場における作業を拒否することはできない。

　事例：　施設管理者がある受刑者に懲戒処分を言い渡し，その理由をその者の作業拒否にあるとした。この受刑者は，施設内の私企業工場に作業指定されていたが，予定された作業開始時刻に仕事を始めず，その後もそこで働くことを拒否した。受刑者の同意は得ていなかった。

　ハンブルグ高等裁判所の見解[243]によれば，施設管理者のこのような措置は，本人に私企業工場での作業を拒否することが許されるとしている（まだ適用されていない）行刑法第41条第3項の規定に内在する根本思想（Grundgedanken）には抵触しない。なぜならば，ILO協定は，人間労働力の商取引（賃貸労働）を禁止することを目的とし，また，受刑者の強制労働及び奴隷労働の形態を阻止することを目標としているが，「裁判所の有罪判決に基づき，行刑法の現に適用されている規定により要求される労働は，これらの前提要件には該当しない。受刑者は，私企業工場で経営者及び工場職員の自由な使用にゆだねられてはいない。受刑者の権利及び義務は，この場合も引き続き行刑法の規定に従うものである。」

　これに対して，文献中に一部主張されている見解によれば，私企業工場内の作業場所への指定は，行刑法第41条第3項が施行されていなくても，関係受刑者の同意がある場合に限り行うことができるとする[244]。ILO協定第29の規定内容（Regelungsgehalt）から見て，行刑法第37条第2項による裁量権の行使に際して，本人の同意がない場合における作業拒否は，作業義務に違反しない旨の配慮がなされるべきであるというのがその理由である。

　連邦憲法裁判所は，1998年7月1日の判決[245]において，私企業工場における受刑者に対する強制的な作業は，被収容者についての公法上の全責任が行刑官庁に残されている場合にのみ許容されることを明らかにしている。すなわち，「行刑施設が受刑者に対して施設内の私企業経営工場での作業を指定した場合において，施設の組織が行刑法第149条第4項により許容されている私企業従業員への技術的，専門的指導の委託という

---

243　OLG Hamburg, NStZ1992, S. 53f. ; zustimmend Krahl, 1992, S. 207f.
244　Klesczewski, 1992, S. 351f.
245　BVerfGE98, S. 169ff.

第5章　相互作用プロセスとしての行刑過程（Der Vollzugsablauf als Interaktionsprozeß）

範囲内で維持されているときは，憲法上，受刑者の同意を必要としない。したがって，行刑法第41条第3項で予定されている同意留保（Zustimmungsvorbehalt）の規定がこれまで施行されていないことも，憲法に違反しない。行刑法第149条第4項の要求を満たしている私企業経営工場における義務的作業は，行刑において作業義務を課すという，基本法第13条第3項が立法者に与えている権限の範囲内にある。行刑官庁の公法上の責任の下にあれば，私企業の職員により行い得る技術的，専門的工場経営がなされていたとしても，受刑者がこのような工場で指定された作業を行うことは，施設の自営工場で作業する場合又は施設内でその他の労作若しくは補助活動に就く場合と何ら異なるところはない。」[246]

409　受刑者が指定された義務的作業を行刑施設外の私企業工場で行う場合，このいわゆる不真正な外部通勤（unechter Freigang）には限界がある。行刑法第3条第1切の社会同化の原則から見た場合，この方法には，施設内の義務的作業に比べて好都合なところがある（例えば，釈放後その者が同じ雇い主に引き受けてもらえる可能性があること）。しかし，労働法的な視点からすれば，この受刑者は広範囲な無権利状態に置かれている。例えば，企業は配置された受刑者を随意に交替させることができるのである[247]。長い間，行刑官庁は，行刑法第39条第1項に基づく自由な労働関係を計画的に準備することに代えて[248]，行刑法第37条により作業指定される受刑者の就業場所を施設外の私企業に求めることにその努力を集中してきた。連邦憲法裁判所は，この実務を1998年8月1日の判決[249]で憲法に違反するとした。いわゆる不真正な外部通勤——それは行刑法第11条第2項により本人の同意を必要とする[250]——は，施設において外部通勤に適した受刑者に対して自由な労働関係での仕事を見付ける努力をしたにもかかわらず，そのような仕事を提供することができない場合に限り，初めて考慮の対象にすることができる。さらに，施設外で私企業の作業に就く際にも，被収容者のために組織的な公法上の責任が最低限保障されていなければならない[251]。

410　作業能力のある受刑者に対して，第37条第2項にいう経済的に収益の多い作業を指定し，又は第37条第3項による教育的又は補習教育的措置に参加させることができない場合には，第37条第4項により，暫定的にその者に適当する労作が割

---

246　BVerfGE98, S. 211.
247　Kamann, 1999, S. 349.
248　Dazu Kap. 5. 3. 1. 3.
249　BVerfGE98, S. 169ff.
250　Zu den einzelnen Voraussetzungen der Gewährung von Freigang als Vollzugslockerung siehe Kap. 5. 4. 4. 1.
251　BVerfGE98, S. 211; krit. Kamann, 1999, S. 349.

り当てられる。施設における実務の状況は，必ずしもすべての受刑者にその者に適した作業を指定することができないのであるから，行刑法第37条第4項は，差し迫った，又は既に存在する行刑における不就業の発生を防止するものとして機能することが求められる[252]。行刑法第37条関係行政規則第2によれば，その成果が経済的に利用できるものであり，経費に相応する関係にある場合，その労作は適当なものとされる。適当性の判断に当たって，施設管理者は，主観的な基準——被収容者の能力及び好み——にも配慮しなければならない[253]。

経済的に収益の多い作業に就く能力のない受刑者については，行刑法第37条第5項で作業療法的労作を予定している。作業療法的労作の重要な目的[254]は，次の諸点である。　　　　411

—規則的な日課への導入
—手作業能力の習得
—成功体験の獲得
—才能の発見
—社会的能力の向上

　行刑法第37条に規定された仕事のほかに，行刑法第41条第1項第2切では，施設における補助活動を義務付けることを可能にしている。しかし，これは1年に3月間だけ（更に受刑者の同意があるときはそれを超えて）が許容される。それは，このような家事労働者的仕事（例えば，配食，洗濯物交付，清掃作業）は，通常，個別的処遇のために行われるものではなく，行刑法第37条第1項及び第2項により指定されるべき有用作業の要求に対応するものでもないからである[255]。もっとも，補助活動は，行刑法第37条第4項にいう適当な労作として指定されることもできる[256]。第37条関係行政規則第5によれば，家事労働に従事する者には，その者による行刑の補助活動が副次文化的レベルへの弊害をもたらさないような受刑者だけが考慮の対象となる。個人的な事情，人事記録，裁判所記録又は行政書類を閲覧できる作業は，情報保護及びプライバシー保護の理由から，受刑者にゆだねることができない。　　　　412

---

252　Lohmann, 2002, S. 66f.；für ein Recht auf angemessene Beschäftigung Reichardt, 1999, S. 123ff.
253　Schwind/Böhm/Matzke, 1999, §37Rdn. 24
254　Schweinhagen, 1987, S. 95f.
255　Schwind/Böhm/Matzke, 1999, §41Rdn. 9．
256　Kaiser/Schöch, 2002, S. 306．

第5章　相互作用プロセスとしての行刑過程（Der Vollzugsablauf als Interaktionsprozeß）

5.3.1.2　有給作業休暇としての作業義務の免除（Freistellung von der Arbeitspflicht als bezahlter Arbeitsurlaub）

413　受刑者が1年間にわたり行刑法第37条にいう指定された活動又は行刑法第41条第1項第2切にいう補助活動を行った場合，その者は，行刑法第42条第1項第1切により，18日間の作業免除を要求することができる。この期間中，その者には，その者に最後に支払われた収入が引き続き支給される（行刑法第42条第3項）[257]。

　この作業義務免除の制度は，社会同化の原則（行刑法第3条第1項）を具体化したものである。それは自由社会における労働者の有給休暇に対応し，提供された労働及び—行刑が継続する場合には—引き続き提供されるべき労働に対する代償である[258]。受刑者に対しても，長期にわたる仕事を行った後には休養の機会が与えられるべきである。同時に，このことは，釈放後のことを考えた1労働年の通常のリズムに慣れさせるという処遇としても有用である[259]。

　行刑法第42条の規定のほかに，そして，この規定の示す要件にかかわりなく，この法律には，指定された義務的作業に対する報酬の非金銭的構成要素として，作業からの免除がある[260]。行刑法第43条第1項により，行刑法第42条にいう作業免除の期間は，更に作業休暇として用いられることができる。行刑法第43条第6項第2切は，第43条による免除が行刑法第42条による免除とは切り離して考えられなければならないことを明示している。

　作業義務の免除は，行刑法第13条にいう拘禁からの休暇と重複するものではない。被収容者は，免除の期間を施設内で過ごすことができる。その者が施設から離れることを希望する場合には，更に，行刑法第11条による行刑緩和の許可又は拘禁からの休暇を与えるための特別の要件が存在しなければならない。

　行刑法第42条の要件が存在する場合，被収容者は，この規定によって有給の作業免除期間を要求する権利を有する。

414　そのために必要なことは，行刑法第42条第1項第1切により，まず，受刑者が行刑法第37条又は第41条第1項第2切による作業等を遂行することである。この

---

257　Zu Einzelheiten hinsichtlich der Ermittlung der Freistellungsvergütung siehe OLG Hamm, ZfStrVo1996, S. 47； Maldener, 1996a, S. 342ff.
258　BVerfG, ZfStrVo1984, S. 315； OLG Nürnberg, NStZ1991, S. 102.
259　BT-Drs. 7／918, S. 71.
260　Dazu unten Kap. 5.3.3.1.(2)．

場合，先行する未決拘禁中に行われた作業は考慮されない。

　事例：ある被収容者は，未決拘禁中に数か月間その居室で作業を行っていた。未決拘禁中及びそれに引き続く刑罰拘禁中に行った作業等の期間を合算して１年が経過した後，その者は作業義務の免除を申請した。施設管理者は，この受刑者が刑罰拘禁に移行してからまだ１年間働いていないことを理由にこれを拒否した。

　連邦最高裁判所[261]は，未決拘禁中の作業期間の不算入を合法であるとした。同裁判所は，行刑法第42条第１項第１切の規定する行刑法第37条による作業ないし同法第41条第１項第２切による補助活動が必須要件であることを指摘している。これらの作業等への指定は，行刑法第41条第１項第１切の作業義務に対応するものであるが，作業免除の請求は，作業義務の履行期間中に作業等が先行して行われることを前提としている。作業義務は受刑者にのみ存在するものであって，未決拘禁者にはない（未決拘禁実行規則第42）。後者が作業を行ったとしても，それは行刑法第37条又は第41条にいう作業等とは関係がない。

　たしかに，本人が希望し，行刑施設が適当な作業を準備でき，その者をそこに配置できる場合，行刑法第177条によって，未決拘禁者に作業，労作又は補助活動を割り当てることができる。しかし，そのことは，未決拘禁者に対して作業義務免除の請求権を与えるものではなく，行刑法第177条は，受刑者と比較して正当化できない不利益を与えないため，行刑法第43条により算定される作業報酬請求権を与えているにすぎない[262]。また，免除が休養を目的とすることから見ても，――連邦最高裁判所によれば――両者には相違がある。長期間にわたり作業に従事した受刑者の負担は，その自由意思で仕事を始め，未決拘禁実行規則第43第３の前提の下で，いつでもそれをやめることができる未決拘禁者のそれとは異なる[263]。

　この場合，行刑法第42条が申請者に作業義務からの免除の請求権を与えていないとしても，そのことは，先行する未決拘禁中に作業を行った受刑者に対して，作業の苛酷さを回避し，又はより良い行刑目的の達成に役立つと思われる場合，第42条の要件が存在しなくても，行刑官庁が一時的に作業を免除することまでを禁止するものではない[264]。

　受刑者は，行刑法第42条第１項第１切によって，１年間作業等を行い終えなければならない。行刑法第42条にいう１年は暦年ではなく，個々の被収容者について，個別にその就業と共に始まる[265]。算入可能な不就業期間として，法律は，行

---

261　BGHSt. 35, S. 112ff.
262　BGHSt. 35, S. 114.
263　BGHSt. 35, S. 115.
264　BGHSt. 35, S. 115.
265　BGHSt. 35, S. 100 ; LG Hamburg, NStZ1992, S. 103.

第5章　相互作用プロセスとしての行刑過程（Der Vollzugsablauf als Interaktionsprozeß）

刑法第42条第1項第2切で疾病に起因する不就業だけを挙げている。病気のため作業ができなかった場合，年に6週まで1年の期間に算入される，つまり，その者は，この期間中，事実上作業をしたものとして取り扱われることになる。その他の不就業期間について，算入を可能とする法律の規定はない。したがって，その他の不就業期間をどの程度考慮するかは，行刑官庁の覊束裁量に属する[266]。このことは，もとより本人の責めに帰すべき不就業の場合にも妥当する。適当と認められる場合には，この期間を算入することもできる。

　事例：ある受刑者は，前年の7月10日から当年の7月10日まで行刑法第42条にいう1年間の作業を行ったとして，18就業日の作業義務の免除を申請した。施設管理者は，この申請を拒否し，その者が当年5月，懲戒処分として3就業日の間屏禁罰に服さなければならなかったことをその理由に挙げた。本人に責任のあるこの不就業によって，1年の期間は中断され，屏禁罰が実行された後，再び起算されることになったというのである。

　連邦憲法裁判所は，行刑法第42条第1項第1切の「1年にわたり」行われた作業等の概念がその意味において明瞭でないこと，したがって，すべての就業日に中断なく行われた作業等を意味し得るかということについて，決定を行った[267]。そして，同裁判所は，もし作業義務の免除がそれまでに行った作業及び不就業の期間にかかわりなく，その不就業が専ら本人の責めによるという理由だけで拒否されるとするならば，それは行刑法第42条第1項の意味及び目的に反するばかりではなく，恣意の禁止及び相当性の原則に違反すると判断した。

　さらに，このような場合に有給の作業休暇を拒否することは，受刑者の規律違反に対する制裁と同じことになる。「このような懲戒は，行刑法により排除されているものと認められる。なぜならば，有責な義務違反に対して科することができる懲戒処分は，確定的に規定されており，免除請求権の剥奪は，そこに含まれていないからである（行刑法第102条，103条参照）」[268]。

　憲法裁判所の判決に従って，行刑法第42条関係行政規則第2bは，「病気以外の理由から受刑者が行刑法第42条第1項による作業等を行うことができなかった期間の算入」について規定している。「そうすることが適当と認められるとき，原則として，年に3週まで」である。この行政規則は，行政裁量の自己拘束を行

---

266　BGHSt. 35, S. 98.
267　BVerfG, ZfStrVo1984, S. 313（＝BVerfGE66, S. 199）.
268　BVerfG, ZfStrVo1984, S. 316.

ったものであるが，これによって個別的な正義に十分対応できるかどうかについては，なお疑問が残る[269]。

行刑法第42条第1項第1切は，受刑者が1年にわたり作業を遂行することを求めているのであるから，作業期間に算入できる一定の不就業期間を考慮に入れても合わせて1年に満たない場合，その作業期間に応じた日数の作業義務を免除することは検討の対象にならない。

事例：その申請者は，前年10月初めから当年9月まで行刑での作業等に従事した。この期間中病気のため12日間作業ができず，更に65日間，本人の責めに帰することのできないその他の理由から作業を行えなかった。この受刑者が，10月に数日間の作業義務の免除を申請した。施設管理者は，3週間をはるかに超える不就業期間があることを指摘し，これを拒否した。

コブレンツ高等裁判所[270]は，受刑者の年間の作業リズムを維持するため，被収容者が1年の待機期間を完全に充足していない場合，連邦休暇法（BUrlG）に準じて，法律の規定する免除請求権の部分的行使が許されるとした。

連邦最高裁判所[271]は，これに対して，作業期間に対応する免除は許されないとした。このような部分的免除については，法文上からも法全体の趣旨からも読み取ることができないというのがその理由である。そこには意図に反する法の間隙が存在しているのではなく，立法者自身が部分的免除制度の導入を放棄したのであるから，自由社会における就労者に一定の前提の下で休暇の部分的請求権を与えるという連邦休暇法第5条第1項の類推適用は，考慮の対象にならない[272]。

比較的長期の算入できない不就業期間がある場合，それが行刑法第42条による免除に与える影響についての判決は様々である[273]。連邦最高裁判所[274]は，それを1年の期間（Jahresfrist）の停止であるとする。その者は作業を更に継続することによって免除請求権のための要件を満たす，つまり，算入されない不就業期間による遅れを取り戻すことができるのであって，この者は，就業開始から1年を若干過ぎた後に行刑法第42条第1項にいう「1年間」指定された作業を遂行したことになる。

---

269 Calliess/Müller-Dietz, 2002, §42Rdn. 5.
270 OLG Koblenz, NStZ1985, S. 573；dazu Sigel, 1985, S. 277.
271 BGHSt. 35, S. 95ff.；siehe dazu Pfister, 1988, S. 117ff.
272 BGHSt. 35, S. 100.
273 Vgl. OLG Koblenz, ZfStrVo1992, S. 198.
274 BGHSt. 35, S. 99；siehe auch LG Hamburg, NStZ1992, S. 104.

418　たしかに，「寛大な見方をしても，受刑者が1年作業を行ったとはとてもまともに言うことができない」[275]かなり長期の算入できない不就業期間がある場合には，1年の期間の中断という事態になると考えられる。そうしなければ，立法者がこの免除制度によって追求しようとする労働期間と休養時期の配分という目的を無視することになるおそれがあるからである。したがって，不就業期間の長さを考慮せずに，作業を行った日数を1暦年になるまで単純に合算しても，免除が自動的に許可されることにはにならない。

　受刑者が18就業日の作業免除の請求権を有する場合において，行刑法第13条あるいは第35条にいう拘禁からの休暇（Hafturlaub）の期間が就業日に当たるときは，その期間に算入される。もっとも，このことは親族の生命にかかわる病気又はその死亡を理由とする休暇については該当しない。

5.3.1.3　自由な労働関係

419　受刑者が施設内又は施設外にある自営工場又は私企業工場において，その作業義務に基づく作業指定を受けた場合，その者は，行刑官庁に対して公法上の関係に入る[276]。行刑法第39条第1項は，自由な労働関係を行刑法第37条あるいは第41条第1項第2切による作業等の指定と同列においている。この規定によって，受刑者は，私法的な関係[277]を形成して，施設外での作業，職業訓練又は職業補習訓練を行うことが可能とされる。行刑計画の範囲内で釈放後生業に従事するための能力を付与し，保持させ，又は助長することに役立つことがその前提であり，また，行刑の主要な理由に反することもできない。

420　さらに，自由な労働関係に入ることを許可する条件としては，その受刑者に構外作業又は外部通勤（行刑法第11条第1項第1号）という行刑の緩和が認められることである。なぜならば，それは，行刑法第39条第1項第1切の文言上，施設外においてのみ可能とされているからである（施設内作業についての規定の類推適用は問題にならない[278]）。したがって，行刑法第39条第1項の基準とは別に，行刑法第11条第1項第1号及び第2項の規定についても，独自の検討[279]がなされなければならない。このことは，行刑法第39条第1項第2切において，これらの規定が修正を受けないとされていることからも明らかである。同じく，行刑法第

---

275　OLG Hamm, NStZ1989, S. 445.
276　OLG Hamm, NStZ1993, S. 381；BAG, NStZ1987, S. 575.
277　LAG Hamm, NStZ1991, S. 456.
278　BT-Drs. 7／918, S. 67.
279　Schwind/Böhm/Matzke, 1999, §39Rdn. 8 f.

14条も適用がある。これによって，行刑法第11条第2項にいう逃走及び悪用の危険がないという施設管理者による有利な予測評価が損なわれることのないよう，受刑者に指示を与えることができる（例えば，作業終了後は遅滞なく施設に帰るよう指示すること。）。行刑法第14条第2項により外部通勤又は構外作業の許可が撤回されることはあり得るが，これに伴って，自由な労働関係を引き続き許可する根拠も消滅する。

421　行刑法第39条第1項の要件（加えて，行刑法第11条第1項第1号及び第2項の要件）が充足されている場合，自由な労働関係が行刑法第37条による作業指定に優先する（「すべき」）ことになる[280]。これによって，当事者にその許可を求める権利が発生するのではなく，誤りのない裁量権の行使（fehlerfreie Ermessensausübung）を求める権利があるに過ぎない[281]。その際，施設管理者は，特に「第37条に掲げる受刑者作業の目的及びそこで引用された作業指定に当たっての留意事項が自由な労働関係によって達成されるかどうかについて吟味しなければならない。それが認められる場合には，自由な労働関係を優先させるべきである」[282]。

自由な労働関係が（再）社会化の可能性を高めるという点において，行刑官庁は，その許可を単に例外的事案に限定することは許されない。すなわち「自由な労働関係の許可に関する行刑官庁の決定は，行刑行政を義務付ける憲法に規定された再社会化の要請に対する直接的関連を示すものである。したがって，行刑官庁は，自由な労働関係という就労関係がもたらす（現実への近似性及び将来の雇用主の開拓）社会化への特別のチャンスという視点でその可能性について吟味することを憲法上も義務付けられている。具体的事案において，その者の行刑計画に違反せず，行刑法第39条第1項第2切の要件が存在する場合には，重要な行刑上の利害（Vollzugsbelange）のみが行刑法第39条第1項による許可を与えないことを正当化できるであろう[283]。」

422　行刑法第39条関係行政規則第2第2項によって，受刑者と雇用者又は職業訓練実施者との間で書面による契約が締結されなければならない。特に，その契約には，この労働関係は行刑法第39条第1項により与えられた許可が失効するとともに，契約は解除通告（Kündigung）なしに終了することが明確にされるべきである。さらに，自由剥奪期間中における収入は，免除的効力（befreiende Wirkung）をもって施設の同意した口座にのみ支払われ得ることが取り決められなければならない。それは，公法上の規定に基づ

---

280　Kaiser/Schöch, 2002, S. 303 ; Lohmann, 2002, S. 64.
281　Calliess/Müller-Dietz, 2002, §39Rdn. 2.
282　BT-Drs. 7/918, S. 67.
283　BVerfGE98, S. 210.

く出捐（Zuwendung）とみなされる。行刑官庁は，行刑法第39条第3項を適用して，差し当たり，受刑者のための貸方として施設あてに報酬の振替を求めることができる。

休養のための休暇も，労働法に基づく取り決めに従う。行刑法第42条第4項が明示しているように，作業義務の免除についての規定は，行刑外の労働関係には適用されない。

行刑法第39条第1項にいう自由な労働関係にある者は，他の一般の就労者と同じく，一般の法律による社会保険への加入義務がある。その者は，相応の保険料を健康保険組合に支払わなければならず，また，その給付を請求することができる（この場合，行刑法第62条aに基づき，行刑法第57条から第59条までによる行刑法上の保険給付は停止される。）。

### 5.3.1.4 自営職業活動

423　行刑法第39条第2項により，受刑者には，自己の収支で仕事をすることを許すことができる。それは，作業時間中における自由業的な仕事として理解され，行刑法第37条による指定作業は行われず，また，行刑法第39条第1項による自由な労働関係に入るものでもない[284]。

自営職業活動によって行刑法第37条の規定する一般的な作業目的が達成され得ることがその前提である[285]。行刑官庁は，その許可に当たり，自由裁量権を有する[286]。その場合，自営職業活動と対立する行刑の利害についても考慮される[287]。とりわけ，行刑目的達成のために有用であることが重要である。

自営職業活動の承認は，有意義な作業を指定できない被収容者の場合について考えられる[288]。このことは，特に，自由社会において自由業に従事していた受刑者（例えば，芸術家，学者，文筆家）について妥当する。行刑法第39条関係行政規則第3第1項は，法律の構想に従って，行刑法第39条第2項に基づく自営職業活動の許可を例外的な場合（「重要な理由から必要と思われるとき」にのみ）に制限している[289]。自由社会における自由業の場合と同様に，受刑者の自営職業活動も，その活動から得られる収益が報酬（Entgelt）である。しかし，行刑法第50条第4項によって，自営職業活動を受刑者が拘禁費用分担金を支払う場合に限ること，つまり，その者の施設収容と給養に伴う国の支出について，金銭上の分

---

[284] Schwind/Böhm/Matzke, 1999, § 39Rdn. 11.
[285] BT-Drs. 7/918, S. 67.
[286] OLG Hamm, NStZ1993, S. 208.
[287] Calliess/Müller-Dietz, 2002, § 39Rdn. 5.
[288] OLG Hamm, NStZ1993, S. 208.
[289] Krit. dazu　AK-Däubler/Spaniol, 2000, § 39Rdn. 28；Calliess/Müller-Dietz, 2002, § 39 Rdn. 5.

担をしなければならないとされている。

　法律上明示されてはいないが，自営職業活動として，施設外での自由業的な仕事をすることも考慮の対象になる。　**424**

　事例：ある受刑者は，自由な労働関係における外部通勤者として，ある有限会社の建築設計士として働いていた。会社が破産しそうになったとき，この者は，他の同僚と共に１マルクで持ち分を取得し，会社の経営者に選任された。その後間もなく，施設長は，その会社で自由な労働関係の枠内で仕事をするために与えた許可を撤回した。同時に，施設外での自営職業活動の枠内でその会社で引き続き仕事をしたいという被収容者の申請を拒否した。

　ハム（Hamm）高等裁判所[290]は，施設外で仕事をするために必要な根拠である構外作業ないし外部通勤の要件について，立法者が行刑法第39条第１項との関係においてのみ言及していることを理由に，類似の事案において，施設外で自由業的な仕事を行うことを否定したことがある。施設外での自営職業活動は，行刑法第39条の文言に反するというのであった[291]。

　これに対して，連邦最高裁判所の見解[292]——文献の多くはこれと同意見[293]——によれば，行刑官庁は，行刑法第11条に掲げられた条件の下で，それが行刑法第２条第１切の行刑目的と矛盾しない場合には，行刑法第39条第２項にいう施設外での自営職業活動を許すことができるとしている。

　「行刑法第39条において，第１項とは異なり，第２項で行刑法第11条，第14条に言及していないことをもって，施設外での自営職業活動が考慮の対象外であるという結論にはならない。行刑法第39条第１項第２切によって，行刑法第39条による許可のためのいかなる新たな条件を設定するものでもない。それは，そこに挙げられた規定が行刑法第39条第１項によって排除されないこと……及び施設外での自由な労働関係を許可するに当たり，構外作業及び外部通勤の許可に当たって充足すべき最低条件（逃走及び犯罪のおそれのないこと。）が，受刑者の職業生活への編入という目的の背後に退かないということを明らかにしているだけである。……行刑法第39条第１項第２切に相当する規定を行刑法第39条第２項は必要としない。同項は，自営職業活動の要件に関する特別の規定を含んでいない。受刑者が施設外で活動するに当たっては，いずれにせよ行刑法第11

---

290　OLG Hamm, StrVert1987, S. 260.
291　So im Ergebnis auch Grunau/Tiesler, 1982, §39Rdn. 3.
292　BGH, NStZ1990, S. 452f.
293　AK-Däubler/Spaniol, 2000, §39Rdn. 29；Böhm, 1987, S. 189；Calliess/Müller-Dietz, 2002, §39Rdn. 6；Kaiser／Schöch, 2002, S. 304f.；Schwind／Böhm／Matzke, 1999, §39 Rdn. 11；Walter M., 1999, S. 418.

第5章 相互作用プロセスとしての行刑過程（Der Vollzugsablauf als Interaktionsprozeß）

条，第14条に留意しなければならず……その決定に当たって，特に個別事案における行刑目的，行刑原則及び行刑における作業活動の目的達成を……目指す施設管理者に対して，その行為を選択できる可能性を示しているにすぎない[294]。」

425　外部通勤を許可する条件が存在する場合，行刑法第39条第2項では，収入を目的としないその他の活動を行うことも認めている。したがって，外部への通学及び大学での勉学は，この規定にいう自営職業活動として評価されなければならない[295]。無収入の仕事が自営職業活動の概念に当たるとすれば，最終的には，収容されている母親がその子の世話をするための外部通勤がこれに数えられることになる[296]。

426　行刑法第39条第3項は，同法第2項にも関係する。この規定によって，行刑官庁は，得られた利益，売上げその他の手当が被収容者のための貸方として，施設の特別の口座に振り込まれるよう要求することができる。施設管理者による自営職業活動の許可は，優越的な行政行為の原則に基づき撤回することができる[297]。その場合には，施設内又は施設外における自由業的活動の許可の撤回を正当化する事情が存在しなければならない。

### 5.3.2　職業教育及び学校教育

427　行刑施設における調査は，多くの受刑者がしばしば学校教育及び職業教育の分野に著しい欠陥を持つことを示している[298]。例えば，2000年中にバイエルンの施設に収容された刑確定者のうち，成人の約58％だけが職業訓練を終了していた（少年受刑者の場合はわずかに35％）[299]。

学校教育及び職業教育の不足は，受刑者の場合，非常に多く見られる。しかし，このことを，単一の因果関係という意味において，教育訓練の不足が犯罪行為の原因であるとまで解釈することはできない。たしかにそれは，犯罪行為に陥りやすくする一つのファクターであり得る。他方，釈放された受刑者の再犯についての研究は——重み付けは異なるが——各人の可能性及び必要性に合わせた行刑における職業訓練及び学校教育が

---

294　BGH, NStZ1990, S. 453.
295　Kaiser/Schöch, 2002, S. 305.
296　Dazu Kap. 6．2．
297　Calliess/Müller-Dietz, 2002, §39Rdn. 7．
298　Vgl. Kaiser/Schöch, 2002, S. 465；Pendon, 1992, S. 31ff.；Walter M., 1999, S. 413ff.；Wiegand, 1988, S. 277f.
299　Bayer. Staatsministerium der Justiz, 2002, S. 19.

正に若年受刑者の社会復帰のため，特に重要であることを明らかにしている[300]。学校教育及び職業教育の分野における行刑的介入の効果分析によれば，提供された教育訓練への参加，特にそれを成功裏に終えることは，積極的な合法性を実証する機会を向上させている。しかし，処遇行刑においては，それまでの労働，職業又は訓練の経歴が社会化にとって不十分である場合に，被収容者のために適当な（職業）訓練を促進する機会を提供し，それを実行するだけにとどまることは許されない。なぜならば，重要なことは，単にこの分野における弱点や欠陥を除去するだけでなく，同時に，耐久力の不足ややる気のなさによってその努力が失敗しないよう，社会的能力獲得のための社会訓練を行い，これらの教育的措置を支援することにあるからである。教育的な措置も包括的な個別的処遇計画の一部でなければならないということである。

428　行刑法は，第37条において職業訓練及び補習教育を経済的に収益の多い作業への指定と同列においている。行刑官庁は，行刑法第37条第3項に基づき，適性のある受刑者が職業訓練，職業補習教育又はその他の教育的若しくは補習教育的措置に参加できる機会を与えるべきである。上位概念としての職業訓練及び補習教育には，それ以上の概念の限定，定義はなされていない。

429　行刑法第37条第3項では，社会福祉法第3編，1997年労働促進—改善法（AFRG）第1条[301]及び職業訓練法（BBiG）に対応して，二つの職業訓練的措置を強調している。職業訓練及び職業補習教育は，連邦労働局によって援助される。社会福祉法第3編は行刑のための特別の規定を置いていないが，受刑者も社会福祉法第3編の定める条件に従って，個人的な助成（例えば，職業訓練助成金の保障，訓練費用の助成）を受けることができる。場合によっては，施設が制度的な助成（例えば，職業訓練場所を確保するための補助金）を受けることもできる。

430　行刑官庁は，行刑法第148条第2項に基づく職業相談，職業訓練及び職業の紹介に当たり，単に組織的なレベルで連邦労働局と協働するだけではない。行刑官庁は職業的教育のために必要な設備を整えなければならないとされている（行刑法第149条第1項）が，適当な設備を有する私企業が職業訓練を行うこともできる（行刑法第149条第3項）。

バイエルン州では，2002年中に成人行刑で554名について専門的職業訓練を行うことができた。建築技術，電子工学，染色技術，自動車整備工，庭師，造園設計，家具職人，

---

300　Siehe Baumann K.-H., 1984, S. 31ff.；Berckhauer/Hasenpusch, 1982, S. 320；Dolde/Grübl, 1988, S. 29ff.；dies., 1996, S. 284；Kerner/ Janssen, 1996, S. 175f.；Mey, 1986, S. 265ff.
301　BGBl. I 1997, S. 594ff.

第5章　相互作用プロセスとしての行刑過程（Der Vollzugsablauf als Interaktionsprozeß）

織物洗濯職人などの分野の職業訓練のほとんどが自前の見習実習工場で行われた。施設の工場及び農場内にも，かなりの職業訓練（例えば，指物師，印刷工，洋裁工，トラック修理工）を行うための設備がなされている。これらの他にも職業的訓練（例えば，フォークリフト課程，シルクスクリーン課程，電子データ処理特別コース）が実施されている[302]。

**431**　受刑者に対して助成措置（例えば，社会福祉法第3編による）が考慮されるためには，まず，行刑段階において，これを許す前提条件が存在しなければならない。

　すなわち，被収容者は，行刑法第37条第3項に基づく職業訓練等の助成をするに適していなければならないこと，つまり，その個人の才能及び作業能力[303]から特定の職業訓練に適していることが認められ，かつ，それをやり遂げ実りある成果を上げることが期待されなければならない。本人の適性ということは，この規定の構成要件における不確定法概念にかかわるため，施設管理者には，裁判所により審査される限定された裁量の余地[304]が残されているだけである[305]。

**432**　このほか，行刑法第41条第2項は，撤回可能な同意の必要性について規定している。職業訓練及び補習教育が施設にとって多額の経費支出を要するため，本人にもそれに対する積極的な態度が求められるという事実から同意を必要とするだけではない。行刑法第41条第2項は，行刑法第4条第1項の処遇への参加協力の原則を具体化したものであり，その措置が受刑者の自発性と自己責任に支えられている場合に，初めて実り多い経過及び結果が見込まれるからである。

**433**　本人に適性があり，その同意があっても，行刑法第37条第3項は，受刑者に対して——特別の労働法及び職業訓練法上の条件を前提に——職業等の助成について許可を求めるいかなる権利も発生させない。その者には，誤りのない裁量決定を求める権利があるだけである。受刑者が行刑法第37条第3項による措置に参加して，これを作業時間中に行えば，それは作業に代用される[306]。その際，行刑法第37条第3項の職業訓練等の法律関係は——指定された義務的作業における作業関係と同じく——被収容者の国に対する公法的関係の一部分である。したがって，そこでは雇用者又は職業訓練実施者側に対する請求権を定めた民法及び労働法の規定の適用はない[307]。

---

302　Bayer. Staatsministerium der Justiz, 2002, S. 19ff.
303　Calliess/Müller-Dietz, 2002, §37Rdn. 4.
304　Dazu Kap. 8．2．2．2．
305　Kaiser/Schöch, 2002, S. 255, 309 ; Schwind/Böhm/Matzke, 1999, §38Rdn. 6.
306　Calliess, 1992, S. 123.
307　KG, NStZ1989, S. 197.

事例：受刑者Gと行刑施設との間で，職業訓練を必要とする職業「肉屋」になるための職業訓練契約を締結した。この職業訓練は民間工場で行われた。そこでの仕事中にGは度々ソーセージ類を盗んだ。そのため，Gは施設管理者から書面による職業訓練関係の即時解除通告を受けた。これに対して，Gは労働裁判所に提訴した。

連邦労働裁判所（BAG）[308]は，この事件の上告審として，当然のことながら，行刑施設により解除通告された職業訓練関係の消滅に関する争いは，労働裁判所の管轄ではないことを明らかにした。なぜならば，労働裁判所の管轄権は，被雇用者と雇用者との間の労働関係，あるいは職業訓練を受ける者とこれを行う者との契約関係の存在又は不存在についての民法上の争いを前提とするからである。これに対して，行刑における作業関係及び職業訓練関係は，公法的性格を有する。被収容者と民間企業との私法契約の締結は行刑法により排除されているので，Gは行刑官庁の解除通告の意思表示を行刑法第109条以下の法的手段によってのみ争うことができる。

行刑法第38条第2項により作業時間中に行われるべき学科教育も，行刑法第37条第3項にいう職業訓練及び補習教育の一部とみなされる。こうすることによって，立法者は，この措置を基本的に作業と同列に置いた。行刑法第38条第1項において，立法者は，普通学校終了に至るまでの学科教育，特殊学校授業及び職業訓練時又は補習教育時の職業学科の授業を特に強調している。これらのほか，行刑法第38条第1項に列挙されていない学校教育的措置も実施される。 **434**

その他の教育的措置としては，実務上，とりわけ文盲教育コース，学校卒業準備授業ないし就職準備授業がある。幾つかの施設では，中等実業学校卒業資格が得られる。それに適した受刑者には，外部通勤又はテレビ講座を受講する方法による高等職業専門学校，専門単科大学又は大学卒業資格を取得する機会が与えられる。 **435**

大学での勉学もまた教育的措置の一部とみなされる。受刑者は外部通勤の方法で講義を聴きに行くことができる。また，閉鎖行刑の受刑者は，自ら申請して，ハーゲン通信教育大学で学ぶことができる特別の対象とされている[309]。ノルトライン—ヴェストファーレン州（ゲルデルン刑務所），ニーダーザクセン州（ハノーファー刑務所）及びバーデン—ヴュルテンベルク州（フライブルク刑務所）には，収容中の通信大学学生のための勉学センターがあり，通信教育大学は，学生のために特別の相談や世話を行うこととしているが，それは通信教育におけるコミュニケーション不足を補う教育機能としての

---

308　BAG, ZfStrVo1987, S. 300.
309　Clever/Ommerborn, 1995, S. 49ff.

第5章　相互作用プロセスとしての行刑過程（Der Vollzugsablauf als Interaktionsprozeß）

役割を果たしている[310]。

　学校教育的措置への参加の条件は，受刑者の適性と行刑法第41条第2項にいう本人の同意である。学校教育上の助成についても，その者には誤りのない裁量決定を求める権利があるだけである。

436　公法上の職業訓練及び補習教育関係の枠内では，行刑法第42条による休養のための有給の自由時間を請求する受刑者の権利が認められている。同条第1項では行刑法第37条の全文を引用しており，したがって同条第3項も引用されることになるからである。そこで，行刑法第42条の条件が存在すれば，その者は作業義務の免除を請求することができる。この期間中，その者は行刑法第42条第3項により，それまで支払われていた報酬も引き続き得られることになる。
　被収容者が学校教育的又は職業訓練的措置に参加する場合，そこで得た成績証明書，各種証明書及び履修証明書から受刑の事実が知られてはならない。そうすることで，釈放後の生活において障害が生じないことが期待されている。

　例えば，バイエルン州においては，職業学科の授業は，州文部省との合意に基づき，場所的な管轄を有し，問題のない修了証書を作成する教区職業学校（Sprengel-Brufsschule）との密接な協力の下に行われている[311]。

437　行刑法第39条第1項に基づき，施設管理者は，受刑者が私法関係を形成することによって，施設外で職業訓練又は職業補習教育を受けるのを許すことができる。このような自由な職業訓練関係には，施設外での私法関係に基づく作業活動と同じ要件が適用される[312]。この場合，特に行刑法第11条第1項第1号及び第2項による行刑の緩和を許可するための要件が存在しなければならない。受刑者への金銭的給付及び有給での不就業時間については，公的な職業訓練に参加する受刑者などと同じ基準が適用される。

438　行刑法第67条によって，職業補習教育も自由時間に行うことができる[313]。そこで行われるものの大部分は，行刑法第37条第1項にいう釈放後の生計を得る能力を仲介し，保持し，又は助成することを第1次的な目的としないものである（例えば，語学コース，テレビ講座）。組織及び職員配置上の必要から，諸種の教育を自由時間に限って実施することもできる。

---

310　Ommerborn/Schuemer, 1996, S. 8 ff. ; dies., 1997, S. 195ff. ; dies., 1999, S. 9 ff.
311　Bayer. Staatsministerium der Justiz, 2002, S. 22.
312　Siehe Kap. 5．3．1．3．
313　Dazu unten Kap. 5．6．1．

5.3.3 被収容者への金銭的給付

　20世紀の70年代における行刑改革の重要な契機となったのは，（職業）教育的措置に参加する場合及びその責めによらない不就業の場合における適当な作業報酬制度又は相応の補償制度を導入することであった。行刑法対案では，被収容者に自由な労働者と同じ報酬を支払うこと，つまり，賃金表通りの報酬を支払うことを規定した[314]。立法者もまた，真正な作業報酬を与えること，職業訓練及び補習教育のための補助金並びに不就業の期間，つまり，処遇行刑のため作業ができない期間に対する補償の重要性を強調した[315]。

　行刑法は，次の種類の給付に差異を設けている。

— 作業報酬，作業休暇及び作業免除の釈放時期への算入（行刑法第43条）
— 教育補助金（行刑法第44条）
— 休業補償（行刑法第45条）
— 小遣銭（行刑法第46条）

　しかし，立法者は，財政上の理由から，これらの給付制度を一部停止し，又は過渡的な修正を行っている。つまり，行刑法第45条（休業補償）の規定は，行刑法第198条第3項に基づき，特別の連邦法により初めて施行されることとされている。その時点まで，小遣銭（行刑法第46条）の供与についても特別の規定が適用される。

　それぞれの要件を満たしている場合，受刑者は給付を請求する権利を有する。

5.3.3.1 作業報酬の支払

　指定された作業その他の労作又は行刑法第41条第1項第2切にいう補助活動を行った場合における作業報酬支払請求権の導入は，立法者の，「自由刑の実行は，自由剥奪のため及び将来における犯罪のない生活のために求められる処遇に必要とされる以上の制限を受刑者にもたらすべきではないという考えに由来する。加えて，真正な作業報酬は，それ自体処遇の重要な手段として理解されなければならず，なぜならば，それは受刑者に対してその労働の果実を明確に提示するからである。その上，真正な作業報酬は，受刑者に対して，家族の生計の維持に役立

---

314　Baumann/Brauneck/Calliess, 1973, S. 151.
315　BT-Drs. 7/918, S. 67.

て，犯罪から生じた損害を弁償し，及び正常な生活へ移行するための備蓄を可能にすることによって，社会復帰に役立つ。[316]」

441　行刑施設における作業は，たしかに自由経済社会における状況とは対照的に，その成果において生産性を低下させる制約にさらされている。部分的に老朽化した工場設備，行刑上の制約による頻繁な労働力の交替，不慣れな作業場所への労働力の投入，組織上避けることのできない特別の処遇措置の実施――作業時間中においても――は，様々に異なる採算性を生む原因となる。そこで，立法者は，受刑者労働に対する報酬を地域の一般的な賃金表により設定することを不適当と考え，行刑法第43条第2項第2切で社会福祉法第4編第18条にいう労働者（Arbeiter）及び一般従業員（Angestellte）の法定年金保険におけるすべての被保険者のそれぞれの平均的労働賃金と関連させることで，比較的低額に算定した。しかし，そうすることによって，作業報酬は，一般社会における賃金の増加に応じて（2年遅れで）上がることになる。

442　受刑者は，2000年12月27日，第5次行刑法改正法[317]によって作業報酬の支払についての新たな規定がなされるまでは，行刑法第200条第1項の旧規定により社会福祉法第4編第18条による算定額の僅か100分の5に設定された基準報酬を受けるにすぎなかった。この基準報酬の250分の1が日額とされ，それは2000年においては，10.75マルク（5.50 EUR）であった。

州の財政事情に配慮した行刑法第200条第1項の旧規定による受刑者労働に対する低額の報酬は，行刑法の施行後4年で終わるべきこととされていた。そこで，行刑法第200条の旧規定では，1980年（！）12月31日までに社会福祉法第4編第18条にいう受給額の5パーセントを引き上げることについて判断されなければならないとしていた。立法機関がこの自らに課した義務を守らなかったため，もともと計画されていたすべての年金保険被保険者の平均的労働賃金の80％である250分の1の支払いも実現されなかった[318]。パーセンテージを上げるためのすべての試みは挫折した[319]。もとより，6パーセントへのわずかな引き上げも実行されなかった[320]。しかし，行刑法第200条第2項の旧規定は立法者の単なる自己規制であったため，受刑者がこの規定に基づいてより高い作業報酬を要求する権利を主張することはできなかった[321]。作業報酬の改善については，たしか

---

316　BT-Drs. 7/918, S. 67.
317　BGBl. I2000, S. 2043ff.
318　Vgl. Böhm, 1986, S. 180.
319　Siehe BT-Drs. 8/3335, S. BR-Drs. 637/80.
320　BT-Drs. 11/3694, S. 6, 13.
321　KG, NStZ1990, S. 608.

に，長年にわたり，様々なモデルを用いて議論され[322]，また，試みられてきた[323]。しかし，当事者にとって有利となる現実の重要な改革は，州財政の経済的事情から制約を受け続けていた。

　行刑法第43条，第200条の旧規定に基づく作業報酬が低額であったため，多くの受刑者がそれぞれその行った仕事に対して賃金表に定める報酬の支払を求める申請を行ったものの，成功しなかったことは，憲法異議の訴えを提起する誘因となった。さらに，ある刑執行部は，連邦憲法裁判所に対して，基本法第100条第1項第1切による具体的な法令審査を求める方法により，作業報酬支払の問題に対する決定を求めた。連邦憲法裁判所は，この手続を1998年7月1日に出された全員一致の決定で取りまとめた[324]。この決定の重要な意義は，作業報酬の支払について新たな規定を設けることが立法的な発展のための義務的作業であるとしたことにある。同裁判所は，2000年12月31日までに憲法に適合した規定を設けることを立法者の課題とした。

　連邦憲法裁判所は，その判断の中で[325]，行刑における強制的作業が再社会化の手段として許されることをその出発点としている。たしかに，一定の条件の下では，強制的作業の賦課が再社会化のために役立ち得るということが基本法第1条第1項と関連する第2条第1項から演繹できる。すなわち「受刑者に義務的労働として指定される行刑における作業は，行われた作業に適切な評価が与えられる場合にのみ，初めて効果的な再社会化の手段となる。その評価は，必然的に金銭的性格を持つと考えてはならない。それは受刑者に対して，将来自らの責任において刑罰を受けない生活を送るため，規則的労働の有する価値をその者の具体的な利益として形成し，明確に示すことに適したものでなければならない。受刑者がこのように意味あるものとして経験し得る作業を行うことができる場合においてのみ，立法者は，作業を義務付けることによって受刑者の更なる反社会化が妨げられ，その職業的能力の向上及び人格の発展に際して労働に対する肯定的関係がそのよりどころになり得ると考えることができる。」[326]

　受刑者の作業を適切に評価するという義務をどのように履行すべきかについて，立法者は，連邦憲法裁判所から幅広い裁量権を与えられた。まず第1に――裁判

**443**

**444**

---

322　Siehe Jehle, 1994, S. 266 ; Neu A., 1995, S. 105ff. ; Sigel, 1995, S. 81ff.
323　Siehe Hagemann, 1995, S. 343ff.
324　BVerfGE98, S. 169ff.
325　Dazu　Bemmann, 1998, S. 604f. ; Britz, 1999, S. 195ff. ; Dünkel F., 1998a, S. 14f. ; Kamann, 1999, S. 348ff. ; Lohmann, 2002, S. 125ff. ; Müller-Dietz, 1999a, S. 952ff. ; Neu A., 1998, S. 16f. ; Pawlita, 1999, S. 67ff. ; Radtke, 2001, S. 4 ff. ; Schüler-Springorum, 1999, S. 219ff.
326　BVerfGE98, S. 201.

所によれば——金銭的な対価を与えることが考慮の対象になる。この場合，その作業を行うことが生活費の支払いのために意味を持つと思われる金額でなければならない[327]。その際，受刑者作業の労働市場からの遊離性，受刑者作業に要する費用及び受刑者作業の一般市場との競合ということを斟酌できるのはもちろんである[328]。

445 　連邦憲法裁判所は，仕事の種類及び質の相違を区別するため，行刑の分野にも一般労働市場の要素及びメカニズムを導入することを認めている。そこでは，行刑法第3条第1項の社会同化の原則が考慮されることになる。たしかに，その作業を初めて行わなければならないことが多いので，受刑者に過大な要求をすることはできない[329]。裁判所は，受刑者の能力に応じて妥当な選択が行われ，それに適した者には補習教育が準備されている場合，異なる賃金体系又は出来高払制度を採用することを認めている[330]。

　さらに連邦憲法裁判所は，立法者が作業報酬の支払について新たな規定を設けるに当たって，報酬を支払うほか作業の成果をそれに代わる他の形で評価するという考え方をとり得ることをその判決の中で詳細に述べている[331]。

　非金銭的な構成要素となる可能性があるものとして，裁判所は次の提案をした。
1．社会保険法上の権利の保護
2．負債弁済の援助
3．行刑及び釈放準備の際における新たな評価方式，できれば個人に選択の余地を認める形での評価
4．一般予防又は特別予防の趣旨に反しない限りでの刑期の短縮（good-time）
5．その他拘禁期間の縮減

446 　連邦憲法裁判所の基本方針に従って，立法者は，第5次行刑法改正法の中で——2001年1月1日施行——行刑法第43条，第48条及び第200条を受刑者作業に対する報酬支払のための基本的な規範として新たに規定した[332]。これによれば，被収容者がその者に指定された義務的作業を遂行したことに対する報酬としては，金銭的構成要素と併せて非金銭的な構成要素を含むものとなっている。立法者は，

---

327　BVerfGE98, S. 202.
328　BVerfGE98, S. 203.
329　Vgl. dazu Schüler-Springorum, 1999, S. 222.
330　BVerfGE98, S. 203.
331　Zweifelnd Richter Kruis in seinem Minderheitenvotum, BVerfGE98, S. 218.
332　Dazu　Calliess, 2001, S. 1692ff.；Landau/Kunze/Poseck, 2001, S. 2611ff.；Neu　A.，2002, S. 83ff.；Pörksen, 2001, S. 5 f.；Ullenbruch, 2000, S. 177ff.

指定された義務的作業についての作業報酬のほかに，作業の免除を通じて非金銭的なレベルで評価すること（行刑法第43条第1項）とし，その際，これらは
― 拘禁からの休暇（作業休暇）として利用し，又は
― 釈放時期に算入することもできるとした。

(1) 金銭的構成要素（Monetäre Komponente）

行刑法第37条により指定された作業等又は行刑法第41条第1項第2切による補助活動を行った被収容者は，行刑法第43条第1項第1切第1選択肢及び同条第2項に基づき，法律上規定された金銭的報酬の支払を求める権利を有する。作業関係自体がそうであるように，この作業報酬請求権も公法的性格を有する。したがって，作業を行う受刑者は，賃金表に定める報酬の支払を求める権利を有しないが，立法者は，地方の慣行に応じた報酬（Bezahlung）を支払うことも不適当と考え，より低い報酬額を出発点としている。

立法者は，行刑法第43条第2項第2切で受刑者労働に対する報酬額の算定を社会福祉法第4編第18条にいう労働者及び被雇用者（訓練生を除く）の法律上の年金保険におけるすべての被保険者のそれぞれの平均的労働賃金と結び付けている。これによって，2年遅れで一般の賃金引き上げに応じて作業報酬が上がることになる。被収容者は，現在，行刑法第200条に基づき社会福祉法第4編第18条による算定額の100分の9の基準報酬を受ける。そして，この基準報酬の250分の1が行刑法第43条第2項第3切によって日額とされる。

行刑法第43条第3項第1切により，作業報酬は，受刑者の作業成績及び作業の種類によって段階が付けられる。行刑法第48条の授権に基づき，連邦司法省は，連邦労働社会省（Bundesministerium für Arbeit und Sozialordnung）の了解及び連邦参議院の同意を得て，作業報酬及び職業訓練手当の支給段階に関する命令（StVollzVergO）を発出しているが，それによれば，基準報酬は5段階に分けられ，基本額は加給により引き上げられることができる。

例：2002年における作業報酬の算出
社会福祉法第4編第18条にいう収入額は，連邦労働社会省の2002年社会保険―算定額命令[333]により，旧連邦州では28,140ユーロ，新連邦州では23,520ユーロとされている（＝去る2000年中の法律上の年金保険における平均賃金）基準報酬は，行刑法第200条に基づき，この算定額の9％，2,532.60ユーロないし2,116.80ユーロである。基準報酬

447

448

449

---

333 BGBl. I 2001, S. 3302.

第 5 章　相互作用プロセスとしての行刑過程（Der Vollzugsablauf als Interaktionsprozeß）

の250分の 1 である日額（行刑法第43条第 2 項第 3 切）は，10.13ユーロないし8.47ユーロとなり，時間給は1.32ユーロないし1.10ユーロとなる。

　行刑報酬規則（StVollzVergO）第 1 条では，被収容者の作業内容及び資格に応じて，作業報酬の基本額を次の 5 段階に分けている。

報酬段階 I 　＝　予備知識は不要，短期間の手ほどきだけが必要，わずかな身体的若しくは精神的能力又は器用さが要求される簡単な作業
報酬段階 II 　＝　習熟期間を必要とする段階 I の作業
報酬段階 III　＝　短期の養成期間が必要，平均的能力及び器用さを要求する作業
報酬段階 IV　＝　技能工としての知識能力又はこれと同等に評価される知識能力を必要とする作業
報酬段階 V 　＝　段階IVの要求に加えて，特別の技量，努力及び責任感を必要とする作業

　これに応じた旧連邦州における受刑者の作業報酬[334]は，2002年，週38.5時間の基準作業時間の場合，次のとおりである。

| 報酬段階 | 行刑法第43条第 1 項<br>第 2 切による基準報酬<br>（％） | 日額<br>2002年<br>（ユーロ） | 時給額<br>2000年<br>（ユーロ） |
| --- | --- | --- | --- |
| I   | 75  | 7.60  | 0.99 |
| II  | 88  | 8.91  | 1.16 |
| III | 100 | 10.13 | 1.32 |
| IV  | 112 | 11.35 | 1.47 |
| V   | 125 | 12.66 | 1.64 |

334　Gemäß §§ 130, 176 Abs. 1 S. 1 und 2, 177 S. 4 StVollzG gilt dies für arbeitende Sicherungsverwahrte, Inhaftierte in Jugendstrafanstalten sowie jugendliche und heranwachsende Untersuchungsgefangene entsprechend. Gleiches betrifft nach §§ 167, 171 StVollzG Inhaftierte im Strafarrest bzw. im Vollzug einer gerichtlich angeordneten Ordnungs-, Sicherungs-, Zwangs- und Erzwingungshaft sowie gem. § 8 Abs. 2 FEVG Abschiebungsgefangene in Justizvollzugsanstalten. Für die Bemessung der Ausbildungsbeihilfe verweist § 44 Abs. 2 StVollzG ebenfalls auf § 43 Abs. 2 und 3 StVollzG. Dagegen sind bei der Bemessung des Arbeitsentgelts für erwachsene Untersuchungsgefangene gem. § 177 S. 2 StVollzG nur 5 % der Bezugsgröße nach § 18 SGB IV zugrunde zu legen. Gleiches gilt für die Gruppe der Auslieferungsgefangenen im Vollzug der Haft nach § 27 IRG.

このほかに，行刑報酬規則第2条により，30％までの成績手当（Leistungszulagen），早朝深夜などの不都合な時間帯の作業手当（5％まで），作業を困難にする環境的影響下での作業手当（5％まで）及び超過時間作業手当（25％まで）が認められる。これに対して，受刑者が最低限の要求にこたえる成績を上げない場合には，行刑法第43条第3項第2切により，基準報酬の75％の最低報酬（段階Ⅰ）を下回ることが可能とされる。
　行刑法第37条第5項にいう作業療法的労作を行う場合には，それが労作の種類及び業績に相応する限りにおいてのみ，行刑法第43条第4項に基づき作業報酬が支払われる。この場合，行刑報酬規則第3条により，通常は報酬段階Ⅰの基本額の75％の額とされるが，小遣銭の額を減額することもできる。

　行刑法第200条に規定する受刑者作業に対する非常に低い金銭的報酬の算定は，──付加的に非金銭的な構成要素[335]が存在すること及び作業義務を履行する受刑者について行刑法第50条第1項第1号に基づく拘禁費用分担金[336]を徴収しないとされていることを考慮しても──全く作業成績にふさわしい報酬ではない。たしかに，行刑施設での作業は，自由経済における関係とは異なり，結果的に生産性を低下させることとなる制約下にあることから，その地方の慣行的な賃金を被収容者に支払う[337]よう求めるのは過大な要求のようにも思われる。そこで，立法者は，行刑に特有の条件──特に市場性の乏しさ（Marktferne）──を考慮して，法律上の年金保険における平均的労働報酬と結合させることで，低額の算定を可能にした。

450

　しかし，行刑法第200条による受刑者に対する低額の金銭的報酬は，行刑での生活はできる限り一般の生活条件と同じくされるべきであるという行刑法第3条第1項の社会同化の原則の観点から疑問がある。自由社会における被雇用者は，その労働を通じて，生活費を賄うための反対給付を要求する権利を有するが，行刑法の規定は，その支払を作業への単なる褒賞に限定している。こうすることで，受刑者は，社会復帰に成功するための前提となる自分の働きの成果から生まれる自信（Selbstbewusstsein）を発達させることができない。行刑法第200条の低額の基準報酬は，行刑の侵害的効果を抑止する行刑法第3条第2項の侵害排除の原則にも抵触する。それは，受刑者に対して自由剥奪の必然的帰結と全く関係のない負担をもたらす。作業成績に見合った報酬の支払いを留保することは，何より

451

---

335　Dazu Kap. 5. 3. 3. 1 (2).
336　Dazu Kap. 5. 3. 4. 3.
337　So aber Neu A., 1995, S. 105ff.

第5章　相互作用プロセスとしての行刑過程（Der Vollzugsablauf als Interaktionsprozeß）

も否定的な経験学習（Lernerfahrung）となり，労働は報われない[338]，ということになる。正にこのことが処遇にとって非建設的な作用を及ぼす。なぜならば，労働に対する動機付け及び態度を改善することによって，各人の仕事へのやる気を十分促進することにはならないからである。さらに，低額の報酬は，社会保険の面において行刑目的の達成を妨げる。第5次行刑法改正法は，行刑法第2条第1切に対応する行刑の基本的作業制度を新たに作り上げることに成功しなかった。立法機関は，憲法上容認された広い裁量権[339]の範囲内で解決を見いだすことにのみ努めた[340]。連邦憲法裁判所自体が，非金銭的給付を認めることを前提に，受給額の5パーセントから9パーセントへのわずかな引き上げを「なお合憲的である」としている[341]。

452　これに対して，オーストリアの受刑者は，労働協約賃金（Kollektivvertragslohn）に基づく作業報酬を受ける（オーストリア行刑法第51条以下）。それは，計量値としての金属見習工の総労働報酬の少なくとも60パーセントになる。もっとも，被収容者は，オーストリア行刑法第32条に基づき，高額の行刑費用分担金を支払わなければならない（作業報酬を受給の場合，通常は報酬の75パーセント）。このことは，作業報酬の方向付け—動機付けの道具としての効果を大きく失わせる危険を内包する[342]。

453　行刑法第43条第2項から第5項までの現行の報酬支払規定の枠内で，指定された作業を行い，その他の労作に従事し，又は補助活動を行った受刑者には，法律で規定された報酬を——その者の貸方口座に——要求する権利が当然に与えられる[343]。この権利は，その者が作業を行わない場合には，その限りにおいて消滅する[344]。このことは，週日における祝日及び就業工場の組織上の理由による操業中止の場合も同様である。社会同化の原則に対応して，本人の報酬は，行刑法第43条第5項に基づき，特別の計算書の様式で書面により通知されなければならない。なぜならば，そうすることによってのみ，その者は，自分の権利について点検し，場合によっては法的手段をとることができるからである。作業関係と同じく，作

---

338　Krit. auch Lohmann, 2002, S. 325ff.；Radtke, 2001, S. 9．
339　BVerfGE98, S. 203.
340　Zur Verfassungsmäßigkeit siehe OLG Frankfurt, NStZ-RR2002, S. 93；OLG Hambrug, StrVert2002, S. 376；OLG Hamm, ZfStrVo2002, S. 121；zustimmend Lückemann, 2002, S. 121ff.
341　BVerfG, StrVert2002, S. 375.
342　Holzbauer/ Brugger, 1996, S. 264f, ；zur Arbeitsregelung in Österreich：Pilgram, 1997, S. 49ff.
343　Calliess/Müller-Dietz, 2002, §43Rdn. 1；Schwind/Böhm/Matzke, 1999, §43Rdn. 3．
344　KG, NStZ1989, S. 197.

業報酬の請求権も公法的性格を有する[345]。

　行刑法第43条による作業報酬の規定が適用されないのは，構外作業又は外部通勤の方法によって行刑法第39条に基づく自由な職業関係にある受刑者である。これらの者は，原則として，その地域の協定賃金の支給を受ける。

　行刑法第43条による作業報酬は，民事訴訟法第850条にいう収入（Einkommen）の概念に当たる[346]。このことから，報酬の貸方に対する請求権は，民事訴訟法第850条aから第850条kまでの規定に準拠してのみ差し押さえることが可能である，つまり，労働収入についての差押保護に関する規定の適用対象とされるのである。これによって，作業に従事する受刑者の地位は，その報酬支払に関して，――少なくとも，第三者による請求からの保護に関しては――行刑法第3条第1項の意味において，一般の雇用関係の場合と同様に扱われる[347]。

　民事訴訟法第850条e第3号により，差押え可能な収入の算定に当たっては，金銭的に算定される収入に加えて，受け取る現物給付（Naturalleistungen）が加算されなければならない。この場合，受刑者に対する行刑施設の現物給付（Sachleistungen）（例えば，宿泊場所，給養，医療）も算入されなければならないかについては，意見の相違がある。民事訴訟法第850条eの意味においてこのような考慮をすることは，自由社会の債務者に比べて，受刑者により良い地位を与えることになるおそれがある。この場合，受刑者は拘禁費用分担金を徴収されていないことが考慮されるべきである[348]。しかし，行刑官庁がその現物給付を仕事に対する作業報酬の一部として計上していないことは，このような擬制的な拘禁費用分担金の算入に反対であることを意味する。これらの現物給付は，むしろ自由剥奪に伴う必然的な結果としてもたらされるものである[349]。

(2)　非金銭的構成要素（Nicht-monetäre Komponente）

　作業報酬によって指定された義務的作業を評価するほか，行刑法第43条第1項

---

345　KG, NStZ1990, S. 607 ; Calliess/Müller-Dietz, 2002, §43Rdn. 1.
346　OLG　Celle, NStZ1988, S. 334 ; OLG　Hamm, NStZ1988, S. 479 ; KG, ZfStrVo1990, S. 55 ; OLG　Frankfurt, NStZ1993, S. 559 ; AK-Däubler/Spaniol, 2000, §43Rdn. 22 ; Calliess/Müller-Dietz, 2002, §43Rdn. 10 ; Konrad　W., 1990, S. 204f. ; Schwind／Böhm／Matzke, 1999, §43Rdn. 11 ; a. A. Fluhr, 1989, S. 103ff. ; krit. auch Seebode, 1987, S. 47.
347　OLG Frankfurt, NStZ1993, S. 560.
348　OLG Frankfurt, NStZ1993, S. 560 ; Schwind/Böhm/Matzke, 1999, §43Rdn. 11.
349　Konrad W., 1990, S. 205.

による非金銭的給付も行われる。すなわち，作業を行う受刑者は，行刑法第43条第6項から第9項までの要件の下で，作業する必要のない「時間の享受」[350]ができる。それは，拘禁からの休暇（作業休暇）として利用し，又は釈放時期に算入することができる。

456　行刑法第43条第6項第1切に基づき，受刑者が2月間行刑法第37条により指定された作業等を行ったか，又は行刑法第41条第1項第2切による補助活動を行った場合，その者は1免除日を取得する。その際，行刑法第43条第6項第3切に掲げる理由があれば，2月の期限は延長される，つまり，被収容者がその責めによらず作業ができなかった作業日の数だけ2月の期間が延長される。行刑法第43条第6項第1切により，免除日を取得した場合，受刑者はその日数を行刑施設内で過ごすことができる。同時に，拘禁からの休暇のための要件を満たしている場合には[351]，免除は作業休暇として利用されることができ（行刑法第43条第7項），その者は免除の期間中施設を離れることができる。作業義務の免除，それを作業休暇として利用することのいずれも，受刑者がそれぞれについて申請することが必要である。

457　被収容者が次のいずれかに該当する場合には，行刑法第43条第9項に基づき，作業義務を履行したことで行刑法第43条第6項第1切により与えられた免除日は，自動的に釈放時期に算入されることになる。
― 行刑法第43条第6項第1切に基づく免除を申請しなかった場合若しくは
― 行刑法第43条第7項第1切に基づく作業休暇の許可を求める申請をしなかった場合，又は
― 申請された作業休暇が，拘禁からの休暇を許す要件（行刑法第43条第7項第2切）が存在しないため拒否された場合

　行刑法第43条による釈放時期の前倒しは，刑執行法上の処分とは関係がないので，刑法典第57条にいう刑期の半分又は3分の2の計算又はその他の刑期計算に影響を及ぼすことはない。この算入は，行刑レベルにおける処置である[352]。

458　しかし，立法者は，作業等に従事する受刑者の幾つかのグループを非金銭的評価から除外し，それらには補償を行うよう指示している。取得した免除日を釈放時期に算入できない場合の要件は，行刑法第43条第10項第1号から第5号までが規定している。そこに挙げられたカテゴリーの受刑者には，行刑法第43条第11項

---

350　Schüler-Springorum, 1999, S. 227.
351　Dazu Kap. 5．4．5．
352　BT-Drs. 14/4452, S. 17；Lückemann, 2002, S. 123.

に基づき金銭的補償がなされ，釈放時に支払われる。それは，免除ないし作業休暇を請求したその日の作業報酬が算定の基礎とされ，行刑法第43条第11項第1切により，行刑法第43条第2項及び第3項に基づき算出される作業報酬の15パーセントの額となる。行刑法第43条第10項に該当しない被収容者には，釈放時期の前倒し又は金銭的補償のいずれかを選択する権利はない。

### 5.3.3.2 代替的給付 (Surrogatsleistungen)

459　行刑法の給付システムの下で作業報酬に代わるものとして認められている金銭的出捐を行う根拠は，被収容者がその責めによらず作業を行うことができない場合のために設けられた特別規定である。

受刑者が職業訓練，職業的補習教育又は教育授業に参加し，これが作業に代替された場合，その者は行刑法第44条に基づく教育補助金を受ける。このことは，教育訓練意欲のある者の地位の低下を防止し，同時に，経済的な考慮から職業的又は教育的措置への参加を控えることがないようにすることを目的としている[353]。受刑者が作業時間中に時間単位又は日単位で教育授業又は行刑法第37条第3項にいう措置に参加した場合にも，行刑法第44条第3項により，その者がそれによって得ることのできなかった作業報酬の額高の教育補助金を請求する権利を有する。補助金の算定については，行刑法第44条第2項で同法第43条第2項及び第3項を準用している。この場合，通常，報酬段階Ⅲ（＝基本報酬の100％）が与えられる（行刑報酬規則第4条）。教育補助金の請求権は，民事訴訟法第850条ａ第6号に基づき差押禁止とされている[354]。

しかし，行刑官庁により給付される教育補助金は，他の請求権に対して後順位（社会扶助の例外，連邦社会扶助法第2条第1項との関係における行刑法第44条第1項第2切）にある。このことは，例えば，連邦職業訓練助成法（BAföG）により受けられる給付についても適用がある。実務上関係があるのは，とりわけ，社会福祉法第3編による個別の助成給付である。

460　その責めによらない不就業又は病気の場合のために，立法者は，休業保障（Ausfallentschädigung）の形で行刑独特の社会保障を予定しているが，これを

---

353　Kaiser/Schöch, 2002, S. 311.
354　AK-Däubler/Spaniol, 2000, §44 Rdn. 6 ; Konrad W., 1990, S. 205.

第5章　相互作用プロセスとしての行刑過程（Der Vollzugsablauf als Interaktionsprozeß）

定めた行刑法第45条は，労働法上一般に行われている基準に対応していない[355]。それにもかかわらず，行刑法第198条第3項では，財政的理由から行刑法第45条の適用を特別の連邦法の施行まで停止しており，したがって，これまで客観的にも主観的にも責めを負うべきでない不就業について，報酬の継続支給の請求権が認められていない――これは行刑法第3条第1項の社会同化の原則に違反する[356]。

461　これに関連して，――社会福祉法第3編第117条に基づく失業手当金の請求権がない場合――その責めによらず作業報酬及び教育補助金を受けられない受刑者については，個人的な必需品を得るための最小限の金銭的保障をするため[357]，行刑法第46条の要件の下で小遣銭の給付を請求する道が残されている（現在適用されている経過規定，行刑法第199条第1項第1号）。これによれば，自らの責任における失業は予定されておらず，つまり被収容者は適法に指定された作業を拒否することはできない。自らの責任における失業ないし作業喪失（Arbeitsverlust）は，その不就業が受刑者の非難されるべき保安上の危険に基づく場合（例えば，受刑者解放計画[358]）にも存在する。小遣銭の不支給は，受刑者に対する特に重大な施設内での制約をもたらすものであるから（その者は，他に自由にできる金銭がない場合，施設の支給品に頼らざるを得ず，物品購入が全くできない。），有責的な作業拒否の事実関係は，十分な事実の確認により明らかにされなければならない[359]。そこで初めて一時的な小遣銭の不支給ということになるが，この場合，被収容者の有責的な行動とは，作業報酬の停止を伴うものでなければならない。

事例：麻薬取締法（BtMG）違反により有罪判決を受けた者が施設内に麻薬をひそかに持ち込んだ疑いが生じた。そこで，施設管理者は，行刑法第17条第3項により，作業時間中その者を雑居させないことを命じた。しかし，この指示がなされる以前から，この受刑者は，その責めによらない不就業状態にあり，小遣銭を受けていた。本人は，麻薬を施設内に持ち込もうとしたことについて争い，これに関する捜査手続が刑事訴訟法第170条第2項により行われることになった。それにもかかわらず，行刑官庁は小遣銭の支給を停止し，被収容者からのその支給の許可及び追給を求める申請を拒否した。行刑官庁は，この受刑者には根拠のある疑いが存在するので，その責めによらない不就業ではないと主張した。つまり，その者は雑居作業を行っていたとすれば有責的な不就業

---

355　Dazu　Calliess/Müller-Dietz, 2002, §45Rdn. 1, 2；AK-Däubler/Spaniol, 2000, §45 Rdn. 3.
356　Krit. auch Kintrup, 2001, S. 127ff.
357　BT-Drs. 7/918, S. 69.
358　OLG Koblenz, ZfStrVo1990, S. 117.
359　BVerfG, ZfStrVo1996, S. 314.

になったのであるから，分離収容を指示する以前に存在したその責めによらない不就業もその限りで問題にならないとしたのである。

ツヴァイブリュッケン高等裁判所[360]は，この受刑者に対する支給停止中の小遣銭の追給を求める請求を認容した。小遣銭の停止は，その者の不就業の原因となった処分に対するその者の責任が確定されることを前提としている，というのがその理由である。行刑法第46条の「その者の責めによらず」という法律的表現は，立証責任の転換を意味しない。むしろそのことが積極的に立証されなければならない。行刑法第17条第3項による指示の端緒になった施設規律に危険を及ぼすおそれは，明白な責任に基礎づけられたものではなく，また，施設は，その者に対して雑居を制限した後も作業を提供できなかったのであるから，その者は，その責めによらず作業報酬を得ていないことになる。

さらに，この裁判所が仮説的な因果関係では不十分であるとしたのは適切であった。その受刑者に——その者が他の者と雑居しておれば——適切な作業を指定できたとしても，雑居を制限する合理的な理由がある場合には，行刑法第17条第3項を根拠に作業報酬を支給しないことができよう。このような場合に初めてその者の責めによる不就業となり，それがその者に小遣銭を支給しないための要件になるといえよう。

小遣銭支給のための別の要件として，行刑法第46条は受刑者の困窮性を挙げている。この困窮性は，行刑法第46条関係行政規則第3項により，受刑者がその月のうちに自用金及び領置金から使用できる金額が小遣銭の額に達しないとき，とされている。受刑者は，まず現在自分の持っている金銭を使用しなければならないのである。 **462**

事例：受刑者Gは，その責めによらず不就業となったので小遣銭の給付を申請した。この申し出は，Gが貯蓄銀行に振替口座を持ち，使用できる金額があることを理由に，施設管理者によって拒否された。

コプレンツ高等裁判所[361]は，行刑法第46条にいう被収容者は，その者が施設外に有する金銭を計算に入れても——小遣銭の支給なしでは——使用できる金額が小遣銭の額に達しない場合にのみ困窮状態にあることを認定する，という適切な考え方に立った。したがって，行刑法第46条にいう困窮性を審査するた，Gは預金残高を明らかにしなければならなかった。

行刑法第46条にいう困窮性の審査は，その困窮性を確認しなければならない期 **463**

---

360　OLG Zweibrücken, NStZ1994, S. 102f.
361　OLG Koblenz, ZfStrVo1996, S. 118 ; siehe auch BVerfG, ZfStrVo1996, S. 315f.

間中における金銭状況について行われる。その後に入手した金銭は，基本的には考慮されない[362]。受刑者が規則的に労務を提供する雇用関係にある場合，その労働賃金は，その者がそれを得た期間中に支払われる（例えば，1月分の賃金は1月に）。しかしこのことは，当該期間中に支払われず，期間経過後間もなく支払われた場合にも，もとより妥当する（例えば，1月分の賃金が2月の始めに）。その限りにおいて，小遣銭支給の対象にならない[363]。

被収容者が前月の小遣銭の一部を節約した場合，それを理由に次の支給時に小遣銭が減額されてはならない。なぜならば，行刑法第47条第1項に基づき，その者は，小遣銭を購入のため「又はその他のため」に使うことができるからである——つまり，購入する代わりに蓄えることもできるのである。加えて，節約は，法律の定める行刑目的及び行刑法第3条第3項の社会復帰の原則にも合致する[364]。

464　小遣銭の額は，旧行刑法第43条第1項の旧基準報酬の25パーセントである（行刑法第46条関係行政規則第2項）。第5次行刑法改正法の結果，行刑法第200条による支給額の部分が5パーセントから9パーセントに高められたことは，小遣銭受給者の利益になっていない。

小遣銭は，差押禁止である[365]。裁判所の会計係が訴訟費用を被収容者の小遣銭請求権で相殺することは違法である。行刑法第121条第5項は，自用金にのみ適用されるからである[366]。

2001会計年度中のバイエルン州における被収容者の作業報酬，教育補助金及び小遣銭のための支出総額は，1,310万ユーロであった。もっとも，これに対して，バイエルン州行刑施設の作業収入は，4,520万ユーロであった[367]。

### 5.3.4　給付金銭の使用など(Verwendung der finanziellen Leistungen)

465　所得をあらかじめ定めた目的に従って分割するという支出システムは，行刑法が本来予定する金銭給付システムに適していると考えられる。被収容者は，収入を無制限に自由に使用することはできず，行刑目的達成の観点から一定の制限に服する。それに無制限な債権者の介入から保護する必要性が加わる。

---

362　OLG Hamburg, ZfStrBo2000, S. 313.
363　KG, NStZ-RR1999, S. 286.
364　BGH, NStZ1997, S. 205；Rotthaus K., 1997, S. 206f.
365　Konrad W., 1990, S. 205.
366　BVerfG, NStZ1996. S. 615；Rotthaus K., 1997, S. 206.
367　Bayer. Staatsministerium der Justiz, 2002, S. 15f.

立法者は，口座の貸方に記入されている受刑者の有する金銭の支出を次のように分けた。

— 自用金（行刑法第47条）
— 生活扶助金（行刑法第49条）
— 拘禁費用分担金（行刑法第50条）
— 領置金（行刑法第52条）

しかし，この支出システムの基盤をなす適切な作業報酬制度がまだ実現されていないので，行刑法第198条第3項に基づく連邦法が施行されるまでは，生活扶助金に関する規定も全面的に停止されたままである。自用金については，行刑法第199条第1項第2号により，特別の経過規定が適用される。

5.3.4.1 自用金（Hausgeld）

行刑法第47条は，指定された義務的作業による作業報酬（行刑法第43条）又は教育補助金（行刑法第44条）を受ける被収容者について，その者の個人的必需品のために，毎月の収入の7分の3を自用金として使用することを認めている。小遣銭の受給者には，受給する全額について，これが適用される。自由な労働関係（行刑法第39条第1項）にあり，又は自営職業活動（行刑法第39条第2項）を行うことにより，定期的に，より多くの収入を得る受刑者については，行刑官庁が——重大な不平等及びサブカルチャーレベルでの依存関係の発生を防止するため——行刑法第47条第2項により，適当な自用金の額を定める。この額は，被収容者が平均的に使用できる自用金の額に対応する[368]。

被収容者は，自用金を行刑法第22条第1項にいう購入[369]のため，又はその他のため（例えば，購入品以外の物品の取得，任意の損害賠償，被害弁償又は扶養のための支払い）に使用できる。それは，施設による一方的な徴収（例えば，行刑法第35条第3項第2切による連行費用の弁済のため）からも保護される[370]。自用金は，民事訴訟法第850条d第1項第2切にいう必要な生活費として，労働収入の差押え制限に関する民事訴訟法上の規定に従い，差押禁止である[371]。自用金の

---

368 Schwind/Böhm/Matzke, 1999, §47Rdn. 3.
369 Dazu Kap. 5.8.3.
370 OLG Frankfurt, NStZ1991, S. 152 ; NStZ1997, S. 426.
371 Calliess/Müller-Dietz, 2002, §47Rdn. 1.

支払請求権は，基本的に，譲渡できず，また，相殺の対象にもならない[372]。

**468** もっとも，次のことは可能である。

— 行刑官庁は，それが管理技術上の理由，特に二重支出防止のために必要と思われる場合，毎月の購入準備期間及び実施期間中，一時的に使用制限を命じること[373]。

— 行刑法第121条第5項に基づき，行刑法第43条第2項による基準報酬日額の3倍を超える自用金の部分を行刑法第109条以下による裁判手続の費用として請求すること。

— 受刑者による故意又は重大な過失による自傷行為又は他の受刑者への傷害行為がある場合，それによりその者の処遇及び社会復帰が妨げられない限り，差押禁止及び相殺禁止の例外として，行刑官庁が，行刑法第93条による費用の賠償を行わせること（もとより，このことは，例えば，物品棄損，不当利得の返還のようなそれ以外の国の請求権には適用されない[374]。）。

### 5.3.4.2 生活扶助金（Unterhaltsbeitrag）

**469** 行刑において扶養できるだけの報酬が与えられないことは，扶養を受ける権利を有する家族にも不利益に作用する。被収容者にそのための十分な資金がないので，立法者は，受刑者の申請に基づき法律的扶養義務を果たすためにその者の収入から支払われる生活扶助金に関する規定の施行を停止している。もっとも，行刑法第49条の施行停止は，相応の金銭を自由にできる被収容者（例えば，自由な労働関係にあるか，または自営職業活動にある者）が服役中その扶養義務を果たすことまで排除するものではない[375]。収容されることは，扶養義務そのものを消滅させるものではないからである。

### 5.3.4.3 拘禁費用分担金（Haftkostenbeitrag）

**470** 2001年12月10日の電子登録及び遠距離通信のための司法費用に関する法律（ERJuKoG）第11条により，拘禁費用分担金の徴収に関する行刑法第50条の規定が改正された[376]。拘禁費用分担金とは，被収容者の生活に要する（Lebensunter-

---

372 BGHSt. 36, S. 82.
373 OLG Koblenz, NStZ1991, S. 151.
374 BGHSt. 36, S. 82.
375 Schwind/Böhm/Matzke, 1999, §49Rdn. 1.
376 BGBl. I 2001, S. 3422ff.

halt）国の費用を補填するための被収容者に対する金銭的要求であると理解されている[377]。そこでは，受刑者は，行刑費用（つまり，建物，職員その他のための費用も含む。）の全体について関与させられるべきではない。拘禁費用分担金とは，生活に要する費用（給養及び収容）に相当する金額であり，その上限は，拘禁期間中に取得する金銭の範囲内に限定される。

行刑法第50条第1項第1切では，受刑者は，その犯罪行為に対する処分の執行費用の一部として，拘禁費用分担金を支払うべき基本的義務を規定している。しかし，被収容者が次のいずれかに該当する場合には，行刑法第50条第1項第2切に基づき，その徴収は行われない。
― 行刑法による収入を得る場合（第1号）
― その責めによらない不就業の場合（第2号）
― 作業義務がないため作業を行わない場合（第3号）

しかし，行刑法第50条第1項第2切第2号及び第3号の該当者に他に収入がある場合，行刑法第50条第1項第3切及び第4切に定める要件の下で，拘禁費用分担金の支払に関与させることができる。行刑法第50条第1項第5切の（再）社会化条項は，拘禁費用への金銭的関与を義務付ける際にも，行刑法第3条第3項の社会復帰の原則に特別の配慮をしたものといえる[378]。

行刑法第50条第1項第2切第1号にいう，この法律による収入には，行刑法第39条第1項に基づく自由な労働関係にあり，指定された義務的作業を行う被収容者に比べてより多くの金銭を定期的に取得する受刑者の収入を含まない。自営職業活動（行刑法第39条第2項）の場合も，該当者は拘禁費用を支払う対象者であり，行刑法第50条第4項により――不規則な収入ということから――毎月の拘禁費用の前払を自営職業活動許可の条件にすることができる。

拘禁費用分担金は，行刑法第50条第2項に基づき，社会福祉法第17条第1項第3号により，社会保険における計算額として現物給与の評価のために平均的に定められている金額の高において徴収される。受刑者により支払われるべき拘禁費用は，社会福祉法の基準に準拠しているということである。新連邦州と旧連邦州とで異なる給与レベルに配慮して，連邦司法省は，毎年，行刑法第50条第2項第2切に基づき，適切な額を確定する。

2002年，成人の被収容者は，毎月，単独室収容の場合，旧連邦州では156.02ユーロ支払わなければならなかったが，新連邦州では126.03ユーロだけであった。これに給食代

---

377 BT-Drs. 7／918, S. 70 ; siehe auch Keck, 1989, S. 310.
378 Vgl. BT-Drs. 14／6855, S. 32.

金として，朝食41.41ユーロ，昼食79.38ユーロ及び夕食73.98ユーロが付加された[379]。

これに対して，例えば，バイエルン州における2001年の平均行刑費用は，受刑者1人当たり1日につき，61.10ユーロ，建築費を算入すれば，68.95ユーロに達した[380]。ノルトライン―ヴェストファーレン州においては，1999年の平均拘禁費用日額は，72.42ユーロであった[381]。

5．3．4．4　更生資金（Überbrückungsgeld）

**473**　受刑者の釈放後の初期段階における自由社会への歩みを容易にするため，その者は，この移行期のために必要な金銭を使用できるようにされるべきである。そこで，行刑法第51条では，本人及びその被扶養者が釈放後の最初の4週間に必要とする生活費を確保できるよう，更生資金を蓄えることを行刑官庁に義務付けている（これが不可能な場合，行刑法第75条により釈放援助が与えられる。）。

行刑法第51条は，被収容者にその収入の処分権を制限するとともに，その者を債権者の差押え（Pfändungszugriff）から保護している[382]。自用金（自用金：収入の7分の3，更生資金：7分の4）とされない金額は――（行刑法第83条第2項第3切に基づき領置金も）――行刑法第51条第1項にいう生活費を確保するため十分な金額に達するまで積み立てられ，更生資金口座に配分される。この額は個別に決定されなければならないというのが立法者の意図である[383]。しかし，実務においては，行刑法第51条関係行政規則第1第2項により，州司法行政当局がその額を一般的に決定している。

更生資金の適切な額は，連邦社会扶助法（BSHG）第22条により，被収容者及びその被扶養権利者のための規定額として，それぞれ定められた最低月額の2倍を下回るべきではない。もとより，施設長は，個々の場合の事情を斟酌して，より高い額を定めることもできる。ということから，例えば，2001年，バイエルン州における規定額は，独身者について824.46ユーロ，被扶養権利者一人につき549.64ユーロが加算された[384]。

**474**　更生資金は，行刑から自由社会への移行期を乗り越えるため重要であることか

---

379　Vgl. BAnz. Nr. 218／2001, S. 23821.
380　Bayer. Staatsministerium der Justiz, 2002, S. 36.
381　Justizministerium des Landes Nordrhein-Westfalen, 2000, S. 107.
382　BT-Drs. 7／918, S. 70f.
383　BT-Drs. 7／918, S. 71.
384　Vgl. Kaiser／Schöch, 2002, S. 314.

ら，債権者からの請求に対して特に保護されている（行刑法第51条第4項及び第5項）。更生資金支払請求権は，差押えできないとされている。更生資金口座の預金が適切に定められた額に達していない場合，その不足額の範囲内で領置金支払請求権も差押禁止となっている。さらに，行刑法第51条第5項の範囲内における民事訴訟法第850条d第1項第1切による扶養料支払請求権とは別に，釈放後4週間は，同額の範囲内で該当者に支払われた現金が債権者の介入に服さない。

更生資金は，釈放時に原則として現金で支払われる。もっとも，行刑法第51条第2項は，保護観察官又は釈放者保護を担当する官署に委託することもできるとしている。受刑者の同意がある場合，被扶養権利者に直接渡されることもできる。

### 5.3.4.5　領置金（Eigengeld）

被収容者に帰属するその他のすべての金銭は領置金とされる。これは次のものから構成される。　　　　　　　　　　　　　　　　　　　　　　　475
— 自用金，拘禁費用分担金，生活扶助金又は更生資金として要求されない収入（行刑法第52条）
— 施設への入所時に持参した金銭又は服役中第三者から供与された金銭（行刑法第83条第2項第2切）
　これらの金額は領置金口座の貸方に記入される。この場合，次の両者は区別されなければならない。
— 自由に使用できる領置金
— 封鎖された領置金（行刑法第51条第4項第2切との関係における第83条第2項第3切）[385]

被収容者が更生資金を満額蓄え終えた場合は，その者の収入の7分の4が領置　476
金に繰り入れられる。これをその者は行刑外で自由に使用する（例えば，許可されている物品を発注する）ことができる。しかし，受刑者は，領置金を所持することはできず，また，基本的には，施設内での物品購入のために使用することもできない。物品の購入は，本人がその責めによらず自用金又は小遣銭を有しない場合，行刑法第22条第3項の条件の下においてのみ，可能である。自由に使用できる領置金は差押えが可能である。

更生資金として蓄えられるべき金額がなお満額に達していない場合，領置金は，　477
更生資金の不足額に相当する額が封鎖される。更生資金を作るため（行刑法第51条）必要とされる限り，このいわゆる制限付き領置金は，被収容者の使用が制限

---

385　Siehe dazu Koch, 1994, S. 267ff.

第5章　相互作用プロセスとしての行刑過程（Der Vollzugsablauf als Interaktionsprozeß）

される。この範囲内で，被収容者の領置金支払請求権は，差押禁止とされる[386]。

　事例：受刑者Gは，施設の自営工場で収入の多い作業に従事していた。当月末の作業報酬は――税金を控除した後――198.00ユーロであった。そこから，行刑法第47条第1項により3分の2（＝132.00ユーロ）が自用金口座の貸方に記入され，個人的な必需品の購入のため自由に使用できた。Gの更生資金口座は，まだ所定の額に達していなかったので，残りの66.00ユーロはこの口座に配分された（行刑法第51条）。
　Gは誕生日に両親から200.00ユーロの援助金をもらったが，更生資金口座に蓄えられるべき額にはなお120.00ユーロ不足していたので，この贈り物は，その額高の分が行刑法第83条第2項第3切にいう封鎖された領置金とされた。残りの80ユーロがGの自由に使用できる自由な領置金とされた。

**478**　作業報酬（又はこれに代わるもの）の残額から領置金とされた部分も民事訴訟法第850条以下の差押禁止の対象とされるべきである[387]。もっとも，受刑者の作業報酬支払請求権が領置金口座への貸方記入と共に消滅することは，その妨げとなる。たしかに，貸方に記入された分の支払請求権は作業報酬に由来するものの，それは作業所得の請求権であることを意味しない。したがって，領置金口座に繰り入れられた作業報酬について，民事訴訟法第850条kを準用することもできない[388]。民事訴訟法第850条以下に基づく差押禁止が適用されない場合には，被収容者の特別の地位について，行刑法第51条第4項及び第5項の差押えの制限により，十分な配慮がなされる[389]。

### 5.3.5　受刑者の社会保険（Sozialversicherung der Gefangenen）

**479**　立法者は，健康保険及び年金保険への被収容者の加入について，行刑法第190条から193条までの規定を置き，その中で行刑の特殊性に基づく修正を行っている。刑確定者は，他の者とは異なり，施設から一定の給付（例えば，行刑法第56条以下による保健への配慮）を受けることとされているからである。
　しかし，行刑法第190条第1号から第10号まで，第13号から第18号まで及び第

---

386　Calliess/Müller-Dietz, 2002, §51Rdn. 3.
387　OLG Frankfurt, NStZ1993, S. 559 ; OLG Frankfurt, StrVert1994, S. 395 ; Konrad W., 1990, S. 206 ; Schwind/Böhm/Matzke, 1999, §52Rdn. 4 ; OLG Hamburg, ZfStrVo1995, S. 370 ; LG Potsdam, NStZ-RR1997, S. 221 ; a. A. OLG Hamm, NStZ1988, S. 480 ; LG Berlin, Rpfleger1992, S. 128 ; OLG Schleswig, NStZ1994, S. 511 ; Kaiser/Schöch, 2002, S. 315.
388　OLG Schleswig, NStZ1994, S. 511.
389　OLG Karlsruhe, ZfStrVo1995. S. 114.

191条から第193条までの規定の施行は，対応する連邦法が施行されるまで停止されている（行刑法第198条第3項）。立法者がこの自らに課した義務を履行することは，被収容者の健康保険及び年金保険への加入が高度の財政負担を伴うことから，ほとんど期待できない[390]。立法者のこの慎重な態度は，その掛け金が通常社会福祉担当者によって支払われている健康保険について，それを固有の権利として保証されていない家族の利益を損なうだけではない。年金保険について，掛け金の不払が「自由刑の再社会化への有害な後遺症」になることは明らかである[391]。なぜならば，後日の年金計算で期間に算入されないからである[392]。自由刑服役期間は，保険法上の補充期間（Ersatzzeit）（保険料を支払わずに支払期間に算入される—訳注）又は停止期間（Ausfallzeit）に該当しない[393]。作業に従事している多くの受刑者が健康保険及び年金保険に加入していないことは，行刑法第2条第1切の行刑目的規定と矛盾する[394]。これに対して，連邦憲法裁判所は，1998年7月1日付け判決[395]で，行刑法第198条第3項による年金保険への加入停止について，憲法上は異議を申し立てることができないとした[396]。既存の諸規定に従って，作業報酬，教育補助金又は休業補償を受ける受刑者をすべて社会保険システムに加入させるべきであるとすること，つまり「このような射程の広い規定とすることは，立法者が自由に形成した再社会化構想の要素である，という印象を与える。そのような規定を設けることは，憲法上の再社会化要請からも，平等規定（基本法第3条第1項）上も要求されていない。むしろ逆に，平等の視点からその正当性が明らかにされなければならないであろう。[397]」

ただし，行刑法第39条第1項にいう自由な労働関係にある者は，他の労働者と同じく，一般的な法律上の社会保険加入義務に服する。この者は，健康保険の保険料を支払わなければならず，また，その給付を請求することもできる。しかしその場合には，行刑法第62条aに基づき，行刑法第57条から第59条までに規定された行刑上の給付は休止する。もっとも，その他の受刑者が健康保険及び年金保険に法律上加入しないということは，——相応の金銭を有する——被収容者が社会保険を任意に継続することを妨げるものではない[398]。

---

390 Vgl. bereits BT-Drs. 11／717, S. 7.
391 Rotthaus K., 1987, S. 4.
392 Siehe dazu auch Bundesarbeitsgemeinschaft für Straffälligenhilfe, 1993, S. 177 ; Lohmann, 2002, S. 155ff. ; Rosenthal, 1998, S. 14.
393 BSG, NJW1989, S. 190.
394 Laubenthal, 1995, S. 346.
395 BVerfGE98, S. 169ff.
396 Krit. Britz, 1999, S. 200 ; Pawlita, 1999, S. 70.
397 BVerfGE98, S. 212.
398 Calliess/Müller-Dietz, 2002, §193Rdn. 3.

第5章　相互作用プロセスとしての行刑過程（Der Vollzugsablauf als Interaktionsprozeß）

481　法律に基づき命じられた自由剥奪の間，社会福祉法（SGB）第7編第2条第1項による被保険者としての資格を有する受刑者は，社会福祉法第2条第2項第2切により，傷害保険についても保護される。社会福祉法は，その限りで受刑者のための行刑特有の修正を行っている。そのほかは，他のすべての傷害保険加入の被雇用者と同様の給付請求権を有する。

482　被収容者は失業保険にも加入させられている[399]。このことは，社会福祉法第3編第26条第1項第4号により，作業報酬（行刑法第43条）又は教育補助金（行刑法第44条）を受けるすべての受刑者について該当する。収入の少ない被雇用者のための社会福祉法第3編第27条第2項及び第4編第8条第1項による保険料支払免除の収入限度は，受刑者の保険料支払義務には適用されない[400]。受刑者は，社会福祉法第3編第26条第1項第4号に基づき，保険料を連邦雇用庁（Bundesanstalt für Arbeit）に支払わなければならない。所管の連邦州は，社会福祉法第3編第347条第3号により，連邦雇用庁に対する関係では保険料を負担する。しかし，受刑者に対しては，行刑官庁は，行刑法第195条に基づき，作業報酬ないし教育補助金から自由な労働者の保険料に相当する保険料を控除することができる。被収容者の保険料の算定根拠となるのは，社会福祉法第3編第345条第3号により，社会福祉法第4編第18条による受給額の90パーセントの額の作業報酬である。自己負担分は算定根拠の3パーセントを若干上回る（社会福祉法第3編第341条，第346条第1項）。社会福祉法第3編第352条第1項の規定により，連邦労働社会省（Bundesministerium für Arbeit und Sozialordnung）は受刑者保険料規則（Gefangenen-Beitragsverordnung）を公布した[401]。保険料支払義務は，外国人受刑者で釈放後国外退去にされるべき者であって，失業保険が後日給付される見込みがない場合においても，これらの者に対して適用される[402]。

　行刑法第195条は，保険に加入した受刑者への求償を行刑官庁の裁量にゆだねている。しかし，行刑法第195条関係行政規則によれば，保険料部分は控除されなければならないとされており，その限りにおいて，同条関係行政規則第2切に苛酷条項があるものの，法律とは相容れないように思われる[403]。

---

399　Dazu Hardes, 2001, S. 139ff.
400　BVerfG, ZfStrVo1995, S. 312zu § 346Abs. 2 S. 1 Nr. 1 SGB Ⅲ a. F.
401　Verordnung über die Pauschalberechnung der Beiträge zur Arbeitsförderung für Gefangene v. 3. 3. 1998, BGBl. I 1998, S. 430；dazu Maldener, ZfStrVo1996, S. 15.
402　BVerfG, NStZ1993, S. 556.
403　So auch OLG Hamburg, NStZ1992, S. 352；AK-Brühl, 2000, § 195Rdn. 2；Calliess/Müller-Dietz, 2002, § 195Rdn. 1.

一覧表：作業，教育及び補習教育

| 作業等の種類 | 場　所 | 法律関係 | 休　暇 | 報　酬 | 社会保険 |
|---|---|---|---|---|---|
| 経済的に収益の多い作業 §37Ⅱ | 施設工場 §149Ⅰ，Ⅱ 又は私企業経営工場 §149Ⅳ | 公法関係 | 作業義務の有給免除 §42 | －作業報酬 §43Ⅱ～Ⅳ，200条 －非金銭的報酬 §43Ⅵ～Ⅸ，及び補償 §43Ⅹ，Ⅺ | 健康保険対象外 年金保険対象外 災害保険 社会福祉法7編§2Ⅱ 失業保険 社会福祉法3編§26Ⅰ4 |
| 適当な労作 §37Ⅳ | | | | | |
| 作業療法的労作 §37Ⅴ | 施設内の設備 §149Ⅰ 又は私企業の設備 §149Ⅲ | | | | |
| 施設における補助活動 §41Ⅰ2切 | 施設内 | | | | |
| 自由な労働関係による作業 §39Ⅰ | 施設外 | 私法関係 | 協定による休暇 | 協定による給与 | 一般的社会保険加入義務 |
| 自営職業活動 §39Ⅱ | 施設内又は施設外 | 自営 | － | 収入 | 自由業と同じ |
| 教育及び補習教育 §37Ⅲ | 施設内又は私企業設備 §149Ⅰ，Ⅲ | 公法関係 | 有給免除 §42 | －助成金又は －教育補助金 §44及び －非金銭的報酬 | 公法関係における作業に同じ |
| | 自由な労働関係における施設外 §39Ⅰ | 私法関係 | 協定による休暇 | 助成金又は協定による報酬 | 一般的社会保険加入義務 |
| 不就業 | － | － | － | 小遣銭§46 | － |

## 5.4 外界との交通
(Die Kommunikation mit der Außenwelt)

　自由刑に処された者は，刑の開始とともにそれまでの社会的関係構造（Beziehungsgefüge）から引き離され，人工的社会構造物としての施設内において，他

第 5 章　相互作用プロセスとしての行刑過程（Der Vollzugsablauf als Interaktionsprozeß）

の犯罪者とともに社会化されるべきこと，すなわち，――そこで処遇行刑のジレンマが明らかになるが――自由を剥奪することによって，自由社会において新たな犯罪的行動をすることのない責任ある生活（行刑法第2条第1切）ができる能力を与えられるべきであるとされている。しかし，このために必要な能力の獲得が外界から隔離されたところで成功する見込みはない。被収容者は，必要な行動様式を結局は行刑施設外の社会との交流によってのみ習得する。したがって――やむを得ない保安上の必要性を考慮しながら――施設をできる限り外部に対して広く開き，相応の相互交流の分野を作り出すことが必要である。

484　外界との交通は，行刑の人道的，人間的形成のための基本原則から必然的に生まれる[404]。行刑目的を具体化した行刑法第3条の形成原則との関係において，それは次の作用を営む。

— 外部との社会的な接触は，少なくとも，施設内の生活を一般社会の生活関係と部分的に同一化することに役立つ。他の者とのコミュニケーションを希望し，それを頼りにする人間は，現に存在している関係を維持できる可能性を持っている。このことは，特に基本法第6条第1項により保護されている配偶者及び家族とのコミュニケーションについて妥当する。被収容者の少なからぬ部分（2001年：受刑者及び保安監置者の61.7パーセント[405]）は独身であるから，外界との接触を可能にすることは，既存の関係を保持するだけでなく，新たな関係を築くことにも役立つ。

— 外界との交通は，自由剥奪のもたらす有害な影響を防止することが期待される。自由の剥奪は，単に受刑者をその関係する人々や親族から遠ざける危険があるだけではない。施設内に在ることは，刑期の長期化と共に自由社会そのものからますます疎遠になる。施設内での生存関係（Daseinsverhältnisse）は，感覚領域における障害をもたらし，受刑者の知覚能力を制約するが，このような毎日は，自己同一性（Ich-Identität）を侵害し，精神機能に影響を及ぼすことのある広範囲な知的及び認知的空虚さによって特徴付けられる[406]。しかし，人々との接触を通して，受刑者は社会的な出来事に関与する。それは受刑者の伝達能力の退化を防ぐ。また，外界との社会的接触の道を開くことは，受刑者相互の接触する機会が専ら施設内だけに制限される結果として生じる，社会化に有害な刑務所化への影響を防止する方向にも働く。

— 人間関係を維持し，又はこれを新たに築く機会があることは，結局，行刑目

---

404　Müller-Dietz, 1978, S. 131.
405　Statistisches Bundesamt, Strafvollzug-Demographische und Kriminologische Merkmale der Strafgefangenen2001, Reihe 4．1，S. 8．
406　Dazu in Kap. 3．4．2．

的の意味する社会への再編入の機会を高めることになる。隔離を緩和することは，受刑者に対して，自由社会における問題状況を克服するための社会的に適切な戦略を徐々に習得することを可能にする。再犯の調査は，保護観察（Bewährung）が再犯防止のためのより良い機会であることを示唆している[407]。さらに，行刑の緩和は，長期刑受刑者について，自由社会に出る場合に備えての時間的に構成された処遇プログラムを提供できることになるが，それは外部との人間的接触を改善するだけではなく，終わりがないと思われる時間の経過に区切りを与え，それによって時間的負因を克服することにも寄与する[408]。

485 行刑法は，一方では，受刑者のために名誉職的行刑協力者及び施設審議会を設け，社会資源を取り入れることで，施設内外の接触を促進している[409]。他方，行刑法第23条は，施設内レベルで受刑者に対して施設外の者との交通について請求権を与え，その接触を促進するよう行刑官庁に義務付けている。この場合における外部の者との交通の権利は，基本法第2条第1項で保障された人格を発展させる（Persönlichkeitsentfaltung）自由に由来する[410]。

この種の交通形態として，法律は次のものを挙げている。
— 面会（Empfang von Besuchen）（行刑法第24条以下）
— 文通（行刑法第28条以下）
— 電話及び電報（行刑法第32条）
— 小包の受領（行刑法第33条）

486 行刑法第23条第1切では，施設外の人々との交通について受刑者の権利を認めているが，それは法律の規定する範囲内においてのみである。個別の規定によって，施設の安全及び規律上の理由による制限をすることができる（行刑法第25条第1号，第27条第1項，第28条第2項第1号，第29条第3項及び第31条第1項第1号）。外部との交通で行刑における受刑者の処遇又は釈放後の社会復帰（行刑目的）が危うくされるおそれがある場合も同様である（行刑法第25条第2号，第27条第1項，第28条第2項第2号，第29条第3項及び第31条第1項第1号）。

立法者は，この規定で「個人の権利と秩序ある行刑に必要な要請との衝突」を解決しようとしている。行刑法第23条以下の規定は，「外部との関係について，受刑者に一定

---

407 Siehe Baumann/Maetze/Mey, 1983, S. 144f.；Böhm/Erhardt, 1988, S. 140f.；krit. aber Bölter, 1991, S. 71ff.
408 Laubenthal, 1987, S. 192.
409 Dazu in Kap. 4．5 und 4．6．
410 BVerfG, ZfStrVo1996, S. 175.

第 5 章　相互作用プロセスとしての行刑過程（Der Vollzugsablauf als Interaktionsprozeß）

の最小限度の範囲を保障し，同時に，行刑官庁に対しては一定の要件の下で行刑に有害な情報を制限する権限を与えるとともに，行刑の任務に役立つ受刑者の関係を促進することを義務付けている。」[411]

**487**　外界からの影響を可能にするために施設を開放することは，特定の行刑形態にとって，既に固有のものとなっている。行刑特有の生活上の制約は，開放行刑の形態によって緩和され，外界との社会的接触が高められる。立法者は，行刑法第10条第1項の開放行刑を通常の行刑形態として規定したが——その優位性は行刑法第201条第1号によって弱体化されている[412]。施設内からのコミュニケーション以上に，施設外におけるコミュニケーション，とりわけ行刑法第11条の行刑の緩和（構外作業，外部通勤，連行及び外出）並びに行刑法第13条による拘禁からの休暇及び釈放準備のための緩和（行刑法第15条）は，受刑者の社会的分断及び隔離を打破するための重要な意味を有する。さらに重要な理由に基づく休暇，外出及び連行（行刑法第35条）又は裁判出廷のための休暇など（行刑法第36条）がこれに加わる。

### 5.4.1　文通及びその他の郵便物

**488**　行刑法第28条第1項では，受刑者に無制限の発信及び受信の権利を与えている。これは憲法上保護されており，この場合，とりわけ，基本法第5条，第6条及び第10条が——基本法第5条第2項及び第10条第2項第1切の制限とともに——重要である[413]。文通は，行刑法第30条により，施設が発受信を仲介する方法で行われ（第1項），その際，施設は受信書及び発信書を遅滞なく（例えば，発信者の申立てについて補足記入せず[414]）回付しなければならない（第2項）。組織上の理由から，土曜日に届いた郵便物を次の月曜日に交付する処理をすることは，もとより行刑法第30条第2項の遅滞禁止規定に違反しない[415]。

**489**　行刑法第28条から第31条までは，発信者と受信者との間の個人的な書面による意見交換形式としての外界との交通に関する規定であり，厳密な郵便業務的な分類は重要ではない[416]。印刷物については，まず，それが行刑法第33条第1項第3切にいう小包の受領なのか（例えば，商品カタログの場合[417]）又は行刑法第68条

---

411　BT-Drs. 7／918, S. 57.
412　Dazu oben Kap. 5.2.1.
413　Dazu Gusy, 1997, S. 673ff.
414　OLG Celle, NStZ1993, S. 381.
415　OLG Koblenz, ZfStrVo1995, S. 180.
416　Calliess/Müller-Dietz, 2002, §28Rdn. 1；OLG Nürnberg, NStZ1997, S. 382.
417　OLG Koblenz, NStZ1991, S. 304.

にいう新聞紙ないし雑誌の購読にかかわるものか，区別されなければならない。送付された印刷物が——たとえ一回限りの又は時々しか送付されないものであっても——一般的に許されている新聞紙又は雑誌である場合は，特別規定としての行刑法第68条第2項の不許可理由が優先する[418]。これに対して，信書に添えられた新聞紙の切り抜きコピーは，受刑者にあてた書面の一部として行刑法第28条以下に従うが[419]，かさ張った添付物でそれ自体意見の交換に当たらないものは，行刑法第33条の小包として取り扱われなければならない[420]。

　無制限の文通の権利は，数量的に無制限な発受信の可能性を意味するだけではない。社会同化の視点から，行刑の分野においても，基本法第10条の保障する信書の秘密が基本的に妥当する。もっとも，法律（行刑法第196条）で次の3点について制限を認めている。
— 特定の者との文通の不許可（行刑法第28条第2項）
— 監督（行刑法第29条）
— 信書の差止め（行刑法第31条）

5.4.1.1　文通の不許可（Untersagung von Schriftwechseln）

　施設の保安又は規律の維持を危うくし，受刑者に対して有害な影響を与え，又はその社会復帰を妨げるおそれがある場合（例えば，受刑者が行刑に対して敵意ある態度をとるようになることが見込まれる場合）には，施設長は行刑法第28条第2項により，特定の者との文通を許可しないことができる。しかし，そのためには具体的な根拠が存在しなければならない[421]。不許可は，相当性（Verhältnismäßigkeit）の原則に留意して行われるが，より穏やかな方法（警告，監視又は差止め）では不十分と思われる場合にのみ，最後の手段として考慮の対象になる[422]。処遇上及び社会復帰上の視点から行刑法第28条第2項第2号により文通の禁止ができるのは，刑法典第11条第1項第1号にいう親族でない者についてのみである。親族については，行刑法第28条第2項第1号の要件下においてのみ，不許可にすることができる。

　施設長の不許可権限は，受刑者のみに対するもので，外部の文通相手に対するものではないが，それは，行刑法がこれらの者には適用されないことによる。行

490

---

418　OLG Frankfurt, NStZ1992, S. 208 ; siehe dazu unten Kap. 5.6.2.
419　OLG Frankfurt, ZfStrVo1993, S. 118.
420　OLG Nürnberg, ZfStrVo1997, S. 372.
421　Schwind/Böhm, 1999, §28Rdn. 5 f.
422　AK-Joester/Wegner, 2000, §28Rdn. 7.

第5章　相互作用プロセスとしての行刑過程（Der Vollzugsablauf als Interaktionsprozeß）

刑法には，行刑外の者が受刑者と文通する権利について該当する規定はない。もっとも，外部の者は，禁止について第三者として関係する（第三者効力を有する行刑上の行政行為）[423]。外部の発信人が被収容者あてに発送した手紙が行刑の領域に到達したとき，施設長は，それを行刑法第31条により差し止めることができるだけである[424]。

5.4.1.2 　監督及び監督の禁止（Überwachung und Überwachungsverbote）

491　文通の監督は，行刑法第29条第3項に基づき，処遇上又は施設の保安及び規律上の理由から許容される。これによって，外部との文通に関連して生じるおそれのある行刑目的及び施設に対する危険が防止されるべきである。監督の根拠は，規定中に掲げられた理由に限定される。したがって，公共の安全，一般的な犯罪防止若しくは外部の者の人格権保護という理由又は儀礼上の観点から文通を監督することは許されない[425]。

行刑法第29条にいう監督としては，次のものがあると理解されている。

— 送付内容物を禁制品の有無について検査する目視検査（Sichtkontrolle）（例えば，受信書の場合における麻薬）
— 信書の記述内容を閲覧する文面検査

492　争いがあるのは，この監督が具体的な理由に基づき個別事案に関係してのみ命じることができるのか，又は一般的に命じることが可能かということである。

事例：F行刑施設の所長は，その施設に収容されている受刑者全員について，文通——公文書を含む——の監督を命じた。多くの危険な自由刑受刑者がF施設内で服役していたことから，所長は，起こり得べき逃走計画，暴動又は麻薬の持込みに対処するため，このことが施設の保安維持上必要と考えた。施設管理者が個々の受刑者を一般的な監督から除外しなかったのは，施設内におけるサブカルチャー及び人間関係の組み合わせの不透明さということから見て，監督されない文通を悪用するため，監督を除外された受刑者が同衆受刑者によって圧力を加えられるおそれのあることが憂慮されたからであった。

ハンブルク高等裁判所[426]は，個別的審査なしにこのような一般的命令を発することを

---

423　OLG Celle, NStZ1989, S. 358.
424　OLG Zweibrücken, NStZ1987, S. 95.
425　BT-Drs. 7/918, S. 60.
426　OLG Hamburg, ZfStrVo1991, S. 185ff.

多数決判決[427]において適法とした。この判決は，保安度の高い閉鎖施設においては，受信書及び発信書の監督を一般的に命じ，これを実行することが必要であると判断した。その理由は，様々に異なる保安上の危険性に応じて被収容者を分離することが必ずしも可能ではないと考えられたからであった。したがって，施設長は——この判決が述べるには——個々の被収容者の人格中に施設の保安及び規律に対する危険が存在することを理由付け得るかどうかにかかわらず，監督を命じることができる。このことは公文書についても妥当すべきであって，それは，文書の場合，欺罔によって発信者が官庁であると思わせ得る可能性が高い（例えば，使用済みの封筒の再使用）からである。しかし，郵送投票書類の監督は，保護された投票の秘密を侵害するおそれがあるため，特別の吟味を必要とする[428]。

この見解が行刑実務における組織及び職員上の問題にこたえているとしても，個々の事情を考慮せずに文通を一般的に監督することは，基本法第10条の基本権との均衡を失する方法での制限といえる。無制限な監督は処遇の過程で必要とされる信頼の雰囲気にとって有害であるばかりでなく，生活関係における広範囲な社会同化の原則に対する違反でもある[429]。したがって，一般的な監督は，極めて特別な例外的場合において，短期間実施することに限定されなければならない[430]。

行刑法第29条第1項及び第2項は，特別に保護すべき領域のため，監督の禁止を次のように規定している。　　**493**

第1に，受刑者とその弁護人との文通（受信書及び発信書）は，監督されない（第1項第1切）。行刑法第29条関係行政規則第1では，弁護人は施設に対して受刑者の委任状又は裁判所の選任命令書によってその旨を証明すること[431]及び弁護人の郵便物にそれが明示されていることをその前提としている。したがって，行刑施設は，ある郵便物が果たして弁護人からの郵便物であるかどうかについて，外形的な特徴を手掛かりに調査することができるだけである[432]。発信者の身元を確認するため，又は禁制品の封入を検査するためこれを開封することは許されない[433]。このことは，その検査が内容をざっと見ることや，書面のページを単にぱらぱらめくるだけの場合でも同様である。なぜならば，書面をざっと見ること自

---

427　BVerfG, ZfStrVo1982, S. 126；KG, NStZ1981, S. 368；OLG Zweibrücken, NStZ1985, S. 236；OLG Frankfurt, NStZ1994, S. 377；zustimmend auch Schwind/Böhm, 1999, §29 Rdn. 7.
428　OLG Frankfurt, NStZ1993, S. 381.
429　Ablehnend im Ergebnis auch AK-Joester/Wegner, 2000, §29Rdn. 1；Calliess, 1992, S. 160f.；Calliess/Müller-Dietz, 2002, §29Rdn. 3；Gusy, 1997, S. 675.
430　Kaiser/Schöch, 2002, S. 295.
431　Siehe dazu OLG Frankfurt, ZfStrVo1987, S. 113.
432　OLG Stuttgart, NStZ1991, S. 359f.
433　OLG Karlsruhe, NStZ1987, S. 188.

体が，禁止されている内容検査の領域に触れるおそれがあるからである[434]。

494　もっとも，行刑法第29条第1項第1切の監督禁止は，服役中の自由刑がテロリスト団体を結成する罪（刑法典第129条a）が基礎にある事件又はこのような罪が現在服役中の罪に引き続いて執行される刑の基礎にある事件には適用されない。この場合には，行刑法第29条第1項第2切及び第3切に基づき，信書の交付を裁判官の事前の検査に係らせることができる。しかし，このことは，刑法典第129条aに該当する受刑者が開放行刑にある場合又はその者に行刑法第11条第1項第1号（構外作業，外部通勤），第2号後段（外出）の意味における行刑の緩和ないし行刑法第13条若しくは第15条第3項に基づく拘禁からの休暇が許されている場合であって，かつ，行刑法第14条第2項によるこれらの緩和措置を撤回し若しくは取り消す理由が存在しないときは，適用されない（行刑法第29条第1項第2切後段）。

495　さらに，特権を有する官署及び人にあてた被収容者の信書は，監督が禁止される。それには次のものがある。
— 連邦及び各州の議会並びにその議員
— ヨーロッパ議会及びその議員
— ヨーロッパ人権裁判所
— 拷問及び非人間的若しくは屈辱的な処遇又は刑罰の防止のためのヨーロッパ会議
— 連邦及び各州の情報保護担当者

これらの機関ないし人から送付される郵便物も監督禁止の対象であるが，その際——発信者名を悪用する危険があるため——発信者の身元を明確にしなければならない（行刑法第29条第2項第3切）。法律で示された官署及び官庁以外にあてられた信書は，検査の免除（Kontrollfreiheit）には含まれない（例えば，連邦大統領あての信書[435]）。しかし，行刑法第29条第3項に掲げられた監督理由（処遇ないし施設の保安及び規律）は，このような場合，ごくまれにしか存在しないであろう[436]。

さらに，受刑者と行刑法第164条第2項第2切の施設審議会構成員との間の文通は，行刑法第29条第3項に基づく監督には服しない。

5.4.1.3　信書の差止め（Anhalten von Schreiben）

---

434　OLG Stuttgart, NStZ1991, S. 360.
435　OLG Nürnberg, NStZ1993, S. 455.
436　So auch Kaiser/Schöch, 2002, S. 296.

監督が禁止される信書は，行刑法第31条第4項に基づき，差し止めることもできない。

立法者は，行刑法第31条第1項において，信書の差止めが許される根拠を明確にしている。そこでは，特に，行刑目的に関する視点及び保安的な視点が問題とされている。行刑法第31条第1項第1号に基づく差止めを行うには，正に――基本法で保障された自由への侵害として――施設の保安又は規律を真に危うくするおそれが存在することについて具体的な根拠のあることが前提とされる。それは相当性の原則の要請するところであり，具体的な危険の程度が低くなるほど，被収容者の人格の開陳（Persönlichkeitsentfaltung）に大きな比重が置かれなければならず，また，権利制限に対する権限の行使も，慎重になされなければならない[437]。施設の保安及び規律に対する――単なる推定ではない――危険のほかに，正当化できる理由として，一般的には，それぞれの事案における関係者の人格に起因する事情だけを基礎に置くことができる[438]。また，施設長は，文書が「施設の状況に関する非常に誤った若しくは著しく事実をゆがめた叙述」（第3号），ないしは「非常に侮辱的なことを含む」（第4号）場合にも，これを差し止めることができる。

基本法第5条第1項による意見表明の自由は，基本法第5条第2項の意味における一般法律としての行刑法第31条により制限される。しかし，被収容者は――拘禁に伴うコミュニケーション機会の減少に関連して――その信書の中で施設内の生活について批判的な意見を述べることができる。被収容者とその文通相手は，意見表明，価値判断又はその立場を相互に基本的に自由に伝達することができる[439]。

事例：ある法律科女子学生は，拘禁中の兄から行刑施設での不快な出来事について知らされ，その中で兄は自殺するつもりであることをほのめかしていた。この学生は，返事の手紙で他のこととともに次のように述べた。「そこでは，ほとんどが昇進に情熱を燃やしているか，又は全くの変態（Perverse）的な馬鹿者（Kretins）（精神薄弱（Schwachsinnigen））とばかりかかわり合わなければならないことも忘れないで。強制収容所の看守（KZ-Aufseher）のことを考えてみれば，どのような人間集団があなたを取り巻いているか分かるでしょう。そう思うことで，常に人生を肯定するあなたの考

---

437　BVerfG, ZfStrVo1996, S. 174.
438　OLG Dresden, NStZ1998, S. 320.
439　Calliess/Müller-Dietz, 2002, §31Rdn. 4 ; Gusy, 1997, S. 687 ; Schwind/Böhm, 1999, §31 Rdn. 10.

第5章　相互作用プロセスとしての行刑過程（Der Vollzugsablauf als Interaktionsprozeß）

え方やあなたの明るい性格をしっかり保つように努力してください」。この手紙は施設によって差し止められ，侮辱を受けたとして職員が告訴した結果，この学生は，刑法典第185条による侮辱罪で罰金刑を言い渡された。

連邦憲法裁判所[440]は，この判決には一般的人格権と不可分の基本権である意見表明の自由に対する侵害があるとした。

たしかに，重大で根拠のない侮辱に対して名誉を保護する必要性は，意見表明の自由に優先する。しかし，軽べつ的な表現が効果を発揮するためには，それが本人又は第三者に対してなされなければならない。他から感知されないよう保護されている領域で行われる場合には，その前提を欠くことになる。このような領域の存在は，基本法第2条第1項により根拠付けられる。これによれば，各人は国の制裁を受けるおそれなしに，その特に信頼する者との意見交換ができる領域を持つことができる。これに応じて，刑法では，その場に居合わせない第三者の名誉を棄損する表現について，そのひほう中傷（Herabsetzung）が特別の信頼の表現であり，他に広がることについて根拠のある可能性がない場合には，特に親密な生活集団の中では，侮辱にならない領域が存在することを認めている。

この信頼領域の保護は，「信頼関係の中で行った表現を国が知り得る場合であっても失われない。このことは，行刑法第29条第3項及び第31条による受刑者の文通についても適用される。たしかに，他の重要な法益を保護するための監督は，憲法上基本的に許されている。監督することによって，行刑目的並びに施設の保安及び規律を保護し，また，実行中の犯罪行為のもみ消しや新たな犯罪の実行が防止されるべきである。行刑職員がこのような監督を行う機会に，検査する文書の全体の内容を知り得ることは避けられない。しかし，意見表明を他人が知り得ることは，それが基本法上保護された私的領域に属することをいささかも変更するものではない。監督権限の行使によって，私的領域は合法的に侵害されるが，しかし，そのことが私的領域を公的領域に変更するものではない。むしろ，意見伝達の信頼性は，国の監督があるにもかかわらず保護されているというところに基本権保護の効果がある。この私的領域は，発信者が信書の検査が行われることを知っていても，失われることはない。[441]」

498　　立法者は，行刑法第31条第1項第3号及び第4号により行刑官庁の利益を不当な攻撃から保護することを意図しているが，それは，極端にゆがめられた，又は侮辱的な表現に対して，他の法的保護手段（例えば，刑事訴訟法第374条以下の私人訴追又は民法典第823条以下の民事的手段によって，刑法典第185条以下に規

---

440　BVerfG, StrVert1994, S. 434ff.
441　BVerfG, StrVert1994, S. 435.

定する侮辱を理由に訴えるること。）では，正当化できない出費を要するおそれがあることによる[442]。しかし，行刑法第31条第1項第3号及び第4号の規定は，基本法第5条との関係において極めて狭く解釈することが求められる[443]。なぜならば，その適用によって，文書による表現を検閲に従属させる結果になることは許されないからである[444]。

　事例：ある受刑者がその恋人に手紙を書いた。その中で，他のことと共に次のように述べた。「新しい機械式タイプライターは高価ではないが，全く無用な買い物だ。というのは，外部ではだれでもそのような道具を使ってものを書いており，自分も既に電動式タイプライターを持っている。しかし電動式タイプライターは，少なくともバイエルンでは禁止されている。いずれにせよ，ニュールンベルクの"帝国党大会－高等裁判所（Reichsparteitags-DLG)"はそう言っている。」
　施設管理者は，その内容が行刑目的を危うくし，非常な侮辱を含んでいるという理由で，この手紙の差止めを命じた。バンベルク高等裁判所は，所轄裁判所として，その手紙にあるニュールンベルク高等裁判所という表現が行刑法第31条第1項第4号にいう非常な侮辱に当たるとして，施設長の差止処分を承認した。このように表現することで，受刑者は，ニュールンベルク高等裁判所の裁判官及びその裁判をナチズムの恣意的で不正な国家に近付けることを意図したというのがその理由である。
　連邦憲法裁判所[445]は，この事件が基本法第5条第1項第1切に由来する自由な意見表明の権利を侵害することを認めた。もっとも，この基本権には，基本法第5条第2項による制約がある。行刑法第31条第1項第4号及び個人の名誉権もこの制約に含まれる。しかし，意見表明の自由と一般の法律により保護された法益との間に摩擦がある場合，なぜ侮辱的な表現についてその差止めが強制されず，行刑法第31条第1項により，施設管理者の裁量とされているかということが十分に考慮されなければならない。
　「自由な意見表明の権利と一般法によるその制限との間の相互作用を憲法上正しいものにするためには，受刑者の手紙の内容に侮辱が含まれていることを理由に差し止めるに当たって，個々の事案ごとに，受刑者の自由な意見表明の権利とこれに関係する第三者の名誉保護とを比較考量することが必要である。その際には，一切の事情が考慮されなければならず，侮辱の重大さを判断するに当たっても，そこで述べられている内容だけではなく，詳細な事情――例えば，どのような脈絡において，どのような機会に，だ

---

442　BT-Drs. 7/3998, S. 17.
443　AK-Joester/Wegner, 2000, §31Rdn. 6；Calliess/Müller-Dietz, 2002, §31Rdn. 4；Kaiser/Schöch, 2002, S. 297；dazu auch Gillen, 1999, S. 105ff.；Wolff-Reske, 1996, S. 184ff.
444　BVerfG, StrVert1993, S. 600；NJW1994, S. 244；dazu Wasmuth, 1995, S. 100ff.
445　BVerfG, StrVert1993, S. 600.

第5章　相互作用プロセスとしての行刑過程（Der Vollzugsablauf als Interaktionsprozeß）

れに対してその表現がなされたかということ——にも配慮されなければならない。更に，比較考量するに当たっては，受刑者は特殊な状況に置かれており，もともと意見表明の機会が制限されていることに注目しなければならない。そのため，受刑者は，事情によっては，特別のやり方で第三者に自分の意見を文書で伝達せざるを得ないが，このような場合，文通の制限を非常に苦痛で権利侵害的なものとして感じる。したがって，受刑者の意見表明が検閲に従属する結果となるような方法で行刑法第31条を適用することは，許されない。[446]」

　連邦憲法裁判所の見解によれば，バンベルク高等裁判所の決定はこれらの要求を満足させておらず，それは当該裁判所がその字句の意味を超える内容をこの条文に付加したことによる。事件は，バンベルク高等裁判所に差し戻された。同裁判所が受刑者の申立てを再び棄却した[447]ため，この2回目の決定に対して憲法異議の訴え（Verfassungsbeschwerde）がなされた。

　連邦憲法裁判所[448]はこの異議申立ても容認し，自ら差止処分の破棄を命じた。そして「基本法第1条第1項との関連における同法第2条第1項は，すべての人に対して，だれにも見られずに放任される領域，社会の期待する行動に配慮することなくその信頼する人と交流できる領域があることを保障している」ことを明らかにした。この信頼保護（Vertrauensschutz）は，信書検査の過程で国側が知り得ることによっても失われない。「この一般的人格権は，すべての人に対して，つまり，受刑者や被釈放者に対しても，その感情及び評価が国の制裁にさらされることなしに腹蔵なく表現できる自由な領域を保障している。したがって，すべての市民に対して，基本法上保護され，刑罰の対象とされずに許されている私的で内密に行うコミュニケーションを受刑者が拘禁期間中及び釈放後において行うのを妨げることが，行刑の目的ということはあり得ない。」

　「これと異なる考え方が妥当し得るのは，受刑者自身がその秘密を放棄し，その表現を知られることについて本人に責任がある場合に限られる。例えば，信頼する者に対して自分の気持ちを伝える形をとりながら，その真意は信書の監督者又は第三者に宛てたものである場合がこれに当たる。」

**499**　侮辱的な，あるいは誤った，又はわい曲した記述に当たるかどうかについて厳密な解釈が求められるのは，行刑法第31条第1項第3号及び第4号中で「非常に（grob）」及び「著しい（erheblich）」という概念が使用されていることによる。全く事実と異なる記述は「非常に誤った」ものであり，表現の真の核心部分を具

---

446　BVerfG, StrVert1993, S. 600 ; siehe auch BVerfG, StrVert1997, S. 256f. (bezogen auf die Untersuchungshaft).
447　OLG Bamberg, DRiZ1994, S. 423ff.
448　BVerfG, ZfStrVo1995, S. 302 ; krit. Kiesel, 1995, S. 381ff.

体的な状況を知る人（Vertraute）だけが認識し得る場合は，「著しく事実をゆがめた」ものとなる[449]。

事例：加重強盗により7年の自由刑を言い渡された受刑者Gは，その共犯者として有罪判決を受け他の行刑施設で服役している友人Fと手紙のやり取りをしていた。Gは手紙が1通差し止められたことを知り，Fあてに新たに手紙を書いたが，その中に次の記述があった。「札付きの人間嫌いは，これからも手紙で遊びたいらしく，どうしても我々が文通することを望んでいないようだ。チェックしたいので，これから僕の手紙の日付及び交付の日付を正確に書き留めてほしい。」
この手紙は，侮辱に当たる部分があるという理由で，施設長によって差し止められた。施設職員を「札付きの人間嫌い」と表現したことは，故意にその名誉を傷付けているというのがその理由であった。行刑法第109条に基づく裁判所の決定を求めるGの申立ては，認められなかった。刑執行部は，それが侮辱に当たることを確認し，差止めの合法性を承認した。
これに対して，Gは憲法異議を申し立て，そこには，特に基本法第5条違反があると主張した。
連邦憲法裁判所[450]は，基本法第5条第1項第1切違反を認めた。意見表明の自由という基本権の重要性に対して，差止めの合法性についての吟味を侮辱の確認に限定するとした点において誤解があった，というのがその理由である。「行刑法第31条第1項第4号による基本権の制限は，重大な侮辱が存在し，かつ，基本権の重要性を考慮に入れて裁量決定を行う場合に，初めてこれを行うことができる。刑執行部は，この点について全く基本的な検討をしていない。刑執行部は，例えば，侮辱の重大性は明白であるという理由でその厳密な検討を放棄することはできない。この場合は，むしろ行刑法第31条第1項第4号に含めるべきでない日常的な不満が表明されたものとみるのが自然である。刑執行部では，侮辱があればそれだけで手紙の差止めを合法であるとする考え方をしているところに，基本法第5条第1項第1切の保障の範囲についての誤解があり，それは同条で保障する異議申立人の基本権を侵害するものである。」

非常に誤った又は著しく事実を歪めた記述がある場合には，行刑法第31条が基本法第5条第1項に優先する。

事例：ある受刑者が新聞社あての手紙に「懺悔火曜日監獄横暴の風刺（Fastnachtsgit-

---

449 Calliess/Müller-Dietz, 2002, §31Rdn. 4.
450 BVerfG, ZfStrVo1996, S. 111ff.

第5章　相互作用プロセスとしての行刑過程（Der Vollzugsablauf als Interaktionsprozeß）

terwillkürsatire)」という表題の書面を添付し，その中で次のように主張した。受刑者は，正義の名の下で肉体，精神（Geist）及び魂（Seele）を傷付けられ，自己決定力がなくなるまで柔順にされる。処遇は，結局のところ，虐待や強制，また，非常識な処置に堕落する。「うぬぼれた馬鹿者」の行刑施設職員にこのような勝手を許すのは，破廉恥なことである，とした。

連邦憲法裁判所[451]は，この事例では施設管理者による書面の差止めに対して憲法上異議を主張する理由がないと判断した。すなわち，「ここに明らかに認められるような行刑への戦闘的な手段として意見表明の自由を利用している場合，行刑法第31条の意図する共同社会の利益の保護が，意思表明の自由に対して構成要件に定められた範囲内で優先されなければならないことは明らかである。少なくとも，処遇及び社会復帰を目指す行刑目的を確実に保持するという共同社会の利益が手紙を書いた受刑者自身の中で疑問視されている場合又は行刑に敵対的な受刑者の態度を良く知らない人々や一般社会が非常に事実をゆがめた記述により行刑への誤った観念を抱くことがないようにという共同社会の利益に重要な関係がある場合には，このことが妥当する。」

**501**　配偶者や家族との文通時の表現を根拠にして信書の差止めを決定する場合には，更に基本法第6条第1項の視点から検討しなければならない[452]。これらの者に対して，受刑者は率直に意見を述べることへの強い欲求がある。夫婦間の私的領域の保護ないし親密な家族的信頼関係の保護という点からみれば，その記述や評価がゆがめられている可能性のあることをもって，その信書を発送しない正当性を理由付けることはできない[453]。

施設の事情に関する不正確な記述を理由とする差止めは，特に重大な場合にのみ考慮すべきであることは，行刑法第31条中の非常に不正確であること（grob Unrichtigkeit）（第1項第3号）という表現と第2項の単なる誤った叙述という表現の区別もこれを示している。後者については，被収容者がその発信を主張する場合，これをを差し止めることは許されない。もっとも，この発信書には，施設側で添え状を同封することができる。なお，差し止められた信書は，行刑法第31条第3項第2切によって，発信者に返戻されるか，特別の理由（例えば，施設の保安）がある場合には，施設で保管される。信書が行刑施設内の保安設備について知り得たことを伝えている場合には，行刑執務規則第39により廃棄することも検討される。また，差し止められた信書は領置することができる。

---

451　BVerfG, NJW1994, S. 244.
452　Siehe dazu Neibecker, 1984, S. 335ff.
453　BVerfGE35, S. 40 ; 42, S. 236f.

行刑法第28条以下の規定は，外界との文通のみに関するものではない。立法者は，同一行刑施設内で分離して収容されている受刑者間の行刑内での文通について特別に規定をしなかったが，このような文通も問題なく許される[454]。しかし，問題はそれが監督され，又は拒否され得るかということ及びいかなる条件下でそれが許されるかということである。行刑法第28条以下の適用領域が外部との文通による意見交換にのみ限定されているとするならば，制限は行刑法第4条第2項第2切の法的根拠に基づいてのみ行うことができる[455]。これに対して，行刑法第28条以下をその法律中の規定位置（行刑法第23条の原則は，施設外部の者との交通について述べている。）からみて，外部との文通に限定することが可能かもしれないが，行刑法第28条以下の規定の字句内容からはそのように限定されることはない，という反対の意見が出されている[456]。施設内での意見交換が施設外部に向けられたものとなぜ異なる取扱いがなされるべきかということについては，明白な根拠がない[457]。したがって，行刑法第28条以下の法理は，施設内部での文通にも適用され，行刑法第29条第3項に規定された理由に基づき監督することができる。監督を確実に行うため，同衆受刑者からの発信書及び受信書は，行刑法第30条第1項に準じて施設により仲介されなければならない[458]。

### 5.4.1.4　その他の郵便物（Sonstiger Postverkehr）

　その他の郵便物による被収容者の交通は，組織及び職員の負担が伴うため文通より厳しい規定がなされている[459]。行刑法第33条に基づき，年に3回適当な間隔で食品及び嗜好品の入った小包の受領ができる。時期，重量，物品の種類及び分量は，行刑官庁が決定できる。与えられた裁量の範囲内で行刑法第33条関係行政規則がその処理について明確に規定している。

　被収容者は，行刑法第33条関係行政規則第1により，クリスマス，復活祭及びその者の選択する時期に1回（例えば，誕生日）小包を受領することができる。キリスト教の信仰共同体に属していない受刑者には，クリスマス小包及び復活祭小包に代えて，その信仰する重要な祭日にそれぞれ小包1個の受領を許すことができる。特定の祭日に関連

---

454　OLG Dresden NStZ1995, S.151；Calliess/Müller-Dietz, 2002, §28Rdn.1.
455　So OLG Zweibrücken, ZfStrVo1984, S.178；Schwind/Böhm, 1999, §28Rdn.3.
456　OLG Nürnberg, NStZ-RR1999, S.189.
457　AK-Joester/Wegner, 2000, §28Rdn.5.
458　OLG Nürnberg, NStZ-RR1999, S.189.
459　Kaiser/Schöch, 2002, S.298.

第5章 相互作用プロセスとしての行刑過程 (Der Vollzugsablauf als Interaktionsprozeß)

づけることは，管理を容易にすることに役立つ。受刑者は小包を受領することによって宗教的信条を捨てることを強要されない。したがって，これらの規定により，基本法第4条第1項の規定する各人の信仰の自由の基本権を害することもない[460]。

検査技術上の困難を避けるため，及び受刑者の平等を保障するために，クリスマス小包の重量は5キログラムを，その他の2個の小包は3キログラムを超えることができない（行刑法第33条関係行政規則第2第1項）。小包の送付がない受刑者には，行刑法第33条関係行政規則第6第1項により，施設内で食品及び嗜好品を購入する機会が与えられ，そのために領置金から一定額を使用することができる。

施設管理者は，更に行刑法第33条第1項第3切により，受刑者に上記以外の小包の受領を許すことができる。他方，施設管理者は，施設の保安又は規律上の理由からそれが不可欠である場合には，小包の受領を一時的に禁止することができる（行刑法第33条第3項）。行刑の個別化の原則[461]に従って，このような制限は，個別的処置としてのみ許されており，また，小包の受領禁止期間も個別の事情と相関しなければならない[462]。

行刑法第33条関係行政規則第7第1項に基づき，小包の内容は禁制品の有無について検査される。受領した小包から個別に物品を取り除くことについては，行刑法第33条第1項第4切に基づき，行刑法第22条第2項の規定が準用される。それは，施設の保安又は規律に対する危険が問題となる物品でなければならない（例えば，壊さなければその内容が検査できないロウソクがこれに当たる[463]）。

504 　行刑法第32条の範囲内で，受刑者は電話による通話（Ferngespräch）を行い，電報を発信することができる。関係する人々との定期的な接触を維持する目的から，行刑法第32条第1切は継続的な電話の許可も認めている[464]。ファックス機器の利用については，行刑法第32条が準用される[465]。

行刑法第32条は，受刑者に対して電話による通話の許可を求める権利を与えていない。被収容者には各種の交通手段を利用するための誤りのない裁量を求める権利が認められているだけである[466]。しかし，この請求権は，個別の事案におい

---

460　OLG Hamm, NStZ1991, S. 407.
461　Dazu Kerner/Streng, 1984, S. 95.
462　A. A. KG, NStZ1983, S. 576, das eine sechsmonatige Paketsperre für Drogendealer auf einer Abschirmstation für zulässig erachtet.
463　OLG Hamm, NStZ1995, S. 382.
464　Perwein, ZfStrVo1996, S. 16ff.
465　OLG Dresden, NStZ1994, S. 208.
466　OLG Frankfurt, NStZ2001, S. 669；Ebert, 1999, S. 164ff.；Schwind/Böhm, 1999, § 32 Rdn. 2；siehe auch Schneider H., 2001, S. 273ff.

て，行刑法第3条第1項の社会同化の原則及び外部との接触を求める権利に対する行刑法第23条第2切の助長義務という観点から強化されることができる[467]。

被収容者は外部との監督されない交通（例えば，携帯電話の使用による）を要求する権利はない[468]。電話による通話には面会の規定が，電報には文通の規定が準用されることを行刑法第32条が規定している。情報についての自己決定権を保護するため，必要とされる電話の監督に当たっては，行刑法第32条第4切により，会話の開始前の適当な時間に予定された監督について受刑者に通知されなければならない。同時にその者には，電話が接続された直後，本人自身又は行刑官庁から通話相手に対して，電話の監督について通知しなければならないことが教示される（行刑法第32条第3切）。

505

## 5.4.2　面会（Empfang von Besuchen）

受刑者の面会を受ける権利も外界との交通を可能にする[469]。受刑者は，行刑法第24条第1項に基づき，面会を要求する権利を有し（しかし，第24条関係行政規則第1によって，面会に応じる義務はない。），法律は，面会者の人的範囲を限定していない。そこでは，月に1時間の最低面会時間が予定されている（行刑法第24条第1項第2切）。しかし，施設管理者は，それが受刑者の処遇若しくは社会復帰を助長すると思われる場合又は他の方法若しくは第三者により処理されることができない差し迫った一身上，法律上又は業務上の用務の解決に役立つ場合，それ以上の時間を許可すべきである。この行刑法第24条第2項に掲げる要件が存在する場合，受刑者には原則として所定の時間を超えて面会が許されなければならない[470]。面会実施の詳細（面会の時刻，回数及び時間）は，行刑法第24条第1項第3切により，所内規則が定める（行刑法第161条第2項第1号）。

506

受刑者の処遇又は再社会化に役立つ場合，行刑法第24条第2項第1選択肢に基づき所定時間以上の面会が許されなければならないとされているが，これに該当するのは，特に，被収容者と個人的関係がある者との面会である[471]。閉鎖行刑にある受刑者にとっては，人的な接触こそが，これまで，そして今後その者の生活にかかわる人々との直接的なコミュニケーションを可能にするからである。基本法第6条第1項の観点から，既婚の被収容者の面会時間の決定に当たっては，有利に扱うことが許される[472]。しかし，その他の個人的関係も所定時間以上の面会

507

---

467　AK-Joester/Wegner, 2000, §32Rdn. 2 ; Calliess/Müller-Dietz, 2002, §32Rdn. 1.
468　OLG Hamburg, NStZ1999, S. 638.
469　Dazu eingehend Knoche, 1987.
470　OLG München, StrVert1994, S. 554.
471　Schwind/Böhm, 1999, §24Rdn. 14.
472　OLG Dresden, NStZ1998, S. 159.

第5章　相互作用プロセスとしての行刑過程（Der Vollzugsablauf als Interaktionsprozeß）

を可能にする根拠になり得る。

　事例：A行刑施設の所内規則によれば，既婚の受刑者には毎月1回につき1時間あて4回の面会時間があり，その他のすべての受刑者は1時間あて3回であった。被収容者Dは，人生のパートナーであり，二人の間の子供の父親という婚姻類似の同棲関係にあることを理由に，より長い時間をそのパートナー及び子供と一緒に過ごすため，月に3回各1時間の面会に加えて，毎月1時間の面会が許可されるよう申請した。施設長は，Gの戸籍上の地位を指摘し，その要求を拒否した。

　バンベルク高等裁判所[473]は，当然のことながら，戸籍上の地位を形式的に引用したことに裁量の誤りがあるとした。Gが強く求めた月4回の面会は，子と親との関係を助長することにも役立つはずである。基本法第6条第2項が尊重されなければならない限り，それは，子の成長にかかわり，親としての責任を引き受けている婚姻外の父親にも適用される[474]。父親が行刑中である場合には，一般社会の利益に適切に配慮しつつ，可能で過度にわたらない範囲において，行刑に伴う親子関係への負担を少なくすることが国の任務とされる[475]。

　行刑法は，面会の権利について，幾つかの制限を認めている。
—　面会の禁止（行刑法第25条）
—　面会者（行刑法第24条第3項）及び被収容者（行刑法第84条）の検査
—　監督（行刑法第27条）
—　面会の中止（行刑法第27条第2項）

5.4.2.1　面会の禁止（Besuchverbot）

508　施設管理者により言い渡される面会の禁止は，行刑法第25条により，行刑法第28条第2項に基づく特定の者との文通の禁止と同じ要件の下にある。面会の禁止についても，法律は，基本法第6条第1項による婚姻及び家族に対する特別の保護に配慮しており，施設の保安及び規律上の理由がある場合にのみ，その例外とすることを認めている。しかし，未成年で被収容者の犯行の犠牲となった親族との面会が問題となる場合には，子の人間としての尊厳を保護するため，基本法第6条により保護されている行刑法第25条第2号の親族特権を制限し，面会を禁止

---

473　OLG Bamberg, NStZ1995, S. 304.
474　BVerfGE56, S. 383 f．
475　BVerfG, NJW1993, S. 3059.

することができる。

　事例：受刑者Gは，未成年の女児Mも被害者となっている子供への性的虐待及び被保護者虐待により，合わせて6年の自由刑に服していた。それにもかかわらず，Mの母親は，Gが収容された後Gと結婚した。妻がMを伴って施設内で面会することがあった後，行刑施設の長は，以後の面会におけるMとの接触を禁止した。面会時にこの女児がGの膝の上に座り，Gが片手で抱いていたのを行刑職員により目撃されたことがその理由とされた。

　ニュールンベルク高等裁判所[476]は，この面会禁止を行刑法第25条第1号及び同法第25条第2号により適法であるとした。同裁判所は「子への度重なる性的虐待により自由刑に服している受刑者がわずか12歳の被害者との面会を許されることになれば」，その女児との面会は施設の規律を害するおそれがあると考えた。さらに「所内規則も，受刑者が服役中に犯罪を行い，又は面会者を傷つけるのを防止するのを命じている。この所内規則を順守するためには，子供への性的虐待により受刑中の者がその被害者と接触する場合，少なくとも，その被害者が無責任な実の母親により——12歳という年齢から見て，他人の決定により——加害者と接触させられる場面で生じる相応の危険を防止するためには，面会の禁止を言い渡すことが必要であり，また，このような面会は……治療教育のための施設に収容されているその子の治療効果を妨げることになる。」とした。ニュールンベルク高等裁判所は，行刑法第25条第2号違反についても全く認めようとしなかった。同裁判所は，基本法第6条から生じる親族特権（Angehörigenprivileg）は，対立する憲法上の権利との関係で制限に服することを確認している。基本法第1条及び第2条により保護される子の福祉は，私的な親子関係（Eltern-Kind-Verhältnis）に対する典型的な保障障壁（Gewährleistungsschranke）として作用し，そのことは第三者から脅かされる基本法上の地位を保護する国の義務によって正当化される。子の利益が優先する場合において，面会の相手方が性的虐待の過程で加害者である被収容者により傷付けられた子供であるとき，「親族である」受刑者は，面会に当たって行刑法第25条第2項の親族特権を主張することはできない[477]。

　面会の枠組みの中で，相当性の原則（行刑法第81条第2項）を考慮するとき，行刑法第25条は最後の手段としてのみ適用されるのであって，まず，より緩やかな制限をすることで足りるかどうかが検討されなければならない。それによることができない場合にのみ，個別の事案について，特定の外部の者との面会を拒否

---

476　OLG Nürnberg, NStZ1999, S. 376.
477　Krit. dazu Rixen, 2001, S. 278ff.

第5章　相互作用プロセスとしての行刑過程（Der Vollzugsablauf als Interaktionsprozeß）

することができる。しかし，施設内の事情を考慮するとき，被収容者のすべてについて行刑法第25条にいうおそれがある場合には，一般的な面会の禁止を告知することができる[478]。面会の禁止は，受刑者に対すると同時に外部の者も不利益を受けることになるので，後者もこれを裁判所に提訴することができる[479]。

5.4.2.2　検査（Durchsuchung）

510　行刑法第24条第3項に基づき，保安上の理由から，面会者が被収容者と会う前に検査を受けることを面会許可の条件とすることができる。もっともそれは，触手又は金属探知機による検査に限定される[480]。面会者を全裸にして検査することは，基本法第1条第1項及び第2条第1項により保護された人格及びプライバシーの領域にかかわることであり，それを薬物依存被収容者の面会に際して行うことも均衡を失する[481]。検査は外部の者には強制できないので，その拒否は面会の不許可ということになる[482]。

面会者の検査は，事前検査のみが考慮の対象になるが，受刑者の検査は，行刑法第84条により面会後にも行うことができる。

5.4.2.3　監督（Überwachung）

511　文通時における行刑法第29条第3項の場合と同じく，法律は，処遇上又は施設の保安若しくは規律上の理由から面会の監督を許しているが，具体的事案において，それを行わないことができる。この場合には，監督を必要としないという判断が事前に存在しなければならない。行刑法第27条第1項第2切は単なる目視による監督と会話の監督とを区別している。会話を意図的かつ組織的に傍受（Mithören）するには，同条が監督の根拠としている「必要性」があることを要する。聴覚による監督は，面会者及び被収容者の人格面への介入になるので，それを必要とする例外的場合に限定され，行刑法第27条第1項第2切では，個別の事案において，面会による接触を悪用する危険が具体的根拠に基づき存在することを要求している[483]。面会者と被収容者との会話を傍受することは，拘禁施設

---

478　OLG Nürnberg, ZfStrVo1988, S.186.
479　AK-Joester/Wegner, 2000, §25Rdn.10.
480　Schwind/Böhm, 1999, §24Rdn.15.
481　Müller-Dietz, 1995a, S.218.
482　Calliess/Müller-Dietz, 2002, §24Rdn.6.
483　AK-Joester/Wegner, 2000, §27Rdn.3；Calliess/Müller-Dietz, 2002, §27Rdn.5；Kaiser/Schöch, 2002, S.293；Knoche, 1987, S.101；OLG　Koblenz, ZfStrVo1987, S.305；großzügiger jedoch OLG Hamm, NStZ1989, S.494hinsichtlich terroristischer Gewalttäter.

の面会室は住居ではないことから，基本法第13条に抵触することはない[484]。聴覚的な面会監督の必要性の基準については，被収容者に身近な面会者の場合，基本法第1条第1項と関連する第2条第1項の受刑者の人格権を尊重して，特に狭く解釈されなければならない[485]。

事例：S行刑施設では，テレビ受像機1台及び何枚かの窓ガラスが受刑者によって粉々に破壊された。これに関与した疑いのある者がこの事件の直後に女性の友人の面会を受けた。施設長は，場合によっては物品損壊について新たな情報が得られるかもしれないとの見込みから，その面会の聴覚的監督を命じた。

フランクフルト高等裁判所[486]は，この事実関係の下では，行刑法第27条第1項第2切の要件，つまり，被収容者及び女性面会者の人格分野に対するこのように重大な侵害を行い得る条件を満たしているとは考えなかった。施設管理者の主張する見込みというだけでは，その会話が問題の事件解明に役立つ可能性についての具体的な事実に即した根拠を示すものでは全くない。その上「女性の友人との会話内容の監督が施設の保安及び規律を維持するため不可欠であるということの証明が何もなされていない。女性の友人との面会は，原則として，基本法第2条第1項による人格権の保護の下にある極めて個人的な会話環境であるから，その限りにおいて，そこには高度の配慮がなされなければならない。[487]」

会話内容の監督には，具体的な根拠に基づく必要性が求められることから，施設管理者がすべての面会又は特定の面会者（例えば，施設経験者）について，その一般的指示をすることは許されない[488]。

5.4.2.4 面会の中止（Besuchsabbruch）

行刑法第27条第2項は，面会権の重大な制限について規定している。面会者又は受刑者が法律の規定又はこの法律に基づき発せられた命令（例えば，特定の物品又は暗号化された情報の伝達が許されないという所内規則の規定）に違反する場合に，これを適用することができる。面会の中止に先立ち，まず，より軽度の

512

---

484　BGH, JZ1999, S. 259ff. (für Besuchsraum einer Untersuchungshaftvollzugsanstalt).
485　OLG Nürnberg, ZfStrVo1993, S. 56.
486　OLG Frankfurt, ZfStrVo1990, S. 186f.
487　OLG Frankfurt, ZfStrVo1990, S. 187.
488　OLG Koblenz, NStZ1988, S. 382.

手段として（場合によっては再度の）警告が行われなければならないが，即時の中止が不可欠である場合にはこれを行わないことができる。被収容者への，又は被収容者からの物品又は情報の不正な授受は，秩序違反に関する法律（OWiG）第115条第1項第1号に基づき罰金を科される秩序違反を意味する。面会の際，物品は，許可がある場合にのみ，手渡されることができる（行刑法第27条第4項第1切）。

### 5.4.2.5 弁護人面会（Verteidigerbesuche）

513　弁護人，弁護士及び公証人の面会は，行刑法第26条第1切により，時間及び回数の制限なく許されなければならない。もっとも，これらの面会も，行刑法第24条第3項を引用する第26条第2切に基づき，事前の検査を条件にすることができる。刑事事件における受刑者の弁護人は，面会に関する規定上特別の地位を有する。その者の面会は，監督されない（行刑法第27条第3項）。弁護人の携帯する文書及びその他の付属物を施設がその内容を検査することは，基本的に許されない。弁護士及び公証人の面会の際には，受刑者に関する法律問題を解決するための書類の授受を許可に係らせることができるのに対して，弁護人面会の際手渡される書類は，許可を必要としない（行刑法第27条第4項第2切）。しかし，弁護人との面会終了後，手渡された物が弁護のための文書でない場合には，行刑法第84条により，携行した付属物（例えば，ファイル）とともにそれを検査することができる[489]。

514　弁護人が携行し，又はその者から面会時に手渡された文書及び付属物については，行刑法第26条第4切ないし第27条第4項第3切が行刑法第29条第1項第2切及び第3切を引用している。そこに示された要件の下で，刑法典第129条aによるテロリスト団体を結成したために有罪を言い渡された受刑者には，刑事訴訟法第148条第2項及び第128条aが準用される。これによって，文書の手交を裁判官による事前の検査に係らせることができるだけではなく，刑事訴訟法第148条第2項第3切の仕切り板についての規定が適用され，「被疑者と弁護人との面談には，文書及びその他の物品を手交できなくするための設備がなされなければならない」。刑法典第129条の場合においても，弁護人と被収容者との接触を妨げないように視覚的にも聴覚的にも監督することができず，機械的―技術的な補助手段により分離することができるだけである。弁護人面会の際に，刑法典第129条aにより有罪を言い渡された受刑者以外の者について仕切り板を使用することは許

---

489　OLG Karlsruhe, ZfStrVo1993, S. 118.

されず，それは施設の保安及び規律上の理由によっても許されない[490]。

5.4.2.6 私人面会の際の仕切り板（Trennscheibe bei Privatbesuchen）

実務においては，私人面会の際に仕切り板を使用する場合がある。そこには，刑法典第129条aにより有罪を言い渡された受刑者と弁護人との面会という枠を超えて，仕切り板の使用が許されるかという疑問が生じる。これについては，判決及び学説の中で様々に異なる見解が主張されている。

515

私人面会の際に仕切り板を使用することの合法性については，行刑法第27条第1項の解釈上支持されている[491]。同条により，施設での面会は（行刑法第27条第3項に基づく弁護人面会を除き），処遇又は施設の保安若しくは規律に対する危険が存在することについての具体的な根拠がある場合，監督することができる。その手段として，視覚的及び聴覚的監督のみが考慮の対象にされるべきではないのであって，監督の目的を達成するためのその他の手段，つまり，施設の保安及び規律に対する危険を防止するのに特に適している手段もその対象とすることができる。これについて判決中に述べられている見解によれば「行刑法第27条第1項第1切による法律上の監督任務を果たすためには，監視で足りると考えるか，又は他の技術的—構造的手段を用いるかということについて，具体的事案における義務にかなった裁量で決定することが行刑官庁にゆだねられている。その効果的監督手段の一つが仕切り板である。行刑官庁がその使用を指示する場合には，比例原則（行刑法第81条第2項）に留意しなければならない」[492]。もっとも，行刑法第27条第1項による仕切り板使用の合法性を支持するこの考え方も，私人面会の際に使用することは，基本法第6条第1項の基本権に関係し，また，その使用が長期にわたり計画される場合には，相当性の原則への配慮が特に強く要請されることを強調している。

連邦憲法裁判所[493]は，許可されない物品の手交を防止するためには，夫婦面会の際にも仕切り板の使用が許されるとしている。仕切り板使用の前提条件として，次の事情があることを要する。

516

— 施設の保安に対する真の危険が存在することについての具体的根拠

---

490　OLG Nürnberg, StrVert2001, S. 39.
491　BVerfG, ZfStrVo1994, S. 304；KG, NStZ1984, S. 94；KG, NStZ1995, S. 104；OLG Hamm, ZfStrVo1993, S. 309.
492　OLG Hamm, ZfStrVo1993, S. 309.
493　BVerfG, ZfStrVo1994, S. 304ff.

― それぞれの具体的な面会の事情から，面会ごとに必要性を検討すること。危険の原因となる事態の早急な変更が不可能と思われる場合には，同一人に対して多数の面会が行われる可能性のある一定の期間，これを指示することは正当化される。このことは夫婦面会についても妥当する。
― 長期にわたる仕切り板の使用又は先行する面会拒否に引き続いて仕切り板を使用する場合には，夫婦の場合基本権侵害という面倒な問題が存在するため，保安上の懸念については特に慎重に検討されなければならない。保安上の懸念が払しょくできない場合においても，施設の物的人的配備に過度の負担をかけず，かつ，受刑者の行動がその予防措置に適しているときは，より侵害度の少ない保安上の予防措置（検査，その他の監督方法）に変更されなければならない。

517　反対の見解は，行刑法第29条第1項第2切及び第3切にいう刑法典第129条aにより有罪を言い渡された受刑者の集団を除き，弁護人面会はもとより私人面会の場合にも，仕切り板の使用は許されないとしている[494]。まず，行刑法第27条第1項については，この規定が私人面会に際しての法的な監督の可能性を視覚的及び聴覚的監督に限定していることから法的根拠として問題にならず，他方，行刑法第4条第2項第2切に立ち戻ることも考慮の対象にならない。なぜならば，立法者は，行刑法第27条第4項第2切及び第3切，第29条第1項第2切及び第3切において，行刑で仕切り板使用の指示ができる範囲を規定しているのと同様に，行刑法第24条から第27条までにおいて，私人面会における接触制限及び保安的処置の実体を完結的に規定しているからである[495]。したがって，私人面会の際に仕切り板の使用を指示するための権限根拠として，行刑法第4条第2項第2切の最終手段条項（Ultima-Ratio-Klausel）に立ち戻る余地は残されていない。

518　仕切り板の使用は，行刑法第27条第1項の文言にいう面会の監督には含まれない。仕切り板の使用によって，面会者及び被面会者は視覚的にも聴覚的にも監督されず，行刑法第27条第1項によって明示的に許された監督方法が技術的─機械的手段に置き換えられているのである[496]。その使用は，私人面会においては施設管理者が行刑法第25条による面会禁止を言い渡す必要がある場合にのみ，当事者の権利に対する重大ではあるがより軽度の制限として，考慮の対象になる[497]。

### 5.4.2.7　接触の禁止（Kontaktsperre）

---

494　Calliess/Müller-Dietz, 2002, § 4 Rdn. 21, § 27 Rdn. 9.
495　Calliess/Müller-Dietz, 2002, § 4 Rdn. 21 § 27 Rdn. 2, 9；siehe auch BGHSt. 30, S. 38ff.
496　So auch Calliess/Müller-Dietz, 2002, § 4 Rdn. 21.
497　Laubenthal, 2002, S. 88.

行刑法に規定する面会を受ける権利及び自由な文通の権利に対する制限のほか，　519
裁判所構成法施行法（EGGVG）第31条以下に定める要件の下で，行刑中に期間
を区切った接触禁止を言い渡すことができる。そのためには，人の身体，生命又
は自由に現在の危険が存在しなければならず，かつ，その危険はテロリスト団体
に起因する疑いであることが一定の事実により根拠付けられなければならない。
この場合，受刑者は，その弁護人，その他の外部者及び同衆受刑者との文書及び
口頭による接触が遮断される。裁判所構成法施行法第31条第２切に基づき，この
接触の禁止は，刑法典第129条 a にいうテロリスト団体を結成したため，若しく
は同条に規定された犯罪行為のために自由刑に服している被収容者，又は，その
犯罪のために勾留状が出ているか，若しくは他の犯罪により勾留され，その犯罪
が刑法典第129条 a による犯罪との関連で行われた濃厚な疑いがある被収容者に
対してのみ，言い渡されることができる。

### 5.4.3　性交渉を伴う配偶者面会(Partnerbesuche mit Sexualkontakten)

　行刑法は，配偶者の面会時における性的交渉の問題には触れていない。このこ　520
とから，法はいわゆる夫婦面会（Intimbesuch）を排除していないものの，被収
容者にそれを要求する法的権利も与えていない[498]。しかし，受刑者も男女共に他
の人間の場合と同様に様々な形での精神的，肉体的な愛情表現を必要とする。こ
の場合における，セックス（Sexualität）とは，単なる性的接触にとどまらず，
情緒的な交流をも意味する。

　情緒的及び性的なものの剥奪は，男性と同じく女性の受刑者にとっても重大なストレ
ス要因であり，特に長期の被収容者にとっては非常に大きい問題である。調査によれば，
後者の場合，このような接触を失うことは行刑による重大な侵害として特別の意味があ
ることを示している[499]。行刑という隔離された中では，被収容者には本能的な性的欲動
を自然な方法で発散したり，昇華させたりする機会がほとんどない。
　もっとも，行刑法第11条及び第13条の休暇規定及び外出規定並びに行刑法第10条第１
項による開放行刑に収容される機会を通じて，異性関係から引き離された状態は緩和さ
れる。しかし，このような行刑形態が（まだ）考慮の対象にならない者又は終身の自由
刑を言い渡され，休暇を得るためには行刑法第13条第３項によって，まず原則として10
年間服役しなければならない者は，その収容期間の大部分について異性関係をあきらめ

---

498　BVerfG, NStZ-RR2001, S. 253 ; OLG Koblenz, NStZ1998, S. 398.
499　Siehe Flanagan, 1980, S. 219 ; Laubenthal, 1987, S. 164ff. ; Richards, 1978, S. 167.

第5章 相互作用プロセスとしての行刑過程（Der Vollzugsablauf als Interaktionsprozeß）

なければならない。このことによって，その者は男性又は女性であることを確認するための非常に重要な相手方を失い，また，性的なものの剥奪の結果は，規則的な代償行動，とりわけサブカルチャーレベルでの代償行動をもたらす。そこでは，能動的又は受動的なホモセクシャルの役割を引き受け，付加的なストレスとなる同性関係に入る。

521　他から煩わされず，見られることなく一緒に居ることができる配偶者面会を許すことは，行刑法第3条第2項にいう弊害排除の原則から適切であるばかりでなく，行刑法第3条第1項にいう生活関係の同一化にも役立つ。夫婦の協力関係が継続する可能性が高められ，これによって行刑目的である社会復帰の可能性も高くなる。加えて，基本法第6条第1項に基づく夫婦及び家族を特別に保護すべき国の義務は，被収容者を含む夫婦にも適用されなければならない。ここから，長期刑受刑者について，基本法第6条第1項に基づく性的接触を可能にすることを求める権利が導き出される[500]。

522　しかし，夫婦にとって好ましい行刑を形成することは，一般人の大部分及び行刑職員にも理解が得られておらず，性的関係の剥奪は，正に自由刑と不可欠に結び付いた必要悪として受け止められている[501]。もっとも，長時間面会を許可することによって，夫婦関係を支える力が助成されることを期待する，モデルケースとなるべき試みがドイツにおいても行われている。

　既に1960年代の終わりには北アメリカの幾つかの州において「夫婦面会（conjugal visits）」制度が導入されている。その際，配偶者の面会は，数時間にわたり監視されず隔離された面会棟で行われたが，一部では施設敷地内に置かれた居住用車両（Wohnwagen）内でも行われた[502]。1975年に行われた調査は，夫婦面会の受け入れと婚姻関係の安定性並びに釈放後の保護観察との間には高い相関関係があることを明らかにしている。規則的に配偶者の面会を受けた被収容者は，他の受刑者に比べて再犯が少なく，その夫婦関係が安定していた[503]。

　長時間面会は，1984年以降，長期行刑を担当するブルッフザール（Bruchsal）行刑施設（バーデン―ヴュルテンベルク州）において行われている[504]。そこでは，原則として月に1回長時間面会が許され，それは行刑法第24条第1項の通常の面会時間に算入されない。長時間面会は，例えば，ヴェール（Werl）行刑施設及びゲルデルン（Geldern）

---

500　AK-Joester/Wegner, 2000, §24Rdn. 25； Calliess/Müller-Dietz, 2002, §27Rdn. 8.
501　Koepsel, 1989, S. 153.
502　Dazu Knoche, 1987, S. 130ff.； Neibecker, 1984, S. 339.
503　Burstein, 1977, S. 91.
504　Siehe hierzu Preusker, 1989, S. 147ff.； Stöckle-Niklas, 1989, S. 245ff.

行刑施設（ノルトライン-ヴェストファーレン州）でも行っている。ゲルデルンでは[505]，1990年以降，受刑者は，月に１回その家族，配偶者，子供又は恋人と，特にそのために設備された部屋で面会することができる。これらの者は，専用の通路から面会室に入ることができる。1993年，ゲルデルンで行われた長時間面会の効果についての研究[506]は，この処遇措置が被収容者及び親族により積極的な評価を受けていることを明らかにしている。基本的な欲求の満足を可能にした結果，愛情（Zuneigung）及び優しさ（Zärtlichkeit）を伴う新たな関係の発生が際立って認められる。また，当事者たちは，関係の危機や障害について自ら体験し確認することができる。

実務では，長時間面会を許可すべき者の範囲について問題のあることが認められる。この接触形態は基本法第６条第１項に基づく保護であるため，これまでは専ら家族関係者に限定されていた。しかし，このことは，できる限り早い時期に長時間面会ができ，性的交渉の許可を得るためにのみ，結婚が行われる危険性を含んでいる[507]。長時間面会を配偶者だけに限定することは，裁量の誤りとされる可能性があることから，未婚の受刑者も愛人又は共同生活者との長時間面会の許可を得ることができる[508]。もっとも，行刑官庁は，既婚の受刑者について，その婚姻が実質的に存続しており名目だけのものではないという根拠がある場合，その者と婚姻外の関係にある共同生活者との長時間面会の許可を拒否することができる[509]。

長時間面会を許可するに当たっての重要な前提は，それを人間の尊厳にふさわしい（Menschenwürdig）形態にすることである。行刑法第27条第１項による聴覚的及び視覚的面会の監督は排除されなければならず[510]，その面会は相手方の品性を辱めてはならない。したがって，そのためにふさわしい部屋が準備され，その入口は同衆受刑者からは見えないようにされていなければならない。刑事施設内における性的接触は，感情が非常に傷付きやすい性質を有するので，長時間面会の許可は，外出又は拘禁からの休暇が許されない閉鎖施設の被収容者に限定されるべきである。

523

### ５.４.４　行刑の緩和（Vollzugslockerungen）

行刑官庁は，行刑法第11条第２項に掲げる除外事由がなく，それを許可するこ

524

---

505　Dazu Meyer H., 1991, S. 220ff.
506　Buchert/Metternich/Hauser, ZfStrVo1995, S. 263.
507　Preusker, 1989, S. 149；Stöckle-Niklas, 1989, S. 251.
508　Kaiser/Schöch, 2002, S. 291.
509　OLG Hamm, NStZ-RR2000, S. 95.
510　Schwind/Böhm, 1999, §27Rdn. 6.

とで被収容者の行刑目的の達成が促進される場合には，行刑法第11条第１項により行刑の緩和を命ずることができる。行刑の緩和は，施設側からみた好ましい行状に対する単なる優遇措置又は褒賞ではなく，処遇措置（Behandlungsmaßnahme）（行刑法第７条第２項第７号参照）として行刑を形成する要素である[511]。それは，世間との社会的な接触及び結合を維持し，獲得するために役立つだけではなく，施設収容に伴う有害な影響を減少させ，本人のより良い社会復帰を目指す現実に即した施設外での処遇の実施にも役立つ。

5.4.4.1 緩和の種類（Lockerungsarten）

**525** 行刑法第11条第１項に掲げられた行刑の緩和のカタログには，次のものがある。
— 構外作業（Außenbeschäftigung）
— 外部通勤（Freigang）
— 連行（Ausführung）
— 外出（Ausgang）

　法律では，行刑職員による監督を伴う緩和（構外作業，連行）とそれを伴わない緩和（外部通勤，外出）とを区別している。しかし，行刑法第11条第１項に列挙されたものには限定されない（「なかんずく」とある）ので，外部での処遇を実施するために必要な緩和を行うことも考慮の対象になる（例えば，週末セミナー及び週末教室への参加，休暇キャンプ，集団外出，ボランティア行刑協力者による同行[512]）。行刑法第11条におけるすべての行刑の緩和に共通することは，施設管理者が――行刑法第13条の拘禁からの休暇とは異なり――行刑の緩和の内容，目的設定及び実施方法についてあらかじめ基準を定めて行い，受刑者自身にこれをゆだねていないことである[513]。行刑の緩和は刑の執行を中断しない。受刑者は，その間も引き続き自由刑に基づく特別の制限に服するので，行刑官庁は本人に対して直接介入できる可能性を保持していなければならない。したがって，行刑法の適用区域外に滞在するための行刑の緩和は許されない[514]。

(1) 構外作業

---

511　Schwind/Böhm/Kühling/Ullenbruch, 1999, §11Rdn. 1.
512　AK-Lesting, 2000, §11Rdn. 28.
513　Calliess/Müller-Dietz, 2002, §11Rdn. 2.
514　OLG Celle, NStZ-RR2002, S. 157；anders Szczekalla, 2002, S. 326.

行刑法第11条第1項第1号第1選択肢における構外作業の場合，受刑者は，行 526
刑職員の監視の下で施設外での規則的な活動に専念することとされている。実務
上，それは私企業工場内における行刑法第41条の作業義務の範囲内での仕事であ
り，行刑法第43条による報酬が支払われる。さらに（職業）訓練，スポーツ活動
などが考慮の対象になる。そのために決定的なことは，継続的なプログラムへの
規則的な参加であり，その活動の行われる時間が作業時間内か自由時間かという
ことは重要でない[515]。

(2) 外部通勤

　行刑法第39条第1項及び第2項に規定された施設外活動は，その大部分が外部 527
通勤と結び付いている（行刑法第11条第1項第1号第2選択肢）。この行刑の緩
和は，行刑職員の監視なしに施設外で規則的に活動することであると理解されて
いる。構外作業として可能な仕事は，すべて外部通勤によっても行うことができ
る。外部通勤の際に留意されなければならないことの一つは，活動の許可と外部
通勤の承認とは正確に区別され，それぞれの前提要件は別個に吟味されなければ
ならない反面，この両者は事実上，法律上直接的な関係にあることである[516]。な
ぜならば，閉鎖行刑においては，外部通勤者であることに伴う特典をもたらす抽
象的な外部通勤者の地位又は一般的な外部通勤者適性というのは存在しないから
である[517]。外部通勤者として承認することは——行刑法第15条第4項にいう外部
通勤者の地位は別として[518]——基本的には，具体的な雇用関係（Beschäf-
tigungsverhältnis）の存在と無関係ではあり得ない[519]。それはむしろ，施設外で
許された仕事を行うことの許可に限定される。外部通勤者の責めに帰すことが
できない理由から，その活動を行うことができなくなった場合（例えば，雇用者
の解雇通知，工場の閉鎖により）にも，そのことによって外部通勤の許可は失効
する[520]。これに対して，その撤回は，被収容者に責任を負うべき事情がある場合
に，行刑法第14条によって判断されなければならない。

---

515　AK-Lesting, 2000, §11Rdn. 13.
516　Dazu ausführlich Calliess/Müller-Dietz, 2002, §11Rdn. 9.
517　Anders jedoch OLG Hamm, NStZ1990, S. 607；KG, NStZ1993, S. 100；AK-Lesting, 2000, §11Rdn. 25；Schwind/Böhm/Kühling/ Ullenbruch, 1999, §11Rdn. 10.
518　Dazu unten Kap. 5.10.2.
519　Begemann, 1991, S. 517ff.
520　OLG　Koblenz, ZfStrVo1978, S. 18；Calliess/Müller-Dietz, 2002, §11Rdn. 12；Schwind/ Böhm/Kühling/ Ullenbruch, 1999, §11Rdn. 10；a. A. AK-Lesting, 2000, §11Rdn. 25.

528 　雇用関係の存在と外部通勤という行刑の緩和との間の密接な結合関係の例外は，受刑者が既に開放行刑にある場合にのみ考慮の対象になる。それは，行刑法第10条第1項による開放行刑の要件と外部通勤許可の要件とが部分的に全く重複しているからである（特に，いずれも逃走及び悪用のおそれがあってはならない。）。開放行刑においては，雇用の終了が施設管理者による外部通勤の撤回によるものではなく外部的な事情による場合，外部通勤の許可は存続したままである。開放行刑にある者が外部での仕事を探している場合，本人が仕事を探すのを容易にするための第1段階として，特に外部通勤を許可することも可能でなければならない。その第2段階として，見付けた仕事に従事するための許可がなされることになる[521]。

(3) 連行（Ausführung）

529 　構外作業及び外部通勤が原則として外部での就業を可能にすることをいうのに対して，行刑法第11条第1項第2号にいう行刑の緩和とは，被収容者が個別の事案で日中の一定時間帯に施設を離れて活動する場合をいう。行刑法第11条第1項第2号第1選択肢の連行は，受刑者を常時監視する責任を負っている行刑職員の監視の下で行われる。行刑法第88条及び第90条により，連行には特別の保安的処置（例えば，戒具）を伴うことがある。連行の許可を特に緊急の場合に限定することは許されない[522]。被収容者の一般的精神状態を考えれば，このような行刑の緩和は，処遇措置として正当化できる[523]。

　連行は，ある受刑者についてそれ以上の行刑の緩和を許す条件がまだ存在しない場合，独自の処遇措置として特に考慮の対象になる[524]。とりわけ長期刑受刑者について，休暇を許可すべきかどうかを検討するため，また，悪用のおそれの有無を吟味するための措置として適当である[525]。しかし——なお服役すべき長期の残刑があるため——休暇が許可されない場合に，連行も必然的に許可の対象から除外されることは許されない[526]。

(4) 外出（Ausgang）

---

521　KG, NStZ1993, S. 100.
522　OLG Hamm, NStZ1985, S. 189.
523　OLG Frankfurt, NStZ1984, S. 477.
524　Calliess/Müller-Dietz, 2002, §11Rdn. 13.
525　KG, ZfStrVo1989, S. 374.
526　OLG Frankfurt, NStZ1989, S. 246.

行刑法第11条第2項第2号第2選択肢にいう外出も，独自の処遇措置であって，他の行刑の緩和を準備するためにのみ奉仕するものではない。外出とは，日中の一定時間の間，監視なしに施設を離れることである。法律は，それを許可をするために特別の理由が存在することを要求していない。 530

⑸　重大な理由による外出及び連行

　行刑法第11条に規定する行刑の緩和のほかに，この法律では，行刑法第35条に重大な理由に基づく外出及び連行について規定している。それは，被収容者の家族，仕事又はその私的領域若しくはその社会復帰に関する用務に関係する[527]。法律では近親者の生命にかかわる病気又はその死亡を例示している。行刑法第35条にいう重大な理由には，例えば，本人の受験[528]又は結婚[529]も含まれる。個人的な理由のほかに，職業的及び法律的な用務の処理も考慮の対象になる[530]。この外出のために行刑法第11条第2項で必要とされる前提条件が存在しない場合，施設長は受刑者を連行させることもできる（行刑法第35条第3項）。その際，被収容者は連行費用を負担しなければならないが，その者の自用金からこれを負担する必要はない[531]。 531

　行刑法第12条による特別の事情による連行は，行刑法第11条及び第35条とは異なり，行刑の緩和を意味するものでは全くない。むしろ，施設管理者は，この規定に基づき，被収容者の意思にかかわらず重大な理由（例えば，裁判期日への召喚，必要な医学的処置）があれば，これを行うことが許される。 532

　逃走又は悪用のおそれがその妨げにならない場合には，裁判期日への出頭のため，行刑法第36条による外出又は連行が考慮される。

5.4.4.2　許可の要件

　行刑法第11条に基づく行刑の緩和を命ずるには，次の事項が前提とされる。 533

---

527　Calliess/Müller-Dietz, 2002, §35Rdn. 1.
528　OLG Karlsruhe, ZfStrVo1988, S.369.
529　LG Bielefeld, NStZ1992, S.376.
530　BT-Drs. 7/918, S.62.
531　OLG Frankfurt, NStZ1991, S.152.

第5章　相互作用プロセスとしての行刑過程（Der Vollzugsablauf als Interaktionsprozeß）

― 被収容者の同意があること。
― 逃走及び悪用のおそれによる欠格性がないこと。
― 行刑緩和のための有利不利すべての事情を検討するに当たっての誤りのない裁量決定を行うこと。

　行刑法第11条第2項に基づき，行刑の緩和は，受刑者の同意があるときにのみ命じることができる。そうすることによって，立法者は本人の自己決定権に配慮している[532]。同意が撤回された場合，緩和の指示は取り消されなければならない（行刑法第11条関係行政規則第8）。

　開放行刑における収容（行刑法第10条第1項）とは異なり，行刑法第11条の行刑の緩和には，同意の必要性が付加されている。それは，例えば，連行又は構外作業の場合，行刑職員に付き添われることによって受刑者ということが社会内で識別されるからである。

534　行刑の緩和を許可するための構成要件的前提要件として，同意が必要とされるほか，更に被収容者が自由刑の実行から逃れ，又は行刑の緩和が犯罪行為のために悪用される（行刑法第11条第2項第1半切）おそれがあってはならない。このような逃走又は悪用の危険がある場合には，必然的に不許可理由が存在することになる[533]。

535　この規定の適用に当たって，行刑官庁は予測的決定（Prognoseentscheidung）を行わなければならない[534]。施設管理者は，過去及び現在における被収容者の行動観察の結果に基づく十分な安全性をもって，逃走の意図又は再犯への疑いに対応するべきである。しかし，行刑法第11条第2項の場合は，積極的な予後の保証を要求しておらず，逃走又は悪用のおそれについて「懸念されない」ことで足りる。しかし，ごくわずかな懸念のあることで緩和が拒否されることは許されず，拒否する場合にはわずかな危険ではないことについての具体的な指摘が必要とされる[535]。加えて，行刑法第11条第2項の条文は，行刑目的及び行刑法第3条の原則という視点から解釈されなければならない。なぜならば，行刑の緩和の許可は，受刑者の釈放準備にも役立つこと，つまり，自由社会への復帰に伴い苦労や障害が生じることを徐々に認識できるようになるからである[536]。

---

532　Zur Problematik der Willensfreiheit in Unfreiheit siehe aber Amelung, 1983, S. 1 ff.
533　BGHSt. 30, S. 324.
534　Zu den Prognosemethoden siehe Streng, 2002, Rdn. 619ff.
535　AK-Lesting, 2000, §11 Rdn. 38, 44.
536　Dazu Frisch, 1990, S. 748ff.

立法者が，過去及び現在の人間行動の観察から確実性のある悪用の蓋然性を判断するための許容できる判断基準はこれまでのところ存在していないという事実認識に立つとき，立法者は，被収容者のより良い社会化という視点から，一定のリスクの存在を受け入れる[537]。行刑の緩和は，とりあえず条件付釈放の獲得に向けられた努力であるから，行刑法第11条第2項の場合におけるリスクが刑法典第57条第1項第1切第2号による残刑の保護観察付き執行猶予の場合のリスクより高いものであってはならない[538]。このことから，そのリスクは，一般社会の安全への利益に配慮した責任の負えるものでなければならない。この操作可能な方法で作成された予測条項を行刑の緩和の許可決定を行う分野に援用することは，再犯（Folgedelikte）という視点から社会的に適当と認められるわずかな予後の危険を引き受けることを可能にする。それは，そこに含まれる「スライドする目盛（gleitende　Skala）」[539]がその犯罪の種類と程度において外出時の犯罪に対応する新たな犯罪の可能性及び範囲に照準を合わせることを可能にするからである。したがって，保護観察付き残刑の執行猶予の場合と同様に，行刑法第11条第2項において責任を負い得るリスクは，起こり得べき悪用の程度に反比例しなければならない。社会的に不適当とされる具体的な危険が存在する限り，行刑の緩和は許可されない。可能な限りの観察及び調査を尽くしたにもかかわらず，行刑法第11条第2項を充足する良好な予後について具体的疑いが残り，それが緩和の方式（例えば，短期とすること，行刑法第14条第1項による指示を行うこと）を工夫することによっても除去できない場合，それは被収容者の負担となり，責任を負えるリスクの否定につながる。

　施設管理者による逃走及び悪用のおそれを判断するために具体化されたものが行刑法第11条関係行政規則に規定されている。

　行刑法第11条関係行政規則第6は，次に該当する受刑者を構外作業，外部通勤及び外出の対象から除外している。
　　— 裁判所構成法（GVG）第74条a及び第120条に掲げられた犯罪行為のため合議制刑事部（Strafkammer）又は高等裁判所の第1審において有罪を言い渡された者
　　— 未決拘禁，引渡拘禁又は強制退去拘禁を命じられている者
　　— 国外退去決定が存在し，釈放後国外退去となるべき者
　　— 自由剥奪を伴う矯正及び保安の処分又はその他の収容が裁判上命じられ，未執行

---

537　BVerfG, NStZ1998, S. 430.
538　Kaiser/Schöch, 2002, S. 270 ; siehe auch Dünkel F., 1993, S. 665.
539　Kunert, 1982, S. 93.

の者

行刑法第11条関係行政規則第7第2項により，次に該当する受刑者には逃走又は悪用のおそれの存在が推認されることから，原則として不適当とされる。
— 著しい薬物嗜癖のおそれがある者
— 自由剥奪の継続期間中に逃走した者，単純逃走を試みた者，暴力逃走を企図した者又は受刑者暴動に参加した者
— 直近の休暇若しくは外出から自発的に帰所しなかった者又は直近の休暇若しくは外出の間に処罰されるべき行動をとったことについて十分な事実根拠が認められる者
— 退去手続，引渡手続，捜査手続又は刑事手続が係属中の者
— 好ましくない影響を及ぼすおそれがある者，特に他の受刑者の行刑目的の達成を危うくするおそれがある者

行刑法第11条関係行政規則第7第4項は，特別の検討義務について次のように規定している。「自由剥奪の期間中，人に対する重大な暴力行為による刑罰，性的自己決定に対する犯罪による刑罰若しくは麻薬物質の取引に関する法律上の意味における物の取引による刑罰を実行されたか若しくは実行されなければならない受刑者，又は行刑中におけるこれらの物の取引若しくはその持込みについて理由のある嫌疑を受けている受刑者については，行刑の緩和についての責任を負わせ得るかという問題について，特に入念な検討を必要とする。このことは，組織的犯罪に関与していることが判明している受刑者についても，適用される。」

この行政規則では，実務上，行刑の緩和の許可に当たり，麻薬犯罪者が明らかに不利に取り扱われ，暴力犯罪者及び性犯罪者は，その他の受刑者グループに比べて，初回の行刑の緩和の時期が遅れるという取扱いをもたらしている[540]。

538 　行刑法第11条関係行政規則は，構成要件解釈上の（tatbestandsinterpretierend）解釈指針[541]として，高度の逃走及び悪用のおそれとともに典型的な事実事情（Fallkonstellation）[542]を含んでいる。たしかに，行刑法第11条関係行政規則第6第2項及び第7第3項では，除外理由又は不適当とする基準に該当する場合においても例外を認めているが，施設管理者による逃走又は悪用のおそれの判断

---

540　Vgl. Dünkel F., 1993, S. 663.
541　Siehe Frellesen, 1977, S. 2050ff.；Treptow, 1978, S. 2229f.
542　Kaiser/Schöch, 2002, S. 256.

は，常に事案ごとに吟味されなければならない。行政規則は，その限りにおいて，判断決定を補助するための初期的予測（Anfangsvermutung）を意味するにすぎない[543]。行政規則に示された事情が存在する場合に，それを機械的に適用して行刑の緩和を拒否することは，行刑法第11条第2項に規定された原則例外関係（Regel-Ausnahme-Verhältnis）の判断を回避したことになる[544]。なぜならば，行刑法第11条関係行政規則に規定された内容は，例外を意味するのであるから，それを法律の予定していない原則的な拒否理由に変えることは許されない[545]。

539　行刑法第11条第2項の逃走条項及び悪用条項は，行刑目的及び行刑原則を考慮した個別的な適用がなされなければならない。このことは，終身の自由刑を言い渡された者について外出及び外部通勤の許可を判断決定する場合にも妥当する。立法者は――行刑法第13条による拘禁からの休暇とは異なり――行刑法第11条による行刑の緩和の指示について，一定期間が経過することを必要としていない。したがって，行刑法第11条関係行政規則第5第1項第3切において，外出及び外部通勤を原則として行刑法第13条第3項の要件（10年の最短行刑期間又は既に開放行刑にあること。）の下においてのみ許されるべきであるとするのは，施設の裁量権に対する行きすぎた制限である[546]。終身刑受刑者の場合においても，行刑の緩和は逃走及び悪用のおそれが存在するか否かであって，一定期間の経過に係らせてはいない[547]。

540　多くの事情の一つとして，責任の重大性（Schuldschwere）が逃走及び悪用のおそれの判断に当たり間接的に影響を及ぼし得る（反射効果）[548]。それは，決定時における受刑者の今後服役すべき自由刑の長さと関係する。釈放時期がまだはるか先である場合には，逃走によって拘禁を免れようとする誘惑が大きいと考えられる。行刑官庁は，行刑の緩和を許可するに当たって，この事情を考慮しなければならない[549]。しかし，残刑期が長いことだけを拒否の理由とすることは許されない[550]。

541　逃走ないし悪用のおそれというのは不確定概念にかかわる問題であり，行刑官庁による運用を刑執行裁判所によって確認することが可能である[551]。個々の場合

---

543　AK-Lesting, 2000, §11Rdn. 40.
544　Calliess/Müller-Dietz, 2002, §11Rdn. 19.
545　OLG Celle, NStZ1992, S. 374.
546　Calliess/Müller-Dietz, 1994, §11Rdn. 19.
547　OLG Frankfurt, StrVert1993, S. 599.
548　Dazu in Kap. 3. 3. 2. 4.
549　Mitsch Chr., 1990, S. 77.
550　OLG Frankfurt, NStZ1983, S. 93.
551　BGHSt. 30, S. 324；siehe dazu auch Treptow, 1978, S. 2227ff.；Kamann, 1994, S. 474ff.

におけるそのようなおそれの有無は，行刑職員が日常の体験を通じて最も良く判断できる。行刑職員は，被収容者の近くで接触する関係にあり，個人的な触れ合いと特別の専門的な知識によって，より事実に近い印象を抱ける。逃走ないし悪用のおそれの判断は将来の出来事に関係するものであるから，そこには一連の客観的，主観的な事情に基づく蓋然性の判断が含まれる。これらは――ほとんどその誤りを論証できない――一身専属的な判断であることから，施設管理者には決定特権（Entscheidungsprärogative）及び裁量権（Beurteilungsspielraum）が与えられる[552]。

542　受刑者が行刑の緩和を不許可にした施設長の決定に対して行刑法第109条以下による法的手段に訴えた場合，刑執行部は，逃走又は悪用のおそれの問題に対して行刑官庁と同様の認識を持ち得る可能性がない。したがって，裁判所は，基本的に，施設管理者の予測的判断決定（Prognoseentscheidung）を自分の判断と置換することはできない[553]のであって，例えば，異議を申し立てられた決定自体を正当化できるような事実及びそれまで行刑官庁により考慮されていなかった事実を独自に調査することも裁判所の任務には属さない。連邦最高裁判所の基本的な決定[554]によれば，裁判所は逃走又は悪用のおそれの枠内で審査することができるとされている。すなわち，

― 施設管理者は，その決定に当たり，的確かつ十分に調査された事実関係に基づいていたか，

― 施設管理者は，拒否理由についての正確な概念をその決定の基礎に置いていたか，

― 施設管理者は，その場合自分に与えられた裁量権の限界を守ったか，

ということである。

543　行刑法第11条第2項に定める逃走及び悪用のおそれという条項は，更に個々の事案において――特に長期受刑者の場合――受刑者の（再）社会化の利益及び相当性の原則の視点から，また，基本法第2条第2項第2切及び第104条により保障された自由権保護の視点から裁量権への制限を生む[555]。この裁量権が法治国的な基礎を持つ審査を免れ得ないのはもとよりである[556]。

544　行刑官庁が事実関係についての十分な調査を求められている場合，少なくとも

---

552　BGHSt. 30, S. 325；BVerfG, NStZ-RR1998, S. 121；BVerfG, NStZ1998, S. 373；dazu auch Kap. 8．2．2．2(2)．
553　OLG Hamm, NStZ1991, S. 303.
554　BGHSt. 30, S. 320ff.
555　BVerfG, NStZ1998, S. 373；BVerfG, NStZ1998, S. 430；BVerfG, NJW1998, S. 1133；BVerfG, NStZ-RR1998, S. 121；krit. jedoch Heghmanns, 1999, S. 663ff.
556　Dazu auch OLG Nürnberg, StrVert2000, S. 574.

次の諸点に留意しなければならない。それは，受刑者の人格及びその犯行に至るまでの発達，犯罪の動機及び方法，行刑中における受刑者の人格の発達及び行動並びに行刑の緩和が行われるための要件である。——その際，これらの基準についての綿密な審査が個々の事案の必要性に合わせて行われる[557]。したがって，犯行を否認し続けているという事情だけで悪用のおそれを根拠付けることはできない[558]。また，例えば，悪用及び逃走のおそれについてなされた予測が行刑の緩和を申請した者の人格について追試可能な心象（nachvollziehbares Bild）なしに行われた場合には，不許可決定の理由として不十分である[559]。法律上定められた検討を行ったこと及びその基礎となった事実は，行刑官庁の決定理由から明らかにされなければならない[560]。

事例：ある非ドイツ人受刑者が行刑法第11条第1項にいう行刑の緩和の許可を申請した。施設管理者は，逃走のおそれがあるという理由でこれを拒否した。その根拠は，所管の刑執行官庁及び申請者の国外追放を予定している出入国管理官庁（Auslanderbehörde）が行刑の緩和について疑義を表明したということだけであった。

この場合における一つの問題は，他の官庁からもたらされた疑義が具体的にどのようなものか明らかにされていないことである。また，有効な退去命令や追放予告が存在するだけでは，逃走のおそれがあるとして拒否する理由にならない。それは，外国人に退去命令が出された場合，その者に逃走のおそれが生じるという一般的経験則は存在しないからである[561]。強い家族のきずなの存在又はそれまでの良好な行刑態度という事情は，その限りにおいて，逃走のおそれを無くし，又は軽減する[562]。このことは，出入国管理官庁側に単なる滞在期間の満了処分を命じようとする意図しかない場合においては，なおさらのことである[563]。

これに対して，ニュールンベルク高等裁判所[564]は，服役後に追放が予定されている外国人で，母国での生活に不都合があり，ドイツで生活している家族と強いきずなを持つ者の場合，ドイツ領内に潜伏するために逃走するおそれが大きいと判断している。

単に次の事項についてのみ行われた事情調査も不十分と評価されなければならない。

---

557　OLG Frankfurt, ZfStrVo1984, S. 122；OLG Frankfurt, NStZ-RR2000, S. 251；OLG Celle, NStZ1990, S. 378；OLG Celle, StrVert2000, S. 573；OLG Nürnberg, NStZ1998, S. 215；Calliess/Müller-Dietz, 2002, §11Rdn. 18.
558　OLG Frankfurt, NStZ-RR2000, S. 251；OLG Stuttgart, NStZ-RR2001, S. 285.
559　OLG Celle, NStZ1992, S. 374.
560　OLG Celle, StrVert1999, S. 554.
561　OLG Frankfurt, NStZ-RR2000, S. 351.
562　OLG Frankfurt, NStZ1992, S. 374.
563　OLG Frankfurt, ZfStrVo1991, S. 372f.
564　OLG Nürnberg, NStZ1994, S. 376.

― 長い残刑期[565]
― 受刑者の薬物乱用の危険[566]
― 必ずしも苦情のない行刑態度でないこと[567]
― 外部との結び付きがないこと[568]，など

**545** 施設管理者には，逃走又は悪用のおそれに関して，一定限度においてのみ，裁判所による審査が可能な裁量権が認められており，その範囲内においては，様々な決定を行うことが可能である。行刑官庁は受刑者の人物を近くで観察することができることから，行刑官庁の予測を裁判所が行刑官庁に代わって自ら行う予測に置き換えることは許されない。しかし，ただ一つの決定しか考えられない場合，つまり施設管理者の判断できる範囲がゼロになった場合[569]には，例外的に刑執行裁判所が施設管理者に代わって行刑緩和の決定を行うことができる。

事例：1965年に謀殺罪により終身の拘禁刑に処された受刑者が1990年に連行を申請した。

その者は，1979年以降これまでに様々な行刑の緩和及び拘禁からの休暇を取得していた。1984年に行った精神医学的鑑定では，行刑の緩和の問題について，その期間中に新たな罪を犯すおそれ又は以後の服役を逃れるおそれが高まることはないという結論であった。1984年及び1985年にこの者は再び外出及び拘禁からの休暇を取得した。しかし，1985年10月，初めて休暇の終了日から5日間施設へ戻るのが遅れたため，それ以後は行刑の緩和が一切許されていなかった。1987年，刑執行官庁は，刑法典第57条aに基づく条件付釈放の申請を一般的危険性がなお存続していることを理由に拒否した。1990年の連行の申請もまた許可されなかった。

ハンブルク高等裁判所[570]は，本件の場合，可能なのはただ一つの決定，つまり申請のあった行刑の緩和を許可することだけであるとして，判断の範囲及び裁量の範囲が圧縮されていることを認めた。なぜならば，この被収容者の連行は，これまでの数年間問題なく行われており，今回に限って行刑緩和の期間中逃走又は悪用のおそれがあるという根拠が明白ではないからである。受刑者は，連行の場合と休暇の場合とでは異なる状況にあるから，数年前に拘禁からの休暇の際に遅れて帰所したのは，重要なことではない。

---

565 OLG Frankfurt, NStZ1983, S.93 ; OLG Frankfurt, NStZ-RR2000, S.350 ; LG Heilbronn, ZfStrVo1988, S.368.
566 OLG Frankfurt, NStZ1992, S.374.
567 OLG Karlsruhe, ZfStrVo1983, S.181.
568 Schwind/Böhm/Kühling/Ullenbruch, 1999, §11Rdn.15.
569 Dazu OLG Frankfurt, NStZ-RR1998, S.91.
570 OLG Hamburg, NStZ1990, S.606f.

また，刑法典第57条aに基づく条件付釈放が近いうちに行われるかどうか明確でないという事実は，その限りにおいて，いかなる決定的役割を果たすものでもないのであって「行刑法第11条による行刑緩和の可能性は，近日中に釈放が見込まれることを前提にして考慮されると解釈されてはならない」[571]とした。

行刑法第11条の構成要件に定める受刑者の同意が存在し，逃走又は悪用のおそれがない場合においても，その者には行刑緩和の許可を求める権利はなく，誤りのない裁量判断を求める権利を有するだけである。行刑官庁には，裁量の幅が認められ，その裁量権の行使に当たっては，受刑者個人の中に存在する諸基準（例えば，その者の行刑態度）又は個人の外に存在する諸条件（例えば，連行に当たり監視のための十分な行刑職員を確保できないこと。）を考慮して決定することができる[572]。行刑の緩和にとって有利な事情と不利な事情とが慎重に比較考量されなければならない。それはまた，個々の受刑者の行刑計画に適合したものでなければならない。行刑法第11条関係行政規則は，裁量権行使の枠組みの中における裁量指針としての性格を有する[573]。もっとも，裁量的判断決定において，責任の清算（Schuldausgleich），贖罪及び法秩序の防衛という一般的刑罰目的が直接的影響を及ぼすことは許されない[574]。

546

### 5.4.5 拘禁からの休暇（Hafturlaub）

行刑法第11条による行刑の緩和の場合，施設管理者がその具体的内容，目的及び実施の種類方法をあらかじめ決定するのに対して，拘禁からの休暇の場合には，その期間中受刑者は施設外で全く自由であり，監視されない状態に置かれる。拘禁からの休暇は，行刑法第7条第2項にいう行刑上の処遇手段であり[575]，それによって刑の執行は中断されない（行刑法第13条第5項）。したがって，刑確定者に対する高権的な介入（Zugriff）が可能でなければならず，行刑法の適用地域外における休暇は許されない[576]。

547

行刑法第13条に基づく特別の理由を要しない通常の休暇のほか，行刑法には釈放準備のための特別休暇（行刑法第15条第3項及び第4項）及び行刑法第35条による重大な理由からの休暇がある。

---

571　OLG Hamburg, NStZ1990, S. 607.
572　Calliess/Müller-Dietz, 2002, §11Rdn. 14.
573　Siehe Frellesen, 1977, S. 2050ff.；Treptow, 1978, S. 2229f.
574　Dazu oben Kap. 3.3.
575　Fiedler, 1996, S. 329；Schwind/Böhm/Kühling/Ullenbruch, 1999, §13Rdn. 1.
576　OLG Frankfurt, NStZ1995, S. 208.

第5章　相互作用プロセスとしての行刑過程（Der Vollzugsablauf als Interaktionsprozeß）

　行刑法第13条による通常の休暇を許可するための要件は，次のとおりである。
― 被収容者の同意があること。
― 逃走又は悪用のおそれによる欠格性がないこと。
― 通常の待機期間として最小限6月，終身の受刑者の場合は，原則として10年の拘禁期間があること。
― 誤りのない裁量による判断決定を行うこと。

548　行刑法第11条第2項後段と関連する第13条第1項第2切により，受刑者は，休暇を受けるに当たり，休暇に同意しなければならない。行刑法第11条第1項による休暇の指示の場合と同じく，こうすることで各個人の自己決定権に配慮している。

549　行刑法第13条第1項第2切で同法第11条第2項が準用されているため，必要的な拒否理由とされている逃走又は悪用のおそれが存在しないことも，その条件とすることができる。この不確定概念の解釈及び刑執行裁判所の審査範囲の解釈については，行刑法第11条第2項について述べていることが妥当する[577]。行刑法第13条関係行政規則では，その第3及び第4において同法第11条関係行政規則第6及び第7を広く準用している。

　行刑法第11条関係行政規則の場合と同じく，行刑法第13条関係行政規則を機械的に適用して個別審査に代えることは許されない[578]。これは，異論のある行刑法第13条関係行政規則第4第2項aについても妥当する。そこでは「閉鎖行刑に付されており，見込まれる釈放時期までになお18月を超える自由刑が実行されなければならない」受刑者は，原則として休暇に適さないことになる。その基礎には残刑期の長いことが逃走への誘惑を必然的に高めるという推測がある。この行政規則が問題とされるのは，とりわけ次の理由による。既に行刑法の政府案，つまり1973年政府案第13条第2項第2切[579]中にこの行政規則に対応する残刑規定があったが，残刑期間と逃走のおそれとを必然的に結び付けるという推測は誤りであると考えられたため，立法過程で明らかに削除されている[580]。したがって，連邦州により協定された行刑法第13条関係行政規則第4第2項a）は立法者の明白な意思に反しており，そのため，当然のことながら，関係文献ではこれを法律違反

---

577　Oben Kap. 5. 4. 4. 2.
578　Calliess/Müller-Dietz, 2002, §13Rdn. 8.
579　BT-Drs. 7/918, S. 11.
580　Siehe dazu Calliess/Müller-Dietz, 2002, §13Rdn. 11.

として反対している[581]。残刑期の長さだけをもって，そのことから被収容者が行刑を逃れ，又は休暇を犯罪行為に悪用するおそれがあり，休暇に適していないとは推論されない[582]。実証的研究においても，行刑法の施行後このような一般的推測を裏付ける例証は発見されていない[583]。むしろ，この行政規則は，18月を超えて服役すべき残刑期を有する者の場合，拘禁からの休暇に適しているかどうかについて特に入念に（そして個別事案ごとに）審査するよう，行刑官庁に注意を喚起する[584]ためだけのものと評価するべきであろう。

有期の自由刑を言い渡された受刑者の場合，拘禁からの休暇は，原則として6月の待機期間の後，初めて許される（行刑法第13条第2項）。立法者の意図は，短期受刑者の逃走及び悪用のおそれを審査する場合における行刑官庁の過大な行政的負担を避けること及び外部との社会的接触による影響を受けない状態での被収容者の理解を可能にすることであった[585]。開放行刑にある者にとって，行刑法第13条第2項が立法者の意図から見て全く意味がないことは明らかである。しかし，この規定を閉鎖行刑に限定しようとした立法の意図[586]はこれまでのところ成功していない。そればかりではなく，全般的な削除が求められることもある[587]。それは，受刑者の少なからぬ部分は1年未満の自由刑に服しているのであって，刑期の2分の1又は3分の2服役後刑法典第57条により保護観察のため釈放されることを考えるとき，休暇の許可はほとんど考慮の対象にならないからである。また，行刑法第13条関係行政規則第4第2項aの残刑期規定が個別事案を対象として適用されない場合における行刑法第13条第2項は，2年までの自由刑に服すべき受刑者には休暇が許されない結果をもたらすことになり得る[588]。

550

終身の自由刑を言い渡された者は，行刑法第13条第3項により，先行する未決拘禁若しくはその他の自由剥奪を含め10年間行刑を受けていた場合又は既に開放行刑に指定されているか，若しくはそれに適するとされている場合に初めて休暇が許される[589]（行刑法第13条第4項）。立法者は，この終身刑の待機期間について，例えば，刑法典第211条の謀殺罪により有罪を言い渡された者の責任の特別の重大性に対して配慮しようとしたものではなかった[590]。むしろこの規定は，行

551

---

581　AK-Lesting, 2000, §13Rdn. 19；Calliess/Müller-Dietz, 2002, §13Rdn. 11；Frellesen, 1977, S. 2050；krit. auch Kaiser/Schöch, 2002, S. 277.
582　Schwind/Böhm/Kühling/Ullenbruch, 1999, §13Rdn. 20.
583　Vgl. Dünkel F., 1993, S. 662；Meyer P., 1982, S. 160.
584　Kaiser/Schöch, 2002, S. 277.
585　BT-Drs. 7/918, S. 53.
586　Siehe BT-Drs. 11/3694, S. 3.
587　Dünkel F., 1990, S. 106.
588　Siehe auch Dünkel F., 1993, S. 662.
589　Dazu KG, StrVert2002, S. 36.
590　A. A. Kaiser/Schöch, 2002, S. 280.

第 5 章　相互作用プロセスとしての行刑過程（Der Vollzugsablauf als Interaktionsprozeß）

刑法第 2 条第 2 切の保安任務の具体化を意図したものであったこと，つまり，重大な犯罪行為によって明らかにされた危険性が，逃走及び悪用のおそれを判断する際に考慮されるということであり，10年の待機期間は，行刑官庁が不適切な申請を受けずに済むことを可能にしている[591]。行刑法第13条関係行政規則第 7 第 3 項により，終身刑受刑者に休暇を与えるためには，行刑法第159条に規定する施設内の会議において検討されなければならず，また，監督官庁の同意を必要とする。

552　構成要件的に休暇を許可する条件（受刑者の同意，逃走及び悪用のおそれの不存在及び待機期間の完了）が存在する場合においても，行刑法第13条は，受刑者に対して通常休暇（Regelurlaub）を請求する権利を与えているのではなく，誤りのない裁量決定を求める権利を与えているにすぎない。施設管理者は，個別の事案における客観的及び主観的側面から休暇の許可に有利な事情と不利な事情とを比較考量する。この場合でも，施設管理者は，受刑者に対して通常最低 2 日間の休暇を取るよう義務付けることができるような裁量権まで有するものではない[592]。また，責任の清算，贖罪及び法秩序の保護という一般的刑罰目的が裁量決定に当たりいかなる役割を果たすことも許されない。

553　行刑法第13条第 1 項第 1 切により，休暇期間は年21暦日までである。この上限は（開放又は閉鎖という）行刑形態にかかわりなく妥当する。それは，行刑官庁に対して，休暇を個々人の処遇の必要性に合わせることができるように裁量の余地を与えている[593]。行刑法第13条第 1 項第 1 切の意味における 1 年とは，暦年ではなく各人の執行年（Vollstreckungsjahr）[594]を意味し，休暇を次の年に繰り越すことはできない（第13条関係行政規則第 2 第 2 項）[595]。しかし，受刑者が拘禁からの休暇を適時に申請し，それを拒否された場合には，例外的にその繰越しが認められる。つまり，施設長の休暇拒否の決定を争う裁判手続においては，1 年経過後においてもなおその休暇を請求することができる[596]。

554　休暇の算定は，全 1 日を単位として計算される（一部分ではなく）。休暇の日は休暇の対象になるすべての暦日である。行刑法第13条に基づく休暇は，行刑実務上，多くは週末休暇として許可される。休暇の開始は，組織上の理由から，事実上，一日の開始時（零時）とは一致せず，また，一日の終了時（24時）に終わ

---

591　BT-Drs. 7/918, S. 53.
592　OLG Celle, NStZ1993, S. 149.
593　Schwind/Böhm/Kühling/Ullenbruch, 1999, §13Rdn. 6 ff.
594　OLG Hamburg, ZfStrVo2001, S. 314.
595　Krit. dazu AK-Lesting, 2000 § 13Rdn. 38 ; Calliess, 1992, S. 165.
596　KG, NStZ1990, S. 378.

ることはない。むしろ，受刑者は，通常，施設を8時に出ることが許され，休暇の終了時として，遅くとも夜間閉房時刻（20時）までに帰所していなければならない。休暇開始の日が休暇の日として計算されることになれば，被収容者は休暇の残りとして寸断された少なからぬ時間を施設内で過ごさなければならなくなる。21暦日（21×24時間）の上限が達成できなくなるため，休暇開始の日は，民法典第187条により算入されない。

事例：ある受刑者は，1執行年内に10回，行刑法第13条による拘禁からの週末休暇を得た。この者は，その度ごとに，土曜日の午前8時に施設を出て，日曜日の夜20時までに帰所しなければならなかった。同じ執行年に，この者は更に（11回目の）週末休暇の許可を申請した。施設長は，それが行刑法第13条第1項第1切に規定された21暦日という休暇の最高限度を超えるという理由から，これを拒否した。

連邦最高裁判所（BGH）[597]は，この事件において，行刑法第13条第1項第1切は，暦日の部分的加算を認めていないと判断した。法律中に日として期間の表示をしていることは，全1日によってのみ計算することを前提としている。期間計算の解釈規定は民法典第186条以下にあり，それは民法施行法（EGBGB）第2条により，特別の規定がない限りすべての法域に妥当する。行刑法はその点について何ら特別の規定をしていないので，民法典第187条が適用される。同条第1項により，一日の時間的経過の中で欠落する時刻が標準的に存在するすべての場合について，その日は期間の開始に当たって計算されない。組織上の理由から実際の休暇の開始がその日の零時ではなく，遅れて行われるのであるから，当日は，民法典第187条第1項に基づき，1休暇日として計算されない。

この被収容者は，こうして10暦日の休暇日を獲得した。その者は，施設長から更に11日，休暇を取得できる。

## ５．４．６　指示の付与，撤回及び取消し（Weisungserteilung, Widerruf und Rücknahme）

行刑法第14条第1項により，施設長は，受刑者に対して行刑の緩和及び拘禁からの休暇に当たり指示を与えることができる。与えられるのは，行刑法第11条第2項にいう逃走又は悪用のおそれを生むおそれを減少させるための行動の指示である。行刑法第14条関係行政規則第1第2項により，それは，居所，行動，報告義務，人的接触若しくは物品所持の制限，アルコール及び飲食店への立入禁止についてなされる。

---

597　BGH, NStZ1988, S. 148f. ; siehe auch OLG Stuttgart, ZfStrVo1989, S. 116.

第5章　相互作用プロセスとしての行刑過程（Der Vollzugsablauf als Interaktionsprozeß）

**556**　行刑の緩和及び拘禁からの休暇の許可は利益付与的行政行為であり，当事者はその継続について信頼することが許される。したがって，その撤回は，行刑法第14条第2項第1切第1号から第3号中に完結的に規定された理由によってのみ行うことができる[598]。すなわち，

— 施設長が事後に生じた事情に基づいて，その処置を取り消すことを相当と認めるとき（例えば，連行のために十分な監視職員の不足）。
— 受刑者がその処置を悪用したとき（例えば，アルコールを帯びた状態での施設への帰所，緩和の期間中に罪を犯すこと）。
— 被収容者が与えられた指示に従わないとき。この場合には，相当性の原則が考慮されなければならず，また，その事実関係が十分に具体的な証拠により裏付けられていなければならない[599]。

**557**　将来に対する効力を持つ許可（Bewilligung）の取消しは，行刑法第14条第2項第2切により，許可の要件が存在しなくなった場合及びその行政行為が違法であったことが事後に明らかになった場合にのみ考慮の対象になる。違法性に関しては，指示発出の時期を基準にしなければならない[600]。とりわけ留意されなければならないのは，取消しに関する施設長の裁量決定に当たって，許可の継続について被収容者の保護に値する信頼（Vertrauen）という視点である。なぜならば，行刑官庁は，その認められた裁量の範囲内において，是認できる方法で緩和のための決定をしたのであるから，それを簡単に取り消すことはできない。これについての例外は，例えば，一般社会の安全への利益が考慮されなかったことによる明らかに誤った決定が存在する場合である[601]。

**558**　撤回理由は，行刑法第14条第2項第1切第1号から第3号までに完結的に列挙されているので，行刑施設内における受刑者による犯罪行為だけでは，原則として行刑緩和の撤回を正当化することができない。しかし，行刑中の行動から見て，その受刑者が行刑の緩和を新たな犯罪のために悪用するおそれがあるような場合には，撤回を考慮することができる。

　事例：受刑者Gは，極右主義思想による犯罪により有罪の判決を受けていた。その者の居室検査の際，行刑職員が鉤十字の図のあるピン付き徽章を見付けた。施設長は，

---

598　Schwind/Böhm/Kühling/Ullenbruch, 1999, §14Rdn. 12.
599　OLG Frankfurt, ZfStrVo1984, S. 168.
600　OLG Frankfurt, NStZ–RR2000, S. 253.
601　OLG Hamm, NStZ1990, S. 378.

それに基づいてすべての行刑緩和の撤回を言い渡した。

　チューリンゲン高等裁判所[602]は，この事件について，刑法典第86条 a（憲法違反の徽章を使用すること—訳注）の犯罪は，行刑においても同条の規定する一般的結果を招き，また，行刑法第102条に基づく懲戒上の責任が問われ得ることを指摘した。行刑法第14条第2項第2項第1切に基づく行刑緩和の撤回は，行刑中の懲戒可能な行動に対する制裁として直接には考慮の対象にならない。しかし，個々の事案において，行刑法第14条第2項第1号により撤回が認められている行刑法第11条第2項にいう悪用のおそれの存在を行刑中の懲戒可能な行動から推論することは可能である。なぜならば，行刑の緩和は，受刑者がその徽章を使用することで刑法典第86条 a により処罰される行動をする機会を提供することになり得るからである。

　行刑法第14条第2項は——行政訴訟手続法（VwVfG）第48条及び第49条による受益的行政行為の取消し（Aufhebung）に関する行政法上の規定にならって——法的安定性及び信頼保護の原則を制限している[603]。立法者は，行刑法第14条第2項の行刑上の撤回理由及び取消理由が存在する場合に行うことができる処分を行刑の緩和及び拘禁からの休暇の処分に限定している。しかし，判例は，行刑法第14条第2項の規定をそれ以外の他の受刑者に利益を与える処分の取消しにも準用している（例えば，新聞紙及び雑誌購読の行刑法第68条第1項にいう適当な範囲における制限[604]，テレビ受像機の所持許可の撤回[605]，閉鎖行刑への還送[606]，所内規則で定める夜間閉房の繰上げ[607]，行刑計画における被収容者に対する利益処分のすべて[608]）[609]。ところで，規定を類推適用するためには，予期に反する法律の欠缺が存在しなければならないであろうが，ここでこれを根拠にすることはできない[610]。なぜならば，1988年「行刑法改正のための法律案」[611]において，立法機関は第14条第2項の適用を「休暇及びその他の利益付与処分」にまで広げる問題を審議したが，それは可決されるに至らなかったからである。

---

602　OLG Thüringen, ZfStrVo1996, S. 311ff.
603　AK-Lesting, 2000, §14Rdn. 9.
604　OLG Hamm, NStZ1987, S. 248.
605　OLG Hamm, NStZ1986, S. 143.
606　OLG Hamm, ZfStrVo1987, S. 371 ; KG, NStZ1993, S. 102 ; dazu auch Kap. 5.2.1.
607　KG, NStZ1997, S. 382.
608　OLG Celle ZfStrVo1989, S, 116.
609　Zustimmend: AK-Lesting, 2000, §14Rdn. 7 ; Kaiser/Schöch, 2002, S. 282 ; krit. dagegen Calliess/Müller-Dietz, 2002, §14Rdn. 2 ; Schwind/Böhm/Kühling/Ullenbruch, 1999, §14Rdn. 23.
610　A. A. dagegen Perwein, ZfStrVo1996, S.17.
611　BT-Drs. 11/3694, S. 3, 9.

## 5.4.7 緩和及び休暇の悪用(Missbrauch von Lockerungen und Urlaub)

**560** 公的統計及び実証的調査によれば，行刑の緩和及び拘禁からの休暇の場合，逃走及び悪用の比率が低いことを示している。

2000年中にノルトライン―ヴェストファーレン州で111,741件の休暇付与のうち，わずか0.49％の事例において，対象者が行刑施設に帰所しなかったか又は自発的に帰所しなかった[612]。

バイエルン州においては，2001年，行刑の緩和及び拘禁からの休暇について次の失敗率が確認されている。

表5．1．　2001年，バイエルンにおける行刑の緩和及び拘禁からの休暇の失敗率

| 処分 | 許可数 | 不帰所又は任意の不帰所数 | 失敗率(％) |
| --- | --- | --- | --- |
| 外出 | 15,221 | 39 | 0.26 |
| 外部通勤 | 2,351 | 13 | 0.55 |
| 休暇 | 26,808 | 66 | 0.25 |

出典：バイエルン州司法省，2002，23頁以下

1990年及び1991年にニーダーザクセン州において，緩和の実務を実証するために行った調査によっても，行刑の緩和の悪用が犯罪にまで至るのは，まれな例外的場合であることを示している。そこでの悪用率を人数についてみれば，犯罪に関しては，休暇の場合2.3％，外出の場合0.9％，そして外部通勤の場合0.7％であった[613]。

**561** 行刑の緩和及び拘禁からの休暇の悪用が新たな犯罪に至る割合を考える場合，その比率が関係するのは明らかになった犯罪についてのみであり，実際の失敗率を意味しないことに留意しなければならない。他方，受刑者中のかなりの数が，行刑の緩和又は拘禁からの休暇を得ることなく，行刑から社会に釈放されていることには疑問がある。なぜならば，行刑の緩和及び拘禁からの休暇を許可しないことは，各人が自由社会に適応する能力を実証するための練習を行う実際的な機

---

612　Justizministerium des Landes Nordrhein-Westfalen, 2001, 8.2.
613　v. Harling, 1997, S. 55ff.

会を失うことによって，行刑目的を達成できるチャンスを少なくするだけでなく，抑制的な運用は，しばしば犯罪を遅らせる効果[614]を持つにすぎないかもしれないからである。

シュレースヴィヒ―ホルシュタイン州において実施された書類調査の分析結果[615]によれば，1989年に男性行刑施設から釈放された者の35％が拘禁からの休暇を受けておらず，52％が外出していなかった。女子行刑においても，釈放された受刑者の半数以上について，緩和及び休暇の許可による釈放準備が全く行われていなかった。バイエルン州司法省は，2001年の調査における失敗率が少ない原因を施設管理の「責任を自覚した決定を行う実務」[616]に帰している。

行刑の緩和及び拘禁からの休暇を許す決定に当たり，行刑官庁が行刑法第11条第2項で立法者の承認した責任の負える（verantwortbar）リスクを引き受けているかどうかについて，実証的に確認することはほとんど不可能である。なぜならば，いわゆる消極的過誤（false negatives）（危険でないとランク付された受刑者が緩和の期間中に罪を犯し，又は逃走により行刑を免れるとき）の場合には，事情により施設管理者は社会の批判を受け，特別な事案では懲戒法上及び刑法上の取調べを受ける可能性があるものの，いわゆる積極的過誤（false positives）（誤って危険な受刑者とランク付すること）の場合において，仮にこれらの者が緩和ないし休暇の許可を受けたとき，それを犯罪的行為又は逃走のために悪用しなかったかもしれないというのを証明することは，制度的諸条件の下では不可能である。行刑の緩和を処遇行刑の通常の構成要素[617]として責任をもって運用することが，必ずしも悪用の割合を高めることになるわけではない。

562

### 5.4.8　行刑の緩和の悪用時における責任（Haftung bei Missbrauch von Vollzugslockerungen）

施設管理者により拘禁からの休暇を許され，又は行刑法第11条第1項による外部通勤ないし外出を許された被収容者が，その間に犯罪を行い，又はこれを逃走に利用した場合，その行刑官庁の決定は，刑法上の判断[618]を受ける。このほか，

563

---

614　Frisch, 1996, S. 27；Streng, 2002, Rdn. 209；siehe auch Dünkel F., 1996a, S. 43.
615　Dünkel F., 1992, S. 99ff., 105.
616　Bayer. Staatsministerium der Justiz 2002, S. 23.
617　Dünkel F., 1993, S. 666.
618　Dazu eigehend auch Feller, 1991, S. 51ff., den Maßregelvollzug betreffend: Grünebaum, 1990, S, 241ff.；ders., 1996.

職務上の義務違反（Amtspflichtverletzung）を理由として，被害者ないしはその親族から民法上の損害賠償請求を受ける可能性がある。

5.4.8.1 刑法上の責任（Strafrechtliche Verantwortlichkeit）

**564**　行刑の緩和が期待どおり機能しない場合，刑法典第120条第2項の職務上受刑者を解放する罪（Gefangenenbefreiung im Amt）により処罰される可能性が考えられる。なぜならば，行刑施設の長は，刑法典第11条第1項第2号aの意味における公務担当者（Amtsträger）であり，受刑者の拘禁からの離脱（Haftbruch）を防止することが義務付けられている（刑法典第120条第2項）からである。拘禁の緩和及び拘禁からの休暇の実施は，受刑者の地位を中断することにならないため，それは刑法典第120条第1項第1選択肢による受刑者の解放には当たらない。この場合は行刑目的達成のための処遇であって，外出，外部通勤及び休暇の間も拘禁状態は継続している[619]。受刑者がもはや施設の帰らないと決心したとき，それは自己解放（Selbstbefreiung）のための拘禁からの離脱となる。

刑法典第120条第1項第3選択肢は，不可罰的な自己解放の幇助（Beihilfe）を構成要件に挙げている。施設長は，その決定によって結果的に拘禁からの離脱を援助することになった可能性がある。そこで，行刑法第11条ないし第13条に従って執られた形式的又は実体的に正当な措置としての緩和が悪用された場合，そもそも，それがどの程度刑法典第120条第1項第3選択肢による可罰性に影響するかということが問題になる。これについては，三つの見解が主張されている[620]。

— 規則に違反した緩和決定だけが構成要件に該当する。施設長が基本的な正規の手続（Förmlichkeiten）（例えば，場所的及び事物的所管）を順守していさえすれば，刑法典第120条によるその者の刑法上の責任は，それ以前の客観的な違法構成要件該当性という段階で消滅している[621]。
— 刑法典第120条第1項の主観的構成要件のメルクマール（Tatbestandsmerkmal）となるのは，行為者の解放意思（Befreiungswille）である。しかし，緩和又は休暇の許可の決定が処遇意思に基づく場合，施設長には，被収容者の自己解放を支援する意図が全くないといえる[622]。

---

619　Tröndle/Fischer, 2001, §120Rdn. 4；Rössner, 1984a, S. 1067f.；Schaffstein, 1987, S. 795；a. A. jedoch Kusch, 1985, S. 386f.
620　Dazu ausführlich Rössner, 1984a, S. 1068ff.
621　Schönke/Schröder/Eser, 2001, §120Rdn. 7.
622　Rössner, 1984a, S. 1070.

―― 緩和の決定は，法違反が認められる段階で初めて問題にされるべきである[623]。受刑者により悪用された命令は，刑法典第120条第1項第3選択肢の構成要件に該当する。しかし，その決定が実体的に行刑法の規定を満たしている場合，つまり，行刑法第11条第2項ないし第13条第1項第2切で認められた裁量権の範囲内にとどまる限り，その命令には正当性が認められる。

施設長は，行刑法第156条に基づき，その施設の行刑について責任を負う。施設長は言い渡された自由刑の執行に参加する公務担当者として任用されており，職務上刑を無効にする行為(Strafvereitelung im Amt)があれば刑法典第258条aにより処罰され得る。その行為を刑の執行を無効にする行為(Vollstreckungsvereitelung)として評価する端緒（Anknüpfungspunkt）となるのは，緩和ないし拘禁からの休暇を許可する決定である。これらの期間中，拘禁は継続しているので，単なる――合法的な――許可は，刑法典第258条aの構成要件を充足し得ない[624]。このことは，緩和が失敗に終わった場合においても妥当する[625]。したがって，この構成要件を充足するための必要条件は，施設長の違法な決定である。施設長が行刑法第11条及び第13条により認められている判断ないし裁量の範囲を逸脱した場合には，違法な決定となる。 **565**

刑法典第336条に定める法の歪曲（Rechtsbeugung）による施設長の可罰性については，この違法な決定の場合には，もとより否定される。それは，この規定の意味における法律問題にかかわるものではないことによる。 **566**

刑法典第336条に基づき，施設長は，裁判官のように，つまり，法的に完全に規定された手続の中で法原理に従って決定がなされるように，決定しなければならないことが期待されている[626]。しかし，外部通勤，外出又は休暇を許可する場合は，これに当たらない。なるほど行刑法第11条及び第13条関係行政規則には，所長の順守すべき規定が存在するものの，この行刑法関係行政規則は，州司法行政の行政協定にすぎず，国の法律により完全に整備された公的手続を規定したものではない。加えて，所長は，実際上，専ら法律に従ってその職務を行う裁判官と比較することを正当化できるような独立した地位において行動しない。施設長は，いずれにせよ法を適用しなければならないが，例えば，行刑法第11条関係行政規則第5及び第13条関係行政規則第7に基づき終身の自由刑を言い渡された者について緩和及び休暇を許可する場合には監督官庁の同意を必要と

---

623 Lackner/Kühl, 2001, §120Rdn. 9.
624 Schönke/ Schröder/Stree, 2001, §258a Rdn. 14a; a. A. LK-Ruß, 1994, §258a Rdn. 5.
625 Tröndle/Fischer, 2001, §258a Rdn. 5; a. A. Kusch, 1985, S. 390.
626 BGHSt. 24, S. 327.

第5章　相互作用プロセスとしての行刑過程（Der Vollzugsablauf als Interaktionsprozeß）

するという事実だけをもってしても，既に裁判官に類似した決定の自由という用語を使用できないことを示している。

**567**　刑確定者が緩和の期間中に故意による傷害罪又は殺人罪を犯した場合には，過失犯罪（Fahrlässigkeitstat）という意味で施設長の関与が審査されなければならない。なぜならば，その決定は，傷害又は殺人と因果関係があり，受刑者は緩和がなければその犯行に及び得なかったと考えられるからである。しかし，過失非難（Fahrlässigkeitsvorwurf）をするためには，具体的事案において，行刑法第11条及び第13条の決定に当たり良心的な施設長に期待される慎重さが軽視され，かつ，犯行が予見できたことが前提である。

　確かに多くの緩和決定は——例えば，暴力犯罪者の場合——失敗の危険をはらんでいる。確実な（もっとも非常に低いが）統計的蓋然性をもって，再犯による悪用ということは，行刑官庁にとっても予見が可能である。しかし，身体傷害又は殺人の結果については，施設長が許されたリスクの範囲内で決定を行わなかった場合においてのみ，その責任とされることができる[627]。すべての緩和許可には（わずかであるが）悪用されるリスクがあるので，帰責関係（Zurechnungszusammenhang）を肯定するためには，社会的に適当とされる行動の範囲に属する受入れ可能なリスクを超えていることが必要とされる。

　その限りにおいて，立法者は，行刑法第11条及び第13条で施設長が外部通勤，外出及び拘禁からの休暇を許可するに当たり留意しなければならない公的なパラメーター（媒介変数）を規定している。過去における実際の人間行動から再犯ないし悪用の危険に対する蓋然性を確実に判断するための無条件に受入れ可能な基準は存在しないにもかかわらず，立法機関は，被収容者の社会化という視点から，行刑緩和のための条件を規定することにより，一定の社会的に適当とされるリスクを引き受けている。行刑法第11条及び第13条により認められている裁量範囲を超えない限り，施設長の行為は，その結果として行われた犯罪行為（Folgedelikt）に対しても，社会的に適当とされるリスクの範囲内における行動であり[628]，過失非難を受けることはない[629]。

5.4.8.2　民事上の責任（Zivilrechtliche Haftung）

---

627　Kusch, 1985, S. 392f.；Rössner, 1984a, S. 1071；Schaffstein, 1987, S. 801ff.
628　Rössner, 1984a, S. 1071.
629　Siehe auch StA Paderborn, NStZ1999, S. 51ff. zur Verantwortung von Ärzten und Therapeuten bei Lockerungsmissbrauch.

568 受刑者が行刑の緩和を悪用した場合，その行動に責任を負う行刑職員は，刑法上の責任のほかに民法上の責任を問われることがある。考えられるのは，受刑者から損害を蒙った者による民法典第839条及び基本法第34条に基づく職務上の責任を要求する権利（Amtshaftungsanspruch）の行使である。この権利の行使は，行刑法第109条以下の手続きではなく，基本法第34条第3切により，民事訴訟において行われる。この規定は金銭的損害賠償を定めているが，賠償請求の対象となるのは，責任を負うべき行刑職員個人ではなく，その者がその職務を行っている連邦州である（基本法第34条第1切）。連邦州は，故意又は重大な過失がある官吏（Beamten）又は従業員（Angestellten）に対して，基本法第34条第2切により求償することができる。

569 行刑の緩和は，そのための法律上の要件が存在する場合にのみ，行刑職員にこれを許可すべきことを職務上義務付けている。問題は，この職務上の義務が一般社会に対するものか，又は受刑者の違法行為により損害を受けた者との関係においても存在するかということである。それを見分けるのは，それぞれ個別の事案ごとに存在する職務上の義務の持つ意味である。行刑法第2条第2切により，自由刑の実行は社会（Allgemeinheit）の安全という利益に奉仕するものではあるが，国の権力に服する者に対して国の負うべき保護義務という点からみれば，損害を受けた個人を社会の構成要素としてその保護範囲に含めることを排除していないように思われる[630]。法律が社会の保護について言及する場合，それは，公共又は国に対する犯罪の防止だけにかかわることを意味しない[631]。

570 もっとも，連邦州は，受刑者によるすべての犯罪の結果について責任を負う心配をする必要はない。行刑法によって，行刑の緩和は処遇行刑の重要な構成要素とされており，それを許すことは確実に一定のリスクがあることを承認しているのであるから，決定が義務違反となるには，そこで承認された範囲を逸脱することが前提である。さらに，行刑職員には，少なくとも過失についての責任がなければならない。行刑法第109条による手続において，施設が新たな裁量決定によって行刑の緩和を許可することを義務付けられている場合，そのような問題は生じない。

事例：受刑者Gは，謀殺未遂及び強姦などで合わせて12年の自由刑に服していた。刑法典第57条第1項に基づく満期前釈放の申請がなされたが，Gの行動はあらかじめ行

---

[630] OLG Karlsruhe, NJW 2002, S. 446 ; Kaiser/Schöch, 2002, S. 336 ; Ullenbruch, 2002, S. 417 ; anders OLG Hamburg, ZfStrVo 1996, S. 243.
[631] Vgl. Kaiser/Schöch, 2002, S. 336.

第5章　相互作用プロセスとしての行刑過程（Der Vollzugsablauf als Interaktionsprozeß）

刑の緩和によってテストされなければならないという理由で所轄の裁判所はこれを認めなかった。行刑施設は，Gを外部通勤区画に移し，外出を許可した。許可する際，施設は，Gがサド・マゾ的なグループと接触していることを知っていた。外出中にGはK女を捕らえて性的行為を強要した後絞殺した。K女の未成年の娘Tは，Gが行刑を受けていた連邦州に対して，定期金（Geldrente）という形で損害賠償を請求した。

　カールスルーエ高等裁判所[632]は，この請求には理由があるとした。そして，裁判所は次のように述べている。この行刑施設は――刑法典第57条第1項による手続において裁判所の決定が出されていたとしても――行刑の緩和を許可するに当たり，そのために有利及び不利となる事情を十分に比較考量することを怠った。その前科及び行刑中の行動を考慮すれば，緩和の処置を行う前に，Gには精神医学的鑑定がなされなければならなかった。また，Gにまず監視付きの緩和だけを許可することもできたはずである。娘Tに対しても，施設はこれらの処置を執る義務があった。

**571**　職務上の責任請求権（Amtshaftungsanspruch）は，後順位の性質を有する。公務担当者が過失についてのみ責任がある場合――行刑の事実関係は，通常これに該当するであろう――民法典第839条第1項第2切に基づく請求は，被害者が他の方法で賠償を請求できないときに初めて可能になる。他の方法とは，例えば，加害者本人に対する――実現可能な――請求がこれに当たる。職務上の責任請求権の行使は，行刑の緩和が悪用される場合に限定されない。例えば，保安設備の欠陥のため受刑者が逃走に成功した場合，同じく国の責任が追求される可能性がある。

## 5.5　治療的措置（Therapeutische Maßnahmen）

**572**　将来，その社会的責任において罪を犯すことなく生活するという行刑目的の達成に向けられた処遇行刑は――作業，（職業）教育及び各人が責任を負える程度に応じて緩和された行刑形態のほか――治療的処遇によっても促進されなければならない。というのは，規則的な労働能力又は職業的安定を得ることだけでは不十分な場合が多いからである。自由社会に復帰する犯罪者は，社会的行動能力を有する主体としての基礎的能力を獲得すべきであるが[633]，この能力は，多くの被収容者が行刑での擬似的な社会化（Ersatzsozialisation）の過程において初めて学び得るものである。それは個々の欠点に対する処遇とは別の社会的行動能力の

---

632　OLG Karlsruhe, NJW 2002, S. 445ff.
633　Schuh, 1980, S. 95ff.

獲得にかかわる問題である。矯正治療（Kriminaltherapie）とは，単なる社会的訓練以上のものであり，それは，犯罪者の人格関係的な個別治療であると同時に——理想像としての——問題解決共同体という意味において，様々な処遇形態及び枠組形態（Beziehungsform）を備えた社会治療（Sozialtherapie）でもある。

## 5.5.1　法律上の基準（Gesetzliche Vorgaben）

573　開かれた広い処遇概念[634]によって，行刑法は，内容的な明確性を排除しているだけではない。立法者は，規範的に与えられた処遇概念を欠くことによって，様々な手法，試行（Ansatz）及びモデルを用いることを可能にしている。その組織及び治療的処遇の実施に関しては，ごくわずかな法律の規定があるだけである。

行刑法第7条第2項第6号により，処遇計画には，特別の援助措置及び処遇措置についての指図が含まれなければならない。行刑法第37条第5項及び第149条は，作業療法的労作の要件及び形態に関して規定している。行刑法第7条第2項第2号，第9条及び第123条ないし第126条は，社会治療施設における行刑への移送及び収容について特別の規定を置いている。

574　行刑法第4条第1項の一般条項は，治療の分野にも重要な意味を持っている。受刑者は，処遇の単なる対象とされることはできず，それは主体としての地位を占める。治療に強制的に参加させることは，被収容者の人格を無理に他人の決定した人格内容に変えることにほかならない。したがって，治療への参加を受刑者に強制するため圧力をかけることは許されない[635]。しかし，施設は処遇への協力について各人の心構えを助長しなければならない（行刑法第4条第1項第2切）。治療に対する強制の禁止は，治療をやめる場合にも関係する。被収容者は，開始された治療措置への以後の参加をいつでも拒否することができる。

575　各人の治療の必要性及び適切な処遇の必要性は，行刑法第6条に基づく処遇調査において確認され，それに基づき行刑計画が作成される。そして個別の措置の実施は，施設の福祉スタッフ（特に，心理専門家，教師，ソーシャルワーカー及び作業療法士）によって行われる。行刑法第11条の要件が存在する場合には，施設外における処遇も考慮される（例えば，精神医学的治療のための週末セミナーへの参加）。施設の内外における治療は，個人的又は集団的治療として行うことができる。

---

634　Dazu oben Kap. 3．1．2．
635　AK-Feest/Lesting, 2000, vor § 2 Rdn. 20.

## 5.5.2 処遇グループ（Behandlungsgruppe）

**576** 立法者は，行刑法第7条第2項第3号で治療的なグループプロセス（Gruppenprozesse）を強調している。受刑者が居室グループで生活する場合だけではなく，小人数の共同体においても発生する相互作用及びそのダイナミックな発展は，社会的能力獲得のために利用される。治療的レベルにおいても，処遇グループでのダイナミックなプロセスは，態度の安定性と葛藤処理能力を促進する。このようなグループ処遇の目的は，それによって役割への距離（Rollendistanz），欲求調節（Bedürchnisausgleich）及び攻撃性除去（Aggressionsabbau）を実現することである。

　受刑者は，初めに処遇グループに適応しなければならず，そうすることで，そこでの役割的地位が明確になる。受刑者は，そこで更に自分の役割に対して距離を置くこと，グループの規範を解釈し，受容し，又はその修正について影響を及ぼすことを学習しなければならない。このグループ共同体の中で，各人は，他の者に対する行動の中に周囲の期待を取り入れる能力を自ら調整することができる。そこで行われる意見交換は，自分の欲望とそれが共同体を満足させられない場合における両者の調整が必要であること及び攻撃性の中で高められる自己主張を和らげなければならないことを認識させる。

**577** 集団心理療法，集団での心理劇及び行動療法のほかに，行刑で用いることができる処遇技術の中では，グループカウンセリングが特に重要である。

　グループカウンセリングは，北アメリカの精神医学者によって発展させられ，それをノルマン・フェントン（Norman Fenton）が整理し[636]，行刑に導入した。内容豊かな専門的に見ても正しいこの方法は，20世紀の60年代中ごろからドイツにおいても採用された。オーストリアでは，1970年以降，特別の処遇措置として大規模なモデルケースとなる試行がなされ，ほとんどすべての行刑施設で用いられた[637]。このグループカウンセリング[638]は，社会的なグループ作業とグループセラピーとを結び付けようとするものである。自由なコミュニケーション構造の中で，参加者は，できる限り非指示的な指導の下で，通常のグループ会話を行う。その際，受刑者は，グループを通じて自分の問題を自ら認識することになる。そこでは，過去（犯罪の原因を含む。）に存在し，過去にその

---

[636] Fenton, 1958.
[637] Holzbauer/Brugger, 1996, S. 280ff. ; Strak, 1996, S. 17ff.
[638] Dazu Laubenthal, 1983, S. 121ff. ; Gödl, 1996, S. 23ff.

原因がある諸問題とともに，拘禁状況への適応困難の問題について根本的な見直しが行われる。グループカウンセリングは，そこに社会的学習のプロセスを導入し，態度変容を生じさせることを目指している。

自由な社会化のプロセスから遠く隔てられた行刑の内部において，できる限り多くの交流分野を設けること，そしてグループダイナミックな発展を可能にするため，処遇グループと居室グループとは，それぞれ異なる被収容者により構成されるべきである。全く同じグループの組合せでは，処遇グループの領域で開始され，専門的指導の下で展開されたグループダイナミックなプロセスが，居室グループの中でコントロールされないまま進行するという危険を隠すことになるからである[639]。

578

### 5.5.3 薬物依存受刑者の処遇（Behandlung drogenabhängiger Gefangener）

薬物依存受刑者の処遇及びその治療[640]は，行刑実務における緊急の問題に属する[641]。

579

2001年3月31日，ドイツの自由刑受刑者52,939名のうち，8,055（＝15.2％）名が麻薬法違反によるものである[642]。2001年3月31日，バイエルン州の行刑施設に収容中の受刑者の15.7％が麻薬法による犯罪のために有罪判決を受けた者であった（1988年3月31日では，その割合は7.7％であった。）[643]。もっとも，彼ら全員が自己使用者ではないが，事実上，薬物依存又はそのおそれがある者が多数であり，一部は，他の犯罪のために（とりわけ，麻薬欲しさの犯罪で）有罪判決を受けている。ノルトライン－ヴェストファーレン州の新設の行刑施設において実施された実証的調査によれば，例えば，受刑者の半数は既に収容前に薬物依存者で，3分の1が拘禁開始時に急性薬物依存の兆候を示していた。この依存症の広がりは，年長少年（Heranwachsend＝18～21）及び若年成人（Jungerwachsen）に多く，とりわけ女性受刑者の場合は最大である[644]。

---

639 Rasch, 1977, S. 73.
640 Dazu Borkenstein, 1988, S. 235ff.；ders., 1994, S. 80ff.；Jacob/Keppler/Stöver, Teil 2, 2001, S. 12ff.
641 Kaiser/Schöch, 2002, S. 117；siehe auch Klingst, 1997, S. 4；Jacob/Keppler/Stöver, 1997.
642 Statistisches Bundesamt, Strafvollzug-Demographische und kriminologische Merkmale der Strafgefangenen2001Reihe 4.1, S. 16.
643 Bayer. Staatsministerium der Justiz, 2002, S. 26.
644 Justizministerium des Landes Nordrhein-Westfalen, 2000, S. 75f.；Wirth, 2002, S. 104ff.

第 5 章　相互作用プロセスとしての行刑過程（Der Vollzugsablauf als Interaktionsprozeß）

**580**　薬物の問題は，様々な面で施設における行刑の障害になっている[645]。例えば，施設内での薬物価格は被収容者の収入とはけた違いに高価であることから，サブカルチャー[646]へ依存することになる。酩酊状態は犯罪的な行動（例えば，同衆傷害）をもたらす。施設内においても，薬物依存者はそのために罪を犯してでも薬物を調達しようと試みる。薬物がそこにあることで，治療を受けようとする者（Therapiewillige）が再びそれを使用する危険性を高くする。清潔な注射器のないことは，使用者にとってHIV―ウイルス及び肝炎の感染という点で危険がある。そのようなことから，時には使用者が分からない形での注射器交換を行う試みがなされることがある[647]。

　薬物の使用は，秩序ある共同生活並びに施設の保安及び規律を害することから，それは行刑法第82条第1項第2切に違反する。そのことが所内規則，所内指示その他によって禁止されている場合はなおさらである。さらに，薬物は行刑法第83条第1項第2切にいうわずかな価値を有する物品ではないので，それを施設の許可なしに他の受刑者と授受することは許されない[648]。

　一部の行刑官庁では，薬物依存者のための独自の治療病棟又は隔離した治療区画[649]を設けている。これに対して，バイエルン州では全く分離収容を行っていない。そこでは一般的な処遇のほかに，まず医師の看護の下での身体的症状の禁絶を行う。それに引き続き，精神面での禁絶を実現することも試みられる。そのため，外部の相談所及び治療施設の代表者が参加する特別の個別療法及びグループ療法が行われる[650]。多くの連邦州では，薬物依存受刑者のためにメタドンの代用（Methadon-Substitution）[651]を勧めている[652]。

---

645　Siehe auch Böhm/Möbius, 1990, S. 95ff.；Kern, 1997b, S. 90ff.；Schäfer/Schoppe, 1998, S. 1401ff.
646　Siehe oben Kap. 3．4．2．4．
647　Dazu Keppler/Schaper, 2001, S. 31ff.；Kreuzer, 1999, S. 379ff.；Lang/Stark, 2001, S. 52ff,；Lettau/Sawallisch/Schulten/Tieding, 2001, S. 35ff.；Schirrmacher, 1997, S. 242.
648　OLG Hamm, ZfStrVo1995, S. 248.
649　Vgl. Mechler, 1981, S. 69ff.；Justizministerium des Landes Nordrhein-Westfalen, 2000, S. 76.
650　Bayer. Staatsministerium der Justiz, 2002, S. 26f.；dazu auch Küfner/Beloch/Scharfenberg/Türk, 1999.
651　Vgl. Buchta／Schäfer，1996, S. 23；Jacob, 2001, S. 12f.；Keppler, 1997, S. 73 ff.；ders., 2001, S. 64ff.；Schultze, 2001, S. 9 ff.
652　Zu rechtlichen Aspekten siehe OLG Hamburg, StrVert2002, S. 265；Kubink, 2002, S. 266 ff.

麻薬法第35条以下に規定する刑の執行猶予の制度は，薬物依存犯罪者の処遇の特殊性を示している[653]。これにより，自由刑の服役が――少なくとも部分的に――社会復帰訓練的な処分によって代替される。その一つが，依存性を除去し，又は新たな依存性の発生防止のために用いられる国の認可施設に収容することである。

麻薬法第35条に基づく刑の執行猶予の要件[654]は，次のとおりである。
― 2年を超えない自由刑の言渡しであること。
― 有罪判決の基礎となる犯罪行為が薬物依存性にあること。
― 刑確定者に治療を受ける心構えがあること。
― 処遇開始の保障（治療計画が存在すること）があること。
― 裁判所の同意があること。

刑の執行猶予を得た後，その者は，刑執行官庁の指定した期間そこに収容され，処遇を受けていることを継続的に書面で証明することを義務付けられる（麻薬法第35条第4項）。そして，麻薬法第36条第1項に基づき，薬物治療を受けた期間の全部又は一部が裁判所によって刑期の3分の2に達するまで通算される。その後又はそれ以前でも処遇をもはや必要としない場合，裁判所は，一般社会の安全上の利益がそれを許す限り，保護観察のため残刑の執行を猶予する。

1982年に施行された刑の執行猶予に関する規定の実施状況及びその効果について，初めて行われた実証的分析では，次のことが明らかにされている。つまり，通常行われる治療が後日の順法性を保証することは全くないものの，麻薬法第35条による治療をしない場合に比べれば，新たな犯罪での有罪の言渡しは「明らかに減少し，又は軽く」なっている[655]。

### 5.5.4　社会治療施設（Die sozialtherapeutische Anstalt）

問題解決共同体[656]としての刑事施設の理想像に従えば，すべての行刑は，行刑目的に応じて，その処遇形態及び関係枠組みが社会治療的に整備されるべきであるといえよう。可能な処遇方法を用いて，すべての被収容者に対して，新たに罪を犯すことのない社会（再）復帰に向けた可能性を高めるための働きかけがなされなければならない。しかし，この広い意味における社会治療は，一般の行刑施設における非建設的な行刑の現状にかんがみるとき，実現できない。このような

---

653　Dazu Egg, 1992a, S. 21ff.
654　Umfassend Körner, 2001, § 35 Rdn. 30ff.
655　Kurze, 1992, S. 80 ; ders., 1996, S. 181f.
656　Oben Kap. 3. 1. 2. 1.

第5章　相互作用プロセスとしての行刑過程（Der Vollzugsablauf als Interaktionsprozeß）

理由から，今日の社会治療は，狭い意味で専ら特別の社会治療施設や同区画において行われているだけであるが——量的には周辺的現象[657]にすぎないものの——伝統的な行刑を発展させるための模範的機能を果たしているという意味において，重要である[658]。社会治療的処遇は，性犯罪者について実務上次第に重要性を増している[659]。1998年1月26日の「性犯罪及びその他の危険な犯罪を制圧するための法律」[660]に基づく行刑法第9条の新たな規定により，社会治療のための条件及びその形成という視点から，被収容者は次の二つのグループに区分される。
— 特定の性犯罪者（第1項）
— その他の受刑者（第2項）

### 5.5.4.1　発展（Entwicklung）

**583**　社会治療施設は，60年代の終わりごろには，当時の刑法改革及び行刑改革の中核とされていた。

社会治療施設の導入に関する議論は，外国でのモデルケースにより刺激された[661]。古典的概念としては，その一部として，デンマークのヘルシュテッドベスターにおけるフォルヴァリング施設（Forvaringsanstalt）[662]，ユトレヒトにおけるファン・デア・ホーフェン・クリニク（Van-der-Hoven-Klinik）[663]及びロンドンにおけるマクスウェル・ジョーンズ・クリニック（Maxwell-Jones-Clinic）[664]がこれに当たる。特別の社会治療的手法を用いて被収容者を処遇する最初の試みは，バーデン－ヴュルテンベルクのホーンアスペルク行刑病院においても実施された[665]。

通常の行刑では効果が期待できない「精神的な病気又は深刻な人格障害を伴う」重大な累犯者のための特別予防を目指す矯正及び保安の処分として，刑法対案[666]の起草者は，特別の施設における社会治療的処遇を要求した。立法者は，1969年の刑法改正法によりその主張にこたえた。

第2次刑法改正法に基づく刑法典第65条により，裁判所は，そこで規定する次の犯罪

---

657　Rotthaus K., 1994, S. 143.
658　Vgl. Walter M., 1999, S. 307.
659　Dazu unten Kap. 5.5.4.3.
660　BGBl. I 1998, S. 160ff.
661　Vgl. Egg, 1984, S. 5 ff.
662　Dazu Hoeck-Gradenwitz, 1992, S. 246ff. ; Stürup, 1968, S. 276ff.
663　Siehe Roosenburg, 1969, S. 88ff. ; Rotthaus K., 1975, S. 83ff.
664　Jones, 1962.
665　Mauch/Mauch, 1971.
666　Baumann/Brauneck /Hanack u. a., 1966, S. 126ff.

者グループについて，社会治療施設への収容を命ずべきものとされた。
— 重大な人格障害を伴い，かつ，再犯のおそれのある犯罪者
— 性犯罪者で，その性的衝動（Geschlechtstrieb）との関連において，更に重大な違法行為を犯すおそれがある場合
— 若年成人の累犯者で，その犯罪内容及び行為者についての総合的評価から，性癖犯人に発展するおそれが認められる場合
— 行為者が責任無能力又は限定責任能力であり，精神病院に収容し，再社会化のための社会的治療を行うことが，より適当である場合

 連邦州にこのような施設を設置するため，刑法典第65条の施行は数回延期された。4,000以上の収容室[667]を必要とすることから，この規定の施行に備えて一定数の社会治療モデル施設，試行施設又は試行区画の建設が始まった。そこでは，収容基準，処遇構想及び治療方法について，施設ごとに異なる展開がなされることとされた[668]。しかし，財政面への配慮と処遇行刑の成果に対する夢から目覚めたことが，結局は立法者をしていわゆる処分による問題解決を放棄させることになった。1984年12月20日の行刑法改正法[669]をもって，刑法典第65条は，1985年１月１日付けで最終的に削除された。

 立法機関は，いわゆる行刑による問題解決を選択した。刑法典第65条は廃止されたが，行刑法第９条及び第123条以下は，なお効力を有する。これにより，社会治療施設での処遇は，裁判所により命じられる矯正及び保安の処分としてではなく，行刑の領域における特別処遇として形成される。行刑法第123条に基づき，社会治療的処遇行刑のために他の施設とは異なる独立の施設が作られなければならないが，特別の事情がある場合には，一般の行刑施設内にも社会治療のための区画を設けることができる。そこで重要なのは，行刑法第141条第１項に基づく処遇の多様化を可能にする施設設備である。行刑法第143条第３項によって社会治療施設の収容能力は200室を超えるべきではないとされているが，この数値は，問題を解決する治療的共同体としての行刑形態という点から見れば，高すぎる設定といえよう[670]。

 上述の規定のほか，行刑法には社会治療施設に関する特別の規定がないので，その限りにおいて一般の規定が適用される。

---

667　Egg, 1984, S. 153.
668　Vgl. Schmitt, 1977, S. 182ff.
669　BGBl. I 1984, S. 1654.
670　So im Ergebnis auch Henze, 1990, S. 18；Schwind/Böhm/Rotthaus, 1999, § 9 Rdn. 3.

## 5.5.4.2 一般的社会治療（Allgemeine Sozialtherapie）

585 　社会治療的処遇[671]のための方法及び試みについての出版物や個々の施設における実践報告は非常に多いにもかかわらず，これまで，まだ確固とした社会治療の構想は発展していない[672]。同様に，社会治療の正確な定義もほとんど確認されていない[673]。行刑上の処遇概念に対応して，社会治療の概念も広義に理解されている。それは特定の方法を指すのではなく，つまりは人間に対する一定の目的に向けた行動変容及び態度変容をもたらすと考えられるすべての方法の総称を意味するとされている[674]。最終的な目的も伝統的行刑のそれと同じであり，社会治療的処遇も行刑法第9条第2項第1切に基づく（再）社会化，すなわち，行刑法第2条第1切の意味における行刑目的の達成に向けられている。しかし，それは，社会治療施設における特別の治療的手段及び社会的援助によって実現されることが期待されている。

586 　社会治療施設の当初の構想では，特に医学的な社会治療モデルを指向していた。つまり，一方では犯罪の原因として評価された精神的な障害を洗い出し，除去するための個人療法[675]を行い，他方では罪を犯さない生活を送るために必要な行動の徴標（Verhaltensmerkmale）を育成し，定着させるための個人療法を行うことであった[676]。しかし，この精神医学的—精神療法的に特徴付けられた基本的理解は，発展の過程で変化を始め，現在の施設では複合的手法を採用（Methodenpluralisumus）している。精神分析的な試み，会話精神療法（Gesprächspsychotherapie），行動療法（Verhaltenstherapie）又はグループダイナミック的な企画のほか，グループカウンセリング又はソーシャルケースワークも実施されている[677]。学習理論に基づく試み[678]，中でも社会訓練（Soziale Training）が，より高く評価されている。

587 　精神療法的又は社会教育的な社会療法を点滴的にのみ用いるのは正しくないと

---

671　Umfassende Literaturübersicht zur Sozialtherapie（1980bis1992）in：Egg（Hrsg.），1993，S. 193ff.；siehe ferner Lübcke-Westermann/Nebe，1994，S. 34；Ortmann，2002，S. 25 ff.；Welker，1993，S. 14ff.
672　Siehe auch Müller-Dietz，1996，S. 271.
673　Rasch，1977，S. 35.
674　Mauch/Mauch，1971，S. 28；Steller，1977，S. 13；ferner Försterling，1981，S. 4；Streng，2002，Rdn. 218；Welker，1993，S. 12.
675　Steller，1977，S. 13.
676　Vgl. Mechler/Wilde，1976.
677　Vgl. Egg/Schmitt，1993，S. 160f.；zur Wohngruppenarbeit siehe Rehn，1996，S. 281ff.
678　Kaiser/Schöch，2002，S. 416；Walter M.，1999，S. 310.

いう見解については，幅広い一致が見られる[679]。むしろそれは，次のように行われなければならないとされている[680]。
— 施設内外の総合的生活領域を含めること。
— 施設内の処遇形態及び関係枠組みを問題解決共同体として形成すること。
— 様々な手法による試みを本人の特別な問題状況に応じて修正し，統合的な社会治療としてそれらを結合させること。

学校教育的措置，作業及び自由時間のほかに，正規の行刑とは対照的に，行刑緩和の大幅な許可[681]が，拘禁の有害な影響を減少させるためだけではなく，社会復帰のチャンスを向上させるためにも求められる。

行刑法第124条による社会治療的な特別休暇も，社会復帰を容易にするための努力に役立つ[682]。釈放前の6月間の特別休暇によって，施設内処遇から社会内処遇への転換が行われる。そうすることで，刑執行裁判所による刑の執行停止が行われる前に，長期間の休暇が，社会に移行するための付加的段階として直列的に置かれることになる。特別休暇中，当人は，施設内での助言のための話合い（Beratungsgespräche），治療グループ及び自由時間の行事に出席するよう指示される（行刑法第124条第2項）。この特別休暇は，処遇上の理由から（例えば，危機介入のため），行刑法第124条第3項により撤回され得る。行刑法第126条に基づき――他の方法によることができない限り――社会治療施設の専門職員による予後的な保護も保障されなければならない。

(1) 移送の条件（Verlegungsvoraussetzungen）

自由刑を言い渡された受刑者は，行刑法第9条第2項により，次に掲げる場合，社会治療施設又は社会治療のための区画に移送されることができる。
— 被収容者の同意があること。
— 治療の必要性及び処遇を受ける能力があること。
— 収容施設の提供する処遇プロフィールがその者の治療の必要性に適していること。
— 社会治療施設の長の同意があること。

---

679 Dazu Henze, 1990, S. 20.
680 Specht, 1993, S. 13.
681 Vgl. Dünkel/Nemec /Rosner, 1986, S. 14；Kaiser/Schöch, 2002, S. 417.
682 Dazu Rotthaus K., 1994, S. 156f.

第5章　相互作用プロセスとしての行刑過程（Der Vollzugsablauf als Interaktionsprozeß）

受刑者に移送を求める権利はなく，誤りのない裁量決定を求める権利を有するだけである。

590　受刑者の同意は，その主体的地位及び行刑法第4条第1項第1切の参加協力の要請に基づき，本来的に必要とされる。通常行刑とは異なる人格関係的な処遇は，正に個人のより強い参加協力の心構えを前提とする。その者は，自己の治療の必要性について認識し，それにふさわしく行動し，積極的に治療の措置に参加協力することを希望するものでなければならない。このことは，同意の意思表示をすることで表現できる。しかし，実務上は移送の同意だけが重要ではない。それぞれの施設の規則によって，ほとんどすべての場合は，社会治療施設の長による被収容者についての書面による評価が収容の前提とされる[683]。

591　受刑者の治療の必要性及び処遇を受ける能力は，行刑法第6条に基づく処遇調査の際に審査され，それを基礎にした相応の予測が立てられる。本人については，社会治療の必要性を示す人格障害が診断されなければならない。

592　収容施設の提供する処遇プロフィール並びにそこで予定される特別の治療手段及び社会的援助は，移送対象者の治療の必要性及び処遇を受ける能力に対応していなければならない。このような積極面について確認するほか，個々の施設では，様々な消極的基準を設けている（例えば，脳組織的疾患及び精神疾患，急性薬物依存症ないしそのおそれ，最強度の攻撃性（Schwerstaggression），重度の知能障害（Intelligenzmängel）[684]）。

593　移送には，社会治療施設の長の同意を必要とするが，それは，提供できる処遇及びその組織的可能性について，最も良く判断ができるからである。この場合，施設は，処遇の必要性，本人の意欲及び能力のほかに，残刑期が十分あることを条件にする。少なくとも，移送対象者は，刑法典第57条に定める3分の2の時期までに，18月ないし24月服役期間があることを要する。終身の自由刑を言い渡された者は，犯罪組織出身の受刑者，余罪受刑者又は十分なドイツ語能力を有しない外国人受刑者の場合と同じく，少数しか受け入れられていない[685]。そこには，施設で提供できる治療に適した患者を得ようとする施設の意図が見られる。

594　施設での処遇中，受刑者が当初の予測に反して社会治療的処遇又は当該施設で提供する治療に適していないことが判明した場合，その者は通常の行刑に還送されることができる。本人が同意を撤回した場合も同様である。成果が見込まれないことを理由とする還送のほか，保安上の理由による還送も可能である。行刑法

---

683　Welker, 1993, S. 23 ; Specht, 1993, S. 12.
684　Vgl. Egg/Schmitt, 1993, S. 117.
685　Siehe Egg/Schmitt, 1993, S. 117.

第9条第3項では，行刑法第8条及び第85条の移送規定を援用している。社会治療施設から通常の行刑に還送される治療中断者の数は，実務上非常に多い[686]。それは，社会治療施設の能力に過大な期待をかけてはならないことを示している。

(2) 社会治療的処遇の効果 (Wirksamkeit sozialtherapeuischer Behandlung)

社会治療施設における収容及び処遇の成果を判定する重要な基準としては，実証的な調査により被調査者の順法性を証明することが有用である。犯罪性に関係する人格徴標の変化を測定するほか，施設の有効性は，再犯研究の結果によって判定される[687]。ドイツ国内で社会治療について実施された評価研究[688]は，比較調査の結果を示している。社会治療的処遇から自由社会に釈放された者は，追跡期間中の数年間，積極的な変化（新たな犯罪による再犯がない）の方向にあることが観察されている。この社会治療グループの再犯頻度は，コントロールグループ，すなわち，伝統的行刑から釈放された刑確定者との比較で行われる。

595

有効性の問題についての最初の評価研究は，社会治療的措置による再犯の減少について説得力のある証明をもたらさなかった。しかし，そこでは，新たに制裁を受ける人数，重さ及び間隔という点において，社会治療施設から釈放された者の順法性が幾らか良好であることを示していた[689]。ドイツでの15の社会治療研究についての評価 (Meta-Evaluation) でも，社会治療的に処遇された実験グループからの被釈放者は，順法性及び再犯期間の点において，コントロールグループからの被釈放者よりも成績が良かったことを示している。すなわち，社会治療からの被調査者は，3年ないし4年の保護観察期間中，通常行刑からの被調査者に比べて約10％低い再犯率であった[690]。社会治療からの被釈放者の再犯率が平均しておよそ10％低いことは，外国での評価でも証明されている[691]。

596

これに対して，連邦中央登録局 (Bundeszentralregister) に登録されている社会治療的処遇を受けた140名について調査した追跡研究では，社会治療から釈放されて8年経過した後は，再犯については，もはや通常行刑の比較グループとほとんど相違のないことが確認できている。しかしこの場合，再犯発生の時間的経過を見ると，社会治療からの被釈放者は，比較グループに比べて，最初は非常に長い間罪を犯さないことを示して

---

686 Vgl. Egg/Schmitt, 1993, S. 121 ; Ortmann, 2002, S. 231.
687 Vgl. auch Streng, 2002, Rdn. 267f.
688 Dazu Egg/Pearson/Cleland/Lipton, 2001, S. 325ff.
689 Siehe Egg, 1983, S. 132ff.
690 Lösel/Köferl/Weber, 1987, S. 263 ; Lösel, 1993, S. 23 ; ders., 1996, S. 260ff.
691 Vgl. Kury, 1999, S. 260ff.

第 5 章　相互作用プロセスとしての行刑過程（Der Vollzugsablauf als Interaktionsprozeß）

いる——約 4 年後にようやく再犯が増加している（それはアフターケアの問題でもあって，社会治療的制度の失敗は比較的低いと評価できる。）ことが分かる[692]。

　ベルリンのテーゲル刑務所で社会治療的処遇を受けて釈放された160人の順法生活歴と通常行刑からの被釈放者323人のそれとを，平均10年を経過した後に比較した結果，次のことが明らかになった。すなわち，その服役期間の最後の部分で社会治療を受けた者は，再び有罪判決を受けることが際立って少なかった。比較可能な通常行刑から釈放された者の70％が新たな犯罪により再び保護観察なしの自由刑に服しなければならなかったのに対して，これらの者の場合は47％であった[693]。

　これに対して，ノルトライン－ヴェストファーレン州のデューレン（Düren）刑務所及びゲルゼンキルヘン（Gelsenkirchen）刑務所において実施された研究では，再収容及び自己申告の犯罪（selbstberichtete Delinquenz）という基準から確認できる社会治療の効果は，非常にわずかであり，それが全く認められない場合もあった[694]。しかし，社会治療の効果は，再犯基準に関してだけでなく施設環境及び本人の総合的精神状態に関しても評価され得ることが明らかになっている。その限りにおいて，社会治療の構想が「正しくかつ実り多い」[695]ことは，明らかである。

**597**　効果分析による成果を判断するに当たって留意しなければならないのは，社会治療施設への移送が特別の選定手続によっているということである。特定複数のグループをその再犯について比較しても，そのグループがあらかじめ発展の可能性という視点で区別されたものでなかったかということは，結局解決されないままである。なぜならば，社会治療施設への収容は，本人の処遇を受ける能力，その心構え及び施設がそれに適した処遇を提供できることが前提とされているので，変化への期待は，通常行刑に対して有利であると評価しなければならないからである[696]。そこで行われている処遇に特に適している被収容者だけが社会治療施設に収容されるのである。加えて，そこに収容された者の 3 分の 1 以上が再び通常行刑に送還されるとすれば，社会治療施設での収容中更に選別が行われることになる。そして，これらのいわゆる中断者が最も高い再犯率を示しているのである[697]。

---

692　Egg, 1990, S. 358ff.
693　Dünkel/Geng, 1993, S. 193ff.
694　Ortmann, 1994, S. 782ff., 817；ders., 1995, S. 111f.；ders., 2002, S. 332；krit. dazu Lösel, 1996, S. 262.
695　Ortmann, 2002, S. 335.
696　Specht, 1993, S. 14.
697　Dünkel/Geng, 1993, S. 215ff.；Egg, 1990, S. 362；Lösel, 1993, S. 23f.；einschränkend aber Dolde, 1996, S. 295.

5.5.4.3 性犯罪者のための社会治療（Sozialtherapie für Sexualstraftäter）

性犯罪者でない者の社会治療施設への移送は，義務にかなった裁量によっての　598
み行われ，それには受刑者の同意を必要とする（行刑法第9条第2項）が，処遇
を受ける能力のある性犯罪者が刑法典第174条ないし第180条又は第182条に定め
る犯罪のために2年を超える有期の自由刑を言い渡された場合には，行刑法第9
条第1項によって異なる取扱いがなされる。これらの者は，2003年1月1日以降
は，強制的に社会治療施設において処遇される[698]。社会治療施設の長の同意も必
要とされない。立法者は，国内外において発生した子供を被害者とするセンセー
ショナルな性犯罪に対処するために可決された「性犯罪及びその他の危険な犯罪
を制圧するための法律」[699]の中で，このことを規定した。連邦各州に対して必要
な治療場所を設ける機会を与えるため，行刑法第9条第1項第1切による移送
は，2002年12月31日までは，とりあえず当為規定（Soll-Vorschrift）[700]とされた。
予算の不足から社会治療のための全体的収容能力が足りないため，性犯罪者以外
の社会治療が可能な犯罪者のための処遇余力がなく，これらの者の不利益におい
て性犯罪者に特権を与えるおそれがあることは否定できない[701]。

(1) 社会治療への移送の条件

行刑法第9条第1項第1切にいう2年を超える有期自由刑が言い渡される犯罪　599
行為に該当するのは，次の罪である[702]。
— 被保護者への性的虐待（刑法典第174条）
— 受刑者，当局により拘禁されている者又は公共施設にいる病人及び困窮者へ
　の性的虐待（刑法典第174条a）

---

698　Krit. Boetticher, 1998, S. 367 ; Walter M., 1999, Rdn. 303 ; Winchenbach, 2000, S. 278f. ; ablehnend Alex, 2001, S. 4 f. ; Jäger, 2001, S. 28ff. ; Rotthaus K., 1998, S. 600.
699　BGBl. I 1998, S. 160ff, ; dazu Laubenthal, 2000, S. 11f.
700　Zu den Konsequenzen bei der Rechtsanwendung KG, NJW2001, S. 1806ff.
701　In diesem Sinne Ak-Rehn, 2000, vor §123 Rdn. 23 ; Albrecht, 1999, S. 884f. ; Becker/Kinzig, 1998, S. 260 ; Calliess/Müller-Dietz, 2002, § 9 Rdn. 20 ; Dessecker, 1998, S. 6 ; Deutsche Gesellschaft für Sexualforschung, 1998, S. 369 ; Goderbauer, 1999, S. 159 ; Kaiser/Schöch, 2002, S. 261 ; Rosenau, 1999, S. 397 ; Rotthaus K., 1998, S. 598 ; Schwind/Böhm/Rotthaus, 1999, § 9 Rdn. 1 a ; Winchenbach, 2000a, S. 125 ; zur Situation in den einzelnen Bundesländern Dreger, 2000, S. 72 ; ders., 2000a, S. 129ff. ; Egg, 2000, S. 81ff. ; Futter, 2000, S. 99ff. ; Harmening, 2000, S. 125ff. ; Rehn, 2000, S. 122f. ; Schmidt P., 2000, S. 105ff.
702　Krit. zum Straftatenkatalog Rotthaus K., 1998, S. 598.

第5章　相互作用プロセスとしての行刑過程（Der Vollzugsablauf als Interaktionsprozeß）

— 職務上の地位利用による性的虐待（刑法典第174条 b）
— 相談関係，処遇関係又は保護関係を利用した性的虐待（刑法典第174条 c）
— 児童への性的虐待（刑法典第176条，第176条 a，第176条 b）
— 強制わいせつ及び強姦（刑法典第177条，第178条）
— 抵抗できない者に対する性的虐待（刑法典第179条）
— 未成年者に対する性的行為の奨励（刑法典第180条）
— 青少年に対する性的虐待（刑法典第182条）

600　性的自己決定に対するその他の——行刑法第9条第1項第1切に列挙されていない——犯罪により有罪の判決を受けた者又は最高2年までの有期自由刑若しくは終身の自由刑（刑法典第176条 b，第178条）を言い渡された場合における社会治療の実施は，行刑法第9条第2項の一般原則によって決定される[703]。行刑法第9条第1項第1切にいう性犯罪とそこに掲げられていない犯罪行為により併合自由刑（刑法典第53条以下）の言渡しを受け，性犯罪についての個別刑が2年の制限を超えない被収容者についても，同様である。行刑法第9条第1項第1切の新規定の制定経過を見れば，立法者が特に重視したのは，危険な受刑者一般に対する治療ではなく，重大な性犯罪を行った者の処遇であったことが裏付けられる。併合刑として終身の自由刑を言い渡された場合は（刑法典第54条第1項第1切），有期自由刑の言渡しではないので，社会治療の実施そのものは，該当する性犯罪により個別刑として2年を超える自由刑が科されたときに，行刑法第9条第2項に基づいてのみ考慮される[704]。

601　行刑官庁は，処遇調査に当たって，性犯罪者の社会治療施設への移送について，特に入念に審査しなければならない（行刑法第6条第2項第2切）。このことは，2年又はそれ以下の自由刑あるいは終身の自由刑に服しなければならない者についても，もとより同様である。その限りにおいて，生活歴の分析及び審査を行う中で犯罪的性行動の成立過程及びその発展段階（Progredienz）について集中的に取り組むことが求められる[705]。この場合，社会治療施設の特に熟練した職員と意見調整をすることが，施設によって収容基準が異なることから有用であるように思われる[706]。移送の必要性が否定された場合，行刑法第9条第1項第1切に含まれる犯罪者についてのみ，被収容者の行刑期間中における変化を考慮し

---

703　Krit. insoweit Wischka/Specht, 2001, S. 253.
704　Vgl. Calliess/Müller-Dietz, 2002, § 9 Rdn. 3.
705　Dazu Schwind/Böhm/Mey, 1999, § 6 Rdn. 27.
706　Vgl. Eisenberg, 2000, S. 490；Eisenberg/Hackethal, 1998, S. 198；Kaiser/Schöch, 2002, S. 261.

て，6月が経過するごとに移送について新たに決定されなければならない（行刑法第7条第4項）。受刑者の人格中に通常行刑の枠内で提供できる治療的処遇では処理できず，社会治療施設における処遇を必要とする欠陥のあることが，拘禁期間の経過する中で初めて明らかになるかもしれないからである。立法者は，行刑法第9条第1項第1切において，社会治療的処遇に適し，それを必要とするすべての受刑者に対して，これを行おうとするものであるから，行刑法第7条第4項には明文がなくても，6月の期間経過前に移送することは許されるが，被収容者にその移送を要求する権利はない[707]。

性犯罪者のための社会治療は，決して短期的な処遇措置ではない。大部分の施設は，収容するためには18月の残刑期があることを前提にしている。特に，判決前に長期の未決拘禁が先行している事案で，2年をわずかに超える自由刑の言渡しがなされた場合についていえば，既に行刑に収容される時点で社会治療の実施には全く成果が期待できないことになる[708]。更に問題となるのは，長期の自由刑を言い渡された者について，的確な措置を行う時期についてである。つまり，拘禁開始の初期に行われた社会治療の成果がそれに引き続いて行われる通常行刑への還送によって消滅するのではないかという疑問や，社会治療を拘禁期間の終わり近くになって初めて行う場合，当初に存在した治療への動機が消滅してしまっているのではないかという疑問は，いずれも排除できない[709]。

602

立法者は，これに類似した事情がある場合について規定している。すなわち，自由刑に併せて矯正及び保安の処分としての精神医療施設（刑法典第63条）又は禁絶施設（刑法典第64条）への収容を言い渡された場合，刑法典第67条第1項により，原則として，処分の実行は，刑の執行前になされることとされている。もっとも，刑法典第67条第2項では，個別の事案に応じて，この順によらないこともできるとしている。これに対応する形で，ベルリン高等裁判所は，行刑法第9条第1項第1切について，長期の受刑者の場合，その刑期の3分の2の服役後初めて社会治療施設に収容されるべきであるという理由で，そこへの移送申請が拒否されてはならないと決定している[710]。

性犯罪者の人格の中に治療を受ける能力（Therapiefähigkeit），治療の必要性

603

---

707 Weiter gehend AK-Feest/Joester, 2000, § 7 Rdn. 25.
708 Vgl. AK-Rehn, 2000, § 9 Rdn. 13 ; Schwind/Böhm/Rotthaus, 1999, § 9 Rdn. 6 ; zur Behandlungsdauer noch Konrad N., 1998, S. 268.
709 Dazu KG, NJW2001, S. 1807f. ; Schwind/Böhm/Rotthaus, 1999, § 9 Rdn. 6．
710 So KG, NJW2001, S. 1806ff. ; zustimmend Rotthaus K., 2002, S. 183 ; im Ergebnis auch Schüler-Springorum, 2000, S. 29 ; skeptisch Kaiser/Schöch, 2002, S. 261Fn. 90.

第5章 相互作用プロセスとしての行刑過程（Der Vollzugsablauf als Interaktionsprozeß）

（Therapiebedürftigkeit）及び（入院による）治療の必然性（Therapienotwendigkeit）が存在する場合には，社会治療施設に移送するのが適当である[711]。2003年1月1日以降，治療に適し，かつ，その必要性のある受刑者には，移送に関する決定を行う場合の誤りのない裁量権の行使だけではなく，社会治療施設への移送を求める権利も認められている[712]。移送の実施に性犯罪者の同意を必要としない場合，治療への動機付けが存在せず社会治療施設での処遇に適さないのではないかという疑問が残る。しかし，このことは，ほとんど確実に近い蓋然性をもって動機付けをなし得ないという極めて例外的な事案においてのみ肯定できるであろう。ちなみに，法律が行刑法第9条第1項第1切で同意の必要性を規定しなかったのは，とりわけ性犯罪者の場合，受刑当初はその犯罪に対する特に強い抑圧及びそれに起因する社会化への不適応傾向が認められることがあるため，治療への動機付けは，移送後になされるべきである（行刑法第4条第1項第2切）という理由による[713]。

(2) 性犯罪者の社会治療的処遇

604　移送のための同意を必要としないことは別として，性犯罪者のための社会治療は，処遇行刑の提供にかかわる問題であり，そこには被収容者の側に協力する心構え（Mitwirkungsbereitschaft）があることを前提とする。社会治療一般についてだけではなく，性犯罪者への社会治療という点においても，統一的な治療構想（Therapiekonzeption）に欠けるところがある[714]。その理由として，もともと統一的なタイプとしての性犯罪者は存在しないという事実にあることが挙げられている。このグループについての治療効果という観点から再犯の調査を見れば，性犯罪者と社会治療とを結び付けるという立法者の高い期待は放棄されなければならないことが推論される[715]。性犯罪者は全体的に高い――たとえ必然的な関係がないにせよ――再犯率[716]を示すという新たな報告を見れば，医学的療法より行

---

711　Calliess/Müller-Dietz, 2002, § 6 Rdn. 6, § 9 Rdn. 12; ausführlich zu den Voraussetzungen Konrad N., 1998, S. 265ff.
712　Calliess/Müller-Dietz, 2002, § 6 Rdn. 2; Hammerschlag /Schwarz, 1998, S. 324; AK-Rehn, 2000, § 9 Rdn. 8.
713　Calliess/Müller-Dietz, 2002, § 6 Rdn. 6, § 9 Rdn. 18; anders Eisenberg/Hackethal, 1998, S. 197; Schwind/Böhm/Mey, 1999, § 6 Rdn. 32.
714　Vgl. Kempe, 1997, S. 334; Konrad N., 1998, S. 268; Schneider H. J., 1998, S. 442; ders., 1999, S. 432.
715　Siehe Albrecht, 1999, S. 885f.; Dölling, 1999, S. 31; Dolde, 1997, S. 328ff.; Schneider H. J., 1998, S. 442; Schöch, 1998, S. 1261; Schwind/Böhm/Rotthaus, 1999, § 9 Rdn. 4.
716　Dazu Egg, 1999, S. 45ff.; Elz, 1999, S. 63ff.; Schneider H. J., 1999, S. 425; anders Alex, 2001, S. 4; Schüler-Springorum, 2000, S. 30.

動訓練（Verhaltens-Training）のほうが重要であるように思われる。行動訓練を行う処遇チームは，次の3点を目標にする。その第一は，逸脱した性的偏愛を対象者にとって好ましくない随伴現象と結び付けることによって忘れさせることが試みられる。次は，認知的な構造転換の技術（Umstrukturierungs-Techniken）を用い，行為者がそれまで否定し，又は美化してきた自らの行動パターンに疑問を抱かせることである[717]。第三は，本人が将来再犯に陥り易い状況を回避することを可能にする方策又はそのような状況においても法を順守しそれを克服できる方策を教え込むことである[718]。心理療法的な処遇も処遇技法として考慮の対象にされているが，その効用についてはなお意見の一致を見ていない[719]。

(3) 通常行刑への還送

社会治療施設からの還送を可能にするため，行刑法第9条第1項第2切に特別の規定を設けているが，もとよりそれは一般規定に基づく移送の可能性（行刑法第9条第3項）を修正するものではない。受刑者の人格の中に存する理由から処遇の目的を達成し得ない場合，還送は強制的に行われる。立法者は，被収容者がこの規定の構成要件を充足している場合，行刑官庁の裁量権を全く認めていない。治療設備の不足は，処遇に適さない者がそれをふさぐことを許さないのである[720]。

例えば，受刑者が治療に協力する心構えを目覚めさせることができないか，又は受刑者が当初行っていた協力を中止した場合には，行刑法第9条第1項第2切の要件が存在することになる。「強制的処遇」は，行刑法第4条第1項第1切の規定により，性犯罪者に対しても許されていない。また，受刑者が社会治療一般に適していないことが実証されるか，又は特定の施設で提供できるものが本人の治療の必要性と一致しない場合にも，還送が行われなければならない[721]。それまでその施設で行われてきた治療プロセスについて，そこでの治療的手段及び援助では，成果が全く期待できないであろうという蓋然性の予測（Wahrschein-

---

717 Zur Bedeutung der Gruppentherapie hierbei Schneider H. J., 1999, S. 436f.
718 Dazu Schneider H. J., 1998, S. 443 ; ders., 1999, S. 439ff. ; zur Sozialtherapie bei Sexualdelinquenz Eisenberg, 2000, S. 930f. ; Goderbauer, 1999, S. 162ff. ; ders., 2000, S. 177ff. ; Judith, 1995, S. 72ff. ; Nedopil, 2000, S. 204ff. ; Rehder, 1993, S. 31ff. ; Rüther, 1998, S. 246ff. ; Wischka, 2000, S. 227ff. ; speziell zur Therapie bei sexuellem Kindesmissbrauch Jäger, 1998, S. 38ff.
719 Befürwortend Jäger, 2001, S. 29 ; Kröber, 2000, S. 40ff. ; Rösch, 2000, S. 141ff. ; Schöch, 1998, S. 1260 ; krit. Goderbauer, 1999, S. 162 ; Schneider H. J., 1999, S. 438.
720 Calliess/Müller-Dietz, 2002, § 9 Rdn. 21.
721 Anders AK-Rehn, 2000, § 9 Rdn. 17.

lichkeitsprognose）が許されなければならない[722]。日常的な摩擦や所内規則に対する軽微な違反があっても，それだけでは不十分である[723]。治療によって呼び起こされた反作用を意味する出来事も，第１次的には，その後の処遇において処理されなければならない[724]。これに対して，行刑の緩和の悪用，持続的な規則違反又は新たな犯罪の実行は，原則として，治療の効果に疑問を生じさせる[725]。もっとも，行刑法第9条第1項第2切において蓋然性の予測を必要とすることは，還送決定について，裁判所の極めて制限された審査を許す裁量範囲を認めることになる[726]。施設管理者は，処遇チーム[727]と協働する中で被収容者に近接していることから，必要とされる予測を刑執行部の裁判官に比して，より正確に行うことができる。これが裁判所の審査を裁量範囲の限界が維持されたかどうかについての事後審査に限定する理由である[728]。また，治療が成功裏に終了した場合，それ以上社会治療施設に留まるのは適当でない[729]。この確認をするのは，第１次的には，同じく施設の義務とされる。しかし，還送の理由が処遇余力の少ないことだけである場合は，裁量範囲の限界の逸脱となる。

　事例：様々な性犯罪により，Aは，12年6月の併合自由刑に服していた。1997年1月，その者は社会治療施設に収容された。刑期の終了日は，2008年7月10日である。2000年の行刑計画で，Aは，2001年3月，治療を中断して，通常行刑に還送されることとされた。決定の理由は，収容能力及びAの残刑期が長いということであったが，治療担当者は，還送に反対意見を述べていた。

　ストゥットガルト地方裁判所[730]は，この還送計画を正しく違法と判断した。受刑者の治療適性ついて全く疑問がなく，その人格の中に処遇を中断するその他の理由がない場合，行刑法第9条第1項第2切は，他の受刑者にもその処遇を可能にするためというだけで，その受刑者を通常行刑施設に移送することを許していないのである。

607 　さらに，行刑法第9条第3項は，治療上の理由によらない移送を行刑法第8条及び第85条の要件の下で行うことを認めている。治療上の理由による還送の場合

---

722　Calliess/Müller-Dietz, 2001, § 9 Rdn. 21.
723　OLG Bamberg, Beschluss vom 19.03.2002-Ws807/01.
724　Schwind/Böhm/Rotthaus, 1999, § 9 Rdn. 10.
725　AK-Rehn, 2000, § 9 Rdn. 30.
726　OLG Bamberg, Beschluss vom 19.03.2002-Ws807/01.
727　Siehe auch Schwind/Böhm/Rotthaus, 1999, Art. 9 Rdn. 16.
728　Dazu unten Kap. 8．2．2．2(2).
729　Rotthaus K., 2002, S. 183.
730　NStZ-RR2001, S. 255f.；zustimmend Rotthaus K., 2002, S. 183.

とは異なり，行刑官庁に裁量が認められている[731]。これによって，他の施設が受刑者の安全な収容のためにより適している場合又は被収容者の人格から生じる保安及び規律上の危険を社会治療施設内で対処できない場合，移送についても検討されることになる。例外的に，社会治療施設の保安基準が受刑者の危険性に適応していないことが刑執行の当初から確認できる場合，行刑官庁は，行刑法第9条第1項第1切の規定にかかわらず，社会治療施設への移送を見合わせることができる。

## 5.6 自由時間及び情報 (Freizeit und Information)

近代行刑においては，自由時間の形態も受刑者の社会化のために重要な意味を持つ[732]。それは，この時間帯に補習教育又は治療的措置が行われることによるだけではなく，自由時間全体が一つの社会教育の場であるからにほかならない。被収容者を活動的にすること（行刑法第4条第1項第2切）は時間的要因（Zeitfaktor）を克服する助けとなる。それと同時に，提供される活動の機会は，行刑の及ぼす有害な影響を排除すること，とりわけ，サブカルチャー的[733]活動に陥るのを防止することに役立つ。さらに，施設外の出来事についての情報に接することにより，受刑者に最新の知識を得させることができる。

608

行刑法は自由時間という見出しで，第67条から第70条までに次の三つの事項を規定している。

— 自由時間の形態（行刑法第67条）
— マスメディアからの情報（行刑法第68条，第69条）
— 補習教育及び自由時間活動のための物品の所持（行刑法第70条）

### 5.6.1 自由時間の形態（Gestaltung der Freizeit）

行刑法第67条第1切は，個々の受刑者に対して，その自由時間をそれぞれの好み（Neigungen）及び希望に合わせて使用する権利を与えている。これを補充するものとして，行刑法第67条第2切では，行刑官庁に対して包括的かつ多様な自由時間活動種目[734]を設けることを義務付けている。被収容者は，授業又はスポー

609

---

731　Zu den Verlegungsmöglichkeiten Kap. 5．2．2．
732　Zu den wesentlichen Funktionen der Freizeit im Vollzug siehe Moers, 1969, S. 64 ; Walkenhorst, 2000, S. 266ff.
733　Dazu oben Kap. 3．4．2．4．
734　Calliess/Müller-Dietz, 2002, § 67 Rdn. 2 ; zu den Möglichkeiten der Freizeitgestaltung Bode, 1988, S. 313ff.

ツ，通信教育，講習及びその他の補習教育行事，自由時間グループ及び会話グループ並びにスポーツ行事への参加の機会，施設図書館を利用する機会を持つべきである。施設内で提供される活動の機会を選択することはできるが，受刑者に特定の自由時間活動種目を要求する権利はない[735]。集団行事への参加については，行刑法第17条第2項第2切により，場所，職員及び組織上の事情を考慮して，施設管理者が特別の定めをすることができる。

610　行刑法第67条第2切では，補習教育行事を自由時間の領域に分類している。しかし，釈放後正業に従事するための能力を付与し，保持し，又は助長する目的を持つ職業訓練及び職業補習教育は，行刑法第37条第3項に基づき，作業時間中に実施し，これを行刑法第41条第1項第1切の作業義務に代替させることができる[736]。行刑法第38条に基づき，同様のことが授業への参加についても妥当する。作業時間のための補習教育種目と自由時間のための補習教育種目とを区別する厳格な基準は，法律には存在しない。それが後日における正業への従事と直接関係する場合には作業時間中に行われるが，その他の処遇措置は，通常，自由時間に実施される[737]。

### 5.6.2　情報（Information）

611　行刑法第68条及び第69条は，個別的自由時間活動のため，マスメディアからの情報入手に関する受刑者の権利を具体的に規定している。それは，基本法第5条第1項第1切による情報の自由（Informationsfreiheit）についての基本権の実現を規定するものである。

行刑法第68条は，新聞紙及び雑誌の購読請求権を与えている。これによって，被収容者は，施設の仲介により出版物を購読することができる。この場合，その者は，定期刊行物の種類を自ら指定しなければならず，その購読のため自用金，小遣銭及び領置金を使用することができる（行刑法第68条関係行政規則第2及び第5）。出版物の選択は，基本的にはその者の自由である。しかし，その購読は適切な範囲内でなければならず，場所，組織及び職員面における施設の実情から，これに過大の負担をかけることは許されず，そのため本人が自由に選択できるのは，新聞紙及び雑誌を合わせて5種類までとすることが認められている[738]。

612　受刑者の情報の自由に係る基本権は，基本法第5条第2項にいう一般的な法律の規定としての行刑法第68条第2項により，確定的な制限を受ける。

---

735　Kaiser/Schöch, 2002, S. 326.
736　Dazu oben Kap. 5.3.2.
737　Calliess, 1992, S. 97.
738　OLG Hamm, NStZ1987, S. 248.

すなわち，定期的に発刊される印刷物でその頒布が刑罰又は過料の対象になる場合には，行刑法第68条第2項第1切により，完全に排除することができる。

事例：受刑者Gは，ある定期出版物を通信販売で予約購読したが，その内容は――それぞれの意味の関連するところが切り離されて――非常に不愉快かつどぎつい表現で性的満足の方法が言葉及び絵によって示されていた。施設長は，行刑法第68条第2項第1切により排除できるとして，Gに対してこのポルノ雑誌の購読を禁止した。

この施設長の処置は適法とされた。なぜならば，刑法典第184条第1項第3号により，通信販売によるポルノ出版物の販売は犯罪行為とされているからである[739]。

新聞紙及び雑誌の排除について決定する場合には，相当性の原則を考慮して，より緩やかな処置で足りるかがまず吟味されなければならない。

613 行刑法第68条第2項第2切により，行刑目的の達成ないし施設の安全及び規律への重大かつ具体的な危険があるという理由から，そうすることが不可欠である場合には，特定の号又は特定の部分を受刑者に交付しないことができる。それは，現に存在する危険を防止するため，その制限が適切かつ必要である場合に，とりわけ当を得た処置である[740]。施設長は「その内容に際立った侮辱的，扇動的かつ堕落的な偏向があるため，被収容者に拒否的な行動を引き起こし，その連帯感に作用することにより施設の安全及び規律を著しく危うくし，行刑目的の達成を困難にする場合には」，被収容者に対して雑誌の全部又は一部を交付しないことができる[741]。屋根に登ること（Dachbesteigungen），作業拒否及びハンガーストライキについて，筆者の立場からそれを行刑における模範的な行動であると記述している場合が正にこれに当たるであろう[742]。交付すべきでない論説の部分がページの裏面に至らないときは，不交付とするより，より緩和された方法として，個々の記事を黒く塗りつぶすことも考えられる[743]。

614 情報入手の権利の制限については，行刑法第68条第2項が新聞紙及び雑誌について完結的に規定している。これ以外の理由による排除又は不交付（例えば，ある読み物が有意義な自由時間活動に全く役立たないという理由[744]）は許されない。

行刑法第68条第2項には，一般に入手を許された新聞紙及び雑誌で施設が仲介

---

739　LG Zweibrücken, ZfStrVo1996, S. 249 ; LG Freiburg, ZfStrVo 1994, S. 375f.
740　BVerfG, ZfStrVo 1996, S. 175 ; ZfStrVo 1996, S. 244.
741　OLG Hamm, StrVert 1992, S. 329.
742　OLG Hamm, StrVert 1992, S. 329 ; krit. dazu Baumann J., 1992, S. 331f.
743　Schwind/Böhm, 1999, §68 Rdn. 15.
744　Siehe OLG Koblenz, NStZ 1991, S. 304.

第5章　相互作用プロセスとしての行刑過程（Der Vollzugsablauf als Interaktionsprozeß）

せずに送付されたものも含まれる。その他の送付された印刷物は，行刑法第28条以下の規定による。

　　事例：ある受刑者が信書に同封された受刑者雑誌の送付を受けた。その雑誌は，信書検査の際に行刑法第31条により差し止められ，信書とは別に本人の領置品とされた。
　　フランクフルト高等裁判所[745]が行刑法第68条第1項は定期に刊行される印刷物のみに関するものであって，引き続く購入によって不適当な分量になるのを防止しようとする趣旨であるということを判断の基礎としたのは適切であった。この規定の趣旨は，個別の冊子の送付には及ばないので，それらは行刑法第28条第1項にいう信書の一部として取り扱われなければならない。したがって，この郵便物は，行刑法第31条の要件の下で差し止めることができる。
　　しかし，一度だけ又はたまたま送付された印刷物が一般的に送付を許された新聞雑誌である場合には，行刑法第68条第2項が優先する。なぜならば，これも基本法第5条第1項の基本権の制限にかかわるからである。情報の自由についての権利は，行刑法第68条第2項に規定する特別の要件の下でのみ制限が許されるのであるから，郵便物と共に送付された個々の冊子は，行刑法第68条第2項によってのみ，その全部又は一部の差止めが許される[746]。

**615**　　行刑法第69条第1項により，被収容者は，共同のラジオ番組の聴取及びテレビの視聴に参加する権利を有する[747]。個々の番組の選択に当たって，施設管理者は，公民的情報，教養及び娯楽に対する受刑者の希望及び必要性を適切に考慮すべきである。この場合，それは共通の利益に関する案件であることから，受刑者の共同責任（行刑法第160条）の関与が求められる。施設の保安又は規律の維持という理由から不可欠である場合にのみ，その聴取又は視聴を一時的に中止し，又は個別に禁止することができる（行刑法第69条第1項第3切）。
　　しかし，行刑法第69条第1項は，共同聴取又は視聴が確実に行われることについて制度的保証を与えるものではない。基本法第5条第1項及び行刑法第69条から派生する情報ないし娯楽を要求する受刑者の権利は，私物のテレビ受像機を持っている場合，番組の自由な選択が保障されているのであるから，このような者に共同の番組視聴への参加を要求する権利はない[748]。

---

745　OLG Frankfurt, NStZ 1992, S. 208.
746　So auch AK-Boetticher, 2000, §68 Rdn. 5 ; Calliess/Müller-Dietz, 2002, §68 Rdn. 1 ; Schwind/Böhm, 1999, §68 Rdn. 6.
747　OLG Koblenz, NStZ 1994, S. 103 ; Calliess/Müller-Dietz, 2002, §69 Rdn. 1.
748　OLG Koblenz, NStZ 1994, S. 103.

ラジオ番組聴取及びテレビ視聴のため自分の機器を持つことは，行刑法第69条 **616**
第2項により許される。受刑者は，それを自由時間活動のためのその他の物品の
場合と同様に，行刑法第70条に基づき所持することができる。行刑目的並びに施
設の保安及び規律を危うくしない限り，その所持が許されなければならない。

受刑者に居室内で自分のテレビ受像機を用いることが許されている場合，公共
のテレビ放送を視聴することで，その者の情報への欲求については，十分な配慮
がなされることになる。

被収容者がテレビ放送を録画する目的で個人でビデオ機器を所持する許可を申
請した場合，その承認に関しては，行刑法第70条に定める要件の下で決定されな
ければならない[749]。行刑法第69条第2項は，ビデオレコーダーについては触れて
いない。

### 5.6.3 補習教育及び自由時間活動のための物品の所持

行刑法第70条第1項は，受刑者に対して，適当な範囲内で書籍その他の物品を **617**
所持する権利[750]を与えている[751]。これらは，補習教育又は自由時間活動の目的に
役立つものでなければならない。これに対して，一般的な生活の快適性を増進す
るための物品の場合，その許可決定は，行刑法第19条（居室の飾付け）により行
われなければならない[752]。

その所持，譲渡若しくは使用が刑罰若しくは過料の対象になり，又は行刑目的 **618**
ないし施設の保安及び規律を危うくするおそれがある物品は，行刑法第70条第2
項に基づき除外される。不許可にするためには，具体的な危険の存在することが
要求される[753]。

行刑法第70条第2項第2号にいう危険性について，判例では，例えば，電動タイプラ
イター[754]，外部スピーカーボックス[755]，目覚まし装置付きラジオ[756]，CDプレーヤー[757]，
ビデオレコーダー[758]は，隠匿場所として用いるのに適していることを理由に，その存在

---

749 AK-Boetticher, 2000, §69 Rdn. 14.
750 Calliess/Müller-Dietz, 2002, §70 Rdn. 1.
751 Dazu eingehend Beyler, 2001, S. 142ff. ; Kölbel, 1999, S. 498ff.
752 OLG Hamm, ZfStrVo 1990, S. 304. ; dazu oben Kap. 5.2.4.2.
753 Calliess/Müller-Dietz, 2002, §70 Rdn. 5.
754 OLG Hamm, NStZ 1994, S. 379 ; OLG Rostock, ZfStrVo 1997, S. 172 ; siehe auch BVerfG, ZfStrVo 1997, S. 367.
755 OLG Hamm, NStZ 1993, S. 360.
756 OLG Nürnberg, NStZ 1989, S. 425.
757 Siehe BVerfG, ZfStrVo 1994, S. 376.
758 OLG Hamm, NStZ 1995, S. 434.

第5章 相互作用プロセスとしての行刑過程（Der Vollzugsablauf als Interaktionsprozeß）

を肯定している。もっとも，そこには具体的な悪用のおそれがなければならない。コンピュータは，施錠された特別の部屋での使用を条件にすることができるが，テレビゲーム用機器[759]の所持にいかなる危険も認められるべきではない[760]。これに対して，バンベルク高等裁判所[761]の見解によれば，データ電池，キーボード，モニター，プリンター及びフロッピーの付属するパソコンを所持することは，行刑施設の保安を危うくするとしている。いずれにせよ，フランクフルト高等裁判所[762]の見解によれば，警備度Ⅰの施設では，行刑官庁は，補習教育目的のためのノートブックパソコンについて，仮にそのフロッピーデスクドライブが使用できず，それが封印されたままであるとしても，その所持を許可する義務を負うものではないとしている。ツェレ高等裁判所[763]は，リモコンを用いて，モバイル通信提供者（Mobikfunkanbieter）の提供するチャットルームを通じていつでも匿名で携帯電話からSMSサービスによる文字情報をテレビの画面上に直接送信することができる文字多重テキスト放送（Videotextseite）を受像するおそれがある場合には，リモコンを引き上げることを適法としている。居室内でのキーボードの所持が一般的に悪用の危険を高めるおそれはない[764]。ドイツのエイズサポート（Aids-Hilfe）から出されたパンフレット「陽性，それで？」は，部分的に行刑に敵対的な傾向を持つ内容を含むことを理由に，ハム高等裁判所[765]によって，行刑法第70条第2項第2号に基づき，交付しないことができるとされている[766]。

しかし，行刑法第70条第2項第2号についての事例集は，個別の事案における具体的判断にすぎず，刑執行部による物品所持の許否の決定に当たり，何ら規制的効力を有するものではない。また，施設の警備度によっても区別されなければならない[767]。開放行刑では高い警備度の施設より緩やかな基準で許可されることになるであろう[768]。しかし，刑執行官庁は，物品所持に関する決定に当たり，常に基本法第3条第1項の平等原則に留意しなければならない。したがって，刑執行官庁は，この規定の適用対象となる被収容者の集団を他の集団と比較し，両者の間に不平等な取扱いを正当化できる種類及び価値の相違が存在しない場合，異なる取扱いをすることができない[769]。

---

759　OLG Celle, StrVert 1994, S. 437；OLG Koblenz, NStZ 1999, S. 446；OLG Dresden, StrVert 2001, S. 41；siehe aber auch OLG Nürnberg, ZfStrVo 2002, S. 188.
760　OLG Celle, StrVert 1994, S. 436.
761　OLG Bamberg, NStZ 1995, S. 434.
762　OLG Frankfurt, NStZ-RR 1999, S. 156.
763　OLG Celle, NStZ 2002, S. 111.
764　BVerfG, StrVert 1996, S. 684.
765　OLG Hamm, NStZ 1992, S. 52.
766　Krit. dazu Baumann J., 1992, S. 331f.；Dünkel F., 1992, S. 138f.
767　OLG Nürnberg, ZfStrVo 2002, S. 188.
768　Kaiser/Schöch, 2002, S. 324.
769　BVerfG, StrVert 2001, S. 39.

連邦憲法裁判所[770]は，ある物品に一般的かつ特定の受刑者とは無関係に内在する抽象的な危険性がある場合には，それを所持許可の対象から除外することを基本法に違反しないとしている。しかし，物品に一般的抽象的に存在する施設の保安及び規律に対する危険は，施設が用いることのできる規制手段との関係において考えられなければならず，したがって，より軽度の手段（例えば，封印及び定期的検査）でその危険に対処できる場合にその所持を拒否することは，相当性の原則に違反する。ある物品が保安及び規律に対する一般的抽象的危険性を有すると思われる場合には，行刑官庁は，その危険性を個別の事案ごとに他の者が理解できるように説明しなければならない[771]。相当性の吟味(Verhältnismäßigkeitsprüfung)を行うに当たって，受刑者の重要な利益（例えば，職業訓練及び補習訓練を真剣かつ継続的に受ける利益）にかかわる場合には，損害発生の可能性又はその程度において，保安及び規律に対する取るに足りない危険があることを理由に物品の所持を不許可とすることは許されない[772]。

619

補習教育及び自由時間活動のために与えられた物品所持の許可は，行刑法第70条第2項に掲げられた事由がある場合には，行刑法第70条第3項に基づき撤回することができる。そのためには，具体的な事案に即した施設長の裁量決定が必要とされる。施設長は，例えば，行刑法第70条第1項により受刑者に所持が許された器具類が麻薬の隠匿に利用される可能性があるという理由でその所持許可を撤回しようとする場合，それぞれの物品ごとに，なぜその所持が麻薬隠匿に利用される危険があるかということを説明しなければならない[773]。

620

撤回に当たって，行刑官庁は，憲法上の信頼保護の要請にも留意しなければならない。

621

事例：謀殺罪のため終身の自由刑を言い渡された者に対して，施設管理者は，その者が自ら製作した家具に組み込んだ外付けスピーカーボックスの所持を許していた。行刑職員の報告によれば，それは検査が可能であった。この被収容者は，このスピーカーボックスを自ら悪用することはせず，また，同衆による悪用も許さなかった。許可から4年後に，この施設で人質事件が発生したため，所長は，新たな保安基準を制定した。そして，他の事項と合わせて，所長は，以前に出したスピーカーの所持許可を撤回し，そ

---

770　BVerfG, ZfStrVo 1994, S. 369f.；BVerfG, NStZ-RR1996, S. 252；BVerfG, NStZ-RR2002, S. 128.
771　OLG Hamm, ZfStrVo 2001, S. 185.
772　BVerfG, ZfStrVo 1994. S. 369；BVerfG, NStZ-RR 1997, S. 24.
773　OLG Zweibrücken, NStZ1994, S. 151.

第5章　相互作用プロセスとしての行刑過程（Der Vollzugsablauf als Interaktionsprozeß）

の領置を命じた。

連邦憲法裁判所[774]は、そこには基本法第20条との関係において同法第2条第1項の基本権に対する侵害があるとした。法治国家原則及びそこから導き出される信頼保護尊重の原則は、「相当性及び期待可能性の基準に従い個々の事案について吟味すべきこと、つまり、その都度、公共の利益と……個人に認められその存続を信頼している法的状況についてその者の有する個人の利益とのいずれが優先するかについて、吟味することを要求する。……この憲法上要求される比較考量は、行刑法中にも表現されている。行刑法第70条第3項により、ある受刑者に一度与えられた補習教育又は自由時間活動のための物品所持の許可は、事後に不許可理由が発生した場合においても、裁量的にのみ撤回され得るのであって、つまり、個々の具体的事案において、有利な法的状態の存続について、受刑者の有する利益とその許可を撤回することで社会の得る利益とを、その都度、比較考量することが必要である。」

被収容者に対して施設管理者が一度ある法的地位を認めた場合、そこで与えられた信頼に責任感をもって対応し、その人格の中にも何ら撤回の理由が認められない限り、その者は、その地位の存続について信頼することができる――と連邦憲法裁判所はいう。本人側に取消しに至る何の原因もなかったと推測される場合において、単にスピーカーボックスに一般的に内在する危険性という視点から、その所持許可を撤回するとき「このような取扱いは行刑目的とは相容れないので、そこでは、社会の利益と受刑者の保護に値する信頼とを極めて慎重に比較考量することが必要である。[775]」

## 5.7　宗教活動（Religionsausübung）

622　宗教活動を妨害されない保障（基本法第4条第2項）によって補強されている信仰の自由、良心の自由並びに宗教及び世界観の告白の自由についての憲法上の保障（基本法第4条第1項）は、すべての受刑者に無条件に保障された基本権に属する。

自由剥奪という特別の条件下におけるこの基本権の実際の行使については、行刑法第53条から第55条までが規定しているが、その際、行刑法第55条は、世界観の告白（例えば、Antroposophen、フリーメーソン）を宗教的団体（中でもカトリック教会、プロテスタント教会、ギリシャ正教会、ユダヤ教会、仏教又はイスラム教）と同列に置いている。さらに、被収容者がそれぞれその宗教共同体の食事規則に従うことを可能にする行刑法第21条第3切の規定がある。

---

774　BVerfG, NStZ1994, S. 100f.
775　BVerfG, NStZ1994, S. 100 ; siehe auch BVerfG, NStZ1996, S. 252.

個別教誨は，行刑法第53条の規定に含まれる。教誨の実施は行刑官庁の任務とされていないので[776]，個々の受刑者には，その者が属する宗教共同体の教誨師と接触することへの援助を求める権利が保障されており，それは同時に施設内における宗教的指導（Betreuung）の許可を施設に義務付けている。ワイマール憲法第141条との関係における基本法第140条によって，施設は，基本法第4条第2項の基本権を保障するため，行刑法第157条にいう職員及び組織上必要とされる条件[777]を整えなければならない。 **623**

　行刑法第53条第1項にいう教誨師による宗教的指導（保護）の概念は，包括的な上位概念として理解される。それは，祭祀的方法による儀式（例えば，ミサ）に限定されず，人生への指針及び援助を与えるための人間に対する奉仕活動も含むものである。共同体行事（例えば，宗派による成人教育）のほか，個人的な会話の中での思いやり，慈善的，奉仕的な世話がこれに属する[778]。 **624**

　被収容者には，行刑法第53条第2項に基づき基本的宗教書の所持が許され，それは，基本法第4条に配慮し，重大な悪用の場合にのみ引き上げられることができる。被収容者には，適当な範囲内で宗教上用いる物品（例えば，十字架又は聖画像）が許されなければならない（行刑法第53条第3項）。 **625**

　行刑法第54条は，受刑者に対して，その宗派の宗教礼拝及びその他の宗教的行事に参加する権利を与えている。この権利は，その本質的存続（Wesensbestand）において侵害を許さない最小限の保障を意味する。したがって，他の宗派の礼拝に参加することまで行刑法第54条第1項が保障するものではない[779]。被収容者が他の宗教共同体の行事への参加を希望する場合には，当該宗教共同体の教誨師の同意がある（行刑法第54条第2項）場合に限り，その者は許可を求める権利を有する。 **626**

　行刑法第54条第1項にいう参加の権利は，礼拝及びその他の宗教行事がいずれも教誨師により施設内で行われる場合にのみ存在する。この場合，いついかなる頻度でそこでの礼拝を行うかということ（場所の必要性，職員配置などへの対応）は，それぞれの宗派が決定する。施設外部の宗教的行事に参加するには，行刑の緩和，拘禁からの休暇又は開放行刑を許可するための条件が存在しなければならない[780]。受刑者が開放行刑にある場合，基本法第4条は，その者に対して特 **627**

---

776　BT-Drs. 7／918, S. 71f.
777　Dazu Kap. 4．4．4．1．
778　AK—Feest/Huchting, 2000, §53Rdn. 6；Calliess/Müller—Dietz, 2002, §53Rdn. 2；Schwind/Böhm/Rassow, 1999, §53Rdn. 1；OLG Koblenz, ZfStrVo 1988, S. 57；OLG Hamm, NStZ1999, S. 591.
779　OLG Celle, NStZ1992, S. 377.
780　OLG Stuttgart, ZfStrVo 1990, S. 184.

定の閉鎖行刑においてのみ提供される宗教的行事に参加する権利を与えていない[781]。なぜならば，基本法第4条は，行刑上の組織原則を破ることまで行刑官庁に義務付けていないからである[782]。

**628** 施設内における礼拝及びその他の宗教的行事への参加を認めないことは，行刑法第54条第3項により，個々の受刑者の人格中に保安又は規律に及ぼす重大な原因があり，それを必要とする場合に限り許されている。これについては，ワイマール憲法（WRV）第141条との関係における基本法第140条（基本法第140条は，ワイマール憲法第136条から第141条までの規定を基本法の構成部分であるとしている―訳注）に配慮し，原則として，教誨師が意見を求められなければならない[783]。行刑法第54条第3項は，特別規定であるから，行刑法第103条第1項第4号に基づく自由時間活動の停止という懲戒処分によって，受刑者を行刑法第54条にいう宗教的行事に参加させないことは許されない[784]。

**629** 疑問が残るのは，行刑法第54条第1項にいうその他の宗教的行事の概念の解釈である。

事例：ある受刑者がその者の宗派の教誨師により施設内で行われる会話サークルへの参加を希望した。その教誨師が会話サークルで意図したのは，キリスト教の人生観及び原理に基づき，受刑者に対して一般的な文化的市民的教育を行うことであったが，施設長は，施設の組織上の理由からその被収容者の参加を拒否した。

この会話サークルは，行刑法第54条第1項にいうその他の宗教的行事であるから，それから排除することは，その者の人格に起因する重大な保安及び規律上の理由に基づき，必要がある場合にのみ行うことが許される。

コブレンツ高等裁判所[785]は，その他の宗教的行事の概念を内容的な基準によって解釈した。それによれば，「宗教心の向上に役立ち，信者にその宗派の伝統的文化的な様式の下で，その信仰に基づく活動を可能にし，神への精神的，感情的結合を吐露し，又は信仰の強化という意味における信仰の伝授に役立つ」ような行事のみがこれに該当する[786]。この解釈によれば，会話サークルは，行刑法第54条第1項に該当しないので，それは参加の権利が与えられていない行刑法第67条に基づく一般的な自由時間行事又は補習教育行事に当たるということになる。

---

781　BVerfG, NStZ 1988, S. 573.
782　Calliess/Müller-Dietz, 2002, §54 Rdn. 1.
783　Dazu OLG Celle, ZfStrVo 1990, S. 187.
784　OLG Hamm, NStZ 1999, S. 591.
785　OLG Koblenz, ZfStrVo 1987, S. 250；ZfStrVo 1988, S. 57.
786　OLG Koblenz, ZfStrVo 1987, S. 250.

しかし，行刑法第54条第1項にいう宗教的行事の概念は，外形的な基準により決定されなければならない[787]。なぜならば，ワイマール憲法第141条の枠組における司牧（Seelsorge）とは，行刑施設内においても聖職者の行う業務を意味しているからである。行刑法第54条第1項の行事における宗教的という概念を充足させるのは，ワイマール憲法第137条第3項に基づく聖職者の自己決定権にゆだねられている。それが祭祀的なものであるか，又はより広い意味における信条的なものとして特徴付けられているか（例えば，教会の成人教育）ということは別として，受刑者は，その宗派の会話サークルについても，行刑法第54条第1項に基づき参加の権利を有する。その者は，保安及び規律上の重大な理由がある場合にのみ，それから除外され得る。

施設管理者は，受刑者が行刑法第53条及び第54条から生じる権利を行使するに当たり，その者が宗教上の所属を知るための手続で申し出た態度を維持することを条件としてはならない。このことは，行刑法第21条第3切による宗教上の食事の戒律に従うことを可能にする場合にも妥当する。 630

事例：ある被収容者は，いわゆるイスラム食が自分に提供されるよう申請した。その者は，その信仰を変更し，現在はイスラム教徒であると主張した。施設管理者は，その申請を拒否し，信仰の変更を承認しなかった。その上，受刑者に対して，宗教上の所属を承認するための手続きで申述した態度を維持するよう求めた。つまり，その者はイスラム教被収容者のための代議員（Religionsbeauftragte）から信仰の変更についての証明書の交付を受けるべきであり，それがいわゆるイスラム食支給のための前提条件であるとした。

コプレンツ高等裁判所[788]は，施設管理者の処置には，正しく基本法第4条に対する違反があるとした。まず，信者が正式にある宗教共同体の構成員に属しているかどうかということは，この基本権の実現にとって重要ではなく，決定的なことは，信仰の真剣さである。加えて，証明書を要求する法的根拠は存在しない。なぜならば，基本法第4条には法律の留保がないからである。さらに，コプレンツ高等裁判所の見解では，外部の宗教代議員に受刑者の信仰の帰属についての決定権を委嘱することは，基本法第4条と相容れないとしているようである。

行刑法第55条では，行刑法第53条及び第54条を思想団体について準用している。 631

---

787　So　Calliess/Müller-Dietz, 2002, §54Rdn. 7 ; Robbers, 1988, S. 573f. ; Schöch, 2001, S. 805 ; Schwind/Böhm/Rassow, 1999, §54Rdn. 13ff. ; OLG Hamm, NStZ1999, S. 592 ; krit. jedoch Bothge, 1999, S. 353.
788　OLG Koblenz, NStZ1994, S. 207f.

第5章　相互作用プロセスとしての行刑過程（Der Vollzugsablauf als Interaktionsprozeß）

　宗教及び世界観は，両者共に世界の起源，意義及び目的，人間的生活の意義並びに正しい生活のついての疑問に対する回答を取り扱っている点において共通性がある[789]。

　しかし，立法者は，行刑法第55条において「世界観を共有する団体（weltanschauliche Bekenntniss）」という基本法第4条と結び付いた用語を選択することによって，行刑法第53条及び第54条がすべての世界観共同体（weltanschauliche Gemeinschaft）に準用されないことを明らかにしている。前者は，どちらかといえば思想信条にかかわる問題であり，後者は，世界への全体的視点又は世界に対する確固とした共通姿勢に起因する意見ないし行動の表現である[790]。

　宗教共同体と同様に世界観共同体（Weltanschauungsgemeinschaft）も，政治的分野で活動することによってその性質を失ってしまうものではない[791]。世界観共同体にも，大規模の教会の場合と同じく，いわゆる広報活動の権利（Öffentlichkeitsanspruch）が認められるので，それが純粋な精神的—世界観の領域を超えて政治に介入することによって，ワイマール憲法第137条第7項にいう性質を失うことにはならない。しかし，行刑法の立法者は，行刑法第55条において世界観を共有する団体と表現することで，その主たる目的が政治活動に向けられた世界観共同体には，行刑法第53条及び第54条を準用しないことを明確に表現しようとした[792]。行刑法第3条第1項の社会同化の原則を考慮すれば，法律の規定の範囲内でこのような世界観を持って活動すること，しかるべき文通をすること，面会すること及びその目的のために行刑の緩和を申請することは，受刑者の自由である。しかし，それは行刑法の一般的規定の範囲内で行われなければならず，行刑法第53条以下の特別規定の下で行われてはならない。それは，後者が基本法第4条に対応して，行刑内における保護領域を形成すべきものとされているからである。

**632**　ある世界観共同体が行刑法第55条の意味における信条の条件を満たしている場合，つまり信仰告白的（bekennende）性格を示している場合であっても，行刑法第53条及び第54条を準用するときには，宗教的信条の下における牧会者（Seelsorger）に相当する者による世話（Betreuung）が，そもそもその世界観的信条の構成要素となっているかどうか，そしてどの程度においてそうであるかということが考慮されなければならない。例えば，大規模な世界宗教は宗教的共同体生活及び牧会者による個別的な宗教的世話によって特徴付けられているが，このこ

---

789　BVerwGE61, S. 154f.
790　v. Mangoldt/Klein/Starck, 1999, Art, 4 Abs. 1, 2 Rdn. 31.
791　BVerwGE37, S. 362f.
792　BT-Drs. 7/3998, S. 25 ; siehe auch Schöch, 2001, S. 806.

とは，世界観共同体の場合において，常時又は必然的に存在するものではない。したがって，行刑法第55条の意味における世界観を共有する団体に分類されることを要求し，行刑法第53条及び第54条に基づく権利を主張する世界観共同体は，その世界観の中に牧会者に相当する者による世話を行うことが含まれているかどうか，また，そのような者による世話がその世界観共同体の中でどのような価値を認められているかということを詳細に説明しなければならない[793]。それとともに，たとえ信仰告白的な世界観にかかわるものであったとしても，そもそも行刑法第53条及び第54条を準用するための部屋があるかどうかということは，最終的には，個々の具体的な事案における検討にゆだねられている[794]。

633 行刑法第21条第3切は，被収容者にその者の宗教共同体の食事の戒律に従うことを許しているが，施設はその戒律に従った食事を提供することで，これに対処することができる。

施設の給食によって宗教的な食事の戒律の要請に対応できない場合，被収容者は，施設の給食に代えて，その者の宗教共同体の食事の戒律に応じた食事を準備するよう施設に義務付けることはできない。施設管理者は，単に本人自身による相応の食事の調達を許すことを義務付けられるだけである[795]。

事例：受刑者Gは，禅―仏教を信仰していた。その者は，倫理的―世界観的理由から，自分には通常の施設給食に代えてオシャヴァ（Oshava）の長寿食の指針に従った菜食を準備するよう申請した。施設長は，そのような食餌様式が州司法行政規則にないことを理由に，Gの申請を許可しなかった。しかし，Gがその求める生活様式に対応する品物を購入により入手することは，Gの自由とされた。

ハム高等裁判所[796]は，正しく施設長の決定が合法であるとする考え方をとった。なぜならば，行刑法第21条第3切が義務付けている意味は，施設が被収容者に対して自己調達を許さなければならないことであって，その者のためにふさわしい給食を準備することまでは義務付けていないからである。

その施設でイスラム教の被収容者グループのためにイスラム食が提供されている場合であっても，当該施設長の決定は，基本法第3条にいう不平等な取扱いとはならない。禅―仏教の帰依者である申請者をイスラムとを異なる処遇をするための必要な理由は，グループの大きさ及び均質性ということだけを見ても十分に認められ，そこには異なる取扱いをする具体的で正当な理由がある。

---

793 OLG Bamberg, Beschl. v. 23. 11. 2001–Ws700/01.
794 Eick-Wildgans, 1993, S. 172；Schwind/Böhm/Rassow, 1999, §55Rdn. 5．
795 OLG Koblenz, ZfStrVo 1995, S. 111.
796 OLG Hamm, ZfStrVo 1984, S. 174.

## 5.8 生活の基本条件(Existentielle Grundbedingungen)

**634** 自由時間を過ごすための十分な居室を準備することのほか，施設における人間に値する生活を送るための基本条件には，次のものがある。
— 保健
— 給食
— 衣服

### 5.8.1 保健 (Gesundheitsfürsorge)

**635** 立法者は，行刑法第56条ないし第66条で保健の範囲について規定している。行刑法第56条は，被収容者に対して，その身体的，精神的健康のための包括的な配慮を施設に要求する権利を与えている。それとともに，受刑者には，健康管理及び衛生上必要な処置を支持することを義務付けている。所内規則（行刑法第161条）又は個別の指示によって，予防的健康管理のための診察その他の処置を受けるよう受刑者を義務付けることができる。行刑法第101条と関連する第56条第1項第2切に基づき，特定の場合には，保健の分野における強制的処置も許されている。行刑法第65条第2項は，診断及び治療を理由とする行刑施設外の病院への移送を容認している[797]。

**636** もともと，行刑法第190条以下で実現しようとした健康保険への受刑者の法律的加入については，それに必要な連邦法（行刑法第198条第3項）が施行されていないため，まだ実現を見ていない。したがって，施設は，その保護義務（Fürsorgepflicht）に基づき，保健上必要な配慮を行わなければならない。これに伴い，受刑者には——自由社会における患者とは異なり——自ら任意に選択した医師による医療的処置を求める権利は認められない[798]。行刑法第57条から第59条までは，被収容者に対して，健康診断，医学的予防処置，治療及び投薬を求める法律上の給付請求権を与えている。この給付請求権は，病気を発見し治療するため，病気の悪化を防ぐため，又は病気の苦痛を緩和するため（行刑法第58条第1項）に医療的処置を必要とする場合に発生する。すべての病気について，専門的治療を要求する権利がある[799]。服役期間中，社会福祉法第5編第16条第1項第4号に基づく社会保険法上の請求権は停止する。ただ，行刑法第39条第1項の意味にお

---

[797] Dazu BVerfG, NStZ 1996, S. 614.
[798] OLG Nürnberg, NStZ1999, S. 480 ; Calliess/Müller-Dietz, 2002, §56 Rdn. 1 ; krit. Bemmann, 2001, S. 60f.
[799] OLG Karlsruhe, NJW2001, S. 3422.

ける自由な労働関係にあり，社会保険料を支払っている被保険者は，その給付を請求しなければならない。もとより，この場合には，行刑法第62条aにより行刑上の給付は停止する。

　行刑中における保健に関する管轄及び責任は，施設の医師に専属する。診断及び治療のための外部（専門的）医師の招聘は，施設の医師の判断により決定される。このことは，精神療法医による治療にも適用される[800]。施設の医師には，その専門的業務のため——通常は行刑法第156条に基づき行刑について責任のある施設長に対しても——広範囲で制約のない自由裁量が認められている[801]。もっとも，行刑法第56条以下により，一般的な保健業務の範囲内で仕事をする場合，その際に知り得た秘密について，それが行刑官庁の任務遂行のために不可欠であり，又は受刑者若しくは第三者の身体又は生命に対する著しい危険を防止するために必要とする限り（行刑法第182条第2項第3切），施設長に対してそれを開示する権限が与えられている[802]。

**637**

　施設の医師と被収容者との関係は，公法的性格を有する[803]。基本法第1条第1項と結合した第2条第1項の人格権及びそこから派生する情報の自己決定権は，その限りにおいて，受刑者に対して次に掲げる請求権を付与している[804]。

**638**

— その全面的な開示が身体又は精神に重大な悪影響をもたらさないと推測される限り，その者の健康状態及び適切として指示された治療的処置について医師の説明を求める権利[805]

— それが本人の利益のために必要である場合，自然科学的に客観化された所見及び治療項目に関するその者の疾病基礎データを含む記録書類の閲覧（行刑法第185条第1切）を求める権利[806]：この場合における被収容者の請求権は，原則として，治療に当たる医師によって書き留められた個人的又は主観的な印象及び評価にまでは及ばない。そうでない限り，医師又は第三者の利益及び治療の留保事項への配慮を欠くことになる。ごく例外的な具体的事案においてのみ，疾病基礎データの閲覧を求める権利は，客観化されていない感性的領域にも及び得る[807]。

---

800　OLG Nürnberg, NStZ 1999, S. 480.
801　Schwind/Böhm/Romkopf/Riekenbrauck, 1999, §56 Rdn. 17.
802　Dazu unten Kap. 10.
803　KG, ZfStrVo 1986, S. 186.
804　Siehe auch Calliess/Müller-Dietz, 2002, §56 Rdn. 3；Schwind/Böhm/Romkopf/Riekenbrauck, 1999, §56 Rdn. 21；Schwind/Böhm/Schmid, §185 Rdn. 10.
805　Geppert, 1984, S. 169ff.
806　Vgl. OLG Frankfurt, NStZ 1989, S. 198.
807　BGH, NJW 1989, S. 764；BVerfG, NJW 1999, S. 1777.

第5章 相互作用プロセスとしての行刑過程（Der Vollzugsablauf als Interaktionsprozeß）

**639** ここ数年来，行刑におけるエイズ（Aids）問題が大きな実務上の関心事となっている[808]。それは，ドイツにおいて受刑者の約1パーセントがHIV感染者であること，つまり，行刑施設では，その他の人々の場合におけるより約25倍高いHIV感染の広がりを意味することに起因する[809]。現在，この問題を取り扱うに当たっては，予防的措置の必要性とともに，既に感染している受刑者に対する十分な医学的及び社会心理学的（psychosozial）な看護が必要であることについて，広い同意が得られている。行刑法は，HIV感染者について何ら特別の規定をしていないので，これらの者の収容場所を区別することは，法律の一般的規定の下でのみ考慮されることになる（例えば，行刑法第17条第3項第3号による施設の保安又は規律上の理由に基づく作業時間ないし自由時間の間の雑居収容の制限，行刑法第8条第1項第2号に基づく移送）。すべての被収容者に対して強制的検査を実施することは，行刑法そのものにその法的根拠を欠いている[810]。もっとも，人の伝染病を防止するための法律（IfSG）第36条第4項第7切は，行刑施設に収容された者に対して，伝染性の病気についての医師の診察を受忍することを明文で義務付けている。この規定は行刑法第101条により補強される[811]。いかなる検査をどのように実施するかは，施設の裁量である[812]。IfSG法第36条第1項第1切に基づき，行刑官庁は，保健所（Gesundheitsamt）の監督の下で，衛生計画中に感染症防止のため施設内で執るべき方法を定めなければならない。行刑内におけるエイズ防止のための措置として既に部分的に実施されているのは，コンドーム[813]及び滅菌した使い捨て注射器[814]の無料配布である。

## 5.8.2 衣服（Bekleidung）

**640** 行刑法第20条第1項により，施設は，被収容者に対して十分な[815]衣類を供与し

---

808 Zu der Vielzahl von Publikationen siehe die Nachweise bei AK-Boetticher/ Stöver, 2000, vor §56Rdn. 36ff.；Calliess/Müller-Dietz, 2002, §56Rdn. 8 ff.；Schäfer/Buchta, 1995, S. 323ff.；zur Praxis der Behandlung von HIV-Infizierten im deutschen Strafvollzug: Hefendehl, 1996, S. 136ff.；ferner Deutsche Aids-Hilfe, 1996.
809 Stöver, 2001, S. 37.
810 Dargel, 1989, S. 208；Franck, 2001, S. 179.
811 Dazu unten Kap. 7.3.
812 Bales/Baumann/Schnitzler, 2001, §36Rdn. 16.
813 Zur Frage eines Anspruchs auf kosternlose Aushändigung: OLG Koblenz, NStZ1997, S. 360.
814 Dazu Kreuzer, 1999, S. 379ff.；ferner Beiträge in Jacob/Keppler/Stöver, Teil 1. 2001, S. 67ff.；Stöver, 1993, S. 184ff.；zur kontrollierten Opiatabgabe im schweizerischen Strafvollzug siehe Kaufmann/Dobler-Mikola/Uchtenhagen, 2001, S. 127ff.
815 Dazu OLG Hamm, NStZ1993, S. 360.

なければならない。受刑者には，自己の衣類の着用を求める権利はない。通常の場合は，施設から支給される衣服を着用する。立法者は，それを保安及び規律上の理由から必要と考えたが[816]，これによって，受刑者は，通常，自尊心を傷付け，自由の剥奪と感じられる衣服の着用を施設内では原則として受忍しなければならないことになる[817]。しかし，行刑法第3条第1項の社会同化の原則に基づき，下着を除く衣服（Oberbekleidung）は，施設外で通常着用されるものに対応するものでなければならない[818]。

逃走のおそれがない場合，施設長は，連行（行刑法第11条第1項第2号）に際して受刑者に私服の着用を許すことができる。その他，個々の受刑者が自己の費用で洗濯，修理及び定期的な交換を行うことについて責任を負う限り（行刑法第20条第2項第2切），自衣の着用を許可することは，義務的裁量とされている[819]。この場合，「自己の費用で」ということのメルクマールは，施設がその費用を負担してはならないということだけである。したがって，それを第三者が支払うことは可能である[820]。

### 5.8.3 給食及び購入（Ernährung und Einkauf）

被収容者への給食は，行刑施設の義務である。行刑法第21条に基づき，献立及び栄養価は，医師により監督されなければならない。衛生的な給食を求める被収容者の権利には，感染の危険を防止することを求める権利も含まれている。しかし，そのことが，食品の無害性について証明書による立証を求める一般的権利を発生させるものではない[821]。医療上及び宗教上の理由から，特別の給食を許すことができる。行刑法第21条は，被収容者に対して，行刑官庁による給食を求める権利を与えている[822]。 **641**

このほかに，被収容者は，行刑法第22条に基づき，その者の自用金又は小遣銭から食品，嗜好品及び身体衛生用薬剤を購入することができる。行刑法第22条第1項第1切は，少なくとも法律に掲げられている範囲内で相応の購入の機会を設けること（例えば，定期的な間隔で施設に来所し，受刑者のために相応の商品を提供する業者を確保すること。）を施設長に義務付けている。アルコールは――施設の規律ある生活を害するおそれがあるため[823]――被収容者による購入及び消 **642**

---

816　BT-Drs. 7/918, S. 56.
817　BVerfG, NStZ2000, S. 166.
818　OLG Hamburg, NStZ1990, S. 255.
819　Siehe OLG Karlsruhe, NStZ1996, S. 303.
820　BVerfG, StrVert 1996, S. 682.
821　OLG Hamm, NStZ1995, S. 616.
822　KG, NStZ1989, S. 550.
823　OLG Hamm, NStZ1995, S. 55.

費の対象から除かれる[824]。

## 5.9 社会的援助 (Soziale Hilfe)

**643** 社会国家の原則は，行刑官庁に対して，社会的援助の供与を義務付けている[825]。行刑法第71条は，受刑者に社会的援助を求める法的請求権を与えている。この場合，援助は，次の原則により行われなければならない。
— 個別性
— 自助努力（Selbsthilfe）への援助

　行刑法第71条第１切に基づき，被収容者のために行う援助は，その者の一身上の障害を解消するのに適したものでなければならない。その者には，その個人が必要とする援助給付（Unterstützungsleistungen）が提供されるべきであり，その際その者の社会的及び家族的環境も考慮されなければならない[826]。しかし，社会的援助は，行刑官庁の職員が単に受刑者のために一定の用務を処理することを意味するものではなく，行刑法第71条は，それによって受刑者が自主的に障害を解消できるよう相応の支援（Hilfestellungen）を求める権利を与えているのである。受刑者は，行刑目的の達成に向けて，その用務を自ら整理し，処理できるようにされるべきである（行刑法第71条第２切）。

**644** 法律は，第71条以下に若干の具体的な給付領域（Leistungsbereiche）を規定しているだけである。社会的援助を可能にする範囲は限定されていないので，行刑で活動するソーシアルワーカー及び社会教育専門家[827]には，広い活動領域が開かれている。その際，行刑法第154条第２項により，これらの者は，釈放者保護や保護観察を行う官庁及びその地位に在る者，行状監督の部局，職業安定所，社会保険及び社会的援助の担当者，他官庁の援助施設及びフリーの社会福祉（Wohlfahrtspflege）団体並びに名誉職的活動を行うグループ及び個人と協力することを義務付けられている。

　社会的援助の請求権について，立法者は，行刑法第72条から第75条までの中で，収容，拘禁期間中及び釈放という個別の行刑段階での様々な局面における具体的な規定をしているだけである。しかし，犯罪者援助の全システムの中に組み込ま

---

824　Krit. Köhne, 2002a, S. 168f.
825　BVerfGE35, S. 236.
826　Schwind/Böhm/Best, 1999, §71Rdn. 2.
827　Dazu in Kap. 4.4.4.5.

れた行刑法第71条以下にいう社会的援助の形態は，早い時期に開始され，行刑中及び釈放後における社会的環境に配慮した，効果の持続する一貫したものとして理解されるべきである[828]。

645 行刑法第72条に基づき，自由刑を言い渡された者には，施設への収容時に援助が与えられる。これらの者は，収容に伴い一身上の用務の処理が自由にできなくなることから，入所時のソーシアルワーカーとの話合いの中で物質的，心理的―社会的問題について検討することが必要である。そこでは，当面の応急処置[829]，特に親族の社会保険及び財産の保全のために必要な応急処置が執られなければならない。本人が十分な金銭を持たない場合には，財産の保全及び輸送のための費用を施設で引き受けなければならない[830]。現在のところ，受刑者は，服役期間中広い範囲で社会保険への法律上の加入ができないので，現に加入している社会保険が継続できることについて，行刑法第72条第2項により，受刑者に助言がなされるべきである。

646 行刑期間中は，個々の被収容者が当面する障害や問題状況に応じて，様々な社会的援助が検討される。法律は，その第73条で受刑者の権利行使及び義務の履行に際し，その者を援助する分野の典型的なものとして，選挙権行使，扶養義務の履行及びその者の犯罪行為に起因する損害の整理を挙げている。受刑者は，行刑目的の達成に関係する社会的及び法律的疑問について助言を受ける[831]。行刑法第71条第2切にいう自助の原則に従って，施設が被収容者の抱える問題について回答ないし助言を行う担当部局を教示し，また，その者が情報を得る機会を実現できるよう援助（例えば，年金相談の担当部局を訪問するために拘禁からの休暇を許可すること[832]）を行えば，施設の保護義務は，原則として，正しく履行されたものと評価される。

647 行刑法は，ドイツ人受刑者と非ドイツ人受刑者とを区別していないので，外国人刑確定者もドイツ人と同じ権利を有する。外国人特有の社会的問題があることから，行刑官庁は，これらの者に特別な社会的援助を与えるよう義務付けられている。中でも，社会福祉問題及び法律問題について助言すること並びに官庁との接触を可能にすることが重要である[833]。

---

828 Böhm, 1986, S. 221；Schwind/Böhm/Best, 1999, vor §71Rdn. 6.
829 Siehe AK-Bertram/Huchting, 2000, §72Rdn. 10.
830 OLG Hamburg, NStZ1989, S. 446；dazu auch OVG Lüneburg, NJW2001, S. 1155.
831 Dazu Calliess/Müller-Dietz, 2002, §73Rdn. 4.
832 LG Kiel, NStZ1992, S. 377f.
833 Siehe Neu, 1988, S. 331；Calliess/Müller-Dietz, 2002, §73Rn. 5.

第5章 相互作用プロセスとしての行刑過程（Der Vollzugsablauf als Interaktionsprozeß）

**648** 実務上，釈放後の社会復帰を成功させるため特に重要な関係があることが多いのは，借金の問題である[834]。多額の債務超過があることを調査の結果は明らかにしている。ある調査によれば，成人男性行刑における被調査受刑者一人当たり平均約45,000マルクの負債額があり，少年行刑においては約10,000マルクであると伝えている[835]。ザクセン州の某行刑施設での調査は，負債のスペクトルが1,000から150,000マルクであると報告している[836]。加えて，負債がないのは受刑者の4人に一人にすぎないことが明らかにされている。その他，被害者の被害賠償請求，弁護士費用及び裁判費用について，銀行又は融資機関（Finanzierungsbüro）に対して日々増加する利息を伴う未決済の債務（特に分割払の未払分）を背負い，多くの被収容者は，ほとんど整理することができない経済状態にある。それは特別の再犯要素であることを意味し，また，施設側から生活に役立つ個別的援助を必要とする分野である。

その一つに，負債整理のための援助がある。被収容者の自己資金による明確な返済計画を伴う分割払方式による個別的整理の努力をするほか，最近では多くの連邦州において一括再建方式（Gesamtsanierungsansatz）による整理が増加している[837]。そこでは，州司法行政当局（Landesjustizverwaltungen）によって，公益的な社団又は財団という法形式によるいわゆる社会復帰基金（Resozialisierungsfonds）が設立されている[838]。これらが，例えば，借金の借り換え（Umschuldung）を行い，債権者に裁判外の和解を提案する。債権者が債権の部分放棄に応じれば，それは基金の資金又はその返済を基金が保証して受刑者が借り受けた銀行貸付金によって支払われる。そして，被収容者はあらかじめ立てられた負債整理計画に沿って残された貸付金を返済しなければならない。

**649** 助言及び援助は，行刑法第74条に基づき，受刑者に対する釈放準備のためにも行われる。自助努力のための援助という原則に従い，その者の個人的，経済的及び社会的用務の整理について助言され，社会給付を担当する官署を教示される。仕事，宿泊場所及び個人的支援者を見付けることについて援助される。行刑法第15条第3項の要件の下で，被収容者は，釈放準備（例えば，住居探し又は仕事探し）のために特別休暇を得ることもできる[839]。

---

834　Zimmermann, 1995, S. 289.
835　Vgl. Klotz, 1986, S. 89ff.
836　Vgl. Kemter, 1999, S. 137ff.
837　Schwind/Böhm/Best, 1999, §73Rdn. 9 f.
838　Dazu Freytag, 1990, S. 295ff.
839　Dazu Kap. 9．10．2．

受刑者が，行刑法第51条第1項にいう更生資金をその収入から準備できず，また，十分な自己資金を有しない場合，その者は，行刑法第75条第1項により，施設から次の援助を受ける。
― 旅費援助
― 釈放当初の時期における必要な生活のための更生援助金
― 十分な衣服の給与

　これらの給付は，困窮する刑余者を支援するためにだけ行われるべきである。受刑者が自ら調達できるかどうかは，本人のすべての収入及び財産関係により算定される[840]。

650

　更生援助金は，被釈放者が仕事による収入又は他の法律の規定に基づく出捐（例えば，雇用助成，社会的援助）によりその需要を満たすことができるまでの間，その生活を賄うことができるように算定されるべきである。算定に当たっては，連邦社会扶助法（BSHG）が類似の事案において予定している給付金の額（行刑法第75条関係行政規則第3）が出発点とされる。その際，行刑官庁は，行刑法第75条第2項第1切に基づき，受刑者自らの責任による無資力について考慮すること[841]，また，過大な出費を避けるため，拘禁期間の長さに合わせることができる。異論があるのは，更生援助金の支払期間の範囲である。一方では，それが行刑法第51条第1項にいう更生資金の代替的機能を果たしているという限りにおいて，これに対応する釈放後4週間という期間が見積もられる[842]。他方，社会的援助に対して更生援助金が後順位にあるという理由からは，その支払期間が短く制限されるべきことになる[843]。

　行刑法第75条第3項は，旅費援助金及び更生援助金の支払請求権並びに援助金として支払われた金額を債権者の差押えから保護している。

## 5.10 釈放及び社会復帰
### (Entlassung und soziale Integration)

　受刑者に対して，新たに罪を犯さず社会的に責任のある生活を送ることを可能にするという行刑目的（行刑法第2条第1切）は，行刑官庁に対して，刑罰拘禁を社会復帰に向けて形成することを義務付けている。立法者は，これを行刑法第3条第3項の社会復帰の原則（Integrationsgrundsatz）によって強化している。

651

---

840　OLG Hamburg, ZfStrVo 1997, S. 110.
841　BT-Drs. 7/918, S. 75.
842　So AK-Bertram/Huchting, 2000, §75Rdn. 4；Perwein, 2000, S. 352f.
843　Schwind/Böhm/Best, 1999, §75Rdn. 7, 11.

すなわち，行刑全体が，釈放後自由社会の生活に（再）復帰できるよう受刑者を援助することに向けて行われなければならないのであって，行刑法第7条第2項第8号に基づき，行刑計画立案の段階から釈放準備のための必要な措置が決定されなければならない。自由社会への移行が唐突に行われてはならないからである。そのためには，施設管理者は，できる限り，予想される実際の釈放時期を見通し，これに応じた行刑期間を計画し，構成することが必要になる。

### 5.10.1 釈放の種類（Entlassungsarten）

652 　裁判所により言い渡された自由刑は，基本的には，判決で命じられた刑期のすべてを行刑施設内で服役するよう求められる。しかし，通常は，その犯行を契機とする未決拘禁期間が，刑法典第51条第1項第1切に基づき，裁判所によって通算される。しかしまた，犯行後の行為者の行動を考慮して，それにふさわしくないと思われる場合（例えば，刑事被告人による刑事手続の進行妨害がある場合[844]）には，刑法典第51条第1項第2切に基づき，その全部又は一部についてこれを行わないことができる。

653 　満期まで服役した者，すなわち，通算された未決拘禁を差し引いたすべての刑期が経過した後に釈放された者は，2000年中においては，行刑施設から出所した全受刑者の71.79パーセントであった。

表5.2. 　2000年に行刑施設から釈放された者

| 釈放の種類 | 出所者数 | ％ |
| --- | --- | --- |
| 刑期の終了 | 49,882 | 71.79 |
| 刑法典第57条第1項 | 11,914 | 17.15 |
| 刑法典第57条第2項第1号 | 1,162 | 1.67 |
| 刑法典第57条第2項第2号 | 204 | 0.29 |
| 刑法典第57条a | 49 | 0.07 |
| 麻薬取締法（BtMG）第35条 | 4,082 | 5.87 |
| 恩赦 | 2,190 | 3.15 |

出典：連邦統計局，2000年第4巻2号9頁

---

844　Tröndle/Fischer, 2001, §51Rdn.12.

5.10.1.1 保護観察のための残刑執行の猶予

　保護観察のため残刑の執行を猶予する制度は，言い渡された刑期経過前の釈放を可能にする。このような条件付釈放は，拘禁期間の長期化に伴い増加する社会再復帰への障害を減少させるだけではない。それは，行刑法第4条第1項第1切に規定する受刑者の処遇の形成及び行刑目的達成に向けた協力に対する刺激にもなる。釈放に伴う保護観察期間（保護観察撤回の可能性を含む。）は，順法的に生活するための本人に対する圧力となる。この場合，保護観察官の指導監督下に置くことで，本人を援助することができる[845]。

654

　保護観察のための残刑執行の猶予は，有期の自由刑について，刑法典第57条第1項に定める以下の要件が存在する場合には，同条により必ず行われる。

655

— 刑確定者は言い渡された刑期の3分の2，しかし，少なくとも2月間服役した後でなければならない（刑法典第57条第1項第1切第1号）。

　その原因となった犯罪行為のため既に実行された他の処分（例えば，未決拘禁）は，刑法典第57条第4項により，この最短服役期間に通算される。複数の独立した自由刑が執行されなければならない場合には，それぞれの最短服役期間が合算される。すなわち，それぞれの刑は，刑執行猶予の可能な時期が到来次第，中断され，次の刑の執行に移行する。そして，最後の自由刑についても，考え得る最も早い釈放時期が確定した場合に初めて，裁判所は，刑法典第454条bにより，すべての残刑執行の猶予について同時に決定する。

— 社会生活における良好な予測（Sozialprognose）が存在しなければならない。すなわち，拘禁からの釈放は，社会の安全に対する利益を考慮して，その者に責任を負わせることができる場合においてのみ，行われる。

　過去及び現在の人間行動を観察することにより，再犯の蓋然性（Rückfallwahrscheinlichkeit）の問題について，十分な確実性をもって答え得る完全に信頼できる基準がこれまで存在しなかったという事実にかんがみ[846]，法律は，将来における順法性の確証（Legalbewährung）についていかなる保証も要求していない。

---

845　Dazu Streng, 2002, Rdn. 229.
846　Zu Methoden der Legalbewährungsprognose siehe Streng, 2002, Rdn. 318ff.；ders., 1995, S. 97ff.；Steinböck, 1997, S. 69ff.

第5章　相互作用プロセスとしての行刑過程（Der Vollzugsablauf als Interaktionsprozeß）

むしろ，責任を負わせることについてリスク（Restrisiko）が残ること[847]を容認している。その際の基本的な要素として，有罪判決の根底にある犯罪行為の重さは，予測の必要条件（Prognoseanforderungen）に段階を付けることを求める。条件付残刑執行の猶予に当たり主張できる予測の危険率（Prognoserisiko）は，将来行われるかもしれない犯罪の重さとは逆比例しなければならない。被収容者の（再）社会化の利益と社会の安全の利益との比較考量を行うに際して，残刑執行の猶予が成功する蓋然性に対する要求は，起こり得べき再犯によって脅かされる法益[848]の価値より常に高くなる。その総合的評価に当たっては，刑法典第57条第1項第2切に基づき，裁判所によって特に次の事情が考慮されなければならない。すなわち，刑確定者の人格，生活歴，犯行の状況，再犯により脅かされる法益の価値，行刑中におけるその者の行状並びに生活環境及び残刑執行の猶予によりその者に期待されるべき効果，である。

― 刑法典第57条第1項第1切第3号に基づき，刑確定者は，刑期終了前に釈放されることに同意しなければならない。

　このような同意を法律上要求することは，体系的に矛盾する釈放条件を示すものである[849]。なぜならば，社会化の目的を達成するために適当であり，かつ，成功する見込みのある不正に対する反作用（Unrechtsreaktion）を選択し，それをどのような形態にするかは，専ら司法的に認定すべきことであって，刑確定者は，その者に科された自由刑を満期まで服役することについて，いかなる請求権も有していないからである。
　実務上は，同意拒否（Einwilligungsverweigerung）の比率の高いことが見られる[850]。同意を拒否するのは，一つには残刑執行の猶予が拒否されるのを回避したいという受刑者本人の消極的な自己選別（Selbstauslese）にかかわることであるが，それは，その者が条件付釈放について展望を全く持たないからであり，それによって，時には保護観察の機会が軽率に放棄される場合がある。他方，被収容者が保護観察期間に伴う制約を回避したいこともある。

656　しかし，有期の自由刑について，少なくとも6月を超える自由刑の2分の1を服役した後は，刑法典第57条第2項により，次に該当する場合，保護観察のため

---

847　BVerfG, NJW1998, S. 2202；eingehend Streng, 2002, Rdn. 232.
848　OLG Bamberg, NStZ1989, S. 389.
849　Dazu Laubenthal, 1988, S. 951ff.
850　Vgl. Eisenberg/Ohder, 1987, S. 37；Laubenthal, 1987, S. 239.

残刑の執行を猶予することができる。
— 初入者で，その者の自由刑の刑期が2年を超えないとき（刑法典第57条第2項第1号）又は
— 犯罪行為，行為者の人格及び行刑中における人格の発達を総合的に評価した結果，例外的に早期の釈放を正当化する特別の事情があるとき（刑法典第57条第2項第2号）
— 刑期の2分の1服役後の条件付釈放を行うこれら二つの選択肢については，更に，刑法典第57条第1項第1切第2号及び第3号の基準が満たされなければならない。

終身の自由刑について保護観察のため残刑の執行を猶予する[851]には，刑法典第57条aにより，良好な予後及び同意が存在するほか，次の条件を満たさなければならない。
— 15年の最短服役期間（刑法典第57条a第1項第1切第1号）
— 刑確定者の責任が引き続き刑の執行を要求するほど特に重大でないとき（刑法典第57条a第1項第1切第2号）

この責任重大条項（Schuldschwereklausel）についての立法者の意図は，15年の最短服役期間の経過とともに，終身の自由刑受刑者が義務的に条件付き釈放となるのを防止することにあると思われる[852]。無期限の刑罰（absolute Strafe）であるため，刑法典第211条第1項の下限を超えることについて，「終身の」刑罰量の中では全く個別化できないので，刑執行のレベルにおいて個別的な責任に対する考慮がなされる。そこでは，最短服役期間が終身の自由刑を言い渡された者について不可欠とされる最低責任量（Schuldmindestmaß）を反映している[853]。しかし，この量を超えて個別の責任量を増加させ，行刑を長期化させることはできない。その文言からみて，刑法典第57条a第1項第1切第2号が「責任の特別の重大性」を要求しているのは，それが例外的規定であることを意味している。そこで必要なのは，重大かつ明らかに大きい責任の量（Maß an Schuld）であり，不可欠なのは，重大性に関する事情（Umstände von Gewicht）である。この場合，事実審裁判官（Tatrichter）は，犯罪行為及び行為者人格の総合評価に基づいて，その決定を行わなければならない[854]。連邦憲法裁判所も，刑法典第57条a

---

851 Dazu eingehend Streng, 2002, Rdn. 246ff.
852 Siehe Laubenthal, 1987, S. 205ff.；Müller-Dietz, 1994, S. 72ff.
853 BGH, NStZ1994, S. 540m. zahlr. Nachw.
854 BGH GSSt. 40, S. 360ff.；dazu Kintzi, 1995, S. 249f.；Streng, 1995a, S. 556ff.

第5章　相互作用プロセスとしての行刑過程（Der Vollzugsablauf als Interaktionsprozeß）

について，15年間の服役期間は，通常の場合であって，それを超える拘禁は，例外を意味すると解釈している[855]。刑法典第57条ａ第１項第１切第２号により，責任の特別の重大性だけをもって，刑執行継続（Weitervollstreckung）のための十分な理由とすることはできない。刑執行の継続が必要であること，つまり，不可欠でなければならない。

連邦憲法裁判所の判決[856]によれば，刑法典第57条ａ第１項第１切第２号に基づく責任評価のための重要な事実は，判決を言い渡す陪審裁判所によって，責任の重大性があらかじめ確認され，評価されていなければならない。刑執行裁判所は，後日条件付釈放について審査する際に，責任の重さがなお刑執行の継続を必要とするか，具体的にいかなる時間的経過を必要とするかを決定するに当たって，事実審裁判所（Tatgericht）が確認したことに拘束される。

責任の特別の重大性が肯定できる殺人事件特有の事情としては，次のものが考えられる[857]。
— 犯罪の実行又はその動機における完璧かつ特別に非難すべき事情
— 同一の犯罪行為による複数の被害者
— その犯罪行為による他の構成要件の充足（例えば，刑法典第249条）
— 判決中で他の犯罪行為についての有罪の言渡し（刑法典第57条ｂ）

しかしこの場合，刑法典第46条第３項にいう二重利用の禁止（Doppelverwertungsverbot）の観点から，刑法典第57条ａにおける責任の特別の重大性の存在について，終身の自由刑の言渡しを可能にした諸事情を根拠にすることができないことに留意しなければならない[858]。そこでは，仮にそれがなかったとしても終身刑の言渡しをする妨げにはならなかったであろうと認められる要因のみを用いることができる[859]。

658　終身の自由刑について，保護観察のための残刑執行の猶予を決定する権限を有するのは，刑事訴訟法第462条ａ第１項により，有期の自由刑の場合と同じく地方裁判所の刑執行部である。刑法典第57条第１項第２切により，人格判断の範囲内で受刑態度も考慮されることから，裁判所は，行刑施設の見解を求める。予後

---

855　BVerfGE86, S. 314f.
856　BVerfGE86, S. 288ff. ; BVerfG, JR2000, S. 121 ; krit. Meurer, 1992, S. 441ff. ; siehe auch Müller-Dietz, 1994, S. 75ff.
857　BGH, NStZ1994, S. 541f.
858　Laubenthal, 1987, S. 222 ; siehe auch BGHSt. 42, S. 226.
859　Horn, 1983, S. 381.

のための重要な要素として，裁判所及び施設職員は，とりわけ，本人の過去の犯罪，施設におけるその人格の発達並びに釈放後の職業的及び社会的立場を考慮する[860]。しかし，その場合，受刑態度は，消極的視点（例えば，規律違反，協働する態度の欠如）からも，また積極的視点（例えば，円満な適応）からも過大に評価されることはできない。なぜならば，その理由は多様であり得るし，また，そのことだけでは予後についての十分な説得力を持ち得ないからである[861]。

**659** 終身の自由刑の猶予が問題になる場合，刑事訴訟法第454条第2項第1切では，将来における危険性を判断するため，専門家の鑑定意見を求めることを義務付けている[862]。刑法典第57条aのための犯罪予測の実務においては，裁量判断の基準として，被収容者がその犯罪行為及びその責任といかに取り組んでいるかということが，その限りにおいて，重要な役割を演ずる[863]。刑執行部が刑法典第57条aによる条件付釈放を責任の特別の重大性を理由に拒否する場合，責任の観点から，更にどれだけの期間なお執行が継続されるべきかをその決定の中で明らかにしなければならない[864]。専門家の鑑定意見を求めることは，刑事訴訟法第454条第2項第1切第2号に基づき，刑法典第66条第3項第1切にいう固執的犯罪者（Intensivtäter）についても必要とされている。刑法典第174条から第174cまで，第176条，第179条第1項から第3項まで，第180条，第182条，第224条，第225条第1項若しくは第2項又は相応の酩酊行為（刑法典第323条a）に定める犯罪行為（Verbrechen oder Straftat）により自由刑の言渡しを受けた者がこれに該当する。もっとも，それが有期の自由刑の猶予に係る場合において，本人について刑事訴訟法第454条第2項第2切にいう犯罪行為により明らかにされた危険性が存続しているおそれが全くないとき，つまり，予後の判定のために考慮すべきすべての事情が事実上公共の安全を害するおそれが全く認められないという判断を認容するときは，専門家を関与させないことができる[865]。

**660** 裁判所の釈放決定と指定された釈放時期との間の時間的な間隔について，法律は明示の規定をしていない。しかし，刑事訴訟法第454条a第1項からは，行刑官庁が釈放準備のための特別の処遇措置を適切な時期に導入できるようにするため，早い時期に裁判所の決定（釈放の日まで3月以上もの）を必要としていることが推認できる[866]。終身の自由刑に服している場合にも，拘禁の終期が不確定で

---

860 Vgl. Streng, 2002, Rdn. 242.
861 Müller-Dietz, 1990, S. 31.
862 Dazu BVerfG, NStZ1992, S. 405；BGH, NStZ1993, S. 357.
863 Siehe Kröber, 1993, S. 140ff.
864 BVerfGE86, S. 288f.
865 OLG Karlsruhe, StrVert2000, S. 156.
866 OLG Zweibrücken, NStZ1992, S. 148.

第 5 章　相互作用プロセスとしての行刑過程（Der Vollzugsablauf als Interaktionsprozeß）

あることによって，十分な釈放準備のできないことがあってはならない。刑執行部が責任の重大性を考慮して条件付釈放を拒否する場合には，その判断根拠に基づき，刑の執行猶予が考慮される時期を明らかにしなければならない[867]。

661　刑法典第57条以下による保護観察のための刑執行の一時停止が可能であることのほか，法律は，満期前釈放のその他の形態として，麻薬犯罪の領域において，麻薬法（BtMG）第36条による刑の執行猶予の範囲内における刑の猶予を規定している。

5.10.1.2　（個別）恩赦（Begnadigung）

662　保護観察期間付き又は保護観察を伴わない刑確定者の条件付釈放は，最終的には，憲法上恩赦の権限を有する者（連邦大統領，連邦首相ないし司法大臣（Justizsenator））による恩赦によって行われることができる[868]。恩赦権は，基本的には，伝統的にそれを保有する者に属する権限であって，そのことを，重要かつ基本権にかかわる生活現象を法律化するという現在の観念と調和させるのは，困難である。慣習法的に有効とされる「特殊の形成権力」[869]（Gestaltungsmacht besonderer Art）としての恩赦は，大部分は正規の法典中にそれを受け入れる根拠が規定されている（例えば，基本法第60条第 2 項及び第 3 項）。しかし，原則として，恩赦権は法律上制限されることがなく，恩赦は法に優先する（Gnade ergeht vor Recht）ということで，恩赦権を有する者は，すべての種類の制裁を軽減することができる。そればかりではなく，終身刑受刑者の条件付釈放は，刑法典第57条 a による処分（終身の自由刑における残刑執行の猶予）前に，恩赦によって行うことができる[870]。

しかし，恩赦は，法治国家においては補充的にのみ適用されるべきである。受刑者がその目的とする拘禁からの早期の釈放を明示的に規定された法的救済——例えば，保護観察のための残刑執行の猶予の申立て——によって達成できる場合には，その手段によるよう指示される[871]。

⑴　類似の制度との区別

---

867　BVerfGE86, S. 331f.
868　Vgl. Schätzler, 1992, S. 18ff.；zum Gnadenrecht siehe auch Dimoulis, 1996；Kaiser/Schöch, 2002, S. 386ff.；Klein, 2001；Mickisch, 1996.
869　BVerfG, NStZ2001, S. 669.
870　Dazu Laubenthal, 1987, S. 99ff.
871　Vgl. Laubenthal, 2002, S. 35；Schätzler, 1992, S. 36.

恩赦の本質は，大赦（Amnestie）及び免訴（Abolition）と混同されてはならない。恩赦は，個別の事案における特別の事情に基づいて行われ，刑罰又は処分（Maßregeln）については，その執行のみに関係する。法的効力あるものとして終結していない手続を打ち切る場合（免訴）又は新たな手続の開始を阻止する場合は，大赦の方法によってのみこれを行うことができる[872]。この場合重要なのは，個別の事案に限定せず，複数の事案に適用される一般的抽象的定めによって行われることである。したがって，進行中の個別の手続を免訴によって終結させることは認められない[873]。大赦は，例えば，それによって特定の犯罪行為又は犯罪者グループについての刑事判決の執行を排除しようとする場合，刑執行手続に効果を及ぼすことも可能である。そこには様々に異なる要件や管轄が存在することから，恩赦の事案には該当しない[874]。大赦には正規の法律を必要とするが，法律の発布は恩赦権者の権限ではない。さらに，大赦の頻繁な実施又は定期的な実施は，規範の内面化に対する要求を妨げることになるので，この手法は，制限的にのみ用いられることが許される。例えば，特定の犯罪を対象に毎年クリスマスの大赦が行われるようなことになれば，その措置が継続するであろうという期待がその対象とされる命令規範又は禁止規範を次第に軽視させるようになる。さらに，いわゆる「祝賀大赦（Jubelamnestien）」を行うより深刻な理由としては，むしろ行刑上の不備，具体的には，行刑施設の収容能力の著しい不足がある[875]。このような問題は，例外的な事情のために留保された大赦以外の方法によって解決されなければならない。この原則に配慮して，連邦ドイツの立法者は，これまでごく例外的な場合においてのみ大赦を行ってきた[876]。

**663**

(2) 権限（Zuständigkeiten）

恩赦事項についての権限の分配は，ドイツ連邦共和国の連邦的性格に従って行われる。刑事事件における第１審の判決が連邦裁判権又は州裁判権のいずれにより行われるか（刑事訴訟法第452条）ということが，決定的な重要性をもつ。したがって，恩赦の権限は，例外的に，高等裁判所が国益保護事件（Staatsschutzsache）において連邦裁判権を行使して判決したもの（裁判所構成法第120条第6

**664**

---

872　Zur Amnestie etwa Marxen, 1984 ; Schätzler, 1992, S. 208ff. ; Süß, 2001.
873　Etwa Jescheck/Weigend, 1996, S. 923 ; Kaiser/Schöch, 2002, S. 387 ; Schätzler, 1992, S. 16.
874　Anders Kaiser/Schöch, 2002, S. 387.
875　Dazu Meier B.-D., 2000, S. 63.
876　Überblick bei Schätzler, 1992, S. 244ff.

項,同法第142条a,基本法第96条第5項,刑事訴訟法第452条第1切)でない限り,州の所管業務とされる。この場合,それぞれの権限に対応する連邦法又は州法[877]の規定が引用されなければならない。ほとんどの場合,正規の議会制定法ではなく,恩赦権を有する者が自ら決定した措置を客観的に記述した行政規則によって行われる。そこには恩赦の実質的な要件だけではなく,順守すべき手続についても規定することができる。例えば,満期前釈放の申請については,原則として,行刑官庁の意見を聴取することなしに決定されることはない。恩赦権を保有する者は,伝統的に国家機構の最高の代表者である。それには連邦大統領(基本法第60条第2項)のほか,州政府首相ないし連邦州の行政権を有する地方自治体の長(Regierenden Bürgermeister)がこれに該当する。恩赦権者は,多くの場合,特定の範囲について,その権限の行使を他に委譲している。

(3) 権利保護(Rechtsschutz)

665　立法論としては(de lege ferenda),恩赦制度を全面的に法的な規制手続に変えることが提案されている[878]。しかし,現行法上(de lege lata),恩赦の決定が裁判所のコントロールに服しているか,また,服しているとした場合どの範囲においてそうであるかについては異論がある。恩赦行為の前法律的な性格からすれば,恩赦権者の決定を裁判所の審査に服させないのが適切かもしれない。他方,このような見解は,公権力のあらゆる行為を考慮に入れた基本法第19条第4項の権利保護の保障という観点からすれば,疑問のようにも思われる。文献中の多くの意見[879]とは逆に,連邦憲法裁判所は,恩赦決定の特別な性格にかんがみ,恩赦権者の行為を裁判所のコントロール下に置かないことは適法であるとしている[880]。もっとも,反対の見解を代表する者も,恩赦権者の特別な権限が維持されることを期待している。恩赦権者の行為は,そのすべてではなく,手続上の過誤及び恣意的又は妥当性を欠いた(sachfremd)考慮がなされている場合にのみ,コント

---

877　Nachweise in Schönfelder, Deutsche Gesetze, §452StPO Fn. 2.
878　So Klein, 2001.
879　Etwa Dreier, 1996, Art. 1 Ⅲ Rdn. 46, unter Hinweis auf landesverfassungsrechtliche Rechtsschutzmöglichkeiten； Jarass/Pieroth, 2002, Art. 19 Rdn. 29； Klein, 2001, S. 71； Mickisch, 1996, S. 165f.； Schmidt-Bleibtreu/Klein, 1999, Art. 19 Rdn. 24h bei Verrechtlichung des Verfahrens durch Gnadenordnungen.
880　BVerfGE25, S. 358ff.； BVerfG, NStZ2001, S. 669； vgl. ferner Bay VerfGH, NStZ-RR1997, S. 40； OLG Hamburg, JR1997, S. 255； Kleinknecht/Meyer-Goßner, 2001, §23EGGVG Rdn. 17； Schätzler, 1992, S. 127.

ロールできるとするのが妥当であろう[881]。

しかし，逆の行為（actus contrarius）つまり恩赦の撤回については，別の考え方が妥当する。恩赦行為は，その恩典を受けた者が——例えば，新たな犯罪行為により——それに値しないことを実証した場合には，事情によって撤回されることができる。この決定は，全面的に裁判所による審査が可能である[882]。

事例：Bには，恩赦証書（Gnadenerweis）により，保護観察のための刑の執行猶予が61日間の保護観察期間を定めて認められた。所轄官庁は，Bが保護観察期間に働かず，借金を作り，家族に全く生活費を渡さなかったことを理由に刑の執行猶予を撤回し，残刑の実行を命じた。所轄高等裁判所は，恩赦決定は裁判所のコントロールに服さないという理由から，これに対してなされた裁判所の決定を求める申請を棄却した。

Bの憲法訴願（Verfassungsbeschwerde）に基づき，連邦憲法裁判所[883]は，この決定を取り消した。それによって恩赦の許可が否定されてしまう決定を裁判所が審査できることは，確かに恩赦制度の特性と矛盾するが，恩赦証書により恩恵を受ける者には，一定の法的地位が認められ，その者は，原則として，その維持について信頼することが許される。恩赦によっていったん刑確定者に開かれた自由の領域は，もはや恩赦権者の自由な処分には服さないのである。

恩赦決定の裁判所による審査可能性（Justitiabilität）が承認される限り，行政裁判所法（VwGO）第40条に基づく行政訴訟ではなく——それは司法行政行為にかかわることであるから——その出訴は，裁判所構成法施行法（EGGVG）第23条以下により，高等裁判所に対して行うことができる[884]。このことは，恩赦行為を取り消す処分について裁判所の審査がなされる場合にも適用される。

666

### 5.10.2 釈放準備（Entlassungsvorbereitung）

行刑法第3条第3項の原則に従って，社会復帰目的に向けた全体的処遇プロセスを設定するほか，予定される服役終了時における釈放準備のために，特別の措置が執られるべきである。釈放時期と刑の終期（満期による）とが同時である場合には，施設管理者は，釈放時期に向けて長期的な計画を立てることができる。しかし，保護観察のため刑期終了前に釈放される事案においても，行刑官庁は早期に釈放準備を開始できる状態になければならないが，刑期終了前の釈放の場合，

667

---

881　Vgl. Jescheck/Weigend, 1996, S. 924；Kaiser/Schöch, 2002, S. 924.
882　So BVerfGE30, S. 108.
883　BVerfGE30, S. 108ff.
884　BVerwGE49, S. 221；Kaiser/Schöch, 2002, S. 388m. w. Nachw.

第5章　相互作用プロセスとしての行刑過程（Der Vollzugsablauf als Interaktionsprozeß）

刑罰拘禁の終期を確定するのは施設の所管ではない。それは，刑事訴訟法第462条aに基づき司法権（Recht sprechende Gewalt）の責務とされている。したがって，行刑は，特別に準備した処遇措置を予定された釈放時期に合わせて行うことができるだけである（行刑法第15条関係行政規則第1項）。釈放の時期を予測し，施設が推定する釈放日は，行刑緩和の許可を可能にするため，受刑者にも告知されなければならない[885]。

668　釈放準備を最善の状態で行うという視点で，行刑計画について，刑執行部と十分に調整することが望ましい。終身の自由刑の分野について連邦憲法裁判所から求められている刑執行裁判所[886]による釈放予定時期の早期決定ということは，有期自由刑の受刑者（特に長期受刑者の場合）についても考慮されるべきである[887]。

669　立法者は，釈放準備のための特別の措置について，行刑法第15条で特に規定している。しかしこの規定は，行刑過程の第3段階の開始とともに，それまで継続して行われてきた処遇プロセスが終結することを規定したものと解することはできない。それは，個別の必要性に応じて既に実施されている措置に加えて，補充的に，自由社会への歩みを容易にする機会を付与するものである。

670　行刑法第15条第1項により（行刑法第11条の権限条項（kann-Vorschrift）とは逆に），施設長は行刑の緩和を許可すべきであり，この場合，行刑法第11条の施設長の裁量権は，重要な制限を受けることになる。もっとも，行刑法第15条第1項が適用される場合においても，逃走又は悪用のおそれがあるときは，行刑の緩和が許可されてはならない。

671　行刑法第15条第2項は，釈放準備に役立つ場合には，開放行刑に移送することができるとしている。行刑法第10条によれば，拘禁期間中におけるこのような移送は，処遇上の理由から行われることとされているが，行刑法第15条第2項では，異なる目的設定がなされている。例えば，移送することによって職業訓練の中断が生じたり，また，閉鎖行刑で処遇職員との間に生まれた社会復帰を促進する特別の人間的結び付きから引き離される場合には，受刑者を引き続き非開放施設又はその区画に収容することが釈放準備という点から見て有益なこともあり得る[888]。

672　施設長は，（予定された）釈放前3月以内の期間中，釈放準備のため，行刑法第15条第3項により，1週までの特別休暇を与えることができる。これによって，

---

885　Calliess, 1992, S. 181.
886　BVerfGE86, S. 288f.
887　So auch Rotthaus K., 1994, S. 154.
888　Vgl. BT-Drs. 7/918, S. 54.

受刑者は，官庁への必要な訪問，援助機関との接触又は住居ないし職場を探すための接触の機会を持つことになる。

行刑法第15条第4項は，（見込まれる）釈放前9月以内において，月に6日までの連続した外部通勤者休暇（Freigängerurlaub）を与えることができるとしている。行刑法第15条第3項第1切は明らかに適用がない（行刑法第15条第4項第3切）ので，この休暇の目的と狭義の釈放準備とは全く関連がない。その目的は，むしろ自由社会とかかわることによる本人の社会化とその者の信頼性を確認することにある[889]。行刑法第15条第4項にいう外部通勤者の地位については，意見の相違がある。

事例：ある受刑者が行刑施設内で職業訓練に参加し，開放行刑の被収容者と同等の地位にあるとされていた。予定された釈放の数か月前に，その者は，行刑法第15条第4項による特別休暇の付与を申請した。施設長はこの申請を不許可にした。本人が外部通勤者ではないこと，また，閉鎖行刑からの外部通勤を無因的に（abstrakt）許可できないというのがその理由であった。

行刑法第11条第1項第1号第2選択肢による行刑の緩和としての外部通勤を考える場合，閉鎖行刑においては，外部通勤と構外作業との間には密接な関係が存在するので，抽象的な外部通勤者の地位というのは認められていない[890]。しかし，行刑法第15条第4項にいう外部通勤者の概念は，作業を意図したものではない[891]。なぜならば，そこで許可される特別休暇は，受刑者の社会復帰――ふさわしい仕事に就ける可能性とは関係なく――に役立つことを期待されているからである。

ハム高等裁判所[892]は，この事件についての見解を次のように詳述している。行刑法第15条第4項は「施設外で仕事をする機会は多くの場合非常に少ないにもかかわらず，そのような構外作業に従事しているわずかな者に対して特権を付与することを目的としたものではない。このような受刑者グループに対して，更に休暇の機会までも追加して与えるという説得的な理由は存在しない。規定の解釈だけが正当な結論に達し得るが，そこでは外部通勤者の適性について規定しているのであるから，これに適した受刑者が現実に行刑法第11条第1項第1号にいう外部通勤で作業に就いているかどうかということは，決定的ではない[893]」。つまり，その被収容者が外部通勤を許す信頼に値すると判断

---

889 Calliess/Müller-Dietz, 2002, §15 Rdn. 5.
890 Siehe oben Kap. 5.4.4.1(2).
891 Gegen eine bloß abstrakte Eignung Begemann, 1991, S. 519f.
892 OLG Hamm, ZfStrVo 1991, S. 121f.
893 OLG Hamm, ZfStrVo 1991, S. 122 ; ebenso BGH, InfoStrVollzPR1987, S. 853 ; Calliess/Müller-Dietz, 2002, §15 Rdn. 6 ; Schwind/Böhm/Ittel, 1999, §15 Rdn. 8.

されているかどうかということが重要であって，その者がどのような行刑形態（開放的又は閉鎖的）で収容されているかということとは関係がない。

## 5.10.3　釈放手続（Entlassungsvorgang）

674　釈放手続は，基本的には収容手続の裏返しである。それは，行刑事務規則（VGO=Vollzugsgeschäftsordnung）第52第1項により，6月以上の行刑期間がある自由刑の場合，原則として，遅くとも刑期終了の6週間前に開始する。

　当局の義務とされている事項を告知するほか，釈放調査が行われる。被収容者は，医師の診察を受け（行刑事務規則第53条），私服を受け取り，必要な場合には施設から衣服が支給され（行刑法第75条第1項），領置品が交付される。釈放は書面で命じられる。出所に先立って，施設長は，その者と最後の面談を行う。釈放調査では，調書が作成され，受刑者はそれへの署名が求められる（行刑事務規則第54条）。その後，その者は，行刑事務部門の長（又はその代理）の署名のある釈放証明書の交付を受ける。更生資金（行刑法第51条），必要な場合には更生援助金及び旅費援助金が交付され（行刑法第75条），その者は施設を出所する。帰住地に適当な時刻に到着できるよう，釈放は，刑期終了の最終日のできる限り早い時刻，遅くとも午前中に行われる（行刑法第16条第1項）。

　行刑法第16条第2項及び第3項では，施設長に釈放の時期を早める権限を与えている。受刑者は，週末，祝日並びにクリスマス及び新年の期間中に釈放されるべきではない。その他，家族及び仕事上の差し迫った理由も釈放時期についての柔軟な取扱いを必要とすることがある。

## 5.10.4　釈放後の監督及び援助（Nachgehende Überwachung und Hilfe）

675　保護観察のため残刑の執行を猶予する場合，刑執行部は，本人に対して保護観察中順守すべき命令及び指示を与えることができる（刑法典第56条b及び第56条cと関連する第57条第3項第1切ないし第57条a第3項第2切）。1年以上の刑期を服役した受刑者の場合，裁判所は，その者を保護観察期間の全部又は一部について，保護観察官（Bewährungshelfer）の監督及び指示の下に置く（刑法典第57条第3項第2切）。保護観察官は二つの役割を果たす。一つは，対象者の側に立って保護観察を受けやすくし，それを成功させるため，その者を援助し，保護する（刑法典第56条d第3項第1切）ことであり，そのためには，保護観察官と対象者との間にできる限り強い信頼関係が存在することを必要とする。しかし，他方において，保護観察官には対象者が順守すべき命令及び指示などの実行を監督することも義務付けられている。一定の間隔で，裁判所に対して本人の行状について報告し，重大な違反は通報されなければならない（刑法典第56条d

第3項第2切ないし第4切)。

故意の犯罪により，2年以上の自由刑を刑期満了まで服役した者については，刑法典第68条fにより，釈放後に法律の規定に基づく行状監督（Führungsaufsicht）が開始される[894]。刑法典第181条bに掲げられた性犯罪（刑法典第174条から第174条cまで，第176条から第180条まで，第180条bから第181条aまで，及び第182条）により，1年以上の自由刑が満期まで執行された場合も同様である。刑法典第68条a第1項に基づき，対象者は監督官署の支配下に入る。更に保護観察官が指定される。対象者には刑法典第68条bに規定された指示がなされることもできる。刑法典第68条第1項の指示に対する違反は，刑法典第145条aの要件の下で，新たな犯罪になることを意味する。

676

自由社会に復帰した元受刑者の世話は，被収容者援助の組織が引き受ける。このような公共的団体又は協会は，1953年以降，特に「犯罪者援助のための連邦連合（Bundeszusammenschuß für Straffälligenhilfe）」の中で組織されている[895]。司法の社会福祉部門との共同作業の中で，この組織は，例えば，住居探し，職場探し，負債の整理，役所との折衝，親族との連絡の援助，一時的な物品援助の保障のような被収容者にとっての中心的な問題領域のために奉仕している[896]。

677

### 5.10.5 行刑への再収容（Wiederaufnahme in den Strafvollzug）

犯罪者援助のための連合組織は，問題を抱えた被収容者が願い出ることのできるいわゆる駆込み場所を設けている。これに対して，社会治療施設からの被釈放者ではない非常に多くの者にとって，行刑施設それ自体は釈放後の保護（Nachsorge）という意味での適切な援助を行う組織ではない。釈放後の援護（Nachbetreuung）は――一定の条件の下で――保護観察ないし行状監督の義務とされている。これに加えて，行刑法第74条第3切では，受刑者が自由社会への釈放に備えて個人的な支援者を探すに当たり，釈放準備の範囲内でこれを援助することを義務付けている。このような支援者としては，保護司（ehrenamtliche Bewährungshelfer）又は民間福祉事業（Freien Wohlfahrtspflege）の専門家がその対象になる[897]。

678

保護観察のために釈放された者が，行刑外で行われる釈放後の援護にもかかわ

---

894　Siehe dazu Dertinger/Marks, 1990.
895　Zur Entwicklung: Wahl, 1990, S. 101ff.；zu den Verbänden der Freien Wohlfahrtspflege: Müller-Dietz, 1997a, S. 35ff.
896　Siehe Best, 1994, S. 131ff.；Hompesch/Kawamura/Reindl, 1996；Müller-Dietz, 1996a, S. 37ff.；Rebmann/Wulf, 1990, S. 343ff.
897　Kaiser/Schöch, 2002, S. 477.

第5章　相互作用プロセスとしての行刑過程（Der Vollzugsablauf als Interaktionsprozeß）

らず克服できない困難にさらされ（例えば，住居の解約通知又は職場からの解雇通知），その者が自分で客観的に不適切な反応をするかもしれないと感じる場合には，その者の自由意思によって，行刑内に戻ることができる可能性を認めることも，適切な援護の一つと考えられる[898]。危機介入（Krisenintervention）を目的とした一時的な暫定収容（Überbrückungsaufenthalt）は，再犯の危険を防止する可能性があるといえよう。このことは，立法者も行刑法の審議において終始認識していた[899]。しかし，立法者は，結局，行刑法第125条によって，行刑への再収容を，行刑法第9条により社会治療施設に収容され，そこから社会復帰した者に限定した。この再収容を求める権利は，その他の行刑から釈放された者には関係しない。

　もっとも，刑事訴訟法第453条に基づく保安監置命令の発出及び後日の取消しという方法により，一時的な再収容という応急措置が実務上時折行われるが，これには法的疑義があるように思われる[900]。なぜならば，この方法は，危機介入を可能にするためのものではないからである。それは，刑執行の確保並びに刑法典第56条，第183条第3項及び第4項による保護観察のための刑の執行猶予，刑法典第57条，第57条aに基づく残刑執行の猶予の場合，及び刑事訴訟法第67条b，第67条c第2項第4切，第67条d第2項第1切による自由剥奪を伴う保安処分の猶予の場合において，これらの処分を撤回する決定[901]の執行から対象者が逃れるのを防止することを目的としたものである。

---

[898] Böhm, 1986, S. 223.
[899] Vgl. BT-Drs. 7/3998, S. 12.
[900] Vgl. Böhm, 1986, S. 223.
[901] Kleinknecht/Meyer-Goßner, 2001, §453c Rdn. 8.

# 第6章　女性行刑の特例

2000年，一般刑法により裁判で有罪を言い渡された者のうち女性の占める割合は，21.1パーセントで，自由刑に処された女性の割合は，12.4パーセント[1]であった。服役中の女性は，2001年3月31日現在，2,309名（成人受刑者の4.3パーセント）であった[2]。このように，女性は，明らかに裁判上有罪の言渡しを受けることが少なく，男子成人に比して，自由刑に服することもまれである。その理由の一つは，女性により行われる犯罪が平均してその重大性において軽く，男性の場合の判決に比べて，罰金刑ないし保護観察付き刑の執行猶予の有罪判決が多い

表6．1．　2001年3月31日現在女性自由刑受刑者の刑期別

| 執行刑期 | 受刑者数 | ％ |
| --- | --- | --- |
| 1月未満 | 58 | 2.5 |
| 1月以上3月未満 | 313 | 13.6 |
| 3月以上6月未満 | 419 | 18.1 |
| 6月以上9月以下 | 300 | 13.0 |
| 9月を超え1年以下 | 193 | 8.4 |
| 1年を超え2年以下 | 308 | 13.3 |
| 2年を超え5年以下 | 472 | 20.4 |
| 5年を超え10年以下 | 148 | 6.4 |
| 10年を超え15年以下 | 26 | 1.1 |
| 終身自由刑 | 72 | 3.1 |

出典：連邦統計局；Strafvollzug—Demographische und kriminologische Merkmale der Strafgefangenen2001Reihe 4 巻 1 号10頁以下

---

1　Statistisches Bundesamt, Strafverfolgung 2000, S. 18, 70.
2　Statistisches Bundesamt, Strafvollzug–Demographische und kriminologische Merkmale der Strafgefangenen 2001Reihe 4．1，S．6．

第 6 章　女性行刑の特例

ことである[3]。

　言い渡された刑期により女性受刑者を分類すれば，その圧倒的多数が 2 年以下の短期自由刑を言い渡されていることが明らかである。

**680**　女性受刑者について，その主たる判決の基礎となった犯罪は，次のとおりである。

表6.2.　2001年 3 月31日現在，女性の自由刑受刑者の犯罪別

| 犯罪類型 | 自由刑を言い渡された女性受刑者数 | パーセント |
|---|---|---|
| 国家，公共の秩序に対する犯罪及び公務における犯罪（刑法典§§80〜168, 331〜357） | 31 | 1.3 |
| 性的自己決定に対する犯罪（刑法典§§174〜184b） | 53 | 2.3 |
| 侮辱（刑法典§§185〜189） | 5 | 0.2 |
| 生命に対する犯罪（刑法典§§211〜222） | 217 | 9.4 |
| 身体傷害（刑法典§§223〜231） | 115 | 5.0 |
| 人の自由に対する犯罪（刑法典§§224〜241a） | 11 | 0.5 |
| 人に対するその他の犯罪（刑法典§§169〜173, 201〜206） | 3 | 0.1 |
| 窃盗及び横領（刑法典§§242〜248c） | 594 | 25.7 |
| 強盗，恐喝，自動車運転者に対する強盗的侵害（刑法典§§249〜255, 316a） | 160 | 6.9 |
| 犯人庇護，ぞう物取得（刑法典§§257〜261） | 12 | 0.5 |
| 詐欺，背任（刑法典§§263〜266b） | 424 | 18.4 |
| 文書偽造（刑法典§§267〜281） | 89 | 3.9 |
| 財産に対するその他の犯罪（刑法典§§283〜305a） | 3 | 0.1 |
| 公安を害する犯罪（刑法典§§316aを除く306〜323c） | 22 | 1.0 |
| 環境に対する犯罪（刑法典§§324〜330a） | 1 | 0.04 |
| 交通犯罪 | 74 | 3.2 |
| 他の法律による犯罪（刑法典及び道路交通法を除く。） | 39 | 1.7 |
| 統一前 DDR 刑法による有罪判決を受けた者 | 4 | 0.2 |

出典：連邦統計局, Strafvollzug—Demographische und kriminologische Merkmale der Strafgefangenen2001Reihe 4 巻 1 号17頁

---

3　Zu den Erklärungsansätzen für geringeren Umfang und spezifische Deliktsstruktur der Frauenkriminalität: Kaiser, 1996, S. 500ff.；Schwind, 2002, S. 74ff.；siehe auch Fischer-Jehle, 1991；Schmölzer, 1995, S. 226ff.

## 6.1 法律上の規定

行刑法は，若干の特例を除けば，女性の自由刑の実行についても適用される[4]。
行刑法第140条第2項は，特別の施設における男性受刑者と女性受刑者との分離を規定している。女性施設の収容定員は，行刑法第143条第3項に従って200名を超えるべきでない。特別の理由から，行刑法第140条第2項第2切により，男性施設においても，女性のための分離された区画を設置することができる。

681

女性被収容者の数が少ないことから，実務においては，行刑法第140条第2項の原則─例外関係が逆転している。独立の女性施設は（旧連邦州においては），例えば，フランクフルト アム マイン，ベルリン及びシュベービッシュ グミュンドにあるだけである。もともと女性刑務所であったアイハッハ（バイエルン州）の施設は，今では，分離した男性行刑のためにも使用されている[5]。これ以外でも，女性受刑者は，場所的及び組織的に男性施設と結合した区画及び施設に収容され，男性受刑者のために設置された施設内で「決定的な付随的地位（verhängnivollen Anhängselsituation）」に置かれている[6]。

行刑法第150条は州を越える行刑共同体の形成を可能にしているので，組織的に小さい構成単位となるのを避けるため，複数の連邦州の女性受刑者を一つの中央施設にまとめて収容することが可能である。行刑法第140条第3項は，分離原則に対する例外を認めている。これによって，特別の処遇（例えば，集団療法，職業訓練及び補習教育，自由時間活動）に男女の被収容者が同時に参加することができる。もっとも，この場合においても，分離した部屋での収容が行われなければならない[7]。

しかし，被収容者（夫婦）パートナーの共同生活は，行刑法第140条第3項にいう処遇には含まれない。受刑者が行刑施設内で夫婦共同生活が継続できないとしても，拘禁に起因すると考えられる程度を越えて，その者の基本法第6条第1項の基本権を侵害す

---

4　Zur historischen Entwicklung des Frauenstrafvollzugs: v. Gélieu, 1994.
5　Vgl. Bayer. Staatsministerium der Justiz, 2002, S. 28.
6　Bernhardt, 1982, S. 27; dazu auch Maelicke, 1995, S. 28.
7　Calliess/Müller-Dietz, 2002, §140Rdn. 3.

第6章 女性行刑の特例

るものではない[8]。

682 　行刑法は，その第76条から79条までの中で，妊娠，出産及び出産後の時期について特別の規定をしている。これらの規定は，基本法第6条第4項に対応しており，それはすべての母親に共同社会の保護と配慮を請求する権利を認めている。同時に，収容されている母親の子の生命及び身体が害されないことについての基本権（基本法第2条第2項第1切）に配慮している[9]。母性保護法の重要な規定は準用される。さらに，ライヒ保険法第196条，第197条と同様の給付が妊娠時及び母親に対して適用される。行刑法第78条により，行刑法第60条，第61条，第62条a及び第65条の保健に関する一般的規定の適用がある。

　子は，その母親が受刑者の地位に在るということによって，不利に取り扱われるべきではない。行刑施設での誕生を避けるため，行刑法第76条第3項によって，分娩は，基本的に行刑外の病院において行われなければならない。ただ，保安上又はその他特別の行刑上の理由から，外部のクリニックへの移送及びそこでの必要な監視が不可能であるか，それを行うには著しい出費を伴う場合にのみ，分娩区画のある施設での出産が許される。行刑法第79条により，出産関係書類から子が行刑中に出生したこと及び母親が受刑者であることが分かってはならない。

## 6.2 母子設備

683 　組織的レベルでは，行刑法第142条で女性施設に母親がその子らと共に収容されることができる設備を整えることを命じている。行刑法第3条第2項の弊害排除の原則に従って，子らをその直接の関係者から分離することによって生じる可能性のある社会化への障害を回避すべきである。母親の側から見れば，子との結び付きを通して社会的責任をより強く自覚する努力がなされるであろう[10]。

　母子設備[11]は，一般行刑の建築設備として，施設内又は施設外の独立した建物の形で存在する（例えば，フランクフルト－プロインゲスハイム[12]）か，又は行刑医療施設に隣接している（例えば，フレンデンベルク／ノルトライン－ヴェストファーレン州において[13]）。それは，社会福祉法第8編第45条以下にいう設備にかかわることであるので，

---

8　BVerfGE42, S. 101.
9　Schwind/Böhm/Steinhilper, 1999, §76Rdn. 1.
10　BT-Drs. 7/918, S. 76.
11　Dazu Überblick bei Maelicke, 1995, S. 44f.
12　Siehe Einsele, 1994, S. 310ff.
13　Justizministerium des Landes Nordrhein-Westfalen, 1998, S. 6.

整備に当たっては，児童及び青少年保護法の規定が尊重されなければならない。社会福祉法第8編第85条第2項第6号によって，母子設備は，子の収容に関する限り，地域を越えて青少年を保護する立場にある州少年保護所の監督に服する。その他の点では，行刑法第151条によって，州司法行政部の監督下に置かれる。

　母親を収容中の行刑施設に子を収容するための要件は，行刑法第80条により，次のとおりとされている。　　　　　　　　　　　　　　　　　　　　　　　684
— 子が就学義務の発生前であること。
— 収容決定権者の同意があること。
— 所轄の少年保護所が子に社会教育的な世話をするための人的，場所的及び組織的な条件の存在を認めること[14]。
— 行刑に子を収容する場合の影響より子をその母親と分離することによる悪影響が大きいこと。

　行刑官庁は，行刑法第80条の要件が存在する場合，子を収容する権限を有するが，それを義務付けられてはいない[15]。施設に子を収容するに当たっては，基本的には，扶養義務者（例えば，父親）が，それに伴う費用を負担しなければならない。子の利益のため及び子を母親と共に収容する利益のため，費用補償請求権の行使を見送ることができる（行刑法第80条第2項）。
　母子設備は，母子関係を保持させることで子の側における親との別居に伴う社　　685
会化への障害を防止するとともに，母親の側に（再）社会化を促進する効果をもたらすということから，賛同が得られている[16]。しかし，全体施設としての行刑施設で子らが母と共に暮らすという生活条件については，批判的な異論がある[17]。そこでは，子の刑務所化という有害な結果をもたらす可能性について特に指摘されている。分離を避けることにより期待される積極的効果は，社会化及び発育を阻害するファクターとしての行刑施設への収容により，逆に減退するか，又は全く相殺されるのではないかということである。
　母子設備は，少数の女性施設ないし女性区画に設けられているだけである（例　　686
えば，シュベービシュ グミュンド，アイハッハ，プロインゲスハイム，ヴェヒ

---

14　Schwind/Böhm/Steinhilper, 1999, §80Rdn. 8.
15　Calliess/Müller-Dietz, 2002, §80Rdn. 1.
16　Kaiser/Schöch, 2002, S. 433f.
17　Siehe AK-Baumann/Quensel, 2000, vor §76Rdn. 10ff.；Birtsch/Rosenkranz, 1988；Krüger, 1982, S. 24ff.；Maelicke/Maelicke, 1984；Rosenkranz, 1985, S. 81；krit. unter verfassungsrechtlichen Aspekten： Häberle, 1995, S. 857ff.

タ，フレンデンベルク，ストルベルク，リューベックの各行刑施設）。子らは，通常3歳に達するまで[18]しか収容されないので[19]，子を持つ母親に特有の負担を軽減するため，特別の女性外部通勤（Frauenfreigang）制度を導入することが適切と思われる[20]。この制度は，住居地に近い場所での収容を前提とするが，女性収容者のための施設ないし区画の数が比較的少ないことから，しばしばうまくいかない。しかし，個別の事案で母親本人が行刑施設と居住地との間を毎日行き来できる場合には，母親がその子の世話をするという家庭内での仕事は，行刑法第11条第1項第1号の求める行刑の緩和と規則的な仕事との結合という要求に適合する。また，部分的に実務上行われている数時間の外出許可は，閉鎖行刑の受刑者にとって家族への接触を維持することに役立っている。これによって，女性は，比較的長い時間，施設の雰囲気がもたらす負担の少ない，その家族との共同生活を送ることが可能になる[21]。

687　行刑法第80条は，その文言上，子の収容をその母親の施設に限定している。基本法第3条からみれば，育てる母親がいない場合，収容中の父親の元に子を収容することもできなければならない。しかし，女性施設の場合と同じく，男性受刑者の施設でも，子を一般の施設に収容することはほとんど不可能である[22]。したがって，行刑官庁は，行刑法第142条を準用して，父親の施設にその子らを収容するための特別の設備をすることができる[23]。

## 6.3　行刑の形成（Vollzugsgestaltung）

688　女性行刑は，広い範囲で男性と同じ法律的規制の下にあるものの，女性犯罪者への自由刑の実行を実務的に形成する場合には明確な相違が見られ[24]，それは結局，収容される女性への不利益な取扱いをもたらしている[25]。

女性受刑者を女性のためのセンター施設（一部では州の枠を超えて）に集めて

---

18　Vgl. AK-Huchting/Lehmann, 2000, §142Rdn. 3.
19　Eine Ausnahme bildet Aichach mit der Unterbringungsmöglichkeit bis zum Alter von vier Jahren（vgl. Bayer. Staatsministerium der Justiz, 2002, S. 29）.
20　Götte, 2000, S. 251f. ; Harjes, 1985, S. 284ff. ; Laubenthal, 1999, S. 164.
21　Justizministerium des Landes Nordrhein-Westfalen, 1998, S, 13.
22　OLG Hamm, NStZ1983, S. 575.
23　Calliess/Müller-Dietz, 2002, §80Rdn. 1, §142Rdn. 1 ; Laubenthal, 1999, S. 164 ; a. A. Schwind/Böhm/Steinhilper, 1999, §80Rdn. 6.
24　Dazu　Bernhardt, 1982, S. 27ff. ; Dürkop/Hardtmann, 1978 ; Einsele/Rothe, 1982 ; Einsele, 1994 ; Fischer-Jehle, 1991 ; Quensel E., 1982, S. 13ff. ; siehe auch Boehlen, 2000, S. 131ff.
25　Maelicke, 1995, S. 29f. ; Walter M., 1999, S. 197.

収容することは，女性犯罪者の特別な必要に合わせた処遇を可能にする。このことは，とりわけ職業訓練及び補習教育を行う場合に妥当する[26]。

例えば，ノルトライン－ヴェストファーレン州では，衣服縫製，オフィス事務（Bürokommunikation），婦人服仕立て，理容技術，園芸，造園，家事及び繊維製品洗濯の業種で量的にも質的にも需要を満たす職業訓練の機会が女性受刑者に対して開かれている。その上，特定の――いわゆる女性には珍しい――男性のための特定の職業訓練（例えば，左官）に男女共同訓練のかたちで参加すること，あるいは施設外で教育を受けたいという希望を外部通勤の方法で実現することができる[27]。

表6．3． 2001年3月31日現在，女性受刑者の連邦州内の分布

| | |
|---|---:|
| バーデン－ヴュルテンベルク | 233 |
| バイエルン | 395 |
| ベルリン | 139 |
| ブランデンブルク | 27 |
| ブレーメン | 27 |
| ハンブルク | 83 |
| ヘッセン | 231 |
| メクレンブルク－フォアポンメルン | 15 |
| ニーダーザクセン | 211 |
| ノルトライン－ヴェストファーレン | 628 |
| ラインラント－ファルツ | 139 |
| ザールラント | 6 |
| ザクセン | 95 |
| ザクセン－アンハルト | 38 |
| シューレスヴィヒ－ホルシュタイン | 41 |
| チューリンゲン | 1 |

出典：連邦統計局，行刑－Demographische und Merkumale2001Reihe 4巻1号7頁

各連邦州のセンター施設では，女性被収容者数が少ないことから（表6．3）受刑者の十分な分類を行うことができない。刑確定者を一定の基準に従って，その個別の必要性に応じた設備を持ち，処遇のできる施設に指定することができな

---

26　Vgl. Fichtner, 1990, S. 82ff.
27　Siehe Justizministerium des Landes Nordrhein-Westfalen, 2000, S. 62f.

い。そこでは，しばしば初犯者と累犯者との分離や服役期間による区別さえできていない（例えば，バイエルン州では，3月を超える自由刑のほとんどすべてが，アイハッハの行刑施設で実行されている[28]。）。

多数の短期受刑者と長期受刑者とを同一施設に収容できるとすることは，危険な集団について，保安上の視点から指導することが必要となる。さらに，極端な集中化は，社会復帰プロセスの障害になる。一部の者がその家族や関係者の居住地から場所的に遠く離れることは，これらの者との結び付きを維持し，又は確立することを困難にするからである。

**690** 男性施設の特別区画に収容された女性受刑者は，第一次的に男性の収容のための組織，職員，設備及び統制機構を持つ施設にいることになる[29]。大部分は短期刑であるため，これらの者は，そこで一般（男性）施設のための家事的作業（例えば，施設衣類の洗濯）を任されるか，又は簡単に覚えられる仕事（例えば，電器部品の組立て，縫製作業又はかがり作業）に従事する[30]。もっとも，女性受刑者は，その区画内では男性受刑者に比べてより自由である。そこでは，自由時間には基本的に私服を着用することができる[31]。保安上の疑いがない限り，私物で居室を飾り付けることも大幅に認められる。その他の保安的措置も通常軽減される。しかし，これとは対照的に，女性のための開放行刑設備はわずかしかない。

---

28　Bayer. Staatsministerium der Justiz, 2002, S. 29.
29　Dazu Quensel E., 1982, S. 14ff.
30　Bayer. Staatsministerium der Justiz, 2002, S. 30.
31　Siehe Justizministerium des Landes Nordrhein-Westfalen, 2000, S. 64.

# 第7章　保安及び規律
## (Sicherheit und Ordnung)

　行刑法が施行されるまでは,「保安及び規律」という一組の概念が行刑実務を支配する役割を果たしており,そこにおける伝統的な理解は,それを純粋に抑止的なものと解釈することがその出発点とされていた[1]。しかし,近代的処遇行刑においては,施設は,保安について社会の強い要求があることを承知しているものの,立法者の意図に従って,刑確定者が将来新たな罪を犯すことなく社会的に責任のある生活を送ることができるようになるという行刑目的を指向している。行刑法第2条第1切で定める目的を達成するということは,秩序ある共同生活のために定められた規則を学び,それに従うことが前提である。したがって,施設における保安及び規律は,処遇分野に属することを意味する。行刑法第4条第1項第2切により,この分野においても協働のための受刑者の心構えが得られるようにされなければならない。　691

　立法者は,行刑法第81条第1項において,社会化への肯定的視点を自己責任原則(Selbstverantwortungsprinzip)として,次のように具体化している。すなわち,「施設における秩序ある共同生活に対する受刑者の責任観念は,喚起され,かつ,助長されなければならない」。施設の保安及び規律は,第一義的には,責任を自覚した人間関係の基礎に立って,相互に保証されるべきものである[2]。規律に従った行動をするようになるには,被収容者の自覚が助長されなければならない。　692

　したがって,保安及び規律を維持するための受刑者に対する予防的又は抑止的な性質を持つ特別の義務及び制限は,他の措置(例えば,話し合い)では必要な自覚が得られない場合に初めて課することができる[3](補充の原則(Subsidiaritätsprinzip))。保安的処置,強制的処置及び懲戒処分は,最後の手段としてのみ考慮の対象になる。　693

　行刑法第81条第2項に基づき受刑者に命令する場合には,更に相当性の原則　694

---

[1]　Vgl. Calliess, 1992, S. 167.
[2]　Calliess/Müller-Dietz, 2002, §81Rdn. 3 ; zur Problematik der Sicherheit als Funktion von Betreuung und Kontrolle siehe Rehder, 1988, S. 34.
[3]　BT-Drs. 7/3998, S. 31.

（Verhältnismäßigkeitsgrundsatz）に留意されなければならない。義務及び制限は，「それがその目的と適当な関係にあり，かつ，受刑者を必要以上に重くかつ長く侵害することのないように選択されなければならない」。行刑法第81条第2項では，相当性を吟味するに当たって，処置の適当性及び必要性のほかに，その処置を課すことによって行刑法第2条第1切の行刑目的が危うくされないかどうかについても慎重に検討されなければならないとして，比例の原則（Proportionlitätsprinzip）を明示している[4]。短期的な保安及び規律維持のための権利制限は，長期的に見て，それが行刑目的達成に向けた処遇を危うくするおそれがある場合には，差し控えられなければならない。それは，行刑法第2条から第4条までに規定された原則と矛盾する制限が保安及び規律の維持という観点から許されるとは考えられないからである[5]。

695　行刑法第81条以下にいう保安の概念には，外部に対する施設の保安（施設収容の確保）と施設内部の保安（施設内における人及び物に対する危険——犯罪とはかかわりのないものも含めて——の防止）の両者が含まれる。

　保安は，その目的によって定義されるだけではなく，意図及び用いられる手段によっても区別される。その限りにおいて，保安概念は三つに分けることができる[6]。
― 物的保安（塀，格子，錠，警報装置，武器など）
― 管理的保安（行刑計画，勤務配置，保安計画及び非常警備計画，行刑緩和の実行）
― 社会的保安（施設環境，作業条件，自由時間活動の提供）

696　規律の概念は，施設内における秩序ある人間に値する共同生活を意味する[7]。

　これに対して，行刑法第2条第2切に基づく社会の保護という行刑任務にとって重要なことは，被収容者による新たな犯罪から社会を守ることである。施設内部の保安は，行刑職員及び同衆受刑者に対する犯罪に関係する危険が防止されなければならないものとしてのみ理解される[8]。行刑法第2条第2切の規定により保護される領域と第81条以下の規定により保護される領域とは，それぞれ部分的に重なり合うだけである。
　行刑法は，その第82条以下で，施設の保安及び規律維持のため行刑職員が介入できる権限について，包括的なカタログを規定している。

---

4　Dazu Baumann J., 1994, S. 105.
5　So ausdrücklich BT-Drs. 7/3998, S. 31.
6　Vgl. Korndörfer, 2001, S. 158.
7　Schwind/Böhm/Kühling, 1999, §81Rdn. 7.
8　Dazu Kap. 3. 2.

― 行動規定（第82条，第83条）
― 保安上の処置（第84条～第92条）
― 直接強制の行使（第94条～第101条）
― 懲戒処分（第102条～第107条）
― 被収容者に対する賠償請求（第93条）

## 7.1 行動規定 (Verhaltensvorschriften)

　立法者は，行刑法第82条において，施設内における秩序ある共同生活を保障するための一般的規定をしている。これによって，受刑者は，所内規則（行刑法第161条第2項第2号）に定められた日課を順守しなければならない。また，受刑者は，行刑職員，同衆受刑者及びその他の者（例えば，名誉職的行刑協力者，施設審議会委員）に気配りするよう義務付けられる。施設内における秩序ある共同生活がその者の行動により具体的に妨げられることは許されない。

　秩序ある共同生活への妨害が発生するのは，特に，同衆受刑者又は行刑職員に対する犯罪が行われる場合である[9]。しかし，そこで刑法典第185条の侮辱罪が問題となる場合には，自由な意見表明という基本権（基本法第5条第1項）に留意しなければならない。

　事例：行刑職員がある受刑者に対して，その者が関係する事件の連邦憲法裁判所の却下決定書を手渡した。その際，職員が詳しい説明をしなかった態度を不愉快だと感じた。そこでその職員に向かって「そんなに生意気にしなさんな。この高慢なやつが。」と言った。施設管理者は，この発言を秩序ある共同生活を送る義務に対する重大な違反であると評価して，その者に懲戒処分を科した。

　連邦憲法裁判所[10]は，この事件の決定の中で，行刑法第82条は，基本権を制限する一般法を意味し，この規定によって制限される基本権に照らして解釈され，適用されなければならない旨を詳細に述べている。この場合，基本法第5条第1項第1切及び第2項にかんがみ，事実関係の解明が特に必要であるとした。すなわち「まず，いかなる関係において，どのようなきっかけから，この問題とされる表現がなされたのか，また，それがどの程度施設内の秩序ある共同生活を乱す可能性があったかということが解明される必要がある。これを基礎に置くことによって，初めて，施設における秩序ある共同生

697

---

9　OLG Frankfurt, StrVert1993, S. 442.
10　BVerfG, StrVert 1994, S. 440ff.；siehe auch BVerfG, StrVert 1994, S. 437ff.；OLG Frankfurt, NStZ-RR1997, S. 152.

第 7 章　保安及び規律（Sicherheit und Ordnung）

活及び保安の利益と受刑者の自由な意見表明の権利とを適切に比較考量することができる。[11]」

　連邦憲法裁判所は，この受刑者の発言がその客観的意味内容から見て——たとえそれが刑法上の意味における侮辱にかかわる問題であるとしても——秩序ある共同生活を送る義務に対する重大な違反とは考えなかった。行刑官庁は，詳しい事情の説明を行うべきであったのに，これを行わなかったことが問題の発言のきっかけとなったのである。発言内容だけに注目するよりも，基本法第 5 条の要求する被収容者の自由権と行刑の利益とを比較考量する必要があったと考えられる。

**698**　行刑法第82条第 2 項に基づき，受刑者は，行刑職員の命令に従わなければならず，また，その指示された場所を離れてはならない。行刑法第82条第 3 項により，被収容者には，その居室及び交付された物品に対する一般的注意義務が課されている。さらに，生命に対する危険又は人の健康に対する重大な危険があると認められる事態を遅滞なく報告しなければならない。行刑法第82条第 4 項の報告義務は，行刑法第 3 条第 1 項にいう社会同化の原則の観点から，刑法典第323条 c にいう一般的援助義務に対応している[12]。

**699**　行刑法第83条は——領置金及びその使用制限についての規定（第83条第 2 項第 3 切）[13]のほか——特に，物品の受刑者の個人保管について規定している。それは，基本的には行刑官庁の許可によることとされている。その許可は，個々の場合における特別の所持規定（行刑法第19条，第22条，第33条，第53条第 2 項及び第 3 項，第68条，第69条第 2 項，第70条）との関係並びに行刑法第 2 条及び第 3 条に配慮して，施設管理者が決定する[14]。

　事例：ある被収容者にバッジが送られてきた。その外側には「誇らしきドイツ人」と表示されており，内側には鷲が描かれていた。施設長はこのバッジを交付せず領置させた。

　ハンブルク州高等裁判所[15]は，行刑官庁のこの行為の適法性を確認した。その理由は，この場合，行刑法第83条第 1 項第 1 切は，行刑法第19条第 2 項，第33条第 1 項第 4 切及び第22条第 2 項の規定に配慮して解釈されなければならないということであり，その物を所持することで施設の保安又は規律が害されるおそれがある場合には，不許可にでき

---

11　BVertG, StrVert 1994, S. 441.
12　BT-Drs. 7/3998, S. 32.
13　Dazu in Kap. 5.3.4.
14　Calliess/Müller-Dietz, 2002, §83Rdn. 1.
15　OLG Hamburg, NStZ 1988, S. 96.

るからである。本件の不許可は，承認されなければならず，それは送付されたバッジが「挑発的，戦闘的な性格を持ち，他と一線を画する意図があり，他国の受刑者に対して継続的な精神的負担を与えるからである。ドイツ人であることの誇りを表明することは，基本法第5条により保護された施設の保安及び規律に対して，何ら優先的権利を有するものではない。[16]」

700　施設管理者が特別の指示をしない限り，受刑者は，行刑法第83条第1項第2切により，施設管理者の同意を得ることなく同衆受刑者からわずかな価値の物品を受領することができる。これによって，施設内でのいわゆる物々交換が法律的に承認されている[17]。わずかな価値以外の物品について基本的に承認を義務付けている目的は，受刑者間の法律行為的意思表示[18]を行刑官庁の同意に係らせることではない[19]。それはむしろ，そこに存在する保安上の危険（例えば，サブカルチャーへの依存の発生[20]）について配慮されているものと考えられる。この場合，行刑法第83条第1項は，拘禁施設内に存在する物品についてのみ適用されるのではなく，交換又は購入の対象物がまだ外部にあるときの被収容者間の占有交替（Besitzwechsel）についても適用される[21]。しかし，行刑法第83条第1項は物品の受領だけであって，それを順次他の者に交付すること（Weitergabe）までを含むものではない。この規定は，物品を交付した者に対して義務違反を問う根拠にはならない。義務違反は，施設管理者が——行刑法第4条第2項第2切の原則に基づき——物品の同衆受刑者への順次交付を所内規則により禁止する場合に初めて発生する[22]。

## 7.2　保安上の処置（Sicherungsmaβnahmen）

701　この法律は，行刑官庁に対して，保安及び規律を維持するために必要な制限を命じ，かつ，これを実行する権限を与えている。そこでは，これまでの慣例に従い，一般的保安上の処置（行刑法第84条から第87条まで）と特別の保安上の処置（行刑法第88条から第92条まで）とを区別し，一般的保安上の処置は，一部につ

---

16　OLG Hamburg, NStZ 1988, S. 96.
17　Schwind/Böhm/Kühling, 1999, §83Rdn. 6.
18　Dazu Kölbel, 1999, S. 504ff.
19　OLG Zweibrücken, NStZ 1991, S. 208.
20　Dazu oben Kap. 3.4.2.4.
21　OLG Zweibrücken, NStZ 1991, S. 208.
22　OLG Nürnberg, NStZ 1996, S. 378.

いて，具体的な危険の存在にかかわりなく行われ得るとしている[23]。

特別の権利制限のために具体的危険の存在を必要とする場合には，それを相当とする事実の裏付けがなければならない。

事例：施設長がある受刑者に対して特別の保安上の処置を命じた。その理由は，行刑官庁に対して州警察局からある通知がなされたことによるものであった。そこで内密に示唆されたことは，その受刑者は与えられたあらゆる機会を逃走のために利用しようとしていること，また，受刑者を解放しようとする試みがあることも排除できないであろうということであった。

しかし，そこには危険の存在についての具体的な事実が示されていなかった[24]。確証のない疑いだけを理由とした特別の保安上の処置による権利侵害は許されない。施設管理者は，不十分な，そして内密に示唆されたにすぎない内容を確認するため，なお他の証拠によって自らの確信を補強しなければならなかったのに，これを行っていなかった。

### 7.2.1 一般的保安上の処置（Allgemeine Sicherungsmaßnahmen）

702　行刑官庁は，行刑法第81条第2項に規定された義務及び制限を課するための基本原則に配慮しつつ，義務にかなった裁量により，次の処置を命じることができる。
― 検査（行刑法第84条）
― 確実な収容（行刑法第85条）
― 識別事務上の処置（行刑法第86条）
― 逮捕（行刑法第87条）

703　被収容者の居室，物品及び身体を検査するという保安上の処置の実施に当たり重要とされるのは，目的とする物品又は痕跡の探索である。第84条関係行政規則第1は，閉鎖行刑においては，職員が日常的に短い間隔で不時の（unvermutet）検査を行うことによって，受刑者の使用する部屋及び備品が棄損されず，受刑者が保安及び規律を危うくするおそれのある物品を所持せず，また，攻撃又は逃走の準備がなされていないことを確認しなければならないと規定している。部屋は短い間隔で検査されなければならない。毎日行う検査では，危険な物品及び逃走に利用されるおそれのある物品に留意すべきこととされている。この非常に厳格な行刑法第84条関係行政規則は，正当な批判にさらされている[25]。つまり，居室

---

23　Müller-Dietz, 1978, S. 195.
24　OLG Frankfurt, StrVert 1994, S. 431f.
25　Siehe z. B. Calliess/Müller-Dietz, 2002, §84Rdn. 2.

の頻繁な検査は，被収容者側に不信感と攻撃性を呼び起こし，また，処遇行刑に必要な雰囲気にとって有害であり，とりわけ，検査の間本人が立ち会う権利をもたないのはなお問題である[26]。さらに，「日常的な」及び「不時の」検査という一般化された基準は，行刑法第81条に規定する原則と矛盾する。

法律では，身体検査について，着衣検査と裸体検査とを区別している。行刑法第84条第1項に基づき，被収容者は，施設長の一般的指示に従って，衣服に手を触れること，衣服のポケットの中を探るという方法で検査され，又は電子的機器を用いて点検され得る[27]。これに対して，衣服を脱がせて行う身体検査は，行刑法第84条第2項により，個別の事案で危険が差し迫っている場合又は施設長の具体的な指示に基づいてのみ行うことができる。この場合の前提要件は，特別の個別的，特定的指示であるが，それは複数の特定の事案について同時に適用することもできる[28]。行刑法第84条第3項では，保安及び規律上の視点から行う[29]施設長の指示に基づく一般的な裸体検査は，次の場合にのみ許されることを終局的に規定している。 **704**

— 行刑法第5条による収容手続の際
— 面会に伴う接触の後
— 施設外に出て帰所した後

衣服を脱がせて行う身体検査には，そのままで観察できる身体の窪み(Körperhöhlen)及び身体の開口部を検査することも含まれる。しかし，行刑法第84条第2項は，嚥下又はその他の方法によって身体の内部にある対象物を検査するため，医学的な補助手段を用いた処置を行うことを可能にする法的根拠を意味しない[30]。

行刑法第85条の規定する確実な収容のための処置は，行刑法第8条を補充する[31]。高度に逃走の危険がある場合又はその者の行動ないし状況が施設の保安又は規律に対する危険を示す場合には，行刑法第85条によって，被収容者をより高い保安度の行刑施設に移送することができる。 **705**

行刑法第86条第1項は，行刑の安全を維持するため，次に掲げる識別事務上の処置を執ることを認めている。 **706**

— 指紋及び掌紋の採取
— 写真撮影

---

26　Kaiser/Schöch, 2002, S. 351.
27　Schwind/Böhm/Kühling/Ullenbruch, 1999, §84Rdn. 2.
28　OLG Koblenz, ZfStrVo 1990, S. 56.
29　AK-Brühl, 2000, §84Rdn. 9.
30　OLG Stuttgart, NStZ1992, S. 378.
31　Dazu oben Kap. 5.2.2.

第7章　保安及び規律（Sicherheit und Ordnung）

── 外面的な身体特徴の確認
── 測定

　識別事務上の処置は，とりわけ，逃走した受刑者の捜索及び逮捕を容易にするためのものと考えられる。したがって，識別事務上の処置を受けた者は，行刑から釈放された後，拘禁の基礎となった裁判所の判決の執行が終了し次第，関係資料──写真及び身体特徴の記述を除き──の廃棄を要求することができる。行刑法第86条に基づく識別事務上の処置を執る目的は，行刑の安全を維持するため，すなわち逃走した受刑者の捜索及び逮捕を容易にすることであるから[32]，この規定による識別事務上の処置によって収集された情報は，行刑法第86条第2項第3切，第87条第2項に基づき，刑執行官庁及び刑事訴追官庁にも提供することができる。さらに，行刑法第86条第2項第3切により，行刑法第86条による調査目的を超えて，他の犯罪ないし施設の保安及び規律を危うくする規律違反を防止し，又は追及するためにこれらのデータを使用し，又は処理することも考慮の対象になる（行刑法第180条第2項第4号）。

707　行刑法第86条に基づき，受刑者に知らせて行う写真撮影は，行刑の安全のためにのみ行うことができ，それは行刑法第86条第2項に掲げられた目的のためだけに使用することができる。さらに，行刑法第180条第1項第2切に基づき，保安及び規律上の理由がある場合に限り，写真付分証明書の携行を被収容者に義務付けることができる。行刑施設には技術の進歩に伴い次第に電子データ処理の設備が整備されてきているので，証明書による身分証明の方法は古いものになってしまった。しかしこれまでの法令は，個人識別のため，施設の電子データ処理設備の中に写真を電子的に蓄積し，利用することを認めていなかった。そこで，立法者は，第6次行刑法改正法[33]で行刑法第86条aを追加することによって，行刑法第86条の規定にかかわらず，施設の保安及び規律を維持するため受刑者の写真撮影をその者に知らせて行い，被収容者の氏名，生年月日及び出生地を電子的に蓄積することを可能にした。その提供は，行刑法第86条a第2項に基づき行刑法第87条第2項に定める基準により許容され，また，連邦又は州の警察官署（Polizeivollzugsbehörden）がそれを施設内の重要な法益に対する現在の危険を防止するために必要とする場合も同様である。職務遂行上，被収容者の同一性を点検するため必要とする場合，行刑職員により写真が使用される。そうすることで，例えば，施設の幾つかの部署で職員が交替する場合又は保安上の処置を命ずる場合における本人確認に役立つ。さらに，──理由のいかんにかかわらず──受刑

---

32　Calliess/Müller-Dietz, 2002, §86Rdn. 1.
33　BR-Drs. 331/02, BR-Drs. 539/02.

者が施設を離れるすべての場合に人違いを防止することができる[34]。

708 　行刑法第87条第1項は，被収容者が逃走した場合又はその他許可なく施設外に留まる場合，行刑官庁に逮捕権を与えている（刑事訴訟法第457条による刑執行のための拘禁命令（Vollstreckungshaftbefehl）の請求を要しない。）。この場合，施設からの逃走，拘禁からの休暇，外出，外部通勤，刑の執行停止などで施設に戻らないことのほか，直ちに追跡を要するという意味で行刑に直接関係することが必要とされる[35]。そうでない場合，逃走者を再逮捕する処置を命じるのは刑執行官庁の権限に属する。受刑者が逃走し，その他許可なく施設外に留まる場合には，行刑法第179条により，行刑法第86条第1項に基づき，行刑の安全のため行刑内部で収集された本人確認又は逮捕のために必要な情報は，行刑法第87条第2項により，捜索目的及び逮捕目的のため刑執行官庁及び刑事訴追官庁によって行刑外で使用されることができる。

### 7.2.2　保安上の特別処置（Besondere Sicherungsmaßnahmen）

709 　行刑法第88条第2項において，保安上の特別処置が以下のとおり制限的に列挙されている。

第1号：物品の剥奪又は留置（例えば，ひげそり用具）
第2号：夜間における視察
第3号：他の受刑者からの単純な一時的隔離（最長24時間）
第4号：戸外滞留の禁止又は制限
第5号：危険物のない特に堅牢な居室における一時的収容（いわゆる鎮静室）
第6号：戒具の使用

　保安上の特別処置を命じる要件は，行刑法第81条の規定する原則に従う。

710 　行刑法第88条第1項に基づき，施設の規律への重大な障害が被収容者によってもたらされ，命じようとする処置が正にそれを回避するために（単独拘禁の場合について）不可欠（unerlässlich）であるか，又は，（その他の保安上の処置に関して）必要（erforderlich）でなければならない。その者の行動又は精神的状態から高度に逃走のおそれ，人若しくは物に対する暴行のおそれ又は自殺若しくは自傷のおそれのあることが前提である。ということは，施設内外の保安に対する

---

34　BR-Drs. 331/02, S. 3 f.
35　Calliess/Müller-Dietz, 2002, §87Rdn. 2 ; Schwind/Böhm/Kühling/Ullenbruch, 1999, §87Rdn. 3.

危険だけではなく，このような自己破壊（Selbstschädigung）のおそれがある場合にも，保安上の特別処置が許される理由となる。逃走及び暴行のおそれの予測に関しては，施設管理者に対して，裁判所による制限的な審査が可能な裁量範囲[36]が認められている[37]。

711 さらに，行刑法第88条第3項では，受刑者による危険のほか，第三者による解放の危険が存在する場合又は受刑者若しくはその他の者による施設の規律に対する重大な障害が他の方法では回避し，若しくは取り除くことができない場合，行刑法第88条第2項第1号及び第3号から第5号までに定める処置を命じることができるとしている。規律に対する危険は，その重大性の程度において，被収容者の解放の危険に対応するものでなければならない（例えば，単に自己使用のための薬物の隠匿を阻止することを理由に物品を引き上げることは，この要請を満たしていない。）[38]。

712 行刑法第88条第4項では，特に戒具の使用について，第88条第1項の要件のほかに，受刑者の連行，勾引又は護送の際は，他の理由から高度に逃走のおそれが存在することを使用に当たっての構成要件としている。

713 単純な隔離及びいわゆる鎮静室での収容とは異なり，一時的ではなく3月を超えた長期にわたることが許される独居拘禁（継続的な隔離）を命じるに当たっては（行刑法第89条第2項），その要件が本人自身の中にある理由に限定されることを行刑法第89条第1項で明確に規定している。行刑法第88条第2項第3号及び第5号とは異なり，独居拘禁は，正に第88条第1項に掲げられた理由に限定されている。加えて，この継続的な隔離が不可欠（Unerlässlichkeit）という事情がなければならない。

714 行刑法第88条第5項は，行刑法第81条第2項に定める相当性の原則を具体化し，補充している。保安上の特別処置は，その法的性格から専ら時間的に限定された緊急の危険な状態を除去するためにのみ用いることができる[39]。それは，受刑者の基本権に対する重大な侵害であり（基本法第2条第2項第1切，基本法第1条第1項と関連する第2条第1項及び基本法第20条と関連する第2条第1項），処置期間の長期化に伴い，ますますその重大さの程度は増加する[40]。長期化のおそれがある場合には，行刑法第85条による移送が考慮の対象になる[41]。

---

36　Dazu Kap. 8.2.2.2.
37　OLG Frankfurt, NStZ-RR2002, S. 155.
38　OLG Zweibrücken, StrVert 1994, S. 149.
39　OLG Zweibrücken, StrVert 1994, S. 149.
40　BVerfG, NStZ1999, S. 429.
41　Calliess/Müller-Dietz, 2002, §88Rdn. 4.

保安上の特別処置を命じる権限は，行刑法第91条第1項第1切により，施設長 715
に属する。施設長は，行刑法第156条第3項に基づき，監督官庁の同意を得て，
その権限を他の職員にゆだねることができる。行刑法第156条第3項は，行刑
法第88条による保安上の特別処置だけを掲げているが，これに続く行刑法第89条か
ら第92条までの規定もここに含まれるのであって，それは，これらの規定が行刑
法第88条に掲げる処置の特別な形態にすぎないからである[42]。権限を委任されて
いないその他の行刑職員は，危険が差し迫っている場合に限り，暫定的にこの処
置を命じることができる（行刑法第91条第1項第2切）。行刑法第91条に基づく
施設長の命令権は，例えば，受刑者が官庁共助の方法による連行時に裁判所の司
法警察勤務の職員によって監視される場合にも及ぶ。したがって，これらの職員
は，施設管理者が事前にそれを要請した場合に限り，連行される者に戒具を使用
することができる[43]。

保安上の特別処置の対象になる被収容者が医師の治療若しくはその経過観察を 716
受けている場合又は正にその者の精神状態が行刑法第88条第1項に基づく保安上
の処置の原因となっている場合には，施設長は，行刑法第91条第2項により，事
前に医師の意見を聞く義務がある。特に堅牢な居室に収容する場合（行刑法第88
条第2項第5号）及び行刑法第88条第2項第6号により施設内で戒具を使用する
場合には，行刑法第92条第1項第1切に基づき，その処置について医師による監
督が必要とされる。また，戸外滞留の禁止（行刑法第88条第2項第4号）が継続
している間も，行刑法第92条第2項により，定期的に医師の意見を求めなければ
ならない。

## 7.3 直接強制 (Unmittelbarer Zwang)

行刑法第94条以下の規定による直接強制力の行使は，受刑者の権利を侵害する 717
行刑処分の中で最もその効果が強力なものである。行刑法第95条第1項の法律的
定義によれば，それは有形力（körperliche Gewalt），その補助手段及び武器によ
る人又は物に対する作用をいう。有形力について，法律は，人又は物に対するあ
らゆる直接的な身体的作用をいうとしている（行刑法第95条第2項）。有形力の
補助手段として，行刑法第95条第3項では戒具を例示している。一般的に人間の
尊厳を傷付けるような（menschenunwürdig）もの（例えば，電気ショック器具）

---

42　OLG Hamm, NStZ-RR 2000, S. 127.
43　OLG Celle, NStZ 1991, S. 559.

でない限り，受刑者に対して外部的作用を及ぼす手段（例えば，放水，警備犬[44]（Diensthunde））も補助手段に含まれる。武器とは，行刑法第95条第4項により，職務上許容されている剣及び銃器並びに刺激剤（例えば，催涙ガス）とされている。

718 　公式には，行刑法第94条において，第94条以下にいう直接強制力を用いることを司法実行施設の職員に限定している（行刑法第155条第1項第1切）。さらに，行刑職員は，行刑法第94条第2項により，被収容者に対する場合と同様に被収容者以外の者に対しても直接強制の権限を有する。行刑職員は，自らのイニシアチブで行動するか，又は権限を有する上司の命令によって行動する。後者の場合に備えて，行刑法第97条では，個々の職員の服従義務の範囲及び限界並びに違法な命令に対するその責任範囲について規定している。特に，職員は，それが犯罪行為に当たると思う場合には，命令に基づく直接強制力の行使を義務付けられない。司法実行施設内に外部の警察官が投入される場合（例えば，いわゆる刑務所暴動の際）には，行刑法第94条第3項に基づく直接強制についての警察官の権限は，警察官に対して法律上適用される規定（特に，州法である警察任務法（Polizeiaufgabengesetze））に従う。正当防衛権ないし緊急避難権（刑法典第32条）の行使としての行動も考慮の対象にされる[45]。

719 　行刑職員は，行刑法第98条により，原則として，直接強制を行うことを事前に警告しなければならない。この警告は，状況がそれを許さない場合，つまり犯罪行為を防止し，又は目前の危険を回避しなければならない場合に限り，行わないことができる。

　直接強制を実行する場合における実質的要件として検討されなければならないのは，次の事項である。

— 付従性（Akzessorität）
— 補充性（Subsidiarität）
— 相当性の原則（Verhältnismäßigkeitsgrundsatz）

720 　行刑法第94条以下の規定は，被収容者又はその他の者の権利を侵害する固有の権限についての根拠を創設するものではない。それは，行刑法の他の規定に根拠を有する行刑上の処置を強制的に実行するための要件，手段及び限界を規定しているにすぎない[46]。刑執行官庁は，基本法第35条第1項に規定された官庁共助の

---

44　Calliess/Müller-Dietz, 2002, §95Rdn. 2.
45　Dazu Koch R., 1995, S. 27ff.
46　BT-Drs. 7/3998, S. 36.

義務から除外されておらず，そこには，被収容者に対して機能的には行刑職員だけが行使できる処置も含まれるので，この官庁共助の範囲内において，直接強制を用いることも許される（例えば，DNA―身元確認法（DNA-Identitätsfeststellungsgesetz）第2条による唾液検査のための唾液の提出を拒む受刑者について，その採取を準備するため）[47]。この場合，常に要求されるのは，直接強制における付従性の原則であり，適法な行刑上又は保安上の処置を実行するには，これが基礎に置かれなければならない。

立法者は，行刑法第81条で示した補充の原則を行刑法第94条で具体化している。721
（再）社会化に向けられた処遇行刑においては，受刑者の義務にかなった行動というのは，受刑者に対する処遇の効果によって達成されなければならない。その成果が得られない場合に，初めて行刑法第81条により施設の保安及び規律維持のための義務及び制限を課することができる。行刑法第84条以下の保安上の処置又は行刑法第102条以下の規律上の処置によっても目的が達成できない場合に限り，最も強力な侵害手段である直接強制が用いられることになる。

相当性の原則は，直接強制の分野について，行刑法第96条の中で特に詳細に規 722
定されている。用いることが可能であり，また適当とされる幾つかの強制的処置の中から，個人及び一般（Allgemeinheit）に対して最も負荷の少ないものが選択されなければならない（例えば，戒具の使用は，単なる有形力では不十分である場合にのみ用いること。）。また，見込まれる損害が得ようとする成果と均衡を失してはならない（例えば，行刑目的達成の見込みまで危うくしないこと。）。第96条関係行政規則では，さらに，その目的を達成した場合又は達成できない場合には，処置を中止するよう規定している。

立法者は，銃の使用及び保健上の強制処置について，特別の―付加的―要件を規定している。

行刑における銃使用の前提要件は，行刑法第100条において完結的に規定され 723
ている。受刑者に対しては，その者が武器又はその他の危険な器具を再三の要請にもかかわらず放棄しない場合，刑法典第121条にいう暴動（Meuterei）を企てる場合又は逃走を挫折させ，若しくは再逮捕を可能にすると思われる場合に限り，直接強制として，銃の使用が考慮の対象になる。行刑法第100条第1項第2切では，開放施設からの逃走を防止するための銃の使用は許されないとして，その使用を制限している。外部の者に対しては，暴力をもって受刑者の解放をしようとする場合にのみ，銃の使用が許される（行刑法第100条第2項）。

銃の使用には特に危険が伴うため，行刑法第100条の特別の要件に加えて，さ

---

47　Dazu Radtke/Britz, 2001, S. 134ff.

らに，行刑法第99条では，それ以外の限界を設けている。それは，第99条第3項で警告について行刑法第98条に対する特別の規定をしており，補充の原則及び相当性の原則が行刑法第99条第1項及び第2項で特に強調されていることである。銃は，他の直接強制の手段（例えば，有形力の補助手段）では効果がなく，又は効果が期待できない場合に限り，使用されることができる。認識できる局外者が高度の蓋然性を伴う危険にさらされてはならない。達成しようとする目的が物に対する武器の効果により達成できると思われる場合は，人に対して使用されてはならない。銃の使用目的は，行刑法第99条第2項第1切により，「攻撃又は逃走を不可能にするため」に限定されている。意図的な致命的射撃（Todesschuß）としての発砲は，行刑法の規定に根拠を求めることができない[48]。しかし，それは，正当防衛ないし緊急避難として，刑法典第32条の要件の下で正当化され得る[49]。

724　特別に──そして完結的に──立法者は，行刑法第101条において，医療上の特例を規定している。

　本人の意思に反する医療的処置は，自己決定の自由及び人身の不可侵（基本法第2条）という個人の権利と関係し，また，宗教的ないし世界観的信条（基本法第4条）も特別の場合には関係することがあり得る[50]。しかし，行刑官庁は，行刑法第56条以下により被収容者の身体的及び精神的健康に配慮する義務があり[51]，他方，被収容者には，行刑法第56条第2項によりこれへの支持義務が課されている。すなわち，被収容者は，その者の健康保護のための処置（例えば，予防的医学検査）及び衛生上の処置（例えば，行刑法第5条第3項による収容手続時の検査）に協力しなければならない。その者がこれに協力しない場合，行刑法第81条及び第94条以下の要件の下で直接強制を用いることができる。保健上の配慮から行おうとする医療的処置が，それよって侵害される被収容者の基本権よりも高く評価される場合には，国に介入権が生まれる[52]。そのことから，行刑法第101条第2項では，一般的な健康保護及び衛生上の理由に基づく身体的損傷を伴わない強制的な身体検査を許容している。

725　健康の保持又は回復のため強制的に行われる身体に対する介入[53]（例えば，医療上の検査，治療及び栄養処置）は，行刑法第101条第1項により，次の場合に

---

48　Calliess/Müller-Dietz, 2002, §99Rdn. 2；für einen gezielten Befreiungsschuss jedoch Schwind/Böhm/Koepsel, 1999, §99Rdn. 7.
49　Calliess, 1992, S. 176；siehe auch Schönke/Schröder/Lenckner/Perron, 2001, §32Rdn. 42 b；krit. AK-Brühl, 2000, §99Rdn. 6.
50　Dazu Kaiser/Schöch, 2002, S. 354.
51　Siehe Kap. 5．8．1．
52　Geppert, 1976, S. 15.
53　Dazu Heide, 2001, S. 98ff.

のみ許容される。

— 受刑者の生命に対する具体的な危険若しくはその健康に対する重大な危険又は他の者の健康に対する危険がある場合において，
— その処置が関係者（受刑者，医師，行刑職員）にとって期待できるものであり，かつ，
— 受刑者の身体及び生命又は健康に高度の危険を伴わないとき（相当性の原則）。

これらの要件が存在する場合において，受刑者が自由な意思決定をすることができる状態にあるときは，行刑法第101条第1項第2切により，行刑官庁には当事者の意思に反して必要な医療的処置を実施する義務はない。たしかに，行刑官庁は，行刑法第101条第1項第1切により，その健康保護義務上必要とされる重大な理由がある場合，これに反対する受刑者の意思を無視することが許される。しかし，受刑者の生命又は健康に対して重大な危険を及ぼすおそれがある手術（Risikoeingriff）については，その同意を得なければならない。このような重大な手術ではなく，受刑者の自由な意思決定が（例えば，身体疾患により）不可能である場合，行刑官庁には必要な処置を行う義務がある[54]。

726

強制的な医療的処置は，専ら保健のために役立つものでなければならないので，それを超える手術（例えば，性犯罪者へのステレオタクティク（stereotaktisch）な脳手術又は断種）を行刑法第101条を根拠に実施することはできない[55]。また，行刑法第101条第1項第1切は，行刑施設の全受刑者について強制的にエイズ検査を実施する法的根拠にはならない[56]。なぜならば，そこには被収容者又はその他の者の生命に対する具体的な危険又はこれらの者の健康に対する重大な危険が存在しないからである[57]。

保健の分野における強制的処置を指示し，指揮する権限は，行刑法第101条第3項により，施設の医師にある。受刑者が行刑外の病院にある場合には（行刑法第65条第2項第1切），それは，そこで治療を行う医師の権限に属する。

---

54 Schwind/Böhm/Müller, 1999, §101Rdn. 16ff.
55 Calliess/Müller-Dietz, 2002, §101Rdn. 6.
56 Dargel, 1989, S. 208 ; Kaiser/Schöch, 2002, S. 356 ; Kreuzer, 1995, S. 321.
57 Siehe auch oben Kap. 5.8.1.

## 7.4 懲戒処分 (Disziplinarmaßnahmen)

727　保安上の処置及び直接強制力の行使は，施設の保安及び規律に対する現在又は将来の危険を防止することにあるが，行刑法第102条以下に基づく懲戒処分には，このほかに抑止的目的もある。過去に存在した保安又は規律に対する一定の侵害に対しては，刑罰類似の制裁[58]によって処分されるが，この制裁は，本人の法律的側面に少なからぬ影響を及ぼし，かつ，その執行後も行刑法及び刑執行法上の決定に当たり重要な意味を有する。懲戒処分の賦課は，そのことによって施設内での秩序ある共同生活のために定められた規則の拘束力が被収容者に明らかにされるため，同時に一般予防的作用を有する[59]。義務違反に対する懲戒的報復は，特別予防的視点から見た警告的機能を果たすだけではない。社会化を指向する行刑というより広い関係において，それは，処遇に含められなければならない[60]。規律ある処遇行刑のための条件が他の方法（行刑法第81条）によって実現できない場合においてのみ，懲戒処分によってそれを実現することが許される。したがって，その本来の目的は，行刑法第2条第1切にいう行刑目的の達成に向けられた行刑の安全を維持することにある[61]。

### 7.4.1 一般的懲戒要件 (Allgemeine Disziplinarvoraussetzungen)

728　懲戒処分を命ずるには，行刑法第102条第1項により，次の要件の存在が前提とされる。

── 行刑法又は行刑法に基づき課された義務
── この義務に対する有責的違反

　行刑法は，それ自体の中で受刑者に多くの義務を明示的に課している。行刑法第102条第1項にいう懲戒に関係する法的義務としては，次に掲げるものがある[62]。

── 第20条第1項：施設の衣服を着用すること。
── 第27条第4項：面会時には許可された物品のみを授受すること。
── 第30条第1項：施設の仲介によって書類の発送及び受領を行うこと。

---

58　BVerfG, NStZ1993, S. 605.
59　Schwind/Böhm, 1999, §102Rdn. 1.
60　BT-Drs. 7/918, S. 82.
61　BVerfG, StrVert 1994, S. 438；OLG Karlsruhe, NStZ-RR2002, S. 29.
62　Vgl. dazu AK-Walter, 2000, §102Rdn. 3；Schuler, 1988, S. 269.

— 第30条第3項：送付された書類を開封のまま保管すること。
— 第41条第1項：免除されない限り作業義務に服すること。
— 第56条第2項：健康管理及び衛生上必要な処置を支持すること。
— 第82条第1項第1切：施設の日課を守ること。
— 第82条第1項第2切：行刑職員，同衆受刑者及びその他の者に対して秩序ある共同生活を乱す行動をしないこと。
— 第82条第2項第1切：行刑職員の指示に従うこと。
— 第82条第2項第2切：許可なく指定された場所を離れないこと。
— 第82条第3項：居室及び施設から交付された物品を整頓し，大事に取り扱うこと。
— 第82条第4項：人の生命に対する危険又は健康に対する著しく危険な事態を遅滞なく報告すること。
— 第83条第1項第1切：行刑官庁から交付され，又はその同意を得て交付を受けた物品のみを保管すること。

これに加えて，被収容者には行刑法に基づく義務を課することができる（行刑法第102条第1項）。行刑法の規定中にその適法性が認められている施設長による一般的規制（例えば，行刑法第161条による所内規則による）又は全員に対する指示（例えば，行刑法第84条第3項に基づく）がこれに該当する。さらに，法律上認められている場合，個別の命令により義務を課することができる（例えば，行刑法第14条第1項に基づく行刑の緩和又は拘禁からの休暇のための指示を与えること。）。 729

行刑法第102条にいう義務は，また行刑法から推定的に生じることもある。例えば，行刑の緩和（行刑法第11条）又は拘禁からの休暇（行刑法第13条）には，適当な時間に帰所することが当人の義務として内在している。施設から離れることを許されることによって，その者は相応する義務を引き受けることになり，これに違反すれば，その限りにおいて，懲戒罰のための要件を満たすことになる[63]。

例えば，次の場合は，行刑法第102条第1項にいう義務違反に当たらない。 730

— 逃亡（Flucht）すること及び他人を傷害（未遂を含む。）することなく閉鎖施設から逃走（Entweichung）すること又はこれらを試みること。

---

63　AK-Walter, 2000, §102Rdn. 6；Calliess/Müller-Dietz, 2002, §102Rdn. 6；Schwind/Böhm, 1999, §102Rdn. 6；Skirl, 1983, S. 319.

第7章　保安及び規律（Sicherheit und Ordnung）

　　事例：長期自由刑受刑者が行刑施設から逃走した。この者は，荷物の積込み作業中トラックの中に身を隠し，そのまま施設外に脱出することに成功した。数か月後ようやく逮捕された。逃走を理由とする懲戒手続が開始され，14日の屏禁が科された。

　ハム高等裁判所[64]は，行刑施設からの暴力を伴わない逃走も行刑法第102条による義務違反の理由になるということで，この処分を——一部の学説及び判例[65]と同様に——適法であると考え，「自由剥奪の結果生じた多くの個別的義務に違反する場合に懲戒処分を科することができるとするならば，そのことは，逃走によりすべての義務が放棄される場合にも正しく適用されなければならない」とした。

　しかし，この見解は，このような行動が刑法典第121条にいう暴力行為と結び付いていない限り，刑法上の自己庇護の原則（Selbstbegünstigungsprinzip）から刑法典第120条及び第258条第5項に基づき不可罰とされていることと矛盾する[66]。さらに，行刑施設に留まることを受刑者に義務付けた明文の規定も行刑法には存在しない。被収容者に対して許可なく指定された場所から離れてはならないという行刑法第82条第2項第2切からこれを推定することもできない。なぜならば，この規定は，施設全体についてではなく，単に施設内の区画された部分に向けられたものにすぎないからである[67]。

— 被収容者がその者の処遇の形成及び行刑目的の達成に協力しないこと。なぜならば，これは行刑法第4条第1項に基づき強制できるものではなく，施設においてその心構えを喚起し，助長すべきものであるからである。
— 受刑者がそれを強要のための手段又は施設規律を乱すことを目的として行わない限り，自傷及び自殺未遂をすること[68]。
— 服役期間中に（拘禁からの休暇の間においても）可罰的行為及び秩序違反行為を行うこと。なぜならば，このような義務は一般的な刑法典にかかわる問題である。異なる取扱いは，刑法典ないし秩序規則に対する違反が同時に行刑上の義務違反を意味する場合にのみ，その限りにおいて，認められる[69]（例えば，刑法典第223条以下の規定に基づく犯罪行為としての身体傷害と秩序ある共同生活のため同衆受刑者を妨げる行動をしないという行刑法第82条第

---

64　OLG Hamm, NStZ1988, S. 296.
65　　AK‐Walter，2000,§102Rdn．8 ；Grunau／Tiesler，1982,§102Rdn．3 ；Kaiser／Schöch, 2002, S. 358；Schwind/Böhm, 1999,§102Rdn.17f.；Walter M.，1999, S. 447；OLG München, ZfStrVo 1979, S. 63；LG Braunschweig, ZfStrVo 1986, S. 187.
66　Anders　auch　Calliess, 1992, S. 171；Calliess/Müller‐Dietz, 2002,§102Rdn．11；OLG Frankfurt, NStZ‐RR1997, S. 153.
67　Calliess/Müller‐Dietz, 2002,§82Rdn．4．
68　Schwind/Böhm, 1999,§102Rdn．7．
69　AK‐Walter, 2000,§102Rdn．5．

1項第2切の義務違反としての同衆受刑者への身体傷害，刑法典第185条による犯罪として侮辱と行刑法第82条第1項第2切に基づく職員に対する行為義務違反としての侮辱）。

行刑法第102条第3項により，このような場合に刑事手続又は過料手続が開始された後であっても懲戒処分にするのを許していることは，基本法第103条第3項の二重処罰の禁止に違反しない。それは，この規定が懲戒処分と刑事罰との関係には適用がないからである[70]。しかし，刑の量定を行う事実審裁判官は，法治国的な理由から，先行する懲戒処分に配慮しなければならない。起訴された受刑者が刑事裁判所により確定的に無罪判決を受けた場合，同一の事実関係に基づき科された懲戒処分も停止されなければならない[71]。

行刑上の義務違反は，既遂でなければならない。このことは，行刑法第102条第1項の一義的な文言から明らかであり，この規定から未遂行為及び準備行為が含まれると読むことはできない。行刑法第102条第1項は，義務違反と行為者及びその責任範囲とが関連することを要求しているので，同衆受刑者の義務違反に対する単なる共犯者である場合は，自身の義務違反が存在しない限り，同項には該当しない。 731

行刑法第102条第1項は，行刑法又は行刑法に基づき被収容者に課された義務に対して，有責的に違反することを要求している。したがって，その違反は，故意（又は過失）により行われたものでなければならない。しかし，過失の場合は，通常，行刑法第102条第2項の処置によるのが順当である[72]。行刑法は責任非難について特別の要求をしていないので，一般刑法上の原則（特に責任阻却理由）が適用される。 732

### 7.4.2 懲戒手続（Disziplinarverfahren）

有責的な義務違反は，法治国的手続の中で被収容者に確認されなければならない。このことを立法者は行刑法第106条に規定している。まず施設長又は施設長から委任を受けた職員によって事実関係が明らかにされ，受刑者の陳述が聴取されなければならない。その際には，不利な事情と同時に有利な事情も調査されなければならない。弁解（Einlassung）は，後日行われる可能性のある（裁判所による）処分の審査を可能にするための必要から文書に記録される。 733

---

70　BVerfGE21, S. 384.
71　OLG München, NStZ1989, S. 294.
72　Calliess/Müller-Dietz, 2002, §102Rdn. 7.

734　行刑法は，懲戒手続のための供述の自由に関して，被収容者に教示する義務について，明確な規定をしていない。しかし，被収容者は刑罰類似の制裁を伴う罰を受ける危険にさらされており，また，——事案の状況によっては——刑事訴追官庁に対して懲戒手続上の調査結果が回付されることを考慮に入れなければならない。少なくとも，ある受刑者に対してなされた非難が同時に刑罰を受ける可能性のある行為に当たる場合には，少なくとも——連邦最高裁判所[73]（BGH）によれば——取調べを受ける者の供述の自由について教示すること及び教示が行われない場合の供述が使用できないという刑事訴訟法上の原則（刑事訴訟法第163条a第4項第2切及び同法第136条第1項第2切）は，その供述を刑事手続に利用しようとする限り，援用されなければならない。法治国的な考慮をすれば，行刑手続において本人に刑罰類似の結果が与えられるのであるから，一般的には，施設長により，その者に供述の自由について教示がなされるべきである[74]。

735　行刑法は，懲戒手続における弁護人について規定していない。懲戒処分の刑罰類似の性質及びこれと結び付いた本人の自由権に対する軽視できない侵害を考えるとき，受刑者が弁護士による援助を利用する能力がある場合に限り，法治国原則について配慮することができる[75]。しかし，行刑法第106条による行刑上の手続においては，本人の体験する制裁がその行動に及ぼす効果という点から，義務違反とそれに対する反動との関連を忘れないよう，それが迅速に実施されることについて特別の利益がある。迅速な手続の進行を必要とするという点からは，行刑法第106条第1項第2切により実施される事情聴取の前に，被収容者の要求に基づき，弁護人との短時間の時間を決めた面会あるいは電話での相談が可能であれば，通常は十分といえる[76]。

736　懲戒手続中の者が医師の治療を受けている場合又は妊娠中の受刑者ないし授乳中の母親が義務違反に関係する場合には，施設医師の意見を聞く必要がある（行刑法第106条第2項第2切）。重大な規律違反の場合，施設長は，行刑法第106条第2項第1切に基づき，決定前にその受刑者の処遇に関与する者との会議において，協議するべきである。もっともそれは，官庁内部の意思形成に資するためであって，決定権限をこの会議体に移転するものではない[77]。

　行刑法第106条第1項第2切に規定する事情聴取に被収容者が出頭しない場合，そのことを理由に懲戒処分を科することは，正当化されない。なぜならば，本人

---

[73]　BGH, NStZ1997, S. 614.
[74]　Böhm, 1999, S. 467；Heghmanns, 1998, S. 234；Müller-Dietz, 1997b, S. 615f.
[75]　AK-Walter, 2000, §106Rdn. 8；Böhm, 1999, S. 467；Heghmanns, 1998, S. 233f.；ders., 2001, S. 44.
[76]　OLG Karlsruhe, NStZ-RR2002, S. 29.
[77]　OLG Hamm, NStZ1994, S. 380.

が懲戒の審査に協力しなければならないとすることは，——刑事手続における協力と同様——何人も義務を負わないという原則（Nemo-Tenetur-Prinzip）に抵触する。したがって，出頭義務に違反することは，単に不利益をもたらす可能性があるだけであって（例えば，法律で定められた事情聴取の機会を失うこと），審理への参加拒否を理由として新たな制裁を加えることはできない[78]。

懲戒権限は，行刑法第105条第1項第1切により施設長にある[79]。この権限は，監督官庁の同意があるときにのみ，行刑法第156条第3項により委任されることができる（例えば，施設の区長に）[80]。被収容者の違反が直接施設長自身に向けられている場合は，監督官庁が直接その懲戒処分を決定する（行刑法第105条第2項）。この規定の目的は，予断を持った施設長による決定を避けることにある[81]。  737

有責的に行われた受刑者の義務違反が確実に認められても，そのことは，必然的に懲戒処分を伴うものではない。その限りにおいて，いわゆる起訴便宜主義が妥当する[82]。懲戒処分の命令は，施設長の義務にかなった裁量によるが，この場合，それはとりわけ，行刑法第102条以下の規定が実現しようとする目的を指向するものでなければならない[83]。したがって，違反があっても，軽微な事案については，懲戒処分を見送り，行刑法第102条第2項に基づき，その行為が許されないことを示すため本人に訓戒を与えることができる。  738

懲戒手続における終局的決定は，行刑法第106条第3項により，施設長から受刑者に対して口頭で告知され，書面にその理由が要約される。

懲戒処分を命じる原因となる義務違反の存在及びそれが有責的に行われたことは，被収容者に証拠を示して，明らかにしなければならない。そこでは，被収容者が自分に課された義務を知っていたか，又は知ることができたことが確認されなければならない（例えば，所内規則違反の場合，行刑法第161条第3項に基づき，所内規則が居室内に掲示されていたかどうか。）。単なる疑いでは，懲戒処分を科することができない[84]。

刑罰類似の反作用にかかわることであるから，懲戒処分には，基本法第20条第3項の法治国原則と結び付いた基本法第2条第1項及び第1条第1項から導き出される責任原則（Schuldgrundsatz）が適用される。すなわち，施設長は，受刑  739

---

78　OLG Frankfurt, NStZ-RR1997, S. 153；für eine Anwesenheitspflicht aber Böhm, 1999, S. 472.
79　Krit. im Hinblick auf die Arrestanordnung Bemmann, 2000, S. 3116f.
80　Dazu Böhm, 1999, S. 470.
81　KG, NStZ2000, S. 111.
82　Kaiser/Schöch, 2002, S. 356f.
83　AK-Walter, 2000, §102Rdn. 16.
84　Calliess/Müller-Dietz, 2002, §102Rdn. 13.

第 7 章　保安及び規律（Sicherheit und Ordnung）

者の責任の程度を超え，又は相当性の原則を無視した懲戒処分を命じることはできない[85]。被収容者の基本権に触れる場合，施設長の決定は憲法上の各原則に対応していなければならない。それは，行刑法第106条第1項による完全な事実関係の調査が行われることによってのみ，十分に実現することができる。

　事例：司法省の職務監督権者に対する不服申立（Dienstaufsichtsbeschwerde）において，ある被収容者は，物品の交付を受けなかったことで施設の二人の職員を非難した。申立書の中で，双方の職員を「ばかげたコメント」，「精神薄弱」,「気に障る」,「精神薄弱の境目をうろうろしている」，「変態の」，「ばかげた話」，「サディスティック」，「デブのF」という言葉で侮辱した。
　施設長は，これらの表現を秩序ある共同生活（行刑法第82条第1項第2切）を行う義務に対する有責的な違反であると評価し，懲戒手続を経て，4週の自由時間中の分離収容及び10日の屏禁を命じた。いかなる物品が本人に交付されなかったか，いかなる理由でそうされたか，そしてその者がこれに対して何を申し立てたかということは，詳細に記録されていなかった。
　連邦憲法裁判所[86]は，この事件の決定において，行刑法第82条も意見表明（Meinungsäußerungen）について適用があり，行刑法第102条以下による懲戒処分を用いて第82条に含まれる行動義務違反に対する処分が可能であるということを判断の出発点とした。行刑法第82条及び第102条以下の規定は，意見表明についての基本法第5条第5項にいう基本権制限の条項であることを意味する。
　しかし，──と連邦憲法裁判所はいう──行刑法第82条及び同法第102条以下を適用するには，それによって，基本権が制限され，責任原則に従った決定がなされることを考えれば，あらかじめ十分な事実関係の解明がなされるべきであった。
　すなわち，「関係する自由権の重要性を考慮するとき，まず最初に，いかなる関係において，いかなるきっかけから，ここで争われている表現がなされ，どの程度施設の秩序ある共同生活を乱すことになったかということが明らかにされることが必要である。こうして明らかにされた事実を基礎にして，はじめて，行刑施設における秩序ある共同生活及び保安上の利益と受刑者の自由な意見表明の権利とが適切に比較検討されることができる。
　この比較考量の結果，施設長において，そこで争われている表現が受刑者の意見表明の自由を考慮しても懲戒を避けられないという結論に達した場合，施設長は，最後に，責任の相当性の原則及び相当性の原則について配慮しなければならない。懲戒処分の具

---

85　BVerfG, ZfStrVo 1995, S. 53；LG Hamburg, ZfStrVo 2001, S. 50.
86　BVerfG, StrVert 1994, S. 437ff.；siehe auch BVerfG, StrVert 1994, S. 440ff.

体的な形態をどうするかについては，事実関係が明確にされた後に明らかとなった当該事案における一切の事情を考慮し，受刑者の規律違反に対する反作用として懲戒処分が必要かどうか，それを必要とする場合，いかなる懲戒処分が全体として責任にふさわしく，また，均衡がとれているかということが吟味されなければならない。この場合，個々の事案におけるすべての人的物的事情，特に動機及び処分の効果が併せて考慮されなければならない[87]。」

### 7.4.3 許される懲戒処分（Zulässige Disziplinarmaßnahmen）

懲戒の結果（Disziplinarfolgen）について，立法者は，行刑法第103条において完結的に規定している。その第1項に列挙された処分は，三つのグループに分けられる。 **740**

1．一般的な懲戒処分
第1号：叱責
第2号：3月までの自用金の使用及び物品購入の制限又は禁止
有責的な義務違反に対するこれらの反作用は，すべての懲戒に関係する違反行為について考慮される。

2．特別な懲戒処分
第3号：2週までの読み物の制限又は禁止並びに3月までのラジオ聴取及びテ **741**
　　　レビ視聴の制限又は禁止（ただし，同時の禁止は2週まで）
第4号：3月までの自由時間労作のための物品又は共同行事への参加の制限又
　　　は禁止
第5号：4週までの自由時間の間の分離収容
第7号：行刑法に規定された収入停止の下における4週までの指定された作業
　　　又は労作の禁止
第8号：3月までの施設外の者との交通を緊急の用務に限定する制限

これら特別な懲戒処分の第1グループに対する特徴は，行刑法第103条第4項第1切にいういわゆる対応の原則（Spiegelungsprinzip）にある[88]。基礎にある受刑者の違反行為と施設長により命じられる懲戒処分との間に，できる限り，内部的関連が存在するべきである。このようにすることで，立法者は，懲戒的作用における教育的目的に配慮している[89]。しかし，行刑法第103条は，終局的な規定

---

87　BVerfG, StrVert 1994, S. 438.
88　Calliess/Müller-Dietz, 2002, §103Rdn. 3．
89　Siehe BT-Drs. 7/3998, S. 39.

第7章　保安及び規律（Sicherheit und Ordnung）

であるから，個々の処分の限界を超えた制限を課することはできず，他の規定に対する脱法的処分も許されない。

　事例：行刑法第82条第3項（居室を整頓する義務）に対する違反により，施設長がある受刑者に対する懲戒手続を開始した。この者はその居室を汚したまま放置し，ごみはごみバケツの横に置かれていた。懲戒処分の中から，行刑法第103条第1項第4号に基づき，「4週間の自由時間活動のための物品の禁止（州所有の物品を除く）」が命じられた。これに対して，本人は，私物をすべて（コーラン，祈祷用首飾りその他も）引き渡さなければならなかったとして，提訴した。

　コブレンツ高等裁判所[90]がこの懲戒処分をその範囲に関して適法と考えなかったのは，正当であった。なぜならば，括弧内の付記（州所有の物品を除く。）は，その受刑者が処分の実行期間中いかなる私物もその居室内に保有できないという効果をもたらす。しかし，行刑法第103条第1項第4号では，受刑者が行刑法第70条によりその者の自由時間活動のために所持を許される物品についてのみ言及している。命じられた処分は，居室を飾り付けるため行刑法第19条で認められた受刑者の権能に対する過度の侵害である。宗教用品の剥奪は，重大な悪用の場合に限り，行刑法第53条第2項第2切に基づき許されるのである。

742　　3．情状加重的（qualifizierte）な懲戒処分として，4週までの屏禁（第103条第1項第9号）

　行刑法第103条第2項によって，屏禁は，最後の手段として，重大な，又は度々繰り返される違反の場合にのみ考慮の対象になる。それは，この処分が行刑法第104条第5項に基づき独房拘禁で実行されることによる。その者の収容は特別の屏禁室で行われることもできるが，屏禁室は行刑法第144条第1項第2切に規定する最小限の要求を満たしていなければならない。

　行刑法第103条第2項にいう重大な違反とは，人又は物に対する暴力によって施設内外の保安を害する行為を意味し，施設における基本的な作業関係及びコミュニケーション関係の機能に対する重大な支障もこれに当たる[91]。義務違反を重大な規律違反として評価することは，個々の事案に即して行われなければならない。

　事例：行刑職員は，ある被収容者が，彼らによって「軽微な」とされているいわゆる酒臭い息をしていること確認した。この受刑者は，夜間閉房前にアルコールを一口飲ん

---

90　OLG Koblenz, StrVert 1994, S. 264f.
91　BVerfG, NStZ1993, S. 605；Calliess/Müller-Dietz, 2002, §103Rdn. 4．

だことを認めた。この者に対して，施設長により3日間の屏禁が科された。この行刑上の決定は，刑執行裁判所によって追認されたが，そこでは，いわゆる酒臭い息のほかアルコールの摂取が明らかに認められるので，それは正に行刑法第103条第2項にいう重大な違反を意味し，屏禁を科する必要があるとした。

連邦憲法裁判所[92]は，このような処理には疑問があるとした。「なぜならば，刑罰又は刑罰類似の制裁において求められる責任の相当性並びに相当性の原則は，実際に科された処分が，責任の清算（Schuldausgleich），望ましい特別予防効果……及び一般予防的配慮の点からみて，不可欠であったか，あるいは，その目的は他の手段によって……達成できたのではないかという，個々の事案における責任を決定する事情についての吟味を要求しているからである。[93]」

行刑法第103条第1項に掲げられた懲戒処分は，個々に独立して命じることができる。しかし，施設長は，行刑法第103条第3項に基づき，二つ以上を併科することもできる。

科された懲戒処分は，必ず執行されなければならないものではない。相当性の原則を考慮し，また，教育的な見地から，行刑法第104条第2項により観察のための猶予がなされる場合は，それで足りる。猶予されない場合，懲戒処分は，できる限り速やかに執行される（行刑法第104条第1項）。そうすることによってのみ，懲戒に期待される学習過程が実現されるからである。

743

## 7.5 行刑官庁の賠償請求
### (Ersatzansprüche der Vollzugsbehörde)

保安及び規律の章の中で，行刑法第93条は，被収容者に対して民事上の賠償請求をする特別の場合について規定している。この規定は，受刑者が故意又は重大な過失により自傷し，又は他の受刑者に傷害を与えたことにより生じた費用（例えば，医薬品代，包帯材料など）を行刑官庁に弁償することを義務付けている。

744

行刑法第93条第1項第1切に定める請求権行使のため，施設は，受刑者の自用金口座（行刑法第47条）を使用することもできる。この償還請求は，他の法律の規定に基づく賠償請求（例えば，身体傷害を受けた行刑職員によるもの，施設内の物品損壊に伴う行刑官庁によるもの）とは関係がない（行刑法第93条第1項第2切）[94]。

---

92　BVerfG, NStZ1993, S. 605.
93　Siehe auch BVerfG, StrVert 1994, S. 263 ; BVerfG, StrVert 1994, S. 4 .
94　BGHSt. 36, S. 80 ; Calliess/Müller-Dietz, 2002, §93Rdn. 9 ; Schwind/Böhm, 1999, §93 Rdn. 5 .

# 第8章　行刑訴訟手続法

　行刑機関の支配下にある被収容者は，特別の方法による法的保護を必要とする。**745**
それは，自由の剥奪が国民の人格権（Individualrechte）に対する国家権力の強力な侵害を意味するからである。他の者に対して権力を保持する場合に乱用の危険が内在すること——このことは，とりわけマクロ犯罪（Makrokriminarität）の領域においてのみ認識されるものではない[1]。国の犯罪統制組織も同様に自らを統制する必要があり，このことは，刑法による統制プロセスの中の一制度である行刑についても妥当する。したがって，他の社会から継続的に隔離する制度である刑事施設及びそこで勤務する職員に対する効果的な統制メカニズムが正に必要とされる。

　受刑者の蒙る日常的かつ多様な権利制限に対しては，苦情申立の機会及び法的救済手段が設けられており，これらの方法を用いることによって，被収容者は自らの法的地位を保持することができる。それは，法治国的機能のほかに，心理学的視点から見た一種の安全弁（Ventil）としての意味を伴う[2]。なぜならば，補正的（kompensatorisch）権利の存在及びその行使が認められることは，行動の自由に対する侵害によって特徴付けられる自由の剥奪を，より耐えやすいものにすることができるからである[3]。

　基本法第19条第4項の法的保護の保障及び出訴の途の保障は，受刑者にも制限 **746**
されることなく適用され，これによって，これらの者には他の国民にも認められている一般的な法的保護システムの中における同一の法的救済（例えば，基本法第93条第1項第4号aに基づく憲法訴願（Verfassungsbeschwerde）），不服申立の機会（Beschwerdemöglichkaiten）（例えば，職務監督権者への不服申立）及び請願権（Petitionsrechte）（例えば，基本法第17条による）が認められている。
その上，自由刑を言い渡された者に対しては，裁判所に救済を求める特別の途が開かれている。この場合，その者の不服とする処分が刑の執行又は行刑のいずれ

---

1　Dazu Laubenthal, 1989a, S. 332ff.
2　Müller-Dietz, 1978, S. 219.
3　Walter M., 1999, S. 235.

に属するかということが区別されなければならない[4]。

**747** 刑の執行（例えば，刑期計算，刑事訴訟法第458条第1項；保護観察のための自由刑残刑の執行猶予，刑法典第57条，第57条a，刑事訴訟法第454条）に関する処分が問題となる場合，刑事訴訟法第462条又は第462条aによる出訴の途[5]がある。これらは，地方裁判所の刑執行部が決定する（裁判所構成法（GVG）第78条a）。これに対して，刑事訴訟法第462条a第2項から第5項までの事件（例えば，刑事訴訟法第460条による併合罪の事後的形成）は，第1審裁判所の管轄とされている。

**748** 行刑の分野における処分について，立法者は，行刑法第109条から第121条までにおいて基本法第19条第4項の法的救済及び出訴の保障を具体化している。被収容者は，地方裁判所の刑執行部（GVG第78条a）に対して，裁判所の決定を求める申立をすることができる。それは，行刑上の処分に間接的に関係する第三者にも適用される。

**749** 被収容者の保護は，ドイツにおいては二十世紀後半の行刑法（Strafvollzugsrecht）の改革以来，原則的に保障されている。それは，受刑者は単なる行政の客体ではないということから始まった。刑法学者ベルトホルト・フロイデンタール（Berthold Freudenthal）の有名な1909年フランクフルト大学学長就任演説において主張した「受刑者の法律関係」[6]——つまり，法主体としての各人の地位——は，1977年1月1日施行の行刑法によって行刑が法律の規定に基づき形成されているように，今日でも異論なく認められているところである。しかし，フロイデンタールは，法律の中にだけ収容された犯罪者の「マグナカルタ」を見ようとしたのではなく，「裁判（Richterspruch）」もこれに含めている。自由を剥奪された者は，その権利を確認できなければならず，この権利は，その者を不当な侵害から保護するものでなければならない。したがって，行刑上の処分に対する異議の申立は，——そのようにフロイデンタールはいう——独立の裁判所が決定すべきものとされた。行刑上の決定について裁判形式による法律的統制を導入することに伴い，自由刑の領域について規定した旧裁判所構成法施行法第23条以下によって，それを所管する裁判所は，当初，州高等裁判所の刑事部（Strafsenate），つまり，実際のところ，直接的な行刑上の事象からほとんどの場合遠く離れた存在である上訴裁判所とされた[7]。少年刑において，特別の刑執行指揮者とされた少年裁判官が裁

---

4 Zur Abgrenzung oben Kap. 1. 1.
5 Dazu Kaiser, 1995, S. 297ff. ; Müller-Dietz, 1995, S. 281f.
6 Freudenthal, 1955, S. 157ff.
7 Blau, 1988a, S. 341ff.

判所と施設との間に極めて密接な連携をもたらしたという有意義な経験に基づき，1975年1月1日成人刑法においても施設に近接する地方裁判所に刑執行部が設置された。それはまず，本来の刑執行裁判所として，特に，刑罰及び処分の実行からの条件付釈放を決定するための集中的権限を有する合議部としての機能を果たした。裁判所が行刑施設と場所的に近接し，行刑実務にも近く，したがって統一的な裁判が行えるということは，立法者に刑執行部の権限を拡張させる契機となった。基本法第19条第4項の保障する国に対して効果的な権利保護手段の提供を求める権利は，行刑上の処分に対して独立した裁判所によるコントロールの機会を設けることを要求し，1977年，刑執行部は，行刑裁判所としても管轄権を有することになった。

行刑法第109条以下の規定による裁判所の決定を求める申立のほか，すべての受刑者は，行刑内部での権利保護を求めることもできる。それは，行刑法第108条による不服申立及行刑法第164条第1項第1切に基づく施設審議会への苦情の申出である。さらに，国際的なレベルでのコントロール（個人の不服申立という手段によるヨーロッパ人権裁判所への提訴，EMRK第34条）を受けることができる。最終的には，行刑事項についても恩赦官庁に申出をすることができる。

個々の権利救済手段に法的手段を尽くすこと（Rechtswegerschöpfing）についての規定がない限り（憲法異議の申立及びヨーロッパ人権裁判所への個人の不服申立は，これが前提とされている），被収容者は，同一の処分について，異なる部局への不服申立及び裁判所への提訴を同時に行うことができる。

権利救済が乱用されるおそれ及びこれに伴い行刑官庁及び裁判所に過度の不当な負担が生じるのではないかという当初の危惧は，行刑法の施行後現実とはならなかった[8]。もっとも，刑執行部の実務では，比較的少数の受刑者による提訴の反復が注意を引いている[9]。司法に対する一般的な不満や施設管理者との紛争の結果として，少数の被収容者が刑執行部を行刑法第109条による申立の洪水であふれさせ，それにはしばしば行刑法第114条による緊急の申立，訴訟費用扶助の申立及び弁護士の付添いを求める申立が付加されるが——これらの申立は，行刑行政の職員を時間的に拘束するだけでなく，裁判官を拘束することにもなる。そこには，不服の理由を発見し，それを構成する独創的な創造力をほとんど無限に有しているように思われる受刑者がおり，また，時には行刑法の分野で驚くべき法律知識を有する受刑者がいる。他方，この分野での——場合によっては解説さえ必要とする——権利保護を必要とする者が多数いる。これらの者は，裁

---

8　Vgl. Kaiser/Schöch, 2002, S. 365.
9　Siehe auch Beispiele bei Böhm, 1996, S. 208 ; Eschke, 1993, S. 10f.

判所からの照会に対して回答することもできない。法定審問を許可しても，施設管理者の陳述に対して何も意見を述べないので，担当裁判官は，時として，これらの者が訴訟以外の目的を追求しているという印象を抱かざるを得ない場合がある。

たしかに，長期被収容者の場合，権利保護を求める強い主張は，拘禁により剥奪されたものに対する適応戦略ということができる。つまり，自分が不満とする状態について他人の注意を喚起するためのキャンペーンというだけでなく，その規模及び辛抱強さの面で施設収容に意義を見出す手段としてのキャンペーンを意味する[10]。しかし，個別の事案において，好訴狂[11]による権利救済を求める強力な主張が常軌を逸することがあるとしても，そのような過剰反応を引き起こす当局の事実上誤った態度にも紛争を大きくする原因があったことを必ずしも排除できない。同様に，申立の洪水ということが個別の事案における違法処分の存在を排除するものではない。一般的に好訴狂と分類することで，真摯に取り組むべき具体的問題についての批判を締め出すことがあってはならない[12]。偏執的で好訴的な考え方を持つ受刑者も行刑法第109条以下による手続でその権利を主張することができる。好訴的恣意的な要求であり許されないとして，申立権の行使を拒否することが正当化される場合は，狭い範囲に限定される。申立が客観的に見て専ら行刑官庁及び刑執行部に負担をかけることを目的として行われている場合に限り，許可されないことになる。このことは，司法の悪用防止を目的とし，行刑の分野にも適用のある一般的原則である嫌がらせの禁止（Schikaneverbot）から導き出される。そこに全く苦情の存在が認められず，申立人自身が勝訴によっていかなる性質の利益も得ることができない場合――加えて，施設管理者及び裁判所に負担をかける場合――には，申立権の行使が許されない[13]。同じく，個別の事案において，申立書の内容が主として侮辱のためだけに費やされ，具体的な要求がなされている[14]とは認められない場合，つまり，訴訟手続の悪用を防止するための一般基準[15]を満たしている場合には，本案の決定又は申立の棄却により，それを許さないとすることができる。

752　行刑法第109条以下による裁判手続の対象とされるものの多くは，例えば，不足料金が領置金又は自用金のいずれから引き去られるべきか，あるいは，居室内でオウムを飼うことができるかという事実上外部の者にとって二次的な事柄に関

---

10　Siehe Laubenthal, 1987, S. 138.
11　Dazu eingehend Dinger/Koch, 1991.
12　Dazu eingehend Peters, 1987, S. 457ff.
13　OLG Frankfurt, NStZ1989, S. 296；LG Bonn, NStZ1993, S. 54；LG Bayreuth, Beschluss v. 26. 4. 1999-StVK1523/97；Kröpil, 1997, S. 354ff.
14　BVerfG, StrVert2001, S. 698；siehe auch OLG Karlsruhe, NStZ-RR2000, S. 223.
15　Dazu Calliess/Müller-Dietz, 2002, §109Rdn. 23；Schwind/Böhm/Schuler, 1999, §109 Rdn. 39.

するものである[16]。莢に5粒入ったエンドウ豆でヨウム（Graupapagei）の飼育が許されるかという問題でさえ，裁判所が処理している[17]。40センチメートル×30センチメートルの大きさの恋人の写真を20センチメートル×30センチメートルに切り取る命令の適法性に関する決定[18]などは，行刑関係事件では，しばしば下らないことに裁判所がかかわらなければならないという印象を与えることになる。実際，このような紛争は，行刑施設外の日常においては取るに足りないことである。しかし，結果から見た争う価値の有無という点で受刑者の権利保護の機会を制限することは，行刑施設における現実を見誤ることになるであろう。施設内での物品所持及びプライバシーの制限された生活は，施設外の日常生活では些細と思われる事柄の多くが，当事者にとって極めて重要な性質を持つのである。

## 8.1 行刑内部のコントロール(Vollzugsinterne Kontrolle)

受刑者には，本人に対する行刑官庁の行為を行政内部のコントロールに服させるための，様々な手段が認められている。それは，紛争解決のための手段でもあり，行刑目的から見て訴訟に優先させなければならない[19]。したがって，施設管理者は，被収容者に対して行刑法第109条以下による法的手段に訴えるよう指示する前に，できる限り，このようなインフォーマルな問題処理のメカニズムを用いることに努めなければならない。受刑者個人に関係しない問題については，苦情の申出に受刑者責任共同体（行刑法第160条）の参加が認められる。

### 8.1.1 不服申立権（Beschwerderecht）

行刑法第108条は，受刑者に対して，自分に関する案件について施設長に面接し，希望の開陳，問題の提起及び不服申立をする権利を与えている。施設長は，この面接のために定期の面接時間を定め，その時刻，場所及び時間（Dauer）を所内規則（行刑法第161条第2項第3号）で規定しなければならない。第108条関係行政規則第1第2項に基づき，少なくとも，週に1回はこの面接時間が予定されなければならない。施設長は（差し支えがある場合はその代理者，大規模施設で区に分けられている場合は区長），面接を希望する受刑者に時間の指定はできるが，面接は自ら行わなければならない。部下にこれをゆだねることは，行刑法

---

16 Dazu Stomps, 1996, S. 75f.
17 LG Arnsberg-2 Vollz267/93；OLG Hamm, ZfStrVo1994, S. 18ff.
18 OLG Zweibrücken, ZfStrVo1995, S. 374f.
19 AK-Volckart, 2000, §108Rdn. 1.

第108条第1項の明確な文言からみて許されない[20]。弁護士は，その依頼人と施設長との面接に立ち会う権利を有する[21]。面接時間における面談のほか，被収容者は，いつでも書面で施設長に相談することができる（第108条関係行政規則第1第1項）。

行刑法第108条第1項は，書面又は口頭による願出ができる権利の根拠であるだけではなく，願い出た事項について施設管理者の最終的な回答を求めることができる権利の根拠でもある[22]。

### 8．1．2　監督官庁の代表者との面接
　　　　　（Gespräch mit Vertreter der Aufsichtsbehörde）

755　受刑者は，行刑法第108条第1項により苦情を申し出ることができるほか，同条第2項により，監督官庁を代表する者[23]が施設を視察する際，自己の案件についてその者と相談する権利が認められている。この視察は，少なくとも，年に2回行われることとされている（第151条関係行政規則第1第2項）。

施設管理者は，受刑者が行刑法第108条第2項による面談について事前の申出ができるよう，名簿を作成しなければならない。施設管理者は，第108条関係行政規則第1第3項により，この名簿を監督官庁の職員による視察の際，要求がなくても自発的に提示しなければならない。受刑者は，行刑職員が同席しないところで，自分の抱える問題について相談することができる[24]。

### 8．1．3　職務監督権者への不服申立（Dienstaufsichtsbeschwerde）

756　行刑法第108条第1項及び第2項の規定によるほか，同条第3項により職務監督権者への不服申立を行うことも可能である。この規定は，職務監督権者への不服申立という法的救済手段が行刑法第108条第1項及び第2項の不服申立権によって影響を受けないことを示す確認的性質を有するにすぎない。

職務監督権者への不服申立とは，行刑職員による職務上の決定又は義務違反について，上位の職に在る者により審査を行い，是正するための，一定の形式を要しない行政の内部的手段である。この法的救済が施設長自身の命令又は処分に対

---

20　AK-Volckart, 2000, §108Rdn. 6 ; Calliess/Müller-Dietz, 2002, §108Rdn. 4 ; Schwind/Böhm/Schuler, 1999, §108Rdn. 3 .
21　AK-Volckart, 2000, §108Rdn. 8 ; Calliess/Müller-Dietz, 2002, §108Rdn. 5 ; a. A. Jedoch Schwind/Böhm/Schuler, 1999, §108Rdn. 4 , weil es sich um kein förmliches Verfahren i. S. d. §137StPO handelt.
22　OLG Koblenz, NStZ1993, S. 425.
23　Dazu in Kap. 4．1．
24　Schwind/Böhm/Schuler, 1999, §108Rdn. 5．

して向けられており，施設長がこれに対処しない場合，その不服は，遅滞なく監督官庁に提出されなければならない（第108条関係行政規則第2第2項）。

　不服申立者は，職務監督権者への不服申立によって行刑職員の行動に対する苦情を述べる。そして，不服申立を受けて職務監督が実施されることによって，自分が希望し，正しいと考える決定が行われるようになることを目指す。この制度は，職員に正しい行動を促すための官庁組織内部における作用であり，したがって，通常，職務監督者への不服申立は，いかなる直接的法的効果をもたらすものでもない[25]。それは行刑の分野における個別的問題を規制するものではないから，職務監督者への不服申立に対する決定を行刑法第109条，第113条の手続で強要することはできない。同じく，職務監督上の決定に対する裁判所の事後審査も原則として行われない[26]。しかし，それを許す条件が存在する場合には，行刑法第109条以下の法的手段により，職務監督上の不服申立の基礎にある処分を裁判所が審査する途は開かれている[27]。つまり，職務監督上の不服申立に対する採決の中に申立人に関係する施設長の実体的決定が含まれている場合には，例外的に行刑法第109条により取消すことができる処分となる[28]。

### 8.1.4　施設審議会への苦情の申出
　　　　（Vorbringen von Beanstandungen beim Anstaltbeirat）

　行刑法第108条に規定する不服申立のほかに，行刑法第164条第1項第1切では，受刑者のための内部的チェック機関として，施設審議会の委員を充てている[29]。施設審議会の委員は，被収容者から希望の開陳，問題の提起及び苦情（Beanstandungen）の申出を受けることができる。委員は，そのために自由に受刑者のところに出入りでき，受刑者との文通は，監督が許されない（行刑法第164条第2項）。

　施設審議会には，コントロール機能を果たすことで行刑に協力する役割も含まれており，行刑に対して一般社会人の代表としての役割を果たす[30]。しかし，施設審議会及びその委員に独自の決定権は与えられていない。申し出た受刑者の希望などは，行刑法第163条により，問題の提起及び改善への提言という形で施設管理者に伝えられる。

---

25　OLG Hamburg, NStZ1991, S. 560.
26　OLG Hamm, NStZ1993, S. 425.
27　OLG Hamburg, NStZ1991, S. 560 ; Calliess/Müller-Dietz, 2002, §108Rdn. 10.
28　KG, NStZ1991, S. 382 ; KG, NStZ1997, S. 428.
29　Dazu in Kap. 4.6.
30　Müller-Dietz, 1995a, S. 283.

## 8.2 裁判所による監督手続（行刑法第109条以下）
### (Gerichtliches Kontrollverfahren, §§ 109ff. StVollzG)

758 　基本法第19条は，公権力により固有の権利を侵害されたと主張する者に対して法的手段を保障しており，公権力にかかわる処分に対して，できる限り効果的な裁判所による監督を要求する実体的権利を与えている。基本法第19条第4項は，行刑法第109条以下により行刑法の分野において法律的レベルで具体化されている[31]。これによって，刑執行部は，行刑の分野について裁判所による権利保護を行うことを義務付けられる[32]。そこでは，行刑に関する処分，処分の拒否又は不処分の適法性について審査することができる。

　刑執行裁判所による権利保護は，その多くが行政裁判所の権利保護手続に準拠して行われる。もっとも，行刑法は，刑事訴訟法を補充的に準用し（行刑法第120条第1項），行刑法第114条第2項第2切で行政裁判上の規範としての行政裁判所法（VwGO）第123条第1項だけを準用できるとしている。刑事訴訟法を準用するとされているにもかかわらず，行刑法第109条以下の手続は，その性質上行政争訟手続の特別な適用事例であって，刑事訴訟手続ではないという考え方が現在とられている[33]。

759 　行刑法第109条以下により保障する法的保護は，申立の原則（Antragsprinzip）を基礎にしている。行刑官庁の行為は，法的安定性という理由から，法律の定める期限内に関係者が適法にそれに対する異議を申し立てるまで（又は施設管理者自身がその処理をするまで）は，法的効力があるものとされる[34]。行刑官庁による自己統制のメカニズム（例えば，職務監督）の作用とは別に，自己の権利を侵害されたとする者は，自ら司法権による権利保護を求めなければならない。

　被収容者又は第三者が刑執行部に対して権利の侵害があったことを申し出た場合，裁判所は，事実上及び法律上の観点から事案について審理し，本案の決定を行うに先立ち，その申立が適法になされたかどうかについて審査する。適法性の要件を欠いている場合，刑執行部は，本案について審理せず，その申立を不適法として却下する。行刑法第109条以下による申立を有効に行うために受刑者が訴

---

31　BVerfG, StrVert1994, S. 94.
32　Dazu auch Baier, 2001, S. 582ff.; Donath, 1997, S. 60ff.; Dünkel F., 1996, S. 518ff.; Eschke, 1993; Jung S., 2001, S. 57ff.; Kamann, 1991; Kösling, 1991; Koeppel, 1999, S. 13ff.; Laubenstein, 1984, S. 33ff.; Litwinski/Bublies, 1989, S. 97ff.; Lu, 1998, S. 187ff.; Müller-Dietz, 1981, S. 57ff.; ders., 1985c, S. 335ff.; Voigtel, 1998, S. 27ff.; Zwiehoff, 1986.
33　Laubenthal, 2002a, S. 485f.; Müller-Dietz, 1995a, S. 285.
34　AK-Volckart, 2000, §109Rdn. 2.

訟能力を有する必要はない。訴訟能力がないという理由だけで申立を却下すれば申立人の法定審問を受ける権利を侵害することになるであろう[35]。

　受刑者は，権利保護の申立を行うに当たり，弁護士その他の訴訟代理人を利用することができる[36]。同衆受刑者による補助も，個別の事案において，他人の事件を業務として処理する際に問題となる法律相談に関する法律（RBerG）第1条第1項に基づく当局の許可を必要とするまでに至らない限り，可能である。法律相談に関する法律に違反して行われた裁判所の決定を求める申立又はその他の権利保護の申立は，裁判所の審理の対象とされることができない。法令に違反する申立は，本案について裁判所の審理を求める権利を正当化できないからである[37]。

　被収容者により行うことが許されない同衆受刑者のための業務としての法律相談は，さらに，行刑法第82条第1項第2切にいう施設内の秩序ある共同生活[38]を乱すことでもあり，懲戒処分の対象になり得る。

　事例：ある受刑者は，行刑法第109条以下に定める裁判所の決定を求める申立を反復し，また，同衆受刑者のために，当局にあてた書類を作成した。この者は，この援助に対して，食品，タバコ及び郵便切手という形での反対給付を受けていた。このことを理由に施設管理者の科した懲戒処分に対して，提訴がなされた。

　法律上の助言について，文献上では，助言する受刑者が事実上権力的地位を獲得してそれを悪用する場合，特にその者が施設内での取引の禁止に違反して他の被収容者に経済的圧力を加える場合に限り，それは初めて施設規律に対する違反になり得ると主張されている[39]。これに対して，連邦憲法裁判所[40]は，無許可で法律的助言を行うことは，同時に施設の秩序ある共同生活を乱すことになると考えた。すなわち，許可なく，反復して，重要な問題について他の受刑者を法律的に助言し，書面による用務の処理を引き受ける者は，法律相談に関する法律に違反し，また，その行為は，行刑法第82条第1項第2切による秩序ある共同生活を乱すものであるとした。それは，行刑法第102条第1項にいう義務違反であり，刑事訴追法（Strafverfolgungsgesetz）によって個人の責任が追及される[41]。

---

35　KG, NStZ2001, S. 448.
36　Schwind/Böhm/Schuler, 1999, §108Rdn. 3．
37　OLG Nürnberg, NStZ2002, S. 55.
38　Dazu oben Kap. 7．1．
39　So AK-Feest, 2000, §73Rdn. 5．
40　BVerfG, NStZ1998, S. 103.
41　So auch Calliess/Müller-Dietz, 2002, §82Rdn. 2；Schwind/Böhm/Schuler, 1999, §108 Rdn. 3；einschränkend jedoch Kaiser/Schöch, 2002, S. 349.

裁判所の決定を求める申立の適法性について疑義がある場合においても，裁判所は，例外的に——法律的平和（Rechtsfrieden）の利益において——疑義を解明することなく，本案の決定をすることができる。この措置は，適法要件(Zulässigkeitsvoraussetzungen）が反復不可能であり，かつ，申立に根拠がないことが明らかである場合に考慮される[42]。

## 8.2.1　裁判所による決定を求める申立の適法性
（Zulässigkeit des Antrags auf gerichtliche Entscheidung）

### 8.2.1.1　出訴の途（Rechtswegeröffnung）

**761**　行刑の分野における個別的事案を規制する処分又はこの処分の拒否若しくは不作為に係る申立人の異議及び要望が問題となる場合，行刑法第109条第1項は，刑執行部に出訴する途を開いている。

(1)　行刑の分野について

**762**　行刑法を根拠とする国と被収容者との法律関係に基づいて行われる処分に関するものでなければならない[43]。

　　事例：Gは，F行刑施設の受刑者である。この施設では，Gの収容期間中，建物の翼部の端に位置して各階に接続している収容棟の階段に格子を取り付けた。それ以来，各階段の扉は電気的に作動することになった。Gは，余計な格子と扉が取り付けられたとして，行政裁判所に提訴し，身体及び生命に危害を及ぼすおそれがあることを主張した。その内容は，それが避難路を建物で妨げ，又は制約することになり，今後は緊急の場合に人を助けることを保証できないように思われる，火災又はパニックの場合電動ドアは作動しないことがあり得る，さらに，数トンの重さの格子の取付けは建物の平衡状態を損なうおそれがあろう，というものであった。
　　行政裁判所は，その決定において行政裁判の方法によることが許されない旨を明らかにし，この法律上の争いを刑執行部に提訴するよう指示した。ハンブルク上級行政裁判所[44]は，この決定の正しいことを確認し，事件の範囲を「行刑」とすることで，行刑法

---

[42]　AK-Volckart, 2000, §115Rdn. 22；Calliess/Müller-Dietz, 2002, §115Rdn. 1.
[43]　OLG Brandenburg, NJW2001, S. 3351f.；Calliess/Müller-Dietz, 2002, §109Rdn. 7；Schwind/Böhm/Schuler, 1999, §109Rdn. 11.
[44]　OVG Hamburg, NJW1993, S. 1153f.

第109条は，地方裁判所に対する法的手段を一般行政裁判所に対するものと区別していることを明らかにした。施設内の場所的条件は，行刑の分野に属するものであり，受刑者の身体的，精神的健康への配慮（行刑法第56条第1項第1切）という点においても，それは，行刑法律関係の構成要素である。さらに，行刑法は，第143条，第144条において施設の規模及び形態について建築上必要とされる事項を定めている。

　行刑法第109条以下の法的手段は，行刑法第1条の適用領域における自由剥奪について適用があり，また，法律の規定に基づき，一定の他の種類の処分の実行について準用される[45]。

---

　行刑法第109条以下による申立は次の場合に行うことができる。すなわち，

— 刑事裁判所により言い渡された自由刑又は代替自由刑の実行
— 行刑施設（保安監置，行刑法第130条）並びに行刑施設以外（精神医療施設ないし禁絶施設，行刑法第138条第3項）における自由剥奪を伴う改善及び保安の処分の実行
— 有罪の言渡しを受けた者が少年裁判所法第92条第2項により少年刑の実行から除かれ，その刑を成人施設において服役する（少年裁判所法第92条第2項第2切）場合の少年刑
— 行刑施設における営倉の実行（行刑法第167条第1切）
— 秩序拘留，保全拘留，強制拘留及び強要拘留（行刑法第171条）
— 官庁共助により行刑施設において実行される退去拘留（Abschiebehaft）（行刑法第171条との関係における自由剥奪の際における裁判手続に関する法律（FEVG）第8条第2項）

---

　上記以外の処分の実行については，行刑法第109条以下は適用されない。それには，少年刑事施設における少年刑及び少年拘禁（裁判所構成法施行法（EGGVG））第23条以下）の実行，未決拘禁（刑事訴訟法第119条第6項，第126条，第304条ないし裁判所構成法施行法第23条以下），刑事訴訟法第81条に基づく留置又は民法典及び州法に基づく収容を実行する場合における処分が該当する。引渡拘禁（Auslieferungshaft）の場合，刑事事件における国際的法律共助に関する法律（IRG）第27条第3項に基づき，高等裁判所刑事部の長に出訴する途がある。

---

45　AK-Volckart, 2000, §109Rdn. 3.

**763**　行刑法第109条以下は，他の方法による法的手段とは関係しない。被収容者が行刑法とは異なる法的根拠に基づき請求権を主張する場合には，そのために定められた法的手段をとらなければならない。

　事例：行刑施設の長があるテレビ局の撮影チームに施設内での撮影を許可した。その際，放送局には受刑者が識別できないようにすることを義務付けた。ある受刑者がこの撮影に反対して刑執行部に出訴し，その不許可の確認及び以後その者の事前承諾なしに許可しないことを予備的に申し立てた。
　コブレンツ高等裁判所[46]は，この申立を行刑法第109条以下の手続によることができないとして，この受刑者に対して，行政裁判所法（VwGO）第40条に基づく行政訴訟によるよう指示した。その処分が行刑法に基づく国と被収容者との間に存在する法律関係に由来するものではないというのがその理由であった。施設長による撮影の許可は，広報活動（Öffentlichkeitsarbeit）及び第三者に対する所内規則の適用と考えられる。

**764**　職務義務違反（基本法第34条，民法第839条）又は国に責任があるその他の事件における損害賠償の請求は，刑執行部ではなく，民事裁判所に出訴する途が開かれている[47]。行刑に関係しても民事上の請求権を主張する場合は，民事裁判所に出訴できる。

　事例：1980年，謀殺未遂により12年の自由刑を言い渡されたＴは，収容後間もなく行刑施設からの逃走に成功した。逮捕される際，この者は，3人に対して発砲し，さらに2人を殺害しようとした。このため，1981年，2人に対する謀殺未遂及び3件の故殺未遂により，14年の拘禁とこれに引き続く保安監置を言い渡された。13年後，ある有力雑誌にＴが服役中の行刑施設についてのシリーズが掲載された。その中ではＴについても言及され，その他の記事とともに，Ｔは「情け容赦なく3人を射殺した」とあった。しかし，Ｔは，殺人未遂により収容されているにすぎず，この雑誌記事により人格権を侵害されたとして，雑誌社に慰謝料を請求した。
　Ｔの主張する請求は，たしかに行刑と関連がある。しかし，それは，民法第823条，第847条に基づく慰謝料請求権の問題である。したがって，この訴えは，民事裁判所により判断されなければならなかった[48]。

---

46　OLG Koblenz, ZfStrVo1994, S. 55ff.
47　LG Hamburg, ZfStrVo1995, S. 245.
48　LG Berlin, ZfStrVo1995, S. 375；zur Verletzung von Persönlichkeitsrechten der Inhaftierten durch Presseberichterstattungen siehe Heischel, 1995, S. 351ff.

差押命令及び取立命令の適法性並びにその他の強制執行に関する被収容者の異議は，民事訴訟法第766条により，管轄を有するのは執行裁判所（Vollstreckungs-gericht）だけである。

事例：受刑者Gの債権者は，その要求を貫き，差押命令及び取立命令を得ることができた。この命令が実行される過程において，施設は第三債務者として，Gの領置金口座から差押え債権者に対して金銭を支払った。これに対して，Gは行刑法第109条以下による申立を行った。

ハンブルク高等裁判所[49]は，行刑官庁による金銭の支払は行刑法第109条第1項にいう処分には全く当たらないという理由で，その申立の適法性を否定した。それは，行刑法の規定する法律関係とは関係がない。より正確にいえば，Gは強制執行の方法に反発したものである。これに対する判断は，民事訴訟法第766条に基づき管轄を有する執行裁判所だけにその権限がある。

行刑法第39条第1項に基づき自由な労働関係にある受刑者の法律的紛争については，その紛争が雇用者と被収容者との関係に属する限り，労働裁判所が管轄する。

事例：受刑者Gは，行刑法第39条第1項にいう自由な労働関係として，技能を有する家具職人の仕事を行う許可が与えられた。これに伴い，その者は，ある家具工場と労働契約を締結した。同意した試用期間の間に，Gは，仕事場から再三にわたり工具を盗み出し，行刑施設に持ち込もうとした。これらはすべて施設に帰所する際の検査により発見され，取り上げられた。家具工場主は，Gに対して即時解雇を通知した。これに対してGは裁判所に出訴した。

即時解雇の通知の有効性に関する裁判上の争いは，受刑者と行刑官庁との間の法律関係に関することではない。それは，むしろ労働関係の存否に関する雇用者と被用者との間の労働法上の争いに関する問題である。契約関係の終了に関するこのような法律上の争いについて，労働裁判所法（ArbGG）第2条第1項第3b号は，労働裁判所へ出訴しなければならないことを規定している。

受刑者に対する刑事手続に関する事項及び判決の執行[50]又は恩赦手続[51]における

---

49　OLG Hamburg, ZfStrVo1996, S. 182 ; siehe auch OLG Nürnberg, NStZ1996, S. 378.
50　OLG Karlsruhe, ZfStrVo1999, S. 111.
51　Litwinski/Bublies, 1989, S. 100f.

決定も，国と被収容者との間の——行刑法に基づく——法律関係に由来するものではない。

事例：重大な傷害罪により有罪を言い渡された受刑者Ｇが保護観察付き満期前釈放の申請をした。刑執行裁判所から意見を求められた行刑施設の管理者は，そこで，Ｇを処遇している施設の心理専門家ＡにＧの今後の危険性についての意見書の提出を求めた。この心理専門家は，Ｇとの会話の中で，Ｇにはまだ危険性があるので，満期前の釈放には反対である旨を施設管理者宛の意見書で述べたことを伝えた。これに対して，Ｇは，施設管理者がＡの意見書を施設意見の中で用いることを禁止するよう，行刑法第109条に基づく裁判所の決定を求める申立を刑執行裁判所に対して行った。

施設の心理専門家は，たしかに行刑法第155条にいう行刑職員である。意見書もその資格において作成した。しかし，この場合，その者は，行刑法第109条にいう行刑の領域で施設管理者のために仕事をしたのではなかった。その意見書は，刑執行の領域にかかわるものであり，また，裁判所により条件付釈放を拒否された者が刑事訴訟法第454条第3項第1切，第311条により即時抗告を行った場合においても——それは直接の規制的効果を有しないので——間接的な非難を受けるだけである。

特別の法的手段がない場合には，裁判所構成法施行法（EGGVG）第23条以下に基づき，裁判所の決定を求める補充的手段が残されている[52]。

被収容者が行刑法第109条以下に基づく裁判所の決定を求める申立を行い，それが刑執行裁判所に対する行刑法上の申立によることはできないものの，他の裁判所への出訴が認められている場合，行刑法に基づく申立ができないことを理由に，直ちに不適法としてこれを却下することは許されない。刑執行裁判所は——その申立が不適法であることを確認した後——その内容に対応する法的手段について管轄を有する裁判所に事件を申し立てるよう当事者に指示しなければならない。この決定は，裁判所構成法第17条ａ第2項第3切により，その事件が申し立てられるよう指示された裁判所を拘束する。この拘束の効果は，逆に，刑執行裁判所が行刑法第109条以下による手続において，およそ行刑法第109条第1項にいう裁判所の決定を求める申立の対象になり得ない申立についても決定しなければならない結果になることがある。

事例：ある受刑者は，一人の行刑職員について，職務監督権者に対する数件の不服申立を行った。これについて回答がなされなかったので，この者は，行政裁判所に対して

---

52　Siehe z. B. BGH, NStZ-RR 2002, S. 26f.

不作為違法確認の訴え（Untätigkeitsklage）を提起し，職務監督権者に対する不服申立についての決定を求めた。しかし，行政裁判所が，決定において行政裁判によることが不適法であることを明らかにし，この法律的紛争を地方裁判所の刑執行部に移送するよう指示した。刑執行部は，職務監督権者への不服申立についての決定を施設長に義務付けるよう求めた被収容者の申立を不適法であるとして却下し，その理由として，申立人の意図は行刑における個別の事案の規制を目的とするものではなく，したがって，行刑法第109条第1項，第113条第1項にいう作為の申立により主張できないとした。受刑者の申し立てた法律違反を理由とする抗告は認容された。

　カールスルーエ高等裁判所[53]は，施設長に対して職務監督権者への不服申立に回答するよう義務付ける申立が適法であることを明らかにした。たしかに，職務監督権者への不服申立を処理する手段方法は――たとえそれが行刑での事案に結び付いていたとしても――行刑の領域における個別事案を規制するための処分ではなく，したがって，職務監督権者への不服申立についての決定を求めることも，行刑法第109条以下に基づく手続で行われてはならない[54]。職務監督権者への不服申立が適当な期間内に規則に従って処理されることを求める法律上の請求は，原則として，行政裁判所に出訴することによってのみ行うことができる[55]。しかし，事件について管轄を有する行政裁判所自身が地方裁判所の刑執行部に移送することを指示した場合には，裁判所構成法（GVG）第17条a第2項第3切により行政裁判所が言い渡した出訴指示の持つ拘束力の効果によって，例外的に，行刑法第109条以下に基づく裁判所の決定を求めることが許容される。この移送決定によって最終的に出訴の途が開かれ，本案の決定をするについて，出訴の条件を充足していないということを理由にその適法性を否定してはならない。行政裁判所の移送決定により，紛争の対象が行刑の領域における個別的事案を規制するための処分であるとされた判断は，その後のすべての手続おいて変更されない。したがって，職務監督権者への不服申立に対する回答を施設長に義務付けるよう求める被収容者の申立は，拘束力（Bindungswirkung）の効果によって，例外的に行刑法にいう作為の申立として許容されたのである。

(2)　行刑上の処分（Vollzugsmaßnahme）

　行刑法第109条における処分の概念は，行政訴訟手続法（VwVfG）第35条にいう行政行為の概念又は裁判所構成法施行法（EGGVG）第23条による司法行政行

---

53　OLG Karlsruhe, ZfStrVo2002, S. 189.
54　AK-Volckart, 2000, §108Rdn. 14.
55　BVerwG, NJW1976, S. 637.

為（Justizverwaltungsakt）の概念とは異なり，広く解釈されなければならない[56]。個別事案における法的性格を有する官庁による（高権的）作為又は不作為が前提とされる。それには，施設側から受刑者に対して発せられた具体的命令だけではなく，行刑計画中に予定された個々の処遇及びそのための処遇計画を作成することもこれに含まれる[57]。

さらに，単に高権的な，また，純粋な事実的行動（事実行為[58]（Realakt））もそれが当事者の権利を侵害する場合[59]（例えば，あらかじめノックせずに行刑職員が居室に入ること[60]，被収容者を他の居室に移すこと[61]）には，行刑における処分の概念に含まれる。

(3) 規制（Regelung）

768　直接的な法律効果を持つ処分だけが行刑法第109条によって取り消され得る。行刑上の処分により，受刑者の生活関係が何らかの方法で法的効果を——少なくとも法的効果も——伴って形成されなければならない[62]。したがって，行刑法第109条以下にいう処分は，それによって当事者の主観的権利が基礎付けられ，変更され，取り消され，法的拘束力があると確認され，又はその権利を理由付け，変更し，取り消し若しくは確認することが法的拘束力をもって拒否される場合に，初めて規制的性格を有することになる[63]。

事例：受刑者Gの行刑計画では，同人の釈放予定時期が刑期の3分の2の服役後とされた。Gは，刑期の2分の1の服役後とするよう行刑計画の変更を申し出た。施設長がこれを拒否したことを不服として，Gは裁判所に提訴した。

行刑計画中に含まれる個々の具体的な処遇基準は，原則として，裁判所による取消しが可能である[64]。しかし，それが直接的な法的効果を発生する処分でなければならないことは当然である。釈放予定時期の場合は，事情が異なる[65]。受刑者は，他の時期にお

---

56　BVerfG, StrVert1994, S. 94f.；Calliess／Müller-Dietz, 2002, §109Rdn. 11；Schwind／Böhm／Schuler, 1999, §109Rdn. 18.
57　BVerfG, StrVert1994, S. 95.
58　Dazu eingehend Zwiehoff, 1986, S. 20ff.
59　Calliess／Müller-Dietz, 2002, §109Rdn. 11.
60　OLG Celle, ZfStrVo1994, S. 174.
61　OLG Hamm, NStZ1989, S. 592.
62　KG, NStZ1993, S. 304；AK-Volckart, 2000, §109Rdn. 20.
63　OLG Stuttgart, ZfStrVo1997, S. 54.
64　Dazu Kap. 5．1．5.
65　OLG Frankfurt, NStZ1995, S. 520；KG, NStZ1997, S. 207；a. A. Walter／Dörlemann, 1996, S. 358f.

いても刑法典第57条第1項及び第2項により釈放の申請ができるのであって，釈放予定時期の決定には全く直接的な法的効果がない。刑執行部は，行刑計画に示された釈放時期に関係なく，独自に釈放時期を決定する。

法的な意味を持たない単なる警告，通知又は助言も規制的性格を有しない。差押命令又は取立命令の存在を行刑官庁が受刑者に通知することは，その者の権利にかかわるものではなく，単なる情報の通知にすぎない[66]。職務監督手続における決定[67]も，それが不服申立人にとって不利益な本案の裁判（Sachentscheidung）でない限り，外部に対して何らの規制効果も発揮しない。また，特定の職員の解任を求める要求を拒否する決定によって，受刑者の権利が影響を受けることはない[68]。判例によれば，被収容者を同一州内の他の施設への移送を拒否する決定には，受送施設が決定施設として関与している限り，規制的性格は認められない。それは，多段階的な行政行為における内部的協力にすぎない[69]。刑確定者に対して規制効果を持つ決定を行うのは，本人が収容されている施設の長であるから，申立人は，当該施設長の拒否決定を問題にしなければならない[70]。また，単に決定の記録やその確認のためのもので，法的効果を有しない職務上のメモも，行刑法第109条にいう規制的性格を持つものではない。

事例：ある受刑者が開放施設から閉鎖施設に送還された。施設管理者は，その者が偽装労働契約によって不正に外部通勤の許可を得ており，自由な労働関係における違反行為がその理由であったことを通知書で明らかにした。受刑者のこのような行動は——そのように行刑官庁はいう——その者が信頼できないことを示すものである，つまり，自らの刑事裁判から何も学んでおらず，その行動は開放行刑への収容がその者を新たな犯罪から遠ざけることになっていないことを疑わせるものである。受刑者はこの移送決定に異議を唱えなかった。通知書に基づき，施設は，その身分帳に「新たな犯罪を企図した疑いに基づく送還」と記録した。本人は，この記録の削除を求めて提訴した。

この記録は，被収容者が異議を唱えなかった執行力ある移送決定の理由の一部を転記したものにすぎず，それ自体が法的効果を有するものではない。この理由から，ベルリン高等裁判所[71]（Kammergericht）は，この削除の申立を不適法であるとした。記録の

769

---

66　OLG Zweibrücken, NStZ1992, S. 101f.
67　KG, NStZ1991, S. 382 ; OLG Hamm, NStZ1993, S. 425 ; siehe oben Kap. 8．1．3．
68　OLG Hamm, NStZ1993, S. 425.
69　OLG Hamm, JR1997, S. 83.
70　Krit. dazu Böhm, 1997, S. 84ff.
71　KG, NStZ1993, S. 304.

目的は，送還の決定及びその理由が以後の行刑上の決定に当たり，忘れられないようにすることだけであった。記録内容そのものではなく，執行力ある決定内容が，将来本人の不利益に考慮される可能性はあるであろう。

しかし，それが行刑官庁の行った規制内容の単なる記録ではなく，後日，施設管理者に新たな行動をとらせることで規制的性格を持つことになる場合，部内限りの記録であっても，おのずから異なる意味を持つことになる。例えば「不就業，自己責任」という記録がその者の同衆からの隔離や開扉時間の短縮という結果となる場合がこれに当たる[72]。受刑者身分帳の「麻薬使用者（BTM-Konsument）」という記載も，被収容者の法的地位に関係する[73]。さらに，逃走のおそれがある者との接触に関する施設長の部内限りの指示も，それによって，関係者が特定の犯罪者に分類され，その者の行刑処遇に直接影響を及ぼす場合（例えば，毎日の特別視察），その者に対して直接的な法的効果をもたらす処分となり得る[74]。

法的に規制された手続に基づき他の官庁に対して表明された行刑官庁の見解（例えば，残刑の執行停止決定前の刑執行部に対するもの）[75]も，行刑法第109条にいう独自の規制的性格を持つものではない。

(4) 個別的事案（Einzelfall）

770　行刑上の処分とは，行刑法第109条第1項により，個別の案件の規制に関係するもの又は関係すべきものでなければならない。したがって，ここでいう法的手段は，個別的事案について規制的効果を伴う行刑上の処分を審査するためだけのものであり，一般的方法による規制は，審査の対象ではない[76]。

一般的規制としての法律及び法規命令のほか，単に指針としての性格を有するもので，個別の案件に係る決定という意味において当事者の法的領域にかかわるまでに至っていないものは，法律と同じく刑執行裁判所による直接的な審査対象になり得ない[77]。これに当たる一般的規制としては，州司法行政部の行政規則及び回覧公報（Runderlasse），一般的な行政命令，行刑法第161条に基づき不特定多数の者に対して発せられた所内規則，所内命令（Hausverfügungen），一般命

---

72　OLG Nürnberg, NStZ1993, S. 425.
73　KG, ZfStrVo1990, S. 377.
74　KG, StrVert2002, S. 270.
75　OLG Hamm, NStZ1997, S. 428.
76　BT-Drs. 7/918, S. 83.
77　OLG Celle, ZfStrVo1990, S. 307.

令（Allgemeineverfügungen）又は掲示がある[78]。これらの一般的規則に基づいて行われ，放置され，又は拒否された具体的処分のみが提訴の対象になる。

|  | 行刑法第109条の意味における | |
|---|---|---|
|  | 個別的事案 | 非個別的事案 |
| 名宛人 | 個人 | 抽象的 |
| 規制効果 | 具体的 | 一般的 |

しかし，所内規則，所内命令又は一般的命令も，例外的に，それが個々の被収容者に直接的な法的効果を及ぼす場合には，行刑法第109条第1項にいう裁判上争い得る個別的事案における規制を意味する。

事例：施設管理者が一般命令によって不就業受刑者の居室の施錠時刻を定め，関係受刑者の居室は，午前11時45分に開錠されることになった。この規制に対して，不就業受刑者の一人が裁判所の決定を求める申立をした。

ハンブルク高等裁判所[79]は，適切な判断により，この命令には個別的規制が含まれるとした。この命令は，一般的基準に基づき特定の集団に向けられたものである。それは，受刑者の権利に直接かかわるものであると同時に，直接的な法的効果を発揮する[80]。なぜならば，施錠時刻の規制は，個々の不就業受刑者にとって，直ちに自由制限的に作用するからである。

8.2.1.2 申立の種類（Antragsarten）

行刑法第109条以下の手続において認められる申立の種類は，法律に列挙されたものに限定されない[81]。行政訴訟法に準じて，行刑手続も，次のように区分される：

— 取消の申立（Anfechtungsantrag）
— 義務付けの申立（Verpflichtungsantrag）

---

78　KG, NStZ1995, S. 103f.；Calliess/Müller-Dietz, 2002, §109Rdn. 14；Litwinski/Bublies, 1989, S. 102.
79　LG Hamburg, NStZ1992, S. 303.
80　Siehe auch OLG Celle, ZfStrVo1990, S. 307.
81　AK-Volckart, 2000, §109Rdn. 27.

— 作為の申立（Vornahmeantrag）
— 不作為の申立（Unterlassungsantrag）
— 確認の申立（Feststellungsantrag）

772　取消の申立により，申立人は，自分の権利を侵害すると思われる処分（belastende Maßnahme）（以下単に「不利益処分」という。）（行刑法第109条第1項第1切，同法第115条第2項第1切）の取消を求める。それは，行刑官庁による違法な権利侵害を防止するための形成の申立（Gestaltungsantrag）である。

　　事例：施設長Aは，受刑者Gに対して，しばしば作業義務を十分に履行しなかったという理由で，行刑法第103条第1項第1号の叱責を言い渡した。Gは，行刑法第41条第1項第1切に基づく義務を常に十分に果たしてきたと考えていた。叱責は不利益処分であり，これに対して，Gは，処分の是正を求める取消の申立を行うことができる。

773　行刑法第115条第2項第2切は，取消の申立に付随して結果排除の申立（Folgenbeseitigungsantrag）を認めている。申立人により争われている処分が既に実行されている場合には，裁判所は，この申立に基づいて，行刑官庁により実行された処分の取消及び取消の方法を言い渡すことができる。申立人の目的は，要するに，元の状態への原状回復である。

774　給付の申立（Leistungsantrag）の特殊な形態である義務付けの申立（行刑法第109条第1項第2切）は，申し立てた処分を拒否する決定に対するもので，施設管理者にその拒否した処分を行うよう強制すること（行刑法第115条第4項第1切）又は，少なくとも，裁判所の法的見解に配慮した新たな決定を行わせること（新たな決定の申立（Neubescheidungsantrag），行刑法第115条第4項第2切）を目的としている。

　　事例：受刑者Gは，行刑法第13条に基づき3日間の拘禁からの休暇の許可を申請した。施設長Aは，拘禁からの休暇に先立って，まず外出を何度か問題なく終えなければならないという理由で，Gの申請を拒否した。Gには拘禁からの休暇の許可に先立ち外出を無事に終えることを前提とする法的根拠を全く理解できなかった。GがAの決定を裁判上争うとすれば，義務付けの申立によることになる。

775　行刑官庁が処分を行わなかった場合，申立人は，施設の不作為に対して，一般的給付訴訟の下位訴訟（Unterfall）としての作為の申立（行刑法第109条第1項第2切，同法第113条）を行うことができる。それは，管理者による処分の発出

又は要求に対する回答（許可又は拒否）（行刑法第115条第4項）を得ることを目的とするものである。

事例：受刑者Gは，所内規則に定められた毎日1時間の中庭の散歩では十分とは思われないという趣旨の書面を施設長に提出し，更に1時間の戸外滞留の機会を自分に与えるよう申し出た。施設長Aは，Gの書面に回答しなかった。AがGの希望について決定をしなかったことに対して，Gは作為の申立を行うことができる。

被収容者が行刑施設の管理者に対して，その拒否し，又は放置した処分の発出を義務付ける法的手段をとろうとする場合，刑執行部は，受刑者がまずその趣旨を施設に対して適当な方法で申し出るよう求めることができる。申し出た処分を施設が行わなかった場合に，初めて法的保護を求める必要性が生じる。しかし，被収容者が自分に有利な処分を求める申出に対する回答について裁判所による取消を求めていることが明らかな場合，その申出は権限を有しない下位の職員が拒絶したもので，必要とされる施設管理者の拒否決定ではないという理由で，裁判所がその申立を不適法とすることは許されない。むしろその要請は，少なくとも作為の申立として評価され，本案について決定されなければならない[82]。

事例：Gは，ウォークマンの購入及び所持の許可を申請し，代金を自分の領置金口座から支払うことを希望した。行刑施設の職員からそれが許されない旨の回答を受けたので，Gは，拘束力のある提訴可能な決定を求めた。これに対して，Gを担当する下級の行刑職員は，その機器の購入は購入口座勘定からのみ許されると告げ，話はそれで終わりであるとした。そこで，Gは，刑執行部に対して，施設には領置金口座からその機器の購入を許可する義務があると申し立てた。裁判所は，この義務付けの申立を不適法として却下した。その理由は，Gがそのことについて責任者（施設長又は区長）の決定を経ておらず，したがって，裁判所に提訴する権利保護の必要性に欠けるというのであった。

連邦憲法裁判所[83]は，不適切な事実上も正当化できないやり方で手続法の定める裁判所への接近が困難にされてはならないことを明らかにした。裁判所が，申立人に対して，願い事はまず担当する下級の行刑職員に申し出て，この職員からそれを許さない旨の回答があった後に，初めて施設管理者に正式の決定を願い出るよう要求する場合，正にこの不適切なやり方に当たるといえよう。そこで，受刑者は，その要望に直接答えてもらえない場合，担当職員に対して，施設管理者の正式決定をもらってくれるよう依頼する

---

82　BVerfG, NStZ-RR1999, S. 28.
83　BVerfG, NStZ-RR1999, S. 28f.

こともできる。職員限りで受刑者の要望を拒否し，それを施設管理者に取り次がなかった場合，要望に対する施設管理者の決定がなされていないのであるから，行刑法第113条にいう作為の申立の要件の存否が審査されなければならない。

777　一般的な給付の申立の変形である予防的な不作為の申立は，——差止めを目的として——行われるおそれがある行刑官庁の処分及び反復のおそれがある施設のその他の違法行為に対して行われる[84]。

　　事例：行刑職員Ｖは，施設のすべての被収容者を「お前（du）」と呼んだ。受刑者Ｇは，Ｖとの会話においてこの呼びかけをされることを拒んだ。Ｇがこのことについて行刑法第108条第1項により施設長に申し出たが，施設長はＶにその態度を変えるよう指示することを拒否した。Ｖがその後もＧを「お前」と呼び続けた場合，Ｇはこれに対して予防的な不作為の申立を行うことができる。

778　他の申立方法に対する補充的なものが確認の申立（行刑法第115条第3項）である。処分が既に実行されていても，当事者が官庁の作為又は不作為が違法であることの確認を求める正当な利益があると主張する場合，その者は，裁判所にその確認を求めることができる。保護に値する利益としては，特に次のものが考えられる[85]。
―　処分の差別的効果がその実行後まで継続すること。[86]
―　具体的で明確な反復のおそれがあること。
―　申立人の社会復帰の利益のため。
―　職務上の責任，損害賠償又は結果排除請求の準備のため。

　　事例：妻が手術を受けなければならなかったため，受刑者Ｇは，11月2日から11月7日までの行刑法第13条にいう拘禁からの休暇を申請した。Ｇは，子供を世話するために自分が必要であることを理由に挙げた。Ｇの申請に対して，施設長は，ようやく11月12日に決定を行い，11月17日から11月21日までの拘禁からの休暇を許可した。
　　その申請に当たりＧにとって重要であったのは，拘禁からの休暇そのものではなく，完全に特定した期間における休暇であった。Ｇの希望した期間は既に経過していたが，その申請は処理済みということにされた。施設長がＧに対して将来類似の申請があっ

---

84　Schwind/Böhm/Schuler, 1999, §109Rdn. 25.
85　Calliess/Müller-Dietz, 2002, §115Rdn. 13 ; Schwind/Böhm/Schuler, 1999, §115Rdn. 17.
86　Dazu BVerfG, ZfStrVo2002, S. 176.

ても期間に拘束されない旨を明らかにした場合，Gは，行刑法第109条以下に基づく法的手段により，確認の申立をすることができる。

行刑法第115条第3項に規定するもののほか，処分の違法性について，又は取消若しくは給付の申立では目的を達成できない不作為の違法性について，裁判上確認する利益があり，かつ，権利の侵害が重大であって確認の利益を否定できないすべての事案について，確認の申立を行うことができる[87]。

### 8.2.1.3　申立適格（Antragsbefugnis）

行刑法第109条第2項による裁判所の決定を求める申立は，申立人が処分，処分の拒否又は不作為によってその権利を侵害されている旨をその申立書[88]で理由を付して主張する場合に限り許される。 779

申立人自身に有利な主観的権利又は誤りのない裁量権の行使を求める権利が存在すること及び申立人がその不服とする処分によってその権利を侵害されたことを主張しなければならない。申立人は，このような権利侵害の存在を仮定することが全く的外れではないと思わせる事実を申述しなければならない。もっとも，申立人に対するこの要求は，過度であってはならない。つまり，その者は，どの具体的処分に対して提訴し，それによってどの程度権利を侵害されたとしているかが分かる程度に具体的に述べることで足りる[89]。

行刑法第109条第2項では，固有の権利が侵害されることを必要としているので，次の申立をすることはできない。 780
— 第三者のための申立
— すべての被収容者のための申立
— 単に客観的権利の侵害を主張する申立

しかし，このことは，行刑外にある第三者も，行刑官庁の処分，処分の拒否又は不作為により直接その権利に関係することがあり得る場合を排除するものではない[90]。面会禁止又は文通の妨害により被収容者との個人的な接触が拒否され， 781

---

87　OLG Hamm, NStZ1983, S. 240.
88　Gegen eine Begründungspflicht: Müller, 1993, S. 211ff.
89　OLG Zweibrücken, NStZ1992, S. 512.
90　OLG Zweibrücken, NStZ1993, S. 407f.；OLG Dresden, ZfStrVo2000, S. 124；AK-Volckart, 2000, §109Rdn. 5；Calliess/Müller-Dietz, 2002, §109Rdn. 15；Schwind/Böhm/Schuler, 1999, §109Rdn. 26.

又は困難にされたとする外部の者が，基本法第2条第1項による人格の自由な発展を求める権利を侵害されたとして，行刑法第109条第2項に基づく申立を行い得るかということが考慮の対象になる[91]。

事例：受刑者Gは，逃走計画を実行する道具を入手するため，同衆受刑者に対して，再三にわたり強い圧力を加えた。施設長Aは，Gがその妻Eに対しても，面会時に禁止された物品を手渡すよう強要するおそれがあると考えた。そこで，Aは，物品を手渡すことができないよう，仕切ガラスのある面会室で行われることを条件にEの面会を許可した。

面会時に仕切ガラスを使用するというAの指示に対して，Eが行刑法第109条第2項による自己の権利に対する侵害を具体的理由と共に主張できる限り，Eは，裁判所に対して，行刑法第109条以下の規定に基づく申立をすることができる。仕切ガラス設置の指示は，基本法第2条第1項により憲法上保障された人格の発展の自由に対する侵害であり[92]，基本法第6条第1項（婚姻及び家族は，国家秩序の特別の保護を受ける—訳注）の権利が侵害された場合と同様に，Eはその侵害を主張できる。

面会禁止も，受刑者だけではなく，面会者の権利に関係する場合があるので，受刑者とは別に，面会申込みを不許可にされたことについて提訴することができる[93]。もっとも，被収容者宛てに物品が送付され，一旦本人に交付された後，それが引き上げられた場合には，もはや送付者の法的地位には関係しない。

事例：ある受刑者に「ポジティブ，で次はなに？」というパンフレットが送付され，施設管理者からその所持を許可された。後日，施設管理者は，その内容が行刑目的の達成を妨げ，施設の保安及び規律を危うくするという理由で，与えた許可を取り消し，パンフレットを受刑者の居室から引き上げた。事の次第を知らされたパンフレットの送付者は，裁判所の決定を申し立て，基本権が侵害されたと主張した。

基本法第2条に由来する送付者が他の者とコンタクトする権利は，行刑官庁が冊子を交付することによって既に実現されている。そして，ツヴァイブリュッケン高等裁判所[94]は，行刑法第70条第2項第2号及び同条第3項による許可の撤回は被収容者と施設管理者との法律関係のみに関係することであり，外部の者には申立適格がないことを確認した。

---

91　OLG Zweibrücken, NStZ1993, S. 407f.；Kaiser/Schöch, 2002, S. 375.
92　BVerfG, ZfStrVo1994, S. 305.
93　Dazu OLG Nürnberg, ZfStrVo1988, S. 187ff.
94　OLG Zweibrücken, NStZ1993, S. 408.

行刑法第109条第2項に基づき，被収容者の弁護人も，その権利が侵害されたことを主張できる（例えば，弁護人から受刑者に宛てた書信の交付を制限された場合）[95]。

被収容者及び行刑上の処分により直接その権利を侵害される行刑外の自然人のほか，特定の集団（Personenmehrheit）についても，官庁の処分又は不作為によりその固有の業務[96]にかかわりが生じる場合は，申立適格が考慮される。申立適格が認められる可能性があるのは，次の団体等である[97]。

― 行刑法第162条にいう施設審議会（及びその構成員）。ただし，審議会構成員の選任に当たり不許可とされた部外者を除く[98]。
― 所内への立入拒否，所内活動の制限又は立入許可の撤回をされた行刑法第154条第2項に基づく名誉職的行刑協力者である団体（及び個人）[99]
― 受刑者組合[100]
― 行刑法第160条により設置された受刑者の責任共同体がその法的地位を主張する場合[101]

しかし，居室グループには，申立適格が認められない。その理由は――施設審議会又は受刑者責任共同体のような――他の団体等とは異なり，全く法人格を持たず，権利又は義務の主体ではないからである[102]。

8.2.1.4 前置手続（Vorverfahren）

行刑法第109条第3項に基づき，裁判所の決定を求める申立は，州法が行政前置手続を規定している場合，この手続を経た後に初めて適法に行うことができる。しかし，事前の不服申立（Widerspruch）を求めることは，取消の申立又は義務付けの申立を行う場合に限り，認められる。

このような不服申立の前置手続を設ける理由としていわれるのは，「争いのあ

---

95　OLG Frankfurt, ZfStrVo1987, S. 113f.；OLG Dresden, ZfStrVo2000, S. 124.
96　OLG Hamm, NStZ1993, S. 513.
97　Vgl. AK-Volckart, 2000, §109Rdn. 5 m. w. Nachw.
98　OLG Stuttgart, ZfStrVo1987, S. 126ff.
99　Theißen, 1990, S. 37.
100　KG, NStZ1982, S. 222.
101　OLG Hamburg, ZfStrVo2002, S. 181；AK-Volckart, 2000, §109Rdn. 5；Calliess/Müller-Dietz, 2002, §109 Rdn. 15；Kaiser／Schöch, 2002, S. 375；a. A. Schwind／Böhm／Schuler, 1999, §109Rdn. 27.
102　OLG Hamm, NStZ1993, S. 512；LG Arnsberg, NStZ1992, S. 378.

る処分について，まず上級の行刑官庁による十分な審査を行うことは，決定できる範囲が制限された裁判所による間接的な審査より，事実に即した建設的な解決が可能である」[103]ことである。監督官庁は，適法性の審査だけではなく，内容の目的適合性についても審査することができる。

しかし，官庁の直列的手続を実施する必要性に対する難点として，特に行刑の分野で考えられることは，これに伴い裁判所による権利保護が遅延するおそれであり，それは短期受刑者の場合，正しく重要な意味がある[104]。このような理由から，州法レベルで行刑法第109条第3項により与えられた権限を行使しているのは，一部の連邦州だけである。

| 前置手続のない州 | 行刑法第109条第3項を適用している州 |
| --- | --- |
| バーデン－ヴュルテンベルク | ブレーメン |
| バイエルン | （裁判所構成法施行法第26条第1項） |
| ベルリン | ハンブルク |
| ブランデンブルク | （行政裁判所法施行法第6条） |
| ヘッセン | ノルトライン－ヴェストファーレン |
| メクレンブルク－フォアポンメルン | （前置手続法第1条） |
| ニーダーザクセン | シュレースヴィヒ－ホルシュタイン |
| ラインラント－ファルツ | （行刑不服申立法第5条） |
| ザールラント | |
| ザクセン | |
| ザクセン－アンハルト | |
| チューリンゲン | |

784　州法が前置手続を規定している場合，まず不服申立に始まり，それを直近上級庁（＝不服申立庁（Widerspruchsbehörde））が決定する。監督官庁による裁決（Widerspruchsbescheid）があった場合に，初めて行刑法第109条以下による法的手段を執るために必要な前置手続に関する適法性の要求が満たされる。不服申立者が州法で定めた不服申立期間を徒過した場合，不服申立庁は，その不服申立てを原則として不適法であるとして却下する。この場合，不服申立庁は，不服の

---

103　BT-Drs. 7/918, S. 84.
104　Krit. auch Rotthaus K., 1985, S. 337 ; siehe ferner Kaiser/Schöch, 2002, S. 376 ; Zwiehoff, 1986, S. 44ff.

対象とされた行刑上の処分の適法性及び合目的性の問題に立ち入ることをしない。この場合は，行刑法第109条第3項にいう不服申立手続が実行されていないので，裁判所の決定を求める申立も不適法とされる[105]。もっとも，この直列手続を順守したことを申立人自ら申述することが取消の申立又は義務付けの申立を適法に行うための前提条件ではない。それは裁判所による職権調査事項である[106]。

### 8.2.1.5 裁判管轄（Gerichtliche Zuständigkeit）

　裁判所の決定を求める申立は，地方裁判所の刑執行部に対して行われる。行刑法第109条による手続の第1審合議部としての事物管轄は，裁判所構成法第78条aに従う。刑執行部は，自由刑の実行又は自由剥奪を伴う矯正及び保安の処分を実行するための施設所在地又はその他の行刑官庁所在地の地方裁判所管轄区域内に設けられる。　　　　　　　　　　　　　　　　　　　　　　　　　　　785

　土地管轄に関して立法者が重視したのは，裁判所が行刑と場所的に近接していることであった。つまり，それによって施設の事情を知ることができ，被収容者からも直接心証を得ることができるであろうということである[107]。したがって，裁判所の決定を求める申立は，行刑法第110条第1切により，その管轄区域内に当事者となる行刑官庁の所在地がある刑執行部[108]が管轄する。　　　　　　786

　州法が行刑法第109条第3項にいう不服申立手続を規定している場合においても，それによって刑執行部の土地管轄が変更されないことを行刑法第110条第2切は明らかにしている。前置手続で不服申立について裁決した監督官庁の所在地が，処分が争われている行刑施設とは異なる地方裁判所の管轄区域にある場合でも，管轄区域内にその施設がある地方裁判所合議部の土地管轄に変更はない。

　被収容者が行刑法第109条以下にいう刑執行裁判所による手続中に他の行刑施設に移送される場合，施設の変更に伴う土地管轄について留意しなければならない。　　　　　　　　　　　　　　　　　　　　　　　　　　　　　　　　787

　単なる一時移送（例えば，行刑法第8条第2項に基づく一時移送）の場合，被収容者が一時収容された施設の管理者が命じた処分に対して提訴する場合を除き，

---

105　Zur Entbehrlichkeit des Widerspruchsverfahrens im Ausnahmefall trotz landesrechtlicher Regelung siehe OLG Hamburg, NStZ-RR2000, S. 94.
106　OLG Hamm, NStZ1994, S. 381.
107　BT-Drs. 7/918, S. 84.
108　Dazu unten Kap. 8.2.1.7.

従前の刑執行部の管轄には変更がない[109]。

788 　施設の変更が一時的な移送でない場合でも，基本的には，刑執行部の土地管轄には変更がない。自動的な管轄の変更は行われない。しかし，長期にわたる行刑場所の変更は，行刑法第111条第1項第2号にいう申立の相手方の変更をもたらすことがある。このような場合，裁判所は，その管轄区域内に収容施設の所在地がある刑執行部に事件を移送しなければならない。この事件移送も自動的に行われるのではなく，移送の申立が行われた場合に限り行われる[110]。単なる一時移送でない場合に申立の相手方が変更されるかどうかは，それぞれの申立内容により定まる。

789 ―　義務付けの申立又は不作為の申立の手続中に当該被収容者が移送され，その者がそれまでの要求を継続する場合，相手方行刑官庁は，現に収容中の行刑施設になる[111]。

　事例：Gは，当初ストラウビング刑務所の受刑者であった。施設管理者は，Gが申し出た「オリオンカレンダー―超過激」の交付を拒否した。この回答に対して，Gは，裁判所の決定を求める申立を行い，ストラウビング刑務所を管轄する刑執行部に対してカレンダーが交付されるよう求めた。その後，Gはバイロイト刑務所に移送された。バイロイト地方裁判所がこの手続の承継を拒否したので，管轄裁判所を決定するため，事件は連邦最高裁判所（BGH）に送られた。

　連邦最高裁判所は，Gがカレンダー不交付の違法確認を求めるだけでなく，領置物の交付を求めていることを確認した。この申出の相手方になり得るのは，現に受刑者が収容されている拘禁施設だけである。申立人が「裁判手続を始めた後に他の施設に移送された場合において，施設が特定の（将来における）処分の義務付けを求められているとき，つまり，当事者が過去の命令だけを問題にしていないときは，申立人の収容施設所在地の刑執行部に対して申立を行うよう指示されなければならない。[112]」

790 ―　裁判所による決定を求める受刑者にとって，確認（例えば，前施設の管理者により命じられ実行された処分の違法性の確認）が問題である場合には，その決定を行った行刑施設に対する手続が続行される。

791 ―　取消の申立については，継続的処分（Dauermaßnahme）と状態的処分（Zus-

---

109　Schwind/Böhm/Schuler, 1999, §111Rdn. 6.
110　BGHSt. 36, S. 36；BGH, NStZ1990, S. 205；BGH, NStZ1999, S. 158；Calliess/Müller-Dietz, 2002, §110Rdn. 104；Schwind/Böhm/Schuler, 1999, §111Rdn. 6.
111　BGHSt. 36, S. 35.
112　BGH, NStZ1999, S. 158.

tandsmaßnahme) とが区別されなければならず[113]，その場合，申立の相手方となるのは，争われる対象について権限を有し，問題とされる処分を場合によっては取り消すことができる行刑施設である。権利侵害の可能性が受送施設においてもなお継続している場合（例えば，書類の継続的な差止処分又は面会を視覚的及び聴覚的に監視する命令）には，できる限り効果的な権利保護という意味で申立の相手方が変更されなければならず[114]，そうしなければ，取消の申立が認められても受送施設を義務付ける効果が期待できないからである[115]。しかし，被収容者が前施設の管理者の命じた状態的処分（例えば，他施設への移送）について提訴した場合，その決定は，状態を変更する移送によって事実上終了し，前施設の処分は実行済みであるが，前施設は，引き続き行刑法第111条第1項第2号にいう当事者としての行刑官庁である[116]。したがって，刑執行部の土地管轄に変更はない。

### 8.2.1.6 申立の様式及び申立の期限（Antragsform und -frist）

裁判所の決定を求める申立は，行刑法第112条第1項第1切に基づき，書面又は地方裁判所の書記課あるいは刑事訴訟法第299条により所掌を認められている区裁判所の権利申立課の調書に記載することにより，行われなければならない。刑執行部の手続は弁護士強制ではないので，申立書が弁護士により作成され，又は署名されることも必要ではない。行刑法及び同法第120条第1項が準用する刑事訴訟法には，被収容者が意思表示を行う場合の意思決定及び意思表示について，基本的に代理を排除する規定がない。したがって，弁護士でない代理人も受刑者のために申し立てることができる[117]。弁護士でない代理人による申立は，その者が（例えば，受刑者援護団体の職員として）業務として多数の刑確定者を代理しており，権利出願法（RberG）第1条第1項に違反する場合には，却下される。

書類の形式的要求を満足させるため，裁判所に提出される書面には，その作成者，住所及び申立が十分認識できるように記載されていなければならないが，署名は必要とされない[118]。行刑法第112条第1項第1切は，受刑者が少なくとも手続の対象を特定すること，つまり，いかなる処分に対する申立であるかを明確に

---

113 Siehe auch AK-Volckart, 2000, §111Rdn. 2.
114 OLG Celle, Nds.-Rpfl2002, S. 86.
115 OLG Stuttgart, NStZ1989, S. 496.
116 Calliess/Müller-Dietz, 2002, §110Rdn. 4.
117 OLG Nürnberg, NStZ1997, S. 360 ; zur Antragstellung durch einen Mitgefangenen siehe BVerfG, NStZ1998, S. 103.
118 Calliess/Müller-Dietz, 2002, §112Rdn. 2.

することを要求している。行刑法第112条第1項第1切の定める期限内に行刑法第109条第2項の要求する十分な理由付けをする必要があることは，その文言から読み取ることができない。処分の違法を理由付ける主張は，申立期限経過後も適当な時期までに行うことができる[119]。

794　申立期限は，取消の申立及び義務付けの申立の場合，行刑法第112条第1項により2週間とされている。この規定は，不作為の申立及び確認の申立には適用されず，作為の申立については，行刑法第113条に特別の規定がある。

行刑法第112条第1項の2週間の期限は，行刑上の処分ないし処分の拒否が送達され，又は文書で公示されることによって進行を開始する。明文の規定があるので，その期限が処分の口頭による告知や口頭による処分によって開始されることはない[120]。州法が不服申立手続を規定している場合には，不服に対する決定の送達又は文書による公示とともに進行が始まる。2週間の期限は，刑事訴訟法第43条を準用する行刑法第120条第1項によって計算される。そして，申立書が行刑法第110条にいう所轄の刑執行部又は刑事訴訟法第299条により管轄を有する区裁判所に期限内に到達することで守られる[121]。

行刑上の決定が書面によらない場合，行刑法第112条にいう2週間の期限は進行を開始しないが，それは，当事者が時間的制限を受けずに（場合によっては1年後においても）行刑法第109条に基づく提訴が可能であることを意味しない。それは——法律上明示の規定はないが——1年が経過するまでに限り許される。行刑法第113条第3項の作為の申立のための期限がその限りにおいて準用される[122]。

795　申立人がその責めによらず（例えば，重い病気のため）行刑法第112条第1項の期限を徒過した場合，その者は，行刑法第112条第2項から第4項までの規定により原状回復を申し立てることができる。期限の徒過が行刑施設の責任（例えば，行刑法第30条による書面の回付が遅延した場合，受刑者の行刑法上の権利を本人に知らせていない場合[123]）又は裁判所の事務課の責任（例えば，司法補助者（Rechtspfleger）の責任で記録を期限内に受領できなかった。[124]）に属する場合も本人には責任がない。行刑法第120条第1項では，行刑法第109条以下の刑執行部の手続について刑事訴訟法の規定を準用しているので，期限を徒過した弁護人

---

119　KG, NStZ-RR1997, S. 154.
120　OLG Koblenz, ZfStrVo1992, S. 321f.
121　AK-Volckart, 2000, §112Rdn. 4.
122　AK-Volckart, 2000, §112Rdn. 3；Calliess/Müller-Dietz, 2002, §112Rdn. 1.
123　Litwinski/Bublies, 1989, S. 110.
124　Vgl. OLG Hamm, NStZ1991, S. 427.

又はその他の代理人の責任に関しては，刑事訴訟の原則が適用される。したがって，代理人の責任が申立人に帰せられてはならない[125]。その者が自らを困窮者であるとして期限内に訴訟費用扶助の申立のみを行い，それについて決定があった後に法的救済を申し立てる場合も，行刑法第112条第1項の期限の徒過は，申立人の責任とはされない。決定時までに期限が経過している場合，原状回復を求める理由がある[126]。

前述の状況における原状回復の申立は，行刑法第112条第3項により，その責めによらない障害の消滅後2週間以内に行われなければならない。この場合，申立を理由づける事実が疎明されなければならない。さらに，行刑法第112条第3項第1切の申立期間内に行われなかった法律行為の追完がなされなければならない。それが行われた場合，裁判所は申立を待たずに原状回復を認めることもできる。行刑法第112条第1項による裁判所の決定を求める申立をするための期限を徒過した日から1年を経過した後は，原状回復は許されない（行刑法第112条第4項）。この除斥期間は，不可抗力により申立ができなかった場合に限り，考慮されない。

796

事例：バイエルン州の行刑施設JでGは自由刑に服しているGは，4月3日，3日間の拘禁からの休暇を申請した。施設長Aは，4月17日Gに決定を書面で告知し，その申請を拒否した。バイエルン州では行刑法第109条第3項にいう不服申立の前置手続を採用していなかったので，Gは，Aの拒否決定に対して直接裁判所の決定を求める申立をすることが可能であった。しかし，4月18日にGは生命に危険のある病気のため行刑施設内の病舎に収容され，3週間後にようやく回復した。その時点においても，Gは，4月17日のAの拒否決定に対する手段を執ることができる。たしかに，Gは行刑法第112条第1項第1切の2週間の期限を徒過しているが，それは，Gの責めに帰することができないものである。

重い病気による障害の消滅後，Gは二つの申立を行わなければならない。
— 2週以内に行刑法第112条第3項第1切に基づく原状回復の申立，この場合期限徒過に責任がないことを疎明しなければならない。

---

125 AK-Volckart, 2000, §112Rdn. 12 ; Calliess/Müller-Dietz, 2002, §112Rdn. 3 ; Litwinski/Bublies, 1989, S. 110 ; a. A. OLG Hamburg, NStZ 1991, S. 426 ; Schwind／Böhm／Schuler, 1999, §112Rdn. 8 ; differenzierend dagegen Zwiehoff, 1986, S. 80ff. (keine Zurechnung des Verschuldens nur in Verfahren zur Überprüfung von Disziplinarmaßnahmen).
126 OLG Koblenz, NStZ-RR1997, S. 187.

― 行刑法第112条第3項第1切の2週間の期限内に拘禁からの休暇の許可ないし休暇の申請に対する新たな決定を求める義務付けの申立

　Gが行刑法第112条第3項第1切の申立期限内に明示的に原状回復を申し立てず，義務付けの申立のみを行った場合においても，行刑法第112条第3項第4切により，Gが原状回復を希望しており，Gに責任のないことが全体の脈絡から明らかであるとき，刑執行部は，原状回復を認めることができる。

797　作為の申立は，行刑法第113条第1項により，基本的には，行刑官庁に対する処分の発出又は実行について申出を行い，対応のないまま3月を経過した後，初めて行うことができる。しかし，特に緊急を要する場合には，この期間経過前においても，刑執行部への申請が考慮される[127]。

　事例：受刑者Gは，9月2日に9月25日及び26日の2日間拘禁からの休暇を申請した。申請書には，両親が週末に金婚式を祝うので，それに参加したい旨が記載されていた。Gは，この書面による申請に対して何の回答も得なかった。

　Gにとっては，9月25日及び26日の休暇を許可されるかどうかが重要であるから，行刑法第113条第1項により，作為の申立が許されるまで3月間待たせるのは無意味なことである。むしろこの場合に関係するのは，刑執行部に対する早期の申立を許す特別の事情が存在する事案の状況（Fallkonstellation）である。

　行刑法第113条第3項は，作為の申立について，1年の除斥期間を定めているが，個別の事案において，不可抗力又は特別の事情がある場合に限り，その後の申立が可能とされている。

### 8.2.1.7　当事者適格（Beteiligtenfähigkeit）

798　第1審手続への参加者は，行刑法第111条第1項が終局的に[128]規定する次の者である。

― 申立人（第1号）
― 取り消されるべき処分を命じ，又は申し出た処分を拒否し，若しくは放置し

---

127　BVerfG, StrVert1985, S. 240.
128　Calliess/Müller-Dietz, 2002, §111Rdn. 2.

た行刑官庁（第2号）[129]

第2号における官庁は，基本的には行刑施設である。特別な例外的場合には監督官庁の関与もあり得るが，それは，監督官庁が処分を行い（例えば，行刑法第153条による権限の留保により，被収容者の移送について決定する場合），施設長は監督官庁の指示を実施するだけの場合である[130]。

### 8.2.1.8 手続の概略（Vereinfachtes Prüfungsschema）

799

行刑法第109条以下による裁判所の決定を求める申立

1 申立の開始，行刑法第109条第1項
    — 処分
    — 行刑の分野
    — 規制のため
    — 個別の案件
2 申立の種類
    — 取消の申立，行刑法第109条第1項第1切，第115条第2項第1切
    — 義務付けの申立，行刑法第109条第1項第2切，第115条第4項
    — 作為の申立，行刑法第109条第1項第2切，第113条
    — 不作為の申立
    — 確認の申立，行刑法第115条第3項
3 申立権，行刑法第109条第2項
    自己の権利を侵害された可能性があること
4 前置手続，行刑法第109条第3項
    州法により必要とされる場合における取消及び義務付けの申立
5 刑執行部の管轄
    — 事物的，裁判所構成法第78条a
    — 場所的，行刑法第105条第1切
6 要式（Formalien）
    — 書面又は裁判所の調書，行刑法第112条第1項第1切

---

129 Dazu BGH, NStZ1996, S. 207.
130 Zur Änderung der beteiligten Vollzugsbehörde bei Anstaltswechseln oben Kap. 8.2.1.5.

── 取消又は義務付けの申立の期限，行刑法第112条第1項
　　　　　── 処分又はその拒否の送達又は書面による告知後2週間，ないし
　　　　　── 裁決の送達又は告知後2週間
　7　当事者適格，行刑法第111条第1項
　　　── 申立人（第1号）
　　　── 取り消されるべき処分を命じ，又は申し立てた処分を拒否し，若しくは放置した行刑官庁（第2号）

## 8.2.2　手続及び審査範囲（Verfahren und Prüfungsumfang）

800　　刑執行部は，行刑法第109条以下による申立に関しては，口頭弁論を経ない決定（Beschluss）によって裁判する（行刑法第115条第1項）。この場合，裁判部は，裁判所構成法第78条aに基づき単独の裁判官により構成される。口頭弁論が行われない場合においても，事実関係を明らかにするため，手続の当事者又は第三者について単独裁判官の面前での事情聴取を妨げるものではない[131]。

801　　行刑法は，行刑上の処分を審査するための裁判手続を完結的に規定していないので，──行刑法に他の規定がない限り──行刑法第120条第1項により刑事訴訟法の規定が準用される。この包括的な準用指示は，誤りであったと評価されている[132]。なぜならば，行刑法第109条以下による手続は，公判手続を伴う刑事訴訟ではない上，部分的には行政法上の争訟に倣っているからである（例えば，申立の種類）。したがって，行刑法が手続を直接規定していないものについて，刑事訴訟法では行刑の特殊性に即した適切な結論を導き出し得ない場合，行政裁判手続との構造的な類似性があることから，行政裁判所法又は行政手続法の規定が適用されることになる[133]。

### 8.2.2.1　手続上の諸原則（Verfahrensprinzipien）

(1)　処分の原則（Verfügungsgrundsatz）

---

131　Litwinski/Bublies, 1989, S. 111.
132　Kaiser/Schöch, 2002, S. 369 ; Laubenthal, 2002a, S. 493 ; Müller-Dietz, 1981, S. 125 ; ders., 1993, S. 478 ; ders., 1995a, S. 285.
133　AK-Volckart, 2000, §120Rdn. 3 ; Calliess/Müller-Dietz, 2002, §120Rdn. 1 ; Grunau/Tiesler, 1982, §120Rdn. 3 ; Kösling, 1991, S. 74ff. ; Müller-Dietz, 1985c, S. 335ff. ; Schuler, 1988, S. 259 ; Schwind/Böhm/Schuler, 1999, §120Rdn. 1.

刑執行部は，行刑法第109条以下の手続による権利保護を当事者の申立に基づいてのみ認めている。刑事訴訟法的な職権主義ではなく，処分の原則が適用され，争いの対象は，申立人の任意の処分にゆだねられている，すなわち，申立によって権利保護の要求が決定され，限定される。したがって，当事者がその要求を引き続き裁判上追求することを望まず，申立を取り下げた場合，手続は終了する。

　裁判所は，基本的には，申立に束縛されるものの，法律知識がなく弁護士による代理もなされていない申立人に対して，事案に即した教示により申立手続の瑕疵を除去する機会を与えることは，手続的保護義務の命じるところである[134]。とりわけ，裁判所は，適切に解釈することによって本案の決定が可能と思われるにもかかわらず，不適法として申立を却下しなければならないような要求（Anliegen）については，それが申立書中に述べられた文言及びそこから認識される意味とは異なるものとして，重視しないことができる。

　事例：施設管理者は，キーボードの所持を求める被収容者の申出について，行刑施設内ではそのような機器の所持は許されない旨を指摘した上，これを拒否した。これに対して，本人は法的手段に訴えた。この者は，その決定の取消及び施設は裁判所の法的見解を尊重して新たな決定をする義務があることを申し立てた。刑執行部は，それが明らかに施設の決定の違法確認ないし決定の取消だけを求めていることを理由に，この申立を不適法として却下した。

　裁判所のこの決定は，基本法第3条第1項の恣意の禁止（Willkürverbot）に違反する[135]。なぜならば，受刑者は，既に行われた決定を取り消し，施設の新たな決定を求める申立をすることによって，その決定の違法性の確認を求め，その取消しを希望するだけではなく，本人にとっては，キーボードの所持許可こそ重要であることが明らかに認められるからである。行刑法第70条第1項では，法律で定める限度内で受刑者に物品所持の権利を与えているが，自由時間活動のための物品所持の許可は行刑官庁の裁量下にあると被収容者が誤解していることも，その妨げにはならない。申立について刑執行部の採用した解釈は，客観的にみて恣意的であった。なぜならば，法治国原則は，手続法（Verfahrensrecht）の中で認められた法律上の救済を行う裁判所（Rechtsbehelfinstanz）及び上訴裁判所（Rechtsmittelinstanz）への接近が不適切かつ事実上正当化できないやり方で困難になるよう解釈し，適用することを裁判官に対して禁止しているからである[136]。

---

134　KG, NStZ-RR1997, S. 154；AK-Volckart, 2000, §115Rdn. 7.
135　BVerfG, StrVert1994, S. 201f.
136　BVerfG, StrVert1994, S. 202.

行刑法第109条以下による行刑上の権利保護手続に処分の原則が適用されるとしても，行刑法第115条が合意による調整への努力をするよう法律上義務付けていると考えてはならない[137]。行刑の実態を見ると，和解に達する場合は，ほとんどない。和解の可能性は，様々な法律的制約の下で制限されているといえよう。自由裁量が認められているところでは，和解の適格性に対する疑問だけではなく，自由裁量への裁判所の介入権限についての疑問も生まれる。したがって，例えば，行刑法第11条第2項にいう逃走又は悪用のおそれの存在について，法律上も，実務上も和解という意味での合意が成立することなど，ほとんど考えられない。行刑法第109条に基づく個別の事案で双方が歩み寄ることがあれば，それは，肯定的に評価されなければならない。しかし，裁判官に対してまず和解の成立を目指してすべての手続を行うよう法律で義務付けることは，実務上，しばしば当事者に対して不必要な負担をもたらすおそれがあろう。

(2) 職権探知主義（Untersuchungsgrundsatz）

803　刑執行部は，行刑法第109条以下の手続において事実関係を職権で調査する（刑事訴訟法第244条第2項を準用する行刑法第120条第1項）[138]。これによって，裁判所は，決定の基礎となる事実関係を包括的に解明し，争いのある申立について実際に発生した事実を確認する努力をしなければならない。この場合，自ら調査を行い[139]，証拠を収集しなければならない[140]。刑執行部は，一方当事者の事実についての申述をそのまま決定の根拠とすることはできない。申立人には，立証責任も立証リスクもない。

　事例：申立人宛のユーゴスラビア語の手紙が外国語で書かれる必然的理由がないとして，差し止められた。裁判所の決定を求める申立の中で，被収容者である名宛人は，ユーゴスラビア語で書かれた必然的理由として，発信者はユーゴスラビアで収容されており，その行刑施設では国語で書かれた手紙だけが発信を許されていると主張した。そこには行刑法第31条第1項第6号の法的相当性が否定できないにもかかわらず，刑執行部は，被収容者がその主張の根拠となる事情を疎明しなかったことを理由に，この反論（Einlassung）を評価しなかった。

---

137　Kamann, 1993a, S. 23 ; Rotthaus K., 1993, S. 59.
138　KG, NStZ2001, S. 448 ; Calliess/Müller-Dietz, 2002, §115Rdn. 2.
139　OLG Frankfurt, NStZ1994, S. 380 ; Voigtel, 1998, S. 197ff.
140　OLG Hamm, NStZ2002, S. 224.

カールスルーエ高等裁判所[141]がこの決定を取り消したのは正当であった。取消の理由とされたのは，裁判所は職権探知主義に従い，職権で自らの確信に達しなければならず，法的相当性のある反論は，それが証拠に基づいて否定された場合にのみ，考慮しないことができるということであった。疎明の要求には法的根拠がないこと，つまり，申立人には立証責任がないのである。

(3) 自由な証明の手続 (Freibeweisverfahren)

公判手続における刑事訴訟法上の厳格な証明の規定(刑事訴訟法第244条以下) **804** は，口頭弁論を経ない行刑上の決定手続には適さない。刑執行部による証拠手続を必要とする場合，それは自由な証明の手続による[142]。したがって，証拠提出 (Beweisantrag) には単なる証拠の提案 (Beweisanregung) の意味が与えられるにすぎない[143]。調査の実施，調査範囲及びそれを他の者に命じるか，自ら行うかということは，裁判所の裁量であるが，その場合には，証拠資料 (Beweismittel–)，証明方法 (Beweismethoden–) 及び証拠利用の禁止 (Beweisverwertungsverbote) に配慮しなければならない[144]。

(4) 法定審問の原則 (Grundsatz des rechtlichen Gehörs)

行刑法第109条以下の手続においても，当事者は，憲法に規定された法定審問 **805** (基本法第103条第1項) を求める権利がある[145]。裁判所は，当事者が事前の適切な時期に認否を行い，裁判所の最終的な心証形成に当たり考慮に入れることができる重要な事実及び証拠資料だけを決定の基礎に置くことができる[146]。当事者にその機会が与えられなければ，法定審問を受ける権利が侵害されることになる。この場合，刑事訴訟法第33条 a を準用する行刑法第120条第1項に基づき，裁判所は，法定審問を追完し，新たな決定を行わなければならない。

申立に対する部分的決定も，基本法第103条第1項違反となる（例えば，不利益処分の解除を目的とした取消の申立を単なる確認の申立として決定すること。）。

---

141　OLG Karlsruhe, NStZ1991, S. 509.
142　OLG Hamm, ZfStrVo 1990, S. 308; Calliess / Müller-Dietz, 2002 § 115 Rdn. 4; Voigtel, 1998, S. 139ff.
143　KG, ZfStrVo1990, S. 119f.
144　AK-Volckart, 2000, § 115Rdn. 3.
145　Dazu Voigtel, 1998, S. 269ff.
146　OLG Hamm, ZfStrVo1990, S. 309; OLG Frankfurt, NStZ1992, S. 455f.; OLG Bremen, ZfStrVo1997, S. 56.

法定審問の原則は，手続当事者に対して，その求める申立内容（Antragsbegehren）を裁判所が決定において尊重するよう要求する権利を認めている。申立は，単に聞き置かれるだけではなく——それが形式的若しくは実体的権利の原則と矛盾せず，又は形式的若しくは実体的権利の原則から事実の主張（Sachvortrag）を考慮しないことが裁判所に許されていない限り——決定に当たって慎重に配慮されなければならない。法定審問が確保されるには，裁判所が具体的な申立内容を恣意的検討によって拒否し，又は無視しないことが必要である[147]。

(5) 公正な手続を求める権利（Recht auf faires Verfahren）

806　ヨーロッパ人権規約（EMRK）第6条第1項において実定法上の表現がなされている公正の原則（Fairnessprinzip）は，刑執行裁判所の手続においても，最高の規範に数えられる。それはさらに，基本法第2条第1項の一般的自由権と関連する同法第20条第3項の法治国原則を形造るものである[148]。

　この公正手続の原則は，当事者に対して，個別的に参加権及び防御権を認めることで，法治国としての最低基準を指向する裁判所の行動を保障している。被収容者は行動の自由が制限されていることに留意して，刑執行裁判所は，当事者がその権利を広く主張できるよう配慮しなければならない。

8.2.2.2　審査権限への制約（Eingeschränkte Prüfungskompetenz）

(1) 裁量決定（Ermessensentscheidungen）

807　行刑官庁がその裁量を行使する権限を有している場合（例えば，施設長は「……できる（kann）」とされている場合），行刑法第115条第5項（行政裁判所法第114条に準拠した規定）は，裁量権に対する裁判所の審査を制限している。すなわち，刑執行部は，当局に代わって自ら裁量判断を行うことはできず，争いのある処分を次の事項についてのみ審査する[149]。
　— 裁量権の逸脱
　— 裁量権の乱用

---

147　BVerfGE83, S. 35.
148　BVerfGE57, S. 275f.
149　Siehe auch Treptow, 1978, S. 2228ff.

行刑官庁が，特定の規定に基づく法律上の限界を超えて，その裁量権を行使する場合，法律上裁量権の逸脱がある。 **808**

事例：施設長Ａは，受刑者Ｇがその妻Ｅに宛てた手紙の発信を拒否した。Ａがその決定を行った根拠は，ＥはＧの共犯者として保護観察を言い渡されただけであるが，Ｅとの文通によってＧに対して有害な影響を与えるおそれがある，ということであった。

行刑法第28条第2項に基づき，施設長は，特定の者との文通を禁止することができる。しかし，同項第2号では，その文通相手が刑法典第11条第1項第1号にいう親族の場合は，施設長の裁量の余地を制限している。したがって，行刑法第28条第2項第2号の不許可基準を援用することはできないのであって，Ａは，当該規定の設定範囲の外でその裁量権を行使したことになる。そこにＡによる裁量権の逸脱がある。

当局の行為は，規定の予定する範囲内ではあるが，法律又はその規定の示す目的から見て与えられた裁量権を行使してない場合，裁量権の濫用（Ermessensfehlgebrauch）がある。 **809**

特に，次の場合には，行刑官庁による裁量権の濫用が推定される。すなわち，
— 施設管理者が不適切な事実上又は法律上の前提に基づいている場合
— 法律的規制の目的から見て，用いることができず，又は許されない基準を考慮している場合
— 考慮すべき視点を無視している場合
— 幾つかの関連する視点についての重要性の評価を誤っている場合
— 施設長が事柄の性質上適切でない配慮をしている場合

事例：財産犯罪により拘禁されているＧは，その友人Ｆとの面会の許可を申し出た。施設長Ａは，Ｆが同じ財産犯罪での前科があること及びＦとの面会によりＧに有害な影響を及ぼすおそれが高いという理由で，これを拒否した。

行刑法第25条は，面会の拒否について施設長に裁量の余地を認めている。そして，行刑法第25条第2号は，施設での面会によって被収容者に有害な影響を及ぼすおそれがある場合には，そのような決定を行うことを許している。Ａの決定は，たしかにこの規定の法律的限界の範囲内に留まっている。しかし，Ｆに全く前科がないにもかかわらず，Ａが誤ってその存在を前提としている場合，そこには裁量権の濫用が存在する。この場合，Ａは存在しない事実を前提にしている。その決定には裁量の誤りがあり，したがって違法である。

裁量権の不行使は，裁判所の審査基準としては裁量権の濫用に当たる。 **810**

事例：受刑者Gは，自由な労働関係における外部通勤者としてある有限会社の建築設計者の仕事をしていた。この会社が支払不能になるおそれがあったので，Gは，他の同僚と共に1ユーロで発起人持分を取得し，その会社の代表者に指名されることになった。Gは，施設外における自営職業活動として引き続きその有限会社で仕事をすることを求め，施設長に文書で申し出た。施設長は，自営職業活動は施設内に限って許されるという一般的理由によって，Gの申出を拒否した。

　行刑法第39条第2項に基づき，被収容者は，自分で仕事をすることを許される。しかし，この規定は，施設内での自営業的な仕事の許可だけに関するものではない。行刑法第2条第1切の行刑目的に合致している場合，施設外で行刑法第39条第2項にいう自営業的な仕事をすることが許され得る[150]。したがって，施設長Aは，規定の誤った解釈に基づきその決定を行い，行刑法第39条第2項で認められている裁量権を全く行使しなかったことになる。これは裁量権濫用の事例に当たる。

(2) 不確定法概念（Unbestimmte Rechtsbegriffe）

811　行刑官庁が不確定法概念（例えば，「保安及び規律」，「適切な」，「原則として」，「理由のある例外的場合」）に具体的内容を付与しなければならないとされていても，それだけで行刑官庁に裁量の余地を認めたことにはならない。不確定法概念の解釈は，法律問題であり，原則として，全面的に裁判所の事後審査に服する[151]。

　しかし，法律が行刑官庁に対して裁量の余地を認め，その範囲内で行刑官庁が複数の同様に正当化できる決定を行い得る場合には，その限りにおいて，不確定法概念の適用について裁判所が審査できる範囲は制限されると解される。次のいずれかの場合は，このような裁量権の存在を前提としている。
― 将来の経過判断に関する場合（蓋然性の予測）
― 一身専属的な評価を含むその他の問題に関する場合

　不確定法概念に関して，裁判所による審査が制限され，行刑官庁の裁量範囲に属するものとしては，例えば，次のものがある。行刑法第10条第1項，第11条第

---

150　BGH, NStZ1990, S. 492.
151　Siehe dazu BGHSt. 30, S. 320；OLG Nürnberg, NStZ1998, S. 592；Calliess/Müller-Dietz, 2002, §115Rdn. 22ff.；Schwind/Böhm/Schuler, 1999, §115Rdn. 21；Wingenfeld, 1999, S. 99f.

2項の逃走及び悪用のおそれ[152]，行刑法第10条第1項の適性条項[153]，行刑法第10条第2項による閉鎖行刑への還送の必要性[154]，行刑法第9条第1項第2切に基づき処遇目的の達成不可能を理由として性犯罪者を社会治療施設から一般施設へ送還すること[155]，行刑法第37条第3項，第38条第1項にいう職業訓練，補習教育ないし学科教育のための措置に参加することへの適性判断[156]，あるいは，特別の保安的処置を命じる場合における行刑法第88条第1項にいう逃走及び暴行のおそれについての適切な予測[157]．

その限りにおいて，裁判所は，原則として，自らの判断を施設管理者の決定に置き換えることはできない（例外：紛争の成熟性）。司法的審査は，次の範囲に限定される[158]。

— 行刑官庁は，適切かつ十分に調査された事実関係を前提にしていたか。
— 行刑官庁は，その決定に当たり，正しい価値基準を用いていたか。
— 行刑官庁に与えられた決定特権の限界（裁量の範囲）が守られていたか。

812

裁判所の審査権に対するこのような制限[159]並びに蓋然性の予測及び一身専属的な評価の際における裁判所の審査に服しない一定の自由な領域が施設管理者に与えられなければならないことは当然である。その理由として，行刑官庁は，刑執行部とは異なり，受刑者と近接した関係にあり，個々の事件について，より適切に判断できることがある[160]。例えば，具体的事案において，逃走又は悪用のおそれがあるとすることに理由があるかどうかは，日常の経験から行刑職員が最も良く判断することができる。これらの者は，刑執行部の裁判官よりも被収容者に対してより近い関係にあるからである。行刑職員は，被収容者との人間関係及びその特殊な専門知識によって，より客観性のある（sachnäher）印象を形成できる。さらに，一定の危険性の判断は，将来起こり得べき事件にも関係がある——それには，客観的及び主観的な事情を総合した蓋然性の判断が含まれる。このために

---

152 BVerfG, ZfStrVo1998, S. 181；BVerfG, NJW1998, S. 1134；BVerfG, NStZ1998, S. 375；BVerfG, NStZ1998, S. 430；BGHSt. 30, S. 327；OLG Frankfurt, NStZ-RR1998, S. 91；OLG Frankfurt, NStZ-RR2001, S. 318；dazu oben kap. 5. 4. 4. 2.
153 OLG Karlsruhe, ZfStrVo1985, S. 247.
154 OLG Frankfurt, ZfStrVo1983, S. 309.
155 OLG Bamberg, Beschl. v. 19. 3. 2002-Ws807/01.
156 OLG Frankfurt, ZfStrVo1982, S. 314；siehe auch Kaiser/Schöch, 2002, S. 309.
157 OLG Frankfurt, NStZ-RR2002, S. 155.
158 BGHSt. 30, S. 327.
159 Dazu Calliess/Müller-Dietz, 2002, §115Rdn. 24；Heghmanns, 1999, S. 647ff.；Schneider H., 1999, S. 140ff.；Schwind/Böhm/Schuler, 1999, §115Rdn. 22.
160 BGHSt. 30, S. 325f.

必要とされる判断を自ら行えることから，施設管理者に決定特権及びこれに伴う裁量の余地が与えられるのは当然である。したがって，法律で認められた裁量範囲の具体的な充足に関して，裁判所が一種の上級行刑官庁としての役割を務めることは許されない[161]。

### 8.2.3 裁判所の決定（Gerichtliche Entscheidung）

813 　刑執行部は，争われている処分の適法性について決定する。この決定には，刑事訴訟法第267条に準じて理由が付されなければならず，また，法律違反を理由とする抗告手続（Rechtsbeschwerdeverfahren）において十分な審査ができるよう，決定のための重要な事実の収集及び法律的検討がすべてについて総合的に行われていなければならない[162]。そこには，どのような事実確認及び法律的評価に基づいているかを明確に認識できる記述が含まれていなければならない[163]。したがって，裁判所は，例えば，裁決（Widerspruchsbescheid）中の理由又は記録の内容をそのまま引用することは許されない[164]。

　刑執行部が，争われている処分が形式的のみならず実体的にも適法という見解に達した場合，裁判所の決定を求める申立は理由がないとして棄却される。これに対して，裁判所が行刑官庁の措置を違法と判断した場合，理由具備性の審理（Begründetheitsprüfung）の結論は，申立の種類によって異なる。

814 　取消の申立について，処分が出された時点でそれが違法であり，申立人の権利を侵害しているという判断に達した場合，裁判所は，行刑法第115条第2項第1切に基づき，その処分を取り消す。不服審査手続が先行している場合，それは裁決についても適用される。違法な処分が既に実行されている場合，刑執行部は，行刑法第115条第2項第2切により，実行された結果の解消及びその方法について（結果排除の請求（Folgenbeseitigungsanspruch））言い渡すことができる。

815 　義務付けの申立及び作為の申立について，官庁が申立のあった職務行為を拒否し，又は放置したことが違法に申立人の権利を侵害している場合，裁判所は，行刑官庁に対して，その職務行為を義務付ける言渡しをすることができる。そのためには，もとより，事件が決定をするに熟していなければならない。具体的事件において，ただ一つの決定だけが可能な場合，つまり，行刑官庁に裁量の余地がない場合には，事件の成熟性（Spruchreife）が存在する。これに対して，なお

---

161　Kamann, 1994, S. 477.
162　OLG Frankfurt, NStZ1995, S. 436； Calliess/Müller-Dietz, 2002, §115Rdn. 10； Schwind/Böhm/Schuler, 1999, §115Rdn. 13； krit. jedoch Stomps, 1996, S. 75.
163　OLG Frankfurt, ZfStrVo2001, S. 53.
164　OLG Hamm, ZfStrVo1986, S. 187.

他に法律上認められた裁量的決定の可能性が残されているか，又は施設管理者が法律上認められている裁量権を全く行使していない場合は，事件の成熟性に欠けている。この場合，刑執行部は，その決定において，裁判所の法的見解を尊重して申立人に対して新たな回答を行うよう行刑官庁を義務付ける（行刑法第115条第4項第2切）[165]。行刑官庁に裁量の余地が認められ，その範囲内での複数の具体的な決定を同程度に支持し得る場合にも，この回答要求決定（Bescheidungsbeschluss）が出される[166]。

申立人に処分の違法確認を求める正当な利益がある場合，裁判所は，確認の申立に基づき，処分の違法を言い渡す（行刑法第115条第3項）。 816

裁判所の手続を終結する刑執行部の決定には，行刑法第121条に基づき，裁判費用及び必要経費の分担についての決定が含まれていなければならない。しかし，刑事訴訟法第114条以下を準用する行刑法第120条第2項により，申立人には訴訟費用の援助を認めることもできる。この場合，作業意欲のない受刑者は，刑事訴訟法第114条にいう援助を必要としない者に該当する[167]。必要的弁護人（Pflichtverteidiger）としての弁護士の付添は，行刑法第109条以下の手続においては考慮されない。刑事訴訟法第140条第2項は，行刑手続には準用されない[168]。 817

裁判所が訴訟費用援助手続において貧困な当事者の申立を審査する場合，その申立内容にあまり厳格な要求をすることは許されない。なぜならば，法律知識のある補助者なしに申立を行わなければならないために犯す可能性のある形式的過誤によって蒙る貧困な当事者の不利益は，訴訟費用の援助が認められることで初めて除去できるからである[169]。刑事訴訟法第114条は，当事者の個人的，経済的事情による援助の必要性だけを訴訟費用援助を認める前提とはしていない[170]。実現を目指す権利の主張が気まぐれとは思われないこと，また，十分成功の見込みがあるものでなければならない。成功の見込みとは，成功の確実性（Erfolgsgewissheit）ではなく，事実面及び法律面からの簡単な検討結果による成功の蓋然性（Erfolgswahrscheinlichkeit）である。この場合，貧困な申立人にとって，その求める権利の実現をことさら困難にする解釈基準を用いることは許されない[171]。刑執行部が訴訟費用援助の申立を拒否した場合，その決定を争うことはできない[172]。

---

165　Dazu auch Schwind/Böhm/Schuler, 1999, §115Rdn. 18.
166　BGHSt. 30, S. 327.
167　OLG Nürnberg, NStZ 1997, S. 359 .
168　Kleinknecht/Meyer-Goßner, 2001, § 140 Rdn. 33b.
169　BVerfG, StrVert 1996, S. 445.
170　Dazu Thomas/Putzo, 2002, § 114 Rdn. 1 ff.
171　BVerfG, ZfStrVo 2001, S. 187.
172　Calliess/Müller-Dietz, 2002, § 120 Rdn. 5 .

無資力の被収容者には，助言法（Beratungshilfegesetz）による弁護士の相談助言を求めることも認められる。しかし，それは裁判関係以外のことについてであって，行刑法第109条以下の手続で申立人の代理をすることまでは含まれない[173]。

818　刑執行部の決定の執行について，行刑法は何も触れていない。その決定を強制的に実現できる規定はない。行政裁判所法第170条，第172条の類推適用は認められないので[174]，行刑官庁が裁判所の決定に従わない場合（いわゆる反抗的態度（Renitenz））には，更に当事者に対する権利手続が必要となるが[175]，それは，実質的な権利保護を定めた憲法の規定（基本法第19条第4項）による。

### 8.2.4　法律違反を理由とする抗告（Rechtsbeschwerde）

819　刑執行部の決定に対しては，行刑法第116条に基づき，法律違反を理由とする抗告を行うことができる。法の創造（Rechtsfortbildung）及び統一的な判決の保障に資するためのものとして，立法者は，これを上告類似のものに構成している[176]。

820　法律違反を理由とする抗告が認められる要件は，次のとおりである。
— 行刑法第109条以下による（本案の[177]）手続における刑執行部の決定（手続決定又は本案決定（Prozess- oder Sachentscheidung））
— 行刑法第116条第1項に基づく法律違反を理由とする抗告の必要性：すなわち，
　— 個別の事案が，実体的若しくは形式的権利について法律の規定を解釈するための原則（Leitsatz）を提示し，又は法の欠缺を法創造的に埋めるための決定的に重要な問題提起をすること[178]。
　— 争われている地方裁判所の決定が他の刑執行部[179]，高等裁判所又は最高裁判所の判例と異なる法解釈をしている場合における統一的判例確立のた

---

173　Schoreit/Dehn, 1998, §2 BerHG Rdn. 23.
174　OLG Flankfurt, NStZ 1983, S. 335 ; KG, StrVert 1984, S. 33 f. ; OLG Celle, NStZ 1990, S. 207f.
175　Dazu unten Kap. 8.2.6.
176　BT-Drs. 7/918, S. 85f.
177　Nach OLG Karlsruhe, NStZ1993, S. 557f. ausnahmsweise auch bei einer einstweiligen Anordnung nach §114Abs. 2 StVollzG, wenn diese schon eine endgültige Regelung der Hauptsache beinhaltet.
178　BGHSt. 24, S. 21.
179　OLG Bamberg, ZfStrVo SH1978, S. 31.

め[180]。このことは，法律上の誤りがあり，その決定が違法である場合には，通常，存在しない[181]。法の解釈が判例の統一性を危うくするものでなければならない。つまり，法律違反を理由とする抗告が許されるのは，判例に承認できない相違が発生し，存続することを防止するためであり，そこで問題となるのは，争われている刑執行部の決定が判例のために全体として重要かどうかということである[182]。その限りにおいて，法律違反を理由とする抗告は，個別の事案における正義の確立に奉仕するものではないので，それが許容される条件は，地方裁判所が重要な法律問題について確立した判例から逸脱し，それが反復される可能性があるという点において，本質的に重要な意味を持つ場合に初めて存在することになる。刑執行部が認識し得る手続原則に違反している場合（例えば，法定審問を許可しないこと，公正手続の原則又は釈明の原則（Aufklärungsprinzip）に対する違反）には，原則として，その存在が肯定される。これらへの違反は，判例の適用における看過できない逸脱であるばかりでなく，通常，反復される可能性がある[183]。

― 争われている決定中の事実の確認又は法律的検討が高等裁判所による行刑法第116条第1項の要件の審査ができないほど不十分である場合も，法律違反を理由とする抗告が許される[184]。

― 上訴権

抗告人は次のことを主張しなければならない。

― 争われている決定の基礎に法律違反があること（行刑法第116条第2項第1切）。それは，行刑法第116条第2項第2切により，法規範が適用されないか，又は適用を誤った場合に存在する。ここでいう法規範の概念には，連邦及び州の憲法，法律及び法規命令で規定する権利並びに法律の規定の意味及び関連から派生するすべての原則が含まれる[185]。

― 形式

― 期限：その決定を争う裁判所の決定送達（Zustellung）から1月以内の提起（Einlegung），申請書（Antragstellung）及び理由書（Begründung）

---

180 Calliess/Müller-Dietz, 2002, §116Rdn. 2 ; Schwind/Böhm/Schuler, 1999, §116Rdn. 4.
181 So aber AK-Volckart, 2000, §116Rdn. 6.
182 BGHSt. 24, S. 15 ; Schwind/Böhm/Schuler, 1999, §116Rdn. 5.
183 OLG Bamberg, ZfStrVo SH1979, S. 111 ; OLG Koblenz, ZfStrVo1994, S. 182 ; Schwind/Böhm/Schuler, 1999, §116Rdn. 7.
184 OLG Hamm, NStZ1989, S. 444 ; OLG Nürnberg, NStZ1998, S. 215 ; OLG Frankfurt, ZfStrVo2001, S. 53 ; AK-Volckart, 2000, §116Rdn. 10.
185 Schwind/Böhm/Schuler, 1999, §116Rdn. 10.

の提出（行刑法第118条第1項第1文及び第2文）
　─　要式：申立人が抗告人である場合，弁護士による署名のある書面又は裁判所書記課への登録[186]（後者の場合は，弁護士でない受任者によるも可[187]）（行刑法第118条第3項）
　─　理由書（行刑法第118条第2項）：手続に関する責問（Verfahrensrüge）又は事実の責問（Sachrüge）の有無

　手続に関する責問の場合──上告理由の場合と同じく──抗告裁判所が書類その他の記録を参照しなくても，そこに述べられた事実が存在することによって違法の有無を確認できるよう，抗告状には，指摘する瑕疵を含む事実がすべて記載されていなければならない[188]。

　─　抗告の資格（Beschwerdeberechtigung）
　　次の者による抗告の提起及び理由書の提出
　　─　第1審の決定に基づき抗告を申し立てる者
　　─　第1審手続の当事者としての行刑施設が敗訴した場合，その施設の長[189]
　─　当事者能力（行刑法第111条）
　　─　申立人（第1項第1号）
　　─　所轄の監督官庁（第2項）

　法律違反を理由とする抗告を条件付で提起することは，許されない[190]。

821　行刑法第116条第3項第1文により，法律違反を理由とする抗告に処分猶予の効力はない。争われている決定中に刑執行部による実行命令が含まれている場合，決定の拘束的効力を理由に，敗訴側は，行刑法第114条第2項を準用する第116条第3項第2文に基づき処分の実行停止（Außervollzugsetzung）を申し立てることができる。

822　法律違反を理由とする抗告は，刑執行部の所在地を管轄する（行刑法第117条）高等裁判所の刑事部（Strafsenat）が，口頭弁論を経ない決定（行刑法第119条

---

186　Dazu OLG Koblenz, NStZ2001, S. 415.
187　OLG Saarbrücken, ZfStrVo1995, S. 184 ; zu den Formalien einer behördlichen Beschwerdeschrift : OLG Stuttgart, NStZ1997, S. 152.
188　OLG Rostock, NStZ1997, S. 429.
189　Calliess/Müller-Dietz, 2002, §111Rdn. 4 ; a. A. Kerner/Streng, 1984, S. 95（nur die Aufsichtsbehörde）; AK-Volckart, 2000, §111Rdn. 5 ; Ullenbruch, 1993, S. 520（Befugnis steht dem Anstaltsleiter und der Aufsichtsbehörde zu）.
190　OLG Hamm, NStZ1995, S. 436.

第1項及び第5項）によって裁判する。この場合，争われている決定の再審査は，抗告人の申立事項に限定される（行刑法第119条第2項）。

　許されない，又は明らかに理由のない抗告は，行刑法第119条第3項に基づき，終審裁判所の決定として，理由を付さずに却下することができる[191]。高等裁判所は，その上訴を理由があると認めた場合，争われている決定を取り消し，紛争に成熟性がある場合，本案について自ら決定する。行刑法第119条第4項第2切にいう紛争の成熟性は，それ以上の事実審理を行わなくても本案の決定ができる場合に存在する[192]。そうでない場合には，事件は，新たな決定のため刑執行部に差し戻される（行刑法第119条第4項）。

　高等裁判所刑事部が，行刑法第116条による法律違反を理由とする抗告の決定に当たって，他の高等裁判所又は最高裁判所の決定と異なる決定をしようとする場合は，裁判所構成法（GVG）第121条第2項に基づき，その事件を最高裁判所に提示しなければならない（意見相違の提示（Divergenzvorlage））。 823

　行刑法第119条第5項に基づき，高等裁判所刑事部の決定は終審であり，争うことができない。行刑法第109条以下の行刑手続には再審手続[193]もない。憲法異議の申立[194]又はヨーロッパ人権裁判所に対する個別的不服申立[195]（Individualbeschwerde）は，行刑法第119条第5項とは関係がない。 824

　単なる付随的決定（Nebenentscheidung）は，行刑法第116条による法律違反を理由とする抗告には含まれない。敗訴当事者が裁判費用の決定に対して争う場合，基本的には，行刑法第121条第4項に基づき，刑事訴訟法第464条第3項の要件の下で，即時抗告による異議申立ができる。付随的決定は，それだけでは上訴申立が許されず，裁判費用の決定に対する即時抗告は，本案の法律違反を理由とする抗告が適法とされた場合にのみ，考慮される[196]。 825

## 8.2.5　暫定的権利保護（Vorläufiger Rechtsschutz）

　行刑官庁による不利益な処分の発出から申立により刑執行部の決定がなされるまでの間には，実際上，比較的長い時間が経過する。 826

　行刑法第109条以下による裁判所の決定を求める申立には，処分猶予の効力がない（行刑法第114条第1項）ので，そこで争われることになる処分は，施設管

---

191　Dazu BVerfG, NStZ-RR 2002, S. 95.
192　Zum Begriff der（nicht mit § 115 Abs. 4 S. 1 StVollzG identischen）Spruchreife i. S. d. § 119：OLG München, NStZ 1994, S. 560 ; Calliess/Müller-Dietz, 2002, § 119 Rdn. 5.
193　OLG Hamburg, ZfStrVo 2001, S. 368.
194　Dazu Kap. 8.3.
195　Siehe Kap. 8.4.
196　OLG Koblenz, NStZ 1997, S. 430.

理者により実行されることができる。処分猶予の効力がないことは，法律違反を理由とする抗告の場合も同様である（行刑法第116条第3項第1切）。しかし，基本法第19条第4項は，公権力に対する裁判所による権利保護を保障しており，裁判所が違法性を確認した事案について，遡及的な改善をできなくする既成事実の発生は，できる限り未然に防止しなければならない[197]。そこで，立法者は，行刑法第114条第2項及び第3項において，効果的な暫定的権利保護の機会を与えている。すなわち，

— 申立人が自分に不利益な処分に対して裁判所に提訴した場合（本案についての取消又は差止の申立）において，申立人の権利の実現が妨げられ，又は極めて困難にされるおそれがあり，かつ，より高く評価すべき即時実行の利益に反しないとき，裁判所は，争われている処分の実行を停止できる（停止命令（Aussetzungsanordnung））。

— 申立人が行刑官庁により拒否され，又は放置された処分の発出を義務付けることを望む場合（本案における義務付け又は作為の申立），裁判所は，行政裁判所法第123条第1項の要件の下で暫定的命令を発することができる。そのためには，次の事情の存在が必要である。

　— 現状の変更によって申立人の権利の実現が妨げられ，若しくは極めて困難にされるおそれがあること（＝保全命令），又は

　— 争われている権利関係に関する暫定的規制が，本質的な不利益又は差し迫った危険を回避するために必要と思われること（＝規制命令（Regelungsanordnung））。

827　行刑法第114条による申立は，それが（許容される）本案手続のためになされたものであって，本案決定の先取りを目的としていない場合に限り，許される[198]。さらに，暫定的権利保護は，時間的には，異議の申立[199]又は行刑法第109条による裁判所の決定を求める申立が行われる前に限り，行うことができる（行刑法第114条第3項）。

受刑者は，暫定的権利保護を求める緊急の申立書を自分で裁判所に送付することができず，行刑法第30条第2項により施設に依存せざるを得ないので，信書の検査に当たって，施設はその書面が即時回付を要する場合と同じ取扱いで裁判所に到達するようあらかじめ措置しなければならない。

---

197　BVerfG, StrVert1993, S.483；NStZ1994, S.101.
198　Litwinski/Bublies, 1989, S.106；dazu BVerfG, NStZ1999, S.532.
199　BVerfG, StrVert1993, S.487.

事例：施設長Aは，受刑者Sに対して屏禁の懲戒を言い渡した。Aの決定を告知された日に，Sは，刑執行部宛てに書面を認め，その処分に対する行刑法第114条にいう暫定的権利保護の申立を行った。所轄地方裁判所の刑執行部に宛てた封筒の表面に，Sは，「緊急の申立（Eilantrag）」と記した。行刑職員は，この信書を直ちに処理せず，地方裁判所に回付されるまでに4日間を要した。

この事案について，連邦憲法裁判所[200]は，基本法第19条第4項に定める権利保護の保障が行刑官庁における手続にも予防効果（Vorwirkung）を及ぼすことを確認し，次のように述べた。施設職員において，意図的に裁判所の権利保護を効果のないものとし，又は不当に困難にするよう行動することは許されない。受刑者が仮処分の発出を求める申立を行った場合，行刑施設は，促進の要請（Beschleunigungsgebot）を満足させるため，その申立書を遅滞なく回付しなければならない。施設が行刑法第29条第3項により発信書を検査しても，それによって生じる遅れを受刑者の負担とすることは許されない。被収容者は施設の行為に依存せざるを得ないのであるから，施設は，信書の検査に当たって，申立書が即時の回付を必要とする場合と同様に，速やかに裁判所に到達するよう措置しなければならない（例えば，ファックスによる送付）。

しかし，基本法第19条第4項から導き出される効果的な権利保護の保障という要請は，行刑段階だけではなく，特に，裁判所の段階においても関係がある。権利保護は，単に裁判所に出訴することで終わるのではなく，幅広い決定権を与えられている裁判所による事実面及び法律面からの効果的な統制がなされなければならない[201]。権利保護の保障から促進の要請も生まれる。つまり，効果的な権利保護とは，適切な時間内に与えられるものである。したがって，効果的な権利保護を保障するということは，事実上回復が不可能で，直ちに実行される侵害行為（特に，懲戒処分）の場合，暫定的な処分猶予について裁判所の決定が遅滞なく行われることを意味する[202]。そこで，特別な場合には，刑執行部は，あらかじめ施設管理者の意見を聞かずに処分の実行を暫定的に停止しなければならない[203]。このことは，裁判所が行刑法第114条第2項第3切第2段により，その決定をいつでも変更することができるだけに一層重要である[204]。

---

200　BVerfG, ZfStrVo1994, S. 180ff.
201　BVerfG, NJW1984, S. 2028.
202　BVerfG, StrVert1993, S. 484；BVerfG, ZfStrVo1995, S. 371；BVerfG, StrVert2000, S. 215；BVerfG, NJW2001, S. 3770.
203　BVerfG, ZfStrVo1994, S. 245ff.
204　BVerfG, NJW2001, S. 3771.

不利益な処分の実行に対処する場合に，迅速な裁判所の決定を求める必要があるのは当然であるが，そのことは，要求があれば安易に行刑官庁の行為を強要するものではない。最近の事例では，裁判所は，当事者に対して権利喪失の切迫性又は不当な不利益について申述することを義務付けている[205]。

829 　管轄は，本案について管轄を有する裁判所（刑執行部ないし法律違反を理由とする抗告における高等裁判所）である。そこでは，本案手続における終局決定を先取りすることはできない[206]。申立人の優越的な権利に回復できない損失をもたらすおそれがある場合に限り，例外的にそうすることが許される[207]。

830 　暫定的権利救済手続における決定は，行刑法第114条第2項第3切前段により争うことができない。しかし，刑執行部が暫定的命令によって例外的に本案について最終判断を行っている場合には，行刑法第116条に基づく法律違反を理由とする抗告を行うことが認められる[208]。この場合は行刑法第115条にいう決定が存在するのである。

### 8.2.6 改革の必要性 (Reformerfordernisse)

831 　立法者は，行刑法第109条以下において，行刑上の処分に対する被収容者のための効果的な権利保護を保障すべく，2段階の特別な法的手段を設けた。行刑法施行後の経験では，この法的手段は受刑者の側から見て大体において不成功に終わることを示している。

　行刑法第116条に基づき高等裁判所の決定した法律違反を理由とする抗告について，1980年代の半ばに行われた全国238件の調査では，受刑者の勝訴は，事件の約7％にすぎない[209]。この場合も大部分は刑執行部への差戻しであり，刑執行部の新たな決定によって最終的にその要求を達成し得たのは，申立のわずか3.5％である。

　1986年から1989年までの間におけるアルンスベルク（Arnsberg）地方裁判所の受理した行刑法第109条以下による手続1,611件について，カーマン[210]（Kamann）の行った分析によれば，成功率は5.4％に過ぎない（行刑法第114条による手続を差し引けば，4.8％）[211]。

---

205　BVerfG, ZfStrVo1996, S. 46.
206　OLG Karlsruhe, NStZ1993, S. 557.
207　OLG Karlsruhe, NStZ1993, S. 558；Calliess/Müller-Dietz, 2002, §114Rdn. 3.
208　OLG Karlsruhe, NStZ1993, S. 557f.；OLG Hamm, ZfStrVo1987, S. 378；dazu auch Ullenbruch, 1993, S. 518f.
209　Siehe　Feest, 1993, S. 8 ff.；Feest/Lesting/Selling, 1997, S. 50ff.；Feest/Selling, 1988, S. 247ff.
210　Kamann, 1991, S. 147ff.
211　Kamann, 1991, S. 180.

行刑手続における裁判所による権利保護に対しては，次第に批判が高まってい **832**
る[212]。それは，行刑に近接した裁判所として，犯罪学及び行刑学に特別の専門知
識を有しているであろうという刑執行部に対する当初の期待を満たしていないか
らである[213]。その根本的な原因は，次の諸点にあると思われる。

— 司法の分野では，刑執行部の裁判官の仕事は，最後のポストであり，それは，**833**
処理すべき事件数の分類基準（Pensenschlüssel）から見ても，地方裁判所
で最も評価の低い職分とされている[214]。このことは，しばしば十分な事実審
査（Sachprüfung）を行わず，できる限り早く事件を処理しようとする結果
をもたらす[215]。刑執行部による行刑上の決定に統一性を求めようとした立法
者の当初の意図は，実務上，この裁判部に割り当てられた裁判官の大部分が
その部署を変わることに熱心であることによっても，妨げられている。この
裁判部では頻繁な人事異動が行われ，そのことは裁判官が特殊な犯罪学的及
び行刑学的知識を得ることへの支障となる。その対策として，裁判所の業務
配分を検討すること，また，裁判官に行刑に関する必要な情報を提供し，研
修を集中的に実施することが必要と考えられる。

— 大量の訴訟による刑執行部の負担が大きく，しかも被収容者の訴訟行為——**834**
特に，いわゆる好訴性被収容者の場合——は，申立書を作成し提出するだけ
で終わることである。

　　被収容者が法的保護の要求を適法に書面にした後は，訴訟手続上の権能に
より保護された具体的な願い事がどうなるかということがその者にとっての
関心事であり，それについて裁判所は認められた法律上の地位に従って判断
しなければならないことになる。しかし，ここで考慮しなければならないの
は，申立書により法的保護を願い出た者が，申立後は，事実上消極的な訴訟
当事者に変わってしまうことが珍しくない状況であることから，行刑法第
109条以下の手続において裁判官の負担を軽減するための制度を導入すべき
ではなかろうか，という疑問が残る。

　　民事訴訟における欠席手続（Versäumnisverfahren）の基本的な考え方に
準じた規制を検討することができるかもしれない。例えば，被収容者が施設

---

212　Vgl. etwa Dünkel H., 1992, S. 196ff. ; Eschke, 1993, S. 120ff. ; Kamann, 1994, S. 474ff. ;
　　Laubenthal, 2002a, S. 487ff. ; Müller-Dietz, 1985c, S. 335ff. ; Rotthaus K., 1992, S. 362 ;
　　Wegner-Brandt, 1993, S. 153ff.
213　Müller-Dietz, 1995a, S. 292f. ; Rotthaus K., 1985, S. 327.
214　Northoff, 1985, S. 27 ; Rotthaus K., 1985, S. 329 ; Stomps, 1996, S. 75.
215　Dünkel F., 1996, S. 527 ; Dünkel H., 1992, S. 197.

の意見に対する口頭審問のための出頭を拒否する態度を明らかにした場合，欠席裁判（Versäumnisentscheidung）ができるようにすれば，行刑事件を扱う裁判官の山積する仕事量を持続的に減らすことになるであろう。

　また，ヨーロッパ人権裁判所の手続における「不服申立の抹消」に相当する法制度の導入も考えられる。受刑者がこの裁判所に対して個人的な不服申立（Individualbeschwerde）を行った場合において，裁判所が「不服申立者にその不服をそれ以上追求する意図がない」ことを推認する事情が存在することを認めたときは，ヨーロッパ人権規約（EMRK）第37条第1項a）に基づき，訴訟の期間中いつでもその申立の登録（Register）を抹消することができる。この場合，本人がその意図を明示する必要はない。それは，例えば，不服申立人が裁判所事務局（Kanzlei）の督促に応じなくなった場合など，その者の行動から推論することもできる[216]。このような法制度を導入することによって，乱訴ではなく，申立人により積極的に遂行されている訴訟が個々の事件に適した集中的処理という視点で効率化できるように，裁判所の能力が配分されることになるであろう。

**835** ― 行刑法第120条第1項の定める裁判手続の法律的形態が不十分である。行刑の分野における高権的行政行為をコントロールするための刑事訴訟手続的要素及び行政訴訟手続的要素を持つ独自の手続であるにもかかわらず，立法者は――行刑法第114条第2項第2切に基づき行政裁判所法第123条第1項が準用される迅速手続という例外を別として――刑事訴訟法の規定の単なる一律的な準用で満足している。これは，行刑の分野における裁判所による権利保護の特殊性，つまり，ここでの手続が高権的行政行為をコントロールするための刑事訴訟手続的要素と行政訴訟手続的要素とを併せもつ独自の手続であることを正当に評価していないことを意味する[217]。現在の規定では，具体的な場合において刑事訴訟手続又は行政訴訟手続のいずれの原則又は規定を適用すべきかについて，無用な意見の相違をもたらす[218]。その限りにおいて，法律上新たな手続を規定する方向への必要性が増加している[219]。

**836** ― いまだ決定するまでに熟していない事件における受刑者の口頭審問（mündliche Anhörung）について定めた法律の規定がない。裁判所による決定を求める申立の大部分は，結局のところ，不服を申し立てた行刑上の処分の法的

---

216　Villiger, 1999, Rdn. 96.
217　Siehe auch Baier, 2001, S. 588 ; Müller-Dietz, 1985c, S. 339ff.
218　Müller-Dietz, 1993, S. 478.
219　Zu Reformvorschlägen siehe Kamann, 1991, S. 336ff. ; Kösling, 1991, S. 278ff. ; Laubenthal, 2002a, S. 483ff. ; Lesting, 1993, S. 48ff.

過誤に関するものというより，むしろ一般的な不満，腹立ち又は誤解が原因となっている。したがって，多くの事件は，職務上事件を引き受けた行刑外の一人の人間として裁判官が個々の受刑者と話をすれば，それで足りる。被収容者にその申立が法的に望みがないこと（Aussichtslosigkeit）を良く分かるように説明することができて，その一般的な不満の原因になった受刑者側の主観的な言い分を聞く時間を多少与えれば，その訴訟が取下げに至ることもまれではない。そうなれば，裁判所は本案の裁判を行わずに済むことになり，口頭審問の準備及び実施のために要する費用を上回る効果をもたらす。

受刑者の口頭審問期日に施設長を召喚するかどうかは，裁判官の裁量に任せるべきである。なぜならば，そうすることで，裁判所は，それに適した事件について和解（gütliche Einigung）を図ることが可能になるからである[220]。

— 刑執行裁判所がコントロールできる範囲は，多くの裁量規定及び不確定法概念によって制約されており，刑執行部は，行刑上の処分について部分的な審査権限しか有しない。このことは，行刑の不正化[221]（Verunrechtlichung）を確実にもたらす結果となる。 **837**

— 実務上，時々認められる行刑官庁の反抗的態度（Renitenz）は，行刑における権利保護の効果を阻害する[222]。それは，裁判所への接近[223]を妨害すること（例えば，施設が仮処分の申立を裁判所に送付するのを遅らせること。[224]）によって提訴を妨げようとする施設のやり方に見られるだけではない。施設管理者によるいわゆる反抗的態度[225]は，裁判所の決定に対する不服従という形でも明らかにされる。裁判所の決定には法律上強制的執行力がないので，行刑官庁に対しては，強制金（Zwangsgeld）による威嚇及びその賦課によって裁判所の命じた義務の履行を可能にするよう，行政裁判所法第170条，第172条の準用が検討されなければならない[226]。 **838**

これまでの法的状況（Rechtslage）を見ると，施設管理者は独立の裁判所により課された義務の履行を憲法上義務付けられているにもかかわらず，この者が裁判所の決定に従わない場合，当事者である被収容者は，改めて新たな権利救済手段（例えば，行刑法第109条第1項第2切第2選択肢，第113条

---

220 Kamann, 1993a, S. 23 ; Rotthaus K., 1996, S. 255 ; ders., 1996a, S. 9.
221 Kamann, 1994, S. 474 ; siehe auch Dünkel F., 1996, S. 524 ; Volckart, 1997, S. 146f.
222 Dazu Kamann, 1991, S. 296ff. ; Feest/Lesting/Selling, 1997, S. 9 ff. ; Lesting/Feest, 1987, S. 390ff. ; Ullenbruch, 1993, S. 522.
223 AK-Volckart, 2000, vor § 108Rdn. 52 ; Kamann, 1993, S. 485f.
224 Siehe BVerfG, StrVert1993, S. 482ff. ; ferner BVerfG, ZfStrVo1994, S. 245ff.
225 Dazu Kamann, 1991, S. 206ff. ; Lesting/Feest, 1987, S. 390ff.
226 Kaiser/Schöch, 2002, S. 381 ; Ullenbruch, 1993, S. 522 ; AK-Volckart, 2000, § 115Rdn. 81.

第1項に基づく作為の申立，職務監督権者への不服申立，請願又は憲法訴願)を執らなければならない[227]。刑執行部に対する行刑訴訟が基本法第19条第4項により高権的権力に対して保障された権利保護の特殊な適用領域であるとするならば，効果的な権利保護には権利の実行も含まれるのであるから，行刑事件における裁判所の決定に強制力を認めることが前提となる[228]。したがって，行刑事件を担当する裁判官には，法律上確認された権利侵害を効果的に排除できる決定権が認められなければならない。

行刑事件における裁判所の権利保護の問題は，結局のところ，行刑施設の特殊な構造及び効果的な——基本法第19条第4項に対応する——権利保護システムの必要性に限定的にしか適合していない手続に原因がある[229]。

## 8.3 憲法訴願（基本法第93条第1項第4号a）
(Verfassungsbeschwerde, Art. 93 Abs. 1 Nr. 4a GG)

839　受刑者は，第2次的な権利救済手段[230]として，連邦憲法裁判所に対して個人的に憲法訴願を申し立てることができる。受刑者は，連邦憲法裁判所法第90条第1項と関連する基本法第93条第1項第4号aに基づき，自然人としての申立権が与えられている。憲法訴願を行うためには，公権力の一部を構成する行刑官庁の処分又は刑執行部の決定によって，基本法第93条第1項第4号a，連邦憲法裁判所法第90条第1項に掲げる基本権又は基本権に準ずる権利が直接かつ現在の危険にさらされていることを主張しなければならない[231]。

840　しかし，憲法訴願は，出訴の終結（Rechtswegerschöpfung）を前提としている（基本法第94条第2項，連邦憲法裁判所法第90条第2項第1切）。したがって，被収容者は憲法訴願を提起する前に基本権の侵害を排除するために許されたすべての手段を尽くさなければならない。この場合に必要とされるのは，行刑法第109条以下による法的手段に訴え，更に刑執行部の不利益な決定に対しては法律違反を理由とする抗告（行刑法第116条）を行い，これが不成功に終わっていることである。この抗告を行うには，特別の要件を必要とするので，行刑法第109条以下による行刑上の法的手段は，原則として，刑執行部の決定と共に尽くされることになる。

---

227　Müller-Dietz, 1985c, S. 353.
228　So auch Papier, 2001, §154 Rdn. 175.
229　Müller-Dietz, 1997a, S. 523.
230　BVerfGE 49, S. 258.
231　Siehe Zulässigkeitsvoraussetzungen bei Benda/Klein, 2001, S. 426ff.

連邦憲法裁判所は，行刑法に基づく処分のすべてについてその合法性を審査するのではなく，それは基本法第93条第1項第4号ａに掲げる権利の保護に限定される。しかしこの場合においても，行刑法の規定は，基本権の価値及び射程に留意して解釈され，適用されること，また，法の適用場面では，重要な憲法上の原則（例えば，過剰禁止（Übermaßverbot）及び信頼保護の要請）が働くことに留意しなければならない[232]。

841

連邦憲法裁判所が（刑執行部ないし高等裁判所の）決定に対する憲法訴願に理由があると認める場合は，連邦憲法裁判所法第95条第2項によりその決定を破棄し，事件を管轄裁判所に差し戻す。

## 8.4 欧州レベルでの統制
### (Kontrolle auf europäischer Ebene)

国内での法的手段が尽きた場合，受刑者は，1988年11月1日以降新たに設けられた常設のヨーロッパ人権裁判所（ヨーロッパ人権規約第19条以下）に出訴できるようになった（同規約第34条）[233]。国内の法的手段には，法律違反を理由とする抗告手続だけではなく，基本法第93条第1項第4号ａ及び連邦憲法裁判所法第90条以下に基づく憲法訴願も含まれるので，具体的事案において主張されるヨーロッパ人権規約の定める権利及び基本的自由が基本法の定める基本権と一致している場合には，その限りにおいて，憲法訴願が事前に申し立てられ，不成功に終わっていなければならない[234]。

842

被収容者がヨーロッパ人権規約に掲げられた権利を侵害されたことによって苦痛を感じている場合，その者は，同規約第35条第1項により，国内での最終決定がなされた後6月以内に人権裁判所が審理を行えるよう，時機を失せずに訴えを提起しなければならない。この提訴期限は，人権裁判所により緩やかに解釈されている。それは――ドイツの上訴法とは異なり――書面の到達を基準とはせず，期限内の作成又は（明らかに期限前の日付の提訴と見られる場合）発送で足りるとしている[235]。訴状に記載されるべき内容は，人権裁判所の作成した説明書[236]によって明らかにされており，それには，事実の基礎についての記載，侵害されたとする権利の主張並びに国内での上訴申立及びその決定書の写しが含まれる。訴

843

---

232　BVerfG, StrVert1993, S.600；StrVert1994, S.148；StrVert1994, S.440.
233　Dazu Laubenthal, 2002c.
234　Frowein/Peukert, 1996, Art.26Rdn.28；Kleinknecht/Meyer-Goßner, 2001, Art.34, 35 MRK Rdn.2；Weigend, 2000, S.389.
235　Dazu Ehlers, 2000, S.381；Villiger, 1999, Rdn.143, 209.
236　Abgedruckt in NJW1999, S.1166f.

えは，ヨーロッパ評議会の公用語により作成されていなければならない（ヨーロッパ人権裁判所手続法（VerfO）第34条第2項）[237]。ヨーロッパ評議会構成国の国籍を有しない受刑者も当事者として申立ができる[238]。弁護士による代理は必要とされない（同手続法第36条）。費用は徴収されず，弁護士費用のような支出については，裁判費用の扶助として認められ得る（同手続法第91条以下）。

ドイツ国内に収容されている受刑者のヨーロッパ人権裁判所宛の書面及び同裁判所から被収容者宛の送付物は，行刑法第29条第2項第2切に基づき監督されない。さらに，行刑法第31条第4項では，施設管理者がこれらを差し止めることも禁止している。

人権裁判所は，不適法な，明らかに理由がないか，又は悪用されたと思われる訴えについては，これを却下する（同規約第35条第3項及び第4項）。提訴した者が事件のそれ以上の進行を望まない場合，人権裁判所は，手続が進行中であっても，その訴えの登録を抹消できる（同規約第37条第1項第1切a）。

844　訴えに対して決定権を有するのは，ヨーロッパ人権裁判所の委員会（Ausschüsse），合議部（Kammern）及び大合議部（Große Kammer）である（同規約第27条）。委員会の権限は，同規約第28条に基づく一種の事前審査手続[239]において訴えの不適法を確認することに限定され，訴えの理由の有無についての審議は，合議部に留保されている（同規約第29条）。合議部は，例外的事情がある場合には，その事件を同規約第30条により大合議部に回付することができる。同規約第38条，第39条に基づき，当事者間に話し合いによる合意が得られる状況にない場合，合議部による確認の判決がなされる（同規約第41条）[240]。人権裁判所自身が加入国の規約違反行為を取り消すことは予定されていないものの，損害に対する金銭的賠償を認定することができる（同規約第41条）。

845　合議部の決定に対する上訴は認められない。ただし，事件が規約若しくは議定書の解釈についての重大な疑問又はこれと同程度の一般的性質を有するものに関する場合は，相違の提示（Divergenzvorlage）及び原則の提示（Grundsatzvorlage）という方法[241]によって，判決後3月以内に大合議部への事件の移送を申し立てることができる（同規約第43条，第44条）。

人権裁判所の最終的な決定には，同規約第46条第1項により各加盟国が拘束される。加盟国は，自国の行刑官庁による規約に違反する処分を取り消さなければ

---

237　Siehe Verfahrensordnung des EGMR v. 1. 11. 1998, BGBl. II 2002, S. 1081ff.
238　So Ehlers, 2000, S. 375；Villiger, 1999, Rdn. 100.
239　Schlette, 1999, S. 223.
240　Vgl. Ehlers, 2000, S. 382；Meyer-Ladewig/Petzold, 1999, S. 1166；Villiger, 1999, Rdn. 225.
241　Meyer-Ladewig, 1995, S. 2815.

ならない。国内における法的手段の終結までを含めれば，ヨーロッパ人権裁判所の手続は長期間にわたるので，提訴した者が個人的に獲得した結果を享受できないこともまれではなく，このような場合における訴えは，予防的効果を有するにすぎない。

## 8.5 その他の外部的統制
(Sonstige vollzugsexterne Kontrollmöglichkeiten)

請願及び恩赦の申請という裁判外の権利救済も，行刑上の権利救済システムに含まれる。

### 8.5.1 請願 (Petitionen)

被収容者は，基本法第17条に基づき，行刑上の処分について，議会 (Volksvertretung) に対して書面による希望又は苦情の申出をすることができる。州の議会及び官庁に対する関係では，同様のことが各州の憲法（例えば，バイエルン共和国憲法第115条）で認められている。

行刑法第29条第2項第1切に基づき，連邦議会，州議会及びそれぞれの議員に宛てた書面は，宛先が議会の住所とされ，発信者名が正しく記載されている場合，監督されない。行刑法第31条第4項は，この書面を差止の対象から除いている。

議会は，個々の受刑者に関する案件について直接決定する権限を有していないにもかかわらず，議会宛の請願は，行刑実務において重要な役割を果たしている。それは，議員の持つ事実上及び政治上の権威，また，請願の動機となった被収容者側の苦しい状況が公開される可能性があることによる[242]。

### 8.5.2 恩赦の願出 (Gnadenbegehren)

恩赦の決定は，受刑者にとって早期釈放の役割を果たすだけではない[243]。恩赦の願出が法律上の要件を満たしていない場合（例えば，行刑法第13条第1項第1切に基づく休暇を1年以内に既に21日以上とってしまっている場合）においても，被収容者にとって利益になる処分（拘禁からの休暇又は行刑法第11条の意味における行刑の緩和）が恩赦権者により許可されることがあり得る。

裁判外の恩恵的手段としての恩赦行為は，個人に対する関係で変化した個別の状況に法律効果を適合させることに役立つ[244]。したがって，恩赦権者は，行刑の

---

242 Kaiser/Schöch, 2002, S. 364.
243 Dazu Kap. 5.10.1 ; ferner Schätzler, 1992, S. 36ff.
244 Schätzler, 1992, S. 7.

分野における個別事案についても決定しなければならない。恩赦権者は，与えられた個別恩赦の権限に違反して，恩赦によって法律の規定と矛盾する事務処理を一般化させることはできない（例えば，いわゆるクリスマス特赦として，祝日前の釈放を行刑法第16条第2項に違反して早期に設定すること。）[245]。

---

[245] Krit. auch Figl, 2001, S. 392ff. ; Klein, 2001, S. 59 ; Meier B.—D. , 2000, S. 58, 64 ; Mickisch, 1996, S. 146 ; Müller–Dietz, 1987, S. 480 ; Süß, 2001, S. 99 ; Walter M. , 1999, S. 356.

# 第9章　特別の行刑形態
## (Besondere Vollzugsformen)

## 9.1　少年行刑（Jugendstrafvollzug）

成人に対する自由刑のほか，少年行刑も行刑の分野に含まれる。

### 9.1.1　少年行刑施設の被収容者
　　　　（Inhaftierte in Jugendstrafanstalten）

　ドイツの少年行刑施設[1]には，2001年3月31日現在，合わせて7,482名の被収容者が収容されていた。そのうち7,250名は男性（＝96.8パーセント）で，女性はわずかに232名であった。1992年の同月同日における少年行刑施設の受刑者数は，3,898名であった。8年間で被収容者数が約2倍になったことを示している。

848

表9.1.　1992年―2001年，各3月31日現在における少年刑の実行を受けている被収容者数

| 年 | 被収容者数 | 男性 | 女性 |
| --- | --- | --- | --- |
| 1992 | 3,898 | 3,789 | 109 |
| 1993 | 4,284 | 4,165 | 119 |
| 1994 | 4,757 | 4,622 | 135 |
| 1995 | 4,980 | 4,851 | 129 |
| 1996 | 5,253 | 5,142 | 111 |
| 1997 | 5,742 | 5,592 | 132 |
| 1998 | 6,438 | 6,247 | 191 |
| 1999 | 7,150 | 6,953 | 197 |
| 2000 | 7,326 | 7,192 | 204 |
| 2001 | 7,482 | 7,250 | 232 |

出典：連邦統計局，行刑―2001年3月31日における受刑者の人口統計学的及び刑事学的特徴　第4巻1号6頁

---

1　Dazu eingehend Dünkel F., 2002, S. 67ff.

第9章　特別の行刑形態（Besondere Vollzugsformen）

849　罪名別（表9.2.）に少年行刑の受刑者を見ると，——成人行刑における受刑者の場合と同じく——窃盗及び横領が第1位で，強盗及び恐喝がこれに続くことを明らかにしている。第3位は，傷害罪が占めている。

表9.2.　2001年3月31日現在，少年刑を言い渡された被収容者の犯罪種類別

| 犯罪群 | 少年刑受刑者 | ％ |
| --- | --- | --- |
| 国家，公共に対する罪及び公務中の罪 | | |
| 　（刑法典§§80〜168，331〜357） | 74 | 1.0 |
| 性的自己決定権に対する罪 | | |
| 　（刑法典§§174〜184b） | 230 | 3.1 |
| 侮辱（刑法典§§185〜189） | 7 | 0.1 |
| 生命に対する罪（刑法典§§211〜222） | 387 | 5.2 |
| 傷害（刑法典§§223〜231） | 1,084 | 14.5 |
| 個人の自由に対する罪（刑法典§§234〜241a） | 52 | 0.7 |
| 人に対するその他の罪 | | |
| 　（刑法典§§169〜173，201〜206） | 1 | 0.01 |
| 窃盗及び横領（刑法典§§242〜248c） | 2,468 | 33.0 |
| 強盗，脅迫，自動車運転者に対する強盗的攻撃 | | |
| 　（刑法典§§249〜255，316a） | 1,725 | 23.1 |
| 犯人庇護，贓物罪（刑法典§§257〜261） | 29 | 0.4 |
| 詐欺，背任（刑法典§§263〜266b） | 193 | 2.6 |
| 文書偽造（刑法典§§267〜281） | 87 | 1.2 |
| その他の財産罪（刑法典§§283〜305a） | 46 | 0.6 |
| 公安を害する罪 | | |
| 　（刑法典§§361aを除く306〜323c） | 99 | 1.3 |
| 環境に対する罪（刑法典§§324〜330a） | 1 | 0.01 |
| 道路交通犯 | 230 | 3.1 |
| 他の法律による罪（刑法典，道路交通法を除く） | 769 | 10.3 |
| 前東ドイツ刑法による刑確定者 | − | − |

出典：連邦統計局，行刑—2001年受刑者の人口統計学的及び刑事学的特徴第4巻17頁

## 9.1.2 少年刑及び行刑法（Jugendstrafe und Strafvollzugsgesetz）

成人に対する自由剥奪を伴う違法行為への反作用を実行するために構想された行刑法は，少年行刑について次の二つの事項を特別に規定しているだけである。

— 行刑法第176条は，作業報酬について規定しているが，行刑法第200条及び行刑法第43条により，少年受刑者も社会保険加入者の平均的作業報酬の9パーセントという低額の金銭的作業報酬を受ける。行刑法第176条第1項第3切に基づき，少年行刑にも行刑法第43条の第5項から第11項までが適用され，本人の作業成績は，同条に規定する作業の免除，作業休暇及び釈放時期への算入という形での非金銭的評価がなされる[2]。さらに，行刑法第176条第4項により，教育補助金（行刑法第44条），拘禁費用分担金（行刑法第50条），更生資金（行刑法第51条）及び領置金（行刑法第52条）に関する規定が準用される。行刑法第176条第3項の経過規定により，その責めによらず作業をしない被収容者について，必要な場合，適当な小遣銭が認められる。

— 行刑法第178条は，直接強制に関する規定（行刑法第94条から第101条まで）を少年行刑施設に適用することを可能にしている。

## 9.1.3 少年行刑と少年裁判所法
（Jugendstrafvollzug und Jugendgerichtsgesetz）

少年行刑についての重要な規定[3]は，少年裁判所法の中にある。

少年裁判所法第91条第1項では，少年刑の実行は，刑確定者を将来正直で責任を自覚した生き方に導くべきことがその任務であると規定している。行刑目的は，若年の法違反者を教育すること[4]であるが，少年刑の実行においても，その作用は，助成の原則及び相当性の原則に基づき，罪を犯さない生活のために必要な範囲を超えることはできない[5]。したがって，教育的措置の目的設定は，将来における合法的行動に留められる。

重要な教育手段として，少年裁判所法第91条第2項では，規律，作業，授業，体育，有意義な自由時間活動及び職業的能力の育成を挙げている。さらに，この法律は，職業訓練所の設置及び司牧的配慮の保障について規定している。少年裁

---

2　Dazu oben Kap. 5.3.3.
3　Eingehend dazu: Böhm, 1996, S. 226ff.；Bulczak, 1988, S. 70ff.；Dünkel F., 1990a, S. 129 ff.；Eisenberg, 2000, S. 445ff.；Schaffstein/Beulke, 1998, S. 269ff.；Sonnen, 2002, S. 57 ff.；Walter J., 2002, S. 127ff.；zur historischen Entwicklung: Cornel, 1984, S. 48ff.
4　Zum Erziehungsgedanken im Jugendstrafrecht siehe Schlüchter, 1994, S. 31ff.；Streng, 1994a, S. 60ff.
5　Dünkel F., 1990a, S. 131f.；Eisenberg, 2002, §5 Rdn. 3, 4；Ostendorf, 2000, §§91-92 Rdn. 11.

第9章　特別の行刑形態（Besondere Vollzugsformen）

判所法第91条第3項に規定する行刑の緩和や適当な場合における一層自由な形態での行刑の緩和も教育目的の達成に役立つであろう。少年裁判所法第91条第4項では，行刑職員は，教育的任務に適し，そのための教育を受けた者でなければならないとしている。

少年裁判所法第92条第1項では，分離の原則について特に明確に規定しており，少年刑は，少年刑務所において実行される。

852　少年刑を自由刑と分離して特設の施設で服役させるという原則は，少年裁判所法第92条第2項により少年行刑からの引離し（Herausnahme）が行われる場合には破られることになる。この規定によって，刑の執行指揮者としての少年係裁判官（少年裁判所法第92条第3項，第82条）は，刑確定者が18歳を超え少年行刑に適していないと認めた場合，成人行刑施設における（行刑法の規定による）少年刑の服役を命じることができる。24歳を超えた場合には，原則として，この引離しが行われる（少年裁判所法第92条第2項第3切）。これにより，少年刑の言渡しを受けた者の約4分の1が成人行刑施設で服役する結果になる[6]。

これとは逆に，少年裁判所法第114条では，成人刑法による刑確定者について，その者が24歳未満で少年行刑に適している場合には，これを少年行刑施設に受け入れること（Hereinnahme）を可能にしている。実務上は，現実的理由から分離の原則が破られ，（特に女性の）少年刑受刑者は，しばしば成人行刑施設の区画された場所に収容される[7]。

853　少年刑法により有罪の言渡しを受けた18歳以上21歳未満の年長少年（Heranwachsende）について，少年裁判所法第110条第1項では，少年裁判所法第91条及び第92条を準用できるとしている。連邦政府は，少年刑の実行に関する法規命令を発出する権限を認めている少年裁判所法第115条をまだ用いていない。

ここに挙げたもののほかに少年行刑のための法律的規定は存在しない。したがって，少年刑の形態及び個別行刑上の措置について重要な意味を持つのは，州司法行政部により合意された少年行刑のための連邦統一的な行政規則（VVJuG）であり，それは広く行刑法の規定に範をとっている。しかし，この法的状況は，法治国原則に基礎を持つ少年被収容者の基本権を侵害する自由剥奪について，憲法上の要請にこたえるものではない[8]。そこには法律的規制がないのである。

---

6　Zu den mit § 92 Abs. 2 JGG verbundenen Problemen siehe Franze, 1997, S. 72 ff.
7　Vgl. Dünkel F., 1990a, S. 136.
8　Binder, 2002, S. 452 ff.；Böhm, 1996, S. 229；ders., 1998, S. 1019；Diemer/Schoreit/Sonnen, 1999, § 91 Rdn. 8 ff.；Dünkel F., 1993b, S. 101；ders., 1999, S. 129；Eisenberg, 2002, § 91 Rdn. 5；Göppinger, 1997, S. 711；Mertin, 2002, S. 18 ff.；Ostendorf, 2000, § § 91-92 Rdn. 3；Schaffstein/Beulke, 1998, S. 273；Wölfl, 2000, S. 511 ff.；siehe dazu auch BVerfG, DVJJ-Journal 1／2002, S. 90.

少年行刑法のための準備作業は，既に60年代の終わりから行われており，委員会報告書及びそこで作成された草案に成果が現れている[9]。連邦政府は，最終的に1991年中に少年行刑法草案（JVollzGE）を提出することで，憲法裁判所の懸念にこたえた。少年行刑法草案第2条では，行刑目的として次のように規定している。「少年刑の実行においては，少年受刑者は，他人の権利を尊重し，共同社会において自己責任による生活を送ることができるよう教育されるべきである」。これによって，教育的思想という指導原理が維持されている。

　教育手段としては，一般的教育及び職業訓練，作業，社会訓練，自由時間の形態，スポーツ並びに施設内での共通の利害に関する問題への協働（少年行刑法草案第3条第1項）が用いられる。服役の初期段階において，重要な措置についての指示を含む教育計画が立てられる（同草案第8条）。この草案は，居室グループによる少年受刑者の収容を前提としており（同草案第20条），この場合，原則として，1居室グループは8人以上とすべきではない（同草案第131条第2項）とされている。

　この草案は，少年行刑と保護観察とのネット化（Vernetzung）を目指し，少年行刑法草案中の少年裁判所法第88条aに基づき，遅くとも予測される釈放時期の3月前までに，継続的な保護を可能にするため，保護観察官が指定されなければならないとしている。さらに，通常の成人行刑における受刑者とは逆に，同草案第19条では，教育上又は保護上の理由がある場合，その者の自由意思で釈放時期を超えて施設に滞留することを規定している。教育目的を危うくする場合における自由意思による施設への復所についても同様である。同草案第110条は，行刑上の処分に対して，行刑法第109条以下に準じた出訴の途を開いている。この場合，少年部が申立について決定する。

　少年行刑のための法律的根拠を設けることは，憲法上の理由から常に緊急を要すると考えられているにもかかわらず[10]，現在のところ，立法機関の動きは認められない。

### 9.1.4　裁判所による権利保護（Gerichtlicher Rechtsschutz）

　現在の法律的状況では，自由剥奪の場合における行刑法第109条以下による特別の法的手段は，行刑法の適用領域に限定されているので，少年刑事施設の受刑者は，これによる権利保護を受けることができない（少年裁判所法第92条第2項では，少年刑を言い渡された者は，少年行刑からの引離しがなされた場合にのみ，行刑法第109条以下の方法によることを認めている。[11]）。そこで，少年の被収容者

---

9　Siehe Darstellung der verschiedenen Vorschläge bei Dünkel F., 1990a, S. 471ff., 786.
10　Vgl. Mertin, 2002, S. 18；Ostendorf, 2001, S. 8 ；Wölfl, 2000, S. 511.
11　BHGSt. 29, S. 33.

第9章 特別の行刑形態（Besondere Vollzugsformen）

にとっては——少年行刑のための連邦統一行政規則（VVJug）第92号にいう行刑内部における不服申立ての機会及び一般的な職務監督権者への不服申立てのほかに——少年行刑における処分を争うには，裁判所構成法施行法（EGGVG）第23条以下による高等裁判所への出訴の途のみが残されている[12]。しかしそれができるのは，少年刑の実行がその対象となっている裁判所の決定についてだけである。これに対して，その者が処分（Maßregel）の実行中である場合には，裁判所構成法施行法第23条第3項による法的手段の補充性が肯定され，行刑法第138条第3項により行刑法第109条以下の規定が準用される[13]。

856 付録：簡易化した図式

　　裁判所構成法施行法第23条以下に基づく裁判所の決定を求める申立の許可要件
1　通常の裁判所に対する特別の法的手段の不存在（裁判所構成法施行法第23条第3項の補充条項）
2　出訴の途が開かれていること，裁判所構成法施行法第23条第1項第2切：
　　少年刑の実行における具体的事案を規制するための行刑官庁（施設長）の処分
3　申立の種類
　　― 取消の申立，裁判所構成法施行法第23条第1項
　　― 義務付けの申立，裁判所構成法施行法第23条第2項
　　― 不作為（の違法確認）の申立，裁判所構成法施行法第23条第2項；第27項
　　― 確認の申立，裁判所構成法施行法第28条第1項第4切
4　申立権，裁判所構成法施行法第24条第1項
　　自己の権利に対する侵害の主張
5　高等裁判所の管轄権，裁判所構成法施行法第25条
6　手続
　　― 書面方式又は裁判所への登録，裁判所構成法施行法第26条第1項
　　― 取消申立及び義務付け申立の場合の申立期限，裁判所構成法施行法第26条第1項
　　　決定の送達又は書面による告知後1月以内（口頭による告知には期限がない。）
　　― 不作為（の違法確認）の場合の期限，裁判所構成法施行法第27条第1項
　　　当局への申請後3月

---

12　Dazu Kleinknecht/Meyer-Goßner, 2001, Anh. 2：EGGVG.
13　OLG Karlsruhe, NStZ1997, S. 511；Brunner/Dölling, 2002, §85Rdn. 11, §93a Rdn. 10；a. A. Eisenberg, 1998, S. 104.

## 9.1.5 執行（Vollstreckung）

少年刑の執行は，少年裁判所法第82条第1項第1切に基づき，執行権者としての少年係裁判官の義務とされている。初めは，少年裁判所法第84条により，その管轄区域内で少年若しくは年長少年が有罪判決を受けた地域の区裁判所の少年係裁判官又は家事審判官若しくは後見裁判官として養育の任務を負う少年係裁判官がこれに当たる。刑確定者が少年刑事施設に収容された場合，その後の執行は，少年裁判所法第85条第2項に基づき，特別の執行権者に移行する。それは，原則として，その管轄区域内に少年刑事施設が所在する区裁判所の少年係裁判官，又は州地方行政部が特別な場所的近接性に基づき一般的に指定した区裁判所の少年係裁判官である。

少年裁判所法第88条により，執行権者としての少年係裁判官は，保護観察のために少年刑の残刑の執行を猶予することができる。その決定は，少年係裁判官の裁量にゆだねられている。成人刑法（刑法典第57条，第57条a）の場合とは異なり，少年刑の言渡しを受けた場合，最低服役期間を1年以上とし（少年裁判所法第88条第2項第2切），少なくとも刑期の3分の1を服役し終えなければならないとしているだけである。刑期終了前の条件付釈放のためには，更に順法的生活についての良好な予測が必要とされる。すなわち，執行の猶予は，少年の成長及び社会の安全のための利益を考慮して，責任を負うことができるものでなければならない（少年裁判所法第88条第1項）。

特に重大な犯罪の場合における裁量権の行使には，贖罪の視点も考慮に入れ，保護観察のための少年刑の執行停止を刑法典第57条の期間に準拠して行うことが一部で提唱されている[14]。しかし，この見方は，少年裁判所法第88条に何ら根拠がなく，立法者は――できる限り有効な教育的効果という観点から――意識的に少年刑法で柔軟な規定をしているのであって，受け入れることができない[15]。

## 9.2 自由剝奪を伴う矯正及び保安の処分の実行
### (Vollzug freiheitsentziehender Maßregeln der Besserung und Sicherung)

行刑法第1条により，保安拘禁（刑法典第66条）並びに精神医療施設及び禁絶施設における治療のための収容（刑法典第63条）という保安処分の実行も行刑の領域に数えられている。

---

14　In diesem Sinne LG Berlin, NStZ1999, S. 103；Böhm, 1996, S. 216.
15　Vgl. Brunner/Dölling, 2002, §88Rdn. 2；Diemer/Schoreit/Sonnen, 1999, §88Rdn. 12；Eisenberg, 2002, §88Rdn. 9 b.

刑の言渡裁判所が，判決において，刑法典第63条ないし第64条により，自由刑と共にこれらの処分を命じた場合，刑法典第67条第１項により，基本的にその処分が刑より先に実行される。法律で規定された順序とは逆に行刑が先行することは，そのことによって社会復帰目的がより良く達成される場合にのみ考慮される。

## 9.2.1 精神医療施設における収容
（Unterbringung im psychiatrischen Krankenhaus）

859　行刑法の規定中，明らかに精神医療施設[16]における収容の実行に関係すると認められるのは，第136条及び第138条だけである。

行刑法第136条は，社会復帰を目指した医学的見地からの処遇を目的とすることを規定しており，刑事裁判所により収容された者は，できる限り，治癒され，又はもはや危険ではなくなるようその状態が改善されることが期待されている。そこでは，その者に対して必要な監督，保護及び看護の措置が執られる。この処分の実行に関しては，行刑法第138条第１項第２切により，被収容者のための更生資金の差押禁止（行刑法第51条第４項及び第５項）及び釈放後帰郷のための金銭給付（行刑法第75条第３項）に関する行刑法の規定が準用される。行刑法第138条第２項に基づき，行刑法第50条の拘禁費用の分担については，一部修正のうえ準用される。

860　行刑法第138条第３項では，さらに，行刑法第109条から第121条までを引用していることから，収容中の処分に対しては，刑執行部への出訴の途が開かれている[17]。この場合，被収容者は，行刑における被収容者の場合と同じ要件[18]の下で裁判所の決定を求める申立を行うことができる。

861　なお，処分の実行は――連邦法に特別の定めがない限り――州法による（行刑法第138条第１項第１切）。これに応じて，連邦州では州法を定めた。その際，一部の州では，独自の処分実行法（Maßregelvollzugsgesetz）を制定し（ハンブルク，ヘッセン，ニーダーザクセン，ノルトライン―ヴェストファーレン，ラインラント―ファルツ，ザールラント，ザクセン―アンハルト，シュレースヴィヒ―ホルシュタイン），また，州の収容法に処分実行に関する規定を追加した（バーデン―ヴュルテンベルク，バイエルン，ベルリン，ブランデンブルク，ブレーメン，メクレンブルク―フォーアポンメルン，ザクセン及びチューリンゲン）[19]。

---

16　Eingehend dazu Gebauer/Jehle, 1993 ; Kammeier, 1996 ; ders., 2002 ; Kreuzer, 1994 ; Leygraf, 1998 ; Rasch, 1989, S. 8 ff. ; Schöch, 1994, S. 445ff. ; Volckart, 1999.
17　Siehe Wagner B., 1992.
18　Dazu in Kap. 8.2.1.
19　Übersicht der landesrechtlichen Regelungen bei Volckart, 1999, S. 247ff. ; ferner für Bremen : PsychKG v. 19.12.2000, GBl. 2000, S. 471 ; für Schleswig-Holstein : MVollzG v. 19.1.2000, GVBl. 2000, S. 114.

もっとも，これらの規定は，個々の実行形態に相違があるだけではなく，実行面のすべてにわたり不十分であったため——州によってその程度は異なるが——すべての場面で十分な働きをすることができなかった。処分の実行が処遇指向的なものとして発展するためには，連邦統一的な規定によるのが良かったと思われ，施設設備の面においても同様であろう。

レイグラフ[20] (Leygraf)は，精神医療的処分の実務に関する研究において，極めて「絶望的な」収容及び処遇の状況を報告し，「ひどく落胆した」総合的印象に達している[21]。精神医療施設における収容は，自由剥奪を伴う矯正及び保安の処分を意味し，そこでは，初めて収容命令が出される時点において，収容期間の限度を定めていないので，それは，予測不能な，時として非常に長期にわたる施設収容をもたらすことになる[22]。裁判所の収容命令（刑法典第62条）の場合だけでなく，その継続及び実行に関しても相当性 (Verhältnismäßigkeit) の原則が適用される[23]にもかかわらず，収容の契機となる犯罪の重大性と収容期間との間には，意味のある関連が認められないことが多い[24]。例えば，暴力的財産犯罪及び暴力的性犯罪のために収容された者の収容期間は，平均して非暴力的な同種の犯罪形態（例えば，刑法典第183条，第183条 a）による被調査者のそれよりも短くなっている[25]。

精神医療施設における長すぎる収容及びそれと並行して現れることがある不十分な治療的処遇は，取り返しのつかない施設病の弊害を伴うことから，年月の経過によって，そこでの逸脱行動が，どの程度刑法典第20条，第21条にいう本来の病的状態によるものか，施設病の弊害にその原因があるのかという区別がほとんど不可能になる。したがって，刑法典第63条の処分には，期間を限定することが必要であり[26]，その場合，立法者は，それぞれの契機となる犯罪について定められた刑期の限度を指標にするべきであろう。

この20年間，ドイツでは刑法典第63条による精神医療的処分における明らかな発展が認められる[27]。それは，司法的精神医療が一般精神医療から次第に独立してきたことによって特徴付けられる。この処分の実行は，単なる施設収容から次第に犯罪性診断の確

---

20　Leygraf, 1988.
21　Leygraf, 1988, S. 183.
22　Vgl. z. B. Ritzel, 1989, S. 123.
23　BVerfGE70, S. 311；dazu auch Kruis, 1998, S. 94ff.
24　Siehe z. B. Jacobsen, 1987, S. 66.
25　Leygraf, 1988, S. 115ff.
26　Siehe Baur, 1988, S. 121；Horstkotte, 1993, S. 189；Laubenthal, 1990, S. 372；Volckart, 1999, S. 238.
27　Siehe dazu Kröber, 1999, S. 93ff.

立をもたらす治療的処遇に移行する過程にある。総じて，今日，司法的精神医療の施設には治療の専門化が認められるように思われる。

**863** 行刑法第136条は，収容目的として本人の再社会化を規定しているが[28]，この規定から社会復帰の原則が導き出されるだけではない。州法の規定の形式にかかわらず，処分の実行は，侵害排除の原則（Gegenwirkung）及び社会同化の原則（Angleichung）によって特徴付けられなければならない。すなわち，精神医療施設は，施設での自由剥奪に伴う有害な結果を適切な措置により防止しなければならず，医療施設での収容は，できる限り，一般的な生活条件に合わせられなければならない[29]。また，州法は，例えば，実行の緩和及び休暇の許可のための――州により非常に異なる――規定をしている。とりわけ，集団連行（Gruppenausführungen）及び個別連行，職員同伴の外出，構外活動又は職員の同伴しない外出などが行われている。このような措置は，逃走又は悪用のおそれがある場合には，除外されることをすべての州で規定している[30]。

**864** 刑法典第63条に基づき収容された者の精神医療施設からの釈放は，次の三つの異なる方法で行われることができる。
1．診断の誤り[31]又は精神病を詐病したことで，処分実行の当初から裁判所の認定した刑法典第20条，第21条にいう生物学的な要素が存在していなかったことが判明した場合，精神医療施設における収容を継続することは許されない。刑執行部（刑事訴訟法第463条，裁判所構成法第78条ａ第１項第１号）により，刑法典第67条ｃ第２項第５切に準じて――予後が不良であっても――処分の終了が宣告され[32]，当人は無条件で処分の実行が解除されなければならない[33]。
2．処分の目的が達成された場合，すなわち，刑法典第63条による収容を命じる原因になった病的精神状態が，治癒又は寛解によって消滅した場合には，処分執行の前提条件がなくなる。この場合には，裁判所による処分終了の宣告

---

28　Zur Gestaltung des Maßregelvollzugs: Dessecker, 1997, S. 104ff.；Nowara, 1997, S. 116ff.
29　Volckart, 1999, S. 39.
30　Zu Risiken und Beurteilungskriterien: Schumann, 1993, S. 131ff.；Westfälischer Arbeitskreis  Maßregelvollzug", 1991, S. 64；siehe auch Frisch, 1996, S. 29；Pollähne, 1994, S. 33ff.
31　Zum Problem der Fehleinweisungen: Konrad N., 1991, S. 315ff.
32　BVerfG, NJW1995, S. 2405；OLG Frankfurt, NStZ-RR2002, S. 58；Lackner/Kühl, 2001, § 67d Rdn. 7.
33　A. A. Wolf, 1997, S. 781（Wiederaufnahme des Verfahrens）；Krit. auch Radtke, 1998, S. 297ff.

がなされ，被収容者は無条件で釈放されなければならない[34]。
3．処遇が進展した結果，社会復帰のために被収容者を釈放するリスクが容認されると認められる場合，刑執行部は，刑法典第67条eによる審査手続（少なくとも年1回の審査）において，刑法典第67条d第2項第1切に基づき保護観察のために収容処分の執行を猶予する。そこには，施設外において，被収容者がもはや違法な行為を行わないであろうという期待が存在しなければならない[35]。

865 裁判所が刑法典第67条d第2項により保護観察のために収容処分の執行を猶予する場合には，当人に将来施設外で合法的な行動をする能力があることを証明しなければならない。精神医療施設においてこれまで行われている処分の変換[36]（Umwandlungspraxis）──処分の実行に直接引き続いて，後見裁判所の同意を得て被後見人の福祉のために，又は州法の収容法による公共の安全及び秩序に対する重大な危険を理由に，民法第1906条による民事拘禁を行うこと[37]──は，刑法典第67条d第2項の意義及び目的と相容れない。

### 9.2.2 禁絶施設における収容
（Unterbringung in einer Entziehungsanstalt）

866 アルコール飲料又は麻薬への性癖を有する犯罪者を刑法典第64条に基づき禁絶施設[38]に収容することは，行刑法第137条により，その性癖の治療及びそれに起因する誤った行動を除去するために行われる。処遇による一般社会の安全も同時に追求される[39]。この二つの目的を処遇を通じて結び付け，達成しようとすることは，処分を命令する場合（刑法典第64条第2項）だけではなく，その実行のためにも，処遇の成果について十分な具体的見通しがあることを前提とする。したがって，この目的を達成できないことが明らかになれば，執行裁判所は，収容を終わらせなければならない[40]。

この処分の最長期間は，刑法典第67条d第1項第1切により，2年間とされ

---

34  BVerfG, NJW1995, S. 2405；BGHSt. 42, S. 310；Laubenthal, 1990, S. 361f.；Volckart, 1999, S. 234；a. A. Lackner/Kühl, 2001, §67d Rdn. 7；Tröndle/Fischer, 2001, §67d Rdn. 6 c（Aussetzung zur Bewährung）.
35  Zur Gefährlichkeitsprognose im Maßregelvollzug: Weber F., 1996, S. 9 ff.
36  Bischof, 1987, S. 103ff.；Wagner, 1992, S. 11.
37  Umfassend Marschner/Volckart, 2001.
38  Dazu Dessecker/Egg, 1995；Externbrink/Schmitz, 1991, S. 111ff.；Schalast, 1994, S. 2 ff.
39  BVerfG, StrVert1994, S. 595.
40  BVerfG, StrVert1994, S. 597；dazu Müller-Dietz, 1995b, S. 353ff.；Müller-Gerbes, 1996, S. 633ff.

ている。被収容者は，遅くともこの期限までに釈放されなければならない（刑法典第67条d第4項第1切）。刑法典第67条eによる手続（少なくとも6月ごとの再審査）において，期間経過前に刑執行部が保護観察のため収容処分の執行を停止することは，将来における積極的な合法的行動の可能性が十分な蓋然性をもって達成される場合，刑法典第67条d第2項第1切により，考慮の対象になる。

**867**　処分の実行は，主として精神医療施設において，又は特別の禁絶施設において行われる。刑法典第63条による収容の場合と同じく，禁絶施設の被収容者についても，行刑法第51条第4項及び第5項，第75条第3項及び第109条から第121条までが準用されるだけである（行刑法第138条第1項第2切，第3項）。その他の収容形態は，行刑法第138条第1項第1切に基づき州法によることとされており，州の処分実行法ないし収容法[41]において規定されている。

　禁絶施設における実際の処遇は，解毒（Entgiftung）から始められる。次いで，心理療法，社会療法，集団療法的手法及び心的葛藤に対する相談助言（Einzelberatung）を動員して薬物依存者に対する集中的処遇がなされる。この局面において，処分実行の緩和を用いた本人に対する漸進的な負荷試験が行われる。最終段階である釈放準備までには，アフターケア施設との連絡態勢が樹立されているべきである[42]。

### 9.2.3　準備拘禁（Organisationshaft）

**868**　いわゆる準備拘禁については，法律上の規定がない。言渡裁判所が，その判決において，違法行為に対する反動として，自由刑のほかに，精神医療施設又は禁絶施設への収容を命じた場合，刑法典第67条第1項に基づき――裁判所が他の決定をしない限り――その処分は，刑に先立って実行されなければならない。有罪判決を受け刑の確定した者が未決拘禁中であるか，又はその前に他の有罪判決による自由刑に服しなければならなかったため，直ちに処分を実行するための収容施設に入ることができない場合には，その者は，処分が事実上開始されるまでの間，行刑施設において準備拘禁期間を過ごすことができる[43]。このことは，事実上やむを得ない理由に基づく刑法典第67条違反を意味する[44]。

　行刑官庁にはある程度の準備期間が与えられており，その期間内は本人を行刑施設内に拘禁することが許される。しかし，それは具体的事案ごとに――拘禁事

---

41　Übersicht bei Volckart, 1999, S. 247ff.
42　Volckart, 1999, S. 194ff.
43　Dazu Lemke, 1998, S. 78 ; Pohlmann/Jabel/Wolf, 2001, §53Rdn. 17.
44　Krit, Linke, 2001, S. 361 ; Ostermann, 1993, S. 52ff. ; Trennhaus, 1999, S. 511ff.

件における迅速の原則を尊重して——予定される実行施設を当局が確定するため，及びそこへの移送を完了するために必要とする期間だけ継続することができる[45]。そして，実際に処分実行施設に収容されるまでの間行われる自由剥奪は，刑罰拘禁と見なされる[46]。したがって，準備拘禁の間に行われる裁判所の決定は，地方裁判所の刑執行部が担当する[47]。これに対して，収容のための準備ではなく，処分実行施設における治療のための単なる空きベッド待ちという場合には，刑確定者をこの期間中行刑施設に拘禁することは正当化できない[48]。

準備拘禁が個別の事案において実質的に自由剥奪期間を延長できるとしても，基本法第2条第2項第2切及び第104条第1項は，刑執行官庁がこの違法な結果を刑期計算によって防止することを命じている[49]。つまり，処分の実行開始前に行われた準備拘禁は，自由刑の期間に算入されなければならない[50]。

### 9.2.4 保安監置（Sicherungsverwahrung）

2001年3月31日現在，ドイツの行刑施設で保安監置処分を実行されている者は257名であった。自由刑服役者に対するその比率も0.4パーセントと極めて低いが，それでもその数は，近年明らかな増加を示している。被収容者の性別に関しては，保安監置の場合，1992年以降，女性でこの処分を受けた者のいないことが注目される。

表9.3. 1992年―2001年各3月31日現在の保安監置被収容者

| | |
|---|---|
| 1992 | 194 |
| 1993 | 184 |
| 1994 | 194 |
| 1995 | 183 |
| 1996 | 176 |
| 1997 | 200 |
| 1998 | 202 |

---

45　OLG Brandenburg, NStZ2000, S. 500；siehe auch Rautenberg, 2000, S. 502f.
46　OLG Hamm, NStZ1998, S. 479.
47　Pohlmann/Jabel/Wolf, 2001, §53Rdn. 17；a. A. OLG　Hamm, NStZ1998, S. 479（Gericht erster Instanz）.
48　OLG Brandenburg, NStZ2000, S. 500.
49　BVerfG, StrVert1997, S. 476.
50　OLG Celle, StrVert1997, S. 477；OLG Zweibrücken, StrVert1997, S. 478.

第9章　特別の行刑形態（Besondere Vollzugsformen）

| | |
|---|---|
| 1999 | 206 |
| 2000 | 219 |
| 2001 | 257 |

出典：連邦統計局，行刑―2001年3月31日現在，受刑者の人口統計学的及び犯罪学的特徴　第4巻1号6頁

870　保安監置者の約半数は，性的自己決定に対する犯罪により収容されている。

表9.4.　2001年3月31日現在の犯罪別保安監置被収容者

| 犯罪類型 | 保安監置被収容者 | ％ |
|---|---|---|
| 国，公共の秩序に対する犯罪及び公務における犯罪（刑法典§§80～168，331～357） | 1 | 0.4 |
| 性的自己決定に対する犯罪（刑法典§§174～184b） | 129 | 50.2 |
| 生命に対する犯罪（刑法典§§211～222） | 21 | 8.2 |
| 身体傷害（刑法典§§223～231） | 12 | 4.7 |
| 個人の自由に対する犯罪（刑法典§§234～241a） | 2 | 0.8 |
| 窃盗及び横領（刑法典§§242～248c） | 21 | 8.2 |
| 強盗，恐喝，自動車運転者に対する強盗的侵害（刑法典§§249～255，316a） | 48 | 18.7 |
| 詐欺，背任（刑法典§§263～266b） | 17 | 6.6 |
| 公共の危険に対する犯罪（刑法典§§316aを除く306～323） | 6 | 2.3 |

出典：連邦統計局，2001年，行刑―受刑者の人口統計学的及び犯罪学的特徴　第4巻1号17頁

871　刑法典第61条第3号，第66条による矯正及び保安の処分としての保安監置の目的は，行刑法第129条に基づき，自由刑服役後における新たな重大な犯罪から社会を防衛するため，引き続き危険な再犯者を安全のために収容することである。しかし，行刑官庁は，単に拘禁するだけではなく，社会復帰のために援助するこ

とを義務付けられている。

　子供に対する重大な性犯罪で被害者が死亡した数年前の事件は，社会を危険な再犯者から，より安全に守るための特別の努力を生むことになった[51]。そこでは，他の方策と共に，保安監置の要件を拡張することにより達成されることが期待された。再犯の危険を減少させることを目指した1998年1月26日[52]の「性犯罪及びその他の重大な犯罪を制圧するための法律」[53]により，立法者は，類似の犯罪を繰り返す性犯罪者及びその他の暴力犯罪者をより容易に保安監置に収容できる規定を設けた。すなわち，裁判所は，少なくとも2年の有期自由刑を言い渡された者が，その犯行前に，この法律に規定する違法行為を犯したことにより3年以上の自由刑を言い渡されたことがある場合には，自由刑に併せて保安監置を命じることができる（刑法典第66条第3項第1切）とした。それまでに有罪判決又は自由剥奪を言い渡されたことがなくても，二個の暴力犯罪又は性犯罪を犯したことにより，それぞれについて少なくとも2年の自由刑を科されることとなる犯罪者が，一つ又はそれ以上の行為により3年以上の有期自由刑を言い渡される場合には，自由刑に併せて保安監置を命じることができる（刑法典第66条第3項第2切）。これによって，二個の性犯罪を犯した場合には，前科がなくても保安監置を用いることができるようになった。初めて保安監置を命じられた被収容者は，10年が経過する前に釈放されなければならない。その者がなお高度の危険性を持続している場合，つまり，その者がその犯罪的性癖のため新たに重大な罪を犯し，それによって被害者が精神的又は肉体的にひどく傷付けられるおそれがある場合には，刑法典第67条d第3項に基づき，裁判所は，保安監置がなお終了していない旨宣言しなければならない。これによって，初めての保安監置の場合でもこれを生涯にわたり執行することが許される。

　刑法典第66条によってこの処分を命じる基準が緩和されただけではない。保安監置からの条件付き釈放についても，より厳しい要求がなされている。それは，刑法典第67条d第2項第1切に基づき，処分を実行しなくても，その被収容者には，いかなる違法行為もしないことが見込まれなければならない[54]。

　保安監置の実行は，行刑法第131条から第135条までの特別規定による場合を除き，行刑法第130条によって，行刑法第3条から第126条まで，及び第179条から第187条までが準用される。保安監置の執行は，自由刑の服役後に行われ，無期

---

51　Siehe Laubenthal, 2000, S. 11f.；Streng, 1997, S. 457f.
52　BGBl. I1998, S. 160.
53　Dazu Albrecht, 1999, S. 866ff.；Dessecker, 1998, S. 1 ff.；Meier B.-D., 1999, S. 445ff.；Schöch, 1998, S. 1257ff.
54　Dazu Dünkel F., 1997, S. 8 f.；Schall/Schreibauer, 1997, S. 2418.

限に継続できるものであることから，長期間継続する自由剥奪のもたらす弊害が防止されなければならない。そこで，行刑法第131条では，物的設備並びに助成的及び保護的措置により，行刑法第3条第2項の弊害排除の原則に準じて，有意義な生活形成ができるよう援助し，有害な精神的負担から保護すべきことを規定している。

また，被収容者は，保安上問題がなく，自ら洗濯，補修及び定期的交換を行う場合には，私服，自己の下着及び敷布を使用できる（行刑法第132条）。自由刑の実行中における自営職業活動は，行刑法第39条第2項により施設管理者の裁量とされているが，行刑法第133条第1項は，釈放後における生業を営む能力の獲得に役立つ場合には，保安監置者にそれを要求する権利[55]を与えている。行刑法第133条第2項は，その責めによらないで作業報酬ないし教育補助金を受けない者がそれを必要とする場合，行刑法第46条にいう小遣錢の最低月額として，行刑法第43条第2項による基準報酬日額の3倍を定めている[56]。釈放準備のため，行刑官庁は，行刑法第13条及び第35条で規定する以上の特別休暇を与えることができる（行刑法第134条）。

874 保安監置の処分は，行刑法第139条により行刑施設において実行される。独立の保安監置施設は存在しないので，当事者は，自由刑実行のための施設の分離された区画に収容される（行刑法第140条第1項）。女性について，行刑法第135条では，女性行刑施設が保安監置のための設備を有する場合，そこでの収容を認めている。行刑法第130条では，行刑法第9条及び第123条以下も準用しているので，保安監置に付された者は社会治療施設に移送されることができる。

875 保安監置処分の最大の弱点は，実際の実行場面にあるといわれている[57]。保安監置の被収容者は，受刑者とは異なり将来罪を犯すことが予想されるだけであって，罪を犯していない状態で自由を剥奪されているにもかかわらず，保安監置処分は，基本的に自由刑と区別されていない。したがって，保安監置の実行形態は，改善することが望ましい[58]。

刑法典第67条d第2項第1切によって，刑執行部は，保護観察のため保安監置の執行を猶予することができるとされている（少なくとも2年ごとに刑法典第67条eによる審査を行う。）。執行の過程において，収容の継続が収容の契機となった犯罪及び将来そのおそれがあるとされる犯罪の重さに比して，その重要性において均衡を失することになる場合，保安監置はその任務を終えたことを宣言さ

---

55　Calliess/Müller-Dietz, 2002, §133Rdn. 1．
56　Dazu KG, NStZ-RR2002, S. 254.
57　Kinzig, 1996, S. 595.
58　Kern, 1997a, S. 185；Kinzig, 1996, S. 595f.；krit. auch Weber/Reindl, 2001, S. 18.

れなければならない[59]。

　保安監置の処分は，刑法典第66条によって刑事判決手続において（「刑と同時に」）命じることができるだけであることから，立法レベルでは，危険な犯罪からの社会の保護という視点で保安監置の事後的な命令[60]を可能にするための多様で熱心な試みが主張されている[61]。裁判所が刑事判決を言い渡す時点において保安監置の命令を見合わせた場合においても，行刑の過程でその者が重大な犯罪的性癖を有し，社会にとって危険であることが判明したときは，事後的な収容を可能にするべきである。州レベルでは，バーデン―ヴュルテンベルク州において，2001年の初頭――憲法上疑義のある――「特別に再犯の危険のある犯罪者の収容に関する法律」が制定された[62]。これにより，刑執行部は，刑法典第66条第1項第1号，第2号及び第2項から第4項までの要件に該当し，自由刑を執行される――有期又は無期で――被収容者について，有罪判決後に生じた事実に基づいて，その者により「生命，身体の無傷性（Unversehrheit），個人の自由又は性的自己決定に対する重大かつ現在の危険がもたらされる」と認められる場合，保安監置への収容を命じることができる。これに該当する事由としては，特に行刑法第2条第1切にいう行刑目的の達成に向けての協力，とりわけ再犯防止のための心理療法又は社会療法への参加を頑強に拒むことが挙げられる[63]。バイエルン州[64]及びザクセン―アンハルト州[65]でも，これに倣ってそれぞれ独自の州法を制定しているが，事後的な保安監置を命じるための要件は，基本的にバーデン―ヴュルテンベルク州の規定と同様である。

　連邦レベルでは，「留保された保安監置を実施するための法律」[66]により，刑法典第66条aで保安監置の事後的な命令ができるのは，判決言渡裁判所が判決時に刑法典第66条第3項第1切に掲げられた犯罪が含まれているために，この命令の発出をあらかじめ留保した場合に限定されている[67]。つまり，判決言渡時に刑法典第66条第1項第3号の要件が存在する疑いがあり，かつ，当該処分を命じるためのその他の要件が存在していなければならない。そこで，言い渡された自由刑

---

59　OLG Celle, Recht und Psychiatrie 1994, S. 34.
60　Dazu Hanack, 2002, S. 709ff.
61　Siehe BR-Drs. 48／02；BR-Drs. 118／02；BT-Drs. 14／8586.
62　GBl. Nr. 5 v. 16. 3. 2001, S. 188f.；dazu Goll／Wulf, 2001, S. 284ff.
63　Krit, zum Landesgesetz Dünkel／kunkat, 2001, S. 16ff.；Eisenberg, 2001, S. 131ff.；Greiner, 2001, S. 650f.；Ullenbruch, 2001, S. 292ff.；Würtenberger／Sydow, 2001, S. 1201ff.
64　Bayerisches Gesetz-und Verordnungsblatt Nr. 26／2001, S. 978f.
65　Gesetz-und Verordnungsblatt für das Land Sachsen-Anhalt Nr. 12／2002, S. 79ff.
66　BR-Drs. 504／02.
67　Siehe auch Wagner Ch., 2002, S. 93.

の実行中にその者が刑法典第66条第1項第3号にいう社会にとって危険であることが判明した場合には，先に命令により留保されていることを根拠に事後的に保安監置を命じることができる。刑法典第66条a第2項に基づき，裁判所は，遅くとも，刑法典第57条第1項第1切第1号及び同法第57条a第1項第1切第1号（刑事訴訟法第454条b第3項との関連においても）により，保護観察のための残刑の執行猶予が可能となる時期の6月前までに，これについて決定する。保安監置の留保を決定する手続は，刑事訴訟法第275条aが規定している。第1審裁判所はこれに従って判決中で留保する処分について判断する。その決定に先立ち専門家による鑑定が行われるが，この場合，鑑定者は，自由刑実行の場面で当該刑確定者の処遇にかかわっていなかったことを要する。

## 9.3 行刑施設において実行されるその他の拘禁
### (Sonstige in Justizvollzugsanstalten vollzogene Haftarten)

877　行刑の分野に属する少年刑並びに自由剥奪を伴う矯正及び保安の処分が，主として独立の施設で実行されるのに対して，その他の数種類の拘禁は，行刑に属さないにもかかわらず，行刑施設で実行することとされている。未決拘禁，退去拘禁（Abschiebungshaft），秩序拘留，保全拘留，強制拘留，強要拘留及び引渡拘禁（Auslieferungshaft）がこれに当たる。

### 9.3.1 未決拘禁（Untersuchungshaft）

878　行刑法は，未決拘禁について第177条に独自の規定を有するだけである。これにより，施設内でその者に提供される仕事に自発的に従事する未決拘禁者は，行刑法第43条第2項から第5項までにより算定される作業報酬を受ける。その他の未決拘禁[68]の実行に関する原則は，刑事訴訟法第119条及び州司法行政当局による行政規則としての連邦統一未決拘禁規則（UVollzO）で規定している。

統一未決拘禁規則第1条に基づき，未決拘禁は「容疑者（Beshuldigte）を確実に拘置することにより，秩序正しい刑事手続の遂行を保障し，又は新たな犯罪行為への危険を防止する」目的に奉仕する。

879　未決拘禁を命じる要件は，刑事訴訟法第112条以下に示されている。犯罪の濃厚な容疑が認められ，特別の拘禁理由が存在しなければならない。すなわち，
── 容疑者が逃亡し，又は潜伏していること（刑事訴訟法第112条第2項第1号）
── 逃亡のおそれ，すなわち，容疑者が刑事手続及び刑の執行を免れるおそれがあるこ

---

68　Zur Untersuchungshaft siehe Dünkel F., 1994, S.67ff., Gebauer, 1987；Koop/Kappenberg, 1988；Schlothauer/weider, 2001；Seebode, 1995.

と（刑事訴訟法第112条第2項第2号）
— 罪証隠滅のおそれ，すなわち，容疑者が証拠方法に働きかけることにより，真実の発見を困難にするおそれがその者の行動から強く疑われること（刑事訴訟法第112条第2項第3号）
— 刑事訴訟法第112条第3項に掲げる犯罪行為の重大性
— 容疑者が刑事訴訟法第112条aに規定する犯罪を行い，法的拘束力のある判決言渡前に更に同種の重大な犯罪を行い，又はその犯罪を継続するおそれが具体的な事実により根拠付けられる場合における再犯のおそれ

　刑事訴訟法第112条第1項第2切に基づき，拘禁が犯罪の重さと均衡を失する場合には，行われない。
　簡易手続における公判を確実に行うため，刑事訴訟法第127条bに基づき，公判のための拘禁（Hauptverhandlungshaft）を命じることもできる。

　未決拘禁は，刑事訴訟法第119条第1項の分離の原則に基づき，行刑施設の特別の区画で実行されるが，ドイツには独立の未決拘禁施設も存在する。　　880
　未決拘禁者は，刑事訴訟法第119条第4項により，自己の費用で滋養品を購入し，仕事をすることができる。基本権の制限は，刑事訴訟法第119条第3項及び第4項に基づき，拘禁の目的及び施設の規律上必要がある場合にのみ許されるが，その際重要なことは，不確定法概念について憲法上保護された自由の領域を尊重しつつ，その内容を具体的に充足することが求められる[69]。

　事例：ある未決拘禁者がその妻と毎週1時間の面会時間を設けることを求め，一般的に認められている1月に30分間2回の定期面会時間の増加を申請した。その理由として，言葉，仕事上の問題及び申請時に妊娠中であった妻の健康上の問題を挙げた。
　区裁判所は，毎週1時間の面会時間を設けることは施設の規律上必要とされる未決拘禁者の平等な取扱いに反することを理由に，この者の申出を拒否した。施設では，すべての被収容者に毎週1時間の面会を可能にする十分な職員も面会室も確保できないからである。
　連邦憲法裁判所[70]は，この決定には基本法第6条第1項の趣旨に即した面会規則を要求する権利に対する侵害があるとした。すなわち，「面会時間の許可について，夫婦及び家族は国の特別の保護の下にあり，基本法第6条第1項の価値決定的な規範は，拘禁

---

69　Zu Eingriffen in den Briefverkehr: Berndt, 1996, S. 115ff., 157ff.
70　BVerfG, NStZ1994, S. 604ff.；siehe auch BVerfG, StrVert1997, S. 257f.

の実行において特別の意味を持つことに留意されなければならない。およそ長期にわたる未決拘禁は，被収容者とその家族との関係にとって，厳しい精神的負担となる。未決拘禁の実行は，被収容者と自由社会で生活するその親族との間の必要なコミュニケーションを妨げ，相互に深刻な離反をもたらす原因となり得る。国の任務は，その義務を果たす中で夫婦及び家族関係の維持に配慮し，可能かつ適切な範囲内において，また，一般社会の利益にも適切に配慮しつつ，自由剥奪のもたらす不利益な影響を限定的にすることにある。このことから，所轄官庁は，未決拘禁者の配偶者の面会を適切な範囲において可能にするため，必要かつ適切な努力をすることが求められる。[71]」

881　刑事訴訟法第119条による必要な命令を発出する権限を有するのは裁判官である（刑事訴訟法第119条第6項第1切，第126条）。緊急の場合は，行刑職員も仮の処分をすることができる（例えば，被収容者に手錠を使用する）が，裁判官の事後承認を必要とする（刑事訴訟法第119条第6項第2切，第3切）。

882　未決拘禁の実行における行刑官庁の命令に対して，未決拘禁者は，法的手段により争うことができる。

それは次のように区分される[72]。

— 特定の被収容者とは関係のない全般的な施設の保安及び規律を維持するための施設長による一般的指示に対しては，裁判所構成法施行法（EGGVG）第23条以下の法的手段によらなければならない（例えば，一般的に施設に立入るには弁護人についても身体検査を条件とするという施設長の指示に対して弁護士が争う場合）。

— 事案が勾留裁判官（Haftrichter）（刑事訴訟法第126条）の決定事項に属する場合には，裁判所構成法施行法第23条第3項の補充の原則（Sunsidiaritätsklausel）により，同法第23条以下の法的手段によることはできない。特定の未決拘禁者に対する自由制限的処分，つまり，個別の事案において未決拘禁の実行がいかに行われるかという問題は，すべて刑事訴訟法第119条第6項に該当する。

被収容者——又は外部の第三者（例えば，面会を不許可とされた者）——が刑事訴訟法第119条第6項に基づく裁判官の決定によりその権利を侵害された場合，これに対しては，刑事訴訟法第304条の抗告による簡易な法的救済を求めること

---

71　BVerfG, NStZ1994, S.605；zur Gestattung intimer Kontakte zwischen Ehepartnern：Seebode, 1996, S.158ff.
72　Siehe BGHSt.29, S.135；BVerfG, NStZ1995, S.254；OLG Koblenz, ZfStrVo1996, S.116；dazu auch Schriever, 1996, S.356；Sowada, 1995, S.565.

ができる。

　未決拘禁の分野に法治国的に十分とされる法律的根拠を導入しようとする努力[73]は長い間成果を得ないままであったが，1999年連邦政府が「未決拘禁の実行に関する法律案（未決拘禁実行法―UVollzG―）」を公表したことによって変化に向けての具体的展望が認められる[74]。これによって，特別権力関係における基本権の制限についての連邦憲法裁判所[75]の決定に対する――遅れた――帰結として，すべての自由の制限について法律的根拠が存在することになるだけではない。未決拘禁実行法案の重点は，実務上実際的でないとされてきた拘禁の形成について裁判官のみが有する権限を裁判官と行刑施設との間で適切に配分することにある。すなわち，
― 裁判官の権限は，手続の安定性に対する配慮が特に重要であり，具体的刑事手続について相応の認識がある場合にのみその必要性について適切な決定をなし得る処分に留められるべきである（収容の要請，移送及び引渡し，自由刑執行のための未決拘禁の中断，釈放命令，休息時間及び休息時間外における他の被収容者との接触制限，面会の許可，面会監督時の会話聴取及び文通時の内容検査の指示，手紙の差止め，電話の許可，勾引，連行及び引渡しの同意，証拠隠滅のおそれがある場合における特別の保安的処置及び独居拘禁の指示，保健のための強制的処置の決定）。
― その他の未決拘禁実行上の処分を行う権限は，行刑官庁にある。これによって，裁判所は刑事手続そのものとは無関係の決定を行う負担から免れることができる。それと同時に，多くの個別的処分を行う場合における決定プロセスが簡素化され，迅速化される。

　未決拘禁実行法案は，関係する被収容者が拘禁期間の有意義な形成を可能にする機会を多くしている。作業及び自由時間活動ができることは，サブカルチャー的構造の拡大を妨げることになるであろう。さらに，この法案は，権利侵害の最小化を目指して，外部交通の監督を拘禁理由に応じて厳格に区別しようとしている。
　未決拘禁実行上の処分に対する権利救済について，次の新しい規定を予定している。
― 裁判官の決定は，刑事訴訟法による抗告で取り消し得ること。
― 行刑官庁の決定及び未決拘禁の実行に関する検察官の決定については，勾留裁判官の判断を求めることを可能にし，場合により，引き続き刑事訴訟法の規定による抗告できる途を開いていること。

---

73　Siehe z. B. Entwürfe von Baumann J., 1981；Döschl/Herrfahrdt/Nagel/Preusker, 1982.
74　BR-Drs. 249／99；dazu Paeffgen/Seebode, 1999, S. 524ff.
75　BVerfGE33, S. 1 ff.

未決拘禁実行法案には，21歳以下の若年者がその適用範囲に含まれている。しかし，この年代に特有の必要性及び要求については，特別の規定によって，発達の促進，学校教育及び職業訓練のための配慮がなされるべきである。分離の原則は，そのまま残されている。

### 9.3.2 中間拘禁（Zwischenhaft）

884　未決拘禁中の被収容者に対して自由刑の判決が確定した後，検察官による刑執行の開始までその拘禁が継続する場合，判決確定から執行開始までの期間中，その者は中間拘禁にある[76]。未決拘禁は，有罪判決の確定力によって，刑事訴訟法第462条a第1項第1切にいう刑確定者が行刑のため行刑施設に収容されると共に刑罰拘禁に移行するが，それまでの間は，その者にとって，いずれにも属さない期間である[77]。未決拘禁から刑罰拘禁へと自動的な変換が行われることはない。なぜならば，刑罰拘禁は，外部に対する書面による意思行為としての刑執行の開始を前提としているからである[78]。刑罰拘禁には，執行可能な刑の言渡しが存在しなければならない。そのためには，判決謄本に書記官による執行可能証明がなされることを要する[79]。それまでの間，その者は中間拘禁にある[80]。統一未決拘禁規則第91第1項第1号では，拘禁中の刑確定者は「それが行刑への収容前に行われる限り」この期間中は「受刑者として」取り扱われることを規定している[81]。

### 9.3.3 民事拘禁（Zivilhaft）

885　行刑施設において実行される民事拘禁[82]の形態には，秩序拘留，保全拘留，強制拘留及び強要拘留がある。

秩序拘留は，犯罪にも秩序違反にも当たらない違法行為（例えば，規則上正当に召喚された証人の不出頭，不当な証言又は宣誓拒否の場合は，刑事訴訟法第51条第1項第2切又は第70条第1項第2切に基づき，刑法施行法第6条第2項により6週まで；法廷侮辱の場合は，裁判所構成法第178条第1項に基づき1週ま

---

76　Dazu eingehend Seebode, 1985, S. 97ff.
77　A. A. BGHSt. 38, S. 63 ; OLG Düsseldorf, StrVert1999, S. 607 ; OLG Dresden, NStZ-RR 1998, S. 382 ; OLG Hamm, StrVert2002, S. 209 ; Kleinknecht/Meyer-Goßner, 2001, §120 Rdn. 15m. zahlr. Nachw.
78　Linke, 2001, S. 363 ; Schlothauer/Weider, 2001, S. 390.
79　Zur Strafvollstreckung oben Kap. 1. 1.
80　Krit. hierzu Ostermann, 1993, S. 52 ; Seebode, 1988, S. 119ff.
81　Zustimmend Schwind/Böhm, 1999, §1 Rdn. 2.
82　Dazu　AK-Feest/Kellermann, 2000, §171Rdn. 7 ff. ; Calliess/Müller-Dietz, 2002, §171 Rdn. 1 ; Schwind/Böhm, 1999, §171-175Rdn. 2 ; Winter, 1987.

で）に対して決定される。

　保全拘留とは，債務者財産の強制執行を確保するため（民事訴訟法第913条第1切により6月まで）又は納税義務者（公課法（AO）第326条第1項第1切）の財産差押え確保のための民事訴訟法第918条及び第933条に基づく身柄の確保並びに破産法（InsO）第98条第2項第2号及び第3号による債務者及び破産財産の情報提供義務及び協力義務を確保するための拘禁がこれに当たる。　886

　強制拘留及び強要拘留は，法律により命じられた行動を執らせるために用いられる（例えば，刑事訴訟法第70条第2項に基づき証言を強要するため6月まで，又は民事訴訟法第901条に基づき宣誓に代わる保証を強要するため同じく最高6月まで，民事訴訟法第913条第1切）。さらに，実務上重要な適用事例として，秩序違反法（OWiG）第96条第1項，第3項第1切に基づき過料（Geldbuße）の支払いが遅れた債務者に対する最高6週までの，また，一つの決定で言い渡された複数の過料の場合には3月までの強要拘留があり，強制賦課金（Zwangsgeld）が徴収できない場合における税法上の代替強制拘留（Ersatzzwangshaft）（最高2週まで，公課法第334条第1項，第3項第1切）がある。また，破産手続における債務者の情報提供義務及び協力義務の不履行に対する制裁としての拘留もこれに属し（破産法第98条第2項第1号），また，ドイツ連邦議会調査委員会における理由のない証言拒否の場合におけるドイツ連邦議会調査委員会の権限を規定する法律（PUAG）第27条による強要拘留も同様である。　887

　行刑法第171条により，民事拘禁の実行についても，それがそれぞれの拘禁の種類別の特質及び目的に反しない限り，行刑法第3条から第49条まで，第51条から第122条まで，及び第179条から第187条までの規定が準用される。行刑法第171条にこの留保条項を設けた目的は，民事拘禁の実行を行刑法に特有の（再）社会化に関する規定の影響を受けないようにすることであり，同時に，行刑施設における被収容者の地位に関して，個々の拘禁種別の相違に配慮できるようにするためのものである[83]。これによって行刑法の個別の規定が適用されない場合がある。もっとも，この条項によって，民事拘禁に適用できない規定を新たな内容を持つ他の規定に置換すること，つまり，行刑法第172条以下に特別の規定がなく，また，行刑法第3条から第49条まで，第51条から第122条まで，さらに第179条から第187条までの準用によっても生じない新たな内容によって代替することは認められない（例えば，刑事訴訟法第70条第2項による監置の場合，行刑法第28条第2項，第29条又は第31条第1項を準用する第171条によって施設長の権限に属する文通を刑事訴訟法第119条第3項及び第4項の規定に準拠して調査判事（Er-　888

---

83　BT–Drs. 7/918, S. 99f.

mittlungsrichter）の権限とすること。）[84]。

889　法律は，行刑法第172条から第175条までにおいて，雑居収容（本人の同意があるときにのみ），自己の衣服及び下着の使用，購入並びに行刑法第41条の作業義務の特例に関する例外規定を設けている。収容理由が民事拘禁に限られている場合，行刑法第178条第3項により，逃走の防止又は再逮捕のための行刑法第100条第1項第3号に基づく武器の使用は認められていない。

## 9．3．4　退去拘禁（Abschiebungshaft）

890　外国人は，外国人法（AuslG）第57条により，同法第45条以下による国外退去（Ausweisung）の準備のため，又は同法第57条第2項に基づく送還（Abschiebung）を確保するため拘禁することができる[85]。それは，国外退去のための要件事実又はそれを妨げる理由に関してなお調査が必要な場合及び国外退去の準備中であり，収容しなくては，その送還が基本的に妨げられ，又は困難にされることが見込まれる場合にのみ，許容される。この場合，準備のための拘禁の上限は，通常6週とされる。延長は例外的場合にのみ考慮される。送還準備のための自由剥奪は，EMRK第5条第1項fによって手続進行中に限り認められるので，この手続も迅速に行われなければならない[86]。

891　送還確保のための保全勾留（Sicherungshaft）は，6月までの継続を命じることができ，当事者が送還を妨害する場合には，最高12月まで延長することができる（外国人法第57条第3項）。送還確保のための保全勾留は，次の場合に行うことができる。
— 非ドイツ人が国外退去又はその他不法滞在を理由とする取り消し得ない実行可能な出国義務を負う場合
— 自発的な出国の保証がないこと又は監視の必要が見込まれることによって外国人法第49条第1項に基づく送還の要件が存在する場合
— 3月以内に送還の実施が可能である場合
— 原則として，送還を妨害する疑いを理由とする外国人法第57条第2項第1文第1号から第5号までに規定された拘禁理由のいずれか一つが存在する場合
— 送還確保の手段として退去拘禁を必要とする場合[87]

892　自由の剥奪は，自由剥奪の際の裁判手続に関する法律（FEVG）第3条第1文

---

84　BVerfG, NJW2000, S. 273f.
85　Dazu Marschner/Volckart, 2001, S. 391ff.
86　EGMR, NVwZ1997, S. 1093；siehe auch Piorreck, 1995, S. 190.
87　BVerfG, InfAuslR1994, S. 342.

によって，外国人管理庁（Ausländerbehörde）の申立てに基づき，区裁判所が決定する。その拘禁は，司法当局ではなく，それを申し立てた外国人管理庁によって執行されなければならない。そして，退去拘禁が官庁共助の方法により行刑施設において実行される場合には，FEVG第8条第2項に基づき，秩序拘留，保全拘留，強制拘留及び強要拘留の実行に関する規定が準用される（行刑法第171条から第175条まで及び第178条第3項）。これによって，退去拘禁の特質及び目的に反せず，行刑法第172条から第175条までに特別の規定がない限り，自由刑の実行に関する行刑法の規定が適用される。また，行刑施設内における退去拘禁の実行に係る処分に対する不服（Einwendungen）も，行刑法第109条以下による地方裁判所の刑執行部に対する法的手段が認められている。

行刑施設で退去拘禁を実行する実務は，強い批判にさらされているようである[88]。それは，独立の退去拘禁施設を持つのはわずかな連邦州のみであり，退去拘禁のため収容されている者のほとんどが同じ施設に受刑者と混禁されているからである。時として，行刑上の分離の原則への配慮を欠く場合がある。退去拘禁――それは逸脱行為に対する制裁を意味していない――による被収容者を刑法の有罪判決を受けた者と混禁することは，その者にとって不必要な犯罪化をもたらすことになる[89]。居室の狭隘さ，衛生上の問題，言葉の障害，不就業並びにドイツ人受刑者及び行刑職員[90]からの差別及び干渉（Übergriffe）は，自殺又は自殺企図に至る心理的負担をもたらす[91]。

退去拘禁が行刑外の内務行政の特別施設で実行される場合[92]（FEVG第8条第1項第3切）には，連邦州が個別にその実行について特別の規定をしていない限り，自由の剥奪（Freiheitsentzug）を超える基本権の制限は許されない[93]。これまで州法レベルで制定された退去拘禁法[94]では――裁判所への出訴方法を除き――自由刑の実行に関する行刑法の規定が準用できるとしている[95]。退去拘禁実行上の処分についての不服は，行政裁判所への出訴が認められる[96]。

---

88 　Siehe　z.B.Deutscher　Caritasverband, 1994, S.13ff.；Graunke, 2001, S.70ff.；Hagenmaier, 2000, S.10ff.；Horstkotte, 1999, S.31ff.
89 　van Kalmthout, 1999, S.30.
90 　Deutscher Caritasverband, 1994, S.14.
91 　van Kalmthout, 1999, S.30.
92 　Z.B.in Berlin, Brandenburg, Bremen.
93 　Marschner/Volckart, 2001, § 8 FEVG Rdn. 5.
94 　Z.B.in Berlin, Brandenburg, Bremen, Rheinland-Pfalz.
95 　Vgl.dazu Schwind/Böhm/Schuler, 1999, § 109Rdn. 2.
96 　LG Berlin, InfAuslR1999, S.242；Marschner/Volckart, 2001, § 8 FEVG Rdn. 5.

## 9.3.5 引渡拘禁（Auslieferungshaft）

**895** 刑事事件における国際的法律共助に関する法律（IRG）第24条及び第25条の要件が存在し，他国からの引渡要求があり，引渡法による自由剥奪が行われる場合，その実行は，IRG第27条に従って行われる。そこでは刑事訴訟法の規定が準用され，引渡拘禁の形態は，刑事訴訟法第119条及び統一未決拘禁規則により定められる。

IRG第15条にいう引渡法上の自由剥奪すなわち本来の引渡拘禁は，IRG第2条以下の要件に基づく他国の引渡要求が存在する場合に行うことができる[97]。

引渡要請が行われた後，被訴追者に対してIRG第15条第1項に基づく引渡拘禁が命じられるのは，次のいずれかの場合である。
— その者が引渡手続又は引渡の実行を逃れるおそれがある場合
— 外国での訴訟手続又は外国人法による手続において，被訴追者に真実の発見を困難にする差し迫った疑いのあることが一定の事実に基づき根拠付けられる場合

これに対して，IRG第15条の要件の下での引渡要請が行われる前に，IRG第16条により暫定的引渡拘禁を命ずることができるのは，次のいずれかの場合である。
— 要請国の所管当局がそれを求める場合
— その者の引渡しの原因となる犯罪について，外国人が一定の事実に基づき差し迫った疑いをかけられている場合

拘禁命令及び拘禁の実行（IRG第17条）については，引渡拘禁と暫定的引渡拘禁とで異なるところはないが，後者には引渡要請書が（まだ）存在しないという本来の引渡拘禁に対する基本的な相違がある。つまり，暫定的引渡拘禁の場合は，その本質において，乏しい事実的根拠に基づき決定がなされるのである。

**896** 引渡拘禁は，全体として見れば，国際的な法律共助及び官庁共助の措置として，被訴追者に対して実行される刑事訴追の一部である。それは，未決拘禁の特別の形態ではなく，外国の利益のために執られた特殊な法律共助的措置である[98]。法律共助的措置は，その領土内における被要請国の高権的行為であるから，被要請国と当事者個人との関係は，国内の憲法及び国内法により決定される[99]。

**897** 法律共助の機能は，ほとんどの場合被訴追者の基本権に触れるため，被要請国の措置

---

97　Dazu Schomburg/Lagodny, 1998.
98　BHGSt. 2, S. 48 ; BVerfGE61, S. 34.
99　Grützner/Pötz/Vogel, 2001, vor § 1 Rdn. 30.

には，これに応じた正当な権限の根拠が必要とされる。それは，IRG又は国内法に変換された国際条約に求めることができる。連邦国外で刑事訴追が行われるという事情が当事者の基本権上の地位を狭くしてはならない[100]。したがって，そこでは一般的な国内法による規定のほかに，基本法及び基本権の保障，中でも自由剥奪的処分を行う権限が裁判官に留保される規定（基本法第104条第１項，第２項）が適用される。IRG第15条及び第16条は，引渡法による自由剥奪のために基本法第104条にいう国内における介入権を用意している。このことは，当事者への直接的な介入を通じて刑事手続を準備し，確保するための手段を要請国に与えている。それは同時に，被要請国に対して，要請された引渡が許されるか[101]，また，法的に存在する引渡義務をこの場合履行できるかどうかについて確認することを可能にしている。

暫定的及び本格的引渡拘禁を実行するためには，IRG第27条第１項により，未決拘禁の実行に関する刑事訴訟法ないし少年裁判所法の規定が準用される。したがって，引渡拘禁の形成にとって，刑事訴訟法第119条及び統一未決拘禁規則が決定的に重要である。

執行官庁は，IRG第27条第２項に基づき，IRG第13条第１項第１切により管轄を有する高等裁判所に対応する検察官である。引渡拘禁中の被収容者は，所轄の高等裁判所刑事部の部長に対して，拘禁実行上の処分に対する不服を申し出ることができる（IRG第27条第３項）。IRG第13条第１項第２切により，その決定は争うことができない。

---

100　Schomburg/Lagodny, 1998, vor§15Rdn. 6.
101　BHGSt. 27, S. 266, 271.

# 第10章　情報保護（Datenschutz）

行刑法第5編第5章は，行刑における情報収集について，その主要な部分を規定している。

## 10.1　情報防御権（Informationelles Abwehrrecht）

情報保護の基本理念は，今日における科学技術の導入により進化した国の支配権の集約化を公民権（Bürgerrechte）の強化によって調整しようとするものである[1]。行刑の分野においては，1998年8月26日第4次行刑法改正法[2]により，身上関係情報の収集，処理及び使用について，行刑分野に特有の法律上の原則が設けられた。立法者は，これによって連邦憲法裁判所がいわゆる国勢調査判決[3]（Volkszählungsurteil）において示した要望に対して，行刑についても対応したのである。この憲法裁判所の決定で基本的に確認されたのは，現在の情報管理状況において，個人情報の無条件な収集，管理，蓄積及び伝達から個人を保護することは，基本法第2条第1項及び第1条第1項の一般的人格権に含まれているということであった。この情報保護に関する基本権ないし情報の自己決定権は，原則として，個人情報の開示及び利用を自ら決定できる権限を各人に保障している。各人は，自分の情報を誰が何について，いついかなる機会に取得するかということを，知り得る状況になければならない[4]。

行刑中に処理される情報は，正に，極めてデリケートな情報にかかわるものの典型である。そこでの刑及び保安についての情報は，外部に対するのみならず内部的にも秘密にされる事項に属する。

行刑における情報保護の核心部分は——既に存在する基本的権限を変更，補充したほか——行刑法第179条から第187条までに規定されている。それは，連邦情

899

900

---

1　Zum Grundgedanken des Datenschutzes: Hassemer, 1998, S. 73；Tinnefeld/Ehmann, 1998, I. Teil, 1. 1.
2　BGBl. I 1998, S. 2461ff.
3　BVerfGE65, S. 1 ff.
4　BVerfGE65, S. 42f.

報保護法[5]（BDSG）を行刑の要求に合わせて修正し，国に対して不自由な状態に置かれている国民の情報防御権を保障したものである。

そこでは，次の事項が特別に規定されている。

― 身上関係情報の収集，処理及び使用のための権限付与の根拠（行刑法第179条，第180条）
― 特別な情報の取扱い並びにそれを書類及びデータファイルに記入蓄積する場合における目的による拘束及び保護に関する規定（行刑法第181条，第182条及び第183条）
― 訂正，削除及び遮断を求める被収容者の権利（行刑法第184条）
― 本人の情報開示及び書類の閲覧を求める権利並びに学術目的のための情報開示及び書類の閲覧（行刑法第185条，第186条）
― 連邦情報保護法及び州情報保護法の準用（行刑法第187条）

## 10.2 適用範囲（Anwendbarkeit）

901　行刑法第179条から第187条までの情報保護の権利についての規定は，自由刑の実行場面だけではなく，保安監置（行刑法第130条），行刑施設で行われる営倉（行刑法第167条）並びに裁判所により命じられた秩序拘留，保全拘留，強制拘留及び強要拘留（行刑法第171条）の実行に際しても適用される。さらにそれは，行刑法第171条及びFEVG（Gesetz über das gerichtliche Verfahren bei Freiheitsentziehungen）第8条第2項に基づき行刑施設において実行される強制退去拘禁に適用される。行刑法第179条から第187条までの規定は，身上関係情報の取扱範囲を行刑法の適用領域内に限定している[6]。情報の自己決定権への介入を定めた他の法律の規定は，これによって修正を受けない。

重要なものとしては，身上関係情報の取扱いに関する規定がこれに当たり，それには，身上関係情報の収集，処理又は使用が含まれる。

---

5　Rixen, 2000, S. 640.
6　Schwind/Böhm/Schmid, vor § 179 Rdn. 6.

一覧表：情報の取扱い

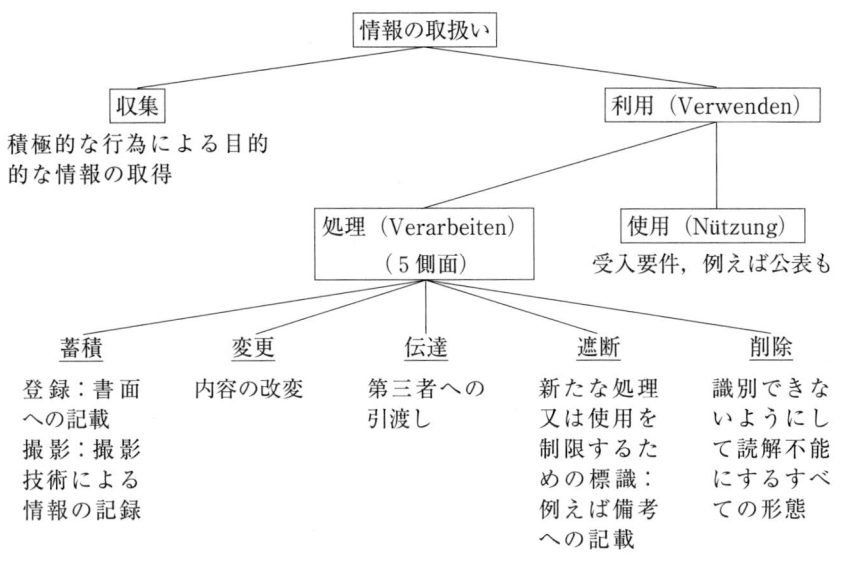

```
                    情報の取扱い
                   ／        ＼
                収集            利用（Verwenden）
  積極的な行為による目的        ／          ＼
  的な情報の取得          処理（Verarbeiten）   使用（Nützung）
                       （5側面）         受入要件，例えば公表も
          ／    ／    ｜    ＼    ＼
        蓄積   変更   伝達   遮断   削除
```

蓄積：
登録：書面
への記載
撮影：撮影
技術による
情報の記録

変更：
内容の改変

伝達：
第三者への
引渡し

遮断：
新たな処理
又は使用を
制限するた
めの標識：
例えば備考
への記載

削除：
識別できな
いようにし
て読解不能
にするすべ
ての形態

その他の方法により記録された
情報の保管

　身上関係情報とは，特定の又は特定できる自然人（当事者）の身上関係又は事実関係に関する申告内容を含む場合におけるBDSG第3条第1項及び行刑法第187条第1切が定義する情報である。身上関係情報の概念は，極めて広く，外見的身体特徴，内面的精神的状態，事実の記載又は価値判断を含むその者に関するすべての情報を包括する。

　例示：氏名，年齢，家族状況，自動車番号，保険番号，前科，健康状態，病歴，遺伝情報，旅券写真又はレントゲン写真，クレジットカード情報など

　情報保護法の規定が行刑中に処理される情報について原則的に適用されることについては，疑問の余地がない。

## 10.3 体系化 (Systematisierung)

　受刑者は，いわゆる国勢調査判決[7]の基準に従って，一般社会の優越的な利益

---

7　BVerfGE65, S. 1 ff.

第10章　情報保護（Datenschutz）

に服するため，侵害の要件及び範囲を個別に規制する法律の根拠がある場合においてのみ，情報の自己決定権にかかわる権利が制限されることを受忍しなければならない。これによって身上関係情報の取扱いには――本人の同意（BDSG第4条a第1項及び第2項との関連における行刑法第187条第1切）がある場合を除き――合憲的法規範に基づいてのみ行い得る厳格な許可条件付の禁止[8]を伴う。そこで，立法者は，行刑法第179条以下において，多様な組合せが可能な基準（Kriterien），複雑な構成要件（Schateltatbestände）及び交錯した参照指示（Querverweisen）を用いることによって，情報の自己決定権という法益が容易に侵害されることのないよう多くの規制を設けている[9]。しかし，個別の事案ごとに検討されなければならない一定の頻出する構成要件は，情報保護法上の規定と共通している。

905　規定は，まず情報取扱いの態様について，情報の収集（行刑法第179条，第27条第1項，第29条第3項，第32条及び第86条第1項）とその処理及び使用（行刑法第180条，第86条第2項第3切及び第87条第2項）とを区別している。

906　情報の自己決定権への介入程度を異にする点を考慮できるように，情報の公然収集と秘密収集とを区別して規定している。情報の秘密収集は，例外的場合に限られる。この場合，本人は，それについて知らされず，同意を求められることもない。秘密収集は，行刑法第179条第2項第2切及び第4項に規定されているだけであるが，同条により本人からの収集が優先される。本人からの直接収集という原則は，行刑法第179条第2項第1切に規定されており，それは情報の自己決定権から直接導き出されたものである。誰によって，何が，いつどのような場合に自分の情報が収集，蓄積，処理，使用[10]されるかについて，本人はそれを知ることができ，また，本人がその状況を正確に評価できる情報，つまり，信頼できる情報を得ることができるようにされるべきである。

　　第三者又は官庁から得られた情報の使用は，行刑法第179条第2項第2切に基づき，この例外とされている。

907　さらに，情報保護規定の基礎には，目的の拘束の原則がある。取得した情報の目的外使用は，この原則により阻止されるべきであり，行刑法第181条の規定範囲は情報の被提供者にも及ぶ。情報の被提供者は，その情報を提供された目的又は――行刑法第180条の規定に従って――提供されることができたであろう目的のためにのみ処理し，又は使用することができる。このことは，行刑の分野にお

---

8　Calliess/Müller-Dietz, 2002, §179Rdn. 2.
9　Bäumler, 1998, S. 3 ; Kutscha, 1999, S. 156ff. ; krit. Kamann, 2000, S. 87.
10　Vgl. BVerfGE65, S. 42f. ; Schwind/Böhm/Schmid, 1999, vor §179Rdn. 2.

いてはもとより，行刑外で情報提供を受けた者にも適用される。私的に情報提供を受けた者は，情報保護法上の要請を順守することへの信頼性が低いことから，行刑法第181条の第3切に基づき，目的の拘束について明確に告知されなければならない。情報提供を受ける者の法律的定義は，BDSG第46条第3項で定めている。責任を負える立場にない者又は部署（Stelle）は，この規定の定めるところによる。施設内における目的の拘束は，行刑法第180条第1項第1切及び第3項による[11]。

行刑法第179条以下の制限規定には，情報内容の機微（Sensibilität）の程度に応じて段階が設けられている。特に，本人の宗教的又は世界観的信条を明らかにする情報，医師の診断結果を含む情報又は刑法典203条第1項第1号，第2号及び第5号に基づく特別の信頼関係の下で収集された情報は，行刑法第182条の規定により特別の取扱いがなされる[12]。 908

情報処理の対象となる者（BDSG第3条第1項との関連における行刑法第187条第1切）に関しては，行刑法第179条以下で被収容者と被収容者でない第三者とを区別している。後者については，特に行刑法第179条第3項又は第180条第9項の規定が適用され，情報収集は，制限された要件の下においてのみ許容されることになっている。 909

情報保護法上認められている介入権（Eingriffsbefugnisse）は，いずれも相当性（Verhältnismäßigkeit）の原則の制約下にあり，それは「任務遂行上の必要性／不可欠性」という標準的な文言で法文の冒頭に示されている。相当性の原則を情報保護法上特に明確に示すものとして，行刑法第179条以下の文言中に必要性の原則（Erforderlichkeitsprinzip）として示されている。「将来の必要に備えての情報収集」[13]は除外され，情報処理は行刑の必要性がそれを不可欠とする場合においてのみ許されることになる。 910

初めに，情報保護に関するすべての事情について，介入の前提となる基準を明らかにする必要がある。次に，情報の利用目的と情報の自己決定権という保護法益とを相当性の原則に照らして比較考量し，情報を利用することが公共の利益になる場合，その程度に応じて身上関係情報を収集し，処理し，又は使用することができる。利用目的に関する法律上の規定は，行刑目的，行刑と同等の目的及び行刑以外の目的によって区別されている。 911

特に深く立ち入った介入が行われ，それによって人格権が脅かされる場合には，

---

11　AK-Weichert, 2000, §181Rdn. 2 ; Calliess/Müller-Dietz, 2002, §181Rdn. 2.
12　Dazu unten Kap. 10. 4. 3.
13　AK-Weichert, 2000, §179Rdn. 4.

利用目的そのものを具体的に確定し，慎重に取り扱うことが必要とされる。このことは，例えば医療関係書類の取扱いについて妥当するであろう。

介入の及ぼす影響が少ない場合又は事柄の性質上具体的な利用目的をあらかじめ設定できない場合には，一般的規定で足りる。

　事例：拘禁期間中，施錠された倉庫に保管される受刑者の私物にその名前を表示することによる影響は少ないと考えられる。

行刑法第179条以下には不確定法概念が多く含まれており，情報収集及び情報処理の範囲が極めて広いものとなっている。この理由から，情報保護の法律化には批判もある。それは，情報収集における原則—例外の関係を逆転させている点において過誤があると考えられている。つまり，国民が自らを守る権利をうまく処理できないのであれば，それは情報国家（Informationsstaat），安全国家（Sicherheitsstaat）及び予防国家（Präventionsstaat）として行うべきことではないのではないかということである[14]。

## 10.4　介入の根拠（Eingriffsgrundlagen）

### 10.4.1　身上関係情報の収集（Erhebung personenbezogener Daten）

912　収集に当たり重要なことは，BDSG 第3条第3項を準用する行刑法第187条第1切により，本人に関する情報を合目的的に獲得することである。それは，身上関係情報の獲得に向けた積極的な行為として理解されなければならない[15]。たまたま偶然に，又は公開の場面における他の行為との関連で判明する態度を認識することは，蓄積の際に初めて情報保護上の意味を持つことになる「押し付けられた（aufgedrängte）」収集の場合と同様，収集とは区別される（第14条第1項第2切参照）[16]。

　事例：受刑者 A は，HIV 感染に関する健康上の問題を自分から行刑職員に打ち明けた。この場合は，職員の側からの情報収集ではなく，職員に対して押し付けられた情報ということである。

---

14　So Kamann, 2000, S. 87.
15　Simitis/Dammann/Geiger/Mallmann/Walz, 1992, § 3 Rdn. 108.
16　Tinnefeld/Ehmann, 1998, S. 196.

仮に，行刑職員が同じ情報を被収容者，施設の医師又は親族面会の際に受刑者の姉妹に質問することで初めて知り得たのであれば，これとは異なる判断がなされることになろう。

　既に行刑施設に存在する情報の編集及び新聞紙又は電話帳のような誰にでも接近できる情報源から得られる情報の二次的取得は，同じく情報収集の構成要件には該当せず，それはどちらかといえば，利用（Verwendung）に属する[17]。

　行刑における情報収集の一般的権限は，行刑法第179条第１項の一般条項で規定している。これによって，身上関係情報の収集は，それが自由刑（又はこれと同種の拘禁[18]）の実行のために必要である場合に限り，許容される。行刑法第179条第１項による包括的な情報収集は，主として，行刑への受入段階で行われる。行刑法第２条第１切の行刑目的を達成するためには，行刑官庁は，被収容者について多くの身上関係情報を入手する必要がある。

913

　事例：受刑者の収容は，法律上有罪判決が確定した者の刑の開始に引き続いて行われる（行刑法第５条）。それは，行刑事務課において本人を確認することから始まる。収容手続において，本人は住所，家族状況及び扶養親族について質問される。次に，携有物の調べが行われる。身分及び環境について申告された個別的事項は，行刑法第６条第１項に基づく処遇調査により得られたものとして行刑計画の策定に用いられるが，これらの事項は，行刑計画のために必要不可欠である。これらのすべては，いずれも被収容者の身上関係情報の収集ということになる。

　情報収集は，収容の全期間を通じて，第一線におけるほとんどすべての事案を決定するに当たり，裁量権の正しい行使のために必要とされる[19]。例えば，行刑の緩和を許可するに当たり，施設管理者は，行刑法第11条第２項にいう逃走及び悪用のおそれという視点から被収容者の適性について審査しなければならない。そのおそれの有無は，その者の外国との接点の有無などによっても判断されるが，行刑官庁は，情報収集という手段によらなければこのような情報を得ることができないのが通常である。

　行刑法第179条第２項第１切に基づき，これらの情報は，原則として，本人から収集されなければならない。本人の協力を得ずに行う収集，他の者又は他の部

914

---

17　Schwind/Böhm/Schmid, 1999, §179Rdn. 6.
18　Siehe oben Kap. 10. 2.
19　Vassilaki, 1999, S. 14 ; krit. Kamann, 2000, S. 85.

署からの収集並びに指摘義務及び説明義務については，行刑法第179条第2項第2切でBDSG第4条第2項及び第3項及び第13条第1項aを準用している。

BDSG第4条第2項第2切により，本人の協力を得ずに行う収集は，次のいずれかの場合に限り許される。

— 法律の規定がそのことを予定しているか，又はやむを得ない前提としている場合
— 遂行されるべき行政任務の性質上，他の者若しくは他の部署からの収集を必要とする場合又は業務の目的がそれを必要とする場合
— 本人からの収集に不相当の費用が見込まれる場合

加えて，本人の極めて高度に保護すべき利益が侵害されることも許されない[20]。

行刑法第179条第3項は，受刑者以外の者に関する情報収集について，厳格な要件を規定している。これによって，行刑官庁は，受刑者の処遇，施設の保安又は自由刑の実行を確保するためそれが不可欠であり，収集の方法が本人の保護すべき利益を侵害しない場合に限り，その協力なしに行刑官庁の外部の者又は他の部署から受刑者以外の者に関する情報を収集することができる。

行刑法第179条第4項により，受刑者その他の関係者は，自由刑の実行が危うくされない限り，許された方法でその者の同意なしに収集された身上関係情報について通知される。この規定は，行刑法第185条に基づく権利の主張を可能にするため，情報収集について本人が知り得ることを保障している[21]。

915　行刑法第179条の一般条項のほか，例えば，行刑法第27条第1項の面会の監督，行刑法第29条第3項の文通及び行刑法第86条第1項の識別事務上の処置など情報収集について特別の介入規定がある。

事例：ある受刑者が殺人罪により12年の自由刑に処され，1995年以来閉鎖行刑にあった。その者は，1998年10月，行刑職員から写真撮影を求められた。その理由は，識別事務上の処置として1995年の始めに撮った写真がその者の現在の容貌とは異なるので，残刑期の関係から写真の更新が必要であり，それは行刑事務規則（VGO）第23条で認められているというのであった。11月に4枚の写真が撮られた後，その者から新しく撮った写真の消去を行刑官庁に義務付けるよう裁判所の決定を求める申立がなされた。

フランクフルト高等裁判所[22]は，この申請を理由がないとした。写真の更新には，行

---

20　Siehe auch Rixen, 2000, S. 641.
21　Dazu ausführlich unten Kap. 10．5．1．
22　OLG Frankfurt, NStZ-RR2000, S. 29.

刑法第86条第1項第2号に基づく十分な理由と相当性が認められた。行刑法第86条第1項による識別事務上の処置は，行刑の安全のためでなければならず，逃走受刑者の捜索及び逮捕を容易にするためのものであるべきである。しかし，そのことから，この処置を行うには具体的な逃走の危険があることを要すると考えなければならないものではない。長期の残刑期間があること及び犯罪が重大で保安上特別の必要があることから，その処置は適正であることが証明され得る。

## 10．4．2　身上関係情報の処理及び使用
（Verarbeitung und Nutzung personenbezogener Daten）

BDSG 第3条第4項を準用する行刑法第187条第1切により，情報の処理は，蓄積，変更，伝達，遮断及び削除の5局面に分けられる。それぞれの態様は，BDSG 第3条第4項第2切第1号から第5号までにおいて，法律的に定義されている[23]。　916

使用とは，BDSG 第3条第5項を準用する行刑法第187条第1切により，処理を除くすべての身上関係情報の利用と解されている。行刑における情報の処理及び使用についての一般条項は，行刑法第180条第1項第1切である。この規定により，処理及び使用は，行刑法により行刑官庁に課された任務を遂行するため必要とする限りにおいて許される。　917

事例：行刑施設では，様々な様式の書類中に各受刑者の身上について記載する。受刑者身分帳，健康審査簿，行刑事務課の帳簿類（行刑事務規則第63条），面会簿などがこれに当たる。これらすべての記憶媒体（Speichermedien）については，行刑法第180条第1項第1切がその法的根拠を与えている。

行刑法第180条第1項第2切では，施設の保安及び規律上必要とする限り，受刑者に写真付き身分証明書の携帯を義務付ける権限を行刑官庁に与えている。このことは，特に，自由時間及び作業時間中における保安実務上の要求を考慮したものである[24]。

特別の介入権については，行刑法第180条の他の項に規定されている。例えば，行刑法第180条第8項の面会，文通又は小包内容を監督する場合に得られた情報の処理及び使用についての規定がこれに当たる。そこでは，情報の処理及び使用は，行刑目的に限らずその他の目的も考慮の対象とされている。行刑法第180条　918

---

23　Siehe auch oben die Übersicht in Kap. 10. 2.
24　Schwind/Böhm/Schmid, 1999, §180 Rdn. 10.

第2項第4号により，これらの場合に得られた情報は，犯罪の防止又は犯罪の訴追のために使用することが許される。しかし，秩序違反行為（Ordnungswidrigkeiten）に関しては，それが施設の保安及び規律を危うくする場合に限り，その防止及び訴追のための使用が許される。警察官庁及び訴追官庁に情報を伝達することは許される。

事例：施設が受刑者の文通内容からその知人Bが未解決の犯罪の犯人であることを知った場合，これを警察又は検察庁に通知すべきかという裁量決定に迫られた。
これに対して，Bが道路交通で速度違反をしたことを自慢しているのであれば，そこには施設の保安及び規律にとって関係のない秩序違反が存在するだけである。この情報を通知することは考慮の対象にならない。

行刑法第180条第2項，第4項及び第5項は，目的による拘束の原則の例外である。この場合は，行刑法に基づく任務の遂行以外の目的にも情報の使用及び処理が許される。例えば，行刑法第180条第5項第1切第2号，第2切の犯罪被害者に対する情報提供がこれに当たる。行刑法第180条第3項は，施設が刑執行部における手続及び高等裁判所刑事部における法律違反を理由とする抗告手続（行刑法第109条以下）において意見を述べ，態度を表明する場合，身上関係情報の目的外使用に当たらないことを明らかにしている。

### 10．4．3　特別な情報の保護及び特殊な介入要件
（Schtz besonderer Daten und spezifische Eingriffsvoraussetzungen）

919　医師の診察又は刑法典第203条第1項第1号，第2号及び第5号にいう信頼関係の中で得られた宗教的又は世界観的信条を帰納的に推理できるような極めて微妙な身上関係情報は，行刑法第182条で特別の保護を受ける[25]。施設内で一般に知らせること，つまり，不特定多数の者がそれを入手することは許されない。この保護は，立法技術上情報の自己決定権に対する介入の相当性について，高度の要求をすることによって実現される。行刑に関係する身上関係情報の処理及び使用のための一般的要件である行刑法第180条第1項第1切に基づく任務遂行のための必要性ということは，この場合，介入を正当化するための要件として不十分である[26]。

920　介入の程度に応じて，立法者は，相当性の原則への配慮に対する要求水準を高

---

25　Zur Kritik an dieser Vorschrift vgl. AK-Weichert, 2000, §182Rdn. 1．
26　Calliess/Müller-Dietz, 2002, §182Rdn. 1 ; Schwind/Böhm/Schmid, 1999, §182Rdn. 1．

くしている。立法者の意図は，情報内容の微妙さに応じてそれぞれ要件を区分すべきであるということであり，そこには介入の程度に応じた段階が生じる[27]。さらに介入の目的及び方向による区分がなされ，後述する特別の要件に従ってすべての身上関係情報が取り扱われることにならなければならない。法律では，それぞれ次のように段階を付けている。

― 施設内の秩序ある共同生活のための必要性（行刑法第182条第1項第2切）
― 施設の保安及び規律上の理由による必要性（行刑法第180条第1項第2切）
― 受刑者又は第三者の身体又は生命に対する重大な危険を防止する必要性（行刑法第182条第2項第2切及び第3切）
― 特定の優先的な法益に対する重大な危険を防止し，又は擁護する必要性（行刑法第180条第2項に列挙されたもの）
― 任務遂行のための不可欠であること（行刑法第182条第2項第3切）
― 収集の方法が関係者の保護すべき利益を害せず，受刑者の処遇，施設の保安又は自由刑の実行確保のために不可欠であること（行刑法第179条第3項）
― 特定の優先的な法益を保護するために不可欠であること（行刑法第184条第2項第1切に列挙されたもの）

　立法者は，行刑法第182条第2項で，特に保護すべき情報について，情報保護法上の介入権及び関係者に対する黙秘義務解除後の秘密開示の機会付与[28]に加えて，刑法典第203条第1項第1号，第2号及び第5号に掲げられた者の開示義務を規定した。この刑罰を伴う守秘義務は，基本的には行刑官庁に対しても適用される（行刑法第182条第2項第1切）。しかし，医師，心理専門家，ソーシャルワーカー及び社会教育専門家には，開示の権能が与えられているだけではなく[29]，それが行刑官庁の任務の遂行のため，又は受刑者若しくは第三者の身体若しくは生命に対する重大な危険を防止するため必要とする限り，開示を義務付けている（行刑法第182条第2項第2切）。開示の相手方として，法律は，第1次的には施設長を予定している。施設長は，他の職員に対して開示することも一般的に許されている（行刑法第182条第3項第2切）。開示義務があるのは，いずれの場合においても，施設長本人に対してだけである[30]。

　医師が一般的健康診査の際に得た情報には，高度の秘密保護が与えられる（行刑法第56条以下）[31]。医師は，そこで知り得た秘密の開示を義務付けられること

---

27　BT-Drs. 13／10245, S. 25.
28　Zu den verschiedenen Konstellationen: Rösch, 2000a, S. 153；Volckart, 1998, S. 193.
29　Vgl. §203 Abs. 1 StGB：„ Wer unbefugt…".
30　Volckart, 1998, S. 193.
31　Dazu Busch R., 2000, S. 344ff.

はなく，その権限が与えられるだけである。行刑官庁の目的のための開示という点では，医師は，知り得た秘密を開示することが行刑官庁の任務達成のために必要であるという理由でその権限を行使することは許されず，その任務達成のために不可欠である場合にはじめて許される（行刑法第182条第2項第3切）。不可欠性というのは，必要性よりも程度が高いことを前提としている[32]。医師は，秘密の暴露について，その積極消極の両面から比較考量しなければならないが，その場合，医師には基本的に秘密の保持が義務付けられていることも考慮に入れることができる[33]。医師が一般的健康診査においてではなく，行刑中のその他のかかわりの中で得た身上関係情報は，行刑法第182条第2項第2切により，医師に開示の義務がある[34]。とりわけ収容手続における医師の診察時（行刑法第5条第3項）の記録は，自由社会において通常行われる医療行為[35]ではないので，健康診査書類には該当しない。

事例：収容時の診察において，受刑者が病気又はアレルギーのために特定の作業に就くことができないことが判明した場合（行刑法第37条から第39条，第41条），医師には，行刑官庁の任務遂行のため施設長に対してそれを開示する義務がある。しかし，その場合でも就くことができない仕事の内容を伝えるだけで足り，正確な診断内容の開示は行刑官庁の任務遂行のため必要とされない[36]。

行刑上の理由から，薬物依存性の開示を命ずることができる[37]。様々な問題は施設管理者の関与なしには解決できないのであるから，医師の集めた情報を施設管理者に伝えなければ，行刑の任務及び行刑上の決定に医師が参加する意味がない。受刑者が医師に頭痛を訴え，その原因は（不正に）自ら醸造したアルコールであると述べた場合，医師にそれを開示しない権限はない[38]。特に，受刑者が行刑の緩和を新たな犯罪のために悪用しようとしていることをセラピストが知り得た場合，その者の守秘義務は解除されなければならない[39]。

施設の心理専門家が自分のセラピーを受けている受刑者の自殺について根拠のある徴候を知り得た場合，受刑者又は第三者の身体又は生命に対する重大な危険を防止するため，その者には身上関係情報を開示する義務がある[40]。同衆受刑者及び職員を保護する

---

32　Vgl. AK-Weichert, 2000, §182Rdn. 39；Schwind/Böhm, 1999, §68Rdn. 2．
33　AK-Weichert, 2000, §182Rdn. 39．
34　Calliess/Müller-Dietz, 2002, §182Rdn. 8；Kaiser/Schöch, 2002, S. 340．
35　Zum Begriff der Gesundheitsfürsorge：Calliess/Müller-Dietz, 2002, §58Rdn. 2．
36　Calliess/Müller-Dietz, 2002, §182Rdn. 7；Schwind/Böhm/Schmid, 1999, §182Rdn. 12．
37　AK-Weichert, 2000, §182Rdn. 23．
38　Rösch, 2000a, S. 158．
39　Kaiser/Schöch, 2002, S. 344；Rösch, 2000a, S. 159；Wulf, 1998, S. 190．
40　Schwind/Böhm/Schmid, 1999, §182Rdn. 12．

ための予防措置を必要とする受刑者の感染性疾患を知り得た施設医師も，同様である[41]。受刑者の受けた傷が同衆受刑者による加害の疑いがあることを確認した場合，医師は，受刑者の将来の身体的危害を防止するため，通常その開示を決断をするであろう。これに対しては，収容場所の分離（行刑法第17条，第18条）による対応がなされなければならない[42]。

受刑者のHIV感染を知った場合，このウイルスは極めて限定された感染の可能性しか有しないことから，一般的には，これを開示する義務は否定されるであろう[43]。

刑法典第203条第1項第1号，第2号及び第5号に規定された守秘義務の解除は，極めて厳格な相当性の基準によって正当化されると立法者は考えた[44]。医師にこの特権が付与される理由は，受刑者には自分の信頼する医師を自由に選ぶことが許されないので，その健康を守るべき国の義務を果たすためには，受刑者に個人の秘密を話させる必要があることによる。

一部の論説では，心理専門家，ソーシャルワーカー及び社会教育専門家を医師と同列に扱っていないのは，医療的援助がこれらよりも本質的に重要とはいえないので，基本法第3条に違反するとしている[45]。また，心理専門家等に対する開示義務は，信頼された中での助言及び処遇の関係を成立させる妨げになり[46]，さらに，（再）社会化を図るという任務に対して，社会国家原則（基本法第20条第1項，第28条第1項第1切）に違反する不当な侵害があるともいわれている[47]。このようなことから，行刑法第182条第2項第2切は制限的に解釈されている。行刑官庁の任務遂行のため開示を必要とする場合においても，秘密を漏らす判断をするに当たっては，受刑者の（再）社会化も行刑官庁の任務に属すること，また，そのために効果的なセラピーが行えるよう，刑法典第203条と関連する行刑法第182条第2項第1切により，刑罰を伴う守秘義務に服する専門家の処遇を必要とすることについて考慮することが許される。そこでは，（再）社会化のためにある受刑者の情報の自己決定権とその他の行刑上の利益という両者の法益の比

---

41　Busch R., 2000, S. 347.
42　Busch R., 2000, S. 347.
43　Dazu ausführlich Calliess／Müller-Dietz, 2002, §56 Rdn. 8-11, Schwind／Böhm／Schmid, 1999, §182 Rdn. 12 m. w. Nachw.
44　BT-Drs. 13／10245, S. 26.
45　AK-Weichert, 2000, §182 Rdn. 40；Böllinger, 1999, S. 142.
46　Adt, 1998, S. 331ff.；Böllinger, 1999, S. 143ff.；ders., 2000, S. 13ff.；Kamann, 1998, S. 321f.；ähnlich Hartmann, 1999, S. 74ff.；Thorwart, 1999, S. 12.
47　AK-Weichert, 2000, §182 Rdn. 41；Böllinger, 1999, S. 148ff.；ders., 2000, S. 12；Goderbauer, 1999, S. 160；ablehnend auch Deutsche Gesellschaft für Sexualforschung, 1999, S. 340f.；positive Bewertung bei Nedopil, 2000, S. 251.

較考量が自由に行えることになる[48]。ただし，身体及び生命に対する危険を防止するための開示に関しては，立法者は，疑義が出されることのないよう自ら必要な判断を行い，明文化している[49]。

行刑法第182条第2項第4切により，他の規定による開示権限は影響を受けない。例えば，計画されている犯罪を告発する義務は，刑法典第138条から生じる。医師は，この場合においても，刑法典第139条第3項第2切に基づき特権が与えられている。

924 　行刑法第182条第4項は，第2項の秘密開示の権限を受刑者の診察又は処遇を委嘱された施設外の医師及び心理専門家にまで広げてこれを認めている。これらの者は，施設長に情報提供ができるばかりでなく，当該施設の医師又は心理専門家に相談することもできる。もっとも，これら行刑外の者は，行刑法第182条第4項の文言から読み取れるように，その秘密の開示を義務付けられてはいない[50]。

行刑法第182条第3項第1切は，目的による拘束について特別に規定している。情報は，それが開示され，又は開示が認められたであろう目的のためにのみ，また，刑法典第203条第1項第1号，第2号及び第5号に掲げる者が処理し，又は使用が許される条件と同一の条件の下でのみ利用できる。

### 10.4.4　書類及びデータファイルへの蓄積
　　　　（Speicherung in Akten und Dateien）

書類又はデータファイルに蓄積された情報については，それへの違法な接近及び使用を防止するため，行刑法第183条で特別の基準を設定している。

925 　行刑法第183条第1項では，施設内における身上関係情報の伝達について，個々の行刑職員は，その情報が任務遂行のため，又は行刑法第154条第1項による全行刑活動への協働のため必要な限りにおいて知ることが許されると規定している。

ここでも伝達の目的は，任務の遂行と結び付けられている。その任務は基本的には個々の行刑職員に課せられたものでなければならない。しかし，職員はそれぞれ独立して働いているわけではないので，必然的に各人の狭く限定された直接

---

48　Ähnlich　BVerfG, NStZ 2000, S. 55 ; Preusker/Rosemeier, 1998, S. 324 ; Rösch, 2000a, S. 157f. ; Schöch, 1999, S. 263f. ; im Ergebnis auch Calliess/Müller-Dietz, 2002, §182 Rdn. 6 ; Kaiser/Schöch, 2002, S. 341ff., die von verfassungskonformer Auslegung sprechen ; weiter gehend noch Rosenau, 1999, S. 397.

49　Vgl. Calliess/Müller-Dietz, 2002, §182 Rdn. 7 ; Kaiser/Schöch, 2002, S. 341 ; Schöch, 1999, S. 263.

50　AK-Weichert, 2000, §182 Rdn. 49 ; Calliess/Müller-Dietz, 2002, §182 Rdn. 12 ; anderswohl Kaiser/Schöch, 2002, S. 342 ; Kamann, 1998, S. 321 ; Rösch, 2000a, S. 154.

の職務範囲を超えて情報を知り得ることになる[51]。

　事例：施設内における情報伝達の場合，行刑官庁は，それが他の受刑者に知られることがないよう留意しなければならない。したがって，所内の区職員事務室に受刑者の作業配置表を掲示することは，差し控えなければならない。身上関係情報の送付は――それが受刑者宛であっても――施設で密封した封筒を用いて送付されなければならない。受刑者宛の公用文書についても同様である[52]。

　行刑法第183条第2項第1切に基づき，必要な技術的，組織的措置を執ることによって，書類及びデータファイル中の身上関係情報への違法な接近及び使用を防ぐべきである。健康審査簿及び病歴カルテについては，より高度の要求がなされている（行刑法第183条第2項第2切）。

　ここでいうデータファイルとは，BDSG第46条第1項に基づく身上関係情報の集合体を意味し，それは，一定の基準に従い自動的な方法で分析できる身上関係情報（例えば，自動化されたデータファイルとしての受刑者の家系，配房資料，受刑者口座）又は同様の方法で組み立てられ，一定の基準により配列し，配列を変更し，評価利用できるその他すべての身上関係情報の集合体（例えば，自動的なデータファイル化がなされていない受刑者名簿，入所簿，出所簿，配房表）をいう。書類及び書類の集合物は，BDSG第46条第1項第2切により，それが自動的な方法で配列の変更及び評価利用が可能である場合を除き，データファイルには該当しない。

**926**

　書類（Akte）とは，BDSG第46条第2項によるデータファイル概念（Dateibegriff）に当たらないその他のすべての公務又は職務上の目的に奉仕する資料を意味し，受刑者身分帳，健康審査表，また，画像記録媒体及び音声記録媒体（例えば，録音テープ，カセット，写真又は図書）がこれに該当する。準備資料（Vorentwürfe），個人的なメモ又はメモ用紙は，書類の概念に当たらない[53]。

**927**

　実務上，データファイル及び書類中にある身上関係情報の安全保持については，電子的な情報処理に際して接触できる情報を細分化することにより，これを確実にしている。この措置は，多くの行刑職員がすべての場合限定された基本情報だけしか引き出せないことを保証している。それは，BDSG第9条を適用する行刑

---

51　BT-Drs. 13／10245, S. 27.
52　AK-Weichert, §183Rdn. 3；für Zahlungsbelege und Kontoauszüge: LG Karlsruhe, ZfStrVo2002, S. 188.
53　Schwind/Böhm/Schmid, 1999, §183Rdn. 3；siehe noch LG Stuttgart, ZfStrVo2002, S. 190für Behandlungsblätter der sozialtherapeutischen Anstalt.

法第183条第2項第3文に基づく保護の仕組みの問題である。

### 10．4．5　訂正，削除及び遮断(Berichtigung, Löschung und Sperrung)

928　行刑法第184条は，データファイル又は書類中に蓄積された身上関係情報の保存について規定している。行刑法第184条第5項に基づき，訂正，削除及び遮断については，基本的にBDSG第20条第1項から第4項及び第6項から第8項までの一般的規定によっている。データファイルに蓄積された身上関係情報の削除について，行刑法第184条第1項第1文は，特別の規定を置いている。つまり，身上関係情報は，受刑者の釈放又は他施設への移送から遅くとも2年後には削除されなければならない。例外的に，個人の身上記録（Personalien）及び施設への入出所記録は，それが受刑者の身上関係書類を発見するため必要とする限り，受刑者身分帳の保存期間が経過するまで削除しないことができる（行刑法第184条第1項第2文）。

929　行刑法第184条第2項は，書類における身上関係情報の完全性の原則という点から特別の規定を置いている。削除に代えて，ごく限定的な範囲での提供及び使用を許している。情報は――受刑者の釈放から2年経過後は――幾つかの列挙した目的（犯罪行為の訴追，学術的研究，立証困難の解消又は自由刑の実行と関連する法律上の請求の処理）のためにのみ使用が許される。書類情報は，これに応じて遮断される（BDSG第3条第4項第4号）[54]。

書類中の身上関係情報の使用制限は，その者が新たに自由刑の実行のために収容されるか，又は本人がその使用に同意する場合，行刑法第184条第2項第2文により解除される。

事例：受刑者が釈放されて数年後にドイツの拘禁施設で再び自由刑に服する場合，釈放期間中遮断されていたその者の受刑者身分帳及び健康審査簿は，行刑目的のため再び自由に使用することができる。

しかし，その書類中に，もはや不必要となった情報又は違法な収集方法による情報が含まれている場合には，その部分は削除されなければならない[55]。

書類の保存期間は，行刑法第184条第3項に基づき，受刑者身分帳，健康審査簿及び病歴カルテは最長20年，受刑者名簿は30年とすることができ，狭い範囲に限って例外が認められている。

---

54　Calliess/Müller-Dietz, 2002, §184Rdn. 2；Schwind/Böhm/Schmid, 1999, §184Rdn. 8．
55　AK-Weichert, 2000, §184Rdn. 11；Calliess/Müller-Dietz, 2002, §184Rdn. 3．

## 10.5　通知及び書類の閲覧(Auskunft und Akteneinsicht)

### 10.5.1　当事者の権利（Rechte des Betroffenen）

　行刑法第185条第1切及びBDSG第19条は，情報の自己決定権の発現として被収容者に認められている身上関係の蓄積情報，その出所，受取人及び蓄積目的について通知を求める権利を具体化している[56]。この通知は，義務にかなった裁量による行刑官庁からの口頭若しくは書面による通知又は書類の閲覧許可によって行われる（BDSG第19条第1項第4切）。行刑法第185条第1項第1切では，通知を求める権利と書類の閲覧を求める権利とを区別している。

　通知請求権（Auskunftsanspruch）の行使は——BDSG第19条の特別な例外を除き——基本的には無制限に許される。自分の行刑書類中に蓄えられている情報は，被収容者としての日常生活に様々な面で作用を及ぼし得るので，被収容者は，その内容を知ることについて正当な利益を有する（例えば，行刑緩和の許可，行刑計画への追加記入，満期前釈放手続における行刑施設の意見など）。

　書類閲覧の権利は，行刑法第185条第1切により，内容の通知では不十分な場合に初めて許される。書類の閲覧を要求するためには，請求者の法律上の利益を確保するには，通知では不十分であり，書類の閲覧によらざるを得ないことを明らかにする必要がある[57]。このような理由付けは必要なく単に情報の自己決定権を行使したい旨の主張だけで十分であるという論説[58]には同意できず，それは，行刑法第185条第1切の明文に反するからである。また，通知請求権の行使が認められていることからみても，書類の閲覧が実際的であるという理由で法律の要求する正当な利益について説明がなくても，行刑官庁がその閲覧を許可しなければならないという必然性はない[59]。通知では不十分かどうかという問題は，全面的に裁判所の審査に服する[60]。通知を求める申請書には当該情報の種類を詳細に記述しなければならないとされているので（BSDG第19条第1項第2切），受刑者は，すべての情報を知りたいと願い出ることによって書類の閲覧権についての法律上の制限を脱法的に逃れることは許されない[61]。

---

56　BT-Drs.13/10245, S.28；dazu Weichert, 2000a, S.88.
57　OLG Hamm, NStZ-RR2002, S.256.
58　AK-Weichert, 2000, §185Rdn.9.
59　OLG Hamm, NStZ-RR2002, S.256.
60　OLG Dresden, ZfStrVo2000, S.124；OLG Bamberg, Beschl. v. 21.1.2002-Ws823/01；siehe auch OLG München bei Matzke, NStZ2001, S.415Nr.30.
61　LG Hamburg, NStZ2002, S.56.

第10章　情報保護（Datenschutz）

被収容者に対して認められた権利の実現を可能にするための前段階として，行刑官庁に対する様々な指摘義務，説明義務及び通知義務について規定している[62]。

932　中でも，情報の第一次的収集についてのBDSG第4条第3項第2切，第13条第1項aの適用を規定する行刑法第179条第2項第2切では，指摘義務が規定されている。当事者には，BDSG第4条第3項第2切により，次の事項を知らせなければならない。

— 通知を義務付けている法律の規定
— それを義務付けた法律に基づかない場合における申告（Angaben）の任意性
— 申告を前提とする法的利益（Rechtsvorteile）の供与

　このような指摘は適切な時期，すなわち，受刑者が情報を漏らすことを決意する前に行われなければならない。
　情報が本人以外の公的地位にない者から収集される場合には，BDSG第13条第1項aにより，通知を義務付けている法律の規定又は申告が任意であることを知らせなければならない。

　事例：ある受刑者が看護を必要とする両親を手伝いたいとして，休暇を申請した。施設が両親の健康状態をその隣人に尋ねて調査する場合，これらの者にはその情報提供が任意であることを告知しなければならない。

　さらに，行刑法第180条第5項第3切，第182条第2項第5切及び第32条第4切から指摘義務が生まれる。また，BDSG第4条a第1項第2切を準用する行刑法第187条もある。他に権限規定がないため，本人の同意を得て情報収集がなされる場合に効果があるのは，行おうとする情報の収集，処理及び使用の目的を伝えることである。必要な場合又は要求があれば，同意を拒否した場合どのような結果になるかについても伝えられなければならない。

　事例：施設管理者がある受刑者に対して手書きで経歴書を作成するよう指示した。それを求める特別の法律的根拠はなかったので，その作成は本人の同意にかかっていた。この場合，その同意は，書面又は口頭で明らかにされる必要がある。推論的又は推定的

---

62　Dazu allgemein Gola/Schomerus, 1997, §13Rdn. 7 ff.；Simitis/Dammann/Geiger/Mallmann/Walz/Geiger, 1994, §13Rdn. 54-87.

意思表示は考慮の対象にならない[63]。

　この指摘義務は，この規定による保護の目的を本人が明らかに知っていることが認められ，官庁もそれを確認している場合には，例外的に省略され得る。このような場合にも指摘義務があるとするのは，単なる形式主義にすぎないであろう。

　説明義務は，BDSG 第 4 条第 3 項第 3 切の適用を規定する行刑法第179条第 2 項第 2 切によって，当事者から要求があるか，又は具体的事案における事情がそれを必要とする場合に限り存在する。説明義務には，受刑者に対する通知を義務付けている法律の規定及び申告を拒否した場合の結果についての説明が含まれる。この場合の説明とは，単に法律の条文をそのまま伝えることではない。場合によっては詳細に繰り返し行われなければならず，相手方の教育程度が考慮されなければならない。行刑実務において特に重要とされる説明義務を行刑法第86条第 3 項第 2 切で規定しているが，それによれば，識別事務上の処理を行う際及び釈放の際に当事者に対して――写真及び身体的特徴の記述を除き――そこで得られた情報は，裁判所の判決の執行が終了し次第，抹消を要求できることについて説明されなければならない。　　933

　収集，処理及び使用がひそかに行われた場合における通知義務は，合法的な任務の遂行に支障を生じるおそれが消滅した時点において発生する。この義務は，例えば，行刑法第179条第 4 項第 1 切，第180条第 5 項第 4 切及び第184条第 4 項に規定されている。　　934

　さらに身上関係情報が本人自身から収集される場合にも通知義務がある。それを本人が知らない場合は，責任ある立場の者（BDSG 第 3 条第 7 項）から，次の事項について通知されなければならない。
― その者の身分
― 収集，処理及び使用の目的
― 情報受領者のカテゴリー。ただし本人がこれらの者への伝達を予期してはならない場合を除く。

　これは BDSG 第 4 条第 3 項第 1 切の適用を規定する行刑法第179条第 2 項第 2 切に由来する。たしかに行刑法では BDSG 第 4 条第 3 項の「指摘義務及び説明義務」について参照を指示しているだけである。これを狭義に解すれば，そこに通知義務は含まれないことになるであろう。しかし，この点は立法者の整理ミス

---

63　Calliess/Müller-Dietz, 2002, §187Rdn. 3 ; Schwind/Böhm/Schmid, 1999, §187Rdn. 13.

第10章　情報保護（Datenschutz）

によるものといえる。2001年5月18日の連邦情報保護法[64]及びその他の法律を改正する法律第8条aによる行刑法第179条第2項第2切の改正前においては，BDSG第13条第3項第1切に基づく収集目的の指摘義務が既に引用されていたのである。立法者はこの規定をBDSG第4条第3項の新規定によって置き換えている。連邦議会資料[65]によれば，行刑法第179条においては参照指示だけにとどめられるべきであって，そこに新しい内容が付加されるべきではなかったことが分かる[66]。行刑官庁が情報を収集する場合，受刑者は，責任ある地位に在る者の身分及びその情報の受取人となるべき者を原則として知っている。その限りにおいて，行刑の分野での通知義務の規定はほとんど意味がない[67]。しかし，行刑法第182条第2項第5切では，医師，心理専門家，ソーシャルワーカー及び社会教育専門家の開示権限に関して，情報収集前の通知義務を特別に規定している[68]。

指摘義務，説明義務及び通知義務違反に対する賠償法上の責任は，州の情報保護法が規定しており，行刑法第182条第2切でその適用があるとされている。このほかに民法典第839条（場合により第847条も）と関連する基本法第34条により，有責的な義務違反及び損害の発生がある場合には，職務上の責任に対する損害賠償請求権があるが，その要件が肯定されなければならない場合はまれである[69]。

BDSG第19条第4項の場合，すなわち，通知することで適法な職務の遂行が危うくされるおそれがある場合，公共の安全若しくは秩序に対する危険がある場合，連邦若しくは州の福祉を害する場合又は法律上の，若しくは第三者の優越する正当な利益に基礎付けられた守秘義務により通知が留保される場合には，当事者の通知を受ける権利は後退する。

### 10.5.2　学術的目的のための通知及び書類の閲覧
（Auskunft und Akteneinsicht für wissenschaftliche Zwecke）

**935**　刑事訴訟法第476条を準用する行刑法第186条に基づき，研究に従事する公共的又は非公共的地位に在る者から，学術的目的のため，書類中の身上関係情報を知る必要がある旨の説明がなされた場合，それを知らせることができる[70]。行刑官庁は，その申出がなされた場合には裁量的決定を行うことになるが，その比較考

---

64　BGBl. I2001, S. 904.
65　Vgl. BR-Drs. 461/00, S. 19 ; BT-Drs. 14/5793, S. 67.
66　Im Ergebnis auch Calliess/Müller-Dietz, 2002, §179 Rdn. 3.
67　Vgl. Tinnefeld, 2001, S. 3080zu den Auswirkungen des modifizierten Datenschutzrechts auf die Datenverarbeitung durch Private.
68　Dazu oben Kap. 10. 4. 3.
69　Simitis/Dammann/Geiger/Mallmann/Walz/Geiger, 1994, §13 Rdn. 83.
70　BT-Drs. 13/10245, S. 28.

量に当たって必要とされる相対立する二つの要素がある。まず，基本法第5条第3項第1切に規定されている学問及び研究の自由は尊重されなければならないが，行刑官庁は，一般的に学術的計画の（非）妥当性及びその手段方法について判断する権限を有しない[71]。もっとも，後者については，方法論的な不完全性の存在に全く疑いがない場合は別である[72]。しかし他方では，この基本法第5条第3項第1切に対して，同じく憲法レベルで認められた情報の自己決定に対する当事者の権利が存在することである[73]。本人の同意を得て情報の伝達を行うことは，もとより問題がない。

情報の伝達は，刑事訴訟法第476条第2項により，原則として照会回答により行われるが，書類の閲覧による伝達も他の方法では研究作業が十分に行えないか，又は照会回答に不相当な出費を要する場合に例外的に行われる。こうして情報を取得した者は，公法上の守秘義務に服さなければならないほか，それを義務付ける法律の規定[74]に従い秘密保持のための特別の義務に服する（刑事訴訟法第476条第3項）。

## 10.6 統制 (Kontrolle)

情報保護を実行するための内部的統制は，各行刑官庁が情報保護担当者（BDSG第4条f）を任命することにより行われるが，その者は，BDSG第4条gに基づき，情報保護法の規定が順守されるよう努めなければならない。さらに，BDSG第18条第2項を準用する行刑法第187条第1切の要求に留意しなければならない。

936

行刑における情報保護法の適用についての外部的統制は，州の情報保護担当官が行う（行刑法第187条第2項）[75]。州の情報保護担当官と受刑者との文通は，監督されない（行刑法第29条第2項第2切及び第3切）。身上関係情報が学術研究に従事する非公共的地位に在る者に伝達された場合には，州法により情報保護についての監督をゆだねられた監督官庁がこれを統制する義務を負う。そこでは，随時点検を実施することが重要とされる（刑事訴訟法第476条第8項，BDSG第38条を準用する行刑法第186条）[76]。

行刑法の情報保護規定に基づく処分で，それが行刑，保安監置の実行，社会治

---

71　Rixen, 2000, S. 644.
72　Vgl. AK-Weichert, 2000, §186 Rdn. 12 ; Calliess-Müller-Dietz, 2002, §186 Rdn. 3 ; Schwind/Böhm/Schmid, 1999, §186 Rdn. 4.
73　BT-Drs. 13/10245, S. 29.
74　Auszugsweise abgedruckt bei Tröndle/Fischer, 2001, Anh. 19.
75　Über Vollzugs- und Durchsetzungsdefizite : Weichert, 1999, S. 492.
76　Dazu Calliess/Müller-Dietz, 2002, §186 Rdn. 7.

第10章　情報保護（Datenschutz）

療施設ないし禁絶施設への収容上の問題又は民事拘禁の実行上の問題である場合は，裁判所の統制を求めて行刑法第109条以下による法的手段を執ることができる[77]。

---

77　BVerfG, NStZ2000, S. 55.

文献・目録

# Literatur

Adt, M.: Schweigepflicht und die Entbindung von der Schweigepflicht, in: MschrKrim 1998, S. 328 ff.
Albrecht, H.-J.: Die Determinanten der Sexualstrafrechtsreform, in: ZStW 1999, S. 863 ff.
Albrecht, H.-J.: Der elektronische Hausarrest: das Potential für Freiheitsstrafenvermeidung, Rückfallverhütung und Rehabilitation, in: MschrKrim 2002, S. 84 ff.
Albrecht, H.-J./Arnold, H./Schädler, W.: Der hessische Modellversuch zur Anwendung der „elektronischen Fußfessel": Darstellung und Evaluation eines Experiments, in: ZRP 2000, S. 466 ff.
Alex, M.: Sozialtherapie als Alibi? in: Neue Kriminalpolitik 4/2001, S. 4 f.
Alleweldt, R.: Präventiver Menschenrechtsschutz: ein Blick auf die Tätigkeit des Europäischen Komitees zur Verhütung von Folter und unmenschlicher und erniedrigender Behandlung oder Strafe (CPT), in: EuGRZ 1998, S. 245 ff.
Altenhain, G.: Organisation des Strafvollzuges, in: Schwind, H.-D./Blau, G. (Hrsg.): Strafvollzug in der Praxis. 2. Aufl., Berlin – New York 1988, S. 31 ff.
Amelung, K.: Die Einwilligung des Unfreien. Das Problem der Freiwilligkeit bei der Einwilligung eingesperrter Personen, in: ZStW 1983, S. 1 ff.
Arbeitsgruppe Einheitliches Strafvollzugskonzept: Abschlussbericht. Wiesbaden 2001.
Arloth, F.: Strafzwecke im Strafvollzug, in: GA 1988, S. 403 ff.
Arloth, F.: Über die Zukunft des Strafvollzugs, in: GA 2001, S. 307 ff.
Arloth, F.: Anmerkung zum Beschluss des OLG Frankfurt v. 16.10.2001, in: NStZ 2002, S. 280.
Arloth, F.: Neue Entwicklungen im Strafvollzug im internationalen Vergleich: Privatisierungstendenzen und Alternativen, in: ZfStrVo 2002a, S. 3 ff.
Arndt, J.: Strafvollzugsbau. Der Einfluss des Vollzugszieles auf den Bau von Anstalten für den Vollzug der Freiheitsstrafe. Bochum 1981.
Arnold, J.: Vergangenes und Zukünftiges im Strafvollzug der ehemaligen DDR, in: ZfStrVo 1990, S. 327 ff.
Arnold, J.: „Strafvollzug in der DDR" – Ein Gegenstand gegenwärtiger und zukünftiger Forschung, in: MschrKrim 1993, S. 390 ff.
Aschrott, P.: Strafensystem und Gefängniswesen in England. Berlin 1887.
Asprion, P.: Sozialarbeit und Justiz – immer wieder im Dilemma, in: BewHi 1999, S. 23 ff.
Aumüller, Th.: Motive und Argumente für eine Privatisierung im Strafvollzug aus der Sicht der Politik, in: Stober, R. (Hrsg.): Privatisierung im Strafvollzug? Köln u.a. 2001, S. 59 ff.
Baier, H.: Grundzüge des gerichtlichen Verfahrens in Strafvollzugssachen, in: JA 2001, S. 582 ff.
Bales, St./Baumann, H./Schnitzler, N.: Infektionsschutzgesetz. Kommentar und Vorschriftensammlung. Stuttgart u.a. 2001.

Bandell, D./Kühling, P./Schwind, H.-D.: Anmerkung zum Beschluss des OLG Koblenz v. 9.6.1987, in: NStZ 1988, S. 383.

Bank, R.: Die internationale Bekämpfung von Folter und unmenschlicher Behandlung auf den Ebenen der Vereinten Nationen und des Europarates. Freiburg i.Br. 1996.

Bannenberg, B./Uhlmann, P.: Die Konzeption des Täter-Opfer-Ausgleichs in Wissenschaft und Kriminalpolitik, in: Dölling, D. (Hrsg.): Täter-Opfer-Ausgleich in Deutschland. Bonn 1998, S. 1 ff.

Bath, M.: Der Strafvollzug, in: Zieger, G./Schroeder, F.-C.: Die strafrechtliche Entwicklung in Deutschland – Divergenz oder Konvergenz. Köln u.a. 1988, S. 167 ff.

Battegay, R.: Der Mensch in der Gruppe. 5. Aufl., Bern u.a. 1976.

Bauer-Cleve, A./Jadasch, M./Oschwald, A.: Das Anti-Gewalt-Training in der JVA Neuburg-Herrenwörth, in: ZfStrVo 1995, S. 202 ff.

Baumann, J.: Einige Modelle zum Strafvollzug. Bielefeld 1979.

Baumann, J.: Entwurf eines Untersuchungshaftvollzugsgesetzes. Tübingen 1981.

Baumann, J.: Art. 5 GG versus §§ 68 II 2 u. 70 II 2 StVollzG, in: StrVert 1992, S. 331 f.

Baumann, J.: Der Vorrang der Vollzugszielerreichung vor Sicherheits- und Ordnungsmaßnahmen, in: Gedächtnisschrift für Krebs. Pfaffenweiler 1994, S. 103 ff.

Baumann, J. u.a.: Alternativ-Entwurf Wiedergutmachung (AE-WGM). München 1992.

Baumann, J./Brauneck, A./Calliess, R.-P. u.a.: Alternativ-Entwurf eines Strafvollzugsgesetzes. Tübingen 1973.

Baumann, J./Brauneck, A./Hanack, E.-W. u.a.: Alternativ-Entwurf eines Strafgesetzbuches – Allgemeiner Teil. Tübingen 1966.

Baumann, K.-H.: Der Einfluss von Bildungsmaßnahmen im Strafvollzug auf das Rückfallverhalten, in: ZfStrVo 1984, S. 31 ff.

Baumann, K.-H./Maetze, W./Mey, H.-G.: Zur Rückfälligkeit nach Strafvollzug, in: MschrKrim 1983, S. 133 ff.

Bäumler, H.: „Der neue Datenschutz" – Datenschutz in der Informationsgesellschaft von morgen. Neuwied 1998.

Baur, F.: Der Vollzug der Maßregeln der Besserung und Sicherung nach den §§ 63 und 64 StGB in einem psychiatrischen Krankenhaus und in einer Entziehungsanstalt. Münster 1988.

Bayer, W. et al.: Tatschuldausgleich und vollzugliche Entscheidungen, in: MschrKrim 1987, S. 167 ff.

Bayerisches Staatsministerium der Justiz: Strafvollzug in Bayern. München 2001.

Beaucamp, G.: Pressefreiheit im Gefängnis, in: JA 1998, S. 209 ff.

Bechmann, M./Bousvaros, E.: Frauen des allgemeinen Vollzugsdienstes, in: Möller, H. (Hrsg.): Frauen legen Hand an. Tübingen 1996, S. 151 ff.

Becker, H./Geer, B.: Latent Culture: A Note on the Theory of Latent Social Roles, in: Administrative Science Quarterly 1960, S. 304 ff.

Becker, M./Kinzig, J.: Therapie bei Sexualstraftätern und die Kosten: Von den Vorstellungen des Gesetzgebers und den Realitäten im Strafvollzug, in: ZfStrVo 1998, S. 259 ff.

Beckmann, P.: Lebenslagen Straffälliger und Straffälligenhilfe. Das Hilfesystem auf dem Prüfstand aus der Sicht der Sozialarbeit im Vollzug, in: Nickolai, W./Kawamura, G./Krell, W./Reindl, R. (Hrsg.): Straffällig. Lebenslagen und Lebenshilfen. Freiburg i.Br. 1996, S. 78 ff.

Begemann, H.: Freigängerurlaub (§ 15 IV StVollzG) ohne Freigang? in: NStZ 1991, S. 517 ff.

Beier, K./Hinrichs, G. (Hrsg.): Psychotherapie mit Straffälligen. Standorte und Thesen zum Verhältnis Patient – Therapeut – Justiz. Stuttgart u.a. 1995.

Bemmann, G.: Über den Angleichungsgrundsatz des § 3 Abs. 1 StVollzG, in: Festschrift für Karl Lackner. Berlin u.a. 1987, S. 1046 ff.

Bemmann, G.: „Im Vollzug der Freiheitsstrafe soll der Gefangene fähig werden, künftig in sozialer Verantwortung ein Leben ohne Straftaten zu führen", in: StrVert 1988, S. 549 ff.

Bemmann, G.: Strafvollzug im sozialen Rechtsstaat, in: Bemmann, G./Manoledakis, I. (Hrsg.): Probleme des staatlichen Strafens unter besonderer Berücksichtigung des Strafvollzugs. Baden-Baden 1989, S. 35 ff.

Bemmann, G.: Strafvollzug und Menschenwürde, in: Prittwitz, C./Manoledakis, I. (Hrsg.): Strafrecht und Menschenwürde. Baden-Baden 1998, S. 123 ff.

Bemmann, G.: Anmerkung zum Urteil des BVerfG v. 1.7.1998, in: StrVert 1998a, S. 604 f.

Bemmann, G.: Zur Frage der Arbeitspflicht des Strafgefangenen, in: Festschrift für Grünwald. Baden-Baden 1999, S. 69 ff.

Bemmann, G.: Über die Befugnis zur Anordnung des Arrestes im Strafvollzug, in: NJW 2000, S. 3116 f.

Bemmann, G.: Freie Arztwahl im Strafvollzug? in: StrVert 2001, S. 60 f.

Bemmann, G.: Über den Gefangenentransport, in: Festschrift für Lüderssen. Baden-Baden 2002, S. 803 ff.

Benda, E.: Resozialisierung als Verfassungsauftrag, in: Festschrift für Hans-Joachim Faller. München 1984, S. 307 ff.

Benda, E./Klein, E.: Verfassungsprozessrecht. 2. Aufl., Heidelberg 2001.

Berckhauer, F./Hasenpusch, B.: Legalbewährung nach Strafvollzug, in: Schwind, H.-D./ Steinhilper, G. (Hrsg.): Modelle zur Kriminalitätsvorbeugung und Resozialisierung. Heidelberg 1982, S. 281 ff.

Berndt, S.: Eingriffe in den Briefverkehr von Untersuchungsgefangenen, in: NStZ 1996, S. 115 ff., 157 ff.

Bernhardt, S.: Frauen in Haft, in: KrimPäd Heft 14/15, 1982, S. 27 ff.

Bernsmann, H.: Elektronisch überwachter Hausarrest unter besonderer Berücksichtigung von Privatisierungstendenzen. Göttingen 2000.

Best, P.: Ambulante Soziale Dienste der Justiz im Verbund mit der Freien Straffälligenhilfe, in: BewHi 1993, S. 131 ff.

Best, P.: Europäische Kriminalpolitik auf der Grundlage der Menschenrechtskonvention – die European Rules, in: Festschrift für Böhm. Berlin – New York 1999, S. 49 ff.

Best, P.: Europäische Kriminalpolitik, in: Deutsche Bewährungshilfe – Fachverband für Soziale Arbeit, Strafrecht und Kriminalpolitik (Hrsg.): Strafvollzug und Straffälligenhilfe in Europa. Köln 2001, S. 5 ff.

Bethkowsky-Spinner, H.-D./Djambasoff, K.-P./Greger, L. u.a.: Grundlegung einer Gefängnisseelsorge, in: Lösch, M. (Hrsg.): Genügt nicht einfach ein weites Herz? Konzeptionsentwürfe für die Seelsorge im Gefängnis. Berlin 1999, S. 62 ff.

Beyler, O.: Das Recht des Strafgefangenen auf Besitz von Gegenständen nach § 70 (i.V.m. § 69 II) StVollzG unter besonderer Berücksichtigung der allgemeinen technischen Entwicklung, in: ZfStrVo 2001, S. 142 ff.

Biener, K.: Die Gesundheitsproblematik im Strafvollzug. Grüsch 1989.

Bienert, A.: Gefängnis als Bedeutungsträger – Ikonologische Studie zur Geschichte der Strafarchitektur. Frankfurt a.M. u.a. 1996.

Bierschwale, P.: Die pädagogische Abteilung. Zum Berufsbild der Lehrer im Justizvollzug des Landes Niedersachsen, in: ZfStrVo 1994, S. 195 ff.

Binder, D.: Verfassungswidrigkeit des Jugendstrafvollzugs, in: StrVert 2002, S. 452 ff.

Birtsch, V./Rosenkranz, J. (Hrsg.): Mütter und Kinder im Gefängnis. Weinheim u.a. 1988.

Bischof, H.: Zum weiteren Verbleib strafrechtlich Untergebrachter im psychiatrischen Krankenhaus nach Aussetzung des Maßregelvollzugs, in: Forensia 1987, S. 102 ff.

Blau, G.: Die Entwicklung des Strafvollzugs seit 1945 – Tendenzen und Gegentendenzen, in: Schwind, H.-D./Blau, G. (Hrsg.): Strafvollzug in der Praxis. 2. Aufl., Berlin – New York 1988, S. 17 ff.

Blau, G.: Die Strafvollstreckungskammer, in: Schwind, H.-D./Blau, G. (Hrsg.): Strafvollzug in der Praxis. 2. Aufl., Berlin – New York 1988a, S. 339 ff.

Block, P.: Rechtliche Strukturen der Sozialen Dienste in der Justiz. 2. Aufl., Wiesbaden 1997.

Blum, W.: Der Sozialarbeiter, in: Schwind, H.-D./Blau, G. (Hrsg.): Strafvollzug in der Praxis. 2. Aufl., Berlin – New York 1988, S. 165 ff.

Bock, M.: Kriminologie. 2. Aufl., München 2000.

Bode, L.: Freizeitgestaltung im Strafvollzug – Möglichkeiten der Freizeitgestaltung, in: Schwind, H.-D./Blau, G. (Hrsg.): Strafvollzug in der Praxis. 2. Aufl., Berlin – New York 1988, S. 313 ff.

Boehlen, M.: Frauen im Gefängnis. Zürich 2000.

Boetticher, A.: Der neue Umgang mit Sexualstraftätern – eine Zwischenbilanz, in: MschrKrim 1998, S. 354 ff.

Bohling, H./Kunze, R.: Der Psychologe, in: Schwind, H.-D./Blau, G. (Hrsg.): Strafvollzug in der Praxis. 2. Aufl., Berlin – New York 1988, S. 172 ff.

Böhm, A.: Strafvollzug. 2. Aufl., Frankfurt a.M. 1986.

Böhm, A.: Anmerkung zum Beschluss des OLG Hamm v. 17.4.1986, in: NStZ 1987, S. 189.

Böhm, A.: Strafzwecke und Vollzugsziele, in: Busch, M./Krämer, E. (Hrsg.): Strafvollzug und Schuldproblematik. Pfaffenweiler 1988.

Böhm, A.: Kirche im Strafvollzug. Gefängnisseelsorge im Wandel der Zeit, in: ZfStrVo 1995, S. 3 ff.

Böhm, A.: Vollzugsaufgaben und Allgemeiner Vollzugsdienst, in: Müller-Dietz, H./Walter, M. (Hrsg.): Strafvollzug in den 90er Jahren. Pfaffenweiler 1995a, S. 31 ff.

Böhm, A.: Einführung in das Jugendstrafrecht. 3. Aufl., München 1996.

Böhm, A.: Anmerkung zum Beschluss des OLG Hamm v. 10.10.1996, in: JR 1997, S. 84 ff.

Böhm, A.: Zur Diskussion um die gesetzliche Regelung und die tatsächliche Entwicklung des Jugendstrafvollzugs, in: Festschrift für H. J. Schneider. Berlin – New York 1998, S. 1013 ff.

Böhm, A.: Zu den Disziplinarmaßnahmen und den Disziplinarverfahren nach dem Strafvollzugsgesetz, in: Festschrift für Hanack. Berlin – New York 1999, S. 457 ff.

Böhm, A.: 25 Jahre Strafvollzugsgesetz, in: BewHi 2002, S. 92 ff.

Böhm, A.: Bemerkungen zum Vollzugsziel, in: Festschrift für Lüderssen. Baden-Baden 2002a, S. 807 ff.

Böhm, A./Erhardt, C.: Strafaussetzung und Legalbewährung. Wiesbaden 1988.

Böhm, H./Möbius, P.: Drogenkonsum in bayerischen Justizvollzugsanstalten, in: ZfStrVo 1990, S. 94 ff.

Bohne, G.: Die Freiheitsstrafe in den italienischen Stadtrechten des 12.–16. Jahrhunderts. Teil 1: Das Aufkommen der Freiheitsstrafe. Leipzig 1922.

Böllinger, L.: Ein Schlag gegen das Resozialisierungsprinzip: Offenbarungspflicht der Therapeuten im Strafvollzug, in: Zeitschrift für Sexualforschung 1999, S. 140 ff.

Böllinger, L.: Offenbarungspflicht der Therapeuten im Strafvollzug – ein Schlag gegen die forensische Psychotherapie, in: MschrKrim 2000, S. 11 ff.

Bölter, H.: Rechtseinheit im Strafvollzug, in: ZfStrVo 1990, S. 323 ff.

Bölter, H.: Verlauf von Lockerungen im Langstrafenvollzug, in: ZfStrVo 1991, S. 71 ff.

Bondy, C.: Pädagogische Probleme im Strafvollzug. Mannheim 1925.

Bonk, H. J.: Rechtliche Rahmenbedingungen einer Privatisierung im Strafvollzug, in: JZ 2000, S. 435 ff.

Borkenstein, C.: Drogenabhängige im Strafvollzug, in: Egg, R. (Hrsg.): Drogentherapie und Strafe. Wiesbaden 1988, S. 235 ff.

Borkenstein, C.: Drogenarbeit im Vollzug, künftig eine gemeinsame Aufgabe der Drogenhilfe? in: BewHi 1994, S. 80 ff.

Bosch, N./Reichert, C.: Konkurrenz der Strafvollzugsmodelle in den USA: empirisch vergleichende Untersuchungen zu Kosten und Qualität des Strafvollzugs in staatlich und privat betriebenen Haftanstalten, in: ZStW 2001, S. 207 ff.

Böse, G./Henke, S./Ingenhag-Schuster, D.: Gruppenarbeit mit Vergewaltigern im Strafvollzug, in: Janshen, D. (Hrsg.): Sexuelle Gewalt. Frankfurt a.M. 1991, S. 345 ff.

Bösling, Th.: Elektronisch überwachter Hausarrest als Alternative zur kurzen Freiheitsstrafe? in: MschrKrim 2002, S. 105 ff.

Bothge, R.: Zur Teilnahme Strafgefangener an religiösen Veranstaltungen, in: ZfStrVo 1999, S. 352 ff.

Böttcher, R.: Die Kriminologische Zentralstelle in Wiesbaden, in: Festschrift für Kaiser. Berlin 1998, S. 47 ff.

Braum, St./Varwig, M./Bader, C.: Die „Privatisierung des Strafvollzugs" zwischen fiskalischen Interessen und verfassungsrechtlichen Prinzipien, in: ZfStrVo 1999, S. 67 ff.

Bringewat, P.: Strafvollstreckung. Kommentar zu den §§ 449–463d StPO. Baden-Baden 1993.

Britz, G.: Leistungsgerechtes Arbeitsentgelt für Strafgefangene? in: ZfStrVo 1999, S. 195 ff.

Broszat, M.: Nationalsozialistische Konzentrationslager, in: Buchheim, H. u.a. (Hrsg.): Anatomie des SS-Staates. 6. Aufl., München 1994, S. 321 ff.

Brown, M./Elrod, P.: Electronic House Arrest: An Examination of Citizen Attitudes, in: Crime and Delinquency 1995, S. 332 ff.

Bruhn, H./Mischkowitz, R.: Korruption im Strafvollzug – ein Problem? in: ZfStrVo 2001, S. 261 ff.

Brunner, R./Dölling, D.: Jugendgerichtsgesetz. 11. Aufl., Berlin – New York 2002.

Bruns, W.: Theorie und Praxis des Wohngruppenvollzugs. Pfaffenweiler 1989.

Buchert, M./Metternich, J./Hauser, S.: Die Auswirkungen von Langzeitbesuchen und ihre Konsequenzen für die Wiedereingliederung von Strafgefangenen, in: ZfStrVo 1995, S. 259 ff.

Buchta, A./Schäfer, K.: Substitution hinter Gittern. Ein Bericht über die Verordnung, Abgabe und Verabreichung von Methadon zum Zwecke der Substitution heroinabhängiger Gefangener in hessischen Justizvollzugsanstalten, in: ZfStrVo 1996, S. 21 ff.

Bulczak, G.: Erziehung und Behandlung in der Jugendanstalt Hameln. Hameln 1979.

Bulczak, G.: Jugendanstalten, in: Schwind, H.-D./Blau, G. (Hrsg.): Strafvollzug in der Praxis. 2. Aufl., Berlin – New York 1988, S. 70 ff.

Bundesarbeitsgemeinschaft der Lehrer im Justizvollzug (Hrsg.): Justizvollzug & Pädagogik: Tradition und Herausforderung. Pfaffenweiler 1999.

Bundesarbeitsgemeinschaft für Straffälligenhilfe: Tarifgerechte Entlohnung für Inhaftierte, in: ZfStrVo 1993, S. 174 ff.

Bundesvereinigung der Anstaltsleiter im Strafvollzug: Stellungnahme der Bundesvereinigung der Anstaltsleiter im Strafvollzug e.V. zur Verfassungsmäßigkeit der Arbeitsentgeltregelungen des StVollzG, in: ZfStrVo 1993, S. 180 f.

Burgi, M.: Statement „Beleihung im Strafvollzug", in: Stober, R. (Hrsg.): Privatisierung im Strafvollzug? Köln u.a. 2001, S. 43 ff.

Burmeister, U.: Die Justizvollzugsanstalt Waldeck – ein Investorenmodell, in: KrimPäd Heft 1, 1997, S. 11 ff.

Burstein, J.: Conjugal Visits in Prison. Toronto 1977.

Busch, M.: Ehren- und nebenamtliche Mitarbeiter im Strafvollzug, in: Schwind, H.-D./Blau, G. (Hrsg.): Strafvollzug in der Praxis. 2. Aufl., Berlin – New York 1988, S. 221 ff.

Busch, R.: Die Schweigepflicht des Anstaltsarztes gegenüber dem Anstaltsleiter und der Aufsichtsbehörde, in: ZfStrVo 2000, S. 344 ff.

Calliess, R.-P.: Stellungnahme zu den Vorschlägen einiger Bundesländer in der Justizministerkonferenz des Bundes und der Länder, im Wege einer Bundesratsinitiative das Strafvollzugsgesetz zu ändern, in: InfoStVollzPR 1987, S. 341 ff.

Calliess, R.-P.: Strafvollzugsrecht. 3. Aufl., München 1992.

Calliess, R.-P.: Die Neuregelung des Arbeitsentgelts im Strafvollzug, in: NJW 2001, S. 1692 ff.

Calliess, R.-P./Müller-Dietz, H.: Strafvollzugsgesetz. 9. Aufl., München 2002.

Clemmer, D.: The Prison Community. New York u.a. 1958.

Clever, C./Ommerborn, R.: Erwachsenenbildung im Gefängnis. Untersuchungen zum Fernstudium von inhaftierten Menschen in deutschen Haftanstalten, in: Jahrbuch der Gesellschaft der Freunde der Fernuniversität. Hagen 1995, S. 49 ff.

Cohen, S./Taylor, L.: Psychological Survival – The Experience of Long-term Imprisonment. 2. Aufl., Harmondsworth 1981.

Cornel, H.: Geschichte des Jugendstrafvollzugs. Weinheim – Basel 1984.

Cornel, H.: Resozialisierung – Klärung des Begriffs, seines Inhalts und seiner Verwendung, in: Cornel, H./Maelicke, B./Sonnen, B.-R. (Hrsg.): Handbuch der Resozialisierung. Baden-Baden 1995, S. 13 ff.

Cornel, H.: Soziale Arbeit und Strafjustiz, in: Neue Kriminalpolitik 2/1997, S. 10 ff.

Cornel, H.: Neuere Entwicklungen hinsichtlich der Anzahl der Inhaftierten in Deutschland, in: Neue Kriminalpolitik 2/2002, S. 42 f.

Cornel, H.: Gemeinnützige Arbeit zur Abwendung der Vollstreckung von Ersatzfreiheitsstrafen und als selbständige Sanktion, in: Festschrift für Lüderssen. Baden-Baden 2002a, S. 821 ff.

Dahle, K.-P.: Therapiemotivation inhaftierter Straftäter, in: Steller, M./Dahle, K.-P./ Basqué, M. (Hrsg.): Straftäterbehandlung. Pfaffenweiler 1994, S. 227 ff.

Dahm, G.: Das Strafrecht Italiens im ausgehenden Mittelalter. Berlin – Leipzig 1931.

Dammann, B.: Drogentherapie als privatrechtlich ausgestaltete Form des Strafvollzugs? in: KrimJ 1985, S. 97 ff.

Dargel, H.: Die rechtliche Behandlung HIV-infizierter Gefangener, in: NStZ 1989, S. 207 ff.
Deimling, G.: Die Gründung Bridewells im Kontext der europäischen Armenfürsorge im 16. Jahrhundert, in: Gedächtnisschrift für Busch. Pfaffenweiler 1995, S. 42 ff.
Dertinger, C./Marks, E. (Hrsg.): Führungsaufsicht. Versuch einer Zwischenbilanz zu einem umstrittenen Rechtsinstitut. Bonn 1990.
Dessecker, A.: Straftäter und Psychiatrie. Eine empirische Untersuchung zur Praxis der Maßregel nach § 63 StGB im Vergleich mit der Maßregel nach § 64 StGB und sanktionslosen Verfahren. Wiesbaden 1997.
Dessecker, A.: Veränderungen im Sexualstrafrecht, in: NStZ 1998, S. 1 ff.
Dessecker, A./Egg, R. (Hrsg.): Die strafrechtliche Unterbringung in einer Entziehungsanstalt. Wiesbaden 1995.
Deutsche AIDS-Hilfe e.V. (Hrsg.): Betreuung im Strafvollzug. Ein Handbuch. Berlin 1996.
Deutsche Gesellschaft für Sexualforschung: Stellungnahme zum „Gesetz zur Bekämpfung von Sexualdelikten", in: MschrKrim 1998, S. 368 ff.
Deutsche Gesellschaft für Sexualforschung: Stellungnahme zur Offenbarungspflicht der Therapeuten im Strafvollzug, in: MschrKrim 1999, S. 340 f.
Deutscher Caritasverband: Erfahrungsbericht zur Situation von Asyl Suchenden und Flüchtlingen in Deutschland. Freiburg 1994.
Diemer, H./Schoreit, A./Sonnen, B.-R.: JGG – Kommentar zum Jugendgerichtsgesetz. 3. Aufl., Heidelberg 1999.
Dietl, H.: Sollen Strafzwecke wie Schuldausgleich, Sühne, Verteidigung der Rechtsordnung in den Strafvollzug hineinwirken? in: Schwind, H.-D./Steinhilper, G./Böhm, A. (Hrsg.): 10 Jahre Strafvollzugsgesetz. Heidelberg 1988, S. 55 ff.
Dimoulis, D.: Die Begnadigung in vergleichender Perspektive. Berlin 1996.
Dinger, A./Koch, U.: Querulanz in Gericht und Verwaltung. München 1991.
Dolde, G.: Wissenschaftliche Begleitung des Strafvollzugs unter besonderer Berücksichtigung des Kriminologischen Dienstes, in: ZfStrVo 1987, S. 16 ff.
Dolde, G.: Vollzugslockerungen im Spannungsfeld zwischen Resozialisierungsversuch und Risiko für die Allgemeinheit, in: Gedächtnisschrift für Albert Krebs. Pfaffenweiler 1994, S. 109 ff.
Dolde, G.: Zur „Bewährung" der Sozialtherapie im Justizvollzug von Baden-Württemberg: Tendenzen aus einer neuen Rückfalluntersuchung, in: ZfStrVo 1996, S. 290 ff.
Dolde, G.: Alkoholauffällige Täter im Strafvollzug: Ein Sonderprogramm für Straßenverkehrstäter, in: BewHi 1996a, S. 117 ff.
Dolde, G.: Kriminelle Karrieren von Sexualstraftätern: Erscheinungs- und Verlaufsformen, Bewährung und Rückfall, in: ZfStrVo 1997, S. 323 ff.
Dolde, G.: Zum Vollzug von Ersatzfreiheitsstrafen: Eindrücke aus einer empirischen Erhebung, in: Festschrift für Böhm. Berlin – New York 1999, S. 581 ff.
Dolde, G./Grübl, G.: Verfestigte „kriminelle Karriere" nach Jugendstrafvollzug? Rückfalluntersuchungen an ehemaligen Jugendstrafgefangenen in Baden-Württemberg, in: ZfStrVo 1988, S. 29 ff.
Dolde, G./Grübl, G.: Jugendstrafvollzug in Baden-Württemberg. Untersuchungen zur Biographie, zum Vollzugsverlauf und zur Rückfälligkeit von ehemaligen Jugendstrafgefangenen, in: Kerner, H.-J./Dolde, G./Mey, H.-G. (Hrsg.): Jugendstrafvollzug und Bewährung. Bonn 1996, S. 219 ff.
Dolde, G./Jehle, J.-M.: Wirklichkeit und Möglichkeiten des Kurzstrafenvollzugs, in: ZfStrVo 1986, S .195 ff.

Doleisch, W.: Kritische Gedanken zu den Neuen Europäischen Gefängnisregeln (European Prison Rules), in: ZfStrVo 1989, S. 35 ff.
Dölling, D.: Junge Mehrfachtäter und präventive Möglichkeiten der Jugendstrafrechtspflege, in: DVJJ (Hrsg.): Mehrfach Auffällige – Mehrfach Betroffene. Bonn 1990, S. 666 ff.
Dölling, D.: Sexueller Missbrauch von Kindern – Entwicklung der Gesetzgebung und Aufgaben der Kriminologie, in: Egg, R. (Hrsg.): Sexueller Missbrauch von Kindern: Täter und Opfer. Wiesbaden 1999, S. 19 ff.
Dölling, D./Heinz, W./Kerner, H.-J./Rössner, D./Walter, M.: Täter-Opfer-Ausgleich. Rechtspolitischer Ausblick, in: Dölling, D. (Hrsg.): Täter-Opfer-Ausgleich in Deutschland. Bonn 1998, S. 481 ff.
Dolsperg, F.: Die Entstehung der Freiheitsstrafe unter besonderer Berücksichtigung des Auftretens moderner Freiheitsstrafe in England. Breslau 1928.
Donath, M.: Haft und Strafvollzug. Erläuterungen, Schriftsatzmuster, Rechtsprechungsdatenbank für die anwaltliche Praxis. Köln u.a. 1997.
Döschl, H./Herrfahrdt, R./Nagel, G./Preusker, H.: Entwurf eines Gesetzes über den Vollzug der Untersuchungshaft. Bonn 1982.
Dreger, L.: Folgerung für den Vollzug aus der geänderten Gesetzeslage: Gesetz zur Bekämpfung von Sexualdelikten und anderen gefährlichen Straftaten, in: Herrfahrdt, R. (Hrsg.): Behandlung von Sexualstraftätern. Hannover 2000, S. 63 ff.
Dreger, L.: Behandlung von Sexualstraftätern im Justizvollzug des Landes Nordrhein-Westfalen: Folgerungen aus der Gesetzesänderung, in: Egg, R. (Hrsg.): Behandlung von Sexualstraftätern im Justizvollzug. Wiesbaden 2000a, S. 129 ff.
Dreier, H. (Hrsg.): Grundgesetz. Band 1. Tübingen 1996.
Droogendijk, K.: Elektronische Überwachung in den Niederlanden. Bedingungen und erste Erfahrungen mit dem Modellversuch, in: Kawamura, G./Reindl, R. (Hrsg.): Strafe zu Hause: die elektronische Fußfessel. Freiburg i.Br. 1999, S. 45 ff.
Dünkel, F.: Die Geschichte des Strafvollzuges als Geschichte von (vergeblichen?) Vollzugsreformen, in: Driebold, R. (Hrsg.): Strafvollzug. Erfahrungen, Modelle, Alternativen. Göttingen 1983.
Dünkel, F.: Stellungnahme zum Entwurf eines Gesetzes zur Änderung des Strafvollzugsgesetzes, in: ZfStrVo 1990, S. 105 ff.
Dünkel, F.: Freiheitsentzug für junge Rechtsbrecher. Situation und Reform von Jugendstrafe, Jugendstrafvollzug, Jugendarrest und Untersuchungshaft in der Bundesrepublik Deutschland und im internationalen Vergleich. Bonn 1990a.
Dünkel, F.: Empirische Beiträge und Materialien zum Strafvollzug – Bestandsaufnahmen des Strafvollzugs in Schleswig-Holstein und des Frauenvollzugs in Berlin. Freiburg 1992.
Dünkel, F.: Anmerkung zum Beschluss des OLG Hamm v. 25.9.1991, in: ZfStrVo 1992a, S. 138 f.
Dünkel, F.: Sicherheit im Strafvollzug – Empirische Daten zur Vollzugswirklichkeit unter besonderer Berücksichtigung der Entwicklung bei den Vollzugslockerungen, in: Festschrift für Schüler-Springorum. Köln u.a. 1993, S. 641 ff.
Dünkel, F.: Strafvollzug im Übergang, in: Neue Kriminalpolitik 1/1993a, S. 37 ff.
Dünkel, F.: Jugendstrafvollzug im internationalen Vergleich, in: Trenczek, Th. (Hrsg.): Freiheitsentzug bei jungen Straffälligen. Bonn 1993b, S. 93 ff.

Dünkel, F.: Untersuchungshaft und Untersuchungshaftvollzug – Deutschland, in: Dünkel, F./Vagg, J. (Hrsg.): Untersuchungshaft und Untersuchungshaftvollzug. Waiting for Trial. Freiburg 1994, S. 67 ff.

Dünkel, F.: Die Rechtsstellung von Strafgefangenen und Möglichkeiten der rechtlichen Kontrolle von Vollzugsentscheidungen in Deutschland, in: GA 1996, S. 518 ff.

Dünkel, F.: Empirische Forschung im Strafvollzug. Bestandsaufnahme und Perspektiven. Bonn 1996a.

Dünkel, F.: Sicherungsverwahrung. Kriminalpolitischer Rundumschlag, in: Neue Kriminalpolitik 2/1997, S. 8 f.

Dünkel, F.: Riskante Freiheiten? – Offener Vollzug, Vollzugslockerungen und Hafturlaub zwischen Resozialisierung und Sicherheitsrisiko, in: Kawamura, G./Reindl, R. (Hrsg.): Wiedereingliederung Straffälliger. Eine Bilanz nach 20 Jahren Strafvollzugsgesetz. Freiburg i.Br. 1998, S. 42 ff.

Dünkel, F.: Minimale Entlohnung verfassungswidrig! in: Neue Kriminalpolitik 4/1998a, S. 14 f.

Dünkel, F.: Jugendstrafvollzug zwischen Erziehung und Strafe – Entwicklungen und Perspektiven im internationalen Vergleich, in: Festschrift für Böhm. Berlin – New York 1999, S. 100 ff.

Dünkel, F.: Aktuelle Entwicklungen und statistische Daten zum Jugendstrafvollzug in den neuen und alten Bundesländern, in: ZfStrVo 2002, S. 67 ff.

Dünkel, F./Geng, B.: Zur Rückfälligkeit von Karrieretätern nach unterschiedlichen Strafvollzugs- und Entlassungsformen, in: Kaiser, G./Kury, H. (Hrsg.): Kriminologische Forschung in den 90er Jahren. Freiburg i.Br. 1993, S. 193 ff.

Dünkel, F./Grosser, R.: Vermeidung von Ersatzfreiheitsstrafen durch gemeinnützige Arbeit, in: Neue Kriminalpolitik 1/1999, S. 28 ff.

Dünkel, F./Kunkat, A.: Zwischen Innovation und Restauration. 20 Jahre Strafvollzugsgesetz, in: Neue Kriminalpolitik 2/1997, S. 24 ff.

Dünkel, F./Kunkat, A.: Nachträgliche Sicherungsverwahrung – Der Staat als Sicherheitsrisiko? in: Neue Kriminalpolitik 3/2001, S. 16 ff.

Dünkel, F./Morgenstern, Ch.: Überbelegung im Strafvollzug – Gefangenenraten im internationalen Vergleich, in: Festschrift für Müller-Dietz. München 2001, S. 133 ff.

Dünkel, F./Nemec, R./Rosner, A.: Organisationsstruktur, Behandlungsmaßnahmen und Veränderungen bei Insassen in einer sozialtherapeutischen Anstalt, in: MschrKrim 1986, S. 1 ff.

Dünkel, F./Scheel, J./Grosser, R.: Vermeidung von Ersatzfreiheitsstrafe durch gemeinnützige Arbeit durch das Projekt „Ausweg" in Mecklenburg-Vorpommern, in: BewHi 2002, S. 56 ff.

Dünkel, H.: Die Strafvollstreckungskammer – weiterhin ein unbeliebter Torso? in: BewHi 1992, S. 196 ff.

Dürkop, M./Hardtmann, G. (Hrsg.): Frauen im Gefängnis. Frankfurt a.M. 1978.

Ebert, K.: Das öffentliche Telefon im geschlossenen Vollzug. Hamburg 1999.

Egg, R.: Die sozialtherapeutische Behandlung von Straftätern in der Bundesrepublik Deutschland, in: Driebold, R. (Hrsg.): Strafvollzug. Erfahrungen, Modelle, Alternativen. Göttingen 1983, S. 124 ff.

Egg, R.: Straffälligkeit und Sozialtherapie. Konzepte, Erfahrungen, Entwicklungsmöglichkeiten. Köln u.a. 1984.

Egg, R.: Zur Therapie drogenabhängiger Straftäter. Die Anwendung der §§ 35 ff. BtMG, in: Egg, R. (Hrsg.): Drogentherapie und Strafe. Wiesbaden 1988, S. 21 ff.

Egg, R.: Sozialtherapeutische Behandlung und Rückfälligkeit im längerfristigen Vergleich, in: MschrKrim 1990, S. 358 ff.
Egg, R.: Die Entwicklung des Behandlungsgedankens im Strafvollzug in der Bundesrepublik Deutschland von 1949 bis heute, in: Kury, H. (Hrsg.): Gesellschaftliche Umwälzung. Freiburg i.Br. 1992, S. 485 ff.
Egg, R.: Praxis und Bewährung der §§ 35 ff. BtMG, in: Egg, R. (Hrsg.): Die Therapieregelungen des Betäubungsmittelrechts. Wiesbaden 1992a, S. 21 ff.
Egg, R. (Hrsg.): Sozialtherapie in den 90er Jahren. Wiesbaden 1993.
Egg, R.: Zur Situation in den sozialtherapeutischen Einrichtungen, in: ZfStrVo 1996, S. 276 ff.
Egg, R.: Legalbewährung und kriminelle Karrieren von Sexualstraftätern – Design und ausgewählte Ergebnisse des KrimZ-Projektes, in: Egg, R. (Hrsg.): Sexueller Missbrauch von Kindern: Täter und Opfer. Wiesbaden 1999, S. 45 ff.
Egg, R.: Die Behandlung von Sexualstraftätern in sozialtherapeutischen Anstalten, in: Egg, R. (Hrsg.): Behandlung von Sexualstraftätern im Justizvollzug. Wiesbaden 2000, S. 75 ff.
Egg, R./Pearson, F./Cleland, C./Lipton, D: Evaluation von Straftäterbehandlungsprogrammen in Deutschland: Überblick und Meta-Analyse, in: Rehn, G./Wischka, B./Lösel, F./Walter, M. (Hrsg.): Behandlung „gefährlicher Straftäter". Herbolzheim 2001, S. 321 ff.
Egg, R./Schmitt, G.: Sozialtherapie im Justizvollzug, in: Egg, R. (Hrsg.): Sozialtherapie in den 90er Jahren. Wiesbaden 1993, S. 113 ff.
Ehlers, D.: Die Europäische Menschenrechtskonvention, in: Jura 2000, S. 372 ff.
Eick-Wildgans, S.: Anstaltsseelsorge. Möglichkeiten und Grenzen des Zusammenwirkens von Staat und Kirche im Strafvollzug. Berlin 1993.
Eiermann, H.: Die einzelnen Anstaltstypen, in: Schwind, H.-D./Blau, G. (Hrsg.): Strafvollzug in der Praxis. 2. Aufl., Berlin – New York 1988, S. 47 ff.
Einsele, H.: Mein Leben mit Frauen in Haft. Stuttgart 1994.
Einsele, H.: Gustav Radbruchs Vorlesung über Strafvollzug und heutige Praxis, in: Schäfer, K./Sievering, U. (Hrsg.): Strafvollzug und Menschenwürde. Frankfurt a.M. 2001, S. 27 ff.
Einsele, H./Rothe, G.: Frauen im Strafvollzug. Reinbek 1982.
Eisenberg, U.: Anmerkung zum Beschluss des OLG Karlsruhe v. 25.6.1997, in: NStZ 1998, S. 104.
Eisenberg, U.: Über Gefangenenarbeit für Bedienstete zu Vorzugspreisen, in: MschrKrim 1999, S. 256 ff.
Eisenberg, U.: Kriminologie. 5. Aufl., München 2000.
Eisenberg, U.: Kriminologie, Jugendstrafrecht, Strafvollzug. 6. Aufl., Köln u.a. 2000a.
Eisenberg, U.: Nachträgliche Sicherungsverwahrung? in: ZfStrVo 2001, S. 131 ff.
Eisenberg, U.: Jugendgerichtsgesetz. 9. Aufl., München 2002.
Eisenberg, U./Hackethal, A.: „Gesetz zur Bekämpfung von Sexualdelikten und anderen gefährlichen Straftaten" vom 26.1.1998, in: ZfStrVo 1998, S. 196.
Eisenberg, U./Ohder, C.: Aussetzung des Strafrestes zur Bewährung. Eine empirische Untersuchung der Praxis am Beispiel von Berlin (West). Berlin – New York 1987.
Eisenhardt, T.: Strafvollzug. Stuttgart u.a. 1978.
Elz, J.: Zur Rückfälligkeit bei sexuellem Kindesmissbrauch – Erste Ergebnisse der Aktenanalyse, in: Egg, R. (Hrsg.): Sexueller Missbrauch von Kindern: Täter und Opfer. Wiesbaden 1999, S. 63 ff.

Esch, F.-R.: Nonverbale und symbolische Kommunikation durch Gefängnisarchitektur, in: ZfStrVo 1993, S. 78 ff.
Eschke, D.: Mängel im Rechtsschutz gegen Strafvollstreckungs- und Strafvollzugsmaßnahmen. Heidelberg 1993.
Esser, W.: Die Gefangenenmitverantwortung nach § 160 StVollzG. Göttingen 1992.
Essig, K.: Die Entwicklung des Strafvollzuges in den neuen Bundesländern. Bestandsaufnahme und Analyse unter besonderer Berücksichtigung der Situation der Strafvollzugsbediensteten aus der ehemaligen DDR. Mönchengladbach 2000.
European Prison Rules: Recommendation No. R (87) 3 adopted by the Committee of Ministers of the Council of Europe on 12 February 1987 and Explanatory Memorandum. Strasbourg 1987.
Externbrink, D./Schmitz, K.: Maßregelvollzug nach § 64 StGB, in: Reimer, F. (Hrsg.): Maßregelvollzug im psychiatrischen Krankenhaus. Neuss 1991, S. 111 ff.
Di Fabio, U.: Privatisierung und Staatsvorbehalt: zum dogmatischen Schlüsselbegriff der öffentlichen Aufgabe, in: JZ 1999, S. 585 ff.
Feest, J.: Totale Institution und Rechtsschutz, in: KrimJ 1993, S. 8 ff.
Feest, J. (Hrsg.): Kommentar zum Strafvollzugsgesetz (AK-StVollzG). 4. Aufl., Neuwied 2000 (zit.: AK-Bearbeiter).
Feest, J./Bammann, K.: Menschenunwürdige Behandlung von Gefangenen in Deutschland. Vorhandene Kontrollinstanzen, Probleme und Alternativen, in: Reindl, R./Kawamura, G. (Hrsg.): Menschenwürde und Menschenrechte im Umgang mit Straffälligen. Freiburg i.Br. 2000.
Feest, J./Lesting, W./Selling, P.: Totale Institution und Rechtsschutz. Eine Untersuchung zum Rechtsschutz im Strafvollzug. Opladen 1997.
Feest, J./Selling, P.: Rechtstatsachen und Rechtsbeschwerden. Eine Untersuchung zur Praxis der Oberlandesgerichte in Strafvollzugssachen, in: Kaiser, G./Kury, H./Albrecht, H.-J. (Hrsg.): Kriminologische Forschung in den 80er Jahren. Freiburg 1988, S. 247 ff.
Fehl, E.: Monetäre Sanktionen im deutschen Rechtssystem. Frankfurt a.M. u.a. 2002.
Feller, F.: Die strafrechtliche Verantwortung des Entscheidungsträgers für die Gewährung von Vollzugslockerungen nach dem Strafvollzugsgesetz und im Maßregelvollzug. Bochum 1991.
Feltes, Th.: Ist der Strafvollzug am Ende? in: ZfStrVo 1984, S. 195 ff.
Fenton, N.: An introduction to group counseling in State Correctional Service. New York 1958.
Fenton, N./Reimer, E./Wilmer, H.: The Correctional Community – An Introduction and Guide. Berkeley 1967.
v. Feuerbach, P. J. A.: Lehrbuch des gemeinen in Deutschland geltenden Peinlichen Rechts. Gießen 1801.
Feuerhelm, W.: Die gemeinnützige Arbeit im Strafrecht, in: Neue Kriminalpolitik 1/1999, S. 22 ff.
Fezer, G./Paulus, R.: Kommentar zur Strafprozessordnung. Neuwied 1997 (zit.: KMR-Bearbeiter).
Fichtner, D.: Berufs- und Weiterbildungswünsche von Frauen im Strafvollzug des Landes Nordrhein-Westfalen, in: ZfStrVo 1990, S. 82 ff.
Fiedler, H.: Wohltat, Behandlungsmaßnahme, Risiko? Zur ideologischen und pragmatischen Einordnung des Urlaubs aus dem Vollzug, in: ZfStrVo 1996, S. 326 ff.
Figl, E.: „Alle Jahre wieder ..."? Vorzeitige Entlassung von Strafgefangenen aus Anlass des Weihnachtsfestes, in: BewHi 2001, S. 392 ff.

Fischer-Jehle, P.: Frauen im Strafvollzug. Bonn 1991.

Flanagan, T.: Long-term Prisoners: A Study of the Characteristics, Institutional Experience and Perspectives of Long-term Inmates in State Correctional Facilities. New York 1980.

Flügge, Ch.: Das Geschäft mit der Sicherheit: Moderne Technik im Justizvollzug, Technische Überwachung von Menschen, Privatisierung der Strafanstalten, in: ZfStrVo 2000, S. 259 ff.

Flügge, Ch./Maelicke, B./Preusker, H. (Hrsg.): Das Gefängnis als lernende Organisation. Baden-Baden 2001.

Fluhr, H.: Zur Pfändbarkeit der Forderungen des Strafgefangenen, in: ZfStrVo 1989, S. 103 ff.

Försterling, W.: Methoden sozialtherapeutischer Behandlung im Strafvollzug und die Mitwirkungspflicht des Gefangenen. Bochum 1981.

Foucault, M.: Überwachen und Strafen. Die Geburt des Gefängnisses. 4. Aufl., Frankfurt a.M. 1976.

Fraenkel, E.: Der Doppelstaat. Recht und Justiz im „Dritten Reich". Frankfurt a.M. 1984.

Franck, K.: Strafverfahren gegen HIV-Infizierte. Berlin 2001.

Frank, H.: Der Sinn der Strafe, in: BlfGefK 1935, S. 191 f.

Franke, U.: Das Fahrverbot als Hauptstrafe bei allgemeiner Kriminalität? in: ZRP 2002, S. 20 ff.

Franze, K.: Probleme des Vollzugs der Jugendstrafe nach Erwachsenenrecht, in: Jura 1997, S. 72 ff.

Freise, U.: Erfahrungen beim Aufbau eines rechtsstaatlichen Justizvollzuges in den Neuen Bundesländern, in: Bieschke, V./Egg, R. (Hrsg.): Strafvollzug im Wandel – Neue Wege in Ost- und Westdeutschland. Wiesbaden 2001, S. 83 ff.

Frellesen, P.: Konkretisierung des Strafvollzugsgesetzes durch sachfremde Verwaltungsvorschriften, in: NJW 1977, S. 2050 ff.

Freudenthal, B.: Gefängnisrecht und Recht der Fürsorgeerziehung, in: v. Holtzendorff, F./Kohler, J. (Hrsg.): Enzyklopädie der Rechtswissenschaft. Band V. 7. Aufl., München 1914/15, S. 77 ff.

Freudenthal, B.: Die staatsrechtliche Stellung des Gefangenen. Jena 1910. Abgedruckt in: ZfStrVo 1955, S. 157 ff.

Freytag, H.: Resozialisierungsfonds in der Bundesrepublik Deutschland – eine Bestandsaufnahme, in: ZfStrVo 1990, S. 259 ff.

Friauf, K./Höfling, W. (Hrsg.): Berliner Kommentar zum Grundgesetz. Berlin 2000 (zit.: BKGG-Bearbeiter).

Frisch, W.: Dogmatische Grundfragen der bedingten Entlassung und der Lockerungen des Vollzugs von Strafen und Maßregeln, in: ZStW 1990, S. 707 ff.

Frisch, W.: Verantwortbare Risiken? Rechtsdogmatische Grundfragen der bedingten Entlassung und von Vollzugslockerungen, in: Neue Kriminalpolitik 1/1996, S. 24 ff.

Frowein, J./Peukert, W.: EMRK-Kommentar. 2. Aufl., Kehl/Arlington 1996.

Funck, A.: Schuld und Sühne im Strafvollzug, in: ZRP 1985, S. 137 ff.

Futter, U.: Therapie von Sexualstraftätern im baden-württembergischen Justizvollzug: Gesamtkonzeption, Umsetzung, Erfahrungen, in: Egg, R. (Hrsg.): Behandlung von Sexualstraftätern im Justizvollzug. Wiesbaden 2000, S. 99 ff.

Gahlen, J.: Der Leiter der Arbeitsverwaltung/Arbeitsinspektor, in: Schwind, H.-D./Blau, G. (Hrsg.): Strafvollzug in der Praxis. 2. Aufl., Berlin – New York 1988, S. 133 ff.

Gandela, J.: Anstaltsbeiräte, in: Schwind, H.-D./Blau, G. (Hrsg.): Strafvollzug in der Praxis. 2. Aufl., Berlin – New York 1988, S. 229 ff.

Garabedian, P.: Social Roles and Processes of Socialization in the Prison Community, in: Social Problems, Vol. 11, 1963, S. 139 ff.

Garfinkel, H.: Bedingungen für den Erfolg von Degradierungszeremonien, in: Gruppendynamik 1974, S. 77 ff.

Gebauer, M.: Die Rechtswirklichkeit der Untersuchungshaft in der Bundesrepublik Deutschland. München 1987.

Gebauer, M./Jehle, J.-M.: Die strafrechtliche Unterbringung in einem psychiatrischen Krankenhaus. Probleme und Perspektiven. Wiesbaden 1993.

Gehlhaar, S./Hennings, J.: Die Rolle des Psychologen im Strafvollzug aus der Sicht von Anstaltsbediensteten, in: ZfStrVo 1983, S. 29 ff.

Geissler, I.: Ausbildung und Arbeit im Jugendstrafvollzug – Haftverlaufs- und Rückfallanalyse. Freiburg 1991.

v. Gélieu, C.: Frauen in Haft. Berlin 1994.

Geppert, K.: Freiheit und Zwang im Strafvollzug. Tübingen 1976.

Geppert, K.: Zum Einsichtsrecht des Strafgefangenen in die anstaltsärztlichen Krankenunterlagen, in: Festschrift zum 125-jährigen Bestehen der Juristischen Gesellschaft zu Berlin. Berlin – New York 1984, S. 151 ff.

Gerken, J.: Anstaltsbeiräte. Erwartungen an die Beteiligung der Öffentlichkeit am Strafvollzug und praktische Erfahrungen in Hamburg. Frankfurt a.M. u.a. 1986.

Gerstner, St./Goebel, B.: Grundrechtsschutz in Europa, in: Jura 1993, S. 626 ff.

Giehring, H.: Das Absehen von der Strafvollstreckung bei Ausweisung und Auslieferung ausländischer Strafgefangener nach § 456a StPO, in: Festschrift zum 125-jährigen Bestehen der Staatsanwaltschaft Schleswig-Holstein. Köln u.a. 1992, S. 499 ff.

Gillen, Ch.: Das Verhältnis von Ehren- und Privatsphärenschutz im Strafrecht. Frankfurt a.M. u.a. 1999.

Gilsenbach, R.: Die Verfolgung der Sinti – ein Weg, der nach Auschwitz führte, in: Beiträge zur Nationalsozialistischen Gesundheits- und Sozialpolitik 6: Feinderklärung und Prävention – Kriminalbiologie, Zigeunerforschung und Asozialenpolitik. Berlin 1988, S. 11 ff.

Goderbauer, R.: Grundzüge des Sozialen Trainings im Strafvollzug, in: Justizministerium Baden-Württemberg (Hrsg.): Soziales Training und Sozialarbeit. Stuttgart 1984, S. 31 ff.

Goderbauer, R.: Stationäre Behandlung von Sexualstraftätern im Strafvollzug, in: Egg, R. (Hrsg.): Sexueller Missbrauch von Kindern. Wiesbaden 1999, S. 157 ff.

Goderbauer, R.: Behandlungsnotwendigkeiten und Behandlungsvoraussetzungen bei Sexualstraftätern, in: Egg, R. (Hrsg.): Behandlung von Sexualstraftätern im Justizvollzug. Wiesbaden 2000, S. 167 ff.

Gödl, W.: Group Counselling im Gefüge des österreichischen Strafvollzuges, in: Bundesministerium für Justiz (Hrsg.): 25 Jahre Group Counselling im österreichischen Strafvollzug. Wien 1996, S. 23 ff.

Goffman, E.: Asyle. Über die soziale Situation psychiatrischer Patienten und anderer Insassen. 4. Aufl., Frankfurt a.M. 1981.

Gola, P./Schomerus, R.: Bundesdatenschutzgesetz (BDSG). 5. Aufl., München 1997.

Goll, U./Wulf, R.: Schutz vor besonders rückfallgefährdeten Straftätern: Das baden-württembergische Modell, in: ZRP 2001, S. 284 ff.

Gollan, L.: Private Sicherheitsdienste in der Risikogesellschaft. Freiburg i.Br. 1999.

Göppinger, H.: Kriminologie. 5. Aufl., München 1997.
Götte, S.: Die Mitbetroffenheit der Kinder und Ehepartner von Strafgefangenen. Berlin 2000.
Gräf, D.: Die Missachtung der Menschenrechte und der rechtsstaatlichen Grundsätze durch die Justiz, in: Enquete-Kommission „Aufarbeitung von Geschichte und Folgen der SED-Diktatur in Deutschland". Band IV: Recht, Justiz und Polizei im SED-Staat. Frankfurt a.M. 1995, S. 451 ff.
Gramm, Ch.: Schranken der Personalprivatisierung bei der inneren Sicherheit, in: VerwArch 1999, S. 329 ff.
Gramm, Ch.: Privatisierung und notwendige Staatsaufgaben. Berlin 2001.
Granzow, B./Püschel, K.: Todesfälle im Hamburger Strafvollzug 1962–1995, in: ArchKrim 1998, S. 1 ff.
Grau, G.: Homosexualität in der NS-Zeit. Frankfurt a.M. 1993.
Graunke, M.: Abschiebungshaft. Eine rechtssoziologische Untersuchung zur Umsetzung des Rechts der Abschiebungshaft. Aachen 2001.
Greiner, A.: Wegschließen, und zwar für immer? in: Kriminalistik 2001, S. 650 ff.
Gronemeyer, D.: Zur Reformbedürftigkeit der strafrechtlichen Fahrerlaubnisentziehung und des strafrechtlichen Fahrverbots. Frankfurt a.M. u.a. 2001.
Groß, K.-H.: Zum Absehen von der Strafvollstreckung gegenüber Ausländern nach § 456a StPO, in: StrVert 1987, S. 36 ff.
Grunau, Th.: Vollzug von Freiheitsentziehung. Teil II: Erläuterungen zur Dienst- und Vollzugsordnung. Köln u.a. 1972.
Grunau, Th./Tiesler, E.: Strafvollzugsgesetz. 2. Aufl., Köln u.a. 1982.
Grünebaum, R.: Zur Strafbarkeit der Bediensteten der Maßregelkrankenhäuser wegen fehlgeschlagener Vollzugslockerung, in: BewHi 1990, S. 241 ff.
Grünebaum, R.: Zur Strafbarkeit der Therapeuten im Maßregelvollzug bei fehlgeschlagenen Lockerungen. Frankfurt a.M. 1996.
Grünwald, G.: Überlegungen zur lebenslangen Freiheitsstrafe, in: Festschrift für Bemmann. Baden-Baden 1997, S. 161 ff.
Grützner, H./Pötz, P.-G.: Internationaler Rechtshilfeverkehr in Strafsachen. Heidelberg 2001.
Günther, K.: Die Konstitutionalisierung des Strafvollzuges durch das Bundesverfassungsgericht – Ein Beispiel für die Fragilität der Verfassungsdynamik (BVerfGE 33, 1 ff.), in: KritV 2000, S. 298 ff.
Gusy, Ch.: Verfassungsrechtliche Probleme der §§ 28 ff. StVollzG, in: Festschrift für Bemmann. Baden-Baden 1997, S. 673 ff.
Gusy, Ch.: Zulässigkeit und Grenzen des Einsatzes privater Sicherheitsdienste im Strafvollzug, in: Stober, R. (Hrsg.): Privatisierung im Strafvollzug? Köln u.a. 2001, S. 5 ff.
Gusy, Ch./Lührmann, O.: Rechtliche Grenzen des Einsatzes privater Sicherheitsdienste im Strafvollzug, in: StrVert 2001, S. 46 ff.
Gutman, I. (Hrsg.): Enzyklopädie des Holocaust – Die Verfolgung und Ermordung der europäischen Juden. Berlin 1993.
Haberstroh, D.: Grundlagen des Strafvollzugsrechts, in: Jura 1982, S. 617 ff.
Häberle, P.: Die Menschenwürde als Grundlage der staatlichen Gemeinschaft, in: Isensee, J./Kirchhof, P. (Hrsg.): Handbuch des Staatsrechts. Band I. 2. Aufl., Heidelberg 1995, S. 815 ff.
Hadamek, R.: Art. 10 GG und die Privatisierung der Deutschen Bundespost. Berlin 2002.

Hagemann, O.: Leistungsgerechte Entlohnung im Strafvollzug: das Hamburger Modell, in: MschrKrim 1995, S. 341 ff.

Hagenmeier, M.: Abschiebungshaft – Seelsorgerische Erfahrungen und Anfragen an das Recht, in: Neue Kriminalpolitik 1/2000, S. 10 ff.

Hammerschlag, H./Schwarz, O.: Das Gesetz zur Bekämpfung von Sexualdelikten und anderen gefährlichen Straftaten, in: NStZ 1998, S. 321 ff.

Hanack, E.-W.: Nachträgliche Anordnung von Sicherungsverwahrung? in: Festschrift für Rieß. Berlin – New York 2002, S. 709 ff.

Harbordt, S.: Die Subkultur des Gefängnisses. 2. Aufl., Stuttgart 1972.

Hardes, M.: Gesetzliche Grundfragen der beruflichen Bildung für Gefangene, in: ZfStrVo 1995, S. 273 ff.

Hardes, M.: Leistungen für Gefangene bei Arbeitslosigkeit, in: ZfStrVo 2001, S. 139 ff.

Harding, R. W.: Private Prisons and Public Accountability. Buckingham 1997.

Harjes, U.: „Frauenfreigang" zur Versorgung der Kinder und des Haushaltes – Vorschlag einer Verwaltungsvorschrift zu § 11 StVollzG, in: ZfStrVo 1985, S. 284 ff.

v. Harling, A.: Der Missbrauch von Vollzugslockerungen zu Straftaten. München 1997.

Harmening, K.: Therapie von Sexualstraftätern im Justizvollzug des Landes Niedersachsen: Ausgangssituation und Grundsätze, in: Egg, R. (Hrsg.): Behandlung von Sexualstraftätern im Justizvollzug. Wiesbaden 2000, S. 125 ff.

Härri, M.: Zur Problematik des vorzeitigen Strafantritts. Bern 1987.

Hartmann, Th.: Zu den Rahmenbedingungen von Psychotherapie mit (Sexual-)Straftätern im Regelstrafvollzug, in: Recht und Psychiatrie 1999, S. 70 ff.

Hassemer, W.: Über die absehbare Zukunft des Datenschutzes, in: Prittwitz, C. (Hrsg.): Strafrecht und Menschenwürde. Baden-Baden 1998, S. 73 ff.

Hauf, C.-J.: Strafvollzug. Neuwied 1994.

Haverkamp, R.: Intensivüberwachung mit elektronischer Kontrolle, in: BewHi 1999, S. 51 ff.

Haverkamp, R.: Intensivüberwachung mit elektronischer Kontrolle. Das schwedische Modell, seine Bedingungen und Ergebnisse, in: Kawamura, G./Reindl, R. (Hrsg.): Strafe zu Hause: die elektronische Fußfessel. Freiburg i.Br. 1999a, S. 21 ff.

de la Haye, J.: La Guillotine du Sexe. Paris 1978.

Hefendehl, R.: Die rechtliche Zulässigkeit der derzeitigen faktischen Behandlung von HIV-Infizierten im Strafvollzug, in: ZfStrVo 1996, S. 136 ff.

Heghmanns, M.: Die Anhörung des Gefangenen im vollzugsrechtlichen Disziplinarverfahren, in: ZfStrVo 1998, S. 232 ff.

Heghmanns, M.: Die neuere Rechtsprechung des Bundesverfassungsgerichts zur gerichtlichen Überprüfung der Versagung von Vollzugslockerungen – eine Trendwende? in: ZStW 1999, S. 647 ff.

Heghmanns, M.: Fahrverbot, Arbeitsstrafe und Hausarrest als taugliche Instrumente zur Vermeidung von unnötigem Strafvollzug? in: ZRP 1999a, S. 297 ff.

Heghmanns, M.: Verteidigung in Strafvollstreckung und Strafvollzug. Baden-Baden 2001.

Heide, J.: Medizinische Zwangsbehandlung. Berlin 2001.

Heinrich, M.: Ansätze zur Reform des Erwachsenenstrafvollzugs, in: JA 1995, S. 75 ff.

Heinz, W.: Jugendgerichtshilfe in den 90er Jahren, in: BewHi 1988, S. 261 ff.

Heischel, O.: Pressefreiheit gegen Strafgefangene, in: ZfStrVo 1995, S. 351 ff.

Hellstern, F.: Handbuch für den Strafvollzug. Regensburg – Bonn 1997.

Henze, H.: Der allgemeine (mittlere) Vollzugsdienst, in: Schwind, H.-D./Blau, G. (Hrsg.): Strafvollzug in der Praxis. 2. Aufl., Berlin – New York 1988, S. 154 ff.

Henze, H.: Mindestanforderungen an sozialtherapeutische Abteilungen aus rechtlicher Sicht, in: KrimPäd Heft 30, 1990, S. 18 ff.
Hermann, D.: Die Konstruktion von Realität in Justizakten, in: Zeitschrift für Soziologie 1987, S. 44 ff.
Hermann, D./Berger, S.: Prisonisierung im Frauenstrafvollzug, in: MschrKrim 1997, S. 370 ff.
Hermann, D./Kerner, H.-J.: Die Eigendynamik der Rückfallkriminalität, in: KZfSS 1988, S. 485 ff.
Hessisches Ministerium der Justiz: Justizvollzug in Hessen – Informationen und Zahlen. Wiesbaden 1995.
Hessler, H. D.: Justizvollzugsanstalten in privater Trägerschaft, in: Schäfer, K. H./Sievering, U. O. (Hrsg.): Strafvollzug im Wandel – Privatisierung contra Resozialisierung? Frankfurt a.M. 1999, S. 39 ff.
Hettinger, M.: Entwicklungen im Strafrecht und Strafverfahrensrecht der Gegenwart. Heidelberg 1997.
Heyme, T./Schumann, F.: „Ich kam mir vor wie'n Tier" – Knast in der DDR. Berlin 1991.
Hilberg, R.: Die Vernichtung der europäischen Juden. Frankfurt a.M. 1990.
Hinrichs, G.: Was ist „Tatverarbeitung" und wozu kann sie dienen? in: MschrKrim 1994, S. 95 ff.
v. Hinüber, M.: Schutz der Menschenwürde im Vollzug der Freiheitsentziehung aufgrund strafrichterlicher Entscheidung, in: StrVert 1994, S. 212 ff.
v. Hippel, R.: Beiträge zur Geschichte der Freiheitsstrafe, in: ZStW 1898, S. 419 ff., 608 ff.
v. Hippel, R.: Die geschichtliche Entwicklung der Freiheitsstrafe, in: Bumke, E. (Hrsg.): Deutsches Gefängniswesen. Berlin 1928, S. 1 ff.
Hoeck-Gradenwitz, E.: Probleme der Psychotherapie und der Sozialtherapie von Delinquenten nach den Erfahrungen in Dänemark, in: Ehrhardt, H. (Hrsg.): Perspektiven der heutigen Psychiatrie. Frankfurt a.M. 1972, S. 246 ff.
Hoffmann, K.: Grenzen der Unfreiheit. Konturen der Versagungen aus Behandlungsgründen im Strafvollzug. Mönchengladbach 2000.
Hoffmann-Riem, W.: Justizdienstleistungen im kooperativen Staat, in: JZ 1999, S. 421 ff.
Hoffmeyer, C.: Grundrechte im Strafvollzug. Karlsruhe 1979.
Höflich, P./Schriever, W.: Grundriss Vollzugsrecht. 2. Aufl., Berlin – Heidelberg 1998.
Hohage, B./Walter, M./Neubacher, F.: Die Entwicklung der personellen Ausstattung der Justizvollzugsanstalten in Abhängigkeit von kriminalpolitischen Strömungen, in: ZfStrVo 2000, S. 136 ff.
Hohmeier, J.: Soziale Verhaltenstypen bei Insassen von Strafanstalten, in: MschrKrim 1971, S. 1 ff.
Hohmeier, J.: Aufsicht und Resozialisierung. Stuttgart 1973.
Hohmeier, J.: Probleme der Sozialarbeit im Strafvollzug, in: Informationsdienst Sozialarbeit, Heft 19, 1975, S. 25 ff.
Hohmeier, J.: Die soziale Situation des Strafgefangenen: Deprivation der Haft und ihre Folgen, in: Lüderssen, K./Sack, F. (Hrsg.): Seminar Abweichendes Verhalten III. Die gesellschaftliche Reaktion auf Kriminalität. Band 2: Strafprozess und Strafvollzug. Frankfurt a.M. 1977, S. 433 ff.
Holzbauer, A./Brugger, S.: Strafvollzugsgesetz. Wien 1996.
Hompesch, R./Kawamura, G./Reindl, R. (Hrsg.): Verarmung – Abweichung – Kriminalität. Straffälligenhilfe vor dem Hintergrund gesellschaftlicher Polarisierung. Bonn 1996.

Hoppensack, H.: Über die Strafanstalt und ihre Wirkung auf Einstellung und Verhalten von Gefangenen. Göttingen 1969.

Horn, E.: Anmerkung zum Beschluss des OLG Karlsruhe v. 2.11.1982, in: JR 1983, S. 380 ff.

Horstkotte, H.: Einige Überlegungen zur Reform des Maßregelrechts, in: Gebauer, M./Jehle, J.-M. (Hrsg.): Die strafrechtliche Unterbringung in einem psychiatrischen Krankenhaus. Wiesbaden 1993, S. 187 ff.

Horstkotte, H.: Realität und notwendige Grenzen der Abschiebehaft, in: Neue Kriminalpolitik 4/1999, S. 31 ff.

Howard, J.: The State of the Prisons in England and Wales (deutsche Übersetzung von Köster, G.). Leipzig 1780.

Huber, F.: Wahrnehmung von Aufgaben im Bereich der Gefahrenabwehr durch das Sicherheits- und Bewachungsgewerbe: eine rechtsvergleichende Untersuchung zu Deutschland und den USA. Berlin 2000.

Hudy, M.: Elektronisch überwachter Hausarrest. Befunde zur Zielgruppenplanung und Probleme einer Implementation in das deutsche Sanktionensystem. Baden-Baden 1999.

Hudy, M.: Die Versuche mit elektronisch überwachtem Hausarrest in Großbritannien – kriminalpolitischer Hintergrund, Zielgruppen und Erfahrungen, in: Kawamura, G./Reindl, R. (Hrsg.): Strafe zu Hause: die elektronische Fußfessel. Freiburg i.Br. 1999a, S. 55 ff.

Hürlimann, M.: Führer und Einflussfaktoren in der Subkultur des Strafvollzugs. Pfaffenweiler 1993.

Ipsen, J.: Staatsrecht II – Grundrechte. 5. Aufl., Neuwied 2002.

Isak, F./Wagner, A.: Strafvollstreckung. 6. Aufl., München 1999.

Jacob, J.: Drogenhilfe im Justizvollzug, in: Jacob, J./Keppler, K./Stöver, H. (Hrsg.): Leb-Haft: Gesundheitsförderung für Drogen Gebrauchende im Strafvollzug. Teil 2. Berlin 2001, S. 12 ff.

Jacob, J./Keppler, K./Stöver, H. (Hrsg.): Drogengebrauch und Infektionsgeschehen (HIV/AIDS und Hepatitis) im Strafvollzug. Berlin 1997.

Jacob, J./Keppler, K./Stöver, H. (Hrsg.): LebHaft: Gesundheitsförderung für Drogen Gebrauchende im Strafvollzug. Teil 1 und 2. Berlin 2001.

Jacobsen, H.: Bedingt aus § 63 StGB entlassene Probanden, in: Kammeier, H./Schumann, V. (Hrsg.): Wiedereingliederung psychisch kranker Rechtsbrecher. Lippstadt 1987, S. 66.

Jäger, M.: „Wege aus dem Labyrinth" – zu therapeutischer Arbeit bei sexuellem Missbrauch von Kindern, in: MschrKrim 1998, S. 38 ff.

Jäger, M.: Sicherheit durch Therapie – Alibifunktion der Strafgesetzgebung? in: ZRP 2001, S. 28 ff.

Jarass, H./Pieroth, B.: Grundgesetz für die Bundesrepublik Deutschland. 6. Aufl., München 2002.

Jehle, J.-M. (Hrsg.): Der Kriminologische Dienst in der Bundesrepublik Deutschland. Wiesbaden 1988.

Jehle, J.-M.: Die Kriminologische Zentralstelle – Programm, Organisation, Projekte, in: Kaiser, G./Kury, H./Albrecht, H.-J. (Hrsg.): Kriminologische Forschung in den 80er Jahren. Berichte aus der Bundesrepublik Deutschland, der Deutschen Demokratischen Republik, Österreich und der Schweiz. Freiburg i.Br. 1988a, S. 199 ff.

Jehle, J.-M.: Arbeit und Entlohnung von Strafgefangenen, in: ZfStrVo 1994, S. 259 ff.

Jescheck, H.-H.: Der erste Kongress der Vereinten Nationen über die Verhütung von Verbrechen und die Behandlung von Straffälligen, in: ZStW 1955, S. 137 ff.
Jescheck, H.-H.: Die Freiheitsstrafe und ihre Surrogate in rechtsvergleichender Darstellung, in: Jescheck, H.-H. (Hrsg.): Die Freiheitsstrafe und ihre Surrogate im deutschen und ausländischen Recht. Baden-Baden 1984, S. 1939 ff.
Jescheck, H.-H./Weigend, Th.: Lehrbuch des Strafrechts. Allgemeiner Teil. 5. Aufl., Berlin 1996.
Jolin, A./Rogers, R.: Elektronisch überwachter Hausarrest: Darstellung einer Strafvollzugsalternative in den Vereinigten Staaten, in: MschrKrim 1990, S. 201 ff.
Jones, M.: Social Psychiatry in the Community in Hospitals and in Prisons. Springfield 1962.
Judith, U.: Konzept für die intramurale Behandlung von Sexualstraftätern. Mainz 1995.
Julius, N.: Vorlesungen über die Gefängniskunde oder über die Verbesserung der Gefängnisse. Berlin 1828.
Jung, H.: Behandlung als Rechtsbegriff, in: ZfStrVo 1987, S. 38 ff.
Jung, H.: Paradigmawechsel im Strafvollzug – Eine Problemskizze zur Privatisierung der Gefängnisse, in: Kaiser, G./Kury, H./Albrecht, H.-J.: Kriminologische Forschung in den 80er Jahren. Freiburg 1988, S. 377 ff.
Jung, H.: Das Gefängnis als Symbol, in: ZfStrVo 1993, S. 339.
Jung, H.: Zur Privatisierung des Strafrechts, in: Jung, H./Müller-Dietz, H./Neumann, U. (Hrsg.): Perspektiven der Strafrechtsentwicklung. Baden-Baden 1996, S. 69 ff.
Jung, H./Müller-Dietz, H. (Hrsg.): Langer Freiheitsentzug – wie lange noch? Plädoyer für eine antizyklische Kriminalpolitik. Bonn 1994.
Jung, S.: Richterliche Kontrolle bei Strafvollstreckung und Strafvollzug. Frankfurt a.M. u.a. 2001.
Justizministerium des Landes Nordrhein-Westfalen: Der allgemeine Vollzugsdienst. Düsseldorf 1993b.
Justizministerium des Landes Nordrhein-Westfalen: Frauenkriminalität und Strafvollzug. Düsseldorf 1998.
Justizministerium des Landes Nordrhein-Westfalen: Strafvollzug in Nordrhein-Westfalen. 12. Aufl., Düsseldorf 2000.
Justizministerium des Landes Nordrhein-Westfalen: Justiz in Zahlen. Düsseldorf 2001.
Kaiser, G.: Täter-Opfer-Ausgleich nach dem SPD-Entwurf eines Gesetzes zur Reform des strafrechtlichen Sanktionensystems, in: ZRP 1994, S. 314 ff.
Kaiser, G.: Strafvollstreckungsrecht: Die äußere Kontrolle der Gesetzlichkeit der Strafvollstreckung, in: Eser, A./Kaiser, G. (Hrsg.): Strafrechtsreform, Strafverfahrensrecht, Wirtschafts- und Umweltstrafrecht, Strafvollstreckungsrecht. Baden-Baden 1995, S. 297 ff.
Kaiser, G.: Kriminologie. 3. Aufl., Heidelberg 1996.
Kaiser, G.: Europäischer Antifolterausschuss und krimineller Machtmissbrauch, in: Festschrift für Triffterer. Wien 1996a, S. 777 ff.
Kaiser, G.: Deutscher Strafvollzug in europäischer Perspektive, in: Festschrift für Böhm. Berlin – New York 1999, S. 25 ff.
Kaiser, G.: Strafvollzug unter totalitärer Herrschaft, in: Festschrift für Müller-Dietz. München 2001, S. 327 ff.
Kaiser, G./Schöch, H.: Kriminologie, Jugendstrafrecht, Strafvollzug. 5. Aufl., München 2001.
Kaiser, G./Schöch, H.: Strafvollzug. 5. Aufl., Heidelberg 2002.

van Kalmthout, A.: Abgewiesen und Abgeschoben, in: Neue Kriminalpolitik 4/1999, S. 25 ff.
van Kalmthout, A./Dünkel, F.: Ambulante Sanktionen und Maßnahmen in Europa, in: Neue Kriminalpolitik 4/2000, S. 26 ff.
Kamann, U.: Gerichtlicher Rechtsschutz. Grenzen und Möglichkeiten der Kontrollen vollzuglicher Maßnahmen am Beispiel der Strafvollstreckungskammer beim Landgericht Arnsberg. Pfaffenweiler 1991.
Kamann, U.: Anmerkung zum Beschluss des BVerfG v. 30.4.1993, in: StrVert 1993, S. 485 f.
Kamann, U.: Der Richter als Mediator im Gefängnis: Idee, Wirklichkeit und Möglichkeit, in: KrimJ 1993a, S. 13 ff.
Kamann, U.: Der Beurteilungsspielraum und sein Einfluss auf die Ver-un-rechtlichung des Strafvollzuges, in: ZRP 1994, S. 474 ff.
Kamann, U.: Der hierarchische Anstaltsleiter und seine Bedeutung für die Liquidierung des Behandlungsvollzuges, in: Betrifft Justiz Nr. 50/1997, S. 81 ff.
Kamann, U.: Therapeuten in Uniform? Das Ende der Schweigepflicht im Strafvollzug, in: Betrifft Justiz Nr. 55/1998, S. 321 f.
Kamann, U.: Das Urteil des Bundesverfassungsgerichts vom 1.7.1998 zur Gefangenenentlohnung, ein nicht kategorischer Imperativ für den Resozialisierungsvollzug, in: StrVert 1999, S. 348 ff.
Kamann, U.: Datenschutz im Strafvollzug – Verfassungsgebot und Wirklichkeit, in: ZfStrVo 2000, S. 84 ff.
Kammeier, H.: Maßregelrecht. Kriminalpolitik, Normgenese und systematische Struktur einer schuldunabhängigen Gefahrenabwehr. Berlin – New York 1996.
Kammeier, H. (Hrsg.): Maßregelvollzugsrecht. 2. Aufl., Berlin – New York 2002.
Kaufmann, B./Dobler-Mikola, H./Uchtenhagen, A.: Kontrollierte Opiatabgabe im schweizerischen Strafvollzug, in: Jacob, J./Keppler, K./Stöver, H. (Hrsg.): LebHaft: Gesundheitsförderung für Drogen Gebrauchende im Strafvollzug. Teil 2. Berlin 2001, S. 127 ff.
Kaufmann, H.: Kriminologie III. Strafvollzug und Sozialtherapie. Stuttgart u.a. 1977.
Kawamura, G.: Täter-Opfer-Ausgleich und Wiedergutmachung im Strafvollzug? in: ZfStrVo 1994, S. 3 ff.
Kawamura, G.: Strafe zu Hause? in: Neue Kriminalpolitik 1/1999, S. 7 ff.
Keck, F.: Die systematische Einordnung von Haftkosten, in: NStZ 1989, S. 309 ff.
Kempe, Ch.: Sexualtäter und Sozialtherapie, in: ZfStrVo 1997, S. 332 ff.
Kemter, E.: Schulden und Schuldenregulierung der Gefangenen in sächsischen Justizvollzugsanstalten. Leipzig 1999.
Keppler, K.: Die Substitutionsbehandlung mit Methadon im Justizvollzug der Bundesrepublik Deutschland, in: Jacob, J./Keppler, K./Stöver, H. (Hrsg.): Drogengebrauch und Infektionsgeschehen (HIV/AIDS und Hepatitis) im Strafvollzug. Berlin 1997, S. 73 ff.
Keppler, K./Schaper, G.: Das Spritzenumtauschprogramm in der JVA für Frauen in Vechta/Niedersachsen, in: Jacob, J./Keppler, K./Stöver, H. (Hrsg.): LebHaft: Gesundheitsförderung für Drogen Gebrauchende im Strafvollzug. Teil 2. Berlin 2001, S. 31 ff.
Kern, J.: Brauchen wir die Sicherungsverwahrung? – Zur Problematik des § 66 StGB. Frankfurt a.M. 1997a.
Kern, J.: Zum Ausmaß des Drogenmissbrauchs in den Justizvollzugsanstalten und den Möglichkeiten seiner Eindämmung, in: ZfStrVo 1997b, S. 90 ff.

Kerner, H.-J.: Erfolgsbeurteilung nach Strafvollzug, in: Kerner, H.-J./Dolde, G./Mey, H.-G. (Hrsg.): Jugendstrafvollzug und Bewährung. Bonn 1996, S. 3 ff.

Kerner, H.-J./Janssen, H.: Rückfall nach Verbüßung einer Jugendstrafe, in: Kerner, H.-J./ Dolde, G./Mey, H.-G. (Hrsg.): Jugendstrafvollzug und Bewährung. Bonn 1996, S. 137 ff.

Kerner, H.-J./Streng, F.: Anmerkung zum Beschluss des KG v. 19.7.1983, in: NStZ 1984, S. 95 f.

Kessler, D.: Stasi-Knast. Berlin 2001.

Kiesel, M.: Anmerkung zum Beschluss des BVerfG v. 12.9.1994, in: JR 1995, S. 381 ff.

Kintrup, R.: Ausfallentschädigung für Strafgefangene im Strafvollzug, in: NStZ 2001, S. 127 ff.

Kintzi, H.: Anmerkung zum Beschluss des BGH v. 22.11.1994, in: JR 1995, S. 249 f.

Kinzig, J.: Die Sicherungsverwahrung auf dem Prüfstand. Ergebnisse einer theoretischen und empirischen Bestandsaufnahme des Zustandes einer Maßregel. Freiburg i.Br. 1996.

Kirchner, G.: Verfassungsgrundsätze und betriebswirtschaftliches Management im Justizvollzug, in: Schäfer, K. H./Sievering, U. O. (Hrsg.): Strafvollzug im Wandel – Privatisierung contra Resozialisierung? Frankfurt a.M. 1999, S. 45 ff.

Klein, A.: Gnade – ein Fremdkörper im Rechtsstaat? Frankfurt a.M. u.a. 2001.

Kleinknecht, Th./Meyer-Goßner, L.: Strafprozessordnung. 45. Aufl., München 2001.

Klesczewski, D.: Anmerkung zum Beschluss des OLG Hamburg v. 23.9.1991, in: NStZ 1992, S. 351 f.

Klesczewski, D.: Anmerkung zum Urteil des OLG Hamburg v. 2.8.1995, in: NStZ 1996, S. 103 f.

Klesczewski, D.: Anmerkung zum Urteil des BGH v. 30.4.1997, in: JZ 1998, S. 310 ff.

Klingst, M.: Die Täter sind anders – Was Resozialisierung bewirken kann, muss neu überlegt werden, in: DIE ZEIT Nr. 25/1997, S. 4.

Klocke, G.: Geschlossener Sprachvollzug? in: ZfStrVo 2000, S. 21 ff.

Klotz, W.: Strafentlassenenhilfe, in: Salmann, M. (Hrsg.): Soziale Arbeit mit Straffälligen. Frankfurt u.a. 1986, S. 89 ff.

Knoche, Ch.: Besuchsverkehr im Strafvollzug. Frankfurt a.M. u.a. 1987.

Koch, H.: Evangelische Seelsorge, in: Schwind, H.-D./Blau, G. (Hrsg.): Strafvollzug in der Praxis. 2. Aufl., Berlin – New York 1988, S. 209 ff.

Koch, R.: Die rechtliche Behandlung zweckgebunden eingezahlter Gelder, in: ZfStrVo 1994, S. 267 ff.

Koch, R.: Zur Ausübung von Notwehrrechten im Rahmen der Anwendung unmittelbaren Zwanges gem. §§ 94 ff. StVollzG, in: ZfStrVo 1995, S. 27 ff.

Koeppel, Th.: Kontrolle des Strafvollzuges. Mönchengladbach 1999.

Koepsel, K.: Strafvollzug im Sozialstaat. Die Auswirkungen des Sozialstaatsprinzips auf das Strafvollzugsrecht. Hamburg 1985.

Koepsel, K.: Gefangenenmitverantwortung, in: Schwind, H.-D./Blau, G. (Hrsg.): Strafvollzug in der Praxis. 2. Aufl., Berlin – New York 1988, S. 308 ff.

Koepsel, K.: Besondere Probleme verheirateter Strafgefangener, in: ZfStrVo 1989, S. 151 ff.

Koepsel, K.: Der erste Repräsentant einer Justizvollzugsanstalt – der Anstaltsleiter, in: Gedächtnisschrift für Krebs. Pfaffenweiler 1994, S. 134 ff.

Koepsel, K.: Prüfstein Praxis – Entspricht die Ausbildung in Sozialarbeit den Anforderungen der Vollzugspraxis? in: BewHi 1998, S. 45 ff.

Koepsel, K.: Resozialisierungsziele auf dem Prüfstand – Oder: Sind neue Sicherheitsstrategien für den Strafvollzug erforderlich, in: Kriminalistik 1999, S. 81 ff.
Koepsel, K.: Privatisierung des Strafvollzuges als Lösung sanktionsrechtlicher und fiskalischer Probleme, in: BewHi 2001, S. 148 ff.
Köhne, M.: Geschlechtertrennung im Strafvollzug, in: BewHi 2002, S. 221 ff.
Köhne, M.: Alkohol im Strafvollzug, in: ZRP 2002a, S. 168 f.
Kölbel, R.: Strafgefangene als Eigentümer und Vertragspartner. Überlegungen zur Rechtsstellung in der Haft, in: StrVert 1999, S. 498 ff.
Komitee für Grundrechte und Demokratie (Hrsg.): Wider die lebenslange Freiheitsstrafe. Erfahrungen, Analysen, Konsequenzen aus menschenrechtlicher Sicht. Sensbachtal 1990.
Konrad, N.: Fehleinweisungen in den psychiatrischen Maßregelvollzug, in: NStZ 1991, S. 315 ff.
Konrad, N.: Sexualstraftäter und Sozialtherapeutische Anstalt: Nach der Gesetzesänderung – Eine Stellungnahme aus der Perspektive der Forensischen Psychiatrie und Psychotherapie, in: ZfStrVo 1998, S. 265 ff.
Konrad, N.: Suizid in Haft – Europäische Entwicklungen, in: ZfStrVo 2001, S. 103 ff.
Konrad, W.: Pfändbarkeit der Geldforderungen von Strafgefangenen, in: ZfStrVo 1990, S. 203 ff.
König, P.: Fahrverbot bei allgemeiner Kriminalität? in: NZV 2001, S. 6 ff.
Koop, G.: Drogenabhängige im Gefängnis – Möglichkeiten und Grenzen der Betreuung, in: KrimPäd Heft 19/20, 1985, S. 20 ff.
Koop, G.: Ist uns die Kundschaft aus dem Auge geraten? in: KrimPäd Heft 41, 2002, S. 4 ff.
Koop, G./Kappenberg, B. (Hrsg.): Praxis der Untersuchungshaft. Lingen 1988.
Korndörfer, H.: Bauen für den Strafvollzug, in: ZfStrVo 1993, S. 337 f.
Korndörfer, H.: Aspekte der Sicherheit im Justizvollzug, in: BewHi 2001, S. 158 ff.
Körner, H.: Betäubungsmittelgesetz. 5. Aufl., München 2001.
Kösling, K.-G.: Die Bedeutung verwaltungsprozessualer Normen und Grundsätze für das gerichtliche Verfahren nach dem Strafvollzugsgesetz. Mainz 1991.
Krahl, M.: Anmerkung zum Beschluss des OLG Hamburg v. 23.9.1991, in: NStZ 1992, S. 207 f.
Krahl, M.: Der elektronisch überwachte Hausarrest, in: NStZ 1997, S. 457 ff.
Krause, Th.: Geschichte des Strafvollzugs. Von den Kerkern des Altertums bis zur Gegenwart. Darmstadt 1999.
Krauß, K.: Im Kerker vor und nach Christus. Freiburg i.Br. – Leipzig 1895.
Krebs, A.: Landesstrafanstalt in Untermaßfeld, in: Frede, L. (Hrsg.): Gefängnisse in Thüringen. Berichte über die Reform des Strafvollzugs. Weimar 1930, S. 69 ff.
Krebs, A.: Nikolaus Heinrich Julius, in: MschrKrim 1973, S. 307 ff.
Krech, D./Crutchfield, R.: Grundlagen der Psychologie. Band I. 7. Aufl., Weinheim – Basel 1976.
Kreuzer, A.: Behandlung, Zwang und Einschränkungen im Maßregelvollzug. Bonn 1994.
Kreuzer, A.: HIV-Prävention im Strafvollzug und Entlassung Aids-kranker Gefangener, in: Festschrift für Geerds. Lübeck 1995, S. 317 ff.
Kreuzer, A.: Spritzenvergabe im Strafvollzug, in: Festschrift für Böhm. Berlin – New York 1999, S. 379 ff.
Kreuzer, A./Hürlimann, M. (Hrsg.): Alte Menschen als Täter und Opfer. Freiburg i.Br. 1992.

Krieg, H.: Privat-public-partnership – die besondere Qualität externer Dienstleister, in: Flügge, Ch./Maelicke, B./Preusker, H. (Hrsg.): Das Gefängnis als lernende Organisation. Baden-Baden 2001, S. 300 ff.
Kriegsmann, H.: Einführung in die Gefängniskunde. Heidelberg 1912.
Kröber, H.-L.: Die prognostische Bedeutung der „Auseinandersetzung mit der Tat" bei der bedingten Entlassung, in: Recht und Psychiatrie 1993, S. 140 ff.
Kröber, H.-L.: Wandlungsprozesse im psychiatrischen Maßregelvollzug, in: Zeitschrift für Sexualforschung 1999, S. 93 ff.
Kröber, H.-L.: Ansätze zur gezielten Psychotherapie mit Sexualstraftätern, in: Herrfahrdt, R. (Hrsg.): Behandlung von Sexualstraftätern. Hannover 2000, S. 40 ff.
Krohne, K.: Lehrbuch der Gefängniskunde unter Berücksichtigung der Kriminalstatistik und Kriminalpolitik. Stuttgart 1889.
Krohne, K./Uber: Strafanstalten und Gefängnisse in Preußen. Stuttgart 1901.
Krölls, A.: Die Privatisierung der inneren Sicherheit, in: GewArch 1997, S. 445 ff.
Kröpil, K.: Zum Meinungsstreit über das Bestehen eines allgemeinen strafprozessualen Missbrauchsverbots, in: JuS 1997, S. 354 ff.
Krüger, U.: Mütter mit Kindern im Strafvollzug, in: KrimPäd Heft 14/15, 1982, S. 24 ff.
Kruis, K.: Die Vollstreckung freiheitsentziehender Maßregeln und die Verhältnismäßigkeit, in: StrVert 1998, S. 94 ff.
Kruis, K.: Haftvollzug als Staatsaufgabe, in: ZRP 2000, S. 1 ff.
Kruis, K./Cassardt, G.: Verfassungsrechtliche Leitsätze zum Vollzug von Straf- und Untersuchungshaft, in: NStZ 1995, S. 521 ff., 574 ff.
Kruis, K./Wehowsky, R.: Fortschreibung der verfassungsrechtlichen Leitsätze zum Vollzug von Straf- und Untersuchungshaft, in: NStZ 1998, S. 593 ff.
Kube, E.: Elektronisch überwachter Hausarrest, in: DuD 2000, S. 633 ff.
Kubink, M.: Anmerkung zum Urteil des OLG Hamburg v. 2.8.1995, in: ZfStrVo 1996, S. 374 ff.
Kubink, M.: Anmerkung zum Beschluss des OLG Hamburg v. 13.9.2001, in: StrVert 2002, S. 266 ff.
Küfner, H./Beloch, E./Scharfenberg, C./Türk, D.: Evaluation von externen Beratungsangeboten für suchtgefährdete und suchtkranke Gefangene. München 1999.
Kulas, A.: Privatisierung hoheitlicher Verwaltung: zur Zulässigkeit privater Strafvollzugsanstalten. 2. Aufl., Köln u.a. 2001.
Kulas, A.: Die gesetzlichen Grundlagen der Privatisierung im Strafvollzug, in: Stober, R. (Hrsg.): Privatisierung im Strafvollzug? Köln u.a. 2001a, S. 35 ff.
Kunert, H.: Gerichtliche Aussetzung des Restes der lebenslangen Freiheitsstrafe kraft Gesetzes, in: NStZ 1982, S. 89 ff.
Künkel, J.: Private Straffälligenhilfe. Bonn 1979.
Kunz, K.-L.: Kriminologie. 3. Aufl., Bern u.a. 2001.
Küpper, G.: Anmerkung zum Urteil des OLG Hamburg v. 2.8.1995, in: JR 1996, S. 524 f.
Kury, H.: Die Behandlung Straffälliger. Teilband 1: Inhaltliche und methodische Probleme der Behandlungsforschung. Berlin 1986.
Kury, H.: Zum Stand der Behandlungsforschung – oder: Vom nothing works zum something works, in: Festschrift für Böhm, 1999, S. 251 ff.
Kury, H.: Herausforderungen an die Sozialtherapie: Persönlichkeitsgestörte Straftäter, in: Rehn, G./Wischka, B./Lösel, F./Walter, M. (Hrsg.): Behandlung „gefährlicher Straftäter". Herbolzheim 2001, S. 54 ff.

Kury, H./Fenn, R.: Probleme und Aufgaben für den Psychologen im behandlungsorientierten Vollzug, in: PsychRdsch 1977, S. 190 ff.
Kurze, M.: Die Praxis des § 35 BtMG – Ergebnisse einer Aktenanalyse, in: Egg, R. (Hrsg.): Die Therapieregelungen des Betäubungsmittelrechts. Wiesbaden 1992, S. 43 ff.
Kurze, M.: Empirische Daten zur Zurückstellungspraxis gem. § 35 BtMG, in: NStZ 1996, S. 178 ff.
Kürzinger, J.: Die Freiheitsstrafe und ihre Surrogate in der Bundesrepublik Deutschland, in: Jescheck, H.-H. (Hrsg.): Die Freiheitsstrafe und ihre Surrogate im deutschen und ausländischen Recht. Baden-Baden 1984, S. 1737 ff.
Kürzinger, J.: Der kriminelle Mensch – Ausgangspunkt oder Ziel empirischer kriminologischer Forschung? in: Festschrift für Jescheck. 2. Halbband. Berlin 1985, S. 1061 ff.
Kusch, R.: Die Strafbarkeit von Vollzugsbediensteten bei fehlgeschlagenen Lockerungen, in: NStZ 1985, S. 385 ff.
Kusch, R.: Therapie von Sexualtätern, in: ZRP 1997, S. 89 ff.
Kutscha, M.: Datenschutz durch Zweckbindung – ein Auslaufmodell? in: ZRP 1999, S. 156 ff.
Lackner, K./Kühl, K.: Strafgesetzbuch mit Erläuterungen. 24. Aufl., München 2001.
Lambropoulou, E.: Erlebnisbiographie und Aufenthalt im Jugendstrafvollzug. Freiburg i.Br. 1987.
Lambropoulou, E.: Soziale Funktionen der Gefängnisorganisation und die Reform des Strafvollzugs, in: Festschrift für Kaiser. Berlin 1998, S. 1219 ff.
Lamneck, S.: Sozialisation und kriminelle Karriere, in: Schüler-Springorum, H. (Hrsg.): Mehrfach auffällig – Untersuchungen zur Jugendkriminalität. München 1982, S. 13 ff.
Lamneck, S.: Theorien abweichenden Verhaltens. 7. Aufl., München 1999.
Landau, H./Kunze, T./Poseck, R.: Die Neuregelung des Arbeitsentgelts im Strafvollzug, in: NJW 2001, S. 2611 ff.
Landau, S.: The effect of length of imprisonment and subjective distance from release on future time perspective and time estimation of prisoners, in: Drapkin, J. (Ed.): Studies in criminology, Jerusalem 1969, S. 182 ff.
Lang, F./Stark, K.: Die Berliner Modellprojekte zur Spritzenvergabe in Haft, in: Jacob, J./Keppler, K./Stöver, H. (Hrsg.): LebHaft: Gesundheitsförderung für Drogen Gebrauchende im Strafvollzug. Teil 2. Berlin 2001, S. 52 ff.
Lange, M.: Privatisierungspotenziale im Strafvollzug, in: DÖV 2001, S. 898 ff.
Langelüddecke, A./Bresser, P.: Gerichtliche Psychiatrie. 4. Aufl., Berlin – New York 1976.
Latza, B.: Intramurale Psychotherapie von Sexualstraftätern in den Justizvollzugsanstalten Kiel und Neumünster, in: KrimPäd Heft 34, 1993, S. 43 ff.
Laubenstein, K.: Verteidigung im Strafvollzug. Zugleich ein Beitrag zu den Rechtsschutzverfahren nach den §§ 109 ff. StVollzG. Frankfurt a.M. 1984.
Laubenthal, K.: Die Zuweisung zu Wohngruppen und Behandlungsgruppen. Würzburg 1983.
Laubenthal, K.: Der Wohngruppenvollzug – Entwicklung, Zielsetzung, Perspektiven, in: ZfStrVo 1984, S. 67 ff.
Laubenthal, K.: § 57a StGB – Aussetzung des Strafrests der lebenslangen Freiheitsstrafe, in: JA 1984a, S. 471 ff.
Laubenthal, K.: Anmerkung zum Beschluss des BVerfG v. 24.4.1986, in: JZ 1986, S. 850 f.
Laubenthal, K.: Lebenslange Freiheitsstrafe. Vollzug und Aussetzung des Strafrestes zur Bewährung. Lübeck 1987.

Laubenthal, K.: Die Einwilligung des Verurteilten in die Strafrestaussetzung zur Bewährung, in: JZ 1988, S. 951 ff.
Laubenthal, K.: Ein verhängnisvoller Hafturlaub, in: JuS 1989, S. 827 ff.
Laubenthal, K.: Ansätze zur Differenzierung zwischen politischer und allgemeiner Kriminalität, in: MschrKrim 1989a, S. 326 ff.
Laubenthal, K.: Wege aus dem Maßregelvollzug im psychiatrischen Krankenhaus, in: Festschrift für F.-W. Krause. Köln u.a. 1990, S. 357 ff.
Laubenthal, K.: Phänomenologie der Alterskriminalität, in: Geriatrie Praxis 1/1990a, S. 36 ff.
Laubenthal, K.: Jugendgerichtshilfe im Strafverfahren. Köln u.a. 1993.
Laubenthal, K.: Arbeitsverpflichtung und Arbeitsentlohnung des Strafgefangenen, in: Festschrift für Geerds. Lübeck 1995, S. 337 ff.
Laubenthal, K.: Anmerkung zum Urteil des BGH v. 7.6.1995, in: JR 1996, S. 290 ff.
Laubenthal, K.: Anmerkung zum Urteil des BGH v. 7.1.1997, in: JZ 1997, S. 686 ff.
Laubenthal, K.: Anmerkung zum Urteil des BGH v. 15.7.1998, in: JR 1999, S. 163 f.
Laubenthal, K.: Vollzugliche Ausländerproblematik und Internationalisierung der Strafverbüßung, in: Festschrift für Böhm. Berlin – New York 1999a, S. 307 ff.
Laubenthal, K.: Sexualstraftaten. Die Delikte gegen die sexuelle Selbstbestimmung. Berlin – Heidelberg 2000.
Laubenthal, K.: Anmerkung zum Beschluss des OLG Hamm v. 11.2.1999, in: JR 2000a, S. 170 f.
Laubenthal, K.: Lexikon der Knastsprache. Berlin 2001.
Laubenthal, K.: Fallsammlung zur Wahlfachgruppe Kriminologie, Jugendstrafrecht und Strafvollzug. Berlin – Heidelberg 2002.
Laubenthal, K.: Gewährung verwaltungsrechtlichen Rechtsschutzes durch den Strafrichter im Verfahren nach §§ 109 ff. StVollzG, in: Gedächtnisschrift für Meurer. Berlin 2002a, S. 483 ff.
Laubenthal, K.: Der strafrechtliche Schutz Gefangener und Verwahrter vor sexuellen Übergriffen, in: Festschrift für Gössel, 2002b, S. 359 ff.
Laubenthal, K.: Schutz der Gefangenenrechte auf europäischer Ebene, in: Festschrift 600 Jahre Würzburger Juristenfakultät. Berlin 2002c.
Leipziger Kommentar. Strafgesetzbuch. Berlin (zit.: LK-Bearbeiter).
Lekschas, J./Buchholz, E.: Strafrecht der DDR. Lehrbuch. Berlin 1988.
Lemke, M.: Anmerkung zum Beschluss des BVerfG v. 18.6.1997, in: NStZ 1998, S. 77 ff.
Lemke, M.: Überstellung ausländischer Strafgefangener ohne deren Einwilligung, in: ZRP 2000, S. 173 ff.
Lesting, W.: Normalisierung im Strafvollzug. Potential und Grenzen des § 3 Abs. 1 StVollzG. Pfaffenweiler 1988.
Lesting, W.: Vorschläge zur Verbesserung des Rechtsschutzes von Strafgefangenen, in: KrimJ 1993, S. 48 ff.
Lesting, W./Feest, J.: Renitente Strafvollzugsbehörden. Eine rechtstatsächliche Untersuchung in rechtpolitischer Absicht, in: ZRP 1987, S. 390 ff.
Lettau, S./Sawallisch, P./Schulten, I./Tieding, K.: Das Spritzenumtauschprogramm der Justizvollzugsanstalt Lingen, in: Jacob, J./Keppler, K./Stöver, H. (Hrsg.): LebHaft: Gesundheitsförderung für Drogen Gebrauchende im Strafvollzug. Teil 2. Berlin 2001, S. 35 ff.
Leyendecker, N.: (Re-)Sozialisierung und Verfassungsrecht. Berlin 2002.

Leygraf, N.: Psychisch kranke Straftäter – Epidemiologie und aktuelle Praxis des psychiatrischen Maßregelvollzugs. Berlin u.a. 1988.

Lilly, J. R.: Private Gefängnisse in den Vereinigten Staaten – das heutige Bild, in: ZfStrVo 1999, S. 78 ff.

Lindenberg, M.: Kommerzielle Gefängnislogik. Zur Debatte um die Privatisierung von Haftanstalten, in: Vorgänge Heft 135, 1996, S. 89 ff.

Lindenberg, M.: Ware Strafe. Elektronische Überwachung und die Kommerzialisierung strafrechtlicher Kontrolle. München 1997.

Lindenberg, M.: Elektronisch überwachter Hausarrest auch in Deutschland? in: BewHi 1999, S. 11 ff.

Lindenberg, M.: Keine versuchte Gefangenenbefreiung. Ein Organisationsbeispiel zum elektronisch überwachten Hausarrest aus den USA sowie Anmerkungen zur deutschen Diskussion, in: Kawamura, G./Reindl, R. (Hrsg.): Strafe zu Hause: die elektronische Fußfessel. Freiburg i.Br. 1999a, S. 81 ff.

Linke, T.: Zwischenhaft, Vollstreckungshaft, Organisationshaft: Haftinstitut ohne Rechtsgrundlage? in: JR 2001, S. 358 ff.

Lippenmeier, N./Steffen, M.: Erfahrungen als Wohngruppenleiter, in: Rasch, W. (Hrsg.): Forensische Sozialtherapie. Karlsruhe – Heidelberg 1977, S. 89 ff.

v. Liszt, F.: Strafrechtliche Aufsätze und Vorträge. Band I. Berlin 1905.

Litwinski, H./Bublies, W.: Strafverteidigung im Strafvollzug. München 1989.

Lohmann, H.: Arbeit und Arbeitsentlohnung des Strafgefangenen. Frankfurt a.M. – Berlin u.a. 2002.

Loos, E.: Die offene und halboffene Anstalt im Erwachsenenstraf- und Maßregelvollzug. Stuttgart 1970.

Lorch, A./Schulte-Altedorneburg, M./Stäwen, G.: Die Behandlungswohngruppe als lernende Gemeinschaft – Grundlagen und Folgerungen, in: ZfStrVo 1989, S. 265 ff.

Lösel, F.: Sprechen Evaluationsergebnisse von Meta-Analysen für einen frischen Wind in der Straftäterbehandlung? in: Egg, R. (Hrsg.): Sozialtherapie in den 90er Jahren. Wiesbaden 1993, S. 21 ff.

Lösel, F.: Erziehen – Strafen – Helfen, in: Karrer, A. (Hrsg.): Einmal verknackt – für immer vermauert? Tutzing 1993a, S. 6 ff.

Lösel, F.: Ist der Behandlungsgedanke gescheitert? in: ZfStrVo 1996, S. 259 ff.

Lösel, F./Bliesener, Th.: Psychologen im Strafvollzug. Eine empirische Untersuchung zur Berufsrolle, Tätigkeitsstruktur und zu situativen Bedingungsfaktoren, in: KrimPäd Heft 15, 1987, S. 30 ff.

Lösel, F./Köferl, P./Weber, F.: Meta-Evaluation der Sozialtherapie. Qualitative und quantitative Analysen zur Behandlungsforschung in sozialtherapeutischen Anstalten des Justizvollzugs. Stuttgart 1987.

Lösel, F./Mey, H.-G./Molitor, A.: Selbst- und Fremdwahrnehmung der Berufsrolle beim Strafvollzugspersonal, in: Kaiser, G./Kury, H./Albrecht, H.-J. (Hrsg.): Kriminologische Forschung in den 80er Jahren. Projektberichte aus der Bundesrepublik Deutschland. Freiburg i.Br. 1988, S. 389 ff.

Lu, Y.: Rechtsstellung und Rechtsschutz der Strafgefangenen. Tübingen 1998.

Lübcke-Westermann, D./Nebe, R.: Die Aufnahme von Sexualstraftätern in die Sozialtherapeutische Justizvollzugsanstalt in Kassel – ein Werkstattbericht, in: MschrKrim 1994, S. 34 ff.

Lückemann, C.: Anmerkung zu den Beschlüssen des OLG Frankfurt v. 29.8.2001, OLG Hamm v. 2.10.2000, OLG Saarbrücken v. 26.9.2001, in: ZfStrVo 2002, S. 121 ff.

Lüderssen, K.: Resozialisierung und Menschenwürde, in: KJ 1997, S. 179 ff.
Maelicke, B.: Der Strafvollzug und die Neue Wirklichkeit, in: ZfStrVo 1999, S. 73 ff.
Maelicke, B.: Quo Vadis, Strafvollzug? in: KrimPäd Heft 41, 2002, S. 11 ff.
Maelicke, H.: Ist Frauenstrafvollzug Männersache? Eine kritische Bestandsaufnahme des Frauenstrafvollzugs in den Ländern der Bundesrepublik Deutschland. Baden-Baden 1995.
Maelicke, H./Maelicke, B. (Hrsg.): Zur Lebenssituation von Müttern und Kindern in Gefängnissen. Frankfurt 1984.
Mai, K. (Hrsg.): Psychologie hinter Gittern. Probleme psychologischer Tätigkeit im Strafvollzug. Weinheim – Basel 1981.
Maisch, H.: Kommunikationsprobleme im Prozess gemeinschaftlicher Entscheidungsfindung, in: DVJJ (Hrsg.): Jugendgerichtsbarkeit und Sozialarbeit. Hamburg 1975, S. 86 ff.
Maldener, J.: Die Beitragspflicht der Gefangenen zur Arbeitslosenversicherung, in: ZfStrVo 1996, S. 14 ff.
Maldener, J.: Bezüge für die Zeit der Freistellung von der Arbeitspflicht, in: ZfStrVo 1996a, S. 342 ff.
v. Mangoldt, H./Klein, F./Starck, Ch.: Das Bonner Grundgesetz. Band 1: Präambel, Artikel 1–19. 4. Aufl., München 1999.
Marks, E.: Freie Helfer im Strafvollzug, in: ZfStrVo 1985, S. 82 ff.
Marschner, R./Volckart, B.: Freiheitsentziehung und Unterbringung. 4. Aufl., München 2001.
Marxen, K.: Rechtliche Grenzen der Amnestie. Heidelberg 1984.
Mathiesen, Th.: Gefängnislogik – Über alte und neue Rechtfertigungsversuche. Bielefeld 1989.
Matthews, R.: Private Gefängnisse in Großbritannien – eine Debatte, in: Neue Kriminalpolitik 2/1993, S. 32.
Mauch, G./Mauch, R.: Sozialtherapie und die sozialtherapeutische Anstalt. Erfahrungen in der Behandlung Chronisch-Krimineller: Voraussetzungen, Durchführung und Möglichkeiten. Stuttgart 1971.
Maunz, Th./Zippelius, R.: Deutsches Staatsrecht. 30. Aufl., München 1998.
Maurach, R./Zipf, H.: Strafrecht. Allgemeiner Teil, Teilband. 1. 8. Aufl., Heidelberg 1992.
McConville, S.: The Victorian Prison, in: Morris, N./Rothman, D. (Ed.): The Oxford History of the Prison. New York – Oxford 1998, S. 117 ff.
McCorkle, L./Korn, R.: Resocialisation within Walls, in: The Sociology of Punishment and Correction. 2. Aufl., New York 1970, S. 409 ff.
McKay, B./Jayewardene, C./Reedie, P.: The Effects of Long-term Incarceration and a Proposed Strategy for Future Research. Ottawa 1979.
Mechler, A.: Psychiatrie des Strafvollzugs. Stuttgart – New York 1981.
Mechler, A./Wilde, K.: Psychoanalytisch orientierte Arbeit mit Strafgefangenen, in: MschrKrim 1976, S. 191 ff.
Meier, A.: Subkultur im Jugendstrafvollzug im Kontext von Jugendlichenbiographien, in: ZfStrVo 2002, S. 139 ff.
Meier, B.-D.: Zum Schutz der Bevölkerung erforderlich? Anmerkungen zum „Gesetz zur Bekämpfung von Sexualdelikten und anderen gefährlichen Straftaten" vom 26.1.1998, in: Ehrengabe für Brauneck. Mönchengladbach 1999, S. 445 ff.

Meier, B.-D.: Amnestie und Gnade im System des Rechts – Störfaktor oder notwendiges Korrektiv? in: Vögele, W. (Hrsg.): Gnade vor Recht oder gnadenlos gerecht? Amnestie, Gerechtigkeit und Gnade im Rechtsstaat. Rehburg-Loccum 2000, S. 43 ff.

Meier, B.-D.: Strafrechtliche Sanktionen. Berlin u.a. 2001.

Meier, P.: Die Entscheidung über Ausgang und Urlaub aus der Haft. Freiburg i.Br. 1982.

du Mênil, B.: Die Resozialisierungsidee im Strafvollzug. Bestandsaufnahme und Reformanregungen hinsichtlich der Ausgestaltung der Vollzugsgrundsätze des § 3 StVollzG. München 1995.

Mertin, H.: Verfassungswidrigkeit des Jugendstrafvollzugs? in: ZRP 2002, S. 18 ff.

Meurer, D.: Strafaussetzung durch Strafzumessung bei lebenslanger Freiheitsstrafe, in: JR 1992, S. 441 ff.

Mey, H.-G.: Auswirkungen schulischer und beruflicher Bildungsmaßnahmen während des Strafvollzugs, in: ZfStrVo 1986, S. 265 ff.

Mey, H.-G.: Zum Begriff der Behandlung im Strafvollzugsgesetz (aus psychologisch-therapeutischer Sicht), in: ZfStrVo 1987, S. 42 ff.

Mey, H.-G.: Zur Bedeutung des Vollzugsplans, in: ZfStrVo 1992, S. 21 ff.

Mey, H.-G.: Erfahrungen mit Einweisungs- und Auswahlanstalten, in: Gedächtnisschrift für Albert Krebs. Pfaffenweiler 1994, S. 126 ff.

Meyer, H.: Anmerkungen zum Langzeitbesuch. Persönliche Erfahrungen im Vergleich zum Normalbesuch, in: ZfStrVo 1991, S. 220 ff.

Meyer, P.: Die Entscheidung über Ausgang und Urlaub aus der Haft – Eine rechtsdogmatische Analyse anhand der Rechtsprechung der Vollzugsgerichte und der Entscheidungspraxis einer Justizvollzugsanstalt. Freiburg i.Br. 1982.

Meyer-Ladewig, J.: Ein neuer ständiger Europäischer Gerichtshof für Menschenrechte, in: NJW 1995, S. 2813 ff.

Meyer-Ladewig, J./Petzold, H.: Der neue ständige Europäische Gerichtshof für Menschenrechte, in: NJW 1999, S. 1165 f.

Michelitsch-Traeger, I.: Krisenintervention, in: Mai, K. (Hrsg.): Psychologie hinter Gittern. Probleme psychologischer Tätigkeit im Strafvollzug. Weinheim – Basel 1981, S. 49 ff.

Michl, Ch.: Das Anti-Aggressions-Training in der JVA Iserlohn, in: Bereswill, M./Höynck, Th. (Hrsg.): Jugendstrafvollzug in Deutschland – Grundlagen, Konzepte, Handlungsfelder. Mönchengladbach 2002, S. 235 ff.

Mickisch, Ch.: Die Gnade im Rechtsstaat. Frankfurt a.M. u.a. 1996.

Missoni, L.: Über die Situation der Psychiatrie in den Justizvollzugsanstalten in Deutschland, in: ZfStrVo 1996, S. 143 ff.

Mitsch, Chr.: Tatschuld im Strafvollzug. Frankfurt a.M. u.a. 1990.

Mittermaier, K. J. A.: Der gegenwärtige Zustand der Gefängnisfrage. Erlangen 1860.

Mittermaier, W.: Gefängniskunde – Ein Lehrbuch für Studium und Praxis. Berlin u.a. 1954.

Moers, U.-J.: Das Freizeitproblem im deutschen Erwachsenenstrafvollzug. Stuttgart 1969.

Möhler, R.: Volksgenossen und „Gemeinschaftsfremde" hinter Gittern – zum Strafvollzug im Dritten Reich, in: ZfStrVo 1993, S. 17 ff.

Möhler, R.: Strafvollzug im „Dritten Reich": Nationale Politik und regionale Ausprägung am Beispiel des Saarlandes, in: Jung, H./Müller-Dietz, H. (Hrsg.): Strafvollzug im „Dritten Reich". Baden-Baden 1996, S. 9 ff.

Molitor, A.: Rollenkonflikte des Personals im Strafvollzug. Heidelberg 1989.

Möller, R.: Die Situation des allgemeinen Vollzugsdienstes, in: Bandell, D. u.a.: Hinter Gittern. Wir auch? Frankfurt a.M. 1985, S. 16 ff.

Mommsen, T.: Römisches Recht. Leipzig 1899.

Morris, T./Morris, P.: Pentonville. A Sociological Study of an English Prison. London 1963.
Mühlfeld, Stefanie: Mediation im Strafrecht. Frankfurt a.M. – Berlin u.a. 2002.
Müller, H.: Begründung als Zulässigkeitsvoraussetzung des Antrags auf gerichtliche Entscheidung gem. § 109 StVollzG, in: ZfStrVo 1993, S. 211 ff.
Müller, Th./Wulf, R.: Offener Vollzug und Vollzugslockerungen (Ausgang, Freigang), in: ZfStrVo 1999, S. 3 ff.
Müller-Dietz, H.: Strafvollzugsgesetzgebung und Strafvollzugsreform. Köln u.a. 1970.
Müller-Dietz, H.: Wege zur Strafvollzugsreform. Berlin 1972.
Müller-Dietz, H.: Strafvollzugsrecht. Berlin – New York 1978.
Müller-Dietz, H.: Die Strafvollstreckungskammer, in: Jura 1981, S. 57 ff., 113 ff.
Müller-Dietz, H.: Die Rechtsprechung der Strafvollstreckungskammern zur Rechtsgültigkeit der VVStVollzG, in: NStZ 1981a, S. 409 ff.
Müller-Dietz, H.: Schuldschwere und Urlaub aus der Haft, in: JR 1984, S. 353 ff.
Müller-Dietz, H.: Strafvollzug, Tatopfer und Strafzwecke, in: GA 1985, S. 147 ff.
Müller-Dietz, H.: Aussetzung des Strafrests nach § 57a StGB, in: Müller-Dietz, H./Kaiser, G./Kerner, H.-J.: Einführung und Fälle zum Strafvollzug. Heidelberg 1985a, S. 259 ff.
Müller-Dietz, H.: Gefangenenmitverantwortung, in: Müller-Dietz, H./Kaiser, G./Kerner, H.-J.: Einführung und Fälle zum Strafvollzug. Heidelberg 1985b, S. 177 ff.
Müller-Dietz, H.: Die Strafvollstreckungskammer als besonderes Verwaltungsgericht, in: 150 Jahre Landgericht Saarbrücken. Köln u.a. 1985c, S. 335 ff.
Müller-Dietz, H.: Recht und Gnade, in: DRiZ 1987, S. 474 ff.
Müller-Dietz, H.: Der Strafvollzug in der Weimarer Zeit und im Dritten Reich, in: Busch, M./Krämer, E. (Hrsg.): Strafvollzug und Schuldproblematik. Pfaffenweiler 1988a, S. 15 ff.
Müller-Dietz, H.: Grundfragen des Sozialen Trainings im Strafvollzug, in: KrimPäd Heft 27, 1988b, S. 7 ff.
Müller-Dietz, H.: Anmerkung zum Beschluss des OLG Bamberg v. 23.3.1989, in: StrVert 1990, S. 29 ff.
Müller-Dietz, H.: Anmerkung zum Beschluss des OLG Hamm v. 18.1.1990, in: ZfStrVo 1992, S. 327 ff.
Müller-Dietz, H.: Anmerkung zum Beschluss des OLG Hamm v. 22.12.1992, in: JR 1993, S. 476 ff.
Müller-Dietz, H.: Langstrafen und Langstrafenvollzug, in: Neue Kriminalpolitik 2/1993a, S. 18 ff.
Müller-Dietz, H.: Lebenslange Freiheitsstrafe und bedingte Entlassung, in: Jura 1994, S. 72 ff.
Müller-Dietz, H.: Menschenwürde und Strafvollzug. Berlin – New York 1994a.
Müller-Dietz, H.: Menschenrechte und Strafvollzug, in: Jung, H./Müller-Dietz, H. (Hrsg.): Langer Freiheitsentzug – wie lange noch? Bonn 1994b, S. 43 ff.
Müller-Dietz, H.: Einleitung zu Gustav Radbruch, Strafvollzug. Heidelberg 1994c, S. 1 ff.
Müller-Dietz, H.: Rechtliche und gerichtliche Kontrolle von Strafvollstreckung und Strafvollzug in der Bundesrepublik Deutschland, in: Eser, A./Kaiser, G. (Hrsg.): Strafrechtsreform, Strafverfahrensrecht, Wirtschafts- und Umweltstrafrecht, Strafvollstreckungsrecht. Baden-Baden 1995, S. 273 ff.
Müller-Dietz, H.: Möglichkeiten und Grenzen der körperlichen Durchsuchung von Besuchern, in: ZfStrVo 1995a, S. 214 ff.

Müller-Dietz, H.: Unterbringung in der Entziehungsanstalt und Verfassung, in: JR 1995b, S. 353 ff.
Müller-Dietz, H.: Die Bedeutung der sozialtherapeutischen Einrichtungen im deutschen Strafvollzug, in: ZfStrVo 1996, S. 268 ff.
Müller-Dietz, H.: Chancen und Probleme sozialer Integration. Probleme der freien und staatlichen Entlassungs- und Entlassenenhilfe unter sich verändernden gesellschaftlichen Bedingungen, in: Neue Kriminalpolitik 1/1996a, S. 37 ff.
Müller-Dietz, H.: Standort und Bedeutung des Strafvollzugs im „Dritten Reich", in: Jung, H./Müller-Dietz, H. (Hrsg.): Strafvollzug im „Dritten Reich". Baden-Baden 1996b, S. 9 ff.
Müller-Dietz, H.: Verfassungsgerichtliche Anforderungen an den gerichtlichen Rechtsschutz nach den §§ 109 ff. StVollzG, in: Festschrift für Lüke. München 1997, S. 503 ff.
Müller-Dietz, H.: Zusammenarbeit zwischen Justizvollzug und freien Trägern der Straffälligenhilfe. Rechtliche Grundlagen und praktische Konsequenzen, in: ZfStrVo 1997a, S. 35 ff.
Müller-Dietz, H.: Anmerkung zum Urteil des BGH v. 9.4.1997, in: NStZ 1997b, S. 615 f.
Müller-Dietz, H.: Hat der Strafvollzug noch eine Zukunft? in: Festschrift für H. J. Schneider. Berlin – New York 1998, S. 995 ff.
Müller-Dietz, H.: Offener Vollzug – ein Weg von der Freiheitsentziehung zur kontrollierten Freiheit? in: ZfStrVo 1999, S. 279 ff.
Müller-Dietz, H.: Arbeit und Arbeitsentgelt für Strafgefangene, in: JuS 1999a, S. 952 ff.
Müller-Dietz, H.: Strafvollzug heute, in: ZfStrVo 2000, S. 230 ff.
Müller-Dietz, H.: Strafvollzugskunde in europäischer Perspektive, in: Ranieri, F. (Hrsg.): Die Europäisierung der Rechtswissenschaft. Baden-Baden 2002, S. 99 ff.
Müller-Dietz, H./Kaiser, G./Kerner, H.-J.: Einführung und Fälle zum Strafvollzug. Heidelberg 1985.
Müller-Dietz, H./Würtenberger, Th.: Fragebogenenquete zur Lage und Reform des deutschen Strafvollzugs. Bonn – Bad Godesberg 1969.
Müller-Gerbes, St.: Auf dem Prüfstand des BVerfG: das Recht der Unterbringung in einer Entziehungsanstalt, in: StrVert 1996, S. 633 ff.
Münchner Institut für Strafverteidigung (Hrsg.): JVA-Verzeichnis: Justizvollzugsanstalten – Einrichtungen des Maßregelvollzugs – Staatsanwaltschaften – Vollstreckungspläne. 4. Aufl., Bonn 1999.
Nedopil, N.: Forensische Psychiatrie: Klinik, Begutachtung und Behandlung zwischen Psychiatrie und Recht. 2. Aufl., Stuttgart – New York 2000.
Neibecker, B.: Strafvollzug und institutionelle Garantie von Ehe und Familie, in: ZfStrVo 1984, S. 335 ff.
Neu, A.: Arbeitsentgelte, Surrogationsleistungen und Verwendungsauflagen bei Reform des Jugendstrafvollzugs. Heidelberg 1979.
Neu, A.: Betriebswirtschaftliche und volkswirtschaftliche Aspekte einer tariforientierten Gefangenenentlohnung. Berlin 1995.
Neu, A.: Produktivität der Gefängnisarbeit: eingemauert auf bescheidenem Niveau? in: Hammerschick, W./Pilgram, A. (Hrsg.): Arbeitsmarkt, Strafvollzug und Gefangenenarbeit. Baden-Baden 1997, S. 97 ff.
Neu, A.: Verfassungsgerichtsurteil zur Gefangenenentlohnung – Der Gesetzgeber bleibt gefragt, in: Neue Kriminalpolitik 4/1998, S. 16 ff.

Neu, A.: Arbeitsentgelt im Strafvollzug: Neuregelung auf dem kleinsten Nenner, in: BewHi 2002, S. 83 ff.

Neu, G.: Nichtdeutsche im bundesdeutschen Strafvollzug, in: Schwind, H.-D./Blau, G. (Hrsg.): Strafvollzug in der Praxis. 2. Aufl., Berlin – New York 1988, S. 329 ff.

Neubacher, F.: Der internationale Schutz von Menschenrechten Inhaftierter durch die Vereinten Nationen und den Europarat, in: ZfStrVo 1999, S. 210 ff.

Nibbeling, J.: Die Privatisierung des Haftvollzugs: die neue Gefängnisfrage am Beispiel der USA. Frankfurt a.M. u.a. 2001.

Nickolai, W./Reindl, R.: Lebenslänglich. Zur Diskussion um die Abschaffung der lebenslangen Freiheitsstrafe. Freiburg i.Br. 1993.

Niedt, C./Stengel, M.: Belastung, Beanspruchung, Bewältigung am Arbeitsplatz „Justizvollzugsanstalt", in: ZfStrVo 1988, S. 95 ff.

Nix, Ch.: Die Vereinigungsfreiheit im Strafvollzug. Gießen 1990.

Nogala, D./Haverkamp, R.: Elektronische Bewachung, in: DuD 2000, S. 31 ff.

Northoff, R.: Strafvollstreckungskammer – Anspruch und Wirklichkeit. Bonn 1985.

Nowara, S.: Stationäre Behandlungsmöglichkeiten im Maßregelvollzug nach § 63 StGB und der Einsatz von Lockerungen als therapeutisches Instrument, in: MschrKrim 1997, S. 116 ff.

Obermaier, G.: Anleitung zur vollkommenen Besserung der Verbrecher in den Strafanstalten. München 1835.

Ohler, W.: Die Strafvollzugsanstalt als soziales System. Entwurf einer Organisationstheorie zum Strafvollzug. Heidelberg – Karlsruhe 1977.

Oleschinski, B.: Schlimmer als schlimm. Strafvollzug in der DDR, in: Bundesministerium der Justiz (Hrsg.): Im Namen des Volkes? Über die Justiz im Staat der SED. Leipzig 1994, S. 255 ff.

Olschok, H.: Privatisierung und Strafvollzug, in: Stober, R. (Hrsg.): Privatisierung im Strafvollzug? Köln u.a. 2001, S. 111 ff.

Ommerborn, R./Schuemer, R.: Fernstudium im Strafvollzug. Hagen 1996.

Ommerborn, R./Schuemer, R.: Einige empirische Befunde und Empfehlungen zur Weiterentwicklung des Fernstudiums im Strafvollzug, in: ZfStrVo 1997, S. 195 ff.

Ommerborn, R./Schuemer, R.: Fernstudium im Strafvollzug – Eine empirische Untersuchung. Pfaffenweiler 1999.

Ortmann, R.: Die Nettobilanz einer Resozialisierung im Strafvollzug: Negativ? in: Kury, H.: Gesellschaftliche Umwälzung. Kriminalitätserfahrungen, Straffälligkeit und soziale Kontrolle. Freiburg i.Br. 1992, S. 375 ff.

Ortmann, R.: Zur Evaluation der Sozialtherapie, in: ZStW 1994, S. 782 ff.

Ortmann, R.: Zum Resozialisierungseffekt der Sozialtherapie anhand einer experimentellen Längsschnittstudie zu Justizvollzugsanstalten des Landes Nordrhein-Westfalen, in: Müller-Dietz, H./Walter, M. (Hrsg.): Strafvollzug in den 90er Jahren. Pfaffenweiler 1995, S. 86 ff.

Ortmann, R.: Sozialtherapie im Strafvollzug. Eine experimentelle Längsschnittstudie zu den Wirkungen von Strafvollzugsmaßnahmen auf Legal- und Sozialbewährung. Freiburg i.Br. 2002.

Ossenbühl, F.: Die Erfüllung von Verwaltungsaufgaben durch Private, in: VVDStRL Heft 29. Berlin – New York 1971, S. 137 ff.

Ostendorf, H.: Die „elektronische Fessel" – Wunderwaffe im „Kampf" gegen die Kriminalität? in: ZRP 1997, S. 473 ff.

Ostendorf, H.: Jugendgerichtsgesetz. 5. Aufl., Köln u.a. 2000.

Ostendorf, H.: Jugendstrafvollzug – Warten auf gesetzliche Regelung, in: Neue Kriminalpolitik 3/2001, S. 8.

Ostermann, St.: Haft ohne Rechtsgrundlage – Zum Übergang von der Untersuchungshaft in den Maßregelvollzug, in: StrVert 1993, S. 52 ff.

Otto, M.: Gemeinsam lernen durch Soziales Training. Lingen 1988.

Otto, M.: Verhaltensmodifikation durch allgemeines und spezielles Soziales Training, in: KrimPäd Heft 33, 1993, S. 48 ff.

Otto, M.: Gefährliche Gefangene – Mitarbeitsbereitschaft und subkulturelle Haltekräfte im Strafvollzug, in: Rehn, G./Wischka, B./Lösel, F./Walter, M. (Hrsg.): Behandlung „gefährlicher Straftäter". Herbolzheim 2001, S. 218 ff.

Paeffgen, H.-U./Seebode, M.: Stellungnahme zum Entwurf eines Gesetzes zur Regelung des Vollzuges der Untersuchungshaft (BR-Dr 249/99 vom 30.4.1999), in: ZRP 1999, S. 524 ff.

Paetow, S.: Die Klassifizierung im Erwachsenenvollzug. Stuttgart 1972.

Papendorf, K.: Gesellschaft ohne Gitter. Eine Absage an die traditionelle Kriminalpolitik. München 1985.

Papier, H.-J.: Rechtsschutzgarantie gegen die öffentliche Gewalt, in: Isensee, J./Kirchhof, P. (Hrsg.): Handbuch des Staatsrechts der Bundesrepublik Deutschland. Band 6. 2. Aufl., München 2001.

Parverdian, J.: „Ver-rücktheit" als Bewältigungsstrategie im Strafvollzug, in: Recht und Psychiatrie 1993, S. 158 ff.

Pätzel, C.: Elektronisch überwachter Hausarrest für Strafgefangene, in: DuD 2000, S. 27 ff.

Pawlita, C.: Die Gefangenenentlohnung und ihre Bedeutung für das Sozialrecht, in: ZfSH/SGB 1999, S. 67 ff.

Pecher, W.: Tiefenpsychologisch orientierte Psychotherapie im Justizvollzug. Pfaffenweiler 1999.

Pecher, W./Nöldner, W./Postpischil, S.: Suizide in der Justizvollzugsanstalt München 1984 bis 1993, in: ZfStrVo 1995, S. 347 ff.

Pendon, M.: Berufliche Weiterbildung im Strafvollzug, in: ZfStrVo 1990, S. 268 ff.

Pendon, M.: Die Rolle berufsbildender Maßnahmen im Vollzug – Bedeutung und Erfolg im Hinblick auf die Wiedereingliederung Straffälliger, in: ZfStrVo 1992, S. 31 ff.

Perwein, S.: Erteilung, Rücknahme und Widerruf der Dauertelefongenehmigung, in: ZfStrVo 1996, S. 16 ff.

Perwein, S.: Dauer und Höhe der Überbrückungsbeihilfe gemäß § 75 StVollzG, in: ZfStrVo 2000, S. 351 ff.

Peters, K.: Beurlaubung von zu lebenslanger Freiheitsstrafe Verurteilter, in: JR 1978, S. 177 ff.

Peters, K.: Reaktion und Wechselspiel. Zur Problematik des Begriffs „Querulant" aus strafprozessualer Sicht, in: Gedächtnisschrift für Küchenhoff. Berlin 1987, S. 457 ff.

Pfister, W.: Die Freistellung des Strafgefangenen von der Arbeitspflicht (§ 42 StVollzG), in: NStZ 1988, S. 117 ff.

Pilgram, A.: ... endet mit dem Tode. Die lebenslange Strafe in Österreich. Wien 1989.

Pilgram, A.: Voraussetzungen, Perzeption und Folgen der österreichischen Vollzugsnovelle 1993 – Untersuchung zu Genese und Implementation eines neuen Arbeits- und Sozialrechts für Gefangene, in: Hammerschick, W./Pilgram, A. (Hrsg.): Arbeitsmarkt, Strafvollzug und Gefangenenarbeit. Baden-Baden 1997, S. 49 ff.

Piorreck, K.: Abschiebungshaft: Wie die Praxis mit dem Gesetz umgeht, in: BewHi 1995, S. 183 ff.

Plewig, H.-J./van den Boogaart, H.: Vollzugslockerungen und „Missbrauch". Hamburg 1991.
Pohlmann, H./Jabel, H.-P./Wolf, Th.: Strafvollstreckungsordnung und gesetzliche Grundlagen. 8. Aufl., Bielefeld 2001.
Pollähne, H.: Lockerungen im Maßregelvollzug. Eine Untersuchung am Beispiel der Anwendung des nordrhein-westfälischen Maßregelvollzugsgesetzes im Westfälischen Zentrum für Forensische Psychiatrie (Lippstadt). Frankfurt a.M. 1994.
Pörksen, A.: Neuregelung der Gefangenen-Entlohnung, in: Neue Kriminalpolitik 1/2001, S. 5 f.
Preusker, H.: Der Anstaltsleiter, in: Schwind, H.-D./Blau, G. (Hrsg.): Strafvollzug in der Praxis. 2. Aufl., Berlin – New York 1988, S. 118 ff.
Preusker, H.: Erfahrungen mit der „Ehe- und familienfreundlichen Besuchsregelung" in der JVA Bruchsal, in: ZfStrVo 1989, S. 147 ff.
Preusker, H.: Reform-Entzug? Zum Strafvollzugsgesetz und warum es in der Praxis auf der Strecke blieb, in: Neue Kriminalpolitik 2/1997, S. 34 ff.
Preusker, H.: Strafvollzug im Wandel – kontinuierliche Verbesserung als Daueraufgabe, in: Flügge, Ch./Maelicke, B./Preusker, H. (Hrsg.): Das Gefängnis als lernende Organisation. Baden-Baden 2001, S. 11 ff.
Preusker, H./Rosemeier, D.: Umfang und Grenzen der Schweigepflicht von Psychotherapeuten im Justizvollzug nach dem 4. Gesetz zur Änderung des Strafvollzugsgesetzes, in: ZfStrVo 1998, S. 323 ff.
Quanter, R.: Deutsches Zuchthaus- und Gefängniswesen. Leipzig 1905.
Quensel, E.: Frauen im Gefängnis – Überlegungen zur psychologischen und sozialen Situation inhaftierter Frauen, in: KrimPäd Heft 14/15, 1982, S. 13 ff.
Quensel, St.: Wie wird man kriminell? in: Kritische Justiz 1970, S. 375 ff.
Radbruch, G.: Die Psychologie der Gefangenschaft, in: ZStW 1911, S. 339 ff.
Radbruch, G.: Die ersten Zuchthäuser und ihr geistesgeschichtlicher Hintergrund, in: Elegantiae Juris Criminalis – vierzehn Studien zur Geschichte des Strafrechts. 2. Aufl., Basel 1950, S. 116 ff.
Radtke, H.: Materielle Rechtskraft bei der Anordnung freiheitsentziehender Maßregeln der Besserung und Sicherung, in: ZStW 1998, S. 297 ff.
Radtke, H.: Die Zukunft der Arbeitsentlohnung von Strafgefangenen, in: ZfStrVo 2001, S. 4 ff.
Radtke, H./Britz, G.: Zur Anwendbarkeit unmittelbaren Zwangs durch Vollzugsbeamte zur Vorbereitung der Entnahme einer Speichelprobe im Rahmen von § 2 DNA-Identitätsfeststellungsgesetz, in: ZfStrVo 2001, S. 134 ff.
Raming, A.: Katholische Seelsorge, in: Schwind, H.-D./Blau, G. (Hrsg.): Strafvollzug in der Praxis. 2. Aufl., Berlin – New York 1988, S. 214 ff.
Rasch, W.: Forensische Sozialtherapie. Karlsruhe – Heidelberg 1977.
Rasch, W.: Die Prognose im Maßregelvollzug als kalkuliertes Risiko, in: Festschrift für Blau. Berlin 1985, S. 309 ff.
Rasch, W.: Situation und Perspektiven des Maßregelvollzugs in der Bundesrepublik Deutschland, in: Sozialpsychiatrische Informationen 1989, S. 8 ff.
Rauchfleisch, U.: Außenseiter der Gesellschaft. Psychodynamik und Möglichkeiten zur Psychotherapie Straffälliger. Göttingen 1999.
Rautenberg, E.: Anmerkung zum Beschluss des OLG Brandenburg v. 8.2.2000, in: NStZ 2000, S. 502 f.

Rebmann, K./Wulf, R.: Freie Straffälligenhilfe in Banden-Württemberg, in: Kerner, H.-J.: Straffälligenhilfe in Geschichte und Gegenwart. Bonn 1990, S. 343 ff.
Rehder, U.: Sicherheit durch Behandlung, in: KrimPäd Heft 28, 1988, S. 32 ff.
Rehder, U.: Aggressive Sexualdelinquenten. Lingen 1990.
Rehder, U.: Sexualdelinquenz, in: KrimPäd Heft 33, 1993, S. 18 ff.
Rehn, G.: Behandlung im Strafvollzug: unzeitgemäß? in: Müller-Dietz, H./Walter, M. (Hrsg.): Strafvollzug in den 90er Jahren. Pfaffenweiler 1995, S. 69 ff.
Rehn, G.: Konzeption und Praxis der Wohngruppenarbeit in sozialtherapeutischen Einrichtungen, in: ZfStrVo 1996, S. 281 ff.
Rehn, G.: Folgerungen aus der Änderung des § 9 StVollzG, in: Egg, R. (Hrsg.): Behandlung von Sexualstraftätern im Justizvollzug. Wiesbaden 2000, S. 117 ff.
Rehn, G.: Strafvollzug, in: Bange, D./Körner, W. (Hrsg.): Handwörterbuch Sexueller Missbrauch. Göttingen u.a. 2002, S. 609 ff.
Reichardt, H.: Recht auf Arbeit für Strafgefangene. Frankfurt a.M. 1999.
Reinfried, H.: Mörder, Räuber, Diebe ... Psychotherapie im Strafvollzug. Stuttgart – Bad Cannstatt 1999.
Richards, B.: The Experience of Long-term Imprisonment. An Exploratory Investigation, in: British Journal of Criminology 1978, S. 162 ff.
Rieger, W.: Die Subkultur im Strafvollzug, in: ZfStrVo 1977, S. 218 ff.
Ritzel, G.: Stand und Entwicklung des psychiatrischen Maßregelvollzugs in Niedersachsen, in: MschrKrim 1989, S. 123 ff.
Rixen, St.: Wiedergutmachung im Strafvollzug? Eine kritische Analyse der Vorschläge des „Alternativ-Entwurfs Wiedergutmachung (AE-WGM)", in: ZfStrVo 1994, S. 215.
Rixen, St.: Neues Datenschutzrecht für den Strafvollzug, in: DuD 2000, S. 640 ff.
Rixen, St.: Schutz minderjähriger Verbrechensopfer durch Besuchsverbote gemäß § 25 StVollzG, in: ZfStrVo 2001, S. 278 ff.
Roberts, J.: Reform and Retribution. An Illustrated History of American Prisons. Lanham 1997.
Robinson, L.: Penology in the United States. Philadelphia 1923.
Röhl, K.: Über die lebenslange Freiheitsstrafe. Berlin 1969.
Roosenburg, A.: Psychotherapeutische Erfahrungen an Strafgefangenen, in: Bitter, W. (Hrsg.): Verbrechen – Schuld oder Schicksal? Stuttgart 1969, S. 88 ff.
Rösch, Th.: Aufgaben des Normalvollzuges bei der Behandlung von Sexualstraftätern, in: Egg, R. (Hrsg.): Behandlung von Sexualstraftätern im Justizvollzug. Wiesbaden 2000, S. 139 ff.
Rösch, Th.: Schweigepflicht – Offenbarungspflicht der Ärzte, Psychologen und Sozialarbeiter im Strafvollzug, in: Herrfahrdt, R. (Hrsg.): Behandlung von Sexualstraftätern. Hannover 2000a, S. 150 ff.
Rosenau, H.: Tendenzen und Gründe der Reform des Sexualstrafrechts, in: StrVert 1999, S. 388 ff.
Rosenkranz, J.: Kinder hinter Gittern, in: ZfStrVo 1985, S. 77 ff.
Rosenthal, M.: Arbeitslohn im Strafvollzug, in: Neue Kriminalpolitik 2/1998, S. 12 ff.
Rosner, A.: Suicid im Strafvollzug, in: KrimPäd Heft 21/22, 1986, S. 42 ff.
Rössner, D.: Erlernte Hilflosigkeit und Soziales Training, in: Justizministerium Baden-Württemberg (Hrsg.): Soziales Training und Sozialarbeit. Stuttgart 1984, S. 5 ff.
Rössner, D.: Die strafrechtliche Beurteilung der Vollzugslockerungen, in: JZ 1984a, S. 1065 ff.

Rössner, D.: Wiedergutmachen statt Übelvergelten, in: Marks, E./Rössner, D. (Hrsg.): Täter-Opfer-Ausgleich. Bonn 1990, S. 7 ff.
Roth, Th.: Das Grundrecht auf den gesetzlichen Richter. Berlin 2000.
Rothman, D.: Perfecting the Prison: United States 1789–1865, in: Morris, N./Rothman, D. (Ed.): The Oxford History of the Prison. New York – Oxford 1998, S. 100 ff.
Rotthaus, K.: Sozialtherapie in der Dr.-van-der-Hoeven-Klinik in Utrecht, in: MschrKrim 1975, S. 83 ff.
Rotthaus, K.: Die Zusammenarbeit zwischen Justizvollzugsanstalt und Strafvollstreckungskammer, in: Festschrift für Blau. Berlin – New York 1985, S. 327 ff.
Rotthaus, K.: Die Bedeutung des Strafvollzugsgesetzes für die Reform des Strafvollzugs, in: NStZ 1987, S. 1 ff.
Rotthaus, K.: Anmerkung zum Beschluss des OLG Koblenz v. 23.11.1990, in: NStZ 1991, S. 511 f.
Rotthaus, K.: Totale Institution und Rechtsschutz, in: ZfStrVo 1992, S. 362.
Rotthaus, K.: Die Grundfragen des heutigen Strafvollzugs aus der Sicht der Praxis, in: ZfStrVo 1992a, S. 41 ff.
Rotthaus, K.: Rechtsschutz und Mediation im Strafvollzug, in: KrimJ 1993, S. 56 ff.
Rotthaus, K.: Die Sozialtherapeutische Anstalt als Modell für die Reform des Vollzugs der langen Freiheitsstrafe, in: Jung, H./Müller-Dietz, H. (Hrsg.): Langer Freiheitsentzug – wie lange noch? Bonn 1994, S. 143 ff.
Rotthaus, K.: Die Aufgaben der Fachaufsicht im Strafvollzug, in: Gedächtnisschrift für Busch. Pfaffenweiler 1995, S. 517 ff.
Rotthaus, K.: Anmerkung zum Beschluss des BVerfG v. 28.9.1995 und zum Beschluss des OLG Hamm v. 24.3.1995, in: NStZ 1996, S. 254 f.
Rotthaus, K.: Der Schutz der Grundrechte im Gefängnis, in: ZfStrVo 1996a, S. 3 ff.
Rotthaus, K.: 50 Jahre Justizvollzug in Nordrhein-Westfalen, in: Justizministerium des Landes Nordrhein-Westfalen (Hrsg.): 50 Jahre Justiz in Nordrhein-Westfalen. Düsseldorf 1996b, S. 179 ff.
Rotthaus, K.: Anmerkung zum Beschluss des BVerfG v. 14.8.1996 und zum Beschluss des BGH v. 6.11.1996, in: NStZ 1997, S. 206 f.
Rotthaus, K.: Neue Aufgaben für den Strafvollzug bei der Bekämpfung von Sexualdelikten und anderen gefährlichen Straftaten, in: NStZ 1998, S. 597 ff.
Rotthaus, K.: Die Mitarbeiter des Behandlungsvollzuges im XXI. Jahrhundert, in: Festschrift für Böhm. Berlin – New York 1999, S. 187 ff.
Rotthaus, K.: Anmerkung zum Beschluss des KG v. 28.4.2000 – 2 Ws 794/99 Vollz und zum Beschluss des LG Stuttgart v. 19.12.2000 – 2 StVK 136/00, in: ZfStrVo 2002, S. 182 f.
Rotthaus, W.: Organisation und Kooperation in einer Vollzugsanstalt, in: KrimPäd Heft 30, 1990, S. 30 ff.
Roxin, C.: Strafverfahrensrecht. 25. Aufl., München 1998.
Roxin, C.: Hat das Strafrecht eine Zukunft? in: Gedächtnisschrift für Zipf. Heidelberg 1999, S. 135 ff.
Rudolphi, H.-J.: Anmerkung zum Urteil des BGH v. 30.4.1997, in: NStZ 1997, S. 599 ff.
Rusche, G./Kirchheimer, O.: Sozialstruktur und Strafvollzug. Frankfurt a.M. – Köln 1974.
Rüther, W.: Internationale Erfahrungen bei der Behandlung von Sexualstraftätern, in: MschrKrim 1998, S. 246 ff.
Rüther, W./Neufeind, W.: Offener Vollzug und Rückfallkriminalität, in: MschrKrim 1978, S. 363 ff.

Ryan, M./Sim, J.: Power, Punishment and Prisons in England and Wales 1975–1996, in: Weiss, R. P./South, N. (Ed.): Comparing Prison Systems. Amsterdam 1998, S. 175 ff.

Ryssdal, R.: Die Europäische Menschenrechtskonvention: ein Verfassungsgesetz für das ganze Europa, in: Festschrift für Odersky. Berlin – New York 1996, S. 245 ff.

Salewski, B.: Anmerkungen zu Smartts „Die neue Vollzugsanstalt Gelsenkirchen – Ein Einstieg in die Gefängnisprivatisierung", in: ZfStrVo 1999, S. 276 f.

Salewski, B.: Erfahrungen im Ausland, in: Stober, R. (Hrsg.): Privatisierung im Strafvollzug? Köln u.a. 2001, S. 81 ff.

Sapsford, R.: Life-Sentence Prisoners: Psychological Changes during Sentence, in: British Journal of Criminology, Vol. 18, 1978, S. 128 ff.

Schaaf, B.: Anklopfen an Haftraumtür vor Betreten durch Vollzugsbedienstete, in: ZfStrVo 1994, S. 145 ff.

Schäche, W.: Das Zellengefängnis Moabit – Zur Geschichte einer preußischen Anstalt. Berlin 1992.

Schädler, W./Wulf, R.: Thesen zur Erprobung der elektronischen Überwachung als Weisung und elektronischer Hausarrest, in: BewHi 1999, S. 3 ff.

Schäfer, K.: Anstaltsbeiräte – die institutionalisierte Öffentlichkeit? Heidelberg 1987.

Schäfer, K./Buchta, A.: Aids im Justizvollzug, in: ZfStrVo 1995, S. 323 ff.

Schäfer, K./Schoppe, R.: Betäubungsmittelstraftäter im Strafvollzug, in: Kreuzer, A. (Hrsg.): Handbuch des Betäubungsmittelstrafrechts. München 1998, S. 1401 ff.

Schaffstein, F.: Die strafrechtliche Verantwortlichkeit Vollzugsbediensteter für den Missbrauch von Vollzugslockerungen, in: Festschrift für Karl Lackner. Berlin 1987, S. 795 ff.

Schaffstein, F./Beulke, W.: Jugendstrafrecht. 13. Aufl., Stuttgart u.a. 1998.

Schalast, N.: Unterbringung in der Entziehungsanstalt: Probleme der Behandlung alkoholabhängiger Straftäter – Argumente für eine Vollzugslösung, in: Recht und Psychiatrie 1994, S. 2 ff.

Schall, H./Schreibauer, M.: Prognose und Rückfall bei Sexualstraftätern, in: NJW 1997, S. 2412 ff.

Scharfetter, Ch.: Selbstmanipulierte Krankheit, in: Deutsche Medizinische Wochenschrift 1985, S. 685 ff.

Schattke, H.: Die Geschichte der Progression im Strafvollzug und der damit zusammenhängenden Vollzugsziele in Deutschland. Frankfurt a.M. u.a. 1979.

Schätzler, J.-G.: Handbuch des Gnadenrechts. 2. Aufl., München 1992.

Schenk, Ch.: Bestrebungen zur einheitlichen Regelung des Strafvollzugs in Deutschland von 1870 bis 1923. Frankfurt a.M. u.a. 2001.

Scherer, R.: Der Allgemeine Vollzugsdienst im Spannungsfeld von institutionellen Rahmenbedingungen und psychologischer Konfliktlösung, in: Bereswill, M./Höynck, Th. (Hrsg.): Jugendstrafvollzug in Deutschland – Grundlagen, Konzepte, Handlungsfelder. Mönchengladbach 2002, S. 100 ff.

Scheu, W.: In Haft. Zum Verhalten deutscher Strafgefangener. München 1983.

Schidorowitz, M.: H. B. Wagnitz und die Reform des Vollzugs der Freiheitsstrafe an der Wende vom 18. zum 19. Jahrhundert. St. Augustin 2000.

Schirrmacher, G.: Heroinabgabe an Strafgefangene – eine Chance? in: ZRP 1997, S. 242 ff.

Schleusener, J.: Psychische Veränderungen als Reaktion auf die Haftsituation, in: ZfStrVo 1976, S. 19 ff.

Schleuss, G.: Psychiatrische Manifestationen im Strafvollzug, in: Venzlaff, U./Foerster, K. (Hrsg.): Psychiatrische Begutachtung. Stuttgart u.a. 1994, S. 425 ff.

Schlömer, U.: Der elektronisch überwachte Hausarrest: eine Untersuchung der ausländischen Erfahrungen und der Anwendbarkeit in der Bundesrepublik Deutschland. Frankfurt a.M. 1998.
Schlömer, U.: Die Anwendbarkeit des elektronisch überwachten Hausarrests als Bewährungsweisung nach geltendem Recht, in: BewHi 1999, S. 31 ff.
Schlothauer, R./Weider, H.-J.: Untersuchungshaft. 3. Aufl., Heidelberg 2001.
Schlüchter, E.: Plädoyer für den Erziehungsgedanken. Berlin – New York 1994.
Schmidt, Eb.: Zuchthäuser und Gefängnisse. Göttingen 1960.
Schmidt, Eb.: Einführung in die Geschichte der deutschen Strafrechtspflege. 3. Aufl., Göttingen 1965.
Schmidt, J.: Überbelegung im Strafvollzug. Frankfurt 1986.
Schmidt, P.: Behandlung von Sexualstraftätern im Berliner Justizvollzug: Folgerungen aus den Gesetzesänderungen, in: Egg, R. (Hrsg.): Behandlung von Sexualstraftätern im Justizvollzug. Wiesbaden 2000, S. 105 ff.
Schmidt, V./Klug, E./Gutewort, R.: Zum „Bunkern" in Haftanstalten, in: Kriminalistik 1998, S. 595 ff.
Schmidt-Bleibtreu, B./Klein, F.: Kommentar zum Grundgesetz. 9. Aufl., Neuwied 1999.
Schmitt, G.: Synopse der Sozialtherapeutischen Anstalten und Abteilungen in der Bundesrepublik Deutschland und Westberlin, in: Bundeszusammenschluss für Straffälligenhilfe: Sozialtherapeutische Anstalten – Konzepte und Erfahrungen. 2. Aufl., Bonn 1977, S. 182 ff.
Schmitt, G.: Inhaftierte Sexualstraftäter, in: BewHi 1996, S. 3 ff.
Schmölzer, G.: Aktuelle Diskussionen zum Thema „Frauenkriminalität", in: MschrKrim 1995, S. 219 ff.
Schmuck, R.: Probleme mit HIV-Infizierten und an AIDS erkrankten Personen im Vollzug der Untersuchungshaft und Strafhaft, in: ZfStrVo 1989, S. 165 ff.
Schneider, H.: Tempus fugit. Trendwende in der Rechtsprechung zu den unbestimmten Rechtsbegriffen? in: ZfStrVo 1999, S. 140 ff.
Schneider, H.: Telefonieren ohne Grenzen? in: ZfStrVo 2001, S. 273 ff.
Schneider, H. J.: Behandlung des Rechtsbrechers in der Strafanstalt und in Freiheit, in: Schneider, H. J.: Kriminalität und abweichendes Verhalten. Band 2. Weinheim – Basel 1983, S. 295 ff.
Schneider, H. J.: Jugendstrafrecht, Wirtschaftsstrafrecht, Strafvollzug. 3. Aufl., München 1992.
Schneider, H. J.: Kriminologie der Gewalt. Stuttgart – Leipzig 1994.
Schneider, H. J.: Die Verbesserung des Schutzes der Gesellschaft vor gefährlichen Sexualstraftätern, in: JZ 1998, S. 436 ff.
Schneider, H. J.: Die Behandlung von Sexualstraftätern im Strafvollzug, in: Festschrift für Böhm. Berlin – New York 1999, S. 419 ff.
Schöch, H.: Empfehlen sich Änderungen und Ergänzungen bei den strafrechtlichen Sanktionen ohne Freiheitsentzug? München 1992.
Schöch, H.: Maßregelvollzug, in: Venzlaff, U./Foerster, K. (Hrsg.): Psychiatrische Begutachtung. 2. Aufl., Stuttgart u.a. 1994, S. 445 ff.
Schöch, H.: Das Gesetz zur Bekämpfung von Sexualdelikten und anderen gefährlichen Straftaten vom 26.1.1998, in: NJW 1998, S. 1257 ff.
Schöch, H.: Zur Offenbarungspflicht der Therapeuten im Justizvollzug gemäß § 182 Abs. 2 StVollzG, in: ZfStrVo 1999, S. 259 ff.

Schöch, H.: Scientology ante portas? – Ein Beitrag zur Auslegung der §§ 53–55 StVollzG und zur Beurteilung einer pseudoreligiösen Organisation, in: Festschrift für Müller-Dietz. München 2001, S. 803 ff.

Schölz, J./Lingens, E.: Wehrstrafgesetz. 4. Aufl., München 2000.

Schomburg, W.: Anmerkung zum Urteil des BGH v. 9.9.1997, in: NStZ 1998, S. 142 ff.

Schomburg, W./Lagodny, O.: Internationale Rechtshilfe in Strafsachen. 3. Aufl., München 1998.

Schönke, A./Schröder, H.: Strafgesetzbuch. 26. Aufl., München 2001 (zit.: Schönke/Schröder/Bearbeiter).

Schoreit, A./Dehn, J.: Beratungshilfe, Prozesskostenhilfe. 6. Aufl., Heidelberg 1998.

Schott, T.: Subkultur im Mauerschatten – Die Justizvollzugsanstalt als Stätte konzentrierten kriminellen Milieus, in: Kriminalistik 2001, S. 629 ff.

Schott, T.: Strafvollzugsrecht für SozialarbeiterInnen. Baden-Baden 2002.

Schrag, C.: Some Foundations for a Theory of Correction, in: Cressey, D. (Ed.): The Prison. New York 1964, S. 309 ff.

Schramke, H.: Alte Menschen im Strafvollzug. Empirische Untersuchung und kriminalpolitische Überlegungen. Bonn 1996.

Schreckling, J.: Bestandsaufnahmen zur Praxis des Täter-Opfer-Ausgleichs in der Bundesrepublik Deutschland. Bonn 1991.

Schriever, W.: Rechtswege und Zuständigkeiten im Bereich der Untersuchungshaft, in: ZfStrVo 1996, S. 354 ff.

Schroeder, F.-C.: Menschenrechte im Strafverfahren und Strafvollzug, in: Brunner, G. (Hrsg.): Menschenrechte in der DDR. Baden-Baden 1989, S. 257 ff.

Schubert, W. (Hrsg.): Ausschüsse für Strafrecht, Strafvollstreckungsrecht, Wehrstrafrecht, Strafgerichtsbarkeit der SS und des Reichsarbeitsdienstes, Polizeirecht sowie für Wohlfahrts- und Fürsorgerecht (Bewahrungsrecht). Akademie für Deutsches Recht 1933–1945: Protokolle der Ausschüsse Band VIII. Frankfurt a.M. u.a. 1999.

Schuh, J.: Zur Behandlung des Rechtsbrechers in Unfreiheit. Möglichkeiten und Grenzen der Therapie in geschlossenem Milieu. Diessenhofen 1980.

Schuler, M.: Rechte (Rechtsbehelfe) und Pflichten, in: Schwind, H.-D./Blau, G. (Hrsg.): Strafvollzug in der Praxis. 2. Aufl., Berlin – New York 1988, S. 255 ff.

Schüler-Springorum, H.: Strafvollzug im Übergang. Göttingen 1969.

Schüler-Springorum, H.: Zur Fortentwicklung des Behandlungsgedankens im Strafvollzug, in: Schwind, H.-D./Steinhilper, G./Böhm, A.: 10 Jahre Strafvollzugsgesetz. Heidelberg 1988, S. 117 ff.

Schüler-Springorum, H.: Tatschuld im Strafvollzug, in: StrVert 1989, S. 262 ff.

Schüler-Springorum, H.: Angemessene Anerkennung als Arbeitsentgelt, in: Festschrift für Böhm. Berlin – New York 1999, S. 219 ff.

Schüler-Springorum, H.: Erläuterungen zum Gesetz zur Bekämpfung von Sexualdelikten und anderen gefährlichen Straftaten vom 26.1.1998, in: Herrfahrdt, R. (Hrsg.): Behandlung von Sexualstraftätern. Hannover 2000, S. 23 ff.

Schultze, A.: Zwischen Hoffnung und Hoffnungslosigkeit. 10 Jahre Substitution im Bremer Strafvollzug. Oldenburg 2001.

Schumann, K./Steinert, H./Voß, M. (Hrsg.): Vom Ende des Strafvollzugs. Ein Leitfaden für Abolitionisten. Bielefeld 1988.

Schumann, V.: Lockerungen, Entlassungsvorbereitungen und -hindernisse aus therapeutischer Sicht, in: Gebauer, M./Jehle, J.-M. (Hrsg.): Die strafrechtliche Unterbringung in einem psychiatrischen Krankenhaus. Wiesbaden 1993, S. 131 ff.

Schütze, H.: Probleme der Vollzugsanstalten mit der wachsenden Zahl der ausländischen Gefangenen, in: DVJJ-Journal 4/1993, S. 381 ff.
Schwartz, M.: Pre-Institutional vs. Situational Influence in a Correctional Community, Journal of Research in Crime and Delinquency, Vol. 62, 1971, S. 532 ff.
Schweinhagen, K.: Arbeitstherapie im geschlossenen Erwachsenenvollzug, in: ZfStrVo 1987, S. 95 ff.
Schwind, H.-D.: Kurzer Überblick über die Geschichte des Strafvollzugs, in: Schwind, H.-D./Blau, G. (Hrsg.): Strafvollzug in der Praxis. 2. Aufl., Berlin – New York 1988, S. 1 ff.
Schwind, H.-D.: Nichtdeutsche Straftäter – eine kriminalpolitische Herausforderung, die bis zum Strafvollzug reicht, in: Festschrift für Böhm. Berlin – New York 1999, S. 323 ff.
Schwind, H.-D.: Kriminologie. 12. Aufl., Heidelberg 2002.
Schwind, H.-D./Blau, G. (Hrsg.): Strafvollzug in der Praxis. 2. Aufl., Berlin – New York 1988.
Schwind, H.-D./Böhm, A. (Hrsg.): Strafvollzugsgesetz. 3. Aufl., Berlin – New York 1999.
Seebode, M.: Anmerkung zum Beschluss des BayObLG v. 20.8.1981, in: NStZ 1982, S. 86 ff.
Seebode, M: Der Vollzug der Untersuchungshaft. Berlin – New York 1985.
Seebode, M.: Anmerkung zum Beschluss des OLG Hamm v. 28.5.1986, in: NStZ 1987, S. 45 ff.
Seebode, M.: Zwischenhaft, ein vom Gesetz nicht vorgesehener Freiheitsentzug (§ 345 StGB), in: StrVert 1988, S. 119 ff.
Seebode, M.: Anmerkung zum Beschluss des OLG Jena v. 13.9.1994, in: JZ 1996, S. 158 ff.
Seebode, M.: Einsicht in Personalakten Strafgefangener, in: NJW 1997, S. 1754 ff.
Seebode, M.: Behandlungsvollzug für Ausländer, in: KrimPäd Heft 37, 1997a, S. 52 f.
Seebode, M.: Strafvollzug – Recht und Praxis. 1. Teil: Grundlagen. Lingen 1997b.
Seebode, M.: Anmerkung zum Urteil des BGH v. 30.4.1997, in: JR 1998, S. 338 ff.
Seebode, M.: Aktuelle Fragen zum Justizvollzug 2000 und seiner Reform, in: Herrfahrdt, R. (Hrsg.): Strafvollzug in Europa. Hannover 2001, S. 47 ff.
Seggelke, G.: Die Entstehung der Freiheitsstrafe. Breslau 1928.
v. Selle, D.: Die Reform des Sanktionenrechts, in: JR 2002, S. 227 ff.
Short, R.: The Care of Long-term Prisoners. London 1979.
Siekmann, H.: Staat und Staatlichkeit am Ende des 20. Jahrhunderts, in: Burmeister, J. (Hrsg.): Festschrift für Stern, 1997, S. 341 ff.
Sieverts, B.: Zur Geschichte der Reformversuche im Freiheitsstrafvollzug, in: Rollmann, D. (Hrsg.): Strafvollzug in Deutschland. Frankfurt a.M. 1967, S. 43 ff.
Sigel, W.: Freistellung von der Arbeitspflicht nach § 42 StVollzG, in: ZfStrVo 1985, S. 276 f.
Sigel, W.: Alternative Überlegungen zur Verbesserung der Gefangenenentlohnung, in: ZfStrVo 1995, S. 81 ff.
Simitis, Sp./Dammann, U./Geiger, H./Mallmann, O./Walz, St.: Kommentar zum Bundesdatenschutzgesetz. 4. Aufl., Baden-Baden 1992 ff.
Simons, D.: Die „Erforschung der Persönlichkeit" gemäß § 6 StVollzG: Probleme und Alternativen, in: ZfStrVo 1985, S. 278 ff.
Skirl, M.: Anmerkung zum Beschluss des OLG Celle v. 9.3.1983, in: ZfStrVo 1983, S. 317 ff.

Sluga, W.: Geisteskranke Rechtsbrecher. Forensische Psychiatrie und Strafrechtspflege. Wien – München 1977.
Sluga, W./Grünberger, J.: Selbstverletzungen und Selbstbeschädigungen bei Strafgefangenen, in: Wiener Medizinische Wochenschrift 1969, S. 453 ff.
Smartt, U.: Privatisierung im englischen Strafvollzug: Erfahrungen mit englischen Privatgefängnissen, in: ZfStrVo 1995, S. 290 ff.
Smartt, U.: Die neue Vollzugsanstalt Gelsenkirchen – Ein Einstieg in die Gefängnisprivatisierung? in: ZfStrVo 1999, S. 270 ff.
Smartt, U.: Privatisierung des Justizvollzuges nun auch in Deutschland? Erfahrungen aus dem britischen und amerikanischen Bereich, in: ZfStrVo 2001, S. 67 ff.
Smartt, U.: Private Gefängnisse: Bald auch in Deutschland? in: Neue Kriminalpolitik 4/2001a, S. 8 ff.
Sofsky, W.: Die Ordnung des Terrors: Das Konzentrationslager. Frankfurt a.M. 1993.
Solbach, G./Hofmann, H.: Einführung in das Strafvollzugsrecht. Köln u.a. 1982.
Sonnen, B.-R.: Jugendstrafvollzug in Deutschland – Rechtliche Rahmenbedingungen und kriminalpolitische Entwicklungen, in: Bereswill, M./Höynck, Th. (Hrsg.): Jugendstrafvollzug in Deutschland – Grundlagen, Konzepte, Handlungsfelder. Mönchengladbach 2002, S. 57 ff.
Sowada, Ch.: Anmerkung zum Beschluss des BVerfG v. 26.1.1995, in: NStZ 1995, S. 563 ff.
Spaans, E.: Elektronische Überwachung: das niederländische Experiment, in: BewHi 1999, S. 68 ff.
Specht, F.: Entwicklung und Zukunft der Sozialtherapeutischen Anstalten im Justizvollzug der Bundesrepublik Deutschland, in: Egg, R. (Hrsg.): Sozialtherapie in den 90er Jahren. Wiesbaden 1993, S. 11 ff.
Stark, H.-D.: Haftschäden durch den Vollzug der lebenslangen Freiheitsstrafe, in: Jescheck, H.-H./Triffterer, O. (Hrsg.): Ist die lebenslange Freiheitsstrafe verfassungswidrig? Baden-Baden 1978.
Steinböck, H.: Das Problem schwerer Gewalttaten und deren Prognostizierbarkeit, in: Recht und Psychiatrie 1997, S. 67 ff.
Steinhilper, G.: Der Kriminologische Dienst, in: Schwind, H.-D./Blau, G. (Hrsg.): Strafvollzug in der Praxis. 2. Aufl., Berlin – New York 1988, S. 189 ff.
Steller, M.: Sozialtherapie statt Strafvollzug. Psychologische Probleme der Behandlung von Delinquenten. Köln 1977.
Steller, M.: Für eine Neubestimmung der Aufgaben von Strafvollzugspsychologen, in: PsychRdsch 1978, S. 209 ff.
Sternkopf, F.: Der Werkmeister/Technischer Dienst, in: Schwind, H.-D./Blau, G. (Hrsg.): Strafvollzug in der Praxis. 2. Aufl., Berlin – New York 1988, S. 138 ff.
Stiebig, V.: Die Vereinbarkeit aufenthaltsbeschränkender Vollstreckungsmaßnahmen mit europäischem Recht, in: ZAR 2000, S. 127 ff.
Stock, St.: Behandlungsuntersuchung und Vollzugsplan. Zum Instrumentarium einer an der Rückfallverhinderung orientierten Ausgestaltung des Strafvollzugs in der Bundesrepublik Deutschland. Egelsbach u.a. 1993.
Stöckle-Niklas, C.: Das Gefängnis – eine eingeschlechtliche Institution. Bonn 1989.
Stomps, H.: Über die Bedeutung des Strafvollzugsgesetzes für die richterliche Arbeit, in: psychosozial Nr. 65, 1996, S. 71 ff.
Stöver, H.: HIV/AIDS-Prävention für DrogengebraucherInnen im Strafvollzug? in: KrimJ 1993, S. 184 ff.

Stöver, H.: Drogen, HIV und Hepatitis im Strafvollzug, in: Jacob, J./Keppler, K./Stöver, H. (Hrsg.): LebHaft: Gesundheitsförderung für Drogen Gebrauchende im Strafvollzug. Teil 1. Berlin 2001, S. 13 ff.

Strak, N.: Leistungsbericht über den aktuellen Stand von Group Counselling, in: Bundesministerium für Justiz (Hrsg.): 25 Jahre Group Counselling im österreichischen Strafvollzug. Wien 1996, S. 17 ff.

Streng, F.: Der Beitrag der Kriminologie zu Entstehung und Rechtfertigung staatlichen Unrechts im „Dritten Reich", in: MschrKrim 1993, S. 141 ff.

Streng, F.: Bewältigungsstrategien der Opfer von Gewaltdelikten, in: ÖJZ 1994, S. 145 ff.

Streng, F: Der Erziehungsgedanke im Jugendstrafrecht, in: ZStW 1994a, S. 60 ff.

Streng, F.: Strafrechtliche Folgenorientierung und Kriminalprognose, in: Dölling, D. (Hrsg.): Die Täter-Individualprognose. Heidelberg 1995, S. 97 ff.

Streng, F.: „Besonders schwer" in Relation wozu? – § 57a I S. 1 Nr. 2 StGB, in: JZ 1995a, S. 556 ff.

Streng, F.: Überfordern Sexualstraftaten das Strafrechtssystem? in: Festschrift für Bemmann. Baden-Baden 1997, S. 443 ff.

Streng, F.: Modernes Sanktionenrecht? in: ZStW 1999, S. 827 ff.

Streng, F.: Aktuelle Probleme des Justizvollzuges – Vollzugsmodifikationen, in: Herrfahrdt, R. (Hrsg.): Strafvollzug in Europa. Hannover 2001, S. 71 ff.

Streng, F.: Strafrechtliche Sanktionen – Die Strafzumessung und ihre Grundlagen. 2. Aufl., Stuttgart 2002.

Stürup, G.: Die Behandlung von Sittlichkeitstätern in Herstedvester/Dänemark, in: ZfStrVo 1968, S. 276 ff.

Süß, F.: Studien zur Amnestiegesetzgebung. Berlin 2001.

Swientek, Ch.: Autoaggressivität bei Gefangenen aus pädagogischer Sicht. Göttingen 1982.

Sykes, G.: The Society of Captives. A Study of Maximum Security Prisons. Princeton 1958.

Sykes, G.: The Pains of Imprisonment, in: Radzinowicz, L./Wolfgang, M. (Ed.): Crime and Justice. The Criminal in Confinement. New York – London 1971, S. 131 ff.

Sykes, G./Matza, D.: Techniken der Neutralisierung: Eine Theorie der Delinquenz, in: Sack, F./König, R. (Hrsg.): Kriminalsoziologie, Frankfurt a.M. 1968, S. 360 ff.

Sykes, G./Messinger, S.: The Inmate Social System, in: Cloward, R. et al. (Ed.): Theoretical Studies in the Social Organisation of the Prison. New York 1960, S. 5 ff.

Szczekalla, P.: Anmerkung zum Beschluss des OLG Celle v. 13.2.2002, in: StrVert 2002, S. 324 ff.

Theißen, R.: Ehrenamtliche Mitarbeit im Strafvollzug der Bundesrepublik Deutschland. Bonn 1990.

Thiem-Schräder, B.: Normalität und Delinquenz. Bielefeld 1989.

Thomas, C./Foster, S.: Prisonization in the Inmate Contraculture, in: Social Problems, Vol. 20, 1972, S. 229 ff.

Thomas, H./Putzo, H.: Zivilprozessordnung. 24. Aufl., München 2002.

Thorwart, J.: Juristische und ethische Grenzen der Offenbarung von Geheimnissen: Anmerkungen zur aktuellen Gesetzgebung und zu juristischen sowie beziehungsdynamischen Aspekten der innerinstitutionellen Schweigepflicht, in: Recht und Psychiatrie 1999, S. 10 ff.

Tinnefeld, M.-Th.: Die Novellierung des BDSG im Zeichen des Gemeinschaftsrechts, in: NJW 2001, S. 3078 ff.

Tinnefeld, M.-Th./Ehmann, E.: Einführung in das Datenschutzrecht. 3. Aufl., München 1998.
Toch, H.: Living in Prison. The Ecology of Survival. New York – London 1977.
Todorov, D.: 22 Jahre Knast. Autobiographie eines Lebenslänglichen. München 2002.
Trechsel, St.: Gerichtlicher Rechtsschutz in Grund- und Menschenrechtsfragen auf europäischer Ebene aus der Sicht der Europäischen Kommission für Menschenrechte, in: Stern, K. (Hrsg.): 40 Jahre Grundgesetz. München 1990, S. 189 ff.
Trennhaus, M.: Der Vollzug von „Organisationshaft", in: StrVert 1999, S. 511 ff.
Treptow, W.: Gerichtliche Kontrolle von Ermessensentscheidungen und unbestimmten Rechtsbegriffen im Strafvollzugsrecht, in: NJW 1978, S. 2227 ff.
Tretter, H.: Die Menschenrechte im abschließenden Dokument des Wiener KSZE-Folgetreffens v. 15. Januar 1989, in: EuGRZ 1989, S. 79 ff.
Tröndle, H./Fischer, Th.: Strafgesetzbuch. 50. Aufl., München 2001.
v. Trotha, T.: Strafvollzug und Rückfälligkeit. Heidelberg 1983.
Ullenbruch, Th.: Vollzugsbehörde contra Strafvollstreckungskammer – Zur Problematik justizinterner Rechtsbeschwerden, in: NStZ 1993, S. 517 ff.
Ullenbruch, Th.: Anmerkung zum Beschluss des OLG Celle v. 5.11.1998, in: NStZ 1999, S. 429 ff.
Ullenbruch, Th.: Neuregelung des Arbeitsentgelts für Strafgefangene – Sand in die Augen des BVerfG? in: ZRP 2000, S. 177 ff.
Ullenbruch, Th.: Nachträgliche „Sicherungsverwahrung" durch die „Polizei", in: NStZ 2001, S. 292 ff.
Ullenbruch, Th.: Schadensersatz wegen Amtspflichtverletzung durch Gewährung von Vollzugslockerungen und Hafturlaub, in: NJW 2002, S. 416 ff.
Urban, G./Mildner, H.: Der Leiter der Wirtschaftsverwaltung, in: Schwind, H.-D./Blau, G. (Hrsg.): Strafvollzug in der Praxis. 2. Aufl., Berlin – New York 1988, S. 125 ff.
Vassilaki, I.: Personenbezogene Informationen in der Strafverfolgung: Potential zur Repression, Resozialisierung oder Gefahrenabwehr? in: BewHi 1999, S. 141 ff.
Villiger, M.: Handbuch der Europäischen Menschenrechtskonvention (EMRK). 2. Aufl., Zürich 1999.
Villmow, B.: Ausländer in der strafrechtlichen Sozialkontrolle, in: BewHi 1995, S. 155 ff.
Vogelgesang, E.: Kleintierhaltung im Strafvollzug, in: ZfStrVo 1994, S. 67 f.
Voigtel, St.: Zum Freibeweis bei Entscheidungen der Strafvollstreckungskammer. Eine Untersuchung zu ausgewählten Fragen des Beweisrechts im gerichtlichen Verfahren in Strafvollstreckungs- und Strafvollzugssachen. Frankfurt a.M. u.a. 1998.
Volckart, B.: Praxis der Kriminalprognose. Methodologie und Rechtsanwendung. München 1997.
Volckart, B.: Schweigen und Offenbaren der Therapeuten im Strafvollzug gesetzlich geregelt, in: Recht und Psychiatrie 1998, S. 192 ff.
Volckart, B.: Maßregelvollzug. Das Recht des Vollzugs der Unterbringung nach §§ 63, 64 StGB in einem psychiatrischen Krankenhaus und in einer Entziehungsanstalt. 5. Aufl., Neuwied 1999.
Vosgerau, R.: Elektronische Überwachung: Auf dem Weg zur Abschaffung von Freiheitsstrafen oder in die totale Kontrolle? in: BewHi 1990, S. 166 ff.
Wagner, A.: Strafvollstreckung. München 1997.
Wagner, B.: Schuldvergeltung und Generalprävention im Vollzug zeitiger Freiheitsstrafen? in: InfoStVollzPR 1986, S. 637 ff.

Wagner, B.: Die Länderregelungen zur Ernennung, Entlassung und Suspendierung von Anstaltsbeiräten gemäß § 162 III StVollzG, in: ZfStrVo 1986a, S. 340 ff.

Wagner, B.: Effektiver Rechtsschutz im Maßregelvollzug – § 63 StGB. 2. Aufl., Bonn 1992.

Wagner, B.: Strafvollzugspersonal im Dienst der Strafverfolgung? in: Festschrift zum 125-jährigen Bestehen der Staatsanwaltschaft Schleswig-Holstein. Köln u.a. 1992a, S. 511 ff.

Wagner, Ch.: Privatisierung im Justizvollzug – Ein Konzept für die Zukunft, in: ZRP 2000, S. 169.

Wagner, Ch.: Die „nachträgliche Sicherungsverwahrung" – Problem und Lösung, in: RuP 2002, S. 93 ff.

Wagner, G.: Psychologie im Strafvollzug. München 1972.

Wagner, G.: Das absurde System. Strafurteil und Strafvollzug in unserer Gesellschaft. 2. Aufl., Heidelberg 1985.

Wagner, J.: Der Rechtsschutz des Gefangenen, in: MschrKrim 1976, S. 241 ff.

Wagnitz, H.: Historische Nachrichten und Bemerkungen über die merkwürdigsten Zuchthäuser in Deutschland. Halle 1791.

Wahl, A.: Zur Entwicklung der deutschen Straffälligen- und Bewährungshilfevereinigungen, in: Kerner, H.-J. (Hrsg.): Straffälligenhilfe in Geschichte und Gegenwart. Bonn 1990, S. 101 ff.

Wahlberg, W.: Das Prinzip der Individualisierung in der Strafrechtspflege. Wien 1869.

Wahlberg, W.: Die Gesamtentwicklung des Gefängniswesens und die Haftsysteme von der Mitte des XVI. Jahrhunderts bis zur Gegenwart, in: v. Holtzendorf, F. u.a. (Hrsg.): Handbuch des Gefängniswesens. Hamburg 1888, S. 79 ff.

Waitz, G.: Deutsche Verfassungsgeschichte. Band VI. 3. Aufl., Darmstadt 1955.

Walkenhorst, Ph.: Animative Freizeitgestaltung im Strafvollzug als pädagogische Herausforderung, in: DVJJ-Journal 3/2000, S. 265 ff.

Walmsley, R.: World Prison Population List. 2. Aufl., London 2000.

Walter, J.: Jugendvollzug in der Krise? in: DVJJ-Journal 2/2002, S. 127 ff.

Walter, M.: Sicherheit durch Strafvollzug, in: Müller-Dietz, H./Walter, M. (Hrsg.): Strafvollzug in den 90er Jahren. Pfaffenweiler 1995, S. 191 ff.

Walter, M.: Strafvollzug. 2. Aufl., Stuttgart u.a. 1999.

Walter, M.: Privatisierung der Strafrechtspflege: Leistungsoptimierung oder staatliche Kapitulation? in: Schäfer, K. H./Sievering, U. O. (Hrsg.): Strafvollzug im Wandel – Privatisierung contra Resozialisierung? Frankfurt a.M. 1999a, S. 21 ff.

Walter, M.: Elektronisch überwachter Hausarrest als neue Vollzugsform? in: ZfStrVo 1999b, S. 287 ff.

Walter, M.: Menschenwürdiger Strafvollzug – humane Verwahrung statt Resozialisierung? in: Reindl, R./Kawamura, G. (Hrsg.): Menschenwürde und Menschenrechte im Umgang mit Straffälligen. Freiburg i.Br. 2000, S. 53 ff.

Walter, M.: Strafvollzug – Ende der Resozialisierung? in: Bieschke, V. (Hrsg.): Strafvollzug im Wandel. Wiesbaden 2001, S. 25 ff.

Walter, M.: Abkehr von der Resozialisierung im Strafvollzug? in: Festschrift für Müller-Dietz. München 2001a, S. 961 ff.

Walter, M./Dörlemann, M.: Anmerkung zum Beschluss des OLG Frankfurt v. 3.11.1994, in: NStZ 1996, S. 358 f.

Ward, D./Kassebaum, G.: Sexual Tensions in a Woman's Prison, in: Radzinowicz, L./Wolfgang, M. (Ed.): Crime and Justice. The Criminal in Confinement. New York – London 1971, S. 146 ff.

Wasmuth, J.: Anmerkung zum Beschluss des BVerfG v. 26.4.1994, in: NStZ 1995, S. 100 ff.

Weber, F.: Gefährlichkeitsprognose im Maßregelvollzug. Entwicklung sowie Reliabilitätsprüfung eines Prognosefragebogens als Grundlage für Hypothesenbildung und langfristige Validierung von Prognosefaktoren. Pfaffenweiler 1996.

Weber, H.-M./Reindl, R.: Sicherungsverwahrung – Argumente zur Abschaffung eines umstrittenen Rechtsinstituts, in: Neue Kriminalpolitik 1/2001, S. 16 ff.

Weber, St.: Überstellung in den Heimatstaat. Ein internationales Konzept wider den Strafvollzug in der Fremde. Frankfurt a.M. 1997.

Wegner-Brandt, E.: Totale Institution und Rechtsschutz, in: ZfStrVo 1993, S. 153 ff.

Weichert, Th.: Datenschutzstrafrecht – ein zahnloser Tiger? in: NStZ 1999, S. 490 ff.

Weichert, Th.: Der elektronische Hausarrest aus der Sicht des Datenschutzes, in: StrVert 2000, S. 335 ff.

Weichert, Th.: Akteneinsicht im Strafvollzug, in: ZfStrVo 2000a, S. 88 ff.

Weider, H.-J.: Anmerkung zum Urteil des BGH v. 9.9.1997, in: StrVert 1998, S. 68 ff.

Weidner, J.: Anti-Aggressivitäts-Training für Gewalttäter. Bonn 1990.

Weigend, Th.: Privatgefängnisse, Hausarrest und andere Neuheiten, in: BewHi 1989, S. 289 ff.

Weigend, Th.: Die Europäische Menschenrechtskonvention als deutsches Recht – Kollisionen und ihre Lösung, in: StrVert 2000, S. 384 ff.

Weinert, A.: Arbeit und Arbeitsentgelt, in: Schwind, H.-D./Blau, G. (Hrsg.): Strafvollzug in der Praxis. 2. Aufl., Berlin – New York 1988, S. 285 ff.

Weis, K.: Die Subkultur der Strafgefangenen, in: Schwind, H.-D./Blau, G. (Hrsg.): Strafvollzug in der Praxis. 2. Aufl., Berlin – New York 1988, S. 239 ff.

Welker, B.-W.: Der Einsatz sozialtherapeutischer Methoden im Strafvollzug. Konzeption für eine Sozialtherapeutische Abteilung innerhalb des allgemeinen Regelvollzuges an einer bundesdeutschen Justizvollzugsanstalt. Regensburg 1993.

Welzel, T.: Lockerungen im Maßregelvollzug, in: BewHi 1990, S. 253 ff.

Westf. Arbeitskreis „Maßregelvollzug": Lockerungen im Maßregelvollzug (§ 63 StGB) – ein „kalkuliertes Risiko"? in: NStZ 1991, S. 64 ff.

Westin, A.: Privacy and Freedom. London 1970.

Wheeler, S.: Socialisation in Correctional Communities, in: American Sociological Review, Vol. 26, 1961, S. 697 ff.

Whitfield, R. G.: Electronic Monitoring: Erfahrungen aus den USA und Europa, in: BewHi 1999, S. 44 ff.

Wichern, J.: Ausgewählte Schriften. Band III: Schriften zur Gefängnisreform. Gütersloh 1979.

Wiegand, M.: Schulische und berufliche Bildung, in: Schwind, H.-D./Blau, G. (Hrsg.): Strafvollzug in der Praxis. 2. Aufl., Berlin – New York 1988, S. 276 ff.

Winchenbach, K.: Praxisprobleme der Anstaltsleitung, in: Bandell, D. u.a.: Hinter Gittern. Wir auch? Frankfurt a.M. 1985, S. 125 ff.

Winchenbach, K.: Das Strafvollzugsgesetz – Anspruch und Wirklichkeit, in: psychosozial Nr. 65, 1996, S. 7 ff.

Winchenbach, K.: Die Auswirkungen des Gesetzes zur Bekämpfung von Sexualdelikten und anderen gefährlichen Straftaten vom 26.1.98 auf die Vollzugspraxis – Ist das Gesetz auf halbem Wege stehen geblieben? in: ZfStrVo 2000, S. 277 ff.

Winchenbach, K.: Verbrechensbekämpfungsgesetz vom 26.01.1998, in: Herrfahrdt, R. (Hrsg.): Behandlung von Sexualstraftätern. Hannover 2000a, S. 121 ff.

Wingenfeld, A.: Die Verrechtlichung des Strafvollzugs in ihren Auswirkungen auf die judikative Entscheidungspraxis. Aachen 1999.

Winter, M.: Vollzug der Zivilhaft. Heidelberg 1987.

Wirth, W.: Ersatzfreiheitsstrafe oder „Ersatzhausarrest"? Ein empirischer Beitrag zur Diskussion um die Zielgruppen potentieller Sanktionsalternativen, in: ZfStrVo 2000, S. 337 ff.

Wirth, W.: Das Drogenproblem im Justizvollzug, in: BewHi 2002, S. 104 ff.

Wischka, B.: Möglichkeiten der Behandlung von Sexualstraftätern im niedersächsischen Justizvollzug, in: Egg, R. (Hrsg.): Behandlung von Sexualstraftätern im Justizvollzug. Wiesbaden 2000, S. 201 ff.

Wischka, B./Beckers, Ch. (Hrsg.): Psychologie im System Justizvollzug. Lingen 1990.

Wischka, B./Specht, F.: Integrative Sozialtherapie – Mindestanforderungen, Indikation und Wirkfaktoren, in: Rehn, G./Wischka, B./Lösel, F./Walter, M. (Hrsg.): Behandlung „gefährlicher Straftäter". Herbolzheim 2001, S. 249 ff.

Witter, H.: Allgemeine und spezielle Psychopathologie, in: Göppinger, H./Witter, H. (Hrsg.): Handbuch der forensischen Psychiatrie. Band I. Berlin u.a. 1972, S. 429 ff.

Wittstamm, K.: Elektronischer Hausarrest? Zur Anwendbarkeit eines amerikanischen Sanktionsmodells in Deutschland. Baden-Baden 1999.

Wohlgemuth, R.: Gibt es eine Knastsprache? in: Klein, U./Koch, H. (Hrsg.): Gefangenenliteratur. Sprechen – Schreiben – Lesen in deutschen Gefängnissen. Hagen 1988, S. 51 ff.

Wohlgemuth, R.: Das Gefängnis als Unternehmen, in: Flügge, Ch./Maelicke, B./Preusker, H. (Hrsg.): Das Gefängnis als lernende Organisation. Baden-Baden 2001, S. 317 ff.

Wolf, Th.: „Fehleinweisung" in das psychiatrische Krankenhaus (§ 63 StGB) – Erledigterklärung oder Wiederaufnahme? in: NJW 1997, S. 779 ff.

Wolf, Th.: Die wichtigsten Änderungen der Strafvollstreckungsordnung vom 1. April 2001, in: Rpfleger 2002, S. 122 ff.

Wolff-Reske, M.: Die Korrespondenz zwischen Gefangenen und ihnen nahe stehenden Personen als „beleidigungsfreier Raum", in: Jura 1996, S. 184 ff.

Wölfl, B.: Wann wird der Jugendstrafvollzug verfassungswidrig? in: ZRP 2000, S. 511 ff.

Wolters, J.: Das Anti-Aggressivitäts-Training zur Behandlung jugendlicher inhaftierter Gewalttäter in der Jugendanstalt Hameln, in: KrimPäd Heft 30, 1990, S. 26 ff.

Wolters, J.: Modelle der Behandlung von Gewalttätern im Jugendstrafvollzug: Darstellung der Theorie und Praxis eines sporttherapeutischen Anti-Gewalt-Trainings, in: ZfStrVo 1994, S. 20 ff.

Wormith, S.: The Controversy over the Effects of Long-term Incarceration, in: Canadian Journal of Criminology, Vol. 26, 1984, S. 423 ff.

Wrage, N.: Resozialisierung und Ressourcen, in: Neue Kriminalpolitik 4/1997, S. 14 ff.

Wulf, R.: Opferbezogene Vollzugsgestaltung – Grundzüge eines Behandlungsansatzes, in: ZfStrVo 1985, S. 67 ff.

Wulf, R.: Grund- und Menschenrechte im Justizvollzug, in: Neue Justiz 1996, S. 227 ff.

Wulf, R.: Innerbehördliche Offenbarungs- und Schweigepflichten psychotherapeutischer Fachkräfte im Strafvollzug, in: Recht und Psychiatrie 1998, S. 185 ff.

Wunschik, T.: Der Strafvollzug als Aufgabe der Deutschen Volkspolizei in den fünfziger Jahren, in: Archiv für Polizeigeschichte 1997, S. 74 ff.

Würtenberger, Th.: Die geistige Situation der deutschen Strafrechtswissenschaft. 2. Aufl., Karlsruhe 1959.

Würtenberger, Th.: Kriminalpolitik im sozialen Rechtsstaat. Stuttgart 1970.

Würtenberger, Th./Sydow, G.: Die nachträgliche Anordnung der Sicherungsverwahrung, in: NVwZ 2001, S. 1201 ff.

Wydra, B.: Die Bedeutung von Aus-, Fort- und Weiterbildungsmaßnahmen für Veränderungsprozesse im Vollzug, in: Flügge, Ch./Maelicke, B./Preusker, H. (Hrsg.): Das Gefängnis als lernende Organisation. Baden-Baden 2001, S. 154 ff.

Yeager, J.: Lifer's Orientation, in: Keystone 1959, Pennsylvania, S. 17 ff.

Zettel, D.: Anstaltsarzt und ärztliche Versorgung, in: Schwind, H.-D./Blau, G. (Hrsg.): Strafvollzug in der Praxis. 2. Aufl., Berlin – New York 1988, S. 193 ff.

Zeuch, A.: Musiktherapie im Strafvollzug: Grundlagen, Ergebnisse und Möglichkeiten, in: ZfStrVo 2002, S. 99 ff.

v. Zezschwitz, F.: Der elektronisch überwachte Hausarrest als Bewährungsauflage, in: DuD 2000, S. 11 ff.

Zimmermann, D.: Resozialisierung und Verschuldung, in: Cornel, H./Maelicke, B./Sonnen, B.-R. (Hrsg.): Handbuch der Resozialisierung. Baden-Baden 1995, S. 277 ff.

Zingraff, M.: Prisonization as an Inhibitor of Effective Resocialization, in: Criminology, Vol. 13, 1975, S. 366 ff.

Zwiehoff, G.: Die Rechtsbehelfe des Strafgefangenen nach §§ 109 ff. StVollzG. Hagen 1986.

# 事 項 索 引

## あ

| | |
|---|---|
| アムステルダム懲冶場 | 93 |
| 委員会草案（1971年） | 128 |
| 意見表明の自由 | 24, 497以下 |
| 移送 | 315, 364以下, 787 |
| 移送－一時移送 | 787 |
| 一時移送 | 371, 787 |
| 一般行刑職員 | 256, 271以下 |
| 一般的刑罰目的 | 178以下 |
| 一般予防 | 181 |
| 衣服 | 319, 640 |
| 嫌がらせの禁止 | 751 |
| 医療上の強制処置 | 724以下 |
| 運転禁止 | 5 |
| エイズ問題 | 639 |
| 営倉 | 9, 21, 67 |
| 営利化 | 38 |
| 恩赦 | 662以下, 847 |
| 恩赦の願出 | 662以下, 847 |

## か

| | |
|---|---|
| 戒具の使用 | 712 |
| 外国人 | 75, 339以下 |
| 外出 | 525, 530, 531 |
| 改善及び保安の処分 | 16, 19, 858以下 |
| 改善行刑 | 99 |
| 回答要求決定 | 815 |
| 外部通勤 | 420, 525, 527以下 |
| 外部通勤，不真正な | 409 |
| 外部通勤者の休暇 | 673 |
| 外部通勤者の地位 | 527, 673 |
| 開放行刑 | 59, 176, 350以下, 528, 671 |
| 加害者被害者間の和解 | 3, 168以下 |
| 確認の申立 | 778, 790, 794, 816 |
| 隔離 | 713 |
| 過剰収容禁止 | 377 |
| 学校教育 | 434 |
| 仮処分命令 | 826 |
| 監獄学 | 107 |
| 監獄協会 | 106 |
| 監獄建築 | 374 |
| 看護人 | 256, 280 |
| 監督官庁 | 252以下, 755 |
| 議会 | 495 |
| 危機介入 | 678 |
| 規制の効果 | 768以下 |
| 起訴便宜主義 | 738 |
| 北アメリカの制度 | 101以下 |
| 基本権の制限 | 243以下, 880 |
| 義務付けの申立 | 774, 789, 794, 815 |
| 休業補償 | 460 |
| 旧施設 | 83 |
| 休息時間 | 387 |
| 給食 | 633, 641 |
| 教育 | 397 |
| 教育－学校教育 | 434 |
| 教育行刑 | 117 |
| 教育思想 | 851 |
| 教育手段 | 851 |
| 教育－職業教育 | 427以下 |
| 教育専門家 | 256, 284 |
| 教育補助金 | 459 |
| 教誨師 | 256, 278以下, 623 |
| 行刑会議 | 269 |
| 行刑官庁の賠償請求 | 744 |
| 行刑共同体 | 34, 681 |
| 行刑計画 | 329以下 |
| 行刑形成の原則 | 135, 202以下 |
| 行刑事務規則 | 35 |
| 行刑上の処分 | 767 |
| 行刑職 | 267以下 |
| 行刑人口 | 70以下 |
| 行刑スタッフ | 255以下 |
| 行刑の緩和 | 176, 342, 524以下, 670 |
| 行刑の緩和－悪用 | 560以下 |
| 行刑の緩和－刑法上の責任 | 563以下 |
| 行刑の緩和－指示の付与 | 555 |
| 行刑の緩和－釈放準備 | 670 |
| 行刑の緩和－撤回 | 556 |
| 行刑の緩和－取消し | 557 |

事項索引

| | | | |
|---|---|---|---|
| 行刑の緩和－民法上の責任 | 568以下 | 啓蒙哲学 | 98 |
| 行刑の緩和－要件 | 533以下 | 刑を無効にする行為 | 565 |
| 行刑の任務 | 134以下 | 結果排除の申立 | 773 |
| 行刑の任務－公共の保護 | 173以下 | 健康保険 | 479 |
| 行刑費用 | 472 | 検査 | 510 |
| 行刑服務保安規則 | 35 | 検査－衣服 | 704 |
| 行刑への再収容 | 678 | 検査－居室 | 703 |
| 行刑法対案1973年 | 130, 156 | 原状回復 | 795以下 |
| 行刑目的 | 134, 136以下, 342 | 建築様式 | 374 |
| 行刑目的－(再)社会化 | 137以下 | 憲法上の権利 | 22以下 |
| 行刑目的－限定的機能 | 156 | 憲法訴願 | 839以下 |
| 行刑目的－憲法上の根拠 | 22, 142以下 | 権利保護の保障 | 746 |
| 行刑目的－社会的責任 | 152 | 構外作業 | 420, 525, 526 |
| 行刑目的－社会的能力 | 153 | 公共の保護 | 173以下 |
| 行刑目的－責任の重大性 | 185以下 | 公共奉仕作業 | 4 |
| 行刑目的－妥当範囲 | 147 | 拘禁からの休暇 | 547以下 |
| 行刑目的－優先 | 148 | 拘禁からの休暇－悪用 | 560以下 |
| 供述の自由 | 734 | 拘禁からの休暇－期間 | 553 |
| 行状監督 | 676 | 拘禁からの休暇－計算 | 554 |
| 強制拘留 | 18, 67, 887 | 拘禁からの休暇－刑法上の責任 | 563以下 |
| 強制退去 | 67, 762, 890以下 | 拘禁からの休暇－指示の付与 | 555 |
| 行政規則 | 20, 35以下 | 拘禁からの休暇－撤回 | 556 |
| 行政職 | 256, 270 | 拘禁からの休暇－取消し | 557 |
| 協働条項 | 251, 268 | 拘禁からの休暇－民事上の責任 | 568以下 |
| 強要拘留 | 18, 67, 887 | 拘禁からの休暇－要件 | 547以下 |
| 居室 | 388以下 | 拘禁の効果 | 207以下 |
| 居室－検査 | 703 | 拘禁の剥奪するもの | 209以下 |
| 居室扉のノック | 395 | 拘禁費用分担金 | 423, 470以下 |
| 居室グループ | 381, 782 | 更生援助金 | 649 |
| 禁絶施設 | 9, 866以下 | 更生資金 | 473以下 |
| グループ | 380以下, 576 | 公正の原則 | 806 |
| グループカウンセリング | 577 | 好訴狂 | 751 |
| 刑開始のための召喚 | 307 | 行動規定 | 697以下 |
| 経過規定 | 81 | 高等裁判所 | 822 |
| 経済的に収益の多い作業 | 403 | 購入 | 467, 642 |
| 刑事学部門 | 304 | 拷問禁止委員会 | 30, 495 |
| 刑執行計画 | 311 | 高齢者行刑 | 64 |
| 刑執行の委託 | 347 | 国際的法源 | 25以下 |
| 刑執行部 | 312, 658, 751, 758, 785, 832以下 | 護送 | 372 |
| 形態決定 | 179以下 | 国家社会主義 | 121以下 |
| 刑(拘禁)の開始 | 208, 307以下 | 国家による権力の独占 | 43 |
| 刑の執行 | 10以下, 747 | 小遣銭 | 461 |
| 刑の執行猶予 | 39, 581, 661 | 小包の受領 | 485 |
| 刑務所化 | 224以下, 685 | 個別化 | 309以下 |
| 刑務所言葉 | 221 | 個別事案の規制 | 770 |

## さ

| 項目 | ページ |
|---|---|
| 再審手続 | 824 |
| 裁判管轄 | 785以下 |
| 裁判上の決定の執行 | 818, 838 |
| 裁判所による権利保護 | 758以下 |
| 裁判所の決定を求める申立 | 758以下 |
| 裁判費用 | 817 |
| 再犯比率 | 78 |
| 裁量権の行使 | 546, 552, 807以下 |
| 裁量の範囲 | 541以下, 606, 811以下 |
| 作業 | 383, 385, 397以下 |
| 作業義務 | 50, 401 |
| 作業義務－対応する持分 | 416 |
| 作業義務－不就業期間 | 415 |
| 作業義務－免除 | 413以下, 436, 456 |
| 作業休暇 | 455以下 |
| 作業時間 | 385 |
| 作業職員 | 256, 274 |
| 作業の種類 | 402以下 |
| 作業報酬 | 447以下, 850 |
| 作業報酬の支払 | 440以下 |
| 作業報酬の支払－金銭的 | 447以下 |
| 作業報酬の支払－非金銭的 | 455以下 |
| 作業療法的労作 | 402, 411 |
| 作為の申立 | 775, 789, 794, 797, 815 |
| 差押からの保護 | 454, 459, 464, 467, 473以下, 478 |
| サブカルチャー | 219以下, 223 |
| 暫定収容 | 678 |
| 暫定的権利保護 | 826以下 |
| 自営工場 | 405 |
| 自営職業活動 | 423以下 |
| 私企業工場 | 406 |
| 識別事務上の処置 | 319, 706 |
| 仕切り版 | 515以下 |
| 事件の成熟性 | 815 |
| 自己責任の原則 | 692 |
| 視察孔 | 396 |
| 自殺行為 | 230 |
| 事実行為 | 767 |
| 自傷行為 | 230 |
| 施設形態 | 51, 56以下 |
| 施設職員 | 251以下 |
| 施設職員－刑事責任 | 259 |
| 施設審議会 | 251, 296以下, 495, 750, 757, 782 |
| 施設長 | 45, 256, 260以下, 715, 737, 754 |
| 施設長－委譲 | 264 |
| 施設長－刑事責任 | 259, 564以下 |
| 施設長－全権 | 263 |
| 施設長－専門的監督 | 277 |
| 施設の医師 | 256, 280以下, 637以下, 716, 724以下, 736, 922 |
| 施設の保安 | 246, 695 |
| 思想信条 | 631 |
| 思想団体 | 631 |
| 失業保険 | 482 |
| 社会化 | 140 |
| 社会教育専門家 | 256, 288以下, 923 |
| 社会訓練 | 166以下 |
| 社会国家原則 | 22, 41, 48, 142, 145以下, 643 |
| 社会治療 | 164, 582以下, 585以下, 604 |
| 社会治療施設 | 61, 582以下 |
| 社会治療施設－移送の条件 | 589, 599以下 |
| 社会治療施設－還送 | 594, 605以下 |
| 社会治療施設－効果の分析 | 595以下 |
| 社会治療施設－処遇方法 | 585以下 |
| 社会治療施設－性犯罪者 | 598以下 |
| 社会的援助 | 643以下 |
| 社会的義務 | 146 |
| 社会的行動類型 | 225以下 |
| 社会同化の原則 | 135, 202, 205以下, 388, 395, 451, 484, 863 |
| 社会福祉事業 | 251 |
| 社会扶助 | 459 |
| 社会復帰基金 | 648 |
| 社会復帰の原則 | 135, 202, 234以下 |
| 社会保険 | 422, 479以下 |
| 釈放 | 63, 651以下 |
| 釈放－種類 | 652以下 |
| 釈放－準備 | 649, 667以下 |
| 釈放－調査 | 674 |
| 釈放－手続 | 674 |
| 釈放後の保護 | 678 |
| 釈放時期－作業免除日の算入 | 455以下 |
| 釈放時期－前倒し | 457 |
| 釈放準備行刑 | 63 |

| | | | |
|---|---|---|---|
| 写真 | 707 | 出生 | 682 |
| 収益性の良い作業 | 410 | 出訴の指示 | 766 |
| 宗教活動 | 622以下 | 出訴の終結 | 840 |
| 宗教行事 | 626以下 | 出訴の途 | 761以下, 842 |
| 自由業的な仕事 | 423 | 準備拘禁 | 868 |
| 自由刑の代替 | 2以下 | 準備拘禁（国外退去） | 890 |
| 自由時間 | 386, 438, 608以下 | 傷害保険 | 481 |
| 自由時間－形態 | 609以下 | 自用金 | 466以下 |
| 自由時間－物品の所持 | 617以下 | 常態性説 | 154 |
| 終身の自由刑 | 147, 186, 193, 539, 551, 657, 659 | 少年行刑 | 67, 848以下 |
| | | 少年行刑－受入 | 852 |
| 修道院拘禁 | 88 | 少年行刑－行政規則 | 853 |
| 自由な証明の手続 | 804 | 少年行刑－権利保護 | 855以下 |
| 自由な労働関係 | 419, 480 | 少年行刑－草案 | 854 |
| 銃の使用 | 723 | 少年行刑－任務 | 851 |
| 収容 | 348以下, 705 | 少年行刑－引離し | 852 |
| 収容時の診察 | 319 | 少年刑 | 9, 20, 189, 848以下, 857 |
| 収容請求状 | 308 | 情報 | 611以下 |
| 収容手続 | 318以下 | 情報－開示義務 | 921 |
| 収容の実施 | 319 | 情報－削除 | 928 |
| 受刑者－一般的法律上の地位 | 236以下, 241以下 | 情報－指摘義務 | 932 |
| | | 情報－収集 | 906, 912以下 |
| 受刑者－外国人 | 75, 339以下 | 情報－使用 | 917 |
| 受刑者－義務 | 728以下 | 情報－処理 | 916 |
| 受刑者組合 | 782 | 情報－書類 | 927, 929, 931, 935, |
| 受刑者－権利の制限 | 243以下 | 情報－身上関係情報 | 903 |
| 受刑者－拘禁の剥奪するもの | 209以下 | 情報－説明義務 | 933 |
| 受刑者－時間的要素 | 215 | 情報－蓄積 | 925以下 |
| 受刑者－自信喪失 | 211 | 情報－通知 | 930, 935 |
| 受刑者－施設への適応 | 216以下 | 情報－通知義務 | 934 |
| 受刑者－収入 | 439以下 | 情報－データファイル | 926 |
| 受刑者－主体的地位 | 238 | 情報－伝達 | 925 |
| 受刑者－処遇への参加 | 237以下 | 情報－統制 | 936 |
| 受刑者人員 | 70以下 | 情報の自由 | 24 |
| 受刑者－親族 | 212, 367 | 情報－必要性の原則 | 910 |
| 受刑者－性交渉 | 212 | 情報保護 | 899 |
| 受刑者－地位の変化 | 208, 321 | 情報保護担当者 | 495, 936 |
| 受刑者－年齢構成 | 74 | 情報－目的の拘束 | 907 |
| 受刑者の解放 | 564 | 処遇会議 | 269, 332 |
| 受刑者の義務 | 728以下 | 処遇－概念 | 81, 158以下, 573 |
| 受刑者の共同責任 | 251, 299以下, 782 | 処遇グループ | 576以下 |
| 受刑者の同意 | 354, 408, 533, 548 | 処遇計画 | 338 |
| 受刑者－犯罪構成比 | 76 | 処遇－参加の心構えに欠けること | 239 |
| 受刑者－プライバシー | 210 | 処遇－受刑者の協力 | 237以下, 574 |
| 受刑者－薬物依存 | 579以下 | 処遇調査 | 323以下, 575, 601 |

| | | | | |
|---|---|---|---|---|
| 処遇－方法 | 163以下 | | 相当性の原則 | 694, 714, 722 |
| 食事の戒律 | 633 | | 促進の要請 | 828 |
| 職務監督権者への不服申立 | 756 | | ソシアル－役割葛藤 | 292 |
| 職務上の責任要求 | 568 | | ソシアルワーカー | 256, 288以下, 923 |
| 女性行刑 | 679以下 | | 組織の会議 | 269 |
| 女性施設（－区画） | 52, 62, 681 | | 訴訟代理人 | 760 |
| 女性の外部通勤 | 686 | | 訴訟費用援助 | 817 |
| 職権探知主義 | 803 | | 損害回復 | 3 |
| 所内規律 | 248, 696 | | | |
| 所内規則 | 266 | | **た** | |
| 処分の原則 | 802 | | | |
| 処分の実行 | 858以下 | | 大学での勉学 | 435 |
| 書類の閲覧 | 931 | | 代替自由刑 | 65 |
| 信書の秘密 | 489 | | 代替的給付 | 459以下 |
| 親族の者 | 490, 508, 520以下 | | 逮捕権 | 708 |
| 身体に対する介入 | 725以下 | | 多様化の原則 | 54以下, 310 |
| 新聞（雑誌）の購読 | 611以下 | | 段階行刑 | 120 |
| 信頼保護 | 394, 621 | | 短期刑受刑者 | 328 |
| 心理専門家 | 256, 285以下, 923 | | 地位決定 | 179以下 |
| 心理的－社会的診断 | 324以下 | | 秩序拘留 | 18, 67, 885 |
| スティグマ化のプロセス | 314 | | 中間拘禁 | 884 |
| 生活扶助金 | 469 | | 仲裁的手続 | 3 |
| 請願権 | 846 | | 中世 | 89 |
| 性交渉 | 520以下 | | 懲戒権限 | 737 |
| 精神医療施設 | 9, 859以下 | | 懲戒処分 | 727以下 |
| 精神医療－実行目的 | 859 | | 懲戒処分－一般的 | 740 |
| 精神医療－釈放できる場合 | 864 | | 懲戒処分－責任の原則 | 739 |
| 精神医療－州法 | 861 | | 懲戒処分－特別 | 741 |
| 精神医療－収容 | 862 | | 懲戒処分－屏禁 | 742 |
| 精神医療－出訴の途 | 860 | | 懲戒処分－要件 | 728以下 |
| 精神に及ぼす拘禁の影響 | 228以下 | | 懲戒手続 | 733以下 |
| 成績証明書 | 436 | | 長期行刑 | 1 |
| 性犯罪者 | 48, 598以下 | | 長時間面会 | 522 |
| 政府草案1972年 | 128 | | 直接強制 | 717以下, 850 |
| 責任の重大性－行刑目的の制限 | 185以下 | | 治療的措置 | 572以下 |
| 責任の重大性－形成的効果 | 184以下 | | 賃貸労働の禁止 | 408 |
| 責任の重大性－残刑の猶予 | 193以下 | | 沈黙制 | 102 |
| 責任の重大性－反射効果 | 200以下, 540 | | 通常の行刑形態 | 363 |
| 責任の重大性－法の適用 | 191以下 | | 定員 | 33, 374以下 |
| 責任の消化 | 195以下 | | 適応メカニズム | 217以下 |
| 接触禁止 | 519 | | 撤回 | 556, 620 |
| 前科比率 | 78 | | 手続上の諸原則 | 802以下 |
| 全体施設 | 203 | | テレビの視聴 | 615以下 |
| 前置手続 | 783以下 | | テロリスト団体 | 494, 514 |
| 相談助言 | 817 | | 電子的自宅拘禁 | 6以下 |

| | |
|---|---|
| 電報 | 485, 504 |
| 電話 | 485, 504 |
| ドイツ国刑法典 | 111 |
| ドイツ国参議院原則 | 118 |
| 統合モデル | 223 |
| 当事者適格 | 798 |
| 逃走又は悪用のおそれ | 358, 534, 549 |
| 特別休暇 | 588, 672 |
| 特別権力関係 | 120, 124 |
| 特別予防 | 181 |
| 独居拘禁 | 713 |
| 独居収容 | 387 |
| 独居制 | 101 |
| 取消し | 557 |
| 取消の申立 | 772, 791, 794, 814 |

## な

| | |
|---|---|
| 名札 | 396 |
| 日課 | 384 |
| 人間の尊厳 | 1, 23, 142以下, 389 |
| 妊娠 | 682 |
| 年金保険 | 479 |

## は

| | |
|---|---|
| 配偶者面会 | 520以下 |
| 廃止論 | 1 |
| 剥奪モデル | 223 |
| 半開放施設 | 352 |
| 東ドイツ | 15, 131以下 |
| 引渡し協定 | 346 |
| 引渡拘禁 | 67, 895以下 |
| 被釈放者保護 | 677 |
| 被収容者の役割 | 225以下 |
| 評価 | 78 |
| 比例の原則 | 694 |
| 不確定法概念 | 541, 811以下, 837 |
| 福祉スタッフ | 275以下 |
| 服務及び行刑規則 | 124以下 |
| 負債整理 | 648 |
| 不作為の申立 | 777, 794 |
| 付従性の原則 | 720 |
| 不就業 | 461 |
| 付随の申立 | 773 |

| | |
|---|---|
| 普通法 | 90 |
| 物品の所持 | 390, 617以下, 699 |
| 不服申立権 | 754 |
| 不服申立手続 | 783以下 |
| フランク法 | 87 |
| 文通 | 485, 488以下 |
| 文通－監督 | 491以下 |
| 文通－行刑内 | 502 |
| 文通－信書の差止め | 496以下 |
| 文通－不許可 | 490 |
| 分娩区画 | 682 |
| 分離の原則 | 52以下, 107, 310, 681, 851, 880 |
| 分類 | 309以下, 689 |
| 分類施設（－区画） | 57, 313, 316 |
| 分類的特徴 | 54, 314 |
| 弊害排除の原則 | 135, 202, 207 |
| 屏禁 | 742 |
| 閉鎖行刑 | 58, 350以下, 527 |
| 閉鎖行刑への還送 | 361 |
| 部屋 | 383以下 |
| 弁護人 | 493, 513以下, 735, 817 |
| 偏在性説 | 154 |
| 保安及び規律 | 391, 691以下 |
| 保安監置 | 869以下 |
| 保安監置－監置の目的 | 871 |
| 保安監置－事後的命令 | 876 |
| 保安監置－執行 | 875 |
| 保安監置－実行 | 873 |
| 保安監置－命令の要件 | 872 |
| 保安条項 | 173 |
| 保安上の処置 | 701以下 |
| 保安上の処置－一般的 | 702以下 |
| 保安上の処置－特別の | 709以下 |
| 法治国原則 | 22, 24, 41 |
| 法定審問 | 805 |
| 法の歪曲 | 566 |
| 法律違反を理由とする抗告 | 819以下 |
| 法律相談 | 760 |
| 保管，個人的 | 699 |
| 保健 | 280以下, 635以下, 922 |
| 保護観察官 | 675 |
| 保護観察のための残刑執行の猶予 | 654以下, 675 |
| 保護グループ | 380 |

| | |
|---|---|
| 母子設備 | 683以下 |
| 補習教育 | 397, 438, 610 |
| 補充の原則 | 693, 721 |
| 補償 | 458 |
| 補助活動 | 412 |
| 母性保護 | 682 |
| 保全拘留 | 18, 67, 886, 891 |

## ま

| | |
|---|---|
| 満期までの服役者 | 653, 676 |
| 未決拘禁 | 18, 67, 878以下 |
| 民営化 | 38以下 |
| 民事拘禁 | 885以下 |
| 名誉職的行刑協力者 | 251, 293以下, 782 |
| 面会 | 485, 506以下 |
| 面会－監督 | 511 |
| 面会－禁止 | 508以下 |
| 面会－検査 | 510 |
| 面会－中止 | 512 |
| 面会－配偶者面会 | 520以下 |
| 申立期限 | 794 |
| 申立適格 | 779以下 |
| 申立の原則 | 759, 802 |
| 申立の種類 | 792以下 |
| 問題解決共同体 | 162以下 |

## や

| | |
|---|---|
| 薬物依存 | 579以下 |
| 郵便物 | 503以下 |
| ヨーロッパ安全協力会議 | 31 |
| ヨーロッパ議会 | 495 |
| ヨーロッパ行刑原則 | 29 |
| ヨーロッパ協定 | 30 |
| ヨーロッパ人権規約 | 25, 842以下 |
| ヨーロッパ人権裁判所 | 495, 750, 842以下 |
| 予測的決定 | 535 |

## ら

| | |
|---|---|
| ラジオ | 615以下 |
| ラベリングアプローチ | 154 |
| 立法権限 | 14 |
| 領置金 | 475以下, 699 |
| 領置金－自由に使用できる | 476 |
| 領置金－封鎖された | 477 |
| 旅費援助 | 649 |
| 累進制度 | 103, 115, 116以下 |
| 連行 | 525, 529, 532 |
| 連邦最高裁判所 | 823 |
| 連邦参議院原則 | 113 |
| 連邦州 | 32以下 |
| ローマ法 | 86 |

## わ

| | |
|---|---|
| 和解 | 802 |

# 訳者あとがき

　平成17年（2005年）5月，およそ100年ぶりに監獄法を改正する「刑事施設及び受刑者の処遇等に関する法律」（以下，「新法」という。）が成立し，1年の準備期間を経て，本年5月に施行された。さらに，本年6月，「刑事収容施設及び被収容者等の処遇に関する法律」として，警察等の留置施設を含む刑事収容施設及びそこに収容されるすべての者の処遇を規律する法律が成立し，公布の日から1年以内に施行されることとなった。こうして監獄法は全面的に改正された。同法は，明治41年（1908年）に制定されたが，現行憲法下においても引き続き法律としての効力が認められ，戦後の60年間，行刑施設を規律する法律としての役割を担ってきた。しかし，同法はわずかに75か条である上，未決拘禁者，死刑確定者などに対する特則を含むことから，受刑者の処遇の内容についてはもとより，その権利の制限についても包括的な規定がなされているだけであった。新法が施行されるに至った今日，これまで監獄法が果たしてきた役割を振り返るとき，そこには，積極消極の両面があるように思われる。一つは，簡潔な規定であるが故に，それを運用する行政当局に大幅な裁量が許されたことである。そのために，明治憲法から現行憲法への基本的国家体制の転換にもかかわらず，その後における行刑施設の管理運営及び受刑者の処遇も，法律の改正を待つことなく，行政当局の工夫と努力により漸次改善されてきたといえる。他の一つは，基本的人権を尊重する現行憲法の下で受刑者に対する権利自由の制限について明確な規定を欠いたため，その範囲及び限界を行政的に判断せざるを得ない部分が多かったことである。それがいわゆる「法律による行政」の原則に反するとして，批判の対象とされてきた。

　わが国におけるこのような状況に対して，ドイツの行刑においては，奇しくもわが国で監獄法が制定された翌年の1909年，B．フロイデンタールが，フランクフルトでの大学学長就任記念講演において，行刑の形式的及び実質的法律化並びにその司法化を訴えて以来，行刑の法律化が主張され続けてきたものの，久しく行政規則により規律されたままであった。1976年になり，西ドイツでようやく「自由刑並びに自由剥奪を伴う改善及び保安の処分の実行に関する法律」（以下，「ドイツ行刑法」という。）が成立し，法律化が実現した。これによって，受刑者は

行刑の主体とされ，そこで制限され得る権利及び自由が詳細かつ明確に規定されると共に，裁判所による救済も制度的に保障された。法律学界においても行刑の法律化には高い関心が寄せられ，法律専門家によるコンメンタールだけではなく，裁判官あるいは大学教授による単行の解説書の出版も5指に余る。今回紹介する「ドイツ行刑法」の著者は，クラウス・ラウベンタール博士であるが，同氏は現在ヴュルツブルクの大学で刑法，刑事訴訟法及び刑事学を講じられるほか，高等裁判所の裁判官を務める法律実務家でもある。ドイツ行刑法は，施行以来30数年を経過したが，その間，10数回に及ぶ改正が行われたほか，条文の解釈を巡って多くの裁判例が蓄積されている。本書は，著者の主張を前面に出すことが控えられ，これまでの裁判例を中心に教科書又は参考書として著述されたものであり，ドイツ行刑の現実を紹介するものとして適当と考えられる。

　今回は，その第3版，本文455頁を全訳したものであるが，1995年の初版が310頁であったのに比べてその内容が格段に充実している。わが国において，新法による法律化がなされたとはいえ，今後は，その解釈運用について疑義が生じることも少なくないと思われる。そして，権利自由の制限にかかわる条項の解釈では，これまでの監獄法についてみられたように，法は基本的事項を定めたものであり，規定の趣旨から見れば，ときに拡張的解釈も許されるという考え方は，許されないように思われる。この「ドイツ行刑法」が，その意味で幾分でも研究者及び実務家の参考になれば幸いである。

　翻訳にあたっては，堀が全訳したものを土井が通読し，必要な箇所について協議し補訂するという方法で行った。訳語については，できる限り，これまでの例に従うほか，実態を理解しやすい語を用いたつもりである。ただ，あるいは奇異に感じられるかもしれないのは，判決内容の形式的実現であり，訴訟法的活動を意味する"Vollstreckung"と，その実質的実現である行政活動を示す"Vollzug"の訳語である。これらが，例えば，"Strafvollstreckung"や"Strafvollzug"など合成名詞として使われている場合，それぞれ，従来の例にならって「刑の執行」及び「行刑」と訳することに問題はなかったが，"Vollzug"が単独で使用されている場合，これまでは"Vollstreckung"とあまり区別されることなく，どちらも「執行」と訳されてきたようである。本書では，両者の区別についての記述もあり，前者を「実行」とすることで，訳語を分けなければ，本文の訳出ができなかった。このほか，正確を期したつもりであるが，誤訳も少なくないことをおそれる。出版を引き受けられた矯正協会からの要請もあり，新法の施行に合わせた刊行を訳文の推敲に優先させたことをお許し願うと共に，読者諸氏の忌憚ないご批判ご叱正を乞う次第である。

　最後になったが，今回の翻訳について快諾をいただき，日本語版への序文をお

寄せくださったラウベンタール教授に改めて深く感謝の意を表するとともに，付録としてドイツ行刑法訳を転載することの許可及び同法の最近までの改正状況についてのご教示など種々ご配慮をいただいた法務省矯正局矯正調査官富山聡氏及び日本語版の出版許諾のための Springer 社との交渉その他万般のお世話いただいた矯正協会文化事業部国際協力部長山口昭夫氏ほか同部の皆様，また，内容の校正にご協力下さった前金沢大学教授坂井勇氏，精神医学関係用語について種々ご助言をいただいた式場病院名誉院長宇野昌人博士に心からお礼を申し上げる次第である。

平成18年11月

土井　政和

堀　　雄

# 付録　ドイツ行刑法及び関係行政規則

法務省矯正局のご好意により転載を許された平成15年3月発刊の矯正執務参考資料に2005年5月23日改正までの修正を加えたものである。

# ドイツ行刑法及び関係行政規則　付行刑服務保安規則

Gesetz über den Vollzug der Freiheitsstrafe und der
freiheitsentziehenden Maßregeln der Besserung und Sicherung
（自由刑並びに自由剥奪を伴う矯正及び保安の処分の実行に関する法律）
—Strafvollzugsgesetz (StVollzG) — （行刑法）
Vom 16. März 1976（BGBl. I S. 581, ber. S. 2088 und 1977I S. 436）（BGBl. Ⅲ 312-9-1）, zuletzt geändert durch Gesetz vom 5. Oktober 2002（BGBl. I S. 3954）
（1976年3月16日議決，2005年5月23日改正まで）

Bundeseinheitliche Verwaltungsvorschriften zum Strafvollzug
（行刑法関係連邦統一行政規則）（以下，関係行政規則と略称）

Dienst-und Sicherheitsvorschriften für den Strafvollzug
（行刑服務保安規則）
各州司法行政部の協定：1977年1月1日発効

# 目　次

第1編　適用範囲（Anwendungsbereich） ………………………………… 1

第1条／1

第2編　自由刑の実行（Vollzug der Freiheitsstrafe） ……………………… 1

　　第1章　原則 …………………………………………………………… 1
第2条　行刑の任務／1
第3条　行刑の形成／1
第4条　受刑者の地位／1

　　第2章　行刑の計画 …………………………………………………… 1
第5条　収容手続／1
第6条　処遇調査，受刑者の参加／1
第7条　行刑計画（Vollzugsplan）／2
第8条　移送，一時移送（Überstellung）／2
第9条　社会治療施設（sozialtherapeutische Anstalt）への移送／3
第10条　開放行刑及び閉鎖行刑／3
第11条　行刑の緩和（Lockerungen des Vollzugs）／4
第12条　特別の理由からの連行（Ausführung）／6
第13条　拘禁からの休暇（Urlaub aus der Haft）／6
第14条　緩和及び休暇の指示，取消し／8
第15条　釈放準備／8
第16条　釈放時期／9

　　第3章　受刑者の収容及び給養（Ernährung） ……………………… 9
第17条　作業及び自由時間の間の収容／9
第18条　休息時間（Ruhezeit）の間の収容／9
第19条　受刑者による居室（Haftraum）の飾り付け（Ausstattung）及びその個人的所持品／10
第20条　衣服／10
第21条　施設給食（Anstaltsverpflegung）／10
第22条　購入／10

　　第4章　面会，信書発受並びに特別の理由からの休暇，外出（Ausgang）
　　　　　　及び連行 …………………………………………………… 11
第23条　原則／11
第24条　面会の権利／11
第25条　面会禁止／12
第26条　弁護人，弁護士及び公証人の面会／12
第27条　面会の監督（Überwachung der Besuche）／12
第28条　信書発受の権利／12
第29条　信書発受の監督／13

i

第30条　信書の手続，保管／14
第31条　信書の差止め／14
第32条　電話及び電報／14
第33条　小包／15
第34条　（廃止）／16
第35条　重大な理由からの休暇，外出及び連行／16
第36条　裁判期日／16

### 第5章　作業，教育及び補習教育（Weiterbildung） …………… 17
第37条　指定（Zuweisung）／17
第38条　授業／18
第39条　自由な労働関係（Freies Beschäftigungsverhaltnis），自営職業活動（Selbstbeschäftigung）／18
第40条　修了証／19
第41条　作業義務／19
第42条　作業義務の免除／20
第43条　作業報酬（Arbeitsentgelt），作業休暇（Arbeitsurlaub）及び免除の釈放時期への算入／21
第44条　教育補助金（Ausbildungsbeihilfe）／22
第45条　休業補償（*Ausfallentschädigung*）／23（注）
第46条　小遣銭（Taschengeld）／23
第47条　自用金（Hausgeld）／24
第48条　法規命令（Rechtsverordnung）／24
第49条　生活扶助金（*Unterhaltsbeitrag*）／24
第50条　拘禁費用分担金（Haftkostenbeitrag）／24
第51条　更生資金（Überbrückungsgeld）／26
第52条　領置金（Eigengeld）／27

### 第6章　宗教活動（Religionsausübung） ………………………… 27
第53条　宗教教誨（Seelsorge）／27
第54条　宗教行事（Religiöse Veranstaltungen）／27
第55条　思想団体（Weltanschauungsgemeinschaft）／27

### 第7章　保健（Gesundheitsfürsorge） …………………………… 27
第56条　一般規定／27
第57条　健康診査（Gesundheitsuntersuchung），医学的予防給付（medizinische Vorsorgeleistung）／28
第58条　病気治療（Krankenbehandlung）／28
第59条　補助具の支給／29
第60条　休暇中の病気治療／29
第61条　給付の方法及び範囲／30
第62条　義歯及び歯冠に対する補助金／30
第62条a　請求権の停止／30
第63条　社会復帰のための医師の治療／30
第64条　戸外滞留（Aufenthalt im Freien）／30

第65条　移送／30
第66条　発病又は死亡の場合の通知／31

## 第8章　自由時間 …… 31
第67条　通則／31
第68条　新聞紙及び雑誌／31
第69条　ラジオ及びテレビ／32
第70条　自由時間労作のための物品の所持／32

## 第9章　社会援助（Soziale Hilfe） …… 32
第71条　原則／32
第72条　収容の際の援助／32
第73条　行刑の間の援助／33
第74条　釈放のための援助／33
第75条　釈放援助（Entlassungsbeihilfe）／33

## 第10章　女性行刑に関する特別規定 …… 34
第76条　妊娠時及び出産時の給付（Leistungen bei Schwangerschaft und Mutterschaft）／34
第77条　医薬品，包帯材料及び治療薬／34
第78条　妊娠及び出産時給付の方法，範囲及び停止／34
第79条　出生届（Geburtsanzeige）／34
第80条　子を持つ母親／34

## 第11章　保安及び規律 …… 35
第81条　原則／35
第82条　行動規定／35
第83条　個人的保管（Persönlicher Gewahrsam），領置金／35
第84条　検査（Durchsuchung）／36
第85条　確実な収容／36
第86条　識別事務上の処置（Erkennungsdienstliche Maßnahme）／36
第86条a　写真／37
第87条　逮捕権（Festnahmerecht）／37
第88条　特別の保安上の処置（Besondere Sicherungsmaßnahmen）／38
第89条　独居拘禁（Einzelhaft）／38
第90条　戒具の使用（Fesselung）／38
第91条　特別の保安上の処置の指示／39
第92条　医師の監督（Ärztliche Überwachung）／39
第93条　費用の賠償（Ersatz von Aufwendungen）／39

## 第12章　直接強制（Unmittelbarer Zwang） …… 40
第94条　一般的要件／40
第95条　概念規定／40
第96条　比例の原則（Grundsatz der Verhältnismäßigkeit）／40
第97条　命令による行動（Handeln auf Anordnung）／40

第98条　警告（Androhung）／41
第99条　銃器の使用についての一般規定／41
第100条　銃器の使用についての特別規定／41
第101条　保健上の強制的処置（Zwangsmaßnahmen auf dem Gebiet der Gesundheitsfürsorge）／42

### 第13章　懲戒処分（Disziplinarmaßnahmen） 42
第102条　要件／42
第103条　懲戒処分の種類／42
第104条　懲戒処分の実行，観察のための猶予（Aussetzung zur Bewährung）／43
第105条　懲戒権限（Disziplinarbefugnis）／43
第106条　手続／44
第107条　医師の参加協力／44

### 第14章　権利救済（Rechtsbehelfe） 44
第108条　不服申立権（Beschwerderecht）／44
第109条　裁判所の決定を求める申請（Antrag auf gerichtliche Entscheidung）／45
第110条　管轄／45
第111条　当事者／45
第112条　申請期間（Antragsfrist），原状回復（Wiedereinsetzung）／45
第113条　作為の申請（Vornahmeantrag）／46
第114条　処分の停止（Aussetzung der Maßnahme）／46
第115条　裁判所の決定／46
第116条　法律違反を理由とする抗告（Rechtsbeschwerde）／47
第117条　法律違反を理由とする抗告に関する管轄／47
第118条　方式，期間，理由／47
第119条　法律違反を理由とする抗告についての決定／48
第120条　他の規定の準用／48
第121条　手続の費用／48

### 第15章　刑の執行（Strafvollstreckung）及び未決拘禁（Untersuchungshaft） 48
第122条／48

### 第16章　社会治療施設 48
第123条　社会治療施設及び同区画／48
第124条　釈放の準備のための休暇／49
第125条　自由意志に基づく収容（Aufnahme auf freiwilliger Grundlage）／49
第126条　予後的保護（Nachgehende Betreuung）／49
第127条　（廃止）／49
第128条　（廃止）／49

### 第3編　自由剥奪を伴う矯正及び保安の処分の実行に関する特別規定（Besondere Vorschriften über den Vollzug der freiheitsentziehenden Maßregeln der Besserung und Sicherung） 49

### 第1章　保安拘禁（Sicherungsverwahrung） ……………… 49
第129条　収容の目的／49
第130条　他の規定の準用／49
第131条　設備／50
第132条　衣服／50
第133条　自営職業活動，小遣銭／50
第134条　釈放準備／50
第135条　女性施設における保安拘禁／51

### 第2章　精神医療施設（psychiatrischen Krankenhaus）及び禁絶施設（Entziehungsanstalt）における収容 ……………… 51
第136条　精神医療施設における収容／51
第137条　禁絶施設における収容／51
第138条　他の規定の適用／51

## 第4編　行刑官庁（Vollzugsbehörden） ……………………………… 51

### 第1章　行刑施設（Justizvollzugsanstalt）の種類及び設備 ……… 51
第139条　行刑施設／51
第140条　実行の分離／51
第141条　多様化（Differenzierung）／52
第142条　子を持つ母親のための設備／52
第143条　施設の規模及び構造／52
第144条　居室の規模及び構造／52
第145条　収容能力の設定／52
第146条　過剰収容の禁止／53
第147条　釈放のための設備／53
第148条　作業供給（Arbeitsbeschaffung），職業訓練のための機会／53
第149条　施設工場（Arbeitsbetriebe），職業訓練のための設備／53
第150条　行刑共同体（Vollzugsgemeinschaften）／53

### 第2章　行刑施設に対する監督 ……………………………………… 53
第151条　監督官庁／53
第152条　刑執行計画（Vollstreckungsplan）／54
第153条　移送についての権限／54

### 第3章　行刑施設の内部組織 ………………………………………… 54
第154条　協働関係（Zusammenarbeit）／54
第155条　行刑職員（Vollzugsbedienstete）／54
第156条　施設管理（Anstaltsleitung）／55
第157条　宗教教誨／55
第158条　医療的配慮（Ärztliche Versorgung）／55
第159条　会議／56
第160条　受刑者の共同責任（Gefangenenmitverantwortung）／56
第161条　所内規則（Hausordnung）／56

## 第4章　施設審議会（Anstaltsbeirat） ……………………………… 56
- 第162条　審議会の組織／56
- 第163条　審議会の任務／56
- 第164条　権限／56
- 第165条　守秘義務／56

## 第5章　行刑における刑事学的研究 ……………………………………… 57
- 第166条／57

## 第5編　行刑施設におけるその他の自由剥奪を伴う処分の実行，情報保護，社会保険及び失業保険，終結規定（Vollzug weiterer freiheitsentziehende Maß-nahmen in Justizvollzugsanstalten, Datenschutz, Sozial- und Arbeitslosenversicherung, Schlußvorschriften） ……………………… 57

### 第1章　行刑施設における営倉（Strafarrest）の実行 ……………… 57
- 第167条　原則／57
- 第168条　拘禁，面会及び文通／57
- 第169条　衣服，下着及び敷布／57
- 第170条　購入／57

### 第2章　秩序拘留，保全拘留，強制拘留及び強要拘留（Ordnungs-, Sicherungs-, Zwangs-, und Erzwingungshaft）の実行 ……………… 57
- 第171条　原則／57
- 第172条　収容／58
- 第173条　衣服，下着及び敷布／58
- 第174条　購入／58
- 第175条　作業／58

### 第3章　少年行刑施設及び未決拘禁の実行における作業報酬 ……… 58
- 第176条　少年行刑施設／58
- 第177条　未決拘禁／59

### 第4章　行刑施設における直接強制 ……………………………………… 59
- 第178条／59

### 第5章　情報保護 …………………………………………………………… 60
- 第179条　情報収集（Datenerhebung）／60
- 第180条　処理（Verarbeitung）及び使用（Nutzung）／60
- 第181条　目的の拘束（Zweckbindung）／62
- 第182条　特別な情報の保護／62
- 第183条　書類及びデータファイル中の情報の保護／63
- 第184条　訂正，削除及び遮断／63
- 第185条　本人（Betroffene）への情報開示，書類の閲覧（Akteneinsicht）／63
- 第186条　学術的目的のための情報開示及び書類の閲覧／64
- 第187条　連邦情報保護法（Bundesdatenschutzgesetz）の適用／64

第 6 章　連邦法の調整 ………………………………………………… 64
第188条　（削除）／64
第189条　司法行政の領域における費用に関する法律（*Verordnung über Kosten im Bereichder Justizverwaltung*）／64

　　　第 7 章　社会保険及び失業保険 ……………………………………… 64
第190条　ライヒ保険法（*Reichsversicherungsordnung*）／64
第191条　従業員保険法（*Angestelltenversicherungsgesetz*）／67
第192条　ライヒ鉱山共済組合法（*Reichsknappschaftsgesetz*）／68
第193条　農業者の健康保険に関する法律（*Gesetz über die Krankenversicherung der Landwirte*）／68
第194条　（削除）／69
第195条　保険料分の控除（Einbehaltung von Beitragsteilen）／69

　　　第 8 章　基本権の制限，施行（Inkrafttreten）……………………… 69
第196条　基本権の制限／69
第197条　（削除）／69
第198条　施行／69
第199条　経過的正文（Übergangsfassungen）／70
第200条　作業報酬の額高／71
第201条　現存する施設に関する経過規定／71
第202条　ドイツ民主共和国の自由刑及び少年拘留（Jugendhaft）／71


（注）イタリック体で表示したものは，未施行の条文を示す。以下本文においても同じ。

# 行刑法及び関係行政規則

### 第1編　適用範囲

第1条
　　この法律は，行刑施設における自由刑の実行並びに自由剥奪を伴う矯正及び保安の処分の実行を規定する。

### 第2編　自由刑の実行
### 第1章　原則

第2条　行刑の任務
　　自由刑の実行において，受刑者は，将来，社会的責任において犯罪を犯すことなく生活できるようになるべきである（行刑目的）。自由刑の実行は，また，その後の新たな犯罪行為に対する社会（Allgemeinheit）の保護にも資する。

第3条　行刑の形成
 (1) 行刑における生活は，社会の生活状態にできる限り同化されるべきである。
 (2) 自由剥奪の侵害的効果は，排除されなければならない。
 (3) 行刑は，受刑者が自由な生活に復帰するのを援助するように行われなければならない。

第4条　受刑者の地位
 (1) 受刑者は，その処遇の形成及び行刑目的の達成に参加協力する。これに対する受刑者の心構えは，喚起され，かつ，助長されなければならない。
 (2) 受刑者は，この法律に定められた自由の制限に服する。この法律に特別の規定がない限り，受刑者には，保安の維持のため，又は施設の規律への重大な障害を防止するために不可欠な制限のみを課すことができる。

### 第2章　行刑の計画

第5条　収容手続
 (1) 収容手続の際には，他の受刑者が居合わせてはならない。
 (2) 受刑者は，自己の権利及び義務について，教示される。
 (3) 収容後，受刑者は，直ちに医師に診察され，かつ，施設長又は収容区画の長の面接を受ける。

第5条関係行政規則
　　医師の診察により，身長，体重及び歯の状態を含む受刑者の健康状態が確認されるべきであり，特に，受刑者が行刑に適格であるか，医師の治療を必要としているか，その容体が他の者に危険を及ぼすか，作業が可能であるか，スポーツへの参加に適しているか，また，いかなる範囲でそうであるか，及び独居収容に対する健康上の疑念が存在するかについて検査されなければならない。診察の結果は，書面に記録されなければならない。

第6条　処遇調査，受刑者の参加
 (1) 収容手続の後に，受刑者の人格及び生活状態についての調査が開始される。行刑

の期間を考慮して，その必要がないと認められる場合には，行わないことができる。
(2) 調査は，それを知ることが行刑における受刑者の計画的処遇及びその者の釈放後の社会復帰のために必要とする諸事情を対象とする。刑法典第174条から第180条まで又は第182条に該当する犯罪行為のために有罪を言い渡された受刑者については，社会治療施設への移送指示が適当であるかについて，特に入念に検討されなければならない。
(3) 処遇の計画案は，その受刑者と共に検討される。

#### 第6条関係行政規則
行刑の期間が1年以内の場合には，原則として，処遇調査は必要とされない。

### 第7条　行刑計画
(1) 処遇調査（第6条）に基づいて，行刑計画が作成される。
(2) 行刑計画には，少なくとも，次の処遇措置に関する指図が含まれる：
　1．閉鎖行刑又は開放行刑における収容，
　2．社会治療施設への移送，
　3．居室グループ及び処遇グループへの指定，
　4．作業指定及び職業訓練又は職業補習教育の措置，
　5．補習教育行事への参加，
　6．特別の援助措置及び処遇措置，
　7．行刑の緩和並びに
　8．釈放準備のために必要な措置。
(3) 行刑計画は，受刑者の成長及びその後の人格調査の結果と一致していなければならない。このため，行刑計画には適当な期間が定められなければならない。
(4) 刑法典第174条から第180条まで又は第182条に該当する犯罪行為のために2年を超える自由刑を言い渡された受刑者については，6月を経過するごとに，社会治療施設への移送について，新たに判定されなければならない。

### 第8条　移送，一時移送
(1) 受刑者は，次の場合には，刑執行計画にかかわらず，自由刑の実行について管轄を有する他の施設に移送することができる：
　1．受刑者の処遇若しくは釈放後のその者の社会復帰がこれによって助長されるとき，又は
　2．そうすることが行刑組織上の理由から若しくはその他の重大な理由から必要であるとき。
(2) 受刑者は，重大な理由から，他の行刑施設に一時移送することができる。

#### 第8条関係行政規則
1(1)　一時移送のための重大な理由としては，次の事項が挙げられる：
　a) 現在の施設では面会が不可能であるか又は著しく困難であるときの面会の実施，
　b) 他の施設の所在地又は近在地への連行及び外出，
　c) 他の施設の所在地又は近在地への勾引（Vorführung）及び身柄引渡し（Ausantwortung），
　d) 鑑定及び医師の診察。
(2) 一時移送は，受送施設の同意の下においてのみ，行うことができる。このことは，勾引及び身柄引渡しの際には，適用されない。

2　理由のある申入れに基づき，警察官署に期限付きで，受刑者の身柄を引き渡すことができる。

### 第9条　社会治療施設への移送
(1)　刑法典第174条から第180条まで又は第182条に該当する犯罪行為のために2年を超える有期自由刑を言い渡され，第6条第2項第2切又は第7条第4項により社会治療施設における処遇の指示がなされた受刑者は，社会治療施設に移送されるべきである（第199条第2項による2002年12月31日までの正文―訳注）。受刑者自身の中に存在する理由から，処遇の目的が達成され得ないときには，その受刑者は，送還されなければならない。

*(1)　刑法典第174条から第180条まで又は第182条に該当する犯罪行為のために2年を超える有期自由刑を言い渡され，第6条第2項第2切又は第7条第4項により，社会治療施設における処遇の指示がなされた受刑者は，社会治療施設に移送されなければならない。受刑者自身の中に存在する理由から，処遇の目的が達成され得ないときには，その受刑者は，送還されなければならない。*

(2)　その他の受刑者について，その者の社会化のために，施設での特別の治療手段及び社会援助が指示されたときは，その者の同意の下に，社会治療施設に移送することができる。この場合において，移送は，社会治療施設の長の同意を必要とする。

(3)　第8条及び第85条は，これによって修正を受けない。

### 第10条　開放行刑及び閉鎖行刑
(1)　受刑者は，その者が開放行刑のための特別の要件を満たし，かつ，特に，その者が自由刑の実行を免れ，又は開放行刑の機会を犯罪行為のために悪用するおそれがない場合には，その同意の下に，開放行刑の施設又は区画に収容されるべきである。

(2)　その他の場合には，受刑者は，閉鎖行刑の中で収容しなければならない。受刑者は，そうすることがその者の処遇上必要であるときも，また，閉鎖行刑の中で収容し，又はそこへ送還することができる。

#### 第10条関係行政規則
1(1)　次の受刑者は，開放行刑から除外される：
　a) 自由剥奪の継続期間中に，裁判所構成法（GVG）第74条aに基づき合議制刑事部において，又は同法第120条に基づき高等裁判所（Oberlandesgericht）における第一審判決において言い渡された刑罰が実行されたか又は実行されなければならない者，
　b) 未決拘禁，引渡拘禁（Auslieferungshaft）又は強制退去拘禁（Abschiebungshaft）を命じられている者，
　c) 行刑法の適用地域で実行可能な国外退去決定（Ausweisungsverfügung）が存在し，拘禁を解かれるべき者，
　d) 自由剥奪を伴う矯正及び保安の処分又はその他の収容が裁判上命じられ，いまだ実行されていない者。

(2)　(1)の a)，c) 及び d) の場合には，監督官庁（Aufsichtsbehörde）の同意の下に，例外が許される。a) の場合には刑執行官庁（Vollstreckungsbehörde）が，d) の場合には所轄の裁判所が，意見を求められなければならず，c) の場合における例外には，所轄の外国人出入国管理官庁（Ausländerbehörde）の了解を必要とする。

2(1)　次の受刑者は，原則として，開放行刑での収容には不適当である：
　a) 著しい薬物嗜癖のおそれがある者，

b）自由剥奪の継続期間中に逃走した者，単純逃走（Flucht）を試みた者，暴力逃走（Ausbruch）を企図した者又は受刑者暴動（Gefangenenmeuterei）に参加した者，
　　c）直近の休暇若しくは外出から自発的に帰所しなかった者，又は直近の休暇若しくは外出の間に処罰されるべき行動をとったことに関して，十分な事実根拠が認められる者，
　　d）退去手続，引渡手続，捜査手続又は刑事手続が係属中の者，
　　e）好ましくない影響を及ぼすおそれがある者，特に他の受刑者の行刑目的の達成を危うくするおそれがある者。
　(2)　特別の事情がある場合には，(1)の例外が許されるが，これについての理由は書面により明らかにされなければならない。d）の場合には，所轄の官庁が意見を求められなければならない。
　(3)　自由剥奪の継続期間中，人に対する重大な暴力行為による刑罰，性的自己決定に対する犯罪による刑罰若しくは麻薬物質の取引に関する法律上の意味における物の取引による刑罰を実行されたか若しくは実行されなければならない受刑者，又は行刑中におけるこれらの物の取引若しくはその持込みについて理由のある嫌疑を受けている受刑者については，開放行刑における収容についての責任を負わせ得るかという問題について，特に入念な検討を必要とする。このことは，組織的犯罪に関与していることが判明している受刑者についても，適用される。
3(1)　開放行刑に付されている受刑者は，次の場合には，閉鎖行刑へ送還されなければならない：
　　a）その者が開放行刑における収容への同意を撤回したとき，
　　b）その者が開放行刑に適していないことが判明したとき，
　　c）1による開放行刑における収容を除外する事情が明らかになったとき。
　(2)　受刑者には，意見陳述の機会が与えられなければならない。移送の理由は，書面により明らかにされ，受刑者に告知されなければならない。
　(3)　閉鎖行刑への移送は，開放行刑における新たな収容を排除しない。
4(1)　開放行刑への移送並びに閉鎖行刑への移送（送還）については，州司法行政部（Landesjustizverwaltung）により指定された官署が決定する。
　(2)　終身の自由刑を言い渡された受刑者の収容に関する決定は，第159条による会議において，検討されなければならない。会議の内容は記録され，鑑定意見は書面により明らかにされなければならない。収容には，監督官庁の同意を必要とする。

## 第11条　行刑の緩和

(1)　行刑の緩和として特に指示することができるのは，次の事項である：
　１．受刑者が施設外で，規則的に，行刑職員の監督の下で作業に従事すること（構外作業（Außenbeschäftigung）），若しくは行刑職員の監督なしにそうすること（外部通勤（Freigang））ができること，又は
　２．受刑者が日中の一定時間，行刑職員の監督の下に施設を離れること（連行），若しくは行刑職員の監督なしにそうすること（外出）ができること。
(2)　この緩和は，受刑者が自由刑の実行を免れ，又は行刑の緩和が犯罪行為のために悪用されるおそれがないとき，受刑者の同意の下に，指示することができる。

### 第11条関係行政規則

1　行刑の緩和は，行刑法の適用地域内に滞在する場合においてのみ，許される。
2　構外作業にあっては，受刑者は，常時かつ直接的に，又は常時若しくは不規則な間隔で，

行刑職員により監視される。
3 (1) 外部通勤は，受刑者が就業場所に定刻に現れず，許可なく就業場所を離れ，又はその他の特別の事情（例えば，発病又は酩酊）が存在する場合には，施設に遅滞なく通報することを第三者に書面で義務づける方法によっても，命じることができる。
 (2) 施設は，外部通勤の間，受刑者の行動を不規則な間隔で点検する。
4 (1) 施設長は，特に適当な職員に受刑者の連行をゆだねる。
 (2) 構外作業及び連行に先立ち，施設長は，職員に対して，事案の状況に応じた必要な指示を与える。
5 (1) 終身の自由刑の実行における緩和の決定は，第159条による会議において検討されなければならない。会議の内容は記録され，鑑定意見は書面により明らかにされなければならない。これらの場合において，緩和は，原則として，第13条第3項の要件の下においてのみ許される。これらの緩和には，監督官庁の同意を必要とする。
 (2) (1)は，常時かつ直接的な監視の下における連行及び構外作業については適用されない。
6 (1) 構外作業，外部通勤及び外出は，次の受刑者については，除外される：
  a) 自由剥奪の継続期間中に，裁判所構成法第74条aに基づき合議制刑事部において，又は同法第120条に基づき高等裁判所における第一審判決において言い渡された刑罰が実行されたか又は実行されなければならない者，
  b) 未決拘禁，引渡拘禁又は強制退去拘禁を命じられている者，
  c) 行刑法の適用地域で実行可能な国外退去決定が存在し，拘禁を解かれるべき者，
  d) 自由剥奪を伴う矯正及び保安の処分又はその他の収容が裁判上命じられ，いまだ実行されていない者。
 (2) (1)のa)，c)及びd)の場合には，監督官庁の同意の下に，例外が許される。a)の場合には刑執行官庁が，d)の場合には所轄の裁判所が，意見を求められなければならず，c)の場合における例外には，所轄の外国人出入国管理官庁の了解を必要とする。
7 (1) 構外作業，外部通勤及び外出は，受刑者がこれらの処置に適しており，特に悪用のおそれがないときにのみ許される。決定に当たっては，受刑者が行刑中の行動を通して，行刑目的の達成のために参加協力する心構えを示したかについて，考慮されなければならない。
 (2) 次の受刑者は，原則として，(1)による緩和には不適当である：
  a) 著しい薬物嗜癖のおそれがある者，
  b) 自由剥奪の継続期間中に逃走した者，単純逃走を試みた者，暴力逃走を企図した者又は受刑者暴動に参加した者，
  c) 直近の休暇若しくは外出から自発的に帰所しなかった者，又は直近の休暇若しくは外出の間に処罰されるべき行動をとったことに関して，十分な事実根拠が認められる者，
  d) 退去手続，引渡手続，捜査手続又は刑事手続が係属中の者，
  e) 好ましくない影響を及ぼすおそれがある者，特に他の受刑者の行刑目的の達成を危うくするおそれがある者。
 (3) 特別の事情がある場合には，(2)の例外が許されるが，これについての理由は書面により明らかにされなければならない。d)の場合には，所轄官庁が意見を求められなければならない。
 (4) 自由剥奪の継続期間中，人に対する重大な暴力行為による刑罰，性的自己決定に対する犯罪による刑罰若しくは麻薬物質の取引に関する法律上の意味における物の取引による刑罰を実行されたか若しくは実行されなければならない受刑者，又は行刑中におけるこれらの物の取引若しくはその持込みについて理由のある嫌疑を受けている受刑者につ

いては，行刑の緩和についての責任を負わせ得るかという問題について，特に入念な検討を必要とする。このことは，組織的犯罪に関与していることが判明している受刑者についても，適用される。
8　受刑者がこれらの処置への同意を撤回したときには，緩和の指示は取り消されなければならない。

## 第12条　特別の理由からの連行
受刑者は，そうすることが特別の理由から必要であるときには，その者の同意なしにも，連行することができる。

### 第12条関係行政規則
第11条関係行政規則4及び第35条関係行政規則は，遵守されなければならない。

## 第13条　拘禁からの休暇
(1)　受刑者には，1年に21暦日までの拘禁からの休暇を与えることができる。第11条第2項は，この場合について準用する。
(2)　休暇は，原則として，受刑者が少なくとも6月行刑に付されていた場合に，初めて与えられるべきである。
(3)　終身の自由刑を言い渡された受刑者には，その者が先行する未決拘禁若しくは他の自由剥奪を含めて10年行刑に付されていた場合又はその者が開放行刑に付されている場合に休暇を与えることができる。
(4)　開放行刑に適しているが，特別の理由から閉鎖施設に収容されている受刑者には，開放行刑について適用する規定により，休暇を与えることができる。
(5)　休暇によって，刑の執行は，中断されない。

### 第13条関係行政規則
1　休暇は，行刑法の適用地域内においてのみ，与えられる。
2(1)　休暇は分割されることができる。休暇日数は，休暇期間中のすべての暦日とする。受刑者が休暇に入った日は算入されない。
(2)　休暇単位年（Urlaubsjahr）は，刑の執行単位年（Vollstreckungsjahr）とする。休暇は次の年に持ち越されない。このことは，行刑官庁の責めに帰すべき理由により，適当な時期に休暇を与えることができなかったときには，適用されない。
(3)　継続が見込まれる行刑の期間のそれぞれの暦月の初めには，最高期間（第13条第1項）の範囲内で，原則として，2日を超えない休暇が割り当てられる。
(4)　受刑者が休暇付与のための要件（第13条第2項）を充足するに至らない期間は，休暇の算定に当たり考慮することができる。受刑者が休暇付与に適していない期間は，原則として，その者に休暇が与えられるべきではない。
3(1)　次の受刑者は，休暇から除外される：
   a) 自由剥奪の継続期間中に，裁判所構成法第74条aに基づき合議制刑事部において，又は同法第120条に基づき高等裁判所における第一審判決において言い渡された刑罰が実行されたか又は実行されなければならない者，
   b) 未決拘禁，引渡拘禁又は強制退去拘禁を命じられている者，
   c) 行刑法の適用地域で実行可能な国外退去決定が存在し，拘禁を解かれるべき者，
   d) 自由剥奪を伴う矯正及び保安の処分又はその他の収容が裁判上命じられ，いまだ実行されていない者。

(2) (1)の a)，c) 及び d) の場合には，監督官庁の同意の下に，例外が許される。a) の場合には刑執行官庁が，d) の場合には所轄の裁判所が，意見を求められなければならず，c) の場合における例外には，所轄の外国人出入国管理官庁の了解を必要とする。
4 (1) 休暇は，受刑者がこの処置に適しており，特に，悪用のおそれがないときにのみ与えられることができる。決定に当たっては，受刑者が行刑中の行動を通して，行刑目的達成のために参加協力する心構えを示したかどうかについて，考慮されなければならない。
(2) 次に掲げる受刑者は，原則として，不適当である：
a) 閉鎖行刑に付されており，見込まれる釈放時期までに，なお18月を超える自由刑が実行されなければならない者，
b) 著しい薬物嗜癖のおそれがある者，
c) 自由剥奪の継続期間中に逃走した者，単純逃走を試みた者，暴力逃走を企図した者又は受刑者暴動に参加した者，
d) 直近の休暇若しくは外出から自発的に帰所しなかった者，又は直近の休暇若しくは外出の間に処罰されるべき行動をとったことに関して，十分な事実根拠が認められる者，
e) 退去手続，引渡手続，捜査手続又は刑事手続が係属中の者。
(3) 特別の事情がある場合には，(2)の例外が許されるが，これについての理由は書面により明らかにされなければならない。e) の場合には，所轄の官庁が意見を求められなければならない。
(4) 自由剥奪の継続期間中，人に対する重大な暴力行為による刑罰，性的自己決定に対する犯罪による刑罰若しくは麻薬物質の取引に関する法律上の意味における物の取引による刑罰を実行されたか若しくは実行されなければならない受刑者，又は行刑中におけるこれらの物の取引若しくはその持込みについて理由のある嫌疑を受けている受刑者については，休暇付与についての責任を負わせ得るかという問題について，特に入念な検討を必要とする。このことは，組織的犯罪に関与していることが判明している受刑者についても，適用される。
5 (1) 受刑者は，原則として，その社会復帰を妨げることが事実根拠に基づいて危惧される社会環境又は人のもとへの休暇を与えられてはならない。
(2) 受刑者は，その休暇先を申告しなければならない。
6 (1) 受刑者は，私服で休暇に入る。
(2) 休暇の間の旅費，生活費及びその他の費用は，受刑者がその自用金又は領置金の中から負担しなければならない。第51条関係行政規則2(1)は，この場合について準用する。受刑者の有する金銭で賄えない限り，国庫から休暇期間中の援助金を与えることができる。
(3) 休暇期間中の援助金の支出方法及び範囲については，第75条を準用する。
7 (1) 休暇は，申請に基づいてのみ与えられる。申請は，休暇開始の1月前に書面で行われるべきである。
(2) 申請を拒否する理由は書面により明らかにされ，かつ，受刑者に告知されなければならない。
(3) 終身の自由刑を言い渡された受刑者の休暇付与に関する決定は，第13条第3項による休暇許可のための要件を充足する場合に，第159条による会議において検討されなければならない。会議の内容は記録され，鑑定意見は書面により明らかにされなければならない。休暇付与には，監督官庁の同意を必要とする。
8 (1) 休暇を与えられた受刑者は，休暇証明書を受ける。休暇証明書には，必要な範囲内で，指示事項が記載されなければならない。

(2) 休暇の開始前に，受刑者には，休暇の撤回及び取消しの要件並びにその者に与えられた指示の意味について教示されなければならない。

第14条　緩和及び休暇の指示，取消し
(1) 施設長は，受刑者に対し，緩和及び休暇について指示を与えることができる。
(2) 施設長は，次の場合には，緩和及び休暇を撤回することができる：
　1．施設長が，事後に生じた事情に基づいて，その処置を拒否することを相当と認めるとき，
　2．受刑者がその処置を悪用したとき，又は
　3．受刑者が指示を遵守しないとき。
　施設長は，緩和及び休暇について，その許可のための要件が存在しなくなったときには，将来に対する効力をもって，これを取り消すことができる。

第14条関係行政規則
1(1) 緩和及び休暇のために，個別の事情に応じた必要な指示が与えられる。
(2) 受刑者には，特に次に掲げる事項を，指示することができる：
　a) 施設外での滞在又は指定された活動に関する命令に従うこと，
　b) 定時に指定された場所又は人のもとに出頭すること，
　c) 受刑者にその後の新たな犯罪行為の機会を提供し，又はこれを唆す可能性のある特定の人又は特定の集団に属する人と接触しないこと，
　d) 受刑者にその後の新たな犯罪行為の機会を提供し，又はこれを刺激する可能性のある特定の物品を所有せず，携帯せず，使用せず，又は保管させないこと，
　e) アルコール性の又はその他の酩酊させる飲料及び物並びに特定の飲食店又は地域を避けること。
2(1) 第14条第2項に掲げられた要件の充足のためには，十分な事実根拠が認められなければならない。
(2) 撤回及び取消しは，決定が受刑者に口頭，電話若しくは書面で告知され，又は休暇先に送達されたときに効力を生じる。受刑者には意見陳述の機会が与えられなければならない。撤回又は取消しの決定に先立ってそうすることができないか又は不適当である場合には，支障がなくなった後，遅滞なく意見聴取が追完されなければならない。
(3) 撤回及び取消しの理由は，書面により明らかにされなければならず，要求に基づき，受刑者に告知されなければならない。
(4) 捜索の手配は，撤回又は取消しの発効前に，開始され，実行されることができる。

第15条　釈放準備
(1) 釈放を準備するために，行刑は，緩和されるべきである（第11条）。
(2) 受刑者は，そうすることが釈放の準備に役立つときには，開放施設又は開放区画（第10条）に移送することができる。
(3) 釈放前3月以内においては，その準備のために，1週までの特別休暇（Sonderurlaub）を与えることができる。第11条第2項，第13条第5項及び第14条は，この場合について準用する。
(4) 外部通勤者（Freigänger）（第11条第1項第1号）には，釈放前9月以内において，月に6日までの特別休暇を与えることができる。第11条第2項，第13条第5項及び第14条は，この場合について準用する。第3項第1切は，適用がない。

第15条関係行政規則
(1) 釈放準備は，自由社会への釈放が見込まれる時期に合わせて，行われなければならない。
(2) 第15条第3項の意味における特別休暇は，反復される場合においても，合計して1週に達するまでに限り，与えることができる。このことは，休暇を承認する際に見込まれた釈放時期とは異なる時期に釈放が行われるときにも，適用される。
(3) 第15条第4項による特別休暇は，外部通勤を許されこれを行っていない受刑者についても，与えることができる。

第16条　釈放時期
(1) 受刑者は，その刑期の最終日において，できる限り早い時間に，いかなる場合でも午前中には釈放されるべきである。
(2) 刑終了が土曜日若しくは日曜日，法定の祝日，復活祭若しくは聖霊降臨祭後の最初の週日又は12月22日から1月2日までの期間に当たる場合において，そうすることが刑期の長さにより許容され，かつ，保護上の理由に反しないときには，受刑者は，その日又は期間に先行する週日に釈放することができる。
(3) 釈放時期は，受刑者がその社会復帰のためにそれを必要とする緊急の理由があるときには，2日まで繰り上げられることができる。

第16条関係行政規則
(1) 第16条は，次に掲げる場合にも，適用される：
 a) 受刑者が裁判所の決定により，又は恩赦の措置に基づいて，予定より早く釈放されなければならないとき，
 b) 釈放時期の繰上げにより，刑罰又は代替自由刑がもはや実行されないとき，
 c) 作業の免除（第43条第6項第1切）が，第43条第9項により釈放時期へ優先的に算入されるとき。
(2) 刑期の長さが問題となる場合において，受刑者が予定された釈放の時点まで，少なくとも1月中断されることなく行刑に付されているときは，釈放の繰上げが容認される。

## 第3章　受刑者の収容及び給養

第17条　作業及び自由時間の間の収容
(1) 受刑者は，雑居で作業する。職業訓練（Berufsausbildung），職業補習教育（berufliche Weiterbildung）並びに作業時間中における作業療法的労作及びその他の労作についても，同様とする。
(2) 自由時間の間，受刑者は，他の受刑者と共に過ごすことができる。共同行事への参加については，施設長は，施設の場所，職員及び組織上の事情を考慮して，特別の規制をすることができる：
(3) 作業時間及び自由時間の間の雑居収容は，次の場合には，制限することができる：
 1．他の受刑者に対し有害な影響を与えるおそれがあるとき，
 2．受刑者が第6条により調査中であるとき，ただし，2月を超えることはできない，
 3．施設の保安若しくは規律がそれを必要とするとき，又は
 4．受刑者が同意するとき。

第18条　休息時間の間の収容

(1) 受刑者は，休息時間の間，単独でその居室に収容される。雑居収容は，受刑者が援助を必要とし，又は受刑者の生命若しくは健康に対する危険が存在する場合に限り，許される。
(2) 開放行刑においては，受刑者は，有害な影響をもたらすおそれがないときには，その者の同意の下に，休息時間の間，雑居で収容することができる。閉鎖行刑においては，休息時間中の雑居収容は，第1項の場合におけるほかは，一時的に，かつ，やむを得ない理由からのみ，許される。

第19条　受刑者による居室の飾り付け及びその個人的所持品
(1) 受刑者は，その居室を適当な範囲において自己の物品をもって飾り付けることができる。近親者の写真及び個人的に価値のある記念品は，受刑者に持たせておかれる。
(2) 居室の視察を妨げ，又はその他の方法で施設の保安若しくは規律を危うくする準備手段及び物品は，除外することができる。

第20条　衣服
(1) 受刑者は，施設の衣服を着用する。自由時間のために，受刑者は，特別の上衣を与えられる。
(2) 施設長は，受刑者が逃走しないことを期待できるときには，連行に際して，その者に私服の着用を許す。施設長は，受刑者が洗濯，修理及び定期的な交換を自己の費用で手配する限り，その他の場合においても，そうすることを許すことができる。

第21条　施設給食
施設給食の献立（Zusammensetzung）及び栄養価は，医師によって監督される。医師の指示に基づき，特別の給食が認められる。受刑者には，その者の宗教団体（Religionsgemeinschaft）の食事の戒律に従うことが可能にされなければならない。

第21条関係行政規則
1(1) 受刑者は，他に特別の定めがない限り，施設の給食を受ける。給食は，施設の医師が健康上の理由から異なる指示をしたとき，又は宗教上の食事の戒律を考慮して異なる給食が行われているときを除き，すべての受刑者について同様とする。
(2) 施設の給食は，近代的な栄養学の知識により，受刑者の十分な栄養を保障するべきである。
(3) 受刑者が宗教上の食事の戒律に服しているときは，その者の申出に基づき，飲食してはならない施設の給食の部分が他の食品と交換されるべきである。
2　キリスト教の宗教団体とは異なる特別の食事の戒律が遵守されなければならない宗教団体の信仰上の重要な祝祭日（hohen Glaubensfeste）の間は，該当する受刑者は，行刑の重大な利益に反しない限り，その者の申出に基づき，その者の費用で，同信者からも，給食を受けることができる。

第22条　購入
(1) 受刑者は，その自用金（第47条）又は小遣銭（第46条）を用いて，施設により仲介される提供品から，食品及び嗜好品並びに身体衛生用薬剤を購入することができる。施設は，受刑者の希望及び必要性を考慮に入れた提供品を調達するべきである。
(2) 施設の保安又は規律を危うくする物品は，購入から除外することができる。受刑

者の健康を真に危うくするおそれがあるときは，医師の指示に基づき，受刑者に対して，特定の食品及び嗜好品の購入を，その全部又は一部について，禁止することができる。病舎及び病者区画（Krankenabteilung）においては，医師の指示に基づき，特定の食品及び嗜好品の購入を一般的に禁止し，又は制限することができる。
(3) 受刑者が自己の責めによらないで，自用金又は小遣銭を使用できないときは，その者には，適当な範囲において領置金から購入することが許される。

### 第22条関係行政規則

1(1) 第22条第3項による購入金額は，個別の事情に従って算定される。その際には，特に，受刑者がその時点までに自由に使用できる自用金の額，今後積み立てるべき更生資金の額，特別の個人的必要性（例えば，病気又は心身の障害による）及び購入又は第三者からの送付により保有している食品及び嗜好品の価格が考慮されなければならない。
 (2) (1)により十分な確認を行うことができない場合には，1月に基準報酬（Eckvergütung）（第43条第2項）日額の4倍までの金額，6月後は，その6倍までの金額を，その領置金から使用することが，受刑者に許される。
 (3) アルコールを含有する飲料の購入は許されない。例外は，個々の施設及び施設区画並びに受刑者の特定の集団について，監督官庁が許可することができる。
2(1) 施設内で所持を許されているその他の物品の購入のために，受刑者は，その者の自用金，小遣銭及び領置金を使用することができる。領置金からの購入は，その限度額を制限することができる。
 (2) 第83条第2項第3切は，これによって影響を受けない。

## 第4章　面会，信書発受並びに特別の理由からの休暇，外出及び連行

### 第23条　原則

受刑者は，施設外の者と，この法律の規定の範囲内で交通する権利を有する。施設外の者との交通は，助長されなければならない。

### 第24条　面会の権利

(1) 受刑者は，定期的に面会を受けることができる。その合計時間は，少なくとも月に1時間になるものとする。その他のことについては，所内規則が定める。
(2) 面会は，それが受刑者の処遇若しくは社会復帰を助長し，又は受刑者からの書面では解決することができず，第三者によって代理することができず，若しくは受刑者の釈放まで猶予することができない身分上，法律上若しくは業務上の用務の解決に役立つときには，それ以上に許されるべきである。
(3) 保安上の理由から，面会は，面会者が検査を受けることにかからせることができる。

### 第24条関係行政規則

1　面会は，それを受刑者が拒否するときには，行われない。
2(1) すべての面会者は，その身分を証明しなければならない。面会者の身分が既に明らかなときは，この限りでない。
 (2) 面会は，面会者が面会の間，その者の身分証明書を施設に預けることにかからせることができる。
3　面会者は，面会の際にどのように振る舞わなければならないかについて，適当な方法で，教示される。

4　病者区画又は施設病舎（Anstaltskrankenhaus）に収容されている病気の受刑者の面会に先立ち，医師が意見を求められなければならない。面会に反対する医師の懸念は，面会者に伝えられなければならない。病室における面会には，医師の同意を必要とする。
　　5　外国国籍を有する受刑者とその母国の外交上の又は領事館の代表者との面会交通については，刑法上の案件における外国との交通のための指針が適用される（Nr.136RiVASt）。

第25条　面会禁止
　　施設長は，次の場合には，面会を禁止することができる：
　1．施設の保安又は規律が危うくされるおそれがあるとき，
　2．刑法典の意味における受刑者の親族でない面会者の場合において，面会者が受刑者に有害な影響を与え，又はその者の社会復帰を妨げるおそれがあるとき。

第26条　弁護人，弁護士及び公証人の面会
　　弁護人による面会及び受刑者に関する法律問題（Rechtssache）における弁護士又は公証人による面会は，許されなければならない。第24条第3項は，この場合について準用する。弁護人の携帯する文書及びその他の付属物（Unterlagen―書類ケース，ファイル，写真フィルム，カセットテープなど―訳注）の内容の検査は，許されない。第29条第1項第2切及び第3切は，これによって修正を受けない。

　　第26条関係行政規則
　⑴　弁護人は，施設に対して，弁護人であることを受刑者の委任状又は裁判所の選任命令書（Bestellungsanordnung）により証明しなければならない。弁護士及び公証人は，受刑者とその者に関する法律問題で面会することを希望する旨を証明しなければならない。
　⑵　弁護士，公証人，訴訟代理人及び司法修習生は，要求があればその資格を証明しなければならない。

第27条　面会の監督
　⑴　面会は，個別の事案において監督を必要としないことが判明している場合を除き，処遇又は施設の保安若しくは規律上の理由から，監督することができる。談話は，個別の事案において，これらの理由からそうすることが必要である限り，監督することができる。
　⑵　面会は，面会者又は受刑者が，警告にもかかわらず，この法律の規定又はこの法律に基づいて執られる指示に違反するときには，中止することができる。面会を直ちに中止することが不可欠である場合には，警告は行われない。
　⑶　弁護人の面会は，監督されない。
　⑷　物品は，面会に際して，許可を得てのみ手渡すことができる。このことは，弁護人の面会に際して手渡される文書及びその他の付属物並びに弁護士又は公証人の面会に際して受刑者に関する法律問題の解決のために手渡される文書及びその他の付属物については，適用されないが，弁護士又は公証人の面会に際しては，その手交は，施設の保安又は規律上の理由から，許可にかからせることができる。第29条第1項第2切及び第3切は，これによって修正を受けない。

第28条　信書発受の権利
　⑴　受刑者は，無制限に信書を発し，及び受ける権利を有する。
　⑵　施設長は，次の場合には，特定の者との信書の発受を禁止することができる：

1．施設の保安又規律が危うくされるおそれがあるとき，
　　2．刑法典の意味における受刑者の親族でない者の場合において，信書の発受が受刑者に有害な影響を与え，又はその社会復帰を妨げるおそれがあるとき。

#### 第28条関係行政規則
1　外国国籍を有する受刑者とその母国の外交上の又は領事館の代表者との文通については，刑法上の案件における外国との交通のための指針が適用される（Nr.135RiVASt）。
2　文通の費用は受刑者が負担する。受刑者がこれを負担できない場合で，理由があると認められるときには，施設は，適当な範囲において，その費用を負担することができる。

### 第29条　信書発受の監督
⑴　受刑者のその弁護人との信書発受は，監督されない。刑法典第129条aに該当する犯罪行為，また，刑法典第129条b第1項に関連する同じ犯罪行為が自由刑の実行の基礎にある場合には，刑事訴訟法第148条第2項及び第148条aを準用するが，このことは，受刑者が開放行刑の施設に収容されているか，又は第11条第1項第1号若しくは第2号後半の規定に基づく行刑の緩和又は第13条若しくは第15条第3項に基づく休暇が与えられており，施設長において第14条第2項による緩和及び休暇の撤回又は取消しを行う理由が存在しないときには，適用されない。第2切は，受刑者に対して，自由刑実行の基礎にある有罪判決に引き続き，刑法典第129条aに該当する犯罪行為，また，刑法典第129条b第1項に関連する同じ犯罪行為による自由刑が執行されなければならない場合にも，適用される。
⑵　さらに，連邦及び各州の議会並びにその議員にあてた受刑者の信書は，その信書がこれらの議会を宛先としており，かつ，発信者が的確に記載されている限り，監督されない。このことは，ヨーロッパ議会及びその議員，ヨーロッパ人権裁判所，ヨーロッパ人権委員会，拷問及び非人道的な又は品位を傷つける取扱い又は刑罰の防止のためのヨーロッパ委員会（Europäische Ausschuß zur Verhütung von Folter und unmenschlicher oder erniedrigender Behandlung oder Strafe）並びに連邦及び各州の情報保護担当者あての信書について準用する。受刑者にあてられた第1切及び第2切に掲げられた地位にある者からの信書は，発信者の身許が疑いなく確実である限り，監督されない。
⑶　その他の信書の発受は，処遇上又は施設の保安若しくは規律上の理由から必要である限り，監督することができる。

#### 第29条関係行政規則
1⑴　弁護人は，施設に対して，弁護人であることを受刑者の委任状又は裁判所の選任命令書により，証明しなければならない。弁護人の郵便物には，明らかに目に見えるようにその旨が表示されていなければならない。
　⑵　弁護人の郵便物と表示されてきた個人名の信書で，その者について弁護人資格が証明されていないものは，原則として，弁護人資格の証明がない旨の表示をして未開封のまま発信者に返送される。受刑者の同意の下に，この信書を開封し，検査の後受刑者に交付することができる。
2⑴　信書発受の監督が許される限り，施設長は，監督の方法及び範囲を定める。施設長は，この監督を少数の他の職員に委任することができる。外国語で書かれた信書は，必要な限り，翻訳される。
　⑵　信書発受の監督が許される限り，受刑者は信書を開封のまま施設に提出しなければな

参考資料

　(3)　監督に当たる職員は，信書に傍注を付したり，線を引いて抹消したり，又は判読できないようにしてはならない。検査済みの表示は許される。
3　外国語で書かれている信書の翻訳のための費用は，原則として，国庫が負担する。

第30条　信書の手続，保管
(1)　受刑者は，別段の許可がない限り，その信書の発送及び受領を施設によって仲介させなければならない。
(2)　受け付けた信書及び発送する信書は，遅滞なく手続されなければならない。
(3)　受刑者は，別段の許可がない限り，受け取った信書を開封のまま保管しなければならない。受刑者は，それを封皮して，その者の領置物とすることができる。

第31条　信書の差止め
(1)　施設長は，次の場合には，信書を差し止めることができる：
　1．行刑の目的又は施設の保安若しくは規律が危うくされるおそれがあるとき，
　2．その内容を知った上で行う発送又は交付（Weitergabe）が刑罰又は過料の構成要件を充足するおそれがあるとき，
　3．それが施設の状況に関する非常に誤った若しくは著しく事実をゆがめた叙述を含むとき，
　4．それが非常に侮辱的なことを含むとき，
　5．それが他の受刑者の社会復帰を危うくするおそれがあるとき，又は
　6．それが暗号で書かれており，読解できず，不明確であり，又はやむを得ない理由なしに外国語で書かれているとき。
(2)　誤った叙述を含む発信書は，受刑者が発送を主張して譲らないときには，これに添え状（Begleitschreiben）を付することができる。
(3)　信書が差し止められたときは，その旨が受刑者に告知される。差し止められた信書は，発信者に返送され，又は，そうすることが不可能若しくは特別の理由から不必要である限り，官庁で保管される。
(4)　第29条第1項及び第2項により監督を除外されている信書は，差し止められてはならない。

第31条関係行政規則
1　受刑者には，差止めの理由が告知されなければならない。差し止められた信書の問題とならない内容は，受刑者に知らせることができる。
2　添え状には，訂正に役立つ記載のみを含むことができる。受刑者は，添え状を付する目的について教示されなければならない。
3　差し止められた信書で施設の保安上の予防手段を知らせることになるものも，廃棄されることができる（第83条第4項参照）。

第32条　電話及び電報
　受刑者には，電話をかけ，又は電報を打つことを許すことができる。その他の事項については，電話については面会に関する規定を，電報については信書の発受に関する規定を準用する。通話の監督（電話の傍受─訳注）が必要である場合には，予定された監督について，電話が接続された直後に，行刑官庁又は受刑者により，受刑者の話し相手に伝えられなければならない。受刑者は，通話開始前の適当な時期に，第3

切による予定された監督及び通知義務について教示されなければならない。

### 第32条関係行政規則
　費用は，受刑者が負担する。その者が負担できない場合で，理由があると認められるときには，施設は，適当な範囲において，その費用を負担することができる。

### 第33条　小包
(1)　受刑者は，年に3回，適当な間隔において，食品及び嗜好品の入った小包1個を受領することができる。行刑官庁は，その送付及び個々の物品について，時期及び最大の分量を定めることができる。それ以上の小包又はその他の内容を含む小包の受領については，行刑官庁の許可を必要とする。物品の除外については，第22条第2項を準用する。
(2)　小包は，受刑者の面前で開けられなければならない。除外された物品は，その者の領置物とし，又は送付者に返送することができる。交付されなかった物品で，その送付又は保管に当たり，それによって人が傷つけられ又は物的損害を生じる可能性のあるものは，廃棄することができる。これにより執られた処置は，受刑者に告知される。
(3)　小包の受領は，そうすることが施設の保安又は規律上の危険を防止するため不可欠であるときには，一時的に禁止することができる。
(4)　受刑者には，小包の発送を許すことができる。行刑官庁は，その内容を施設の保安又は規律上の理由から検査することができる。

### 第33条関係行政規則
1(1)　小包の受領は，クリスマス，復活祭及び受刑者の選択するその他の時期に1回（例えば，誕生日），各1個許される。
　(2)　キリスト教の宗教団体に所属していない受刑者には，クリスマス及び復活祭の小包に代えて，その者の信仰する宗教の重要な祝祭日の際に，それぞれ1個の小包の受領を許すことができる。
2(1)　包装を含めて，クリスマス小包の重量は5キログラムを，その他の2回の小包はそれぞれ3キログラムを超えてはならない。
　(2)　小包には，いかなる形態においても，アルコール及びその他の酩酊物質並びに医薬品及び錠剤が含まれてはならない。
　(3)　第22条第2項による医師の指示がある場合には，小包の内容物は，医師の意見を求めた後，はじめて交付することができる。
3　その他の小包の受領は，特に，授業及び補習教育用具，釈放時衣類並びに自由時間労作用の物品の送付のために許可することができる。
4　すべての小包には，内容目録が同封され，かつ，発送者が表示されているべきである。施設から発行された小包札の使用を指示することができる。
5(1)　小包は，1に掲げられた時期の2週間前又は2週間後の期間内に届くべきである。
　(2)　施設は，時機を失して(1)，若しくは重量を超過して届いた小包，又はその受領が許されない——場合によっては，郵便局での受付さえ許されない——小包の受取を拒絶することができる。施設は，受刑者に受取を拒絶したこと及びその理由を告知する。
　(3)　(2)は，外国人受刑者に対して行刑法の適用地域外から送付される小包については，適用されない。重量制限を超過し又は小包が許されていない場合において，その者がその価値に相当する施設により定められた金額を自用金から更生資金又は領置金に繰り入れ

参考資料

ることに同意したときは、重量超過小包の内容物及び不許可小包の内容物を受刑者に交付することができる。その他の場合には、受刑者が他の方法で利用することに同意しないか又は第83条第3項により取り扱われない限り、重量超過小包の内容物及び不許可小包の内容物は、受刑者の領置物として受け入れなければならない。

6 (1) 小包を受けない受刑者は、その代わりとして、食品及び嗜好品を購入することができる。代替品購入のために、基準報酬（第43条第2項）日額の7倍までの金額、クリスマスの小包の場合は9倍までの金額を領置金から使用することができる。第83条第2項第3切は、これによって影響を受けない。

(2) 代替品購入の後、受刑者に対して5(1)に定める期間内に小包が届いた場合において、代替品購入に使用したのと同様の金額を自用金から更生資金又は領置金に繰り入れることに受刑者が同意したときは、その小包をその者に交付しなければならない。その他の場合には、小包は返送されなければならない。5(3)は、これによって修正を受けない。

7 (1) 小包の内容物は、禁制品について検査される。内容目録が添付されているときには、全品目が点検されなければならず、その相違は、目録に書き留められなければならない。

(2) 受刑者は、小包の受領を書面で確認しなければならない。

8 小包の送付費用は、受刑者が負担する。その者が負担できない場合において、理由があると認められるときには、施設は、適当な範囲において、その費用を負担することができる。

9 受刑者は、収容後直ちに、説明書の交付により、小包を受領し、及び発送することができることについて、教示されるべきである。

第34条　（廃止）

第35条　重大な理由からの休暇、外出及び連行
(1) 重大な理由から、施設長は、受刑者に外出を許し、又はその者に7日に至るまでの休暇を与えることができるが、親族の生命に危険のある病状のため又はその死亡のため以外の重大な理由からの休暇は、年に7日を超えてはならない。第11条第2項、第13条第5項及び第14条は、この場合について準用する。

(2) 第1項による休暇は、通常の休暇に算入されない。

(3) 第11条第2項に掲げられた理由により外出又は休暇を許すことができないとき、施設長は、受刑者を連行させることができる。このための費用は受刑者が負担しなければならない。そうすることが処遇又は社会復帰を妨げるおそれがあるときは、この請求権が主張されてはならない。

第35条関係行政規則
1　第11条、第13条及び第14条関係行政規則を準用する。
2 (1) 連行に当たっては、施設長は、事案の状況に応じた必要な特別の保安上の処置について決定する。

(2) 適当な特別の保安上の処置の命令にもかかわらず、受刑者が自由刑の実行を免れ、又は連行を犯罪行為に悪用するおそれがあるときには、連行は行われない。このことは、連行が受刑者の身体又は生命に対する直接の危険を防止するため不可欠であるときには、適用されない。

第36条　裁判期日
(1) 施設長は、受刑者が召喚に応じ、かつ、逃走又は悪用の危険（第11条第2項）が

存在しないと認めるとき，受刑者に対して，裁判期日への出頭のために外出又は休暇を与えることができる。第13条第5項及び第14条は，この場合について準用する。
(2) 受刑者が裁判期日に召喚されており，かつ，外出又は休暇が許されない場合には，逃走又は悪用の危険（第11条第2項）という有力な阻害事由が存在しない限り，施設長は，その者をその同意の下に，期日に連行させる。勾引状（Vorführungsbefehl）が発せられている限り，施設長は，裁判所の要請により，受刑者を引致出頭させる。
(3) 行刑官庁は，裁判所に，顛末について通知する。

第36条関係行政規則
1(1) 受刑者が召喚状を呈示して裁判期日への出頭を申し出たときには，施設長は，受刑者にこのための外出若しくは休暇を与えるか，又はその者を連行させるかについて，決定する。
(2) 施設長がその決定について裁判所に通知する義務はない。
2(1) 裁判所が施設に対して受刑者を裁判期日に出頭させるよう要請した場合には，施設長は，受刑者が召喚に応じる意思があるかを明らかにする。召還に同意したときには，施設長は，その受刑者に外出若しくは休暇を与えるか又は連行させるかについて，検討する。
(2) 施設長は，裁判所に事情を通知するが，受刑者が期日への出頭を拒否したときも，同様とする。
3 受刑者がその申出により，又は主としてその者の利益のために連行されるときには，原則として，費用はその者の負担とされる。
4(1) 裁判所が勾引状を発し，施設に勾引を要請したときには，施設長は，裁判期日に受刑者を引致出頭させる。
(2) 勾引に先立ち，施設長は，事案の状況に応じた必要な指示を与え，かつ，特別の保安上の処置について決定する。
5 施設長は，施設の所在地にある区裁判所の職務監督を担当する裁判官と協議し，施設内で裁判所書記課の書記官のもとに連行される機会が受刑者に与えられる時間を取り決める。

## 第5章　作業，教育及び補習教育

### 第37条　指定
(1) 作業，作業療法的労作（arbeitstherapeutische Beschäftigung），教育及び補習教育は，特に，釈放後生業に従事するための能力を付与し，保持し，又は助長する目的に資する。
(2) 行刑官庁は，受刑者に対して，経済的に収益の多い作業を指定し，かつ，その際には，受刑者の能力，技能及び素質を考慮するべきである。
(3) 適性を有する受刑者には，職業訓練，職業補習教育又はその他の教育若しくは補習教育的措置への参加の機会が与えられるべきである。
(4) 労働能力を有する受刑者に対して，経済的に収益の多い作業又は第3項による措置への参加を指定することができないときは，その者には，適当な労作が割り当てられる。
(5) 受刑者が経済的に収益の多い作業をする能力を有しないときは，その者には，作業療法的労作をさせるべきである。

第37条関係行政規則

**参考資料**

1 （削除）
2 労作は，その成果が経済的に利用できるものであり，経費に相応する関係にあるとき，第37条第4項の意味において，適当とされる。
3 ⑴ 作業又は適当な労作の性質が許す限り，それぞれの活動のために受刑者が遂行しなければならない基準量（Anforderung）が調査され，定められる。その際には，十分な実習及び訓練を受けた自由な被雇用者（Arbeitnehmer）が，長時間にわたり，健康を害することなく達成でき，また，達成が見込まれる仕事量が起点とされなければならない。行刑の特別な事情は，適切に考慮されなければならない。
  ⑵ 予定仕事量（Soll-Leistung）は，点検され，100分の40を超える多数の受刑者によってそれ以上の仕事がなされるとき又はその設定が高過ぎることが判明したときには，必要に応じて，新たに定められる。それは，作業方法の変更，技術的改善又はこれに類する理由があるときにも点検され，必要に応じて新たに定められなければならない。
4 ⑴ 受刑者の作業時間は，公務における規則的な1週の勤務時間に従うべきである。緊急の場合には，受刑者の規則的な作業時間は，自由な被雇用者に対して許される最高時間まで延長することができる。
  ⑵ 日曜日，法定の休日及び原則として土曜日も，延期できない作業を実施する必要がない限り，免業とする。
  ⑶ 残業及び⑵による作業は，できる限り，他の就業日に就業を免ずることによって調整されるべきである。
  ⑷ その者の信条（Glaubensbekenntnisses）の定めるところにより，特定の日に働くことが許されない受刑者は，その者の希望により，その日の作業を免ずることができる。そのために，その者を一般の免業日における延期できない作業に就けることができる。
5 受刑者は，それに適しており，他に害を及ぼすこと（Unzuträglichkeiten—サブカルチャーへの有害性—訳注）が見込まれないときには，行刑施設のための仕事（Tätigkeit）に就けることができる。職員，受刑者若しくは第三者の個人的な事情又は人事記録，裁判記録若しくは行政記録の閲覧を可能にする作業が受刑者にゆだねられてはならない。

**第38条　授業**
⑴ 普通学校（Hauptschule）を修了していない適当な受刑者に対しては，普通学校修了に至る学科の授業又は特殊学校（Sonderschule）に相当する授業が計画されるべきである。職業訓練に当たっては，職業教育の授業が計画されなければならず，このことは，職業補習教育についても，その措置の種類によりそれを必要とする限り，同じである。
⑵ 授業は，作業時間の間に行われるべきである。

**第39条　自由な労働関係，自営職業活動**
⑴ 受刑者には，そうすることが行刑計画の範囲内において，釈放後生業に従事するための能力を付与し，保持し，又は助長する目的に役立ち，かつ，行刑の主要な理由に反しないときは，施設外の自由な労働関係に基づく作業，職業訓練又は職業補習教育に就くことが許されるべきである。第11条第1項第1号，第2項及び第14条は，これによって修正を受けない。
⑵ 受刑者には，自営職業活動（作業として，作業時間中に，自己の収支で芸術創作，著作等を行うこと—訳注）を許すことができる。
⑶ 行刑官庁は，報酬（Entgelt）が受刑者のための貸方として行刑官庁に振り込まれることを要求することができる。

第39条関係行政規則

1　（削除）

2(1)　施設外で自由な労働関係に入ることを許されている受刑者は，閉鎖行刑の受刑者から分離しておかれるべきである。

(2)　受刑者とその雇用者又は職業訓練の実施者との間には，書面による契約（労働契約，職業訓練契約又はこれに類するもの）が締結されなければならない。契約の内容には，特に，その労働関係は，受刑者に第39条第1項により与えられた許可が失効するとき，解除通告なしに終了すること，及び労働関係からの収入は，自由剥奪の期間中は免除的効力（befreiende Wirkung）をもって施設の同意した口座にのみ支払われ得ることが定められなければならない。施設は，それが公法上の規定に基づく出捐（Zuwendung—補助金，援助金等—訳注）に準じて取り扱われることを保障する。

(3)　受刑者の収入は，以下に掲げる順序に従い，それぞれの目的のために使用される：
　　a)　交通費，作業用衣類，施設外での食事及びその他その者の仕事上必要な支出のための受刑者の経費，
　　b)　自用金及び更生資金，
　　c)　その申請に基づく受刑者の法律上の扶養義務の履行，
　　d)　拘禁費用分担金，
　　e)　その申請に基づく受刑者のその他の義務の履行，
　　f)　受刑者の領置金。

(4)　受刑者は，その者の扶養義務を履行し，犯罪行為により生じた損害を償い，その他の義務を履行するよう促されなければならない。受刑者が扶養義務を負う親族又はその他の者が社会扶助を受けていることを施設が了知しているとき，社会扶助の担当機関には，その労働関係及び収入の額が通知される。社会保険（Sozialversicherung）のための保険料の追加納付が可能であることについて，受刑者には，注意が喚起されるべきである。

3(1)　自営職業活動は，それが重要な理由から必要と認められ，行刑計画の範囲内において，特に，釈放後生業に従事するための能力を付与し，保持し又は助長するという行刑目的に役立つときにのみ，規定に従って許されるべきである。自営職業活動は，行刑上の主要な理由に反するときには，許されてはならない。

(2)　自営職業活動は，原則として，受刑者が自ら費用を負担して必要な用品を調達できるときにのみ許され，施設内での自営職業活動に際しては，施設が用品の調達を仲介する。

(3)　受刑者と第三者との間の法律関係及び自営職業活動による収入については，2の(2)から(4)までを準用する。行刑法第199条第2項第3号の正文の下における第50条第3項は，これによって影響を受けない（改正前の同条文（51頁）参照—訳注）。

(4)　受刑者は，その納税義務を遵守するよう促されなければならない。受刑者がその申告義務（Anzeigepflicht）を履行しないときには，自営職業活動の許可は取り消されなければならない。

第40条　修了証

　教育的又は補習教育的措置に関する修了証から，参加者の受刑の事実が識別されてはならない。

第41条　作業義務

(1)　受刑者は，その者の健康状態から遂行可能であるとしてその者に指定され，その者の身体能力に適した作業又は作業療法的労作その他の労作を行う義務を負う。受

参考資料

刑者には，年に3月まで，施設における補助活動（Hilfstätigkeiten）（経理，営繕作業―訳注）への就業を義務づけることができ，その者の同意があるときには，その期間を超えることもできる。第1切及び第2切は，65歳以上である受刑者並びに職業婦人である母親の保護のための法律上の就労禁止が存在する限りにおける妊娠中及び産後の母親については，適用されない。

(2) 第37条第3項による措置への参加には，受刑者の同意を必要とする。その同意は，自己の都合で撤回されてはならない。

(3) 私企業によって経営されている工場（第149条第4項）における就労には，受刑者の同意を必要とする。その同意の撤回は，その作業場所が他の受刑者によって補充されることができる場合において，遅くとも6週間後に初めて効力を生ずる。

第42条　作業義務の免除

(1) 受刑者が1年にわたり第37条により指定された活動又は第41条第1項第2切による補助活動を行ったときには，その者は，18就業日が作業義務から免除されることを請求することができる。受刑者が病気によりその作業を行うことができなかった期間は，年に6週に至るまでその年度に通算される。

(2) 拘禁からの休暇（第13条，第35条）は，それが作業時間内のものであり，かつ，親族の生命にかかわる病気又はその死亡を理由に与えられたものでない限り，免除の期間に算入される。

(3) 受刑者には，免除の期間中，その者に最後に支払われた収入が引き続き与えられる。

(4) 行刑外の労働関係の休暇規定は，これによって修正を受けない。

第42条関係行政規則

1　第42条第1項は，受刑者が任意の時期から始まる1年の期間内にその作業義務を履行し終えた時から，作業義務の免除の請求を認める。

2　この年（第42条第1項）には，さらに次の期間が算入される：
 a) 受刑者が，社会福祉法第7編第47条第6項による傷害手当金を受けていた期間，
 b) 受刑者が，病気以外の理由から第42条第1項による活動を行わなかった期間。そうすることが適当と認められるとき，原則として，年に3週まで，
 c) 作業義務の免除の期間及び第42条第2項により算入されなければならない拘禁からの休暇の期間，
 d) 第43条第6項により作業を免除される期間及び第43条第7項による作業休暇の期間。

3(1)　日曜日又は法定の休日でないすべての暦日は，就業日（第42条第1項第1切）とみなされる。

(2) 受刑者が作業義務の免除の期間中に発病したときには，作業不能の日数は，免除の期間に算入されない。

4(1)　免除は，要件を充足した後1年以内に限り，請求することができる。

(2) 新たな免除は，先行する免除の要件を充足した後，早くても1年後，及び，原則として，直近の免除から早くても3月後に，請求することができる。

5　作業義務の免除は，受刑者によって，少なくとも1月前に，書面で申請されなければならない。

6　免除の時期の設定に当たっては，免除の期間中における，作業経営上の利益，教育的又は補習教育的措置の状況及び行刑形成の可能性が考慮されなければならない。

7　第42条第3項による収入額の算定は，免除前に自由刑を実行されている受刑者が就業し

た直近の3月の毎月の清算額（drei abgerechneten Monate）の平均額に基礎を置かなければならない。
  8　第41条第1項第3切又は第175条により作業が義務づけられていない受刑者については，第42条及び1から7までを準用する。

### 第43条　作業報酬，作業休暇及び免除の釈放時期への算入
⑴　受刑者の作業は，作業報酬及び作業の免除によって評価されるが，作業の免除は，拘禁からの休暇（作業休暇）として使用され，又は釈放時期に算入されることもできる。
⑵　受刑者が指定された作業，その他の労作又は第41条第1項第2切による補助活動を行うときには，その者は，作業報酬を受ける。作業報酬の算定は，社会福祉法（Sozialgesetzbuch）第4編第18条による受給額の第200条に定める基準額に基礎を置かなければならない（基準報酬）。日額は，基準報酬の250分の1とするが，作業報酬は，時給額によっても算定することができる。
⑶　作業報酬は，受刑者の仕事の成績及び作業の種類に従って段階を付けることができる。受刑者の作業成績が最低要求を満たさない場合にのみ，基準報酬の100分の75を下回らせることができる。
⑷　受刑者が指定された作業療法的労作を行うとき，その者は，その労作の種類及び実績に相応する作業報酬を受ける。
⑸　作業報酬は，受刑者に書面で告知されなければならない。
⑹　受刑者が，2月にわたり連続して，第37条により指定された活動又は第41条第1項第2切による補助活動を行ったときには，その者は，その者の申請に基づいて，1就業日を作業から免除される。第42条の規定は，これによって修正を受けない。受刑者の病気，連行，外出，拘禁からの休暇，作業義務の免除又はその他その者がその正当性を主張する必要のない理由により，その者の責めによらないで作業に就くことができない期間の間は，第1切による期間の進行が停止する。2月に満たない就業期間は，考慮されない。
⑺　受刑者は，第6項による作業の免除を拘禁からの休暇の形式で与えられるよう，申請することができる（作業休暇）。第11条第2項，第13条第2項から第5項まで及び第14条は，この場合について準用する。
⑻　第42条第3項は，この場合について準用する。
⑼　受刑者が第6項第1切若しくは第7項第1切による申請を行わず，又は第7項第2切の規定に従って作業の免除を受けることができないときには，第6項第1切による免除は，施設により受刑者の釈放時期に算入される。
⑽　第9項による算入は，次の場合には，行われない：
  1．終身の自由刑又は保安拘禁に処せられ，釈放時期が未定であるとき，
  2．自由刑又は保安拘禁の残期間の保護観察付き執行停止（Aussetzung der Vollstreckung）に当たり，裁判所の決定する釈放までの残された期間では算入が不可能なときには，その限りにおいて，
  3．自由刑又は保安拘禁の残期間の保護観察付き執行停止に当たり，受刑者の生活環境又は執行停止によりその者に期待される作用が特定の時期までの執行を必要とするために，そうすることを裁判所により命じられるとき，
  4．刑事訴訟法第456条a（2000年8月2日改正後の規定―訳注）第1項により，執行が免除されるとき，
  5．受刑者が恩赦により拘禁を解かれるとき。

⑾ 第10項により算入が行われない限り，受刑者は，その者の釈放に当たり，第２項による仕事に対する補償（Ausgleichsentschädigung）として，その者が第２項及び第３項により与えられる報酬又は第44条により与えられる教育補助金の100分の15を，付加的に受ける。その請求権は，釈放時に初めて発生し，釈放前においては，その請求権は無利息であり，譲渡できず，かつ，相続できない。第10項第１号により算入が行われない受刑者についての補償金の支払（Ausgleichszahlung）は，終身の自由刑又は保安拘禁の10年の服役を終えるごとに，その者がその時期以前に釈放されない限り，領置金（第52条）としてその者の貸方に記入され，刑法典第57条第４項をこの場合について準用する。

### 第43条関係行政規則

1⑴ 受刑者が，１清算期間（Abrechnungszeitraum）の間に，異なる報酬段階（Vergütungsstufen）に属する仕事を行ったときには，主要な仕事の部分に相当する報酬段階により作業報酬が算出されなければならない。このことは，受刑者が異なる工場で作業したときには適用されない。
　⑵ 受刑者が，単に一時的にではなく，異なる評価を受ける仕事を行ったときには，次の清算期間の開始時に，相当する報酬段階に編入されなければならない。
2⑴ 作業報酬は，時間給又は能率給の形式で算出される。
　⑵ 仕事に習熟するまでの期間は，時間給により支払うことができる。
　⑶ 時間給において，受刑者がそれぞれの報酬段階の要求内容を満たさないときは，それぞれの報酬段階の基準額を下回らせることができる。第43条第３項第２切は，これによって影響を受けない。
3　作業報酬のほかに，作業運営上の改善提案に対する給付金を与えることができる。施設長は，作業運営上の改善提案に対する給付金を，自用金，更生資金又は領置金のいずれに組み入れるかを決定する。
4⑴ 受刑者がその者の責めに帰すべき理由からその仕事を中断した場合には，第43条第６項第１切の意味における就業期間は終了する。新たな就業とともに，その期間は改めて進行を開始する。
　⑵ 第43条第６項第３切の意味における責めに帰することができない事由により２月の期間の進行が停止する場合には，達成に要する２月の期間は，就業しなかった就業日の数だけ延長される。
5⑴ 作業の免除の付与については，第42条関係行政規則３⑵，４⑴，５及び６を準用する。
　⑵ 日曜日，法定の休日又は土曜日に当たらないすべての暦日は，就業日（第43条第６項第１切）とみなされる。６⑵は，この場合について準用する。
　⑶ 第43条第８項による金額の算定については，第42条関係行政規則７を準用する。３月未満で清算されるときには，それに基礎を置かなければならない。
6⑴ 第43条第７項による休暇については，第35条第２項を準用する。第11条，第13条及び第14条関係行政規則を準用する。
　⑵ 受刑者の同意の下に，日曜日，法定の休日及び土曜日にも作業休暇を与えることができる。

### 第44条　教育補助金
⑴ 受刑者が職業訓練，職業補習教育又は授業に参加し，かつ，この目的のためにその者の作業義務を免除された場合には，一般社会にある者がそのような機会に与えられる生活費の給付を受けることができない限り，その者は，教育補助金を受ける。

社会福祉法第12編第2条第2項による社会扶助の後順位は，これによって修正を受けない。
(2) 教育補助金の算定については，第43条第2項及び第3項を準用する。
(3) 受刑者が，作業時間の間に，時間割又は日割で授業又はその他の指定された第37条第3項に基づく措置に参加するときには，その者は，それにより逸することになった作業報酬の額の教育補助金を受ける。

#### 第44条関係行政規則
職業発見のための措置（Berufsfindungsmaßnahme）として，中央の導入施設（Einweisungseinrichtung）における導入課程（Einweisungsverfahren）への受刑者の参加も，考慮することができる。

### 第45条　休業補償
(1) 作業能力のある受刑者について，その者自身の中に存在しない理由から，1週以上にわたり作業又は第37条第4項の意味における労作を指定することができないときには，その者は，休業補償を受ける。
(2) 作業又は労作の開始後の受刑者が，病気により，1週以上にわたり，働くことができなかった場合において，その者に責めがないときには，その者は，同様に休業補償を受ける。第44条による教育補助金又は第1項による休業補償を受けた受刑者についても，同様とする。
(3) 妊娠中の母親で，作業又は第37条の意味における労作を行わないものは，出産前の直近の6週，並びに出産後の8週に至るまで，早生児及び多生児の場合には出産後12週に至るまで，休業補償を受ける。
(4) 休業補償は，受刑者が不就業又は病気前に第43条第2項の最低報酬に届いていない場合にのみ，第43条第1項による基準報酬の100分の60を下回ることができる。
(5) 休業補償は，第3項の規定によるのを別として，年に合計で6週の最高期間に至るまで与えられる。その後の休業補償は，受刑者が新たに少なくとも1年，作業報酬又は教育補助金を受けたときに初めて与えられる。
(6) 受刑者が，ライヒ保険法第566条第2項による一時補助金（Übergangsgeld）を受ける限り，休業補償の請求権は停止する。

### 第46条　小遣銭＜第199条第1項第1号の正文における＞
受刑者がその者の責めによらないで作業報酬及び教育補助金を受けない場合において，その者が必要としているときは，その者に対して適当な小遣銭が与えられる。

### 第46条　小遣銭
受刑者が，老齢又は虚弱のために，もはや作業を行わず，又はその者に休業補償が与えられず，若しくはもはや与えられなくなった場合には，その者は，必要としているときに，適当な小遣銭を受ける。第37条第5項による労作について作業報酬を受けない受刑者についても，同様とする。

#### 第46条関係行政規則＜第199条第1項第1号の正文における＞
(1) 小遣銭は，申請に基づいてのみ与えられる。
(2) 小遣銭は，基準報酬（第43条第2項）の100分の14の額とする。小遣銭の算定に当たっては，自用金及び領置金の額が考慮される。第33条第1項第1切の意味における小包の代

わりに食品及び嗜好品の自弁購入用として受刑者のために預け入れられる金額は，代替品購入のために定められた最高額に達するまでは，その月及び長くても次の月の小遣銭の算定の際に考慮されない。
(3) 受刑者は，その月のうちに自用金及び領置金から使用できる金額が小遣銭の額にまで達しない限り，小遣銭を必要とする。

第47条　自用金＜第199条第１項第２号の正文における＞
(1) 受刑者は，この法律に規定されたその者の収入のうちから毎月７分の３（自用金）及び小遣銭（第46条）を購入（第22条第１項）又はその他の用途のために使用することができる。
(2) 自由な労働関係に置かれ（第39条第１項），又は自営職業活動（第39条第２項）が許されている受刑者については，その者の収入から適当な自用金の額が定められる。

第47条　自用金
(1) 受刑者は，この法律に規定されたその者の収入のうちから，毎月少なくとも30ドイツマルク（自用金）及び小遣銭（第46条）を購入（第22条第１項）又はその他の用途のために使用することができる。
(2) 自用金の最低額は，毎月の収入が300ドイツマルクを超える度ごとに100分の10に高められる。行刑官庁は，更生資金の額によって，それよりも高い額とすることができる。
(3) 自由な労働関係に置かれ（第39条第１項），又は自営職業活動（第39条第２項）が許されている受刑者については，その者の収入から適当な自用金の額が定められる。

第47条関係行政規則＜第199条第１項第２号の正文における＞
受刑者は，この法律に規定された出捐に含まれないことへの補償として与えられる金額（例えば，証人に対する補償（Zeugenentschädigung），傷害手当金）を，出捐に代わるものとして，これと同様に自由に使用することができる。

第48条　法規命令
連邦司法省は，連邦経済労働省（Bundesministerium für Arbeit und Sozialordnung）の了解の下に，連邦参議院の同意を得て，第43条から第45条までの規定を実施するために報酬段階に関する法規命令を発することができる。

第49条　生活扶助金
(1) 受刑者の申請に基づき，法律上の扶養義務を果たすために，その者の収入から，権利者又は第三者に対して，生活扶助金が支払われなければならない。
(2) 自用金及び生活扶助金の控除後の受刑者の所得が，拘禁費用分担金を支払うために十分でないときは，生活扶助金は，民事訴訟法第850条ｃによる差押禁止の額までとされる。第１切による標準的な額の算定に当たっては，被扶養者の数が一人減じられる。

第50条　拘禁費用分担金
(1) 犯罪行為（Tat）に対する刑その他の処分（Rechtsfolgen）の執行（刑事訴訟法

第464条 a 第1項第2切）の費用の一部として，行刑施設は，受刑者から拘禁費用分担金を徴収する。拘禁費用分担金は，受刑者が次に該当する場合には，徴収されない：
1．この法律による収入を受けるとき，
2．その者の責めによらないで作業することができないとき，又は
3．受刑者が作業の義務を負わないため作業しないとき。

その者の責めによらないで1月を超える連続した期間の間作業することができない受刑者又は作業の義務を負わないため作業しない受刑者がこの期間に配分される所得を有する場合には，その者は，配分される所得の額までこの期間の拘禁費用分担金を支払わなければならない。受刑者には，州の行刑施設における平均的な作業報酬に相当する金額が残されなければならない。共同体への受刑者の復帰を危うくさせないためにそのことが必要な限り，請求権の行使は見合わせられなければならない。

⑵　拘禁費用分担金は，社会福祉法第4編第17条第1項第3号により現物給与の評価として平均的に定められている金額の額において，徴収される。連邦司法省は，毎暦年についての平均額を，前年の10月1日に適用される現物給与の評価により，統一条約（Einigungsvertrag）第3条に掲げられた地域及びそれへの加盟の発効前に既に行刑法が適用された地域ごとに分離して確定し，かつ，それを連邦公報（Bundesanzeiger）において公示する。食事が自弁の場合には，給食のために予定された金額は，除かれる。宿泊場所の評価額については，定められた収容能力が基準となる。拘禁費用分担金は，収入の差押禁止の部分からも，充当されることができるが，自用金及び扶養親族の請求権の負担とされてはならない。

⑶　ベルリン州においては，統一条約第3条に掲げられた地域について適用される平均額が，均一に適用される。

⑷　自営職業活動（第39条第2項）は，受刑者が拘禁費用分担金を第2項に掲げられた基準額まで毎月あらかじめ支払うことにかからせることができる。

⑸　拘禁費用分担金の徴収について，州政府は，法規命令により他の裁判管轄とすることができる。この場合においても，拘禁費用分担金は，司法行政用公共物の使用料（Justizverwaltungsabgabe）であり，裁判所の手続については，第109条から第121条までを準用する。


第50条関係行政規則＜第199条第1項第3号の正文における＞
⑴　第50条第2項及び第3項の場合において，受刑者にその全部又は一部について食事の自弁が許されているときには，拘禁負用分担金はこれに応じて軽減される。複数の受刑者が一つの居室に収容されているとき，拘禁費用分担金の食事分に相当しない分担部分についても同様とする。拘禁費用分担金の食事分に相当しない分担部分は，受刑者が休暇又はその他の理由により一時的に施設内にいないときにも徴収されなければならない。

⑵　教育又は補習教育の処置に参加している間において，公法上の規定（例えば，労働促進法（Arbeitsförderungsgesetz））による収入の許可がそれにかからせられているとき，第50条第2項及び第3項による拘禁費用分担金の徴収は見合わせられる。

【参考】上記規則は，2001年12月10日の改正前に第199条第1項第3号の正文により効力を有していた第50条の条文に対するものであることから，参考までに当該条文を以下に掲出する。

第50条　拘禁費用分担金＜第199条第1項第3号の正文における＞
⑴　この法律によって収入を受ける受刑者からは，拘禁費用は，徴収されない。
⑵　自由な労働関係に置かれている（第39条第1項）受刑者からは，社会福祉法第4編第17

条第1項第3号により現物給与の評価として平均的に定められている金額の額において，拘禁費用分担金を徴収することができる。連邦司法省は，毎暦年についての平均額を，前年の10月1日に適用される現物給与の評価により，統一条約第3条に掲げられた地域及びそれへの加盟の発効前に既に行刑法が適用された地域ごとに分離して確定し，かつ，それを連邦公報において公示する。拘禁費用分担金は，収入の差押禁止の部分からも，充当されることができるが，自用金又は生活扶助金の負担とされてはならない。
(3) 自営職業活動（第39条第2項）は，受刑者が拘禁費用分担金を第2項に掲げられた基準額まで毎月あらかじめ支払うことにかからせることができる。
(4) ベルリン州においては，統一条約第3条に掲げられた地域について適用される平均額が，均一に適用される。

### 第51条　更生資金

(1) この法律に規定されている収入及び自由な労働関係に置かれ（第39条第1項），又は自営職業活動（第39条第2項）を許されている受刑者の収入から，受刑者の釈放後最初の4週の間における本人及びその者の被扶養者にとって必要な生活費を確保すべき更生資金が用意されなければならない。
(2) 更生資金は，受刑者に自由社会への釈放に際して支払われる。行刑官庁は，また，その全部又は一部について，これを保護観察官（Bewährungshelfer）又は釈放者保護を担当する官署に委託することができ，委託を受けた者は，その金銭が釈放後最初の4週以内にどのように受刑者に支払われるかについて決定する。保護観察官及び釈放者保護を担当する官署は，更生資金をその財産から分離しておくことを義務づけられる。受刑者の同意の下に，更生資金は，その被扶養者に委託されることもできる。
(3) 施設長は，受刑者の社会復帰に役立つ出費のために更生資金が請求されるのを許すことができる。
(4) 更生資金の支払請求権は，差押禁止とする。それが第1項に定められた額に達しないときは，その差額において，領置金の支払請求権も差押禁止とする。第1切又は第2切による請求権の差押禁止のために支払われた被釈放者の所持する現金は，4週が経過するまでは差押猶予期間の請求権の一部に相当するものとして，釈放後4週の間は，その限りにおいて，差押えに服さない。
(5) 第4項は，民事訴訟法第850条d第1項第1切に掲げられた扶養請求権による差押えの場合には，適用されない。ただし，被釈放者には，その者の必要な生活費及びその他の法律上の扶養義務を果たすために必要とする金額は，釈放後4週が経過するまでは差押猶予期間として，持たせておかれなければならない。

### 第51条関係行政規則

1(1) 作業報酬及び教育補助金は，それを受刑者が自用金として自由に使用できない部分について，更生資金がいまだ適当な額（第51条第1項）に達していない限り，更生資金に繰り入れられる。自由な労働関係に置かれているか，又は自営職業活動を許されている受刑者については，第1切により更生資金に繰り入れられなければならない収入の部分が定められなければならず，その部分は，自由な労働関係に置かれている受刑者については，自用金の金額を上回るべきではない。
(2) 更生資金の適当な額は，州司法行政部により定められる。その額は，連邦社会扶助法第22条により定められる毎月の最低額の4倍を下回るべきではない。施設長は，個別の事情を考慮して，より高い金額を定めることができる。

2⑴ 施設長は，受刑者が自由社会への釈放時に適当な額の更生資金を自由に使用できることが見込まれるときにのみ，第51条第3項による更生資金の使用を許すべきである。
 ⑵ 社会復帰に役立つ出費とは，とりわけ，釈放後における就職場所及び宿泊場所を確保するための費用をいう。

### 第52条　領置金
自用金，拘禁費用分担金，生活扶助金又は更生資金として要求されない受刑者の収入は，領置金としてその者の貸方に記入されなければならない。

## 第6章　宗教活動

### 第53条　宗教教誨
⑴ 受刑者には，その者の所属する宗教団体の教誨師（Seelsorger）による宗教上の保護が拒否されてはならない。その者の希望により，その所属する宗教団体の教誨師と連絡を取ることについて援助が与えられなければならない。
⑵ 受刑者は，基本宗教書を所持することができる。それは，重大な悪用の場合にのみ，剥奪することができる。
⑶ 受刑者には，適当な範囲において，宗教上使用する物品が与えておかれなければならない。

### 第54条　宗教行事
⑴ 受刑者は，その者の宗派の宗教礼拝及びその他の宗教行事に参加する権利を有する。
⑵ 他の宗教団体の宗教礼拝又は宗教行事についても，受刑者は，その教誨師が同意するときには，参加が許される。
⑶ 受刑者は，そうすることが保安又は規律上の主要な理由から必要であるときには，礼拝又はその他の宗教行事に参加させないことができる。教誨師は，あらかじめ意見を求められるべきである。

### 第55条　思想団体
世界観を共有する団体の構成員については，第53条及び第54条を準用する。

## 第7章　保健

### 第56条　一般規定
⑴ 受刑者の身体的及び精神的健康には，配慮されなければならない。第101条は，これによって修正を受けない。
⑵ 受刑者は，健康管理及び衛生のための必要な措置を支持しなければならない。

第56条関係行政規則
1 施設には，保健所による監督のための一般規定が適用される。
2 施設の医師は，施設内における人の健康に危害を及ぼすおそれのある出来事及び事情に注意を払う。すべての職員は，保健上の危険が認められると思うとき，これを遅滞なく報告する義務を負う。
3 施設の医師は，連邦伝染病法（Bundesseuchengesetz）の規定により報告義務のある感染性の病気を所轄の保健所に届け出なければならず，必要な限り，その受刑者を隔離しなければならない。釈放の時点でなお伝染の危険が存在するか又はいまだ治療を終えていな

参考資料

い病人は，所轄の保健所に遅滞なく通報される。必要に応じて，その者を所轄の公立病院に入院させる手続が執られなければならない。

第57条　健康診査，医学的予防給付
(1)　35歳の満齢を超えた受刑者は，2年ごとに，病気の早期発見，特に心臓・循環器疾患及び腎臓疾患並びに糖尿病の早期発見のための医師による健康診査を要求する権利を有する。
(2)　受刑者は，女性については早くても20歳の初めから，男性については早くても45歳の初めから，多くても，年1回，癌疾患の早期発見のための診査を要求する権利を有する。
(3)　第1項及び第2項による診査のための要件は，次のとおりである：
　　1．効果的に治療されることが可能な病気に関するものであること，
　　2．それらの病気の前駆期又は初期段階が診断処置によって把握できること，
　　3．諸症候が医学的・技術的に十分明確に把握されること，
　　4．発見された疑わしい症例を詳細に診断し，治療するための十分な医師の数及び設備があること。
(4)　女性の受刑者は，その者と共に行刑施設に収容されている子について，6歳の満齢に至るまで，その者の子の身体又は精神の発達に少なからぬ危険を及ぼす病気の早期発見のための診査を要求する権利を有する。
(5)　14歳の満齢を超えいまだ20歳の満齢を超えていない受刑者は，歯科疾患の予防のため，各暦年の半年に1回，歯科医師の診察を受けることができる。その診察は，歯肉の所見，病気の原因の解明及びその防止，口腔衛生，歯肉の状態及び虫歯になりやすいことについての診断的比較の提供，口腔の手入れについての動機づけ及び指示並びに歯のエナメル質硬化のための処置にまで及ぶべきである。
(6)　受刑者は，次の各号のために必要であるときには，医師の処置並びに医薬品，包帯材料，治療薬及び補助具の支給を要求する権利を有する：
　　1．近く病気になるおそれのある健康の衰弱を除去すること，
　　2．子の健全な成育に対する危険を防止すること，又は
　　3．介護の必要を回避すること。

第57条関係行政規則
　受刑者は，病気の早期発見のための処置を受ける機会について，注意を喚起されなければならない。これらの処置は，申出に基づき実施される。

第58条　病気治療
　受刑者は，病気を診断するため，治癒させるため，その悪化を防止するため又は病気の苦痛を緩和するために必要であるときには，病気治療を要求する権利を有する。病気治療は，特に次のものを含む：
　　1．医師の治療，
　　2．義歯の支給を含む歯科医師の治療，
　　3．医薬品，包帯材料，治療薬及び補助具の支給，
　　4．行刑上の利益がそれに反しない限りにおける，リハビリテーションのための医学的及び補充的給付並びに負荷試験（Belastungserprobung）及び作業療法。

第58条関係行政規則

1⑴ 病気を申し出た受刑者，災害に遭った受刑者，自殺未遂をし，又は自傷した受刑者，及びその外見又は態度から身体的又は精神的な病気に罹患していることを疑わせる受刑者については，これを確認した職員が，書面で，緊急の場合にはあらかじめ口頭で，施設の医師に届け出る。医師の手当が直ちに必要と認められないときには，医師は，病気を申し出た受刑者を次の診療時間に診察する。

⑵ 医師は，受刑者が病人として取り扱われなければならないか，就床させる病気であるか，いかなる範囲で作業が可能であるか，特別な場所への収容若しくは専門的な治療を必要とするか，又は行刑に不適格であるかについて明らかにする。

2⑴ 施設の医師に連絡がとれない場合で，緊急のときは，他の医師が呼ばれる。

⑵ 施設の医師は，事案の性質及び困難性によりそれを必要と認めるとき，他の医師又は専門医の参加を求める。

3 施設長は，施設の医師の意見を求めた後，受刑者に対して，例外的に，自己の費用で，助言を行う医師（beratender Arzt）の招請を許すことができる。この許可は，受刑者が予定した医師及び施設の医師について相互に医師の守秘義務を免除するときにのみ，与えられるべきである。診療を行う時期の選択及び頻度の決定に当たっては，施設における場所，職員及び組織上の特別の事情が考慮されなければならない。

4⑴ 医師の処方は正確に遵守されなければならない。医薬品が悪用されないよう注意が払われなければならない。医師の服用指示の遵守については，原則として，受刑者自らの責任とする。人格障害のある受刑者の場合及び強い効力のある医薬品を服用させるため，職員の面前で医薬品が服用されなければならない旨の指示をすることができる。悪用の危険があるときには，できる限り溶かした状態で投与することにより，受刑者がその医薬品を実際に服用するよう配意しなければならない。

⑵ 医師は，毒物及びその他の強い効力のある医薬品を常に確実に施錠して保管しなければならない。その他のすべての医薬品は，取扱資格のない者が近づけないよう確実に保管されなければならない。

⑶ 施設の医師が例外を認める場合を除き，施設により調達された医薬品のみを使用することができる。この規定は，自由な労働関係に置かれている受刑者が入手した医師の処方薬については適用されない。

## 第59条 補助具の支給

受刑者は，そうすることが自由剥奪が短期であることを考慮して正当化できないものではなく，また，その補助具が日常生活の一般的実用品として評価されるものでない限り，病気治療の効果を確実にし，又は障害を補整するために，個別の事案に必要とされる裸眼視力補助具，聴力補正具，身体補助器具，整形用及びその他の補助具の支給を要求する権利を有する。その要求には，行刑上の利益に反しない限り，補助具の必要な変更，修理及び補充品の提供並びにその使用法の訓練も含まれる。裸眼視力補助具の支給を求める新たな権利は，少なくとも，0.5ジオプトリーの視力の変化がある場合にのみ存在する。コンタクトレンズの支給を求める権利は，医学的にやむを得ず必要とされる例外的場合にのみ存在する。

## 第60条 休暇中の病気治療

休暇又は外出の間，受刑者は，行刑官庁に対して，その者について管轄を有する行刑施設における病気治療を要求する権利のみを有する。

第60条関係行政規則

所轄の施設への帰還が期待できないときには，その受刑者に対して，近在の行刑施設における外来看護を提供することができる。

## 第61条　給付の方法及び範囲
健康診査及び医学的予防給付の方法，並びにこれらの給付範囲及び補助具の支給を含む病気治療のための給付範囲については，対応する社会福祉法の規定及びこれらの規定に基づく関係規則が適用される。

## 第62条　義歯及び歯冠に対する補助金
州司法行政部は，一般行政規則によって，義歯の支給の際における歯科医師の治療及び歯科技工の給付の費用に対する補助金の額を定める。州司法行政部は，その全費用を負担することを定めることができる。

## 第62条a　請求権の停止
第57条から第59条までによる給付を要求する権利は，受刑者が，自由な労働関係（第39条第1項）に基づき，健康保険に加入している間は，停止する。

## 第63条　社会復帰のための医師の治療
受刑者の同意の下に，行刑官庁は，その者の社会復帰を助長する医師の処置，特に手術又は補整的処置を実施させるべきである。受刑者は，そうすることがその者の経済的事情により正当であり，かつ，それにより処遇の目的に問題が生じないときには，その費用を分担しなければならない。

## 第64条　戸外滞留
受刑者が戸外で作業をしない場合において，天候が定時にそうすることを許すときは，その者には，毎日少なくとも1時間，戸外にとどまることが可能にされる。

## 第65条　移送
(1) 病気の受刑者は，施設病舎又はその者の病気治療のためにより適当な行刑施設に移送することができる。
(2) 受刑者の病気を行刑施設若しくは施設病舎において診断し，若しくは治療することができないとき，又は受刑者を適当な時期に施設病舎に移送することができないときには，その者は，行刑外の病院に連行されなければならない。受刑者が病院にとどまる間，刑の執行が中断されたときには，法律上の健康保険の規定による被保険者は，必要な給付を請求する権利を有する。

### 第65条関係行政規則
(1) 行刑外の病院において刑の執行を継続するに当たっては，受刑者の人格又は特別な事情に基づいて，逃走のおそれがあるときにのみ，行刑職員による監視を必要とする。専らその病状を考慮して監視が中断された場合には，病院に対して，逃走を可能にすると思われる容態の改善について施設に通報することが求められなければならない。
(2) 必要な監視の継続を許さない行刑外の病院においてのみ受刑者の適切な治療又は経過観察の実施が可能である場合において，当該病院への受刑者の移送に関する決定に当たっては，入院の緊急性及び逃走の危険並びに公共の安全に対する危険が，相互に比較検討されなければならない。その結果，緊急の必要性が認められない入院治療は，事情によっては，

延期されなければならない。

## 第66条 発病又は死亡の場合の通知
⑴ 受刑者が重病になったときは，親族の一人，受刑者の信頼する者一人又は法定代理人に，遅滞なく通知されなければならない。受刑者が死亡したときも，同様とする。
⑵ その他の者にも通知したいとする受刑者の希望には，できる限り応じるべきである。

### 第66条関係行政規則
⑴ 受刑者の死亡は監督官庁に通知される。
⑵ 死亡した受刑者の施設会計係への貸方及びその者の所有物は，権利者に交付される。

## 第8章 自由時間

## 第67条 通則
受刑者は，その者の自由時間において，労作する機会を与えられる。受刑者は，スポーツを含む授業，通信教育，補習教育の講習及びその他の行事，自由時間グループ，集団討議並びにスポーツ行事に参加し，かつ，図書館を利用する機会を与えられるべきである。

### 第67条関係行政規則
第39条関係行政規則2⑷第1切及び3⑷第1切は，この場合について準用する。

## 第68条 新聞紙及び雑誌
⑴ 受刑者は，適当な範囲において，新聞紙及び雑誌を施設の仲介により購読することができる。
⑵ その頒布が刑罰又は過料の対象となる新聞紙及び雑誌は，除外される。新聞紙又は雑誌の特定の号又は部分は，それが行刑の目的又は施設の保安若しくは規律を著しく危うくするおそれがあるときには，受刑者に交付しないことができる。

### 第68条関係行政規則
1 新聞紙及び雑誌は，施設，受刑者又は第三者が発注することができる。これらは，原則として，郵送新聞サービス（Postzeitungsdienst）又は予約購入によってのみ購読することができる。
2 受刑者は，新聞紙及び雑誌の購読のために，その者の自用金，小遣銭及び領置金を使用することができる。
3 新聞紙及び雑誌の全部又は一部及びその切抜きを他の受刑者に回覧することは，それが行刑の目的又は施設の保安若しくは規律を危うくするおそれがあるときには，禁止することができる。
4 閲読済みの新聞紙及び雑誌は，他の方法で利用され又は廃棄されるが，これらを引き続き保管することについて正当な利益を有するときには，受刑者の申請に基づき，その領置物とされなければならない。
5 受刑者は，新聞紙及び雑誌の購読取消し，変更又は転送を自ら行わなければならない。施設は転送の義務を負わない。釈放され又は他の施設に移送された受刑者あてに新聞紙又は雑誌が届いた場合において，受刑者が施設による利用又は廃棄に同意しておらず，転送

も予定されていないときには，施設はその受取を拒絶するべきである。
6 新聞紙若しくは雑誌が購読の対象から除外され，又は新聞紙若しくは雑誌の特定の号の全部又は一部が交付されないときは，そのことが受刑者に告知される。

### 第69条 ラジオ及びテレビ
(1) 受刑者は，施設のラジオ番組を聴取し，及びテレビの共同視聴に参加することができる。放送は，公民的情報，教養及び娯楽への希望及び必要性を適当に考慮して選択されなければならない。ラジオ聴取及びテレビ視聴は，そうすることが施設の保安又は規律の維持のため不可欠であるときには，これを一時的に中止し，又は個々の受刑者について禁止することができる。
(2) 自己のラジオ受信機及びテレビ受像機は，第70条の要件の下に許される。

### 第69条関係行政規則
1 施設管理者は，ラジオ受信機及びテレビ受像機がヘッドフォンによってのみ使用されること，及び休息時間の間はこれらの機器を居室外に出すよう命じることができる。
2(1) ラジオ受信機及びテレビ受像機は，それが現行の規則及び要件に適合しており，禁制品を含んでいないことが確実であるときにのみ交付することができる。そのための必要な検査及びその結果必要な改造は，受刑者の費用で，施設により手配される。
 (2) 悪用の防止のため，施設管理者は，機器の封印を命じることができる。
 (3) 修理は，施設の仲介によってのみ許される。
3 受刑者は，ラジオ受信機及びテレビ受像機の使用に関連する必要な届出を自ら行わなければならず，その者が料金納付義務を免じられていない限り，それぞれの料金の納付を手配しなければならない。受刑者はこのことについて，注意を喚起されなければならない。
4 受刑者は，これと異なる許可がない限り，その者の居室内においてのみ，ラジオ受信機及びテレビ受像機を使用することができる。
5 受刑者は，ラジオ受信機及びテレビ受像機の入手，検査，必要な改造，修理及び使用のための費用を，その者の自用金，小遣銭及び領置金から支出することができる。

### 第70条 自由時間労作のための物品の所持
(1) 受刑者は，適当な範囲において，補習教育又は自由時間労作のための図書及びその他の物品を所持することができる。
(2) このことは，その物品の所持，譲渡又は使用が次に該当する場合には，適用されない：
 １．刑罰若しくは過料の対象とされるとき，又は
 ２．行刑の目的若しくは施設の保安若しくは規律を危うくするおそれがあるとき。
(3) 許可は，第2項の要件の下に撤回されることができる。

## 第9章 社会援助

### 第71条 原則
受刑者は，その一身上の困難な用務を解決するために，施設の社会援助を請求することができる。その援助は，受刑者がその用務を自ら整理し，かつ，処理するための状況を作り出すように調整されるべきである。

### 第72条 収容の際の援助
(1) 収容に当たっては，援助を必要とする親族に対する必要な措置をとらせ，また，

施設外のその者の財産を保全するため，受刑者に援助が与えられる。
(2) 受刑者は，社会保険の維持について助言されなければならない。

第73条　行刑の間の援助
　受刑者は，その者の権利を行使し，義務を履行すること，特に，その選挙権を行使し，並びに被扶養者を扶養し，及びその者の犯罪行為によって生じた損害を整理することに努めるよう援助される。

第74条　釈放のための援助
　釈放を準備するために，受刑者は，その者の個人的，経済的及び社会的な用務の整理について助言されなければならない。その助言には，社会給付について権限を有する官署の名称も含まれる。受刑者には，釈放後の時期に備えて，仕事，宿泊場所及び個人的支援者を見付けるために援助が与えられなければならない。

第74条関係行政規則
　受刑者が釈放に際して保護観察官の監督又は行状監督（Führungsaufsicht）の下に置かれるときには，施設は，受刑者のための援護処置を調整するため，遅滞なく所轄の官署と連絡を取らなければならない。

第75条　釈放援助
(1) 受刑者は，その者の有する金品が十分でない限り，施設から旅費の援助並びに更生援助金（Überbrückungsbeihilfe）及び必要な場合には十分な衣服を受ける。
(2) 更生援助金の額の算定に当たっては，自由剥奪の期間，受刑者自身の作業状況並びに受刑中のその者の領置金及び自用金の節約状況が考慮されなければならない。第51条第2項第2切及び第3切は，この場合について準用する。更生援助金は，その全部又は一部について，被扶養者に委託されることもできる。
(3) 旅費の援助の請求権及び支払われた旅費援助金（Reisebeihilfe）は，差押禁止とする。更生援助金の請求権及び受刑者への更生援助金の支払後の現金については，第51条第4項第1切及び第3切，第5項を準用する。

第75条関係行政規則
1(1)　旅費とは，帰住地（Entlassungsziel）に到達するのに必要な車船旅行のための費用をいう。
(2)　旅費の額は，原則として，考慮の対象となる公共交通機関の最も安い車両等級の運賃により決定される。
(3)　受刑者には，できる限り，乗車券の引換券が交付されなければならない。
2　受刑者は，帰住地に到達するまでに4時間以上を要するとき，希望により，旅行食事給与（Reiseverpflegung）を受ける。
3　更生援助金は，受刑者がその者の仕事により，又は他の法律の規定（例えば，労働促進法，連邦社会扶助法）に基づく給付金によりそれを賄うことができるまでの間，必要な生活費（宿泊費，食費その他）を他からの援助なしに支弁できる状態に置くことができるものであるべきである。その算定に当たっては，類似の事案において連邦社会扶助法の定める給付金の額が起算点とされるべきである。
4(1)　受刑者は私服で釈放されるべきである。衣類は，必要な限り，受刑者の費用で，不有金者については施設の費用で，洗濯され，補修される。

(2) 衣類が時季に適せず，又は補修に値しないほど不完全である場合には，受刑者は，適当な時期に，その者の親族若しくは第三者から十分な衣類を送付させるよう，又は施設の仲介により自己の費用で購入するよう促されなければならない。
(3) これらの方法によって衣類の調達ができないときは，施設から提供される。
5　身体衛生用の必要な物品，鞄その他のものの支度については，4を準用する。

## 第10章　女性行刑に関する特別規定

### 第76条　妊娠時及び出産時の給付
(1) 妊婦又は出産後間もない受刑者については，その者の健康状態に留意しなければならない。職業婦人である母親の保護のための法律（Gesetz zum Schutze der erwerbstätigen Mutter）の作業場所の構造についての規定がこの場合について準用される。
(2) 受刑者は，妊娠中，出産時及び出産後において，行刑施設における医師の手当及び助産師の援助を要求する権利を有する。妊娠中の医師の手当には，特に妊娠を確認するための診査及び理化学専門医の診察（laborärztlichen Untersuchung）を伴う事前検査が含まれる。
(3) 出産のためには，妊婦は行刑外の病院に連行されなければならない。このことが特別の理由から指示されない場合には，出産は，出産用区画を有する行刑施設において行われなければならない。出産に当たっては，助産師により，及び必要な場合には，医師により，援助が与えられる。

#### 第76条関係行政規則
第65条関係行政規則は，この場合について準用する。

### 第77条　医薬品，包帯材料及び治療薬
妊娠障害の際及び出産に関連して，医薬品，包帯材料及び治療薬が給付される。

### 第78条　妊娠及び出産時給付の方法，範囲及び停止
第60条，第61条，第62条a及び第65条は，第76条及び第77条による給付について準用する。

### 第79条　出生届
戸籍役場への出生の届出には，子の出生地としての施設，届出人の施設に対する関係及び母親の受刑の事実が表示されてはならない。

### 第80条　子を持つ母親
(1) 受刑者の子がいまだ学齢に達しない場合において，そうすることがその者の福祉に適合するときは，滞留決定権者（Inhaber des Aufenthaltsbestimmungsrechts）の同意の下に，その者をその母親が収容されている行刑施設に収容することができる。収容に先立って，少年保護所（Jugendamt）が意見を求められなければならない。
(2) 収容は，その子について扶養義務を有する者の費用で行われる。それによって母親と子の共同収容が危うくされるおそれがあるときは，費用補償請求権（Kostenersatzanspruch）の行使を見合わせることができる。

## 第11章　保安及び規律

### 第81条　原則
(1)　施設における秩序ある共同生活に対する受刑者の責任観念は，喚起され，かつ，助長されなければならない。
(2)　施設の保安又は規律の維持のために受刑者に課される義務及び制限は，それがその目的と適当な関係にあり，かつ，受刑者を必要以上に多く，かつ，長く侵害することのないように選択されなければならない。

### 第82条　行動規定
(1)　受刑者は，施設の日課（作業時間，自由時間，休息時間）に従わなければならない。受刑者は，行刑職員，同衆受刑者及びその他の者に対する自己の行動により，秩序ある共同生活を乱してはならない。
(2)　受刑者は，たとえそれを煩労と感じるときにおいても，行刑職員の指示に従わなければならない。受刑者は，その者に指定された場所を許可なく離れてはならない。
(3)　受刑者は，その者の居室及びその者に施設から交付された物品を整頓し，かつ，大事に取り扱わなければならない。
(4)　受刑者は，人の生命に対する危険又は健康に対する著しく危険な事態を遅滞なく届け出なければならない。

### 第83条　個人的保管，領置金
(1)　受刑者は，行刑官庁から又はその同意の下にその者に交付される物品のみを保管し，又は受け取ることができる。その同意なしに，受刑者は，わずかな価値の物品を他の受刑者から受け取ることができる。行刑官庁は，これらの物品についても，受取及び保管をその同意にかからせることができる。
(2)　受刑者が保管できない携有物は，そうすることが種類及び大きさにより可能である限り，その者のために領置されなければならない。金銭は，領置金として，その者の貸方に記入される。受刑者には，その者が行刑の間及びその者の釈放のために必要としない物品を発送し，又は更生資金として必要とされない限り，その者の領置金を使用する機会が与えられる。
(3)　受刑者が，種類及び大きさのためその領置ができない携有物を一定期間内に施設から持ち出すことを拒む場合には，行刑官庁は，その物品を受刑者の費用で施設から撤去する権限を有する。
(4)　施設の保安上の予防手段を知らせることになる図面及びその他の物品は，行刑官庁において廃棄し，又は使用不能にすることができる。

### 第83条関係行政規則
1　領置すべき物品は，目録に記載されなければならない。このことは，貴重品及び重要書類（例えば，身分証明書類（Personalpapiere），保険証書）の場合を除き，所持品が施錠して保管され，施錠が受刑者の面前又はその他の職員の立会いの下においてのみ開けられるときには，省略することができる。領置された物品は，取り違え，紛失及び毀損から保護される。貴重品は，その他の物品とは分離され，特に確実に保管されなければならない。衣類及び下着は，必要な限り，洗濯され，滅菌される。
2　釈放時における交付又は受刑者による発送が許されないと思われる携有物（例えば，武器，窃盗用具）は，所轄の官庁に届け出られる。所轄の官庁からの指示がないときには，

これらの物品は，釈放時に受刑者に交付されるか，又は発送を制限されない。第83条第4項はこれによって影響を受けない。
(3) 受刑者の特定の支出のために預け入れられる領置金は，その用途が受刑者の社会復帰に役立つときには，更生資金として取り扱われない。第46条関係行政規則(2)第3切の意味における金額は，代替品購入のために定められた最高額に達するまでは，同様に，更生資金として取り扱われない。

## 第84条　検査
(1) 受刑者，その者の物品及び居室は，検査することができる。男性の受刑者の検査は男性によってのみ，女性の受刑者の検査は女性によってのみ，行うことができる。羞恥感情は，尊重されなければならない。
(2) 危険が差し迫っている場合又は個別の事案において施設長の指示がある場合にのみ，脱衣を伴う身体検査を行うことが許される。それは，男性の受刑者については男性の立会いの下においてのみ，女性の受刑者については女性の立会いの下においてのみ，行うことができる。それは，閉鎖された部屋において実施されなければならない。他の受刑者は，その場に居合わせてはならない。
(3) 施設長は，受刑者が，その収容時，面会者との接触後及び施設外から戻る度に，第2項により検査されなければならないことを，一般的に指示することができる。

### 第84条関係行政規則
1(1) 閉鎖施設においては，行刑職員は，不時の検査により，受刑者の使用する部屋及びその備品が損傷されていないこと，保安又は規律を危うくするおそれのあるものが存在しないこと，とりわけ，攻撃又は逃走の準備がなされていないことを常に確認しなければならない。これらの部屋は短い間隔で検査されなければならない。危険な受刑者及び逃走のおそれがある受刑者については，毎日の検査を命じることができる。扉，門，格子及び錠は，定期的に，かつ，特に入念に点検されなければならない。
(2) 危険な受刑者，逃走のおそれのある受刑者及び自殺又は自傷のおそれのある受刑者は，その所持品と同様に，より頻繁に検査されなければならない。
2 開放行刑においては，施設の任務に応じて，必要な処置が執られなければならない。

## 第85条　確実な収容
受刑者は，高度に逃走の危険があり，又はその他その者の行動若しくは状態が施設の保安若しくは規律に対する危険を示すときには，その者の確実な収容のためにより適した施設に移送することができる。

### 第85条関係行政規則
受刑者をその刑執行計画により指定された以外の施設に移送すべき場合には，その移送について，監督官庁の同意を必要とする。

## 第86条　識別事務上の処置
(1) 行刑の安全を確保するために，識別事務上の処置として，次のものが許される：
　1．指紋及び掌紋の採取，
　2．受刑者に知らせて行う写真の撮影，
　3．外面的な身体特徴の確認，
　4．測定。

(2) 得られた識別事務上の資料は，受刑者身分帳簿（Gefangenenpersonalakten）に収録される。それは，刑事警察記録収集所（kriminalpolizeiliche Sammlungen）においても，保管することができる。第1項により収集された情報は，第1項，第87条第2項及び第180条第2項第4号に掲げられた目的のためにのみ，処理し，使用することができる。
(3) 第1項に基づいて識別事務上の処置を執られた者は，行刑から釈放された後，行刑の基礎となった裁判所の判決の執行が終了し次第，得られた識別事務上の資料が，写真及び身体特徴の記述を除き，廃棄されるよう要求することができる。その者は，識別事務上の処置を行う際及び釈放の際に，この権利について教示されなければならない。

### 第86条a　写真
(1) 第86条にかかわらず，施設の保安及び規律を維持するために，受刑者の写真を撮影し，その受刑者の氏名並びに生年月日及び出生地とともに記録することができる。写真は，受刑者に知らせた後においてのみ撮影することができる。
(2) この写真は，ただ
　1．受刑者の本人確認がその職務遂行の範囲内において必要である場合に，行刑職員によって使用されることができ，
　2 a) 施設内における重大な法益に対する現在の危険を防止するために必要である限り，連邦及び各州の警察官署に対して提供されることができ，
　　 b) 第87条第2項によって提供されることができるのみである。
(3) この写真は，受刑者が行刑から釈放された後又は他の施設へ移送された後には，廃棄され，又は削除されなければならない。

### 第87条　逮捕権
(1) 逃走し又はその他許可なく施設外にとどまる受刑者は，行刑官庁により又はその指示に基づいて，逮捕し，施設に連れ戻すことができる。
(2) 第86条第1項により収集された情報及び第86条a，第179条により収集され本人確認又は逮捕のために必要な情報は，それが逃走し又はその他許可なく施設外にとどまる受刑者の捜索及び逮捕の目的のために必要とされる限り，刑執行官庁及び刑事訴追官庁に提供されることができる。

#### 第87条関係行政規則
(1) 受刑者が逃走した場合には，遅滞なく，かつ，厳しく追跡されなければならない。施設の執り得る手段では十分でない場合には，警察及び必要に応じてその他の官署の援助が求められなければならない。直接の追跡又は施設によって行われた捜索で直ちに逮捕に至らないときには，刑執行官庁による以後の処置にゆだねなければならない。
(2) 逃走及び逃走者の逮捕のために執った処置について，施設長は，監督官庁に対して，遅滞なく——原則として，あらかじめ電話により——報告する。施設長は，逃走した受刑者の逮捕又は自発的な出頭についても，監督官庁に報告する。
(3) 逃走の経緯は検証されなければならない。調査は，逃走者に援助者があったか，その逃走は職員の職務義務違反行為又は施設設備の瑕疵にその原因を帰せられるかということについてまで及ばなければならない。施設長は，監督官庁に対して，書面で，調査の結果及び執った処置について報告する。

## 第88条　特別の保安上の処置

(1) その者の行動により又はその者の精神的状態に基づき，高度に逃走の危険，人若しくは物に対する暴行の危険又は自殺若しくは自傷の危険が存在するときは，受刑者に対して特別の保安上の処置を指示することができる。

(2) 特別の保安上の処置としては，次のものが許される：
1．物品の剥奪又は留置，
2．夜間における視察，
3．他の受刑者からの隔離，
4．戸外滞留の禁止又は制限，
5．危険な物品のない特に堅牢な居室における収容，及び
6．戒具の使用。

(3) 第2項第1号，第3号から第5号までによる処置は，第三者による解放（Befreiung）の危険又は施設規律の著しい障害を他の方法によって回避し，又は除去することができないときにも，許される。

(4) 連行，引致又は護送（Transport）に当たり，第1項に掲げる以外の理由から高度に逃走の危険が存在する場合にも，戒具の使用が許される。

(5) 特別の保安上の処置は，その目的に必要な限りにおいてのみ，継続することができる。

### 第88条関係行政規則

(1) 他の方法によって危険を防止できないときは，複数の特別の保安上の処置を並行して命じることができる。

(2) 特別の保安上の処置を継続しなければならないか，かつ，いかなる範囲で継続しなければならないかということが，適当な間隔で点検されなければならない。

(3) 特に堅牢な居室への収容及び戒具の使用を3日を超えて継続する場合には，遅滞なく監督官庁に報告しなければならない。

## 第89条　独居拘禁

(1) 受刑者の継続的な隔離（独居拘禁）は，そうすることが受刑者自身の中に存在する理由から，不可欠であるときにのみ，許される。

(2) 1年を通算して3月を超える独居拘禁は，監督官庁の同意を必要とする。この期間は，受刑者が宗教礼拝又は自由時間の行事に参加することによって中断されない。

### 第89条関係行政規則

第89条第2項の場合においては，期間経過前の決定ができるように，監督官庁には，適当な時期に報告されなければならない。

## 第90条　戒具の使用

原則として，戒具（Fesseln）は，両手又は両足にのみ使用することができる。受刑者の利益のために，施設長は，他の方法による拘束（例えば，拘束衣又は拘束ベッド―訳注）を指示することができる。戒具は，そうすることが必要である限り，一時的に緩和される。

### 第90条関係行政規則

(1) 戒具を使用された受刑者は，戸外にあるときには，戒具を使用されていない受刑者から

分離しておかれる。
(2) 手錠は，食事の摂取のため及び用便のために，必要な場合には足錠を施した後に解除され，又は受刑者に支障のないよう緩和される。

### 第91条　特別の保安上の処置の指示
(1) 特別の保安上の処置は，施設長が指示する。差し迫った危険に際しては，施設の他の職員も，この処置を仮に指示することができる。施設長の決定は，遅滞なく得られなければならない。
(2) 受刑者が医師の治療若しくは経過観察を受けており，又はその者の精神的状態が処置の原因であるときは，あらかじめ医師が意見を求められなければならない。差し迫った危険のためにそうすることができないときには，その意見は，遅滞なく求められる。

### 第92条　医師の監督
(1) 受刑者が特に堅牢な居室に収容され，又は戒具を使用されたときには（第88条第2項第5号及び第6号），施設の医師は，直ちに，及びその後できる限り毎日，その者を訪れる。このことは，連行，引致又は護送の間における戒具使用の場合には（第88条第4項），適用されない。
(2) 医師は，受刑者が毎日の戸外滞留を禁止されている間，定期的に意見を求められなければならない。

#### 第92条関係行政規則
(1) 施設の医師には，施設内における受刑者の戒具の使用及び特に堅牢な居室への収容について，遅滞なく通知されなければならない。
(2) 医師が不在の場合には，看護勤務の経験のある職員がその受刑者を訪れる。
(3) 訪問及び得られた所見は，すべて書き留められなければならない。

### 第93条　費用の賠償＜第199条第1項第4号の正文における＞
(1) 受刑者は，その故意又は重大な過失に係る自傷又は他の受刑者への傷害により生じさせた費用を，行刑官庁に対して，賠償する義務を負う。その他の法規に基づく請求権は，これによって修正を受けない。
(2) この請求権の行使に当たっては，第43条第2項による基準報酬日額の3倍を超える自用金（第47条）の部分も，要求することができる。
(2) この請求権の行使に当たっては，自用金（第47条）の最低額を越える部分も，要求することができる。
(3) 第1項に掲げる請求権のためには，通常の訴訟の方法が執られる。
(4) 第1項に掲げる請求権に基づく相殺又は執行は，これによって受刑者の処遇又はその者の社会復帰を妨げるおそれがあるときには，見合わせられる。

#### 第93条関係行政規則＜第199条第1項第4号の正文における＞
(1) 受刑者の有責性について疑いがあるときは，施設の医師の意見が求められなければならない。このことは，特に，自傷を行った受刑者の場合に適用される。
(2) 受刑者がその州の他の施設へ移送されたときには，その施設に，その後の徴収のための請求権が通知される。受刑者が他の州の施設へ移送されたときには，受送施設は，請求権に基づくその後の徴収を，官庁共助の方法により，要請される。

参考資料

## 第12章　直接強制

### 第94条　一般的要件

(1) 行刑施設の職員は，行刑上及び保安上の処置（Vollzugs- und Sicherungsmaßnahmen）を適法に実施し，かつ，それによって追及する目的を達成することができない場合には，直接強制を行うことができる。

(2) 受刑者以外の者に対しては，その者が受刑者を解放すること若しくは施設区域に不法に侵入することを企てたとき，又はその者が不法に施設区域内にとどまるときに，直接強制を行うことができる。

(3) 他の法規に基づく直接強制の権限は，これによって修正を受けない。

#### 第94条関係行政規則

(1) 直接強制を行う際に負傷した者に対しては，状況が許す限り速やかに，救護がなされ，医師の手当が施されなければならない。この義務は，(2)及び(3)の義務に優先する。

(2) 直接強制又はその他の実力行使により，死亡し又は重傷を負った者があるときは，その現場には，できる限り，変更が加えられてはならない。直接強制又はその他の実力行使の際における銃器の使用により生じたすべての負傷についても，同様とする。

(3) 直接強制を行ったすべての事案は，施設長に遅滞なく報告され，書面により明らかにされなければならない。武器の使用（第95条第4項）については，その都度，監督官庁に報告されなければならない。

### 第95条　概念規定

(1) 直接強制とは，有形力（körperliche Gewalt），その補助手段及び武器による人又は物に対する作用をいう。

(2) 有形力とは，人又は物に対するすべての直接的な身体的作用をいう。

(3) 有形力の補助手段とは，主として戒具をいう。

(4) 武器とは，職務上許された剣及び銃器並びに刺激剤をいう。

### 第96条　比例の原則

(1) 複数の可能かつ適当な直接強制の処置の中から，個人及び一般を侵害することが最も少ないと予見されるものが選択されなければならない。

(2) 直接強制は，それによって見込まれる損害が，達成しようとする効果と均衡を失すると認められるときには，行われない。

#### 第96条関係行政規則

強制的処置の目的が達成されたとき，又はそれが達成され得ないときは，その実行を中止しなければならない。

### 第97条　命令による行動

(1) 直接強制が上官又はその他権限を有する者によって命じられる場合には，行刑職員は，その命令が人間の尊厳（Menschenwürde）を傷つけるとき又は職務上の目的のため発せられたものでないときを除き，それを行う義務を負う。

(2) 命令は，それによって犯罪行為が行われるおそれがあるときには，遵守されてはならない。それにもかかわらず行刑職員がそれに従うときは，それによって犯罪行為が行われることをその者が認識しているとき又はその者が知り得た事情により明

らかであるときにのみ，その者に責任がある。
(3) 命令の適法性に関する疑念について，行刑職員は，命令者に対して，それが事情により可能である限り，申し出なければならない。上官に対するこのような疑念の申告に関する一般公務員法のこれと異なる規定（公務員大綱法（Beamtenrechts-rahmengesetz）第38条第2項及び第3項）は適用されない。

#### 第97条関係行政規則

1(1) 複数の行刑職員が共同で職務を執行しようとするときは，その中でこれらの職員を指揮する者のみが直接強制を命じ，又はこれを制限する権限を有する。職務を指揮する職員が定められておらず，又は代理者が指名されることなくこれが欠けたときは，その場に居合わせる最高の階級の，同じ階級の場合はより古参の，同じ勤務年数の場合は最年長の行刑職員がその地位に就く。緊急の状況にあって，このことが直ちに確認できないときには，これにより考慮の対象となる行刑職員は，誰でも，取りあえず，その指揮を執ることができる。指揮を執ることは，皆に明らかにされなければならない。
(2) 直接強制を命じ又はこれを制限するより上位の上官の権限は，これによって修正を受けない。
2(1) 事件現場に居合わせない者は，事件現場を支配する事情についての正確な状況を把握しており，要件について過誤のおそれがないときにのみ，直接強制を命じることができる。命令とその実行との間に事実関係が変化し，かつ，命令が実行される以前に命令者が状況を知ることができなくなっているときは，現場で指揮を執る職員が直接強制を行うことについて決定する。命令者には遅滞なく報告されなければならない。
(2) 武器の使用は，事件現場においてのみ命じることができる。

### 第98条　警告

直接強制は，あらかじめ警告されなければならない。警告は，事情がそれを許さず，又は刑法の構成要件を充足する違法行為を阻止し，若しくは現在の危険を回避するため直接強制が直ちに行われなければならない場合にのみ，行わないことができる。

### 第99条　銃器の使用についての一般規定

(1) 銃器は，直接強制の他の処置では効果がなかったか，又は効果が期待されない場合にのみ，使用することができる。人に対しては，その目的が物に対する武器の効果によっては達成されない場合にのみ，その使用が許される。
(2) 銃器は，指定された行刑職員のみが，かつ，攻撃又は逃走を不可能にするためにのみ，使用することができる。その使用は，局外者がそれにより危うくされるおそれが高度の蓋然性をもって認められるときには，行われない。
(3) 銃器の使用は，あらかじめ警告されなければならない。威嚇射撃も，警告とみなされる。銃器は，身体又は生命に対する現在の危険を防止するために必要である場合にのみ，警告なしに使用することができる。

### 第100条　銃器の使用についての特別規定

(1) 受刑者に対して，銃器は，次の場合に使用することができる：
 1．その者が武器若しくはその他の危険な器具を再三にわたる要求にもかかわらず放棄しないとき，
 2．その者が暴動（Meuterei）（刑法典第121条）を企図するとき，又は
 3．その者の逃走を挫折させ，若しくはその者を逮捕するため。

開放施設からの逃走を挫折させるために，銃器が使用されてはならない。
(2) その他の者に対しては，銃器は，その者が受刑者を暴力により解放しようとし，又は暴力により施設に侵入しようとする場合に使用することができる。

#### 第100条関係行政規則
特定の拘禁種別における銃器の使用については，第178条第3項の特別規定が適用される。

### 第101条　保健上の強制的処置
(1) 医学的検査及び治療並びに給養は，生命の危険，受刑者の健康に対する重大な危険又はその他の者の健康に対する危険の場合にのみ，強制的に行うことが許されるが，これらの処置は，その関係者（当該受刑者，処置を行う医師，その補助者など—訳注）に要求し得るものでなければならず，かつ，受刑者の生命又は健康に対する著しい危険を伴うものであってはならない。行刑官庁は，受刑者が自由な意思決定を表示することができる間は，これらの処置の実施を義務づけられない。
(2) 強制的な身体検査は，第1項の場合のほか，健康保護及び衛生のため，それが身体の損傷を伴わないときに許される。
(3) これらの処置は，医師が適当な時期に得られず，かつ，猶予によって生命の危険を伴う事案における応急手当の場合を別として，医師の指示により，及びその監督の下においてのみ実施することができる。

#### 第101条関係行政規則
(1) 医師の強制的処置との関連において重要となる受刑者の意思表示は，書面で記録され，受刑者により署名されるべきである。受刑者が署名を拒絶したときは，同様にその旨が書面により明らかにされる。口頭の意思表示は，証人の面前で聴取され，本人又は証人の署名のある覚書に記録されるべきである。書面の意思表示又は口頭の意思表示の覚書は，健康管理関係書類及び受刑者身分帳簿に収録されなければならない。
(2) 施設の医師は，証人の面前で受刑者に対して医師の処置の必要性及び強制的な治療が可能であること，並びに治療の不実施が健康に及ぼす効果について教示する。教示は，書面により明らかにされなければならない。
(3) 食物の摂取を頑強に拒絶する受刑者は，医師により経過観察される。

## 第13章　懲戒処分

### 第102条　要件
(1) 受刑者が，この法律により又はこの法律に基づいてその者に課されている義務に有責的に（schuldhaft）違反したときには，施設長は，その者に対して，懲戒処分を命じることができる。
(2) 受刑者に訓戒を与えることで足りるときには，懲戒処分は，行われない。
(3) 懲戒処分は，同一の違反行為によって刑事手続又は過料手続が開始される場合にも，許される。

### 第103条　懲戒処分の種類
(1) 許される懲戒処分は，次のとおりである：
　1．叱責（Verweis），
　2．3月までの自用金の使用及び物品購入の制限又は禁止，
　3．2週までの読み物（Lesestoff—図書，新聞紙など読むものすべて—訳注）の

制限又は禁止並びに３月までのラジオ聴取及びテレビ視聴の制限又は禁止；ただし，同時の禁止は２週までに限る，
   4．３月までの自由時間労作のための物品又は共同行事への参加の制限又は禁止，
   5．４週までの自由時間の間の分離収容，
   6．（削除）
   7．この法律に規定された収入の停止の下における４週までの指定された作業又は労作の禁止，
   8．３月までの施設外の者との交通を緊急の用務に限定する制限，
   9．４週までの屛禁（Arrest）。
 (2) 屛禁は，重大な又はしばしば反復する違反行為を理由とすることによってのみ，科することができる。
 (3) 数種の懲戒処分は，併科することができる。
 (4) 第１項第３号から第８号までによる処分は，できる限り，違反行為が制限し又は禁止すべき権能（Befugnisse）と相互に関連する場合にのみ，命じられるべきである。このことは，屛禁との併科の場合には，適用されない。

第104条　懲戒処分の実行，観察のための猶予
 (1) 懲戒処分は，原則として，直ちに執行される。
 (2) 懲戒処分は，その全部又は一部について，６月まで観察のため猶予することができる。
 (3) 自用金の使用が制限され，又は禁止される場合には，この期間に貯まる自用金は，更生資金に繰り入れられる。
 (4) 受刑者が施設外の者との交通を制限される場合には，その受刑者には，その者と信書を発受し又は面会することを常としている者一人に対して，その旨を通知する機会が与えられなければならない。第29条第１項及び第２項に掲げられた受取人，連邦共和国における裁判所及び司法官庁並びに受刑者に関する法律問題における弁護士及び公証人との信書の発受は，制限されない。
 (5) 屛禁は，独居拘禁にして実行される。受刑者は，特別の屛禁室（Arrestraum）に収容されることができるが，その屛禁室は，昼夜の収容のために指定された居室に必要とされる条件に適合しなければならない。別段の指示がなされない限り，第19条，第20条，第22条，第37条，第38条，第68条から第70条までによる受刑者の権能は，停止する。


第104条関係行政規則
 (1) 観察期間（第104条第２項）は，その経過前に短縮し，又は許される最高期間まで延長することができる。
 (2) 観察のための猶予は，受刑者がその基礎にある期待に応えないときには，その全部又は一部について，撤回することができる。
 (3) 観察のための猶予が撤回されない場合には，その懲戒処分は，観察期間が経過した後，執行されてはならない。


第105条　懲戒権限
 (1) 懲戒処分は，施設長が命じる。他の施設へ移送するための護送途上における違反行為の場合には，移送先施設の長が権限を有する。
 (2) 受刑者の違反行為が施設長に向けられているときは，監督官庁が決定する。

⑶　受刑者に対して，他の行刑施設において又は未決拘禁の間に命じられた懲戒処分は，嘱託により執行される。第104条第2項は，これによって修正を受けない。

#### 第105条関係行政規則
懲戒処分の決定については，違反行為の時点で受刑者の所属する施設の長が権限を有する。その後の決定については，受刑者がその時点において収容されている施設の長の権限に属する。

### 第106条　手続
⑴　事実関係は，明らかにされなければならない。受刑者の言い分は，聴取される。事実取調べ（Erhebung）は調書に記録され，受刑者の弁解（Einlassung）は書き留められる。
⑵　重大な違反の場合には，施設長は，決定に先立って，受刑者の処遇に参加協力する者との会議において協議するべきである。医師の治療を受けている受刑者又は妊婦若しくは授乳中の母親に対する懲戒処分を命ずるに先立って，施設の医師は意見を求められなければならない。
⑶　決定は，受刑者に対して施設長により口頭で告知され，かつ，簡単な理由を付した書面が作成される。

#### 第106条関係行政規則
1⑴　受刑者は，いかなる違反行為に対しての責任を問われるかについて，通知される。
　⑵　不利な事情と同様に責任を軽減する事情についても調査されなければならない。調査は，必要な場合には，受刑者の有責性の問題にまでも及び，その限りにおいて，施設の医師が意見を求められなければならない。
　⑶　懲戒処分の決定前に，受刑者は，調査の結果について意見を述べる機会を与えられる。
2　一人の受刑者について同時に判断される複数の違反行為は，一つの決定により科罰される。
3　施設長は，調査の実施及び受刑者の事情聴取を他の職員に委ねることができるが，その者に違反行為が向けられている職員は除かれる。

### 第107条　医師の参加協力
⑴　屏禁が実行される前には，医師が意見を求められなければならない。屏禁の間，受刑者は，医師の監督の下にある。
⑵　屏禁の実行は，受刑者の健康が危うくされるおそれがあるときには，行われず，又は中断される。

#### 第107条関係行政規則
医師の判断の結果は，書面により明らかにされなければならない。

## 第14章　権利救済

### 第108条　不服申立権
⑴　受刑者は，自己に関係する案件について，施設長に対して，希望の開陳（Wünsch），問題の提起（Anregungen）及び不服申立て（Beschwerde）をする機会を与えられる。このために，定期の面接時間が設けられなければならない。
⑵　監督官庁の代表者が施設を視察するときには，受刑者は，自己に関係する案件に

ついて，その者に相談できることを保障されなければならない。
(3) 職務監督権者への不服申立て（Dienstaufsichtsbeschwerde）を行い得ることは，これによって修正を受けない。

第108条関係行政規則
1(1) 受刑者は，いつでも施設長に書面で相談することができる。
 (2) 適当な長さの面接時間が，少なくとも週1回設けられなければならない。詳細については所内規則が定める。
 (3) 監督官庁の代表者に対しては，その視察（第151条関係行政規則1(2)）の際に，第108条第2項による相談をあらかじめ申し出た受刑者の名簿を自発的に提出しなければならない。
2(1) 形式及び内容が官庁との交渉に際して通常要求される条件に適合しないか（例えば，第三者のためにする請願─訳注）又は単なる反復を内容とする請願，不服申立て及び職務監督権者への不服申立ては，回答されることを要しない。受刑者は，これについて教示されなければならない。申立ての職権による審査は，これによって影響を受けない。
 (2) 施設長の命令及び処置に対する職務監督権者への不服申立てであって，是正されないものは，遅滞なく監督官庁に提出されなければならない。
3 明らかに所轄外の又は管轄に疑義のある行刑官庁にあてられた不服申立ては，施設長がこれを所轄行刑官庁に回付する。

第109条 裁判所の決定を求める申請
(1) 行刑の領域における個々の案件を規制する処分に対しては，裁判所の決定を求める申請をすることができる。この申請をもって，拒否され又は放置されている処分の発出を義務づけることを求めることもできる。
(2) 裁判所の決定を求める申請は，申請者（Antragsteller）が，処分又はその拒否若しくは放置により自己の権利を侵害されていることを主張する場合にのみ，許される。
(3) 州法（Landesrecht）は，この申請が先行する行政前置手続（Verwaltungsvorverfahren）の後に初めて行い得ることを定めることができる。

第110条 管轄
申請については，関係する行刑官庁の所在地がその管轄区域内にある刑執行部（Strafvollstreckungskammer）が決定する。第109条第3項による行政前置手続における決定によって刑執行部の管轄は変わらない。

第111条 当事者
(1) 裁判所の手続の当事者は，次のとおりである：
 1．申請者，
 2．争われている処分を命じ又は申請された処分を拒否し若しくは放置した行刑官庁。
(2) 高等裁判所又は連邦最高裁判所（Bundesgerichtshof）に対する手続においては，第1項第2号による当事者は，これを所轄する監督官庁である。

第112条 申請期間，原状回復
(1) 申請は，処分又は処分の拒否の送達又は書面による告知を受けた後2週以内に，

書面により，又は裁判所の書記課の調書に記載することにより，行われなければならない。行政前置手続（第109条第3項）が行われなければならないときに限り，その期間は，裁決（Widerspruchsbescheid）の送達又は書面による告知とともに始まる。
(2) 申請者がその責めによらないで期間を守ることを妨げられたときは，申請に基づき，その者に従前の状態への原状回復が許されなければならない。
(3) 原状回復を求める申請は，障害が解消した後2週以内に行われなければならない。申請の理由となる事実は，申請を行うとき又は申請に関する手続において，疎明されなければならない。遅れた法律行為は，申請期間内に，追完されなければならない。このことが行われたときには，申請を待たずに原状回復を許すこともできる。
(4) 申請を行わずに期間が終了してから1年を経過した後には，原状回復を求める申請は，それが1年の期間の満了前に不可抗力のためになし得なかった場合を除き，許されない。

第113条　作為の申請
(1) 申請者が処分の不作為（Unterlassen einer Maßnahme）に対して争うときには，裁判所の決定を求める申請は，特別の事情のためにより早期の裁判所の関与が必要とされる事案の場合を除き，行刑官庁に対して処分を求める申出をした後3月を経過するまでは，行うことができない。
(2) 申請された処分がなお行われていないことについて十分な理由がある場合には，裁判所は，裁判所が定めた期間が経過するまで，その手続を停止する。その期間は，延長することができる。申請された処分が定められた期間内に行われるとき，本案の争訟（Rechtsstreit in der Hauptsache）は，終結する。
(3) 第1項による申請は，1年の期間の経過前の申請が不可抗力のためになし得なかったか，又は個別の事案における特別の事情により行われなかった場合を除き，処分を求める申出をした後1年を経過するまでに限り許される。

第114条　処分の停止
(1) 裁判所の決定を求める申請は，処分猶予の効力（aufschiebende Wirkung）を有しない。
(2) 裁判所は，申請者の権利の実現が阻害されるか又は著しく困難にされる危険があり，かつ，より高く評価すべき即時実行の利益に反しないときには，争われている処分の実行を停止することができる。裁判所は，また，仮処分命令（einstweilige Anordnung）を発することができ，行政裁判所法（Verwaltungsgerichtsordnung）第123条第1項は，この場合について準用される。これらの決定は争うことができず，それは裁判所によっていつでも変更され，又は取り消されることができる。
(3) 第2項による決定を求める申請は，裁判所の決定を求める申請の提起前に行うことが許される。

第115条　裁判所の決定
(1) 裁判所は，口頭弁論を経ることなく，決定により裁判する。決定では，事実及び紛争の状況の重要な内容を簡潔に要約する。詳細については，事実及び紛争の状況がそれから明らかになる限り，裁判記録にある出所及び作成日が正確に表示された文書を参照するよう支持がなされるべきである。裁判所は，争われた決定の理由付けに従い，それを当該決定の中で確認している場合には，決定理由（Entscheidungs-

gruende）を述べるのを省略することができる。
(2) 処分が違法であり，かつ，申請者がそれによって権利を侵害されている限り，裁判所は，その処分を取り消し，また，行政前置手続が先行している場合には，その裁決を取り消す。その処分が既に実行されているときには，裁判所は，事件が決定をするに熟している限り，行刑官庁がそれを元の状態に戻さなければならないこと及びいかなる方法でそうしなければならないかについても言い渡すことができる。
(3) 処分が既に取消し又はその他の方法により解決している場合において，申請者がその確認について正当な利益を有するときには，裁判所は，申請に基づき，その処分が違法であったことを言い渡す。
(4) 処分の拒否又は不作為が違法であり，かつ，申請者がそれによって権利を侵害されている限り，裁判所は，事件が決定をするに熟している場合には，申請のあった職務行為を行うべき行刑官庁の義務を言い渡す。その他の場合には，裁判所の法的見解を考慮して申請者に回答すべき義務を言い渡す。
(5) 行刑官庁がその裁量により処分を行う権限を有するときには，裁判所は，その処分又は処分の拒否若しくは不作為が裁量の法的限界を超えているため又は権限付与の目的に相応しない方法で裁量がなされているため，違法であるかについても，審理する。

## 第116条　法律違反を理由とする抗告
(1) 刑執行部による裁判所の決定に対しては，権利の形成のため（zur Fortbildung des Rechts）又は統一的判例の確保のための（zur Sicherung einer einheitlichen Rechtsprechung）再審査（Nachprüfung）を可能にすることを必要とするとき，法律違反を理由とする抗告が許される。
(2) 法律違反を理由とする抗告は，決定が法律に違反することのみを根拠とすることができる。法規が適用されず又は誤って適用されたときは，法律の違反がある。
(3) 法律違反を理由とする抗告は，処分猶予の効力を有しない。第114条第2項は，この場合について準用する。
(4) 法律違反を理由とする抗告については，この法律に別段の規定がない限り，抗告（Beschwerde）に関する刑事訴訟法の規定を準用する。

## 第117条　法律違反を理由とする抗告に関する管轄
法律違反を理由とする抗告については，その管轄区域内に刑執行部の所在地がある高等裁判所の刑事部（Strafsenat）が決定する。

## 第118条　方式，期間，理由
(1) 法律違反を理由とする抗告は，その争われる決定をした裁判所に対して，裁判所の決定の送達後1月以内に提出されなければならない。さらに，この期間内に，どの範囲で決定を争い，その取消しを求めているかについて，陳述がなされなければならない。これらの申請には，理由が付されなければならない。
(2) 理由からは，その決定が手続に関する法規違反又はその他の法規違反のいずれについて争われるかが，明らかにならなければならない。前者の場合には，瑕疵を含む事実が主張されなければならない。
(3) 抗告人（Beschwerdeführer）としての申請者は，このことを，弁護士によって署名された書面によって，又は書記課の調書に記載することによってのみ，行うことができる。

### 第119条　法律違反を理由とする抗告についての決定
⑴　刑事部は，口頭弁論を経ることなく，決定により裁判する。
⑵　刑事部の審理は，抗告申立ての事項についてのみ行い，また，法律違反を理由とする抗告が手続の瑕疵を根拠とする限り，その法律違反を理由とする抗告の理由中に掲げられた事実についてのみ行う。
⑶　抗告を棄却する決定には，刑事部がその抗告を全員一致で許されないものと認め，又は明らかに理由がないと認めるときは，理由を必要としない。
⑷　法律違反を理由とする抗告に理由があると認められる限り，争われている決定は取り消される。刑事部は，事件が決定をするに熟している場合には，刑執行部に代わって決定することができる。その他の場合においては，事件は，新たな決定のために，刑執行部に差し戻される。
⑸　刑事部の決定をもって，終局とする。

### 第120条　他の規定の準用
⑴　この法律に別段の規定がない限り，刑事訴訟法の規定が準用される。
⑵　訴訟費用扶助（Prozeßkostenhilfe）の供与については，民事訴訟法の規定が準用される。

### 第121条　手続の費用
⑴　手続を終結する決定においては，手続の費用及び必要経費がだれの負担とされなければならないかについて定めなければならない。
⑵　申請者が敗訴し，又はその申請を取り下げる限り，その者は手続の費用及び必要経費を負担する。処分が第1項による決定前に申請の取下げによる以外の方法で解決したときには，裁判所は，公正な裁量により，手続の費用及び必要経費について決定する。
⑶　第2項第2切は，第115条第3項の場合には，適用されない。
⑷　その他の事項については，刑事訴訟法第464条から第473条までを準用する。
⑸　第109条以下による手続の費用のために，第43条第2項による基準報酬日額の3倍を超える自用金（第47条）の部分も，請求することができる。

## 第15章　刑の執行及び未決拘禁

### 第122条
⑴　未決拘禁が刑の執行の目的のために中断され，又は受刑者に対して他の事件における未決拘禁が命じられる場合には，その受刑者は，第4条第2項にかかわらず，未決拘禁の目的から必要とされる自由の制限にも服する。必要な処置は，刑事訴訟法第126条により管轄を有する裁判官が命じる。刑事訴訟法第119条第6項第2切及び第3切は，この場合について準用する。
⑵　刑事訴訟法第148条第2項，第148条aは，適用される。

## 第16章　社会治療施設

### 第123条　社会治療施設及び同区画
⑴　第9条による行刑のために，その他の行刑施設とは分離された社会治療施設が設けられなければならない。
⑵　特別の理由から，他の行刑施設内にも，社会治療区画を設けることができる。こ

の区画には，社会治療施設についての規定を準用する。

第124条　釈放の準備のための休暇
　⑴　施設長は，受刑者に対して，釈放の準備のために6月までの特別休暇を与えることができる。第11条第2項及び第13条第5項は，この場合について準用する。
　⑵　休暇を与えられた者には，休暇のための指示が与えられるべきである。その者には，施設の指定した保護者の保護の下に置かれること，また，指示の都度短時間で施設に戻ることについて，特別の指示を与えることができる。
　⑶　第14条第2項は，この場合について準用する。そうすることが受刑者の処遇のため必要であるときには，休暇は撤回される。

第125条　自由意志に基づく収容
　⑴　かつて被収容者（Gefangene）であった者について，その者の処遇の目的が危うくされ，かつ，この理由から施設に収容することが正当と認められるときは，その者の申出に基づき，その者を一時的に再び社会治療施設に収容することができる。その収容は，いつでも撤回することができる。
　⑵　収容された者に対する行刑上の処置は，直接強制により行ってはならない。
　⑶　収容された者は，その者の申出により，遅滞なく釈放されなければならない。

　　第125条関係行政規則
　1⑴　収容された者は特別の居室に収容される。例外的場合には，その者の同意の下に，その者が以前に所属していた集団の中で収容することができる。
　　⑵　収容期間は，処遇の必要性に従う。
　2　自由意志に基づく収容の場合には，司法行政費用規則（Justizverwaltungskostenordnung）第10条を準用する。
　3　自由意志に基づく被収容者は，社会治療施設において可能な医師の治療を受ける。

第126条　予後的保護
　社会治療施設における専門職員の数は，そのことを他の方法で確保することができない限り，受刑者の予後的保護も保障されるように算定されなければならない。

第127条　（廃止）

第128条　（廃止）

　　　　第3編　自由剥奪を伴う矯正及び保安の処分の実行に関する特別規定
第1章　保安拘禁

第129条　収容の目的
　保安拘禁者（Sicherungsverwahrte）は，社会の保護のために，確実に収容される。その者には，自由社会における生活に適応するよう援助がなされるべきである。

第130条　他の規定の準用
　保安拘禁については，以下において別段の規定がない限り，自由刑の実行についての規定（第3条から第126条まで，第179条から第187条まで）を準用する。

#### 第130条関係行政規則
　行刑の緩和及び休暇は，保安拘禁者について，第134条にかかわらず，自由剥奪を伴う矯正及び保安の処分を命じられた受刑者についてと同様に，許される。

#### 第131条　設備
　保安施設（Sicherungsanstalt）の設備，特にその居室の設備並びに援助及び保護のための特別の措置は，施設における生活を有意義に形成するよう被収容者を援助し，かつ，その者を長期の自由剥奪に伴う不利益から保護するものであるべきである。その者の個人的な必要性は，できる限り考慮されなければならない。

#### 第131条関係行政規則
1　面会の合計時間は，少なくとも月に2時間になるものとする。
2　免業日には，保安拘禁者に対して，少なくとも2時間，戸外で過ごすことが可能にされるべきである。
3　施錠された居室グループでの収容が行われる限り，そこに収容される保安拘禁者の希望により，自由時間の間，その居室は，施設長が保安及び規律維持の理由から特定の時間帯について又は個々の被収容者に対してこれと異なる決定をする場合を除き，一時的に開扉されたままとする。
4　保安拘禁者については，第22条関係行政規則1(2)に定められた金額は，基準報酬（第43条第2項）日額の6倍に高められる。
5　保安拘禁者には，受刑者に許される小包のほかに小包の受領を許すことができる。重量は制限することができる。その他の事項については，第33条関係行政規則が適用される。

#### 第132条　衣服
　被収容者は，保安上の理由に反せず，かつ，被収容者が洗濯，修理及び定期的な交換を自己の費用で手配するときには，私服，自己の下着及び敷布を使用することができる。

#### 第133条　自営職業活動，小遣銭
(1)　被収容者には，そうすることが釈放後の生業に従事するための能力を付与し，保持し，又は助長する目的に役立つときは，報酬を伴う自営職業活動が許される。
(2)　小遣銭（第46条）は，月に第43条第2項による基準報酬日額の3倍を下回ってはならない。

#### 第133条関係行政規則
保安拘禁者の小遣銭は，基準報酬（第43条第2項）の100分の23の額とする。

#### 第134条　釈放準備
　釈放を試行し，かつ，準備するために行刑を緩和し，また，1月までの特別休暇を与えることができる。社会治療施設の被収容者について，第124条はこれによって修正を受けない。

#### 第134条関係行政規則
(1)　釈放の試行開始の時期及び釈放準備の開始の時期は，個別の事情に従う。
(2)　釈放の準備のために，開放行刑の施設又は区画への移送も，考慮される。

(3) 刑執行部は，予定された処置に先立って，意見を求められる。

第135条　女性施設における保安拘禁
　　女性の保安拘禁は，その施設に保安拘禁のための設備がなされているときには，自由刑の実行のために指定された女性施設においても，これを行うことができる。

第2章　精神医療施設及び禁絶施設における収容

第136条　精神医療施設における収容
　　精神医療施設における被収容者の処遇は，医学的見解に従う。可能な限り，その者は，治癒させられ，又はその者の状態がもはや危険でなくなるまで矯正されるべきである。その者には，必要な監督，保護及び看護が与えられる。

第137条　禁絶施設における収容
　　禁絶施設における被収容者の処遇の目的は，その者の性癖（Hang）を治し，かつ，その基礎にある誤った考え方（Fehlhaltung）を除去することである。

第138条　他の規定の適用
(1)　精神医療施設又は禁絶施設における収容は，連邦法が別段の規定をしない限り，州法に従う。第51条第4項及び第5項並びに第75条第3項は，この場合について準用する。
(2)　収容の費用の徴収については，第50条第1項第2切について，指定され又は可能とされた作業を行うことが収入を受ける場合に当たることを条件に，また，第50条第1項第4切について，公共施設で生活し，その滞在費用の一部を自ら負担している社会扶助受給者が個人的な使用のために受ける現金金額に相当する金額が被収容者に残されなければならないことを条件に，第50条を準用する。労作を作業として評価するに当たっては，処分実行（Maßregelvollzug）の特別の事情が考慮されなければならない。費用の徴収は刑執行官庁が所管するが，州政府は，法規命令により，他の管轄を設けることができる。その費用は，司法行政用公共物の使用料として徴収される。
(3)　裁判所の手続については，第109条から第121条までを準用する。

### 第4編　行刑官庁
第1章　行刑施設の種類及び設備

第139条　行刑施設
　　自由刑及び保安拘禁における収容は，州司法行政部の施設（行刑施設）において実行される。

第140条　実行の分離
(1)　保安拘禁における収容は，自由刑の実行のために指定された行刑施設とは分離された施設又は分離された区画において実行される。
(2)　女性は，男性から分離されて，特別の女性施設に収容されなければならない。特別の理由から，女性のために，男性のための施設における分離された区画を設けることができる。
(3)　第1項及び第2項による分離収容については，受刑者に他の施設又は他の区画における処遇措置への参加を可能にするため，これによらないことができる。

参考資料

第141条　多様化
(1)　自由刑の実行のため，受刑者の分化した必要性に応じた処遇が保障される拘禁場所（Haftplätze）が，各種の施設又は区画において設けられなければならない。
(2)　閉鎖行刑の施設は，確実な収容設備を設け，開放行刑の施設は，逃走に対する予防手段を全く設けないか，又は軽減した予防手段のみを設ける。

第141条関係行政規則
1　閉鎖行刑においては，受刑者は，居室外にあるとき，特に，比較的広い共同室における集会時，施設構内及びその他戸外にあるときには，常時，直接に監督されなければならない。特別の指針に反しない限り，施設長は，いかなる範囲で監督が緩和されることができるかを定めることができる。
2(1)　開放行刑においては，建築構造的及び工学的な保安上の予防手段，特に，外塀，窓格子及び特別の堅牢な扉は，省略することができる。施設内では，原則として，常時かつ直接的な監督は行わない。
(2)　開放行刑の形成については，次の原則が適用される：
　　a) 受刑者には，施設内ではそのための関係規則に従って，自由に行動することが可能にされ，
　　b) 収容棟の出入口扉は，一時的に施錠しないことができ，
　　c) 受刑者の居室も，休息時間の間，開扉しておくことができる。

第142条　子を持つ母親のための設備
　女性のための施設においては，母親がその子と共に起居できる設備が設けられるべきである。

第143条　施設の規模及び構造
(1)　行刑施設は，各人の必要性に合わせた処遇が保障される構造とされなければならない。
(2)　行刑施設は，受刑者を構成員の概括的把握が可能な保護及び処遇グループにまとめることができるように，区分されなければならない。
(3)　社会治療施設及び女性のための行刑施設について予定される収容人員は，200人を超えるべきではない。

第144条　居室の規模及び構造
(1)　休息時間及び自由時間の間に過ごす部屋並びに共同室及び面会室は，居心地よく又はその他その目的に相応する構造とされなければならない。それらは，十分な気積を有し，かつ，健康的な生活のために十分な暖房及び換気，床面積及び窓面積を備えるものでなければならない。
(2)　連邦司法省は，連邦参議院の同意の下に，法規命令によって，居室の気積，換気，床面積及び窓面積並びに暖房及び設備に関する詳細を定める権限を有する。

第145条　収容能力の設定
　監督官庁は，それぞれの施設についての収容能力を，休息時間（第18条）の間の適当な収容が保障されるように定める。その際には，作業，教育及び補習教育のための場所並びに宗教教誨，自由時間，スポーツ，治療処置及び面会のための部屋数が十分

に確保され，自由に使用できるよう配慮されなければならない。

第146条　過剰収容の禁止
⑴　居室には，許されたより多くの者が収容されてはならない。
⑵　これについての例外は，一時的にのみ，かつ，監督官庁の同意の下にのみ，許される。

第147条　釈放のための設備
　釈放を準備するため，閉鎖施設には開放設備（offene Einrichtungen）が付設され，又は分離された開放施設が設けられるべきである。

第148条　作業供給，職業訓練のための機会
⑴　行刑官庁は，労働及び経済活動の団体及び官署と協力して，すべての作業能力を有する受刑者が経済的に収益の多い作業を行うことができるように配慮し，かつ，その者が職業的に助長され，助言され，及び仲介されるよう尽力すべきである。
⑵　行刑官庁は，適当な組織上の措置によって，連邦雇用法人（Bundesagentur für Arbeit）が職業相談，職業訓練仲介及び労働仲介のようなその行うべき任務を遂行できることを保障する。

第149条　施設工場，職業訓練のための設備
⑴　施設内には，第37条第２項により指定される作業のために必要な工場並びに職業訓練（第37条第３項）及び作業療法的労作（第37条第５項）のために必要な設備が設けられなければならない。
⑵　第１項に掲げる工場及びその他の設備は，施設外の状態と同じくされなければならない。労働保護及び災害防止規則（Arbeitsschutz- und Unfallverhütungsvorschriften）は，遵守されなければならない。
⑶　職業訓練及び作業療法的労作は，私企業の適当な施設においても，行うことができる。
⑷　私企業によって経営される工場及びその他の設備においては，技術的及び専門的指導は，その企業に所属する者にゆだねることができる。

　　第149条関係行政規則
　　施設内における私企業経営工場に所属する者の行動範囲は，手引書において定められ，その従業員は，この手引書を遵守する義務を負う。

第150条　行刑共同体
　第139条から第149条までによる行刑施設のために，各州は，行刑共同体を組織することができる。

第２章　行刑施設に対する監督

第151条　監督官庁
⑴　州司法行政部は，行刑施設に対する監督を行う。それは，監督権限を行刑官庁（Justizvollzugsämter）にゆだねることができる。
⑵　作業活動（Arbeitswesen）に対する監督並びにソーシアルワーク（Sozialarbeit），補習教育，保健及びその他の専門に基づく受刑者の処遇に対する監督には，本来の

専門職員を関与させなければならない。監督官庁が本来の専門職員を起用できない限り，専門的な助言（fachliche Beratung）が確保されなければならない。

### 第151条関係行政規則

1 (1) 監督官庁は，常に行刑全体に関する情報を把握しておくことができるように，すべての施設を頻繁に訪問する。
  (2) すべての施設は，少なくとも年2回視察され，少なくとも年1回はその際に施設設備が入念に点検されるべきである。視察官は，職務会議に列席して職員に面談の機会を与え，受刑者を訪れてその者に対する適切な処遇について自ら確認するべきである。すべての視察結果は書面に記録されなければならない。
2 州司法行政部は，部外者の施設訪問及び報道機関（新聞，ラジオ，映画，テレビ）の代表者と受刑者との交通を規制する。

### 第152条　刑執行計画

(1) 州司法行政部は，行刑施設の場所的及び事物的管轄を刑執行計画において規定する。
(2) 刑執行計画は，いかなる刑確定者（Verurteilten）が分類施設又は分類区画（Einweisungsanstalt oder –abteilung）に収容されるかについて定める。その後の行刑のための移送については，処遇上及び社会復帰上の理由に基づいて決定することができる。
(3) その他の事項については，管轄は，一般的標準によって定められる。

### 第152条関係行政規則

刑執行計画においては，いかなる施設及び施設区画が開放行刑の施設であるかについても定めるべきである。

### 第153条　移送についての権限

州司法行政部は，移送についての決定権を留保し，又はそれを中央官署（zentrale Stelle）にゆだねることができる。

## 第3章　行刑施設の内部組織

### 第154条　協働関係

(1) 行刑に従事する者は，全員が協働関係にあり，かつ，行刑の任務の達成に参加協力する。
(2) 釈放者保護（Entlassenenfürsorge），保護観察（Bewährungshilfe）の官庁及び官署，行状監督のための監督官署，職業安定法人（Agenturen für Arbeit），社会保険及び社会福祉の担当機関，その他の官庁の援助部門並びに私的な厚生福祉事業の諸団体（Verbände der freien Wohlfahrtspflege）とは，緊密に協働しなければならない。行刑官庁は，その影響が受刑者の社会復帰を助長することができる人及び団体と協働するべきである。

### 第155条　行刑職員

(1) 行刑施設の任務は，行刑官吏（Vollzugsbeamte）によって占められる。特別の理由から，それは，行刑施設のその他の職員及び兼任又は契約により義務を負う者にも，ゆだねられることができる。

⑵ それぞれの施設には，その任務に応じて，各種の職種の職員，特に一般行刑職，事務職及び作業職の職員について，並びに教誨師，医師，教育専門家，心理専門家及びソーシアルワーカーについて，必要な人員数が定められなければならない。

第156条 施設管理
⑴ すべての行刑施設においては，高級職（höherer Dienst）の官吏が専任の施設長に任命される。特別の理由から，施設は，特定の上級職（gehobener Dienst）の官吏によっても，管理されることができる。
⑵ 施設長は，外部に対して，施設を代表する。施設長は，特定の職務範囲が他の行刑職員の責任又はそれらの共同責任に係るものとしてゆだねられていない限り，行刑の全体について責任を負う。
⑶ 第84条第2項による検査，第88条による特別の保安上の処置及び第103条による懲戒処分を命じる権限は，監督官庁の同意の下にのみ，ゆだねられることができる。

第156条関係行政規則
1 監督官庁は，施設長の代理者を定める。
2⑴ 施設長は，いかなる職員が施設長の委任を受けて決定をすることができるかについて，書面で定める。
 ⑵ 施設長は，教誨師，医師，教育専門家，心理専門家及びソーシアルワーカーの職務上の専門的案件で自ら判断を行わないものについて，情報を要求し，提案を行うことができる。
 ⑶ 施設長は，前記⑵に掲げる専門家による処置の実施が施設の保安，管理上の規律又は受刑者の合目的的処遇を危うくすることを確信する場合において，関係者間の協議で合意に至らないときには，監督官庁の決定があるまで，これを中止することができる。
3 施設長は，特殊な事件及び一般的な規制の端緒となる可能性のある案件について遅滞なく監督官庁に報告する。
4 第156条第2項第2切の意味における特定の職務範囲の委譲には，監督官庁の同意を必要とする。

第157条 宗教教誨
⑴ 教誨師は，それぞれの宗教団体の協力を得て，専任で任命され，又は契約により義務を負う。
⑵ 宗教団体への所属者が少数であるため第1項による教誨を行うことができないときは，他の方法による教誨活動が許されなければならない。
⑶ 施設長の同意の下に，施設教誨師は，無所属の教誨補助者（freie Seelsorgehelfer）を起用し，また，宗教礼拝及びその他の宗教的行事のために教誨師を外部から招聘することができる。

第158条 医療的配慮
⑴ 医療的配慮は，専任の医師によって確保されなければならない。それは，特別の理由から，兼任又は契約により義務を負う医師にゆだねられることができる。
⑵ 病者の看護は，看護法（Krankenpflegegesetz）による免許を有する者によって行われるべきである。第1切の意味における資格者を起用できない限り，看護に関するその他の養成教育を受けた経験のある一般行刑職の職員を充てることもできる。

### 第159条　会議

　　行刑計画の立案及び再検討のため，並びに行刑における重要な決定の準備のために，施設長は，処遇に指導的に関与する者との会議を行う。

#### 第159条関係行政規則

　　施設の他の行刑職員とのその他の職務会議も，定期的な間隔で行われる。

### 第160条　受刑者の共同責任

　　受刑者及び被収容者（矯正保安処分収容者―訳注）には，その特性及び施設の任務からみて，それらの者の参加協力に適している共通の利益に関する案件について，責任を分かち合うことが可能にされるべきである。

### 第161条　所内規則

(1)　施設長は，所内規則を発出する。それは，監督官庁の同意を必要とする。
(2)　所内規則には，特に次の事項に関する指示が盛り込まれなければならない：
　1．面会時間，面会の頻度及び長さ，
　2．作業時間，自由時間及び休息時間並びに
　3．各種の申請及び不服申立てを行い，又は監督官庁の代表者に相談する時期，場所及び時間。
(3)　所内規則の印刷物は，それぞれの居室に備えられなければならない。

## 第4章　施設審議会

### 第162条　審議会の組織

(1)　行刑施設には，審議会が組織されなければならない。
(2)　行刑職員は，審議会の構成員となってはならない。
(3)　細目は，各州が規定する。

### 第163条　審議会の任務

　　審議会の構成員は，行刑の形成及び受刑者の保護に参加協力する。その構成員は，問題提起及び改善提案によって施設長を支援し，並びに受刑者の釈放後の社会復帰を援助する。

### 第164条　権限

(1)　審議会の構成員は，特に，希望，問題提起及び苦情（Beanstandungen）を受理することができる。その構成員は，収容，就労，職業訓練，食事，医療的配慮及び処遇に関する情報を得ることができ，並びに施設及びその設備を視察することができる。
(2)　審議会の構成員は，受刑者及び被収容者をその者の居室に訪問することができる。会話及び信書発受は，監督されない。

### 第165条　守秘義務

　　審議会の構成員は，その職務外において，その性質上秘密を要するすべての事項，特に受刑者及び被収容者の氏名及び身上（Persönlichkeit）について秘密を保持する義務を負う。このことは，その者の職務の終了後においても，同様とする。

## 第5章　行刑における刑事学的研究

### 第166条
(1) 刑事学部門（kriminologischer Dienst）には，研究施設と協働して，行刑，特に処遇方法を学術的に発展させ，かつ，その成果を刑事司法の目的のため利用できるようにすることが，その義務とされる。
(2) 第186条の規定は，この場合について準用する。

## 第5編　行刑施設におけるその他の自由剥奪を伴う処分の実行，情報保護，社会保険及び失業保険，終結規定

### 第1章　行刑施設における営倉の実行

### 第167条　原則
行刑施設における営倉の実行については，以下において他に別段の規定がない限り，自由刑の実行に関する規定（第2条から第122条まで，第179条から第187条まで）を準用する。第50条は，第39条において言及された就業の場合にのみ，適用がある。

### 第168条　拘禁，面会及び文通
(1) 作業，自由時間及び休息時間の間の雑居収容（第17条及び第18条）は，被収容者の同意をもってのみ，許される。このことは，営倉が刑罰拘禁（Strafhaft）又は自由剥奪を伴う矯正及び保安の処分の実行としての収容を中断して実行されるときには，適用されない。
(2) 被収容者には，週1回，面会を受けることが許されるべきである。
(3) 面会及び信書発受は，そうすることが施設の保安又は規律上の理由から必要である場合にのみ，禁止し，又は監督することができる。

### 第169条　衣服，下着及び敷布
被収容者は，保安上の理由に反せず，かつ，被収容者が洗濯，修理及び定期的な交換を自己の費用で手配する場合には，私服，自己の下着及び敷布を使用することができる。

### 第170条　購入
被収容者は，食品及び嗜好品並びに身体衛生用薬剤を，適当な範囲において，施設の仲介により，自己の費用で購入することができる。

### 第2章　秩序拘留，保全拘留，強制拘留及び強要拘留の実行

### 第171条　原則
裁判所により命じられた秩序拘留，保全拘留，強制拘留及び強要拘留の実行については，拘禁の特性及び目的に反せず，又は以下において別段の規定がない限り，自由刑の実行に関する規定（第3条から第49条まで，第51条から第122条まで，第179条から第187条まで）を準用する。

#### 第171条関係行政規則
1 民事拘留の実行においては，そうすることが施設の保安又は規律に対する危険を防止するために必要な限りにおいてのみ，単なる自由剥奪を超える制限を命じることができる。このことは，民事拘留が，未決拘禁，刑罰拘禁又は自由剥奪を伴う矯正及び保安の処分の

実行としての収容を中断して実行されるときには，適用されない。
2⑴　収容及び釈放の際には，被拘留者は，施設の医師により診察される。
⑵　施設長は，1の第1切の場合において，被拘留者が自己の費用で，施設内でその者の選択する医師による治療を受けることを，例外的に許すことができる。
3⑴　その強要（Erzwingung），実行（Erwirkung）又は達成のために拘禁を命じられた被拘留者が，その行為を行い又はその意思表示をするために，裁判所への連行を申し出たときには，その申出は遅滞なく所轄の裁判所に通知されなければならない。
⑵　被拘留者の連行には，拘禁を命じた裁判所の同意を必要とする。急を要する場合には，裁判所の同意は電話により得られなければならない。連行の費用は被拘留者が負担する。
4　1から3までは，官庁共助の方法により強制退去拘禁が実行される場合には，適用されない。

第172条　収容
　　作業，自由時間及び休息時間の間の雑居収容（第17条及び第18条）は，被拘留者の同意をもってのみ，許される。このことは，秩序拘留が刑罰拘禁又は自由剥奪を伴う矯正及び保安の処分の実行としての収容を中断して実行されるときには，適用されない。

第173条　衣服，下着及び敷布
　　被拘留者は，保安上の理由に反せず，かつ，被拘留者が洗濯，修理及び定期的な交換を自己の費用で手配する場合には，私服，自己の下着及び敷布を使用することができる。

第174条　購入
　　被拘留者は，食品及び嗜好品並びに身体衛生用薬剤を，適当な範囲において，施設の仲介により，自己の費用で購入することができる。

第175条　作業
　　被拘留者は，作業，労作又は補助活動の義務を負わない。

第3章　少年行刑施設及び未決拘禁の実行における作業報酬

第176条　少年行刑施設＜第199条第1項第5号の正文における＞
⑴　少年行刑施設の受刑者がその者に指定された作業を行ったときには，その者は，請負仕事及び流れ作業に関する少年労働保護法（Jugendarbeitsschutzgesetz über die Akkord- und Fließarbeit）の規定にかかわらず，第43条第2項及び第3項により算定される作業報酬を受ける。その者がその他の指定された労作又は補助活動を行ったときには，その者は，そうすることがその者の労作の種類及びその者の作業成績に相応する限りにおいて，第1切による作業報酬を受ける。第43条第5項から第11項までは，この場合について準用する。
⑵　作業能力のある受刑者でその者自身の中に存在しない理由から作業の指定を受けることができないもの，第45条第2項の要件を充足する発病した受刑者及び作業を行わない妊娠中の母親は，休業補償を受ける。休業補償の額及び期間は，第45条第3項から第6項までの規定により定められなければならない。
⑶　受刑者がその者の責めによらないで作業報酬及び教育補助金を受けない場合において，その者が必要とするときは，その者に対して適当な小遣銭が与えられる。

(3) 虚弱のために作業をせず，又は休業補償を与えられず，若しくはもはや与えられない受刑者は，その者が必要とする場合には，適当な小遣銭を受ける。第1項第2切による労作又は補助活動により作業報酬を受けない受刑者についても，同様とする。
(4) その他の事項については，第44条及び第49条から第52条までを準用する。

第176条関係行政規則＜第199条第1項第5号の正文における＞
1 (1) 18歳未満の受刑者の作業報酬は，時間給の形式で算出される。
  (2) その他の指定された労作に対しては，その成果が経済的に利用できるものであり，経費に相応する関係にあるときには，作業報酬が与えられる。
  (3) その他の事項については，第43条関係行政規則を準用する。
2 小遣銭については，第46条関係行政規則を準用する。
3 自用金については，第47条（第199条第1項第2号の正文による）及び同条関係行政規則を準用する。
4 (1) 自由な労働関係に入ることが受刑者に許されている限り，第39条関係行政規則2を準用する。法定代理人の権利は尊重されなければならない。
  (2) 第50条及び第51条関係行政規則は，この場合について準用する。

第177条　未決拘禁
　未決拘禁者（Untersuchungsgefangene）がその者に指定された作業，労作又は補助活動を行ったときには，その者は，第43条第2項から第5項までにより算定され，告知される作業報酬を受ける。作業報酬の算定は，第200条にかかわらず，社会福祉法第4編第18条による受給額の100分の5にその基礎を置かなければならない（基準報酬）。第43条第6項から第11項までは，適用がない。少年及び年長（heranwachsend—18歳以上21歳未満—訳注）の未決拘禁者については，第176条第1項第1切及び第2切を準用する。

第177条関係行政規則
(1) 指定された労作に対しては，その成果が経済的に利用できるものであり，経費に相応する関係にあるときには，作業報酬が与えられる。
(2) その他の事項については，第43条関係行政規則1から3までを準用する。

## 第4章　行刑施設における直接強制

第178条
(1) 直接強制に関する第94条から第101条までは，次の各項に従って，行刑法の適用範囲（第1条）外にある行刑職員についても，また，適用される。
(2) 未決拘禁及び刑事訴訟法第126条aによる仮収容（einstweilige Unterbringung）の実行に当たり，刑事訴訟法第119条第5項及び第6項は，これによって修正を受けない。
(3) 少年拘禁（Jugendarrest），営倉並びに秩序拘留，保全拘留，強制拘留及び強要拘留の実行に当たっては，逃走を挫折させ，又は逮捕するために（第100条第1項第3号），銃器が使用されてはならない。このことは，営倉又は秩序拘留，保全拘留，強制拘留若しくは強要拘留が，未決拘禁，刑罰拘禁又は自由剥奪を伴う矯正及び保安の処分の実行としての収容を中断して実行されるときには，適用されない。
(4) 州法は，特に少年刑（Jugendstrafe）の実行に当たり，銃器の使用の権限に対す

る新たな制限を定めることができる。

## 第5章　情報保護

### 第179条　情報収集
(1)　行刑官庁は，それを知ることがこの法律によりその任務とされた自由刑の実行のために必要とする限り，身上関係情報（personenbezogene Daten）を収集することができる。
(2)　身上関係情報は，本人から収集されなければならない。本人の協力を得ない収集，他の者又は官署からの収集並びに指摘義務及び説明義務については，連邦情報保護法第4条第2項及び第3項並びに第13条第1項aが適用される。
(3)　受刑者でない者についての情報は，それが受刑者の処遇，施設の保安又は自由刑の実行の確保のために必要であり，かつ，収集の方法が本人の保護すべき利益を侵害しないときにのみ，その者の協力を得ることなしに，行刑官庁の外部の者又は官署から収集することができる。
(4)　その者に知らせることなく行われた身上関係情報の収集は，それによって第1項に掲げられた目的が危うくされない限り，その情報に記載された本人に通知される。情報が他の者又は官署から収集された場合において，次に該当するときは，その通知をしないことができる：
　1．情報が，法律の規定により，又はその性質上，特に第三者の優越的な正当な利益のために，秘密が保持されなければならないとき，又は
　2．通知の費用が保護の目的と均衡を失し，かつ，本人の優越的な保護すべき利益が侵害されることについての根拠が存在しないとき。

### 第180条　処理及び使用
(1)　行刑官庁は，そうすることがこの法律によりその任務とされた自由刑の実行のために必要とする限り，身上関係情報を処理し，かつ，使用することができる。行刑官庁は，そうすることが施設の保安又は規律上の理由から必要な場合には，受刑者に写真付身分証明書の携帯を義務づけることができる。
(2)　その他の目的のための身上関係情報の処理及び使用は，それが次に掲げる事項のために必要である限り，許される：
　1．外国勢力のための治安を危うくする活動若しくは秘密情報機関の活動を防止し，又はこの法律の適用地域内において次に掲げる目的をもってする暴力の行使若しくはそれに向けられた準備活動のための熱心な企て（Bestrebungen）を防止するため，
　　a) 自由で民主的な基本秩序，連邦又は州の存立若しくは安全に反抗すること，
　　b) 連邦又は州の憲法機関（Verfassungsorgane）若しくはその構成員の職務執行に対する不法な侵害を企図すること，又は
　　c) ドイツ連邦共和国の外交上の利益を危うくすること，
　2．公共の福祉に対する著しい不利益若しくは公共の安全に対する危険を防止するため，
　3．他の者の権利の重大な侵害を防止するため，
　4．犯罪行為を防止し又は訴追するため，及びそれにより施設の保安又は規律が危うくされる規律違反行為を防止し若しくは追及するため，又は
　5．刑の執行に係る処分又は刑執行法上の決定を行うため。
(3)　それが第109条から第121条までに定める裁判所による権利保護又は連邦情報保護

法第14条第3項に掲げられた目的に役立つ限り，その他の目的のための処理又は使用とはならない。
(4) 第1項及び第2項に規定された目的に加えて，そうすることが次に掲げる事項のために必要である限り，所轄の公共的官署（öffentliche Stelle）は，身上関係情報の提供を受けることができる：
 1．裁判補助（Gerichtshilfe），少年審判補助（Jugendgerichtshilfe），保護観察又は行状監督の処分，
 2．恩赦事件（Gnadensachen）における決定，
 3．法律で定められた司法の統計，
 4．行刑施設への収容に伴い停止され，又は減少する給付についての決定，
 5．受刑者の親族（刑法典第11条第1項第1号）のための援助措置の開始，
 6．軍人の入隊及び除隊に関連する連邦国防軍の職務上の処分，
 7．外国人法による処分，又は
 8．課税の実施。
その他の目的のための提供も，他の法律の規定がそのことを定め，かつ，そこで受刑者の身上関係情報について明確に言及している限り，許される。
(5) 公共的官署及び非公共的地位にある者（nicht-öffentliche Stelle）に対して，行刑官庁は，書面による申請に基づき，ある者の拘禁事実，1年以内における釈放の見込み及び時期について，次に掲げる事情がある限り，通知することができる：
 1．公共的官署が所管の任務を遂行するため，通知を受ける必要があること，又は
 2．非公共的地位にある者からこの通知を受ける正当な利益について信頼できる申述がなされ，かつ，受刑者が情報提供から除外されることについて保護すべき利益を有しないこと。
さらに，犯罪行為の被害者に対しては，犯罪行為と関連する法律上の請求権の確認又は実行のために必要であるときには，書面による申請に基づき，受刑者の帰住先住所又は財産関係についての情報を提供することができる。受刑者は，この通知に先立って，意見を求められる。ただし，それによって申請者の利益の追求が挫折させられ，又は著しく困難にされるおそれのあることが懸念される場合，及び比較考量の結果，申請者の利益が受刑者の事前の意見聴取の利益に優越する場合は，この限りでない。意見聴取が行われなかったときは，当該受刑者には，行刑官庁の通知について，事後に知らされる。
(6) 身上関係情報書類は，他の行刑官庁，職務監督，専門的監督又は職務上の指示を行う権限を有する官署，行刑，刑の執行及び刑法上の決定について権限を有する裁判所，並びに刑の執行及び刑事訴追官庁に対してのみ，貸し出すことができるが，その他の公共的官署への貸出しは，情報の提供が不当な出費を必要とし，又は書類の閲覧を求める官署の説明によれば，その任務遂行のために情報提供では不十分である限り，許される。このことは，行刑官庁により鑑定を委託された地位にある者への書類の貸出しについて，準用する。
(7) 第1項，第2項又は第4項により提供することができる身上関係情報に，本人又は第三者のその他の身上関係情報が，書類中に不可分に，若しくは不当な出費によってのみ分離が可能なように結合している場合には，その秘密の保持についての本人又は第三者の正当な利益が明らかに優越しない限り，これらの情報の提供も許されるが，被提供者によるこれらの情報の処理又は使用は，許されない。
(8) 面会又は信書発受の監督の際及び小包の内容の監督の際に知り得た身上関係情報は，第2項に掲げられた目的のため，第109条から第121条までによる裁判手続のた

め，施設の保安若しくは規律の確保のため又は受刑者の意見聴取後における処遇の目的のためにのみ，処理し，使用することができる。
(9) 第179条第3項に基づき受刑者でない者について収集された身上関係情報は，その収集目的の達成のため，第2項第1号から第3号までに規定された目的のため又は著しく重大な犯罪行為の防止若しくは訴追のためにのみ，処理し，又は使用することができる。
(10) 身上関係情報の提供は，第182条第2項，第184条第2項及び第4項に規定された制限又は特別の法律上の使用規定に反する限り，行われない。
(11) 提供の許可についての責任は，行刑官庁が負う。提供が公共的官署の要請によるときは，当該官署がその責任を負う。この場合において，行刑官庁は，提供の許可について検討を要する特別の理由があるときを除き，提供要請が被提供者の職務範囲内のものであるか，及び提供が第8項から第10項までの規定に反するかについてのみ，検討する。

## 第181条　目的の拘束

行刑官庁から提供された身上関係情報は，提供された目的のためにのみ処理し，又は使用することができる。被提供者は，その情報をその他の目的のために処理し，又は使用することができるが，それは，その情報がその目的のためにも提供されたであろうと推定される限りにおいてであり，非公共的地位にある者が被提供者である場合には，提供者である行刑官庁が同意したときにのみこれを行うことができる。行刑官庁は，非公共的地位にある被提供者に対して，第1切による目的の拘束について，注意を喚起しなければならない。

## 第182条　特別な情報の保護

(1) 受刑者の宗教的信条又は思想的信条及び医師の診察の際に得られた身上関係情報は，施設内において，一般的に知られるようにされてはならない。受刑者に関するその他の身上関係情報は，そうすることが施設内における秩序ある共同生活のために必要である限り，施設内で，一般的に知られるようにすることができるが，第180条第8項から第10項までは，これによって修正を受けない。
(2) 刑法典第203条第1項第1号，第2号及び第5号に掲げられた者が受刑者から秘密として打ち明けられた身上関係情報又は受刑者について以前から知り得ている身上関係情報は，行刑官庁に対しても，秘匿される。刑法典第203条第1項第1号，第2号及び第5号に掲げられた者は，そうすることが行刑官庁の任務遂行のため又は受刑者若しくは第三者の身体及び生命に対する著しい危険を防止するために必要とする限り，施設長に対してこれを開示しなければならない。医師は，そうすることが行刑官庁の任務遂行のために不可欠であり，又は受刑者若しくは第三者の身体及び生命に対する著しい危険を防止するために必要とする限り，施設長に対して，一般的な保健業務の範囲内で知り得た秘密を開示する権限を有する。その他の開示権限は，これによって修正を受けない。受刑者は，身上調査等に先立って，第2切及び第3切による開示の権限について，教示されなければならない。
(3) 第2項によって開示された情報は，それが開示された目的のためにのみ，又は開示が許されたであろうとされる目的のためにのみ，かつ，刑法典第203条第1項第1号，第2号及び第5号に掲げられた者が自ら行うことができるであろうとされるものと同一の条件の下においてのみ，処理し，又は使用することができる。施設長は，これらの条件の下で，特定の施設職員に対して直接開示することを，一般的に

許すことができる。
(4) 行刑外の医師又は心理専門家が受刑者の診察又は処遇を委嘱される限り，委嘱を受けた医師又は心理専門家も，施設の医師又は受刑者の処遇を担当する施設の心理専門家と同じ情報開示の権限を有するという条件の下で，第2項を準用する。

## 第183条　書類及びデータファイル中の情報の保護
(1) 個々の行刑職員は，自らに課された任務遂行のため，又は第154条第1項による協働関係のために必要である限りにおいてのみ，身上関係情報を入手することができる。
(2) 身上関係情報を含む書類又はデータファイルは，必要な技術的及び組織的処置により，不法な接近及び不法な使用に対して保護されなければならない。健康管理関係書類及び病歴カルテは，その他の書類とは区別して取り扱われ，かつ，特に確実に保管されなければならない。その他については，安全対策の方法及び範囲を定めた連邦情報保護法第9条が適用される。

## 第184条　訂正，削除及び遮断
(1) データファイルに記録された身上関係情報は，受刑者の釈放又は他の施設への移送から遅くとも2年後には削除されなければならない。受刑者身分帳簿の保存期間が経過するまでは，受刑者の姓，名，旧姓，生年月日，出生地，入所日及び出所日について，そうすることが受刑者身分帳簿の検索のために必要である限り，その例外とすることができる。
(2) 書類中の身上関係情報は，受刑者の釈放から2年を経過した後は，それが次に掲げる目的のために不可欠である限り，提供し，又は使用することができる：
  1．犯罪行為を訴追するため，
  2．第186条に基づく学術的研究計画を遂行するため，
  3．現存する立証困難（Beweisnot）を除去するため，
  4．自由刑の実行と関連する法律上の請求権を確認し，実行し，及び保護するため。
この使用制限は，受刑者が新たに自由刑の実行のために収容されるとき又は本人が同意したときに，終了する。
(3) 第2項により遮断された情報を含む書類の保存については，次の期間を超えてはならない。
  受刑者身分帳簿，健康管理関係書類及び病歴カルテ　20年
  受刑者名簿　　　　　　　　　　　　　　　　　　　30年
このことは，特定の事実に基づき，第2項第1切に掲げられた目的のために，引き続き保存の必要があると認められるときには，適用されない。保存期間は，書類の性質に応じて別途保管される年の次の暦年から始まる。連邦及び各州の公文書法の規定は，これによって修正を受けない。
(4) 不正確な情報の提供が行われたことを確認した場合において，それが本人の保護に値する利益の保護のために必要であるときは，このことを被提供者に通知しなければならない。
(5) その他の事項については，身上関係情報の訂正，削除及び遮断のための連邦情報保護法第20条第1項から第4項まで及び第6項から第8項までが適用される。

## 第185条　本人への情報開示，書類の閲覧
本人は，連邦情報保護法第19条に準拠して情報開示を受け，情報開示ではその者の

法律上の利益の保護のために十分ではなく，かつ，このために，その者が閲覧を必要とする限り，書類を閲覧することができる。連邦情報保護法第19条第5項及び第6項中情報保護のための連邦担当者の職務は，情報保護のための州担当者が代わって行い，最上級の連邦官庁の職務は，相応する州の官庁が代わって行う。

第186条　学術的目的のための情報開示及び書類の閲覧
　　学術目的のための情報開示及び書類の閲覧については，刑事訴訟法第476条（2000年8月2日改正後の条文—訳注）を準用する。

第187条　連邦情報保護法の適用
　　公共的官署及び非公共的地位にある者（第2条），その他の概念規定（第3条），本人の同意の取得及びその方式（第4条a第1項及び第2項），情報の秘匿（第5条），本人の絶対的権利（unabdingbare Rechte）（第6条第1項）及び情報保護の実施（第18条第2項）についての連邦情報保護法の規定を準用する。州情報保護法は，損害賠償規定，刑罰規定及び過料規定並びに情報保護のための州担当者による監督の規定に関し，これによって修正を受けない。

## 第6章　連邦法の調整

第188条　（削除）

第189条　司法行政の領域における費用に関する法律
　　1975年8月20日の裁判費用法，執行官の費用に関する法律，連邦弁護士手数料法及びその他の規則の改正のための法律（連邦法律広報（Bundesgesetzblatt）Ⅰ　2189頁）によって最終的に改正された1940年2月14日の司法行政の領域における費用に関する法律（ライヒ官報Ⅰ　357頁）第10条は，次の正文とする。
　「第10条
(1)　自由刑並びに自由剥奪を伴う矯正及び保安の処分の執行のための費用として，行刑法第50条第1項に定められた拘禁費用分担金が，次の場合に徴収される：
　1．受刑者若しくは被収容者がその者に指定され若しくは可能とされる作業若しくは労作を行わないとき，又は
　2．その者が，行刑の継続期間中に受ける所得を自由に使用できるときは，拘禁費用分担金は，その所得の額までのみを徴収することができる。
(2)　その請求は，法律上の扶養請求権並びに小遣銭，自用金及び更生資金（行刑法第46条，第47条，第51条第1項）に相当する金額の負担としてはならない。
(3)　精神医療施設又は禁絶施設における被収容者からは，被収容者がその者に指定され又は可能とされる作業を行ったときは，第1項第2号にかかわらず，拘禁費用分担金が徴収されてはならない。」

## 第7章　社会保険及び失業保険

第190条　ライヒ保険法
　　ライヒ保険法は，次のように改正される。
　1．第163条の後に，章名の「第5章a．被収容者」及び次の第163条aが加えられる：
　　「第163条a
　　この法律の意味における被収容者とは，未決拘禁，自由刑並びに自由剥奪を伴う矯

正及び保安の処分を実行中である者又は刑事訴訟法第126条 a 第1項により仮に収容されている者をいう。その者がこの法律によって有償の被雇用者とみなされる限り，それぞれの行刑施設を管轄する州が雇用者とみなされる。」
2．第165条 b の後に，次の第165条 c が加えられる：
「第165条 c
⑴ 作業報酬，教育補助金又は休業補償（行刑法第43条から第45条まで，第176条及び第177条）を受ける被収容者（第163条 a）も，第165条第1項及び第2項の意味における有償の被雇用者とみなされる。この者の保険加入義務についての前提条件は，その者が第165条第1項第3号，第315条 a 及びライヒ鉱山共済組合法第19条第1項，農業者の健康保険に関する法律第2条第1項第4号及び第5号並びに第49条を除く他の法律の規定によって，保険加入の義務を課されていないことである。
⑵ 第169条，第172条第1項第1号及び第2号，第173条並びに第174条に掲げられた者が官吏法上の規定又は原則により補助資格を有するときは，その間，保険加入外とする。
⑶ 健康保険契約に加入している者で，かつ，自己のため及びその者に家族疾病看護の義務がある親族のために，疾病援助の給付による種類に応じて契約給付を受ける者は，申請に基づき，第1項による保険加入義務を免除される。第173条 a 第2項は，この場合について適用する。
⑷ 保険料の算定及び健康保険金を除く給付の算定は，労働報酬として，前暦年の養成中の者を含めない労働者（Arbeiter）及び従業員（Angestellte）の年金保険のすべての被保険者の平均的な労働報酬の100分の90の額に当たる金額が基礎に置かれなければならない。暦月については，この金額の12分の1が，また，暦日については，この金額の360分の1が基礎に置かれなければならない。
⑸ 第1項による被保険者は，その者が最終的に構成員であった保険組合に所属する。保険契約が存続していなかった場合には，第205条による家族援助の請求権を有する親族が居住している地区の一般健康保険組合の構成員となる。そのような親族がいない場合には，それぞれの行刑施設を管轄する最上級の司法官庁の所在地がある地区の一般健康保険組合の構成員となる。」
3．第189条第1項中の終止符（Punkt）はセミコロンに代えられ，次の半切が加えられる：
「行刑法第45条による休業補償は，労働報酬と同等とする。」
4．第200条 c 第2項第1切中の終止符はセミコロンに代えられ，次の半切が加えられる：
「行刑法第45条による休業補償は，労働報酬と同等とする。」
5．第216条第1項第1号は，次の正文とする：
「1．被保険者が受刑者として行刑法による保健上の扶助に対する請求権を有し，又はその他の保健上の扶助を受けている間，被保険者がその親族を労働不能となる直前にその者の作業報酬又は休業補償によって主として扶養していたときには，その限りにおいて，健康保険金が与えられ，その親族に支払われる。」
6．第381条第1項第2切は，次の正文とする：
「その毎月の報酬が労働者の年金保険における月収に適用される保険料算定限度（第1385条第2項）の10分の1を超えない被保険者，志願によるゾチーヤーレス・ヤール（17歳から25歳までの年令の社会奉仕――訳注）の促進のための法律（Gesetz zur Förderung eines freiwilligen sozialen Jahres）の意味における志願によるゾチーヤー

参考資料

　　レス・ヤールを行う被保険者，第165条第1項第2号 *a* による被保険者及び第165条 *c* 第1項による被保険者については，雇用者が単独で保険料を負担する。」
7.　第385条中の第3項 *a* の後に，次の第3項 *b* が加えられる：
　　「（3 *b*）第165条 *c* 第1項による被保険者については，作業不能の場合に少なくとも6週のその者の作業報酬の継続支給の請求権を有する保険に加入する義務のある構成員に適用される保険料額は，その2分の1に軽減される。」
8.　第393条 *b* の現在の文言は第1項となり，それに次の第2項が加えられる：
　　「（2）連邦労働社会大臣（*Bundesminister für Arbeit und Sozialordnung*）は，第165条 *c* 第1項による被保険者のために，法規命令により，連邦参議院の同意の下に，保険料支払いのための一括的保険料算定方法を規定し，支払方法を規制し，及び届出義務の例外を定めることができる。」
9.　第514条第2項は，次の正文とする：
　　「（2）第165条 *c*，第257条 *a*，第257条 *b*，第257条 *c*，第306条第2項及び第3項，第311条，第312条第2項，第313条第2項，第315条 *a*，第316条，第317条第4項から第6項まで，第381条第1項第2切，第385条第3項 *b* 並びに第393条 *b* 第2項は，この場合について準用する。」
10.　第520条第1項第2切中の終止符はセミコロンに代えられ，次の半切が加えられる：
　　「第165条 *c* 第1項による被保険者のために，その者は，保険料を補償組合（*Ersatzkasse*）に支払わなければならない。」
11.　第566条第2項第1切及び第2切は，次の正文とする：
　　「法律に基づいて命じられた自由剥奪の間に災害が発生したときには，第561条第1項を準用する。釈放後の一時補助金の算定については，それが権利者にとってより有利である場合には，第561条第3項を準用する。」
12.　第571条は，次のように改められる：
　 *a*）第1項の後に，次の第2項が加えられる：
　　「（2）行刑法第43条，第44条による作業報酬及び教育補助金は，第1項の意味における労働所得（*Arbeitseinkommen*）とみなされない。」
　 *b*）従前の第2項は，第3項となる。
13.　第1227条に，次の第3項が加えられる：
　　「（3）その者が他の法律の規定によって保険加入義務を課されていない限り，作業報酬，教育補助金又は休業補償（行刑法第43条から第45条まで，第176条及び第177条）を受ける被収容者（第163条 *a*）も，第1項第1号の意味における有償の被雇用者とみなされる。」
14.　第1236条第1項に，次の第2切が加えられる：
　　「被収容者（第163条 *a*）には，行刑上の利益がそれに反しない限り，これを与えることができる。」
15.　第1240条に，次の第3切が加えられる：
　　「被収容者（第163条 *a*）の一時補助金の請求権は，行刑施設におけるその者の収容継続の間は停止するが，被収容者がその親族を更生保護のための措置の開始の直前にその者の作業報酬又はその者の休業補償によって主として扶養していたときには，一時補助金が与えられ，親族に支払われる。」
16.　第1255条中の第6項の後に，次の第6項 *a* が加えられる：
　　「（6 *a*）第1227条第3項により保険に加入している者については，第165条 *c* 第4項により定められる金額は，作業報酬とみなされる。」

17. 第1303条は，次のように改められる：
   a）第1項第4切は削除される。
   b）第8項中「第1227条第1項第1切第6号，第7号及び第8号 a」の文言は，「第1227条第1項第1切第6号，第7号，第8号 a 及び第3項」の文言に代えられる。
18. 第1385条は，次のように改められる：
   a）第3項中 g）の後の終止符はコンマに代えられ，及び次の h）が加えられる：
   「h）第1227条第3項による被保険者の場合には，第165条 c 第4項により定められる金額。」
   b）第4項中 g）の後の終止符はコンマに代えられ，及び次の h）が加えられる：
   「h）第1227条第3項による保険加入義務の場合には，雇用者により単独で。」
   c）第5項の後に，次の第6項が加えられる：
   「(6)雇用者は，第1227条第3項により保険に加入している者のために，従業員の年金保険のための保険料と合算した総計額における保険料を支払う。連邦労働社会大臣は，法規命令により，連邦参議院の同意の下に，その総計額の一括的算定方法を規定し，並びにこの金額の個々の保険部門への配分及び支払方法を規制することができる。」

### 第191条　従業員保険法

従業員保険法は，次のように改正される：
1．第2条に，次の第3項が加えられる：
「(3)　作業報酬，教育補助金又は休業補償（行刑法第43条から第45条まで，第176条及び第177条）を受ける被収容者（ライヒ保険法第163条 a）も，その者が行刑施設への収容前に最終的にこの法律による保険に加入していた限り，第1項第1号の意味における有償の被雇用者とみなされる。」
2．第13条第1項に，次の第2切が加えられる：
「被収容者（ライヒ保険法第163条 a）には，行刑の利益がそれに反しない限り，これを与えることができる。」
3．第17条に，次の第3切が加えられる：
「被収容者（ライヒ保険法第163条 a）の一時補助金の請求権は，行刑施設におけるその者の収容継続の間は停止するが，被収容者がその親族を更生保護のための措置の開始の直前にその者の作業報酬又はその者の休業補償によって主として扶養していたときには，一時補助金が与えられ，親族に支払われる。」
4．第32条中の第6項の後に，次の第6項 a が加えられる：
「(6 a)第2条第3項により保険に加入している者については，ライヒ保険法第165条 c 第4項により定められる金額が作業報酬とみなされる。」
5．第82条は，次のように改められる：
   a）第1項第4切は削除される。
   b）第8項中「第2条第1項第8号，第9号及び第10号 a」の文言は，「第2条第1項第8号，第9号，第10号 a 及び第3項」の文言に代えられる。
6．第112条は，次のように改められる：
   a）第3項中 h）の後の終止符はコンマに代えられ，及び次の i）が加えられる：
   「i）第2条第3項による被保険者の場合には，ライヒ保険法第165条 c 第4項により定められる金額。」
   b）第4項中 h）の後の終止符はコンマに代えられ，及び次の i）が加えられる：

「i) 第2条第3項による保険加入義務の場合には，雇用者により単独で。」
c) 第5項の後に，次の第6項が加えられる：
「(6)雇用者は，第2条第3項により保険に加入している者のために，労働者の年金保険のための保険料と合算した総計額における保険料を支払う。連邦労働社会大臣は，法規命令により，連邦参議院の同意の下に，その総計額の一括的算定方法を規定し，並びにこの金額の個々の保険部門への配分及び支払方法を規制することができる。」
7．第205条中「第157条，第158条（外国立法）」の文言の後の終止符はコンマに代えられ，「第163条 a（被収容者）」の文言が加えられる。

## 第192条　ライヒ鉱山共済組合法

ライヒ鉱山共済組合法は，次のように改正される：
1．第18条の後に，次の第18条 a が加えられる：
「第18条 a
(1) ライヒ保険法第165条 c 第1項に掲げられた被保険者は，その者が最終的にこの健康保険に加入していたときには，連邦鉱山共済組合（Bundesknappschaft）の構成員である。
(2) ライヒ保険法第165条 c に掲げられた被保険者の保険契約に関するライヒ保険法の規定は，この場合について準用する。」
2．第35条第1項に，次の第2切が加えられる：
「被収容者（ライヒ保険法第163条 a）には，行刑上の利益がそれに反しない限り，これを与えることができる。」
3．第39条に，次の第3切が加えられる：
「被収容者（ライヒ保険法第163条 a）の一時補助金の請求権は，行刑施設におけるその者の収容継続の間は停止するが，被収容者がその親族を更生保護のための措置の開始の直前にその者の作業報酬又はその者の休業補償によって主として扶養していたときには，一時補助金が与えられ，親族に支払われる。」

## 第193条　農業者の健康保険に関する法律

1975年12月18日の予算構成の改善のための法律（Gesetz zur Verbesserung der Haushaltsstruktur）（連邦法律広報Ⅰ　3091頁）によって最終的に改正された1972年8月10日の農業者の健康保険に関する法律（連邦法律広報Ⅰ　1433頁）は，次のように改正される：
1．第3条第2切中の第5号の後の終止符はコンマに代えられ，及び次の第6号が加えられる：
「6．ライヒ保険法第165条 c 第1項に掲げられた者について，その者が第2条第1項第1号又は第2号により保険に加入しているとき。」
2．第20条第4項第1切中の終止符はセミコロンに代えられ，次の半切が加えられる：
「行刑法第45条による休業補償は，労働報酬と同等である。」
3．第30条第2項第1切中の終止符はセミコロンに代えられ，次の半切が加えられる：
「行刑法第45条による休業補償は，労働報酬と同等である。」
4．第42条は，次のように改められる：
a) 第1項第1切第2号は，次の正文とする：

「2．被保険者が受刑者として行刑法による保健上の扶助に対する請求権を有し，又はその他の保健上の扶助を受けている間，被保険者がその親族を労働不能となる直前にその者の作業報酬又は休業補償によって主として扶養していたときには，その限りにおいて，第19条による健康保険金が与えられ，その親族に支払われる。」

b）第1項第2切中の「第2号及び」の文言が削除される。

5．第49条 a の後に，次の第49条 b が加えられる：

「第49条 b

(1) ライヒ保険法第165条 c 第1項に掲げられた被保険者は，その者が最終的にこの健康保険に加入していたときには，農業健康保険組合（landwirtschaftlichen Krankenkasse）の構成員である。

(2) ライヒ保険法の保険契約，構成員の資格，報告及び資金の調達に関する規定は，ライヒ保険法第165条 c に掲げられた被保険者について準用する。ライヒ保険法第385条第3項 b に掲げる保険料額に代えて，労働不能の場合に少なくとも6週の作業報酬の継続支給の請求権を有する被保険者に適用される農業健康保険組合所在地の地区健康保険組合の保険料額の2分の1がその保険料額となる。」

第194条　（削除）

第195条　保険料分の控除

　　行刑官庁が健康保険及び年金保険並びに連邦雇用法人のために保険料を支払わなければならない限り，被収容者が被雇用者としてその収入を受けたときには，行刑官庁は，その作業報酬，教育補助金又は休業補償のうちから，保険料のその者の分担分に相当するであろう金額を控除することができる。

第195条関係行政規則

　　第195条において定められた保険料分担分は控除される。不当に苛酷な場合には，保険料分担金の控除を見合わせることができる。

第8章　基本権の制限，施行

第196条　基本権の制限

　　この法律により，基本法第2条第2項第1切及び第2切の基本権（身体の不可侵及び人身の自由）並びに第10条第1項の基本権（信書，郵便及び電信の秘密）は制限される。

第197条　（削除）

第198条　施行

(1) この法律は，第2項及び第3項で別段の規定がない限り，第199条及び第201条にかかわらず，1977年1月1日に施行する。

(2) 次の規定は，1980年1月1日に施行する：
　　第37条―作業指定―
　　第39条第1項―自由な労働関係―
　　第41条第2項―補習教育的措置の際における同意の必要―
　　第42条―作業義務の免除―

第149条第1項―施設工場,職業訓練のための設備―
第162条第1項―審議会―。
(3) 次の規定は,特別の連邦法により,その間に行われた法改正に整合させて,施行される:
第41条第3項―私企業経営工場における就労の際における同意の必要―
第45条―休業補償―
第46条―小遣銭―
第47条―自用金―
第49条―生活扶助金―
第50条―拘禁費用分担金―
第65条第2項第2切―病院滞留の際における健康保険給付―
第93条第2項―自用金の請求―
第176条第2項及び第3項―少年行刑における休業補償及び小遣銭―
第189条―費用に関する命令―
第190条第1号から第10号まで及び第13号から第18号まで,第191条から第193条まで―社会保険―。
(4) 第41条第3項―私企業経営工場における就労の際における同意の必要―の施行については1983年12月31日に,第201条第1号―開放行刑における収容―の適用延長については1985年12月31日に判断される。

## 第199条　経過的正文

(1) 第198条第3項による特別の連邦法の施行に至るまでは,次の規定が適用される:
1． 第46条―小遣銭―は,次の正文とする:
「受刑者がその者の責めによらないで作業報酬及び教育補助金を受けない場合において,その者が必要としているときは,その者に対して適当な小遣銭が与えられる。」
2． 第47条―自用金―は,次の正文とする:
「(1) 受刑者は,この法律に規定されたその者の収入のうちから毎月7分の3（自用金）及び小遣銭（第46条）を,購入（第22条第1項）又はその他の用途のために使用することができる。
(2) 自由な労働関係に置かれ（第39条第1項），又は自営職業活動（第39条第2項）が許されている受刑者については,その者の収入から適当な自用金の額が定められる。」
3．（廃止）
4．第93条第2項―自用金の請求―は,次の正文とする:
「この請求権の行使に当たっては,第43条第2項による基準報酬日額の3倍を超える自用金（第47条）の部分も,要求することができる。」
5．第176条第3項―少年行刑における小遣銭―は,次の正文とする:
「(3) 受刑者がその者の責めによらないで作業報酬及び教育補助金を受けない場合において,その者が必要とするときは,その者に対して適当な小遣銭が与えられる。」
6．（廃止）
(2) 2002年12月31日までは,第9条第1項第1切は,次の正文とする:
「刑法典第174条から第180条まで又は第182条に該当する犯罪行為のために2年を超

える有期自由刑を言い渡され，第6条第2項第2切又は第7条第4項により社会治療施設における処遇の指示がなされた受刑者は，社会治療施設に移送されるべきである。」

第200条　作業報酬の額高
　　第43条による作業報酬の算定は，社会福祉法第4編第18条による受給額の100分の9が基礎とされなければならない。

第201条　現存する施設に関する経過規定
　　この法律の施行前からその建造が開始された施設については，次の規定が適用される：
１．第10条にかかわらず，場所，職員及び組織上の施設事情がそうすることを必要とする間，受刑者は専ら閉鎖行刑において収容することができる。
２．第17条にかかわらず，作業時間及び自由時間の間の雑居収容も，施設の場所，職員及び組織上の事情がそうすることを必要とするときは，その間に限り，制限することができる。ただし，作業時間の間の雑居収容は，1988年12月31日の経過までのみとする。
３．第18条にかかわらず，受刑者は，休息時間の間，また，施設の場所の事情がそうすることを必要とする間，雑居で収容することもできる。8人を超える雑居収容は，1985年12月31日の経過までに限り，許される。
４．第143条第1項及び第2項にかかわらず，行刑施設は，各人の必要性に合わせた処遇が保障され，かつ，受刑者を構成員の概括的把握が可能な保護及び処遇グループにまとめられることができるような構造とされ，かつ，そのように区分されるべきである。
５．第145条にかかわらず，施設の収容能力は，第2号及び第3号の規定に従って定めることができる。

第202条　ドイツ民主共和国の自由刑及び少年拘留
⑴　ドイツ民主共和国の刑法典により，少年（Jugendliche—14歳以上18歳未満—訳注）及び年長少年（Heranwachsene—18歳以上21歳未満—訳注）に対して言い渡された自由刑の実行については，少年刑の実行についての規定が適用され，少年拘留の実行については，少年拘禁の実行についての規定が適用される。
⑵　その他の場合において，ドイツ民主共和国の刑法典により確定的に言い渡された自由刑及び拘留刑（Haftstrafe—6週までの自由刑—訳注）の実行については，自由刑の実行についての行刑法の規定が適用される。

[訳 者]

土井　政和（どい　まさかず）
　九州大学大学院法学研究院教授

堀　　雄（ほり　つよし）
　財団法人矯正協会理事長

---

クラウス・ラウベンタール　ドイツ行刑法

定価　4,500円（本体4,286円＋消費税214円）

2006年11月20日　印刷
2006年11月30日　発行

著　　者　クラウス・ラウベンタール
訳　　者　土井　政和／堀　　雄
発 行 者　山下　　進
発 行 所　財団法人　矯正協会
〒165-0026　東京都中野区新井3-37-2
　　　　　　TEL　03-3319-0652
　　　　　　FAX　03-3387-4454

印刷／第一資料印刷株式会社　　　　　ISBN4-87387-005-4　C3032￥4286E